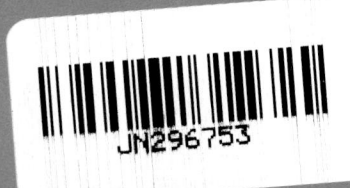

永久保存版

簡単
おりがみ
大百科

CONTENTS

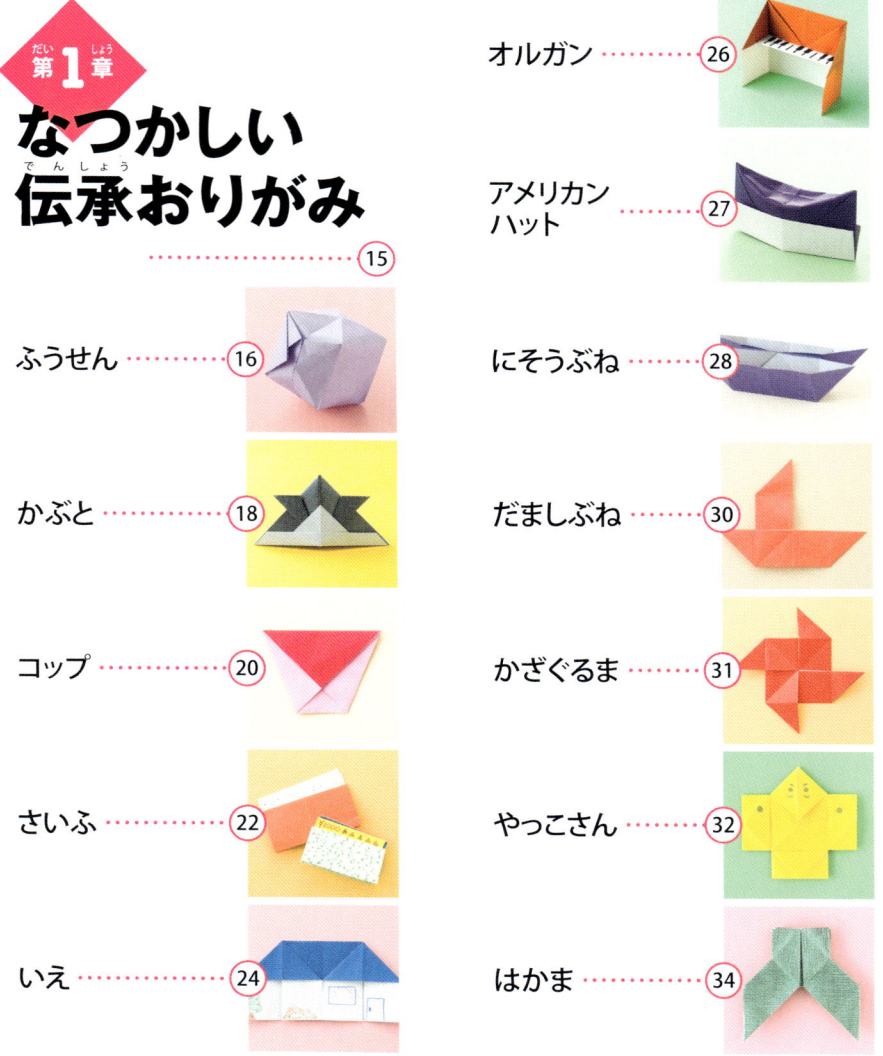

第《だい》2章《しょう》
かわいい虫《むし》や動物《どうぶつ》たち

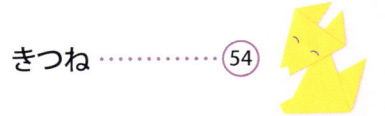

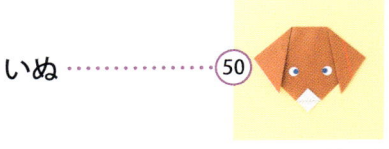

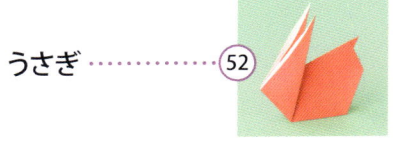

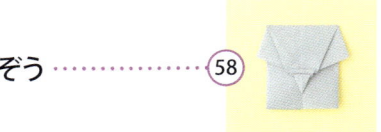

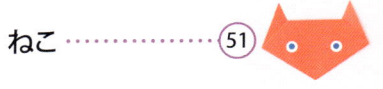

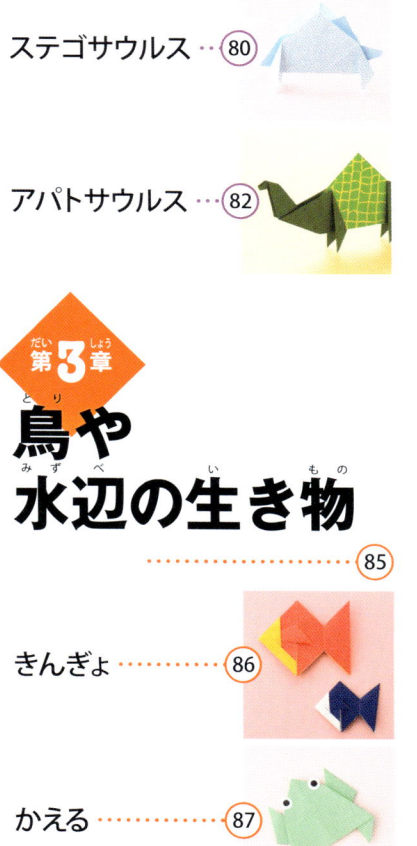

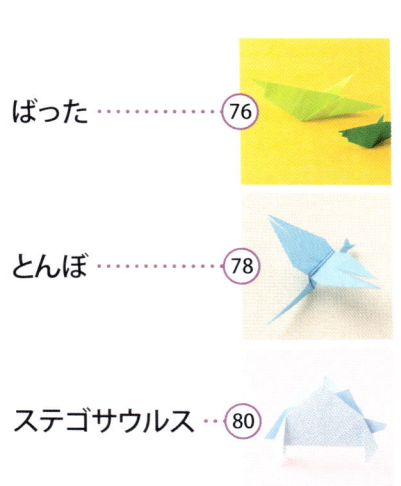

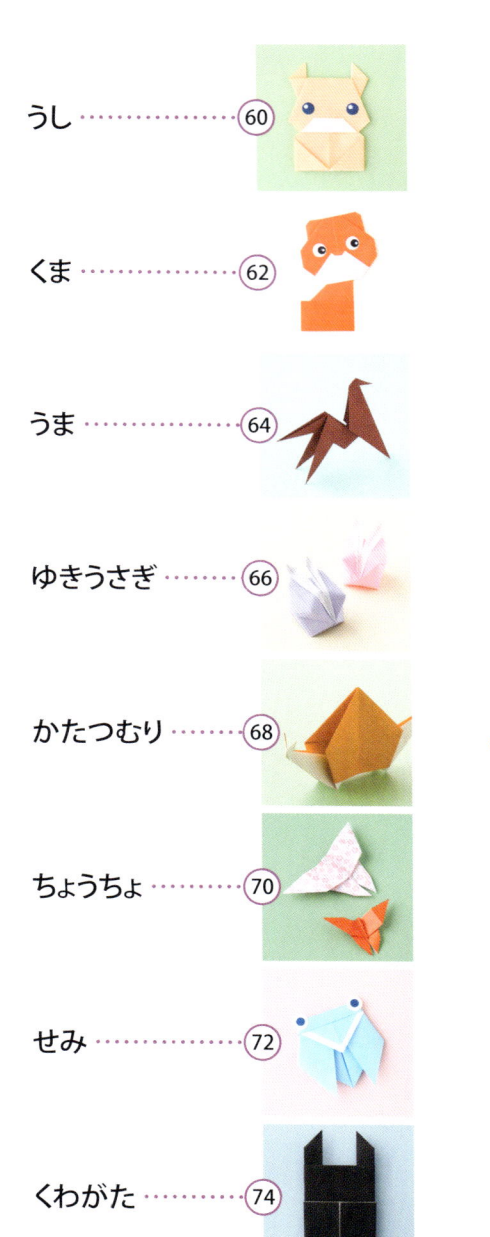

第《だい》3章《しょう》

鳥《とり》や水辺《みずべ》の生《い》き物《もの》

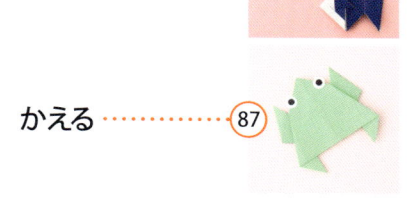

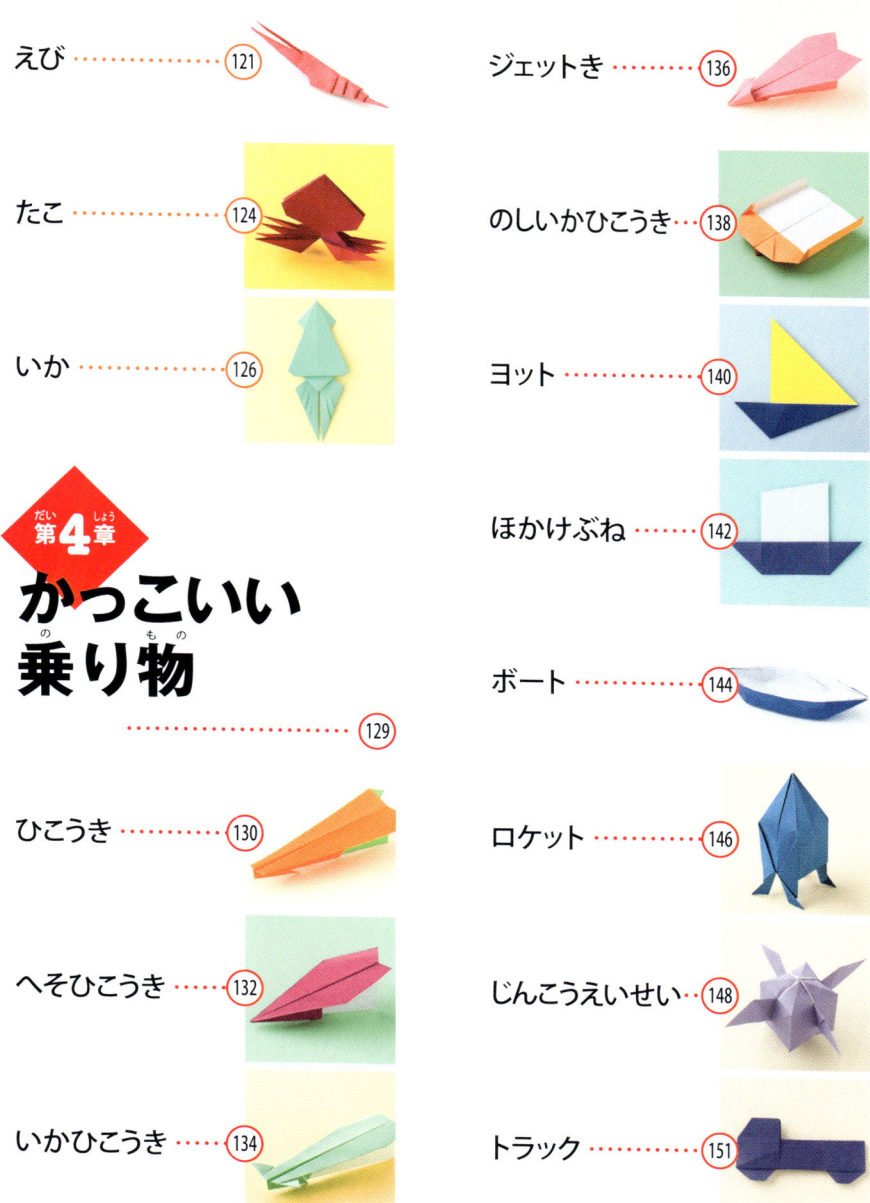

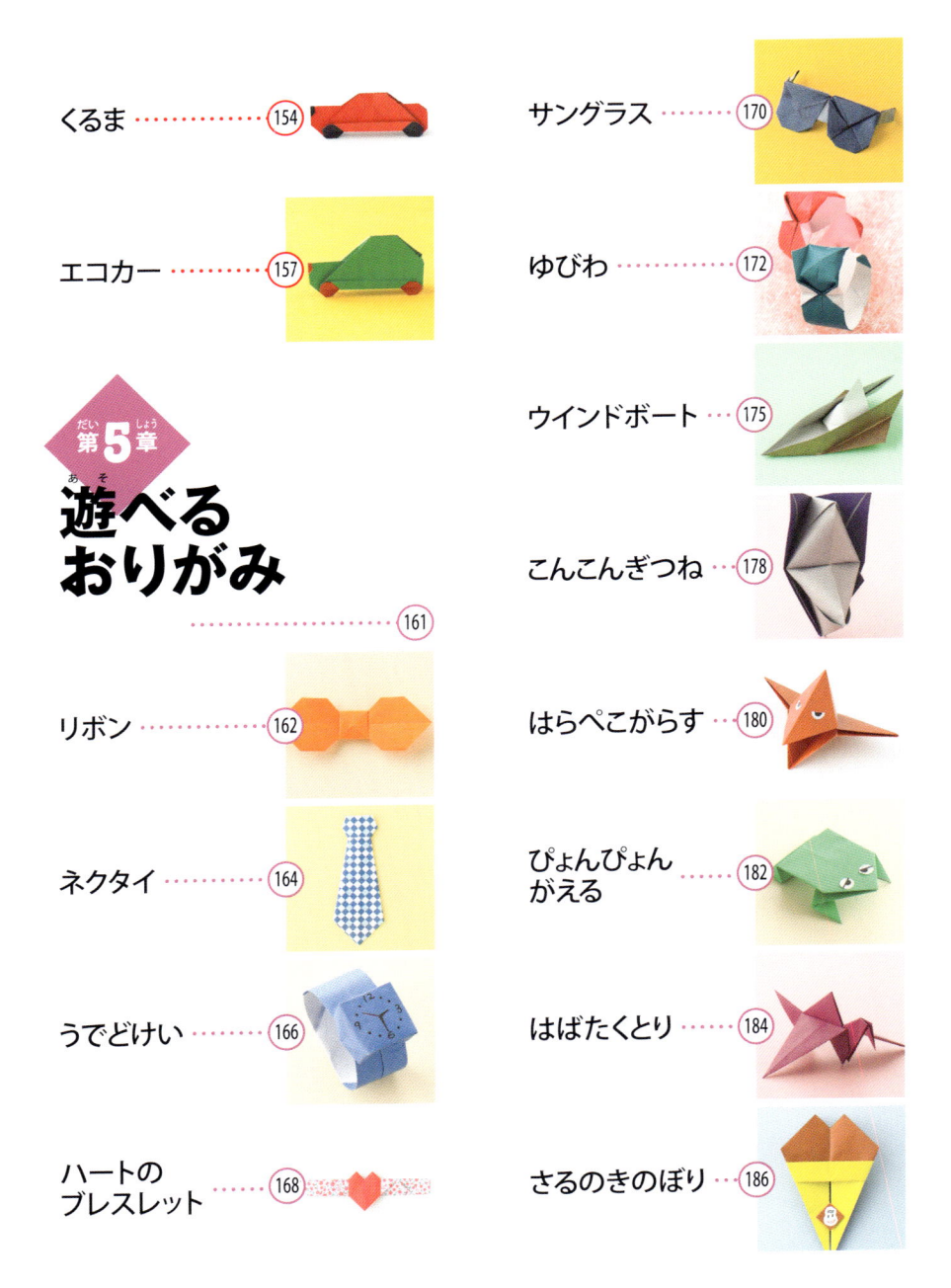

第《だい》5章《しょう》

遊《あそ》べるおりがみ

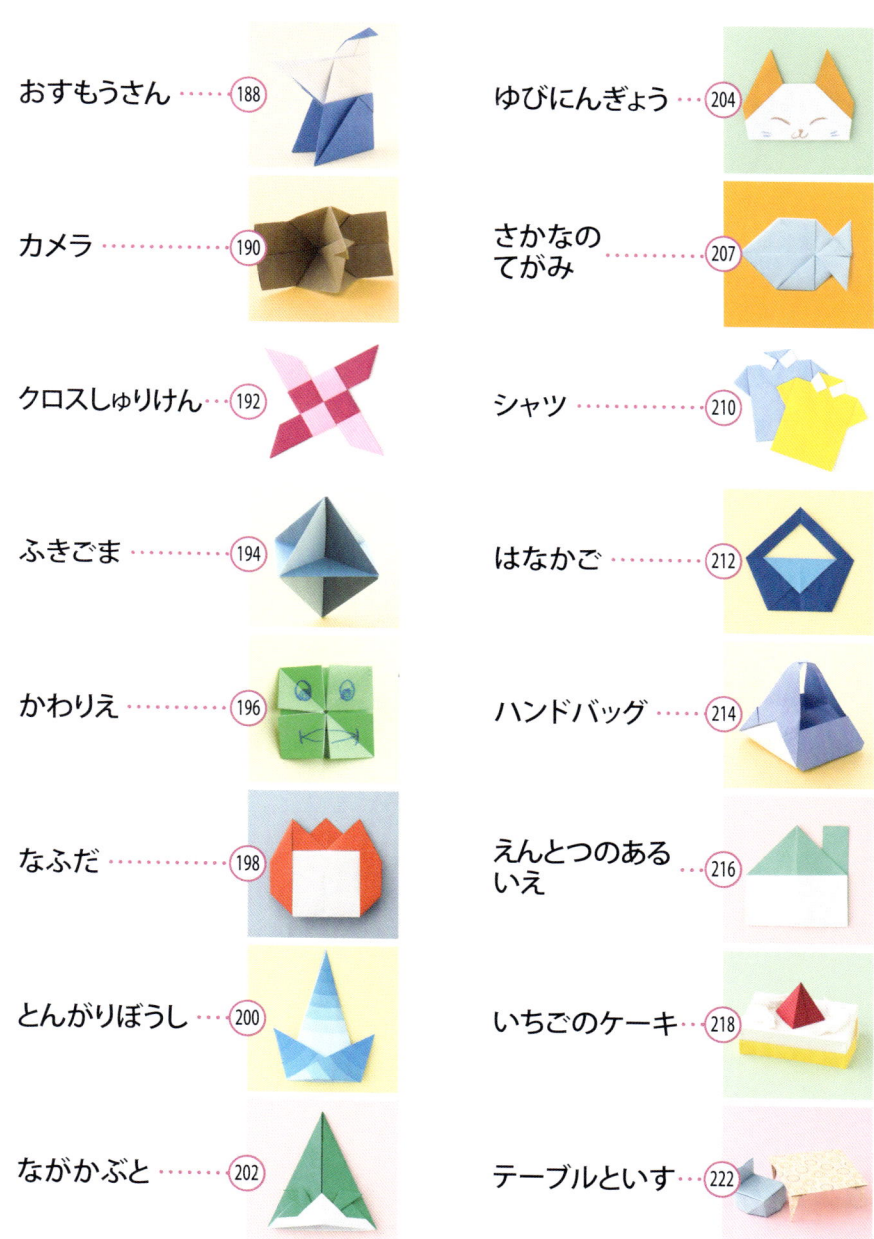

第《だい》6章《しょう》

色《いろ》とりどりの花《はな》、植物《しょくぶつ》

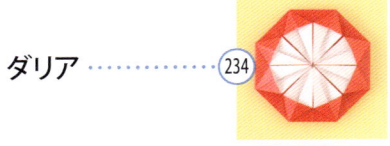

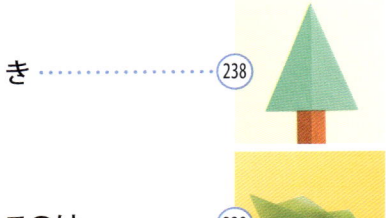

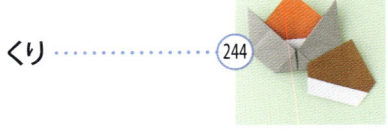

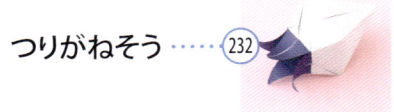

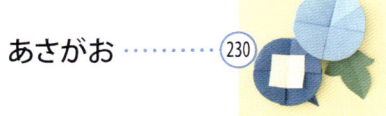

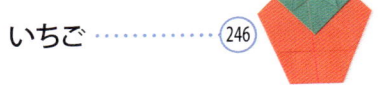

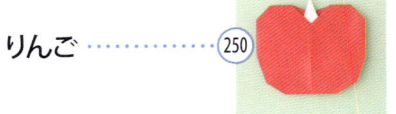

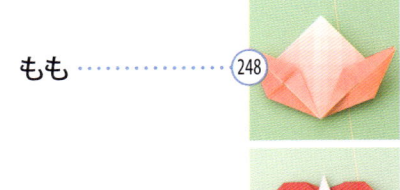

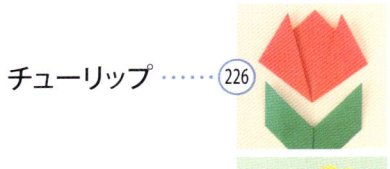

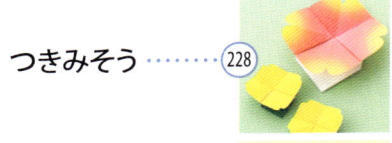

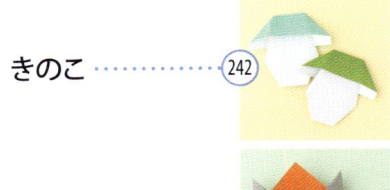

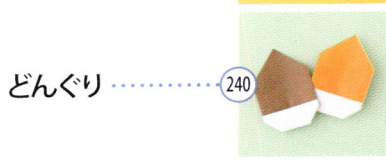

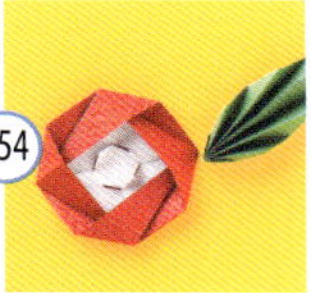

第《だい》7章《しょう》

暮《く》らしのおりがみ

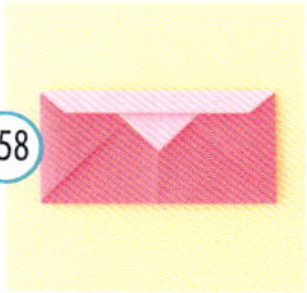

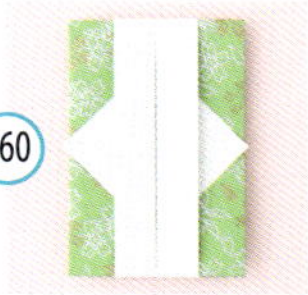

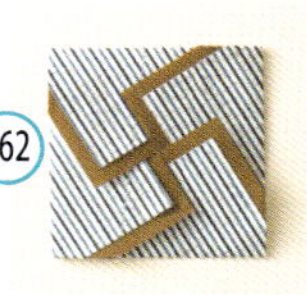

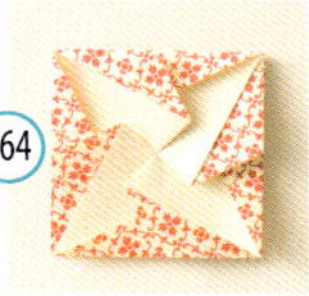

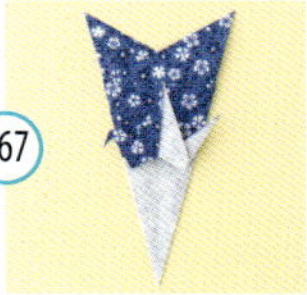

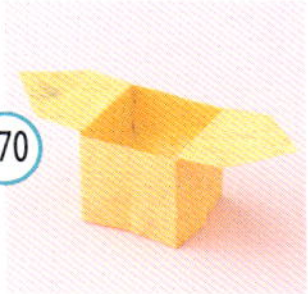

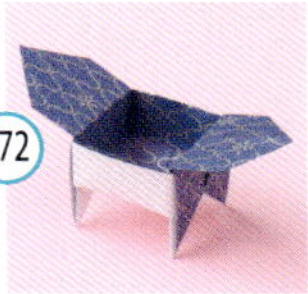

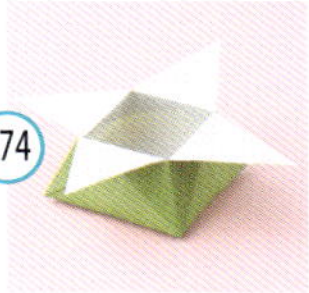

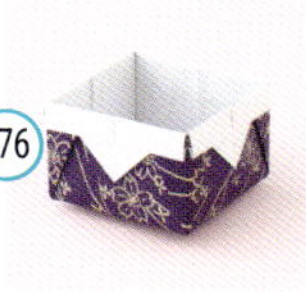

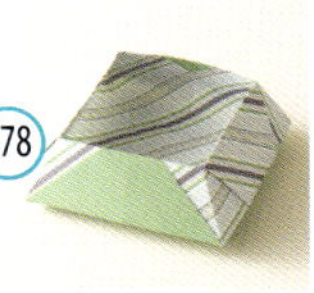

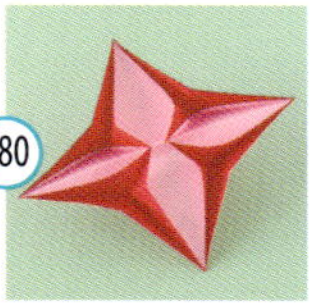

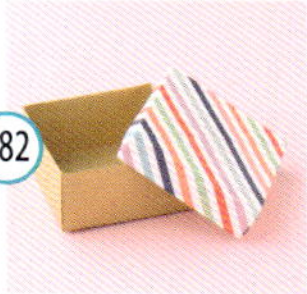

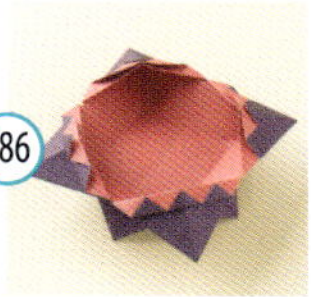

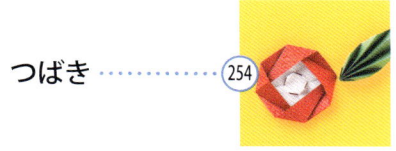

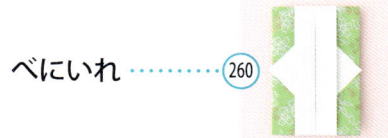

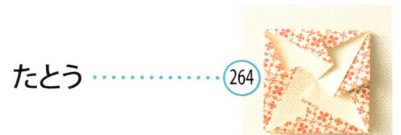

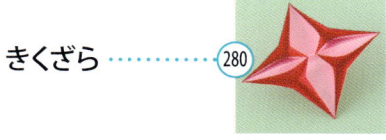

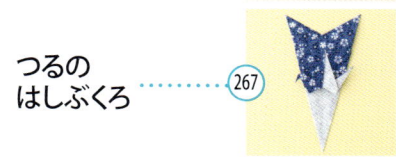

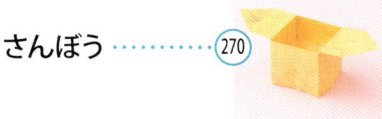

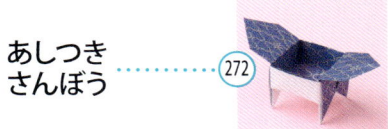

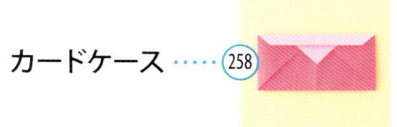

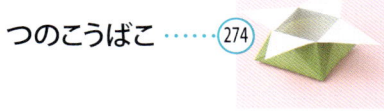

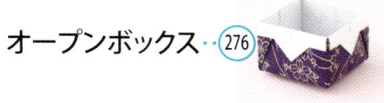

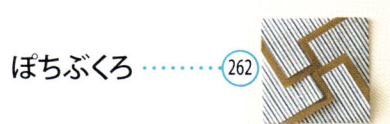

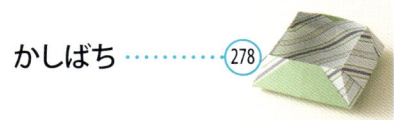

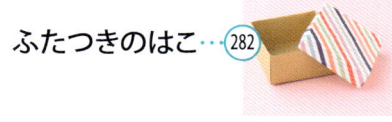

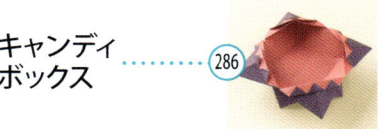

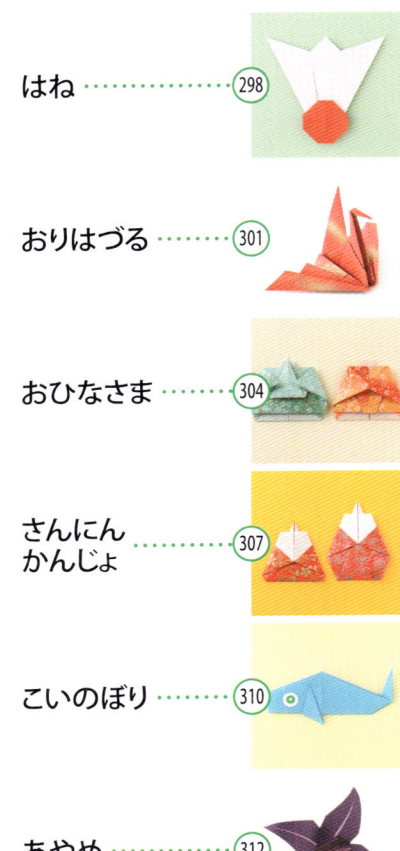

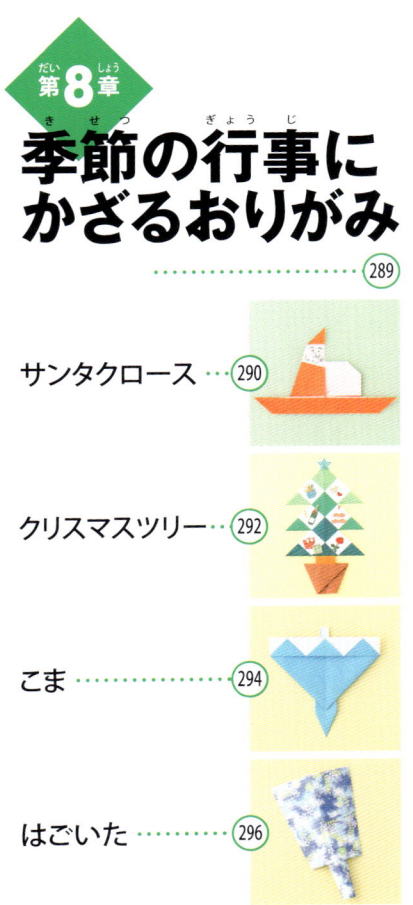

基本《きほん》のおり方《かた》と記号《きごう》のルール

おりがみを始《はじ》める前《まえ》に、基本《きほん》のおり方《かた》を知《し》っておきましょう。
おるときのお手本《てほん》となる「おり図《ず》」には
おり方《かた》のルールを簡潔《かんけつ》にあらわした記号《きごう》があります。
おるのが簡単《かんたん》になりますから、ぜひ覚《おぼ》えてください。

谷《たに》おり

点線《てんせん》が内《うち》がわにくるようにおります。

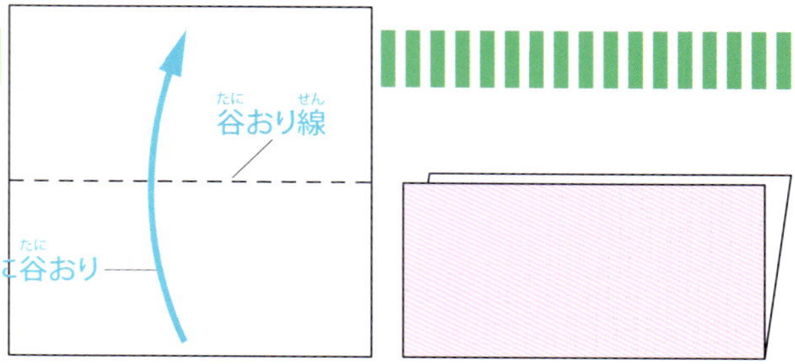

山《やま》おり

点線《てんせん》が外《そと》がわにくるようにおります。

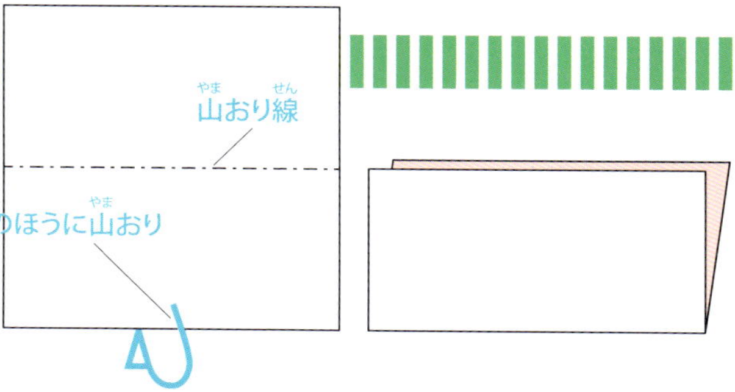

おりすじをつける

次《つぎ》の段階《だんかい》をおるときのガイドになるように、一度《いちど》おってもどして「すじ」をつけます。

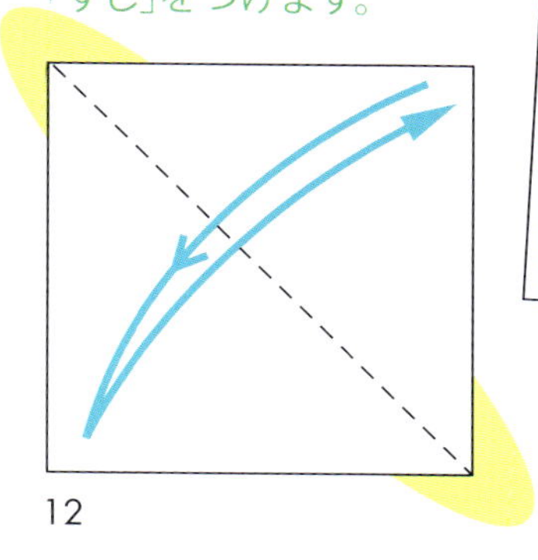

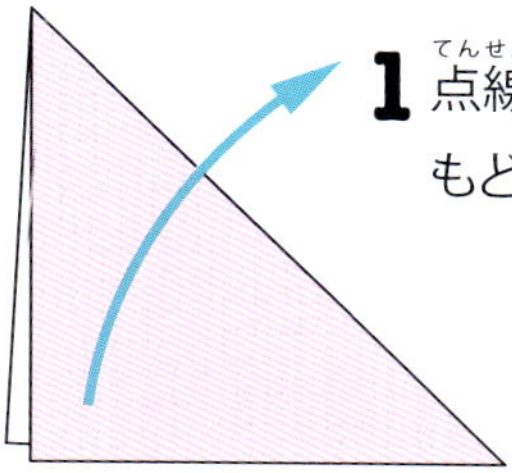

1 点線《てんせん》のところで谷《たに》おりをしたあと、もどします。

2 おりすじがつきました。

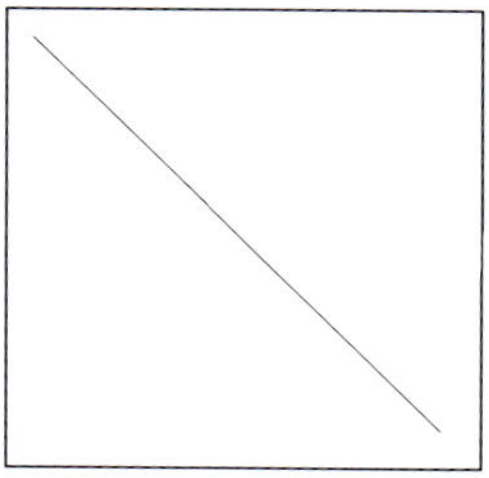

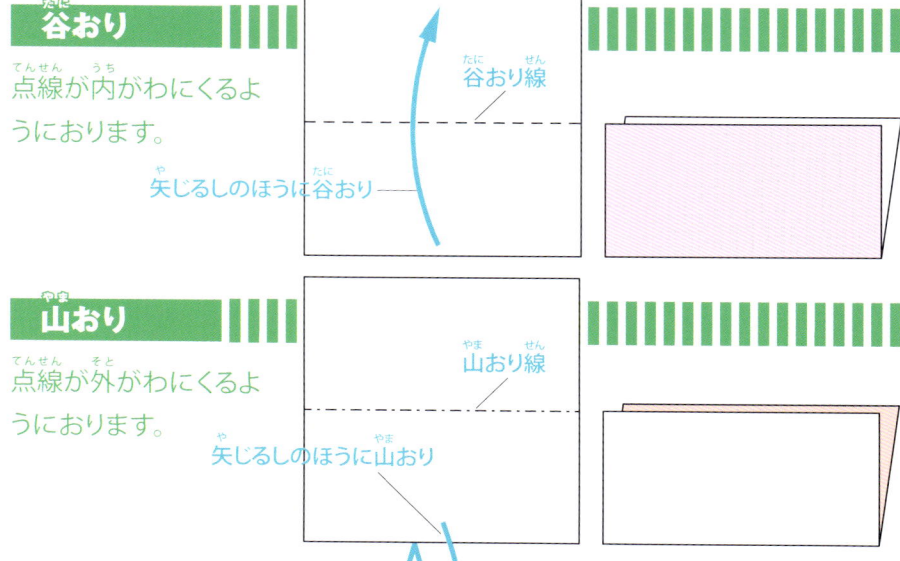

開《ひら》いて、つぶす

四角《しかく》を開《ひら》いて、つぶす

⬆のあたりから四角《しかく》のふくろに指《ゆび》を入《い》れ、
矢《や》じるしのほうに開《ひら》いておりつぶします。

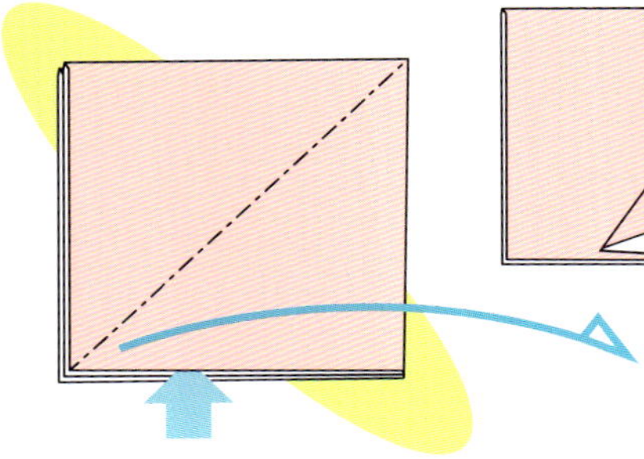

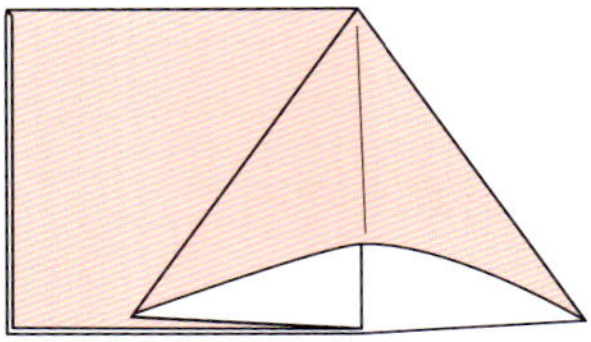

1 指《ゆび》を入れて、
開《ひら》いたところ。

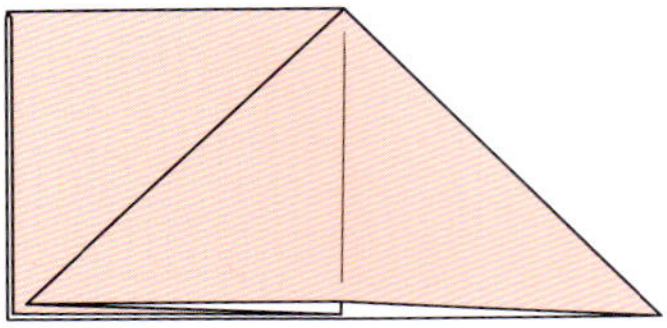

2 三角《さんかく》に
おりつぶします。

三角《さんかく》を開《ひら》いて、つぶす

⬆のあたりから三角《さんかく》のふくろに指《ゆび》を入《い》れ、
矢《や》じるしのほうに開《ひら》いておりつぶします。

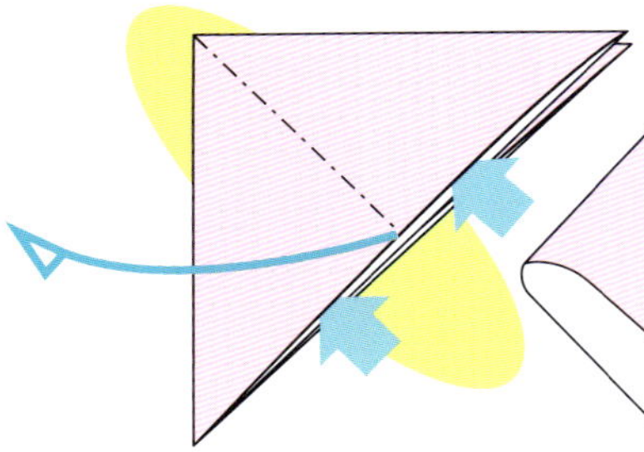

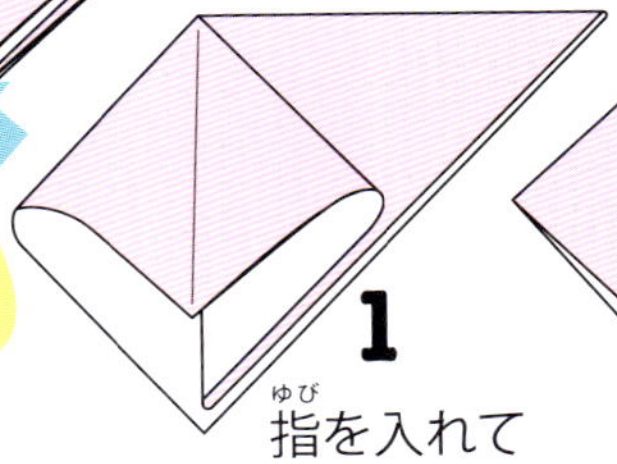

1 指《ゆび》を入れて
開《ひら》いたところ。

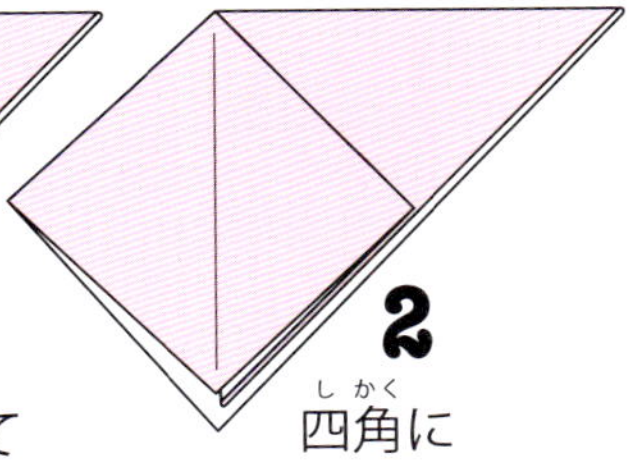

2 四角《しかく》に
おりつぶします。

だんおり

おり上《あ》がりが段《だん》になるように
山《やま》おりと谷《たに》おりを交互《こうご》におります。

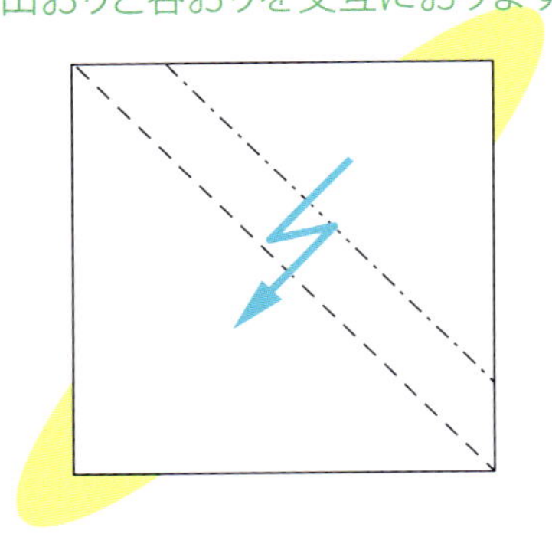

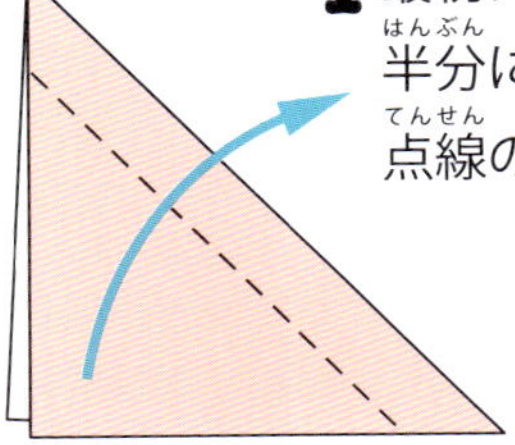

1 最初《さいしょ》に谷《たに》おりで
半分《はんぶん》におってから
点線《てんせん》のところでおり返《かえ》します。

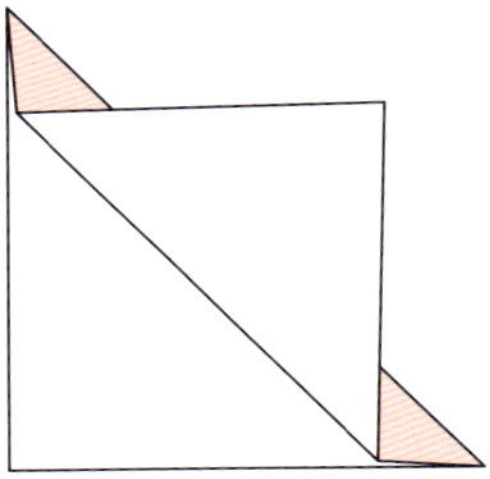

2 だんおりの
できあがり。

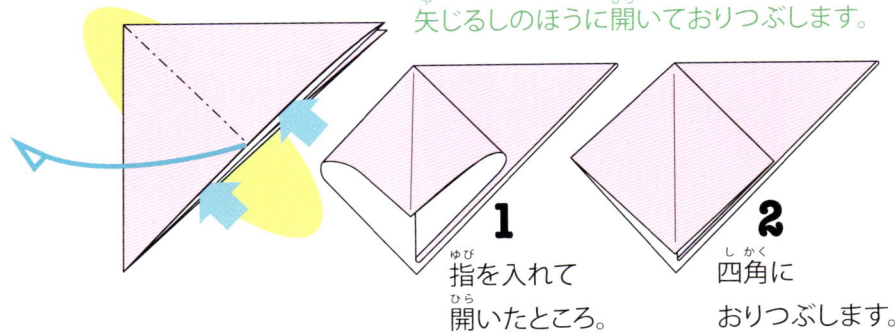

中《なか》わりおり

二《ふた》つおりの間《あいだ》をわって、おり入《い》れます。

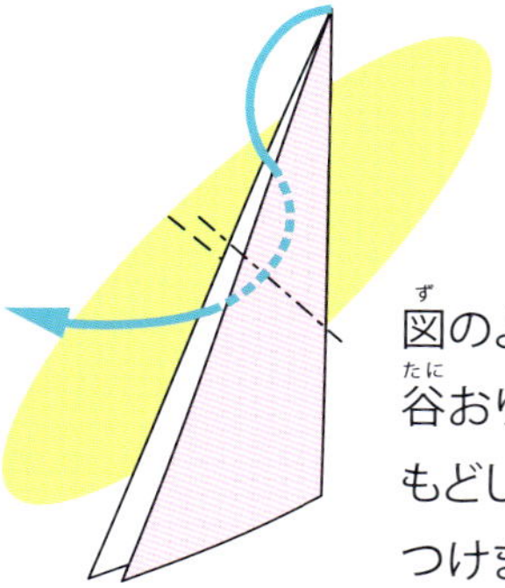

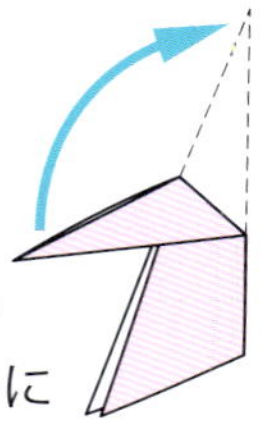

1 図《ず》のように谷《たに》おりをしたあと、もどしておりすじをつけます。

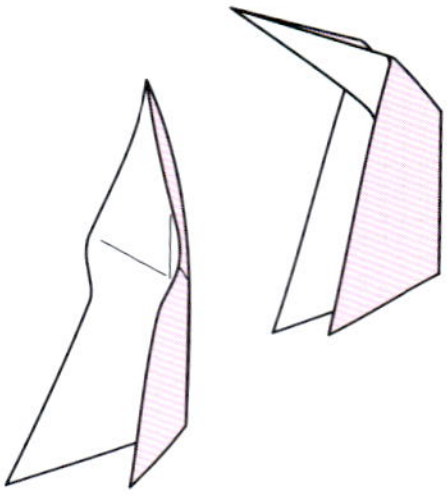

2 少《すこ》し広《ひろ》げておりすじのところで中《なか》におり入《い》れます。

3 もっとおり下《さ》げて……

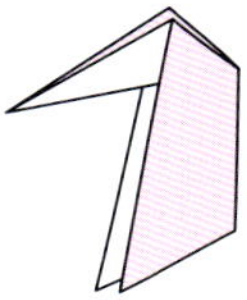

4 中《なか》わりおりができました。

外《そと》わりおり

二《ふた》つおりの中《なか》と外《そと》を、とちゅうでひっくり返《かえ》します。

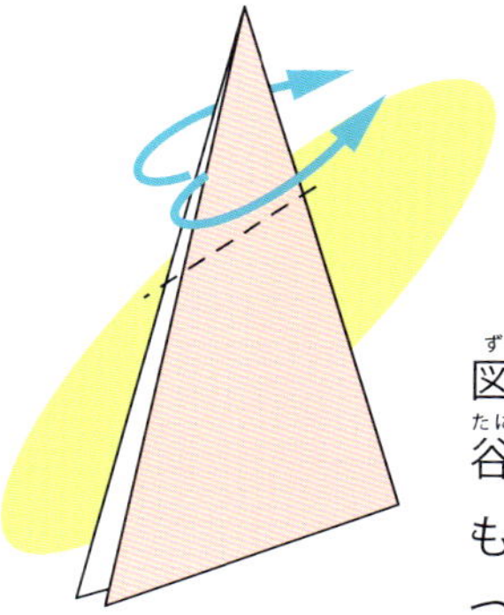

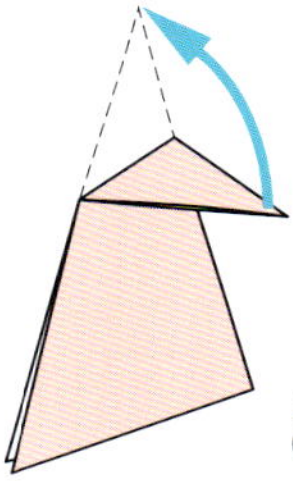

1 図《ず》のように谷《たに》おりをしたあと、もどしておりすじをつけます。

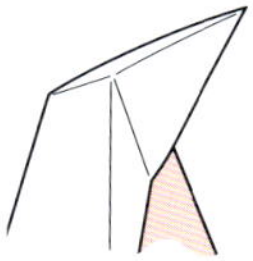

2 二《ふた》つおりを広《ひろ》げておりすじのところで外《そと》にひっくり返《かえ》します。

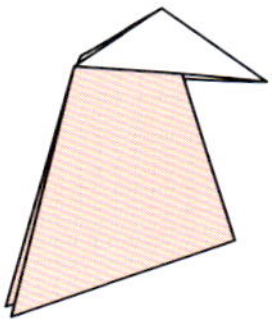

3 外《そと》わりおりができました。

おりずらす

おっている面《めん》とちがう面《めん》を出《だ》します。

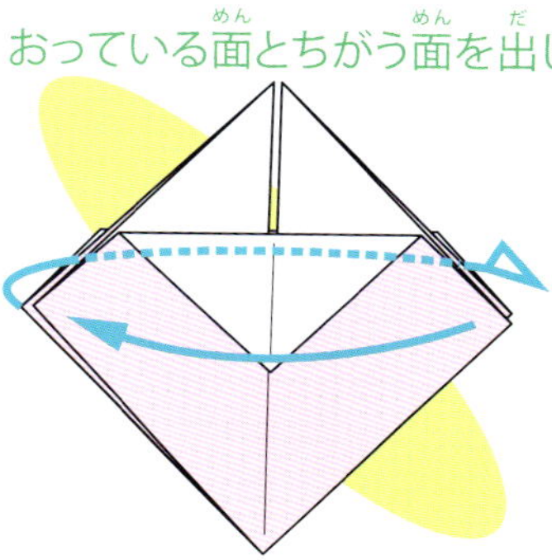

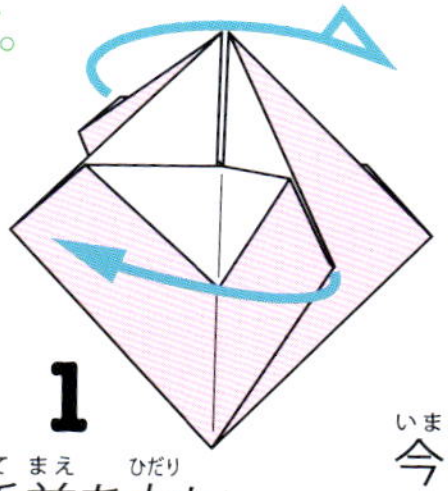

1 手前《てまえ》を左《ひだり》に、向《む》こうがわを右《みぎ》におります。

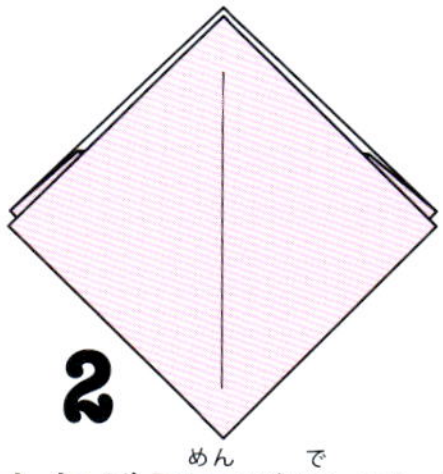

2 今《いま》までとちがう面《めん》が出《で》ました。

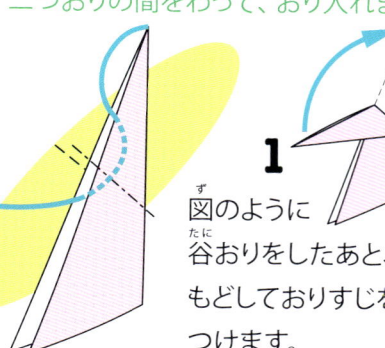

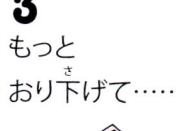

第《だい》1章《しょう》

なつかしい
伝承《でんしょう》おりがみ

つる、かぶと、ふうせんなど、昔《むかし》から伝《つた》えられてきたおりがみ。なつかしい作品《さくひん》がいっぱいです。

ふうせん

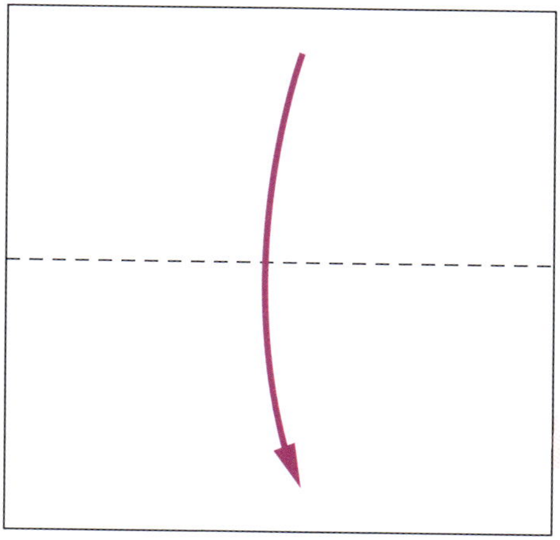

1 上下半分《じょうげはんぶん》におります。

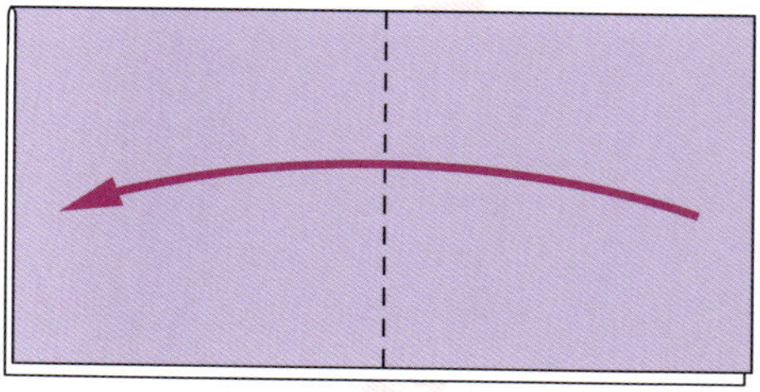

2 左右半分《さゆうはんぶん》におります。

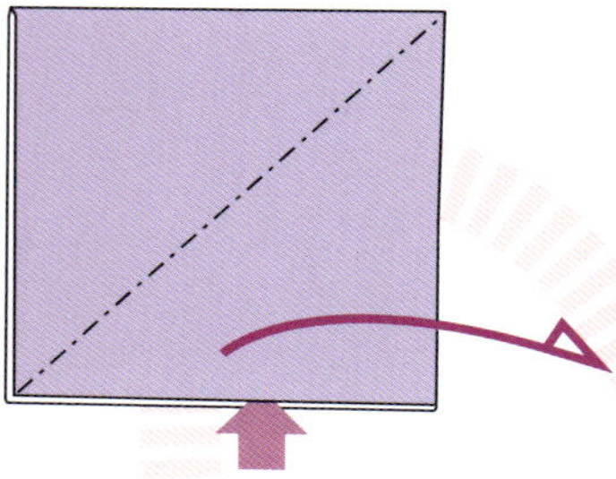

3 手前《てまえ》の 1 枚《まい》だけ
開《ひら》いてつぶします。

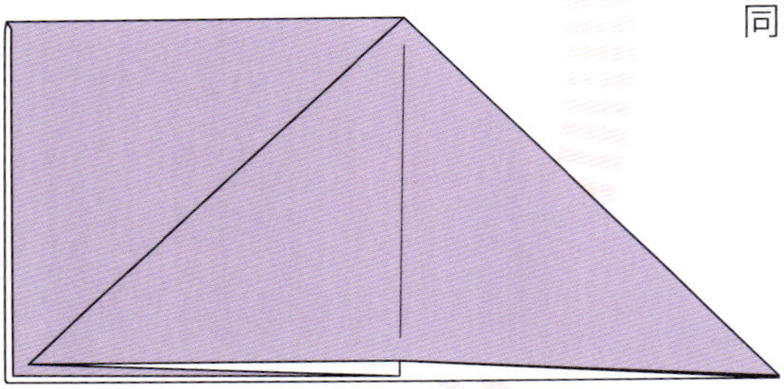

4 3をおったところ。
うらも同《おな》じにおります。

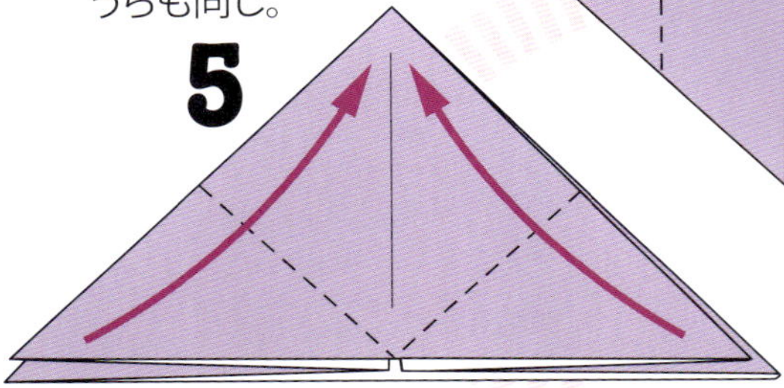

5 両角《りょうかど》をおり上《あ》げます。
うらも同《おな》じ。

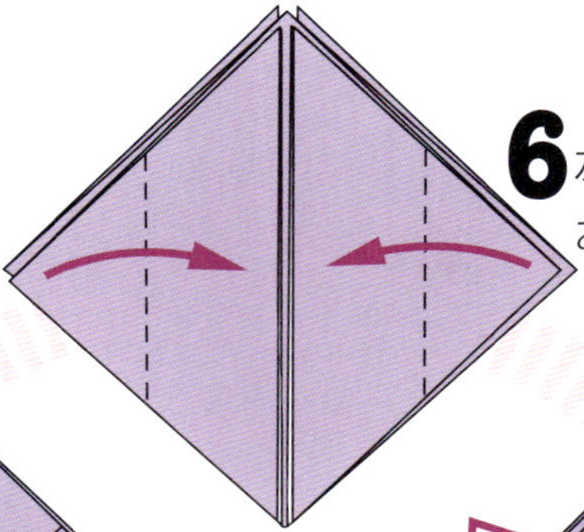

6 左右《さゆう》の角《かど》をまん中《なか》で
おり合《あ》わせます。

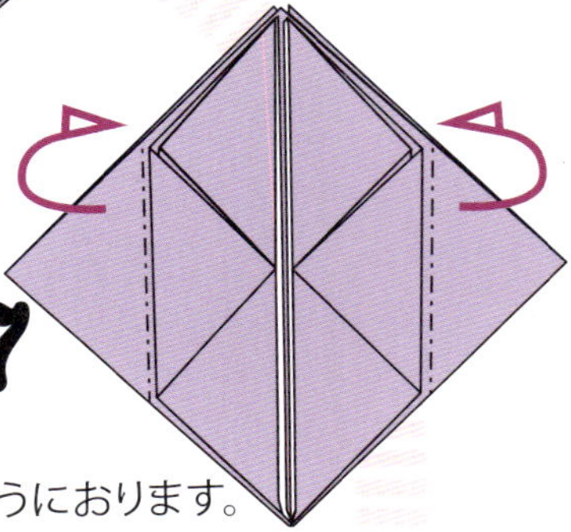

7 うらも
同《おな》じようにおります。

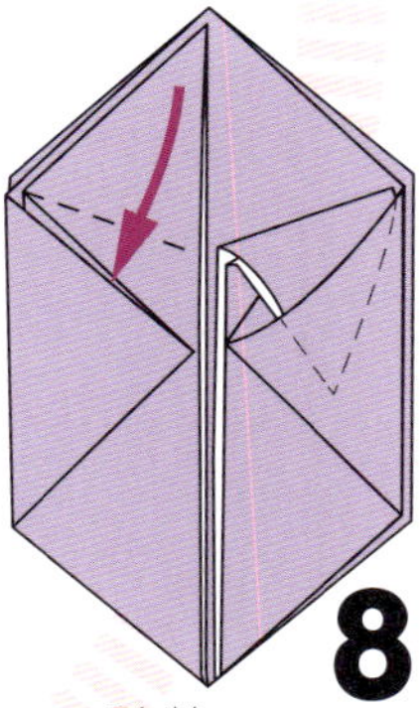

8 点線《てんせん》のところでおり、
先《さき》をふくろの中《なか》に
入《い》れます。

9 うらも同《おな》じようにおったら
下《した》のあなから息《いき》をふき入《い》れます。

いきを
ふきこむ

できあがり

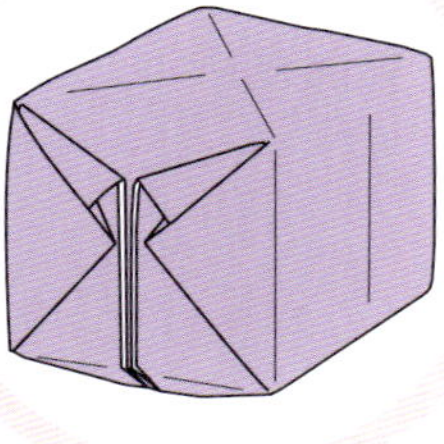

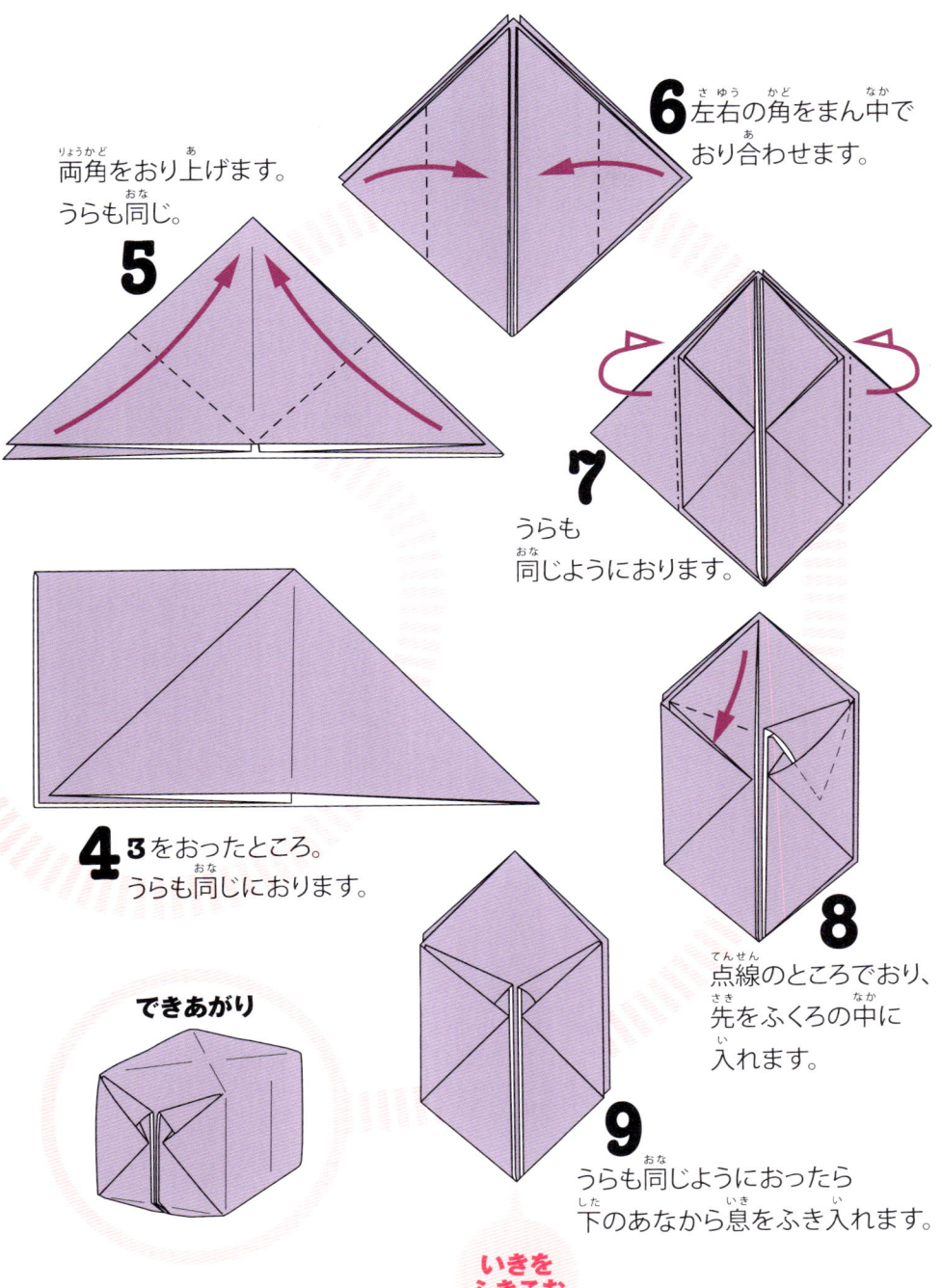

かぶと

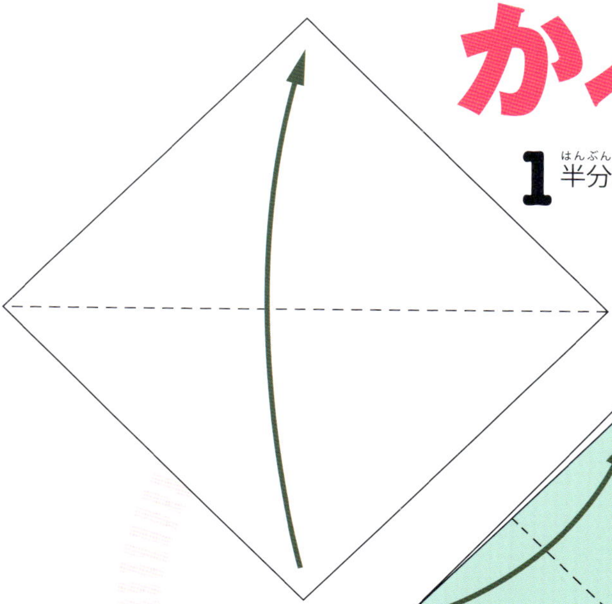

1 半分《はんぶん》におります。

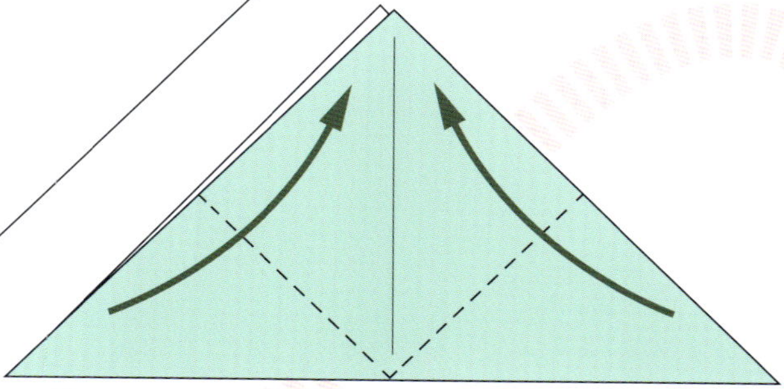

2 もう一度《いちど》半分《はんぶん》におっておりすじをつけてから
両《りょう》はしを上《うえ》におります。

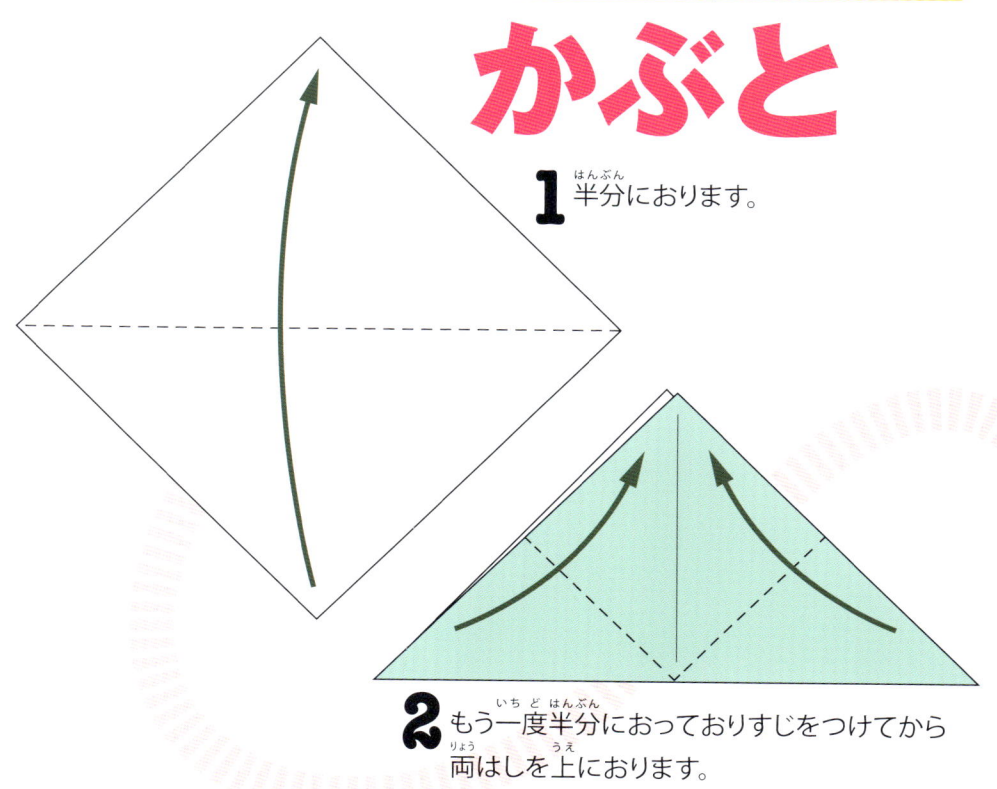

上下《じょうげ》の向《む》きをかえてから
上《うえ》におります。

3

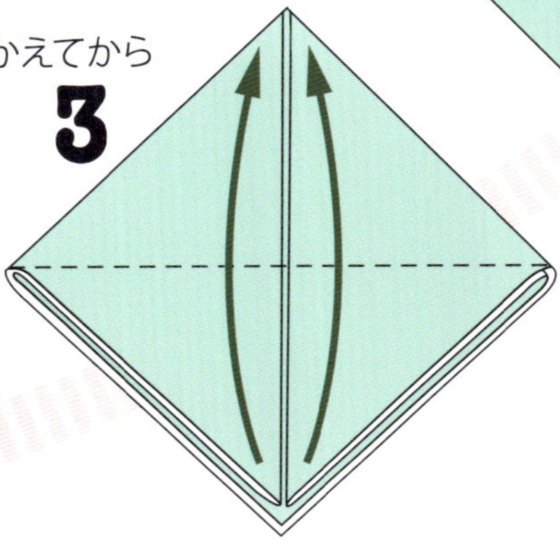

むきをかえる

4

先《さき》をそれぞれ
矢《や》じるしの方向《ほうこう》へ
おり返《かえ》します。

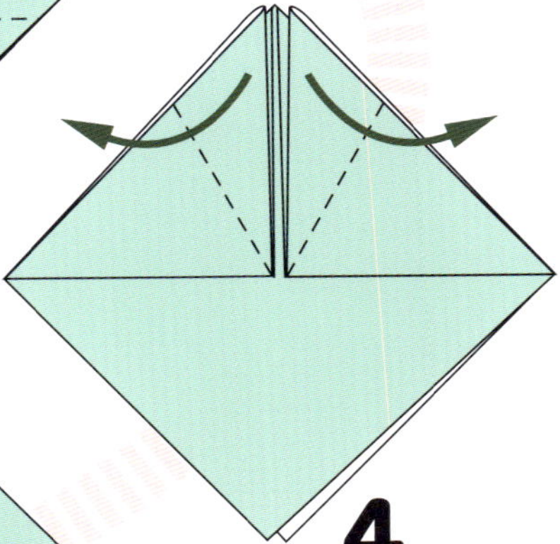

5

下《した》から1枚《まい》だけ
上《うえ》におります。

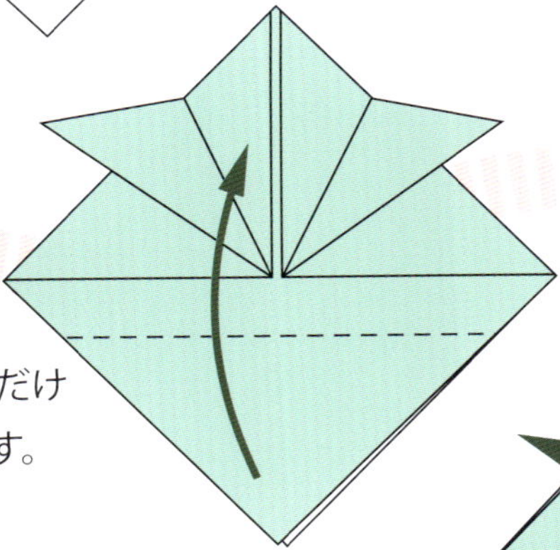

6

もう一度《いちど》、おり上《あ》げます。

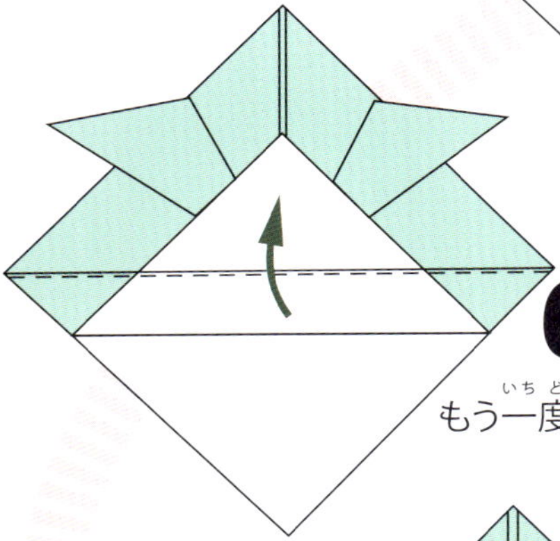

7

下《した》の三角《さんかく》を
向《む》こうがわに
おり上《あ》げます。

できあがり

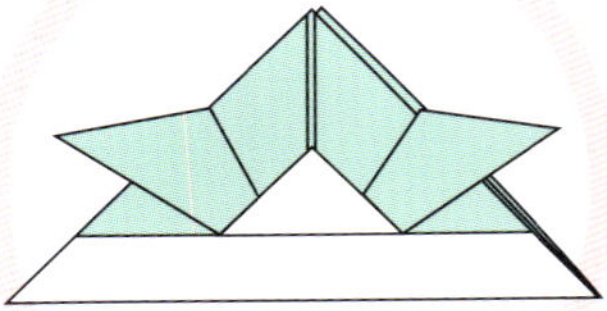

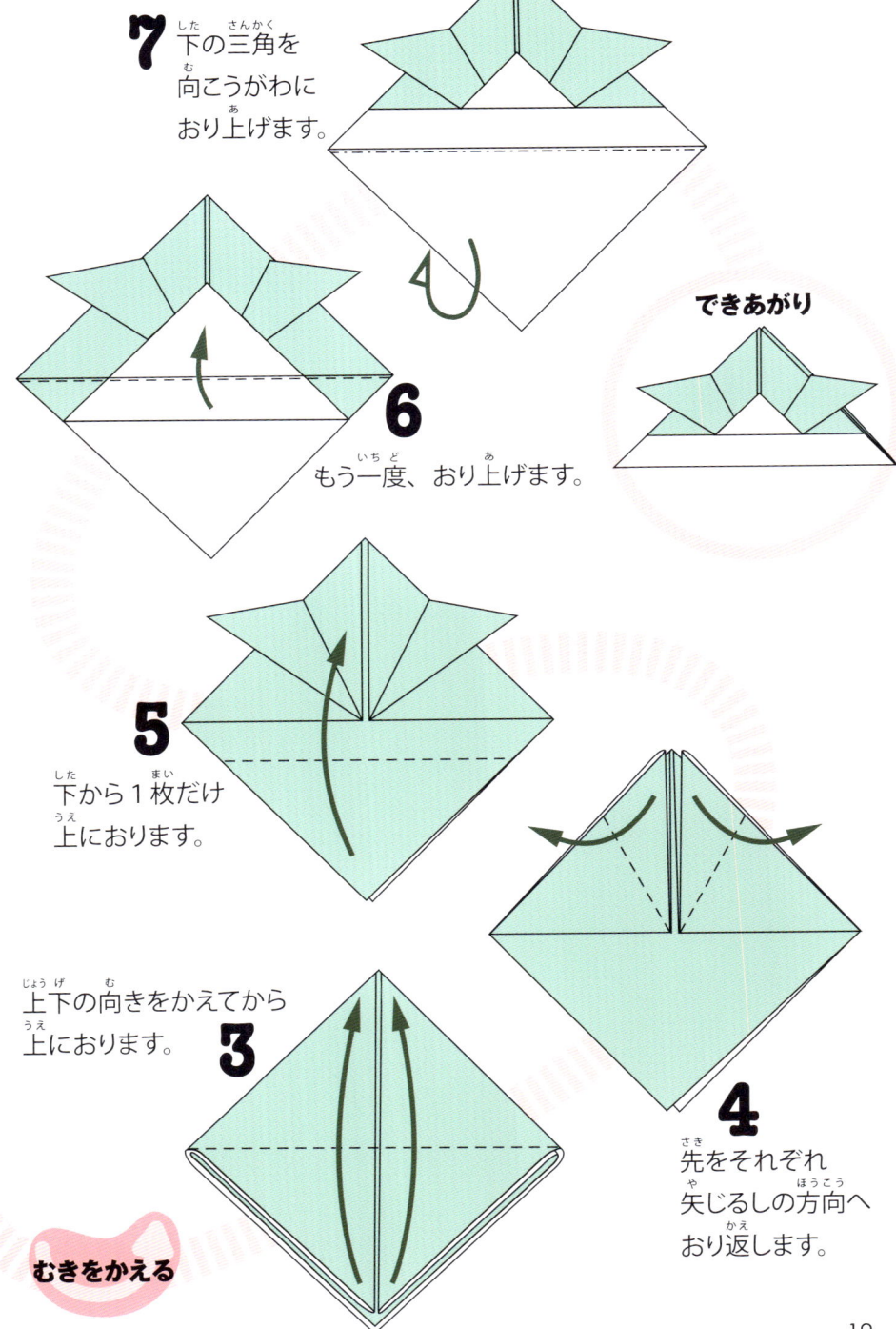

コップ

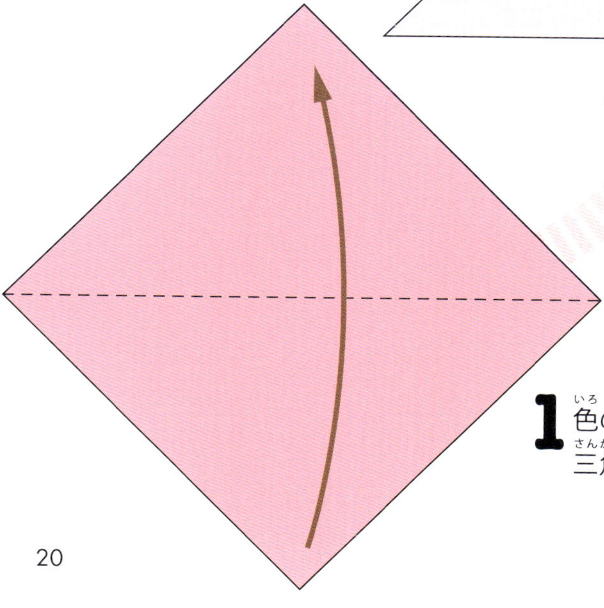

1 色《いろ》のついた面《めん》を表《おもて》にして
三角《さんかく》におります。

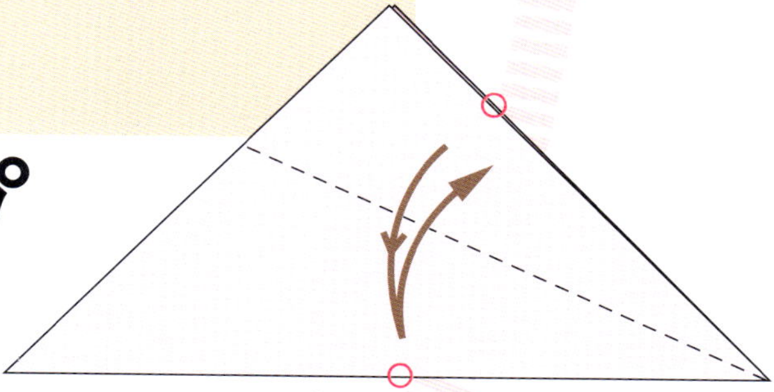

2 2つの○が合《あ》うように
おってもどし、
おりすじをつけます。

3

右角《みぎかど》が○に合《あ》うようにおります。

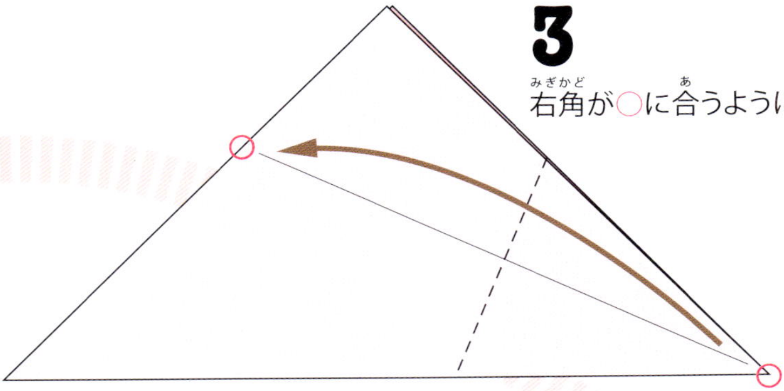

4

左角《ひだりかど》も同《おな》じようにおります。

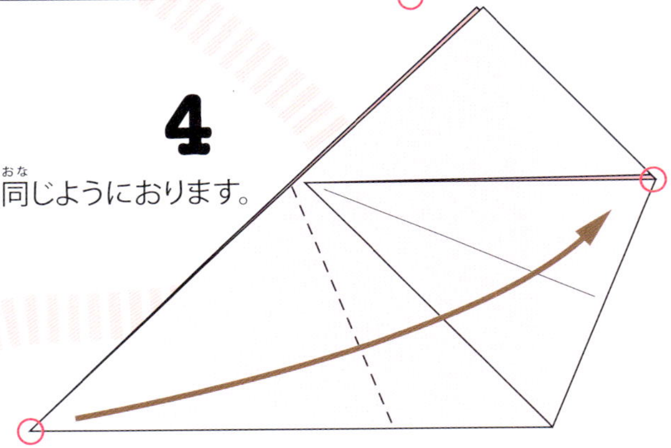

5

上《うえ》の１枚《まい》だけを
おり下《さ》げます。

6

向《む》こうがわに
おり下《さ》げます。

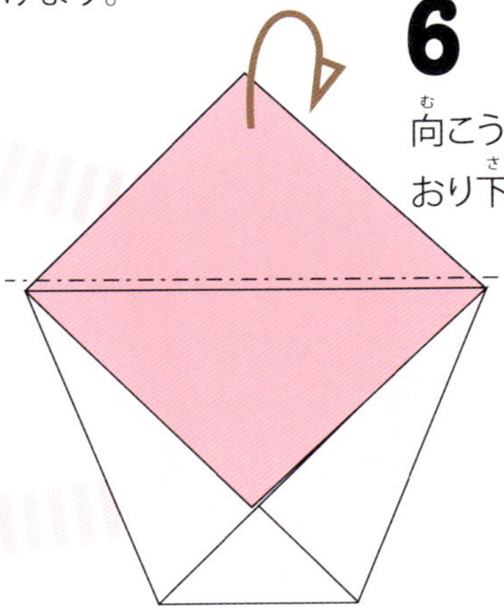

できあがり

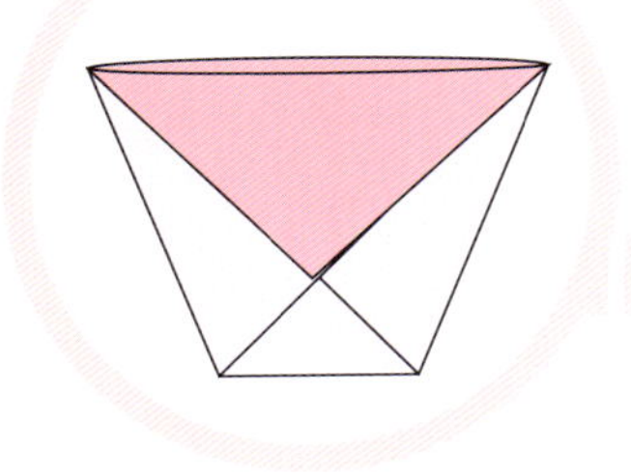

さいふ

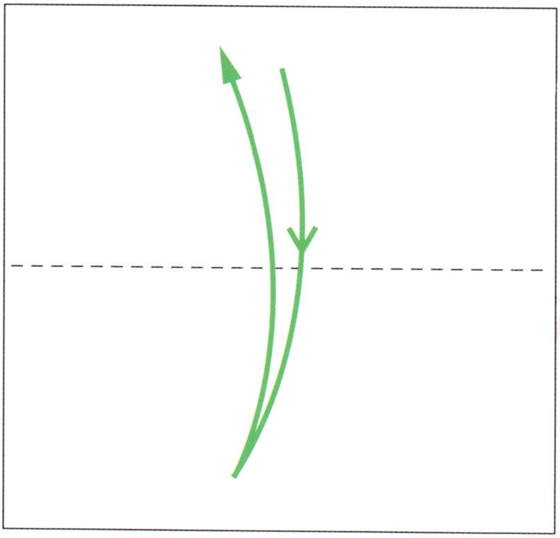

1 半分《はんぶん》におってもどし、
おりすじをつけます。

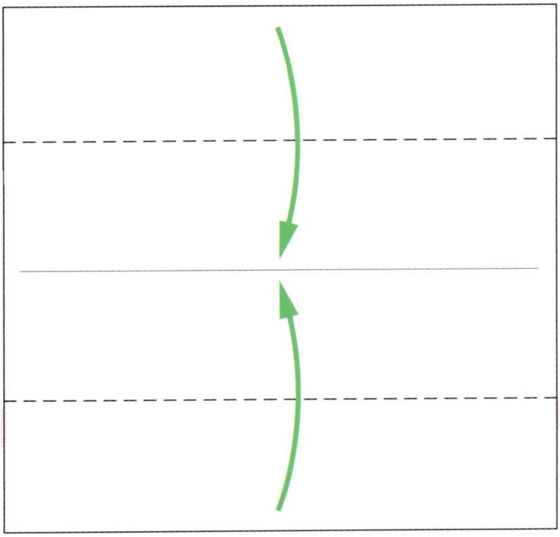

2 おりすじに合《あ》わせて
上下《じょうげ》をおります。

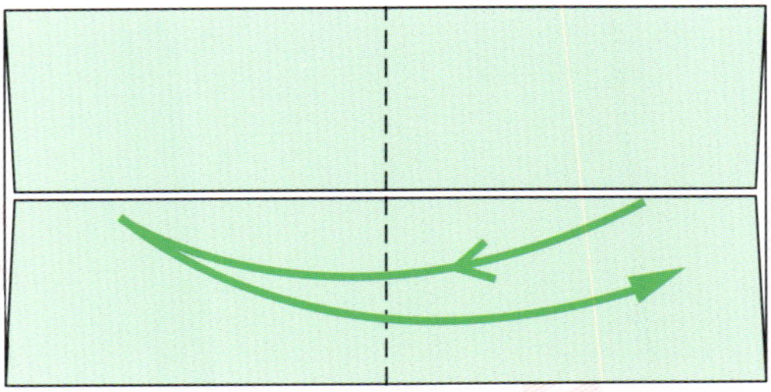

3 半分《はんぶん》におってもどし、
おりすじをつけます。

うらがえす

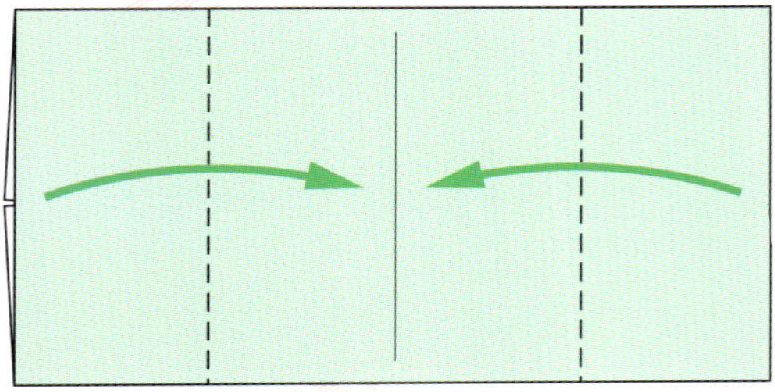

4 うら返《がえ》したら
左右《さゆう》をおります。

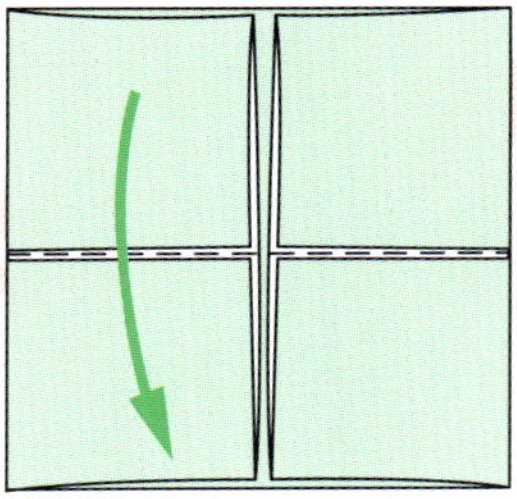

5 上下《じょうげ》半分《はんぶん》に
おります。

できあがり

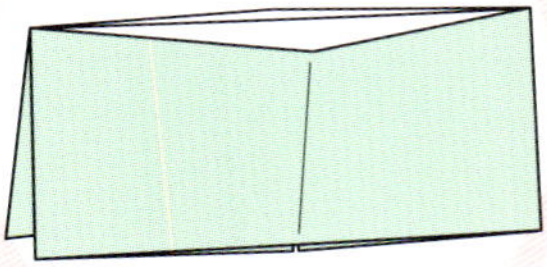

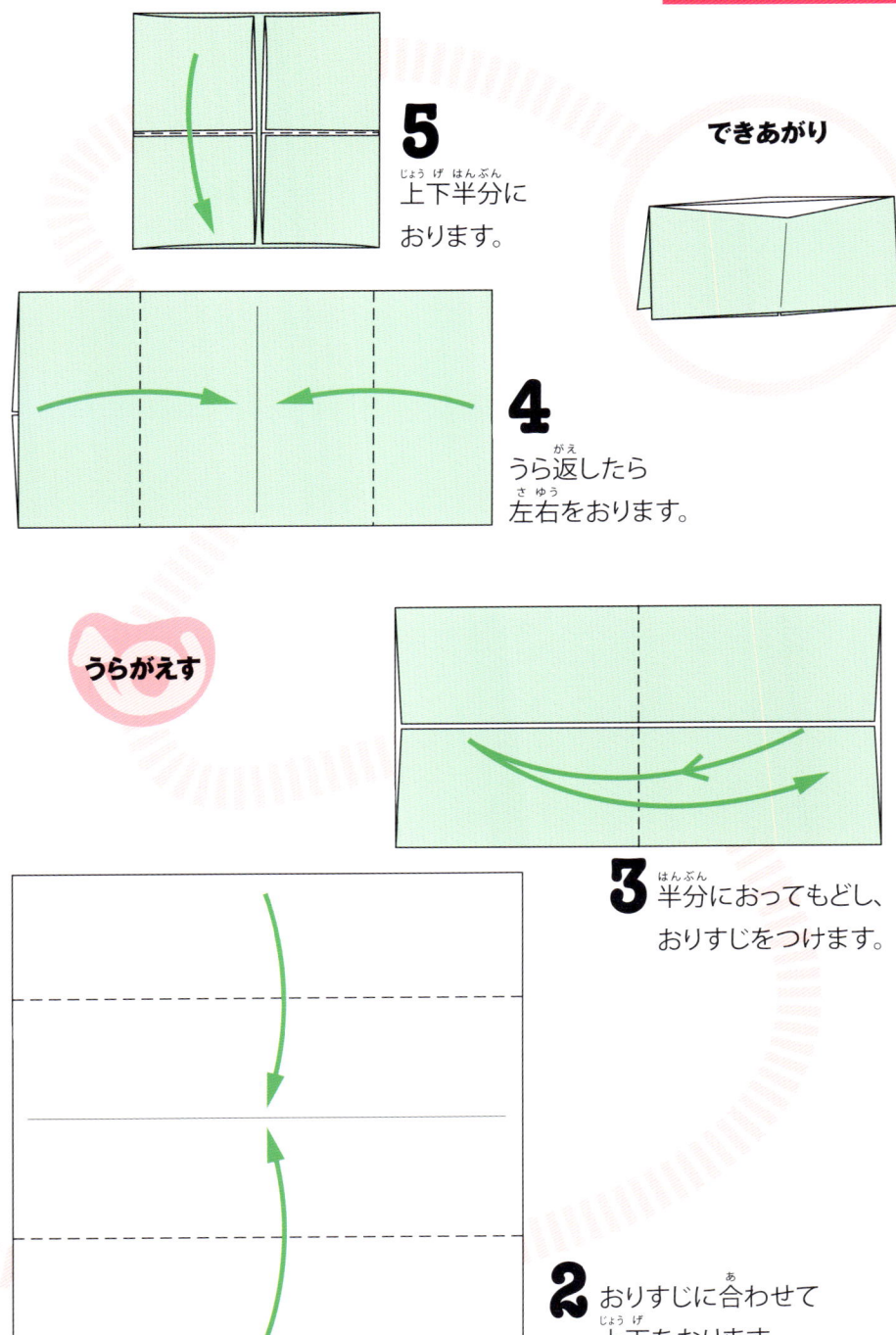

いえ

1 半分《はんぶん》におります。

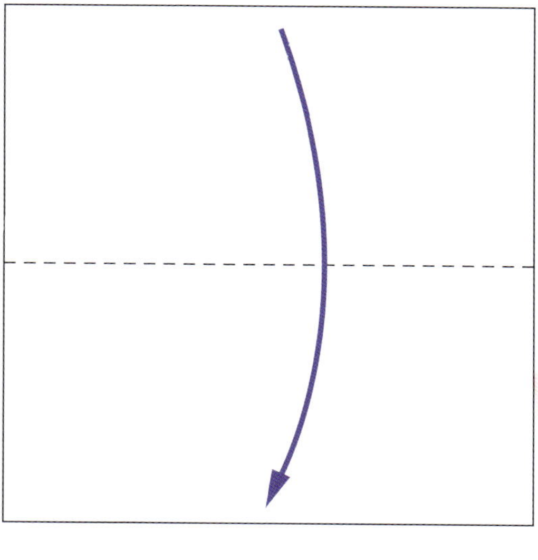

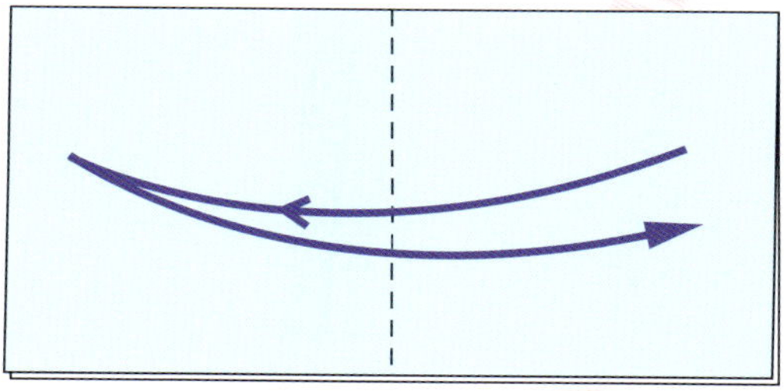

2 横半分《よこはんぶん》におってもどし、おりすじをつけます。

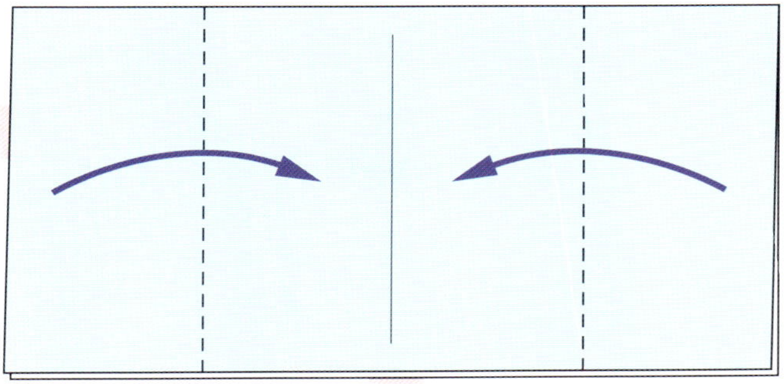

3

左右《さゆう》をおります。

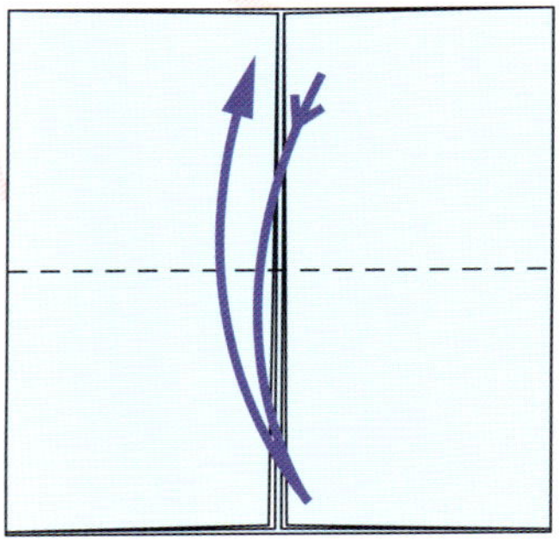

4

上《じょう》下《げ》半分《はんぶん》に
おってもどし、
おりすじを
つけます。

5 から指《ゆび》を入《い》れて
開《ひら》いてつぶします。

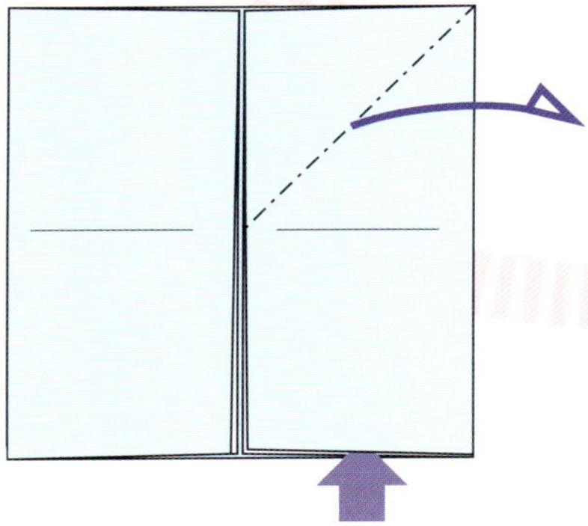

5をおっているところ

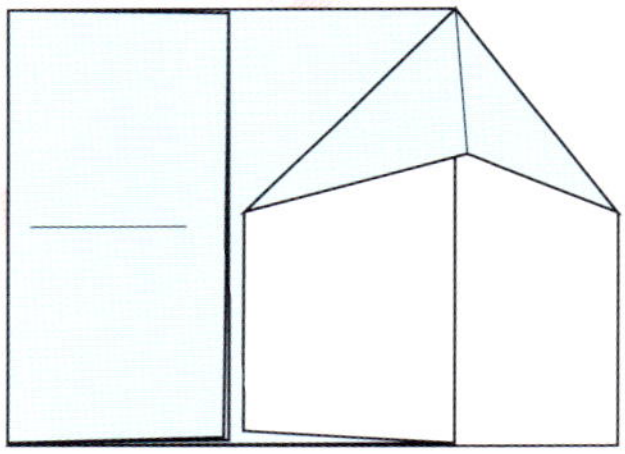

6 左《ひだり》がわも開《ひら》いてつぶします。

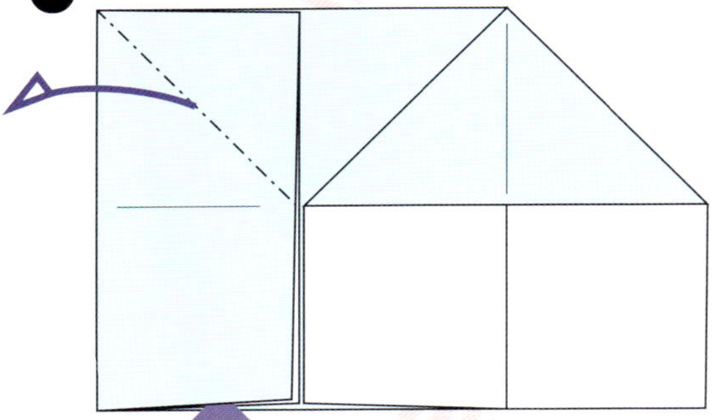

できあがり

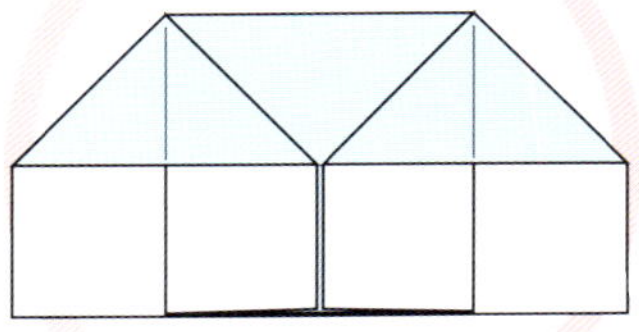

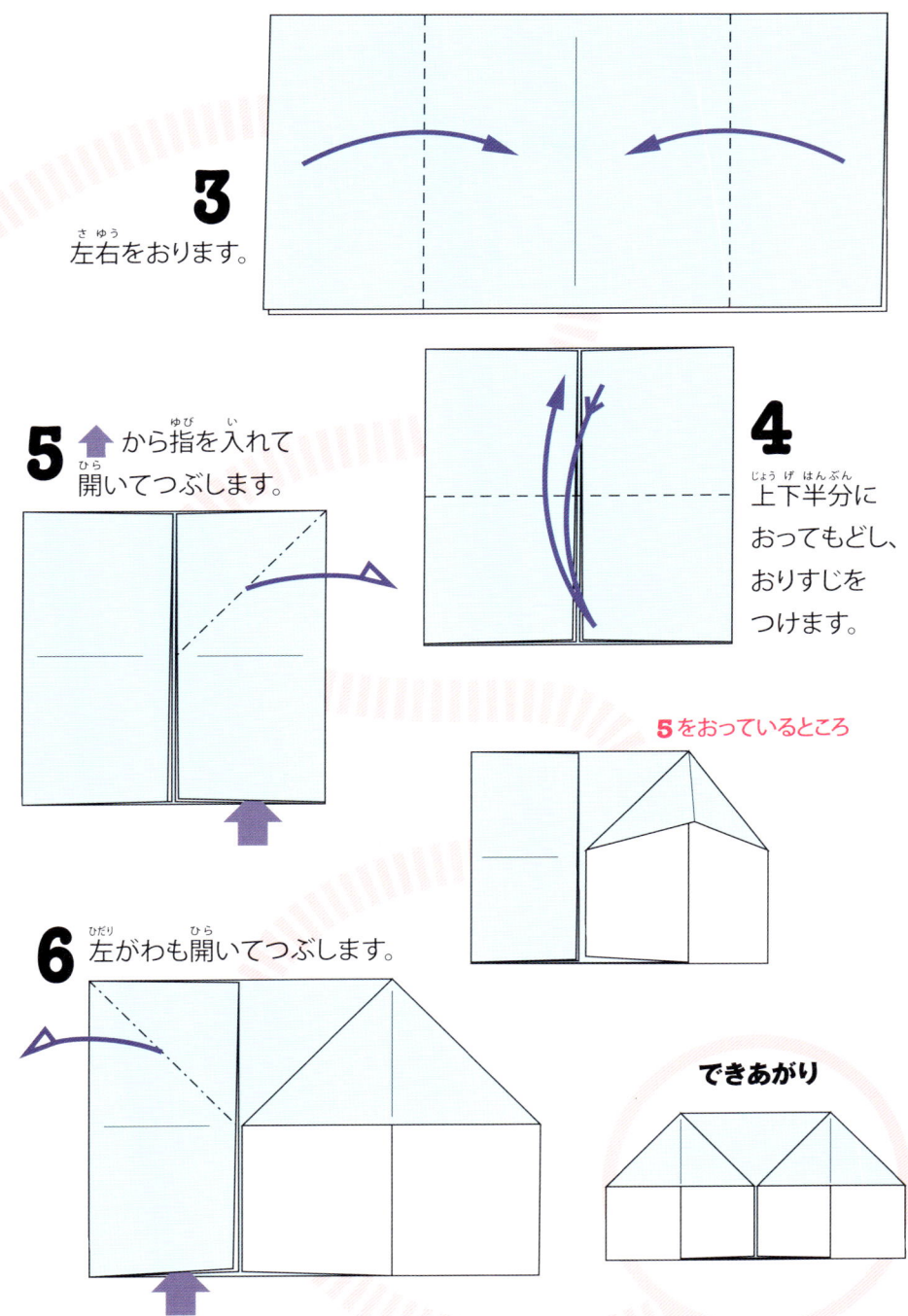

オルガン

「いえ」(24ページ)の
できあがりまでおります。

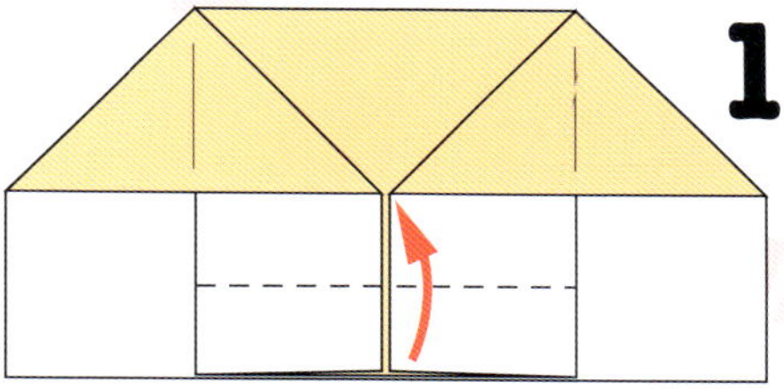

1 図《ず》のようにおります。

2 さらにおり上《あ》げます。

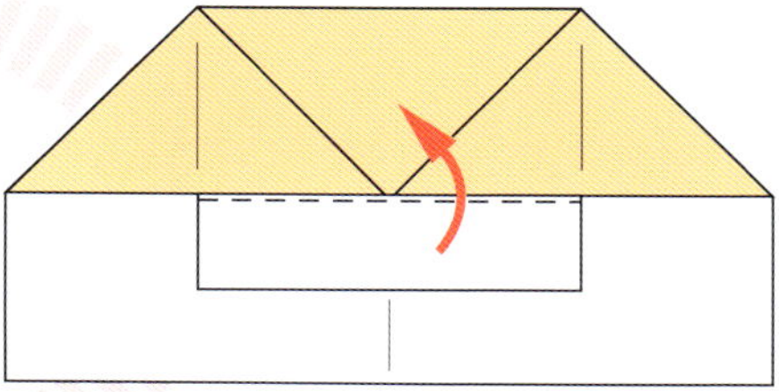

3 左右《さゆう》をおり、
2でおり上《あ》げたけんばんを
手前《てまえ》に起《お》こします。

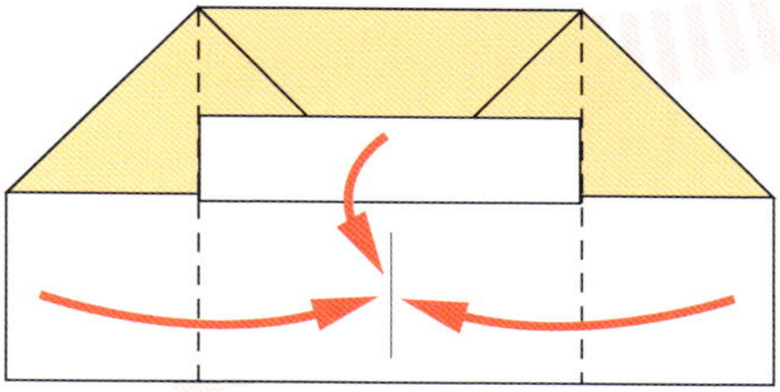

できあがり

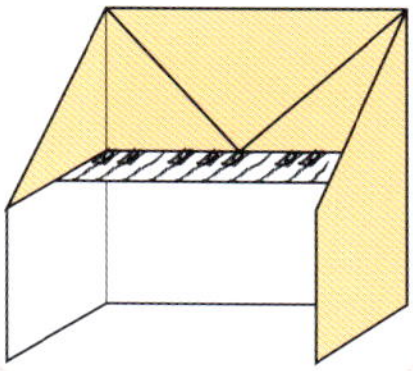

けんばんを
かきましょう。

アメリカンハット

「いえ」(24ページ)の
できあがりまでおります。

1 左右《さゆう》を向《む》こうがわにおります。

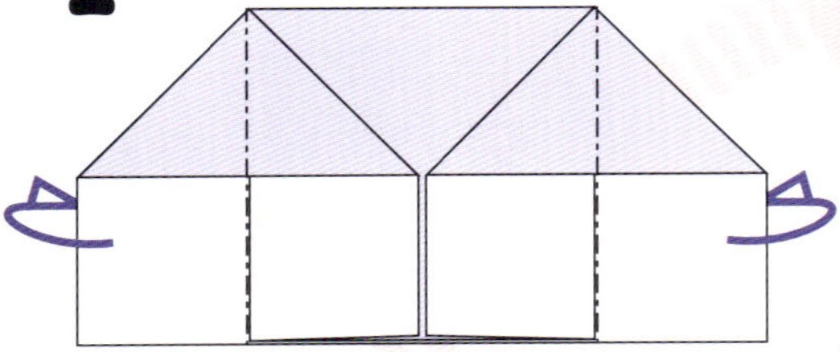

2 手前《てまえ》だけ
上《うえ》におります。

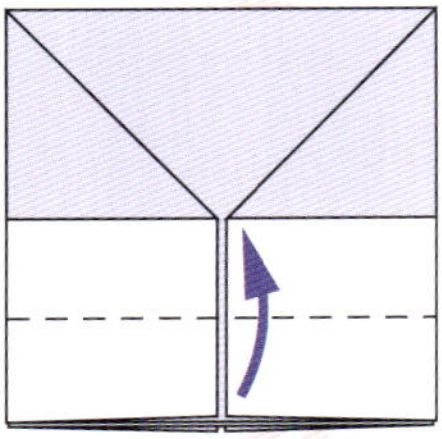

3 もう一度《いちど》
おり上《あ》げます。

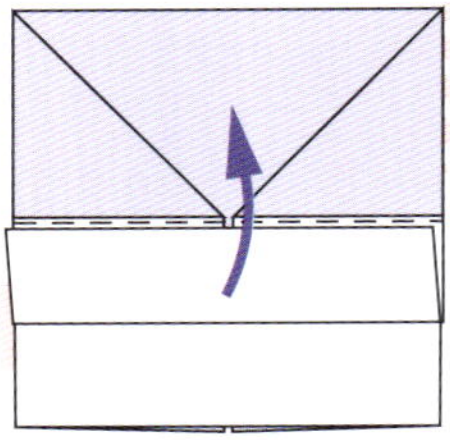

4

うらも
2～3と同《おな》じに
おります。

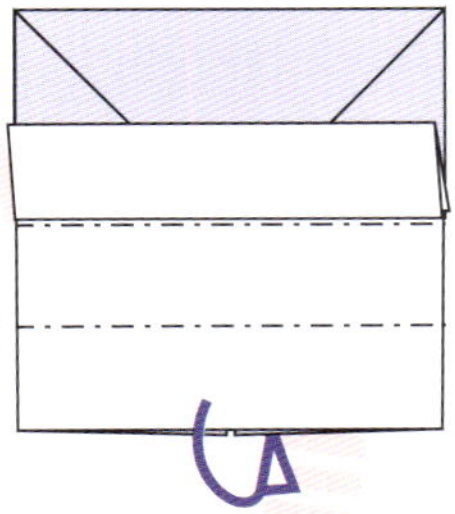

できあがり

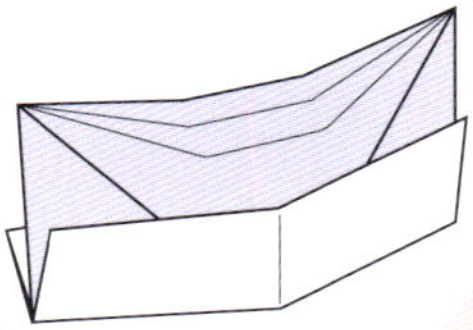

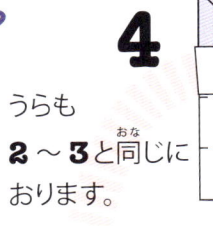

にそうぶね

1 半分《はんぶん》におってもどし、
おりすじをつけます。

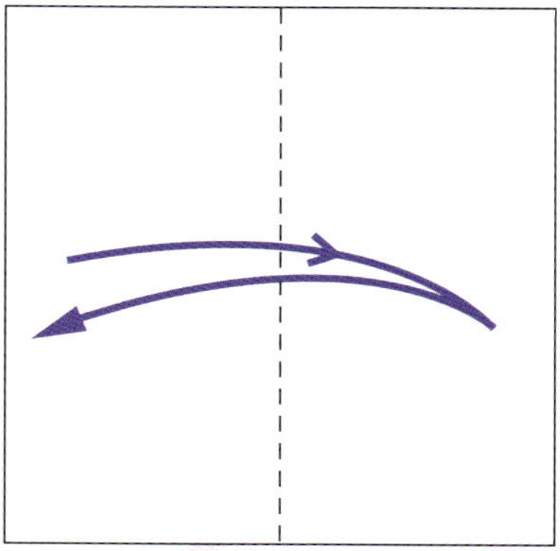

2 おりすじに合《あ》わせて
左右《さゆう》をおります。

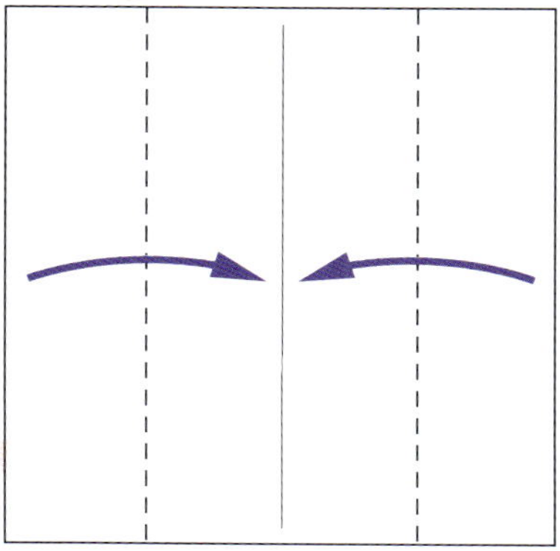

3 半分《はんぶん》におってもどし、
おりすじをつけます。

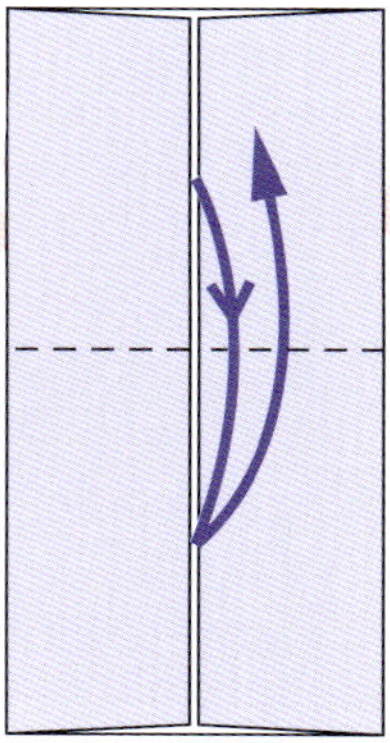

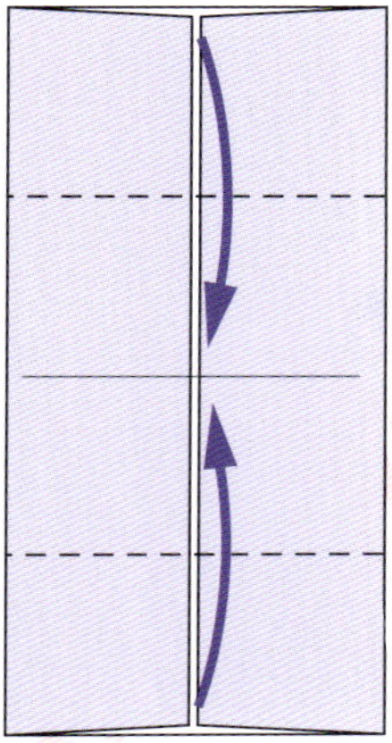

4 おりすじに合《あ》わせて
上《じょう》下《げ》をおります。

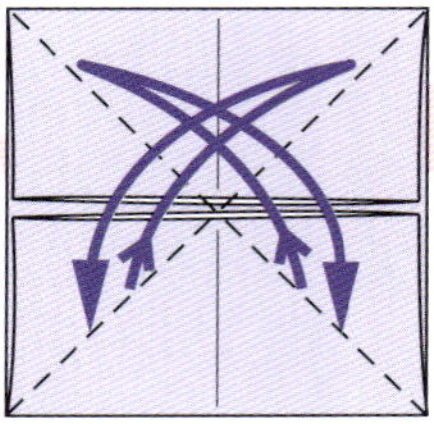

5 ななめにおりすじを
つけます。

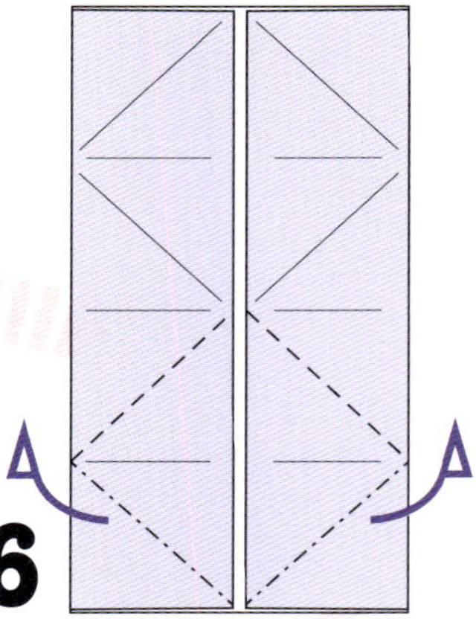

6

図《ず》の形《かたち》までもどし、
下《した》を左右《さゆう》に開《ひら》いてつぶします。

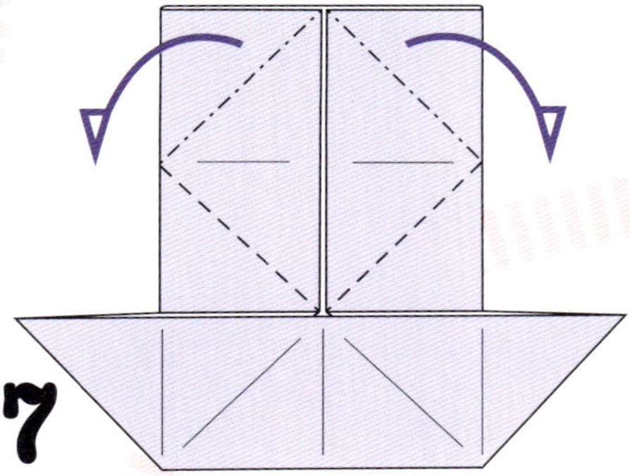

7

上《うえ》も同《おな》じように、開《ひら》いてつぶします。

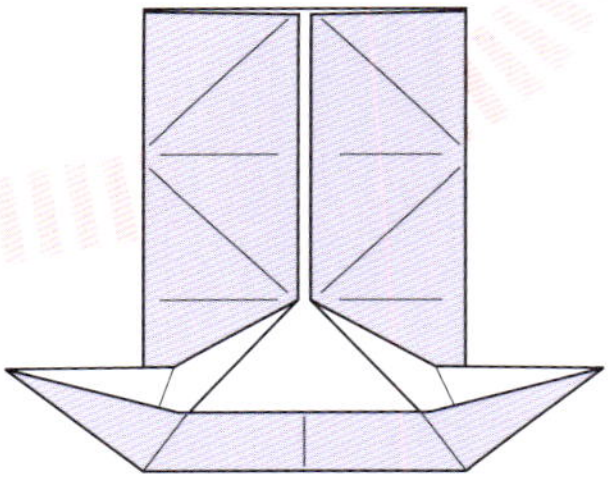

6をおっているところ

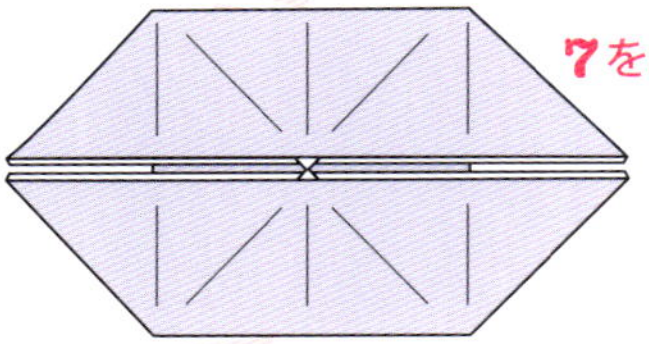

7をおったところ

できあがり

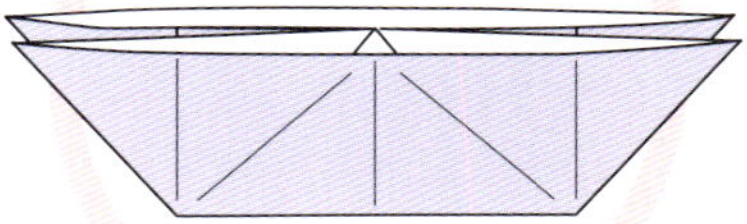

うらがえす

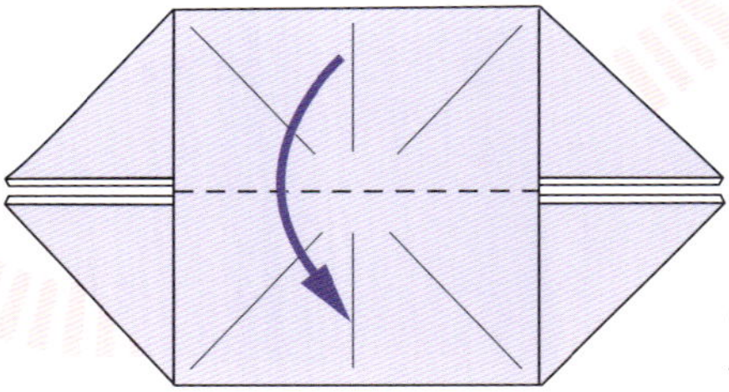

8

うら返《がえ》したら
上《じょう》下《げ》半分《はんぶん》におります。

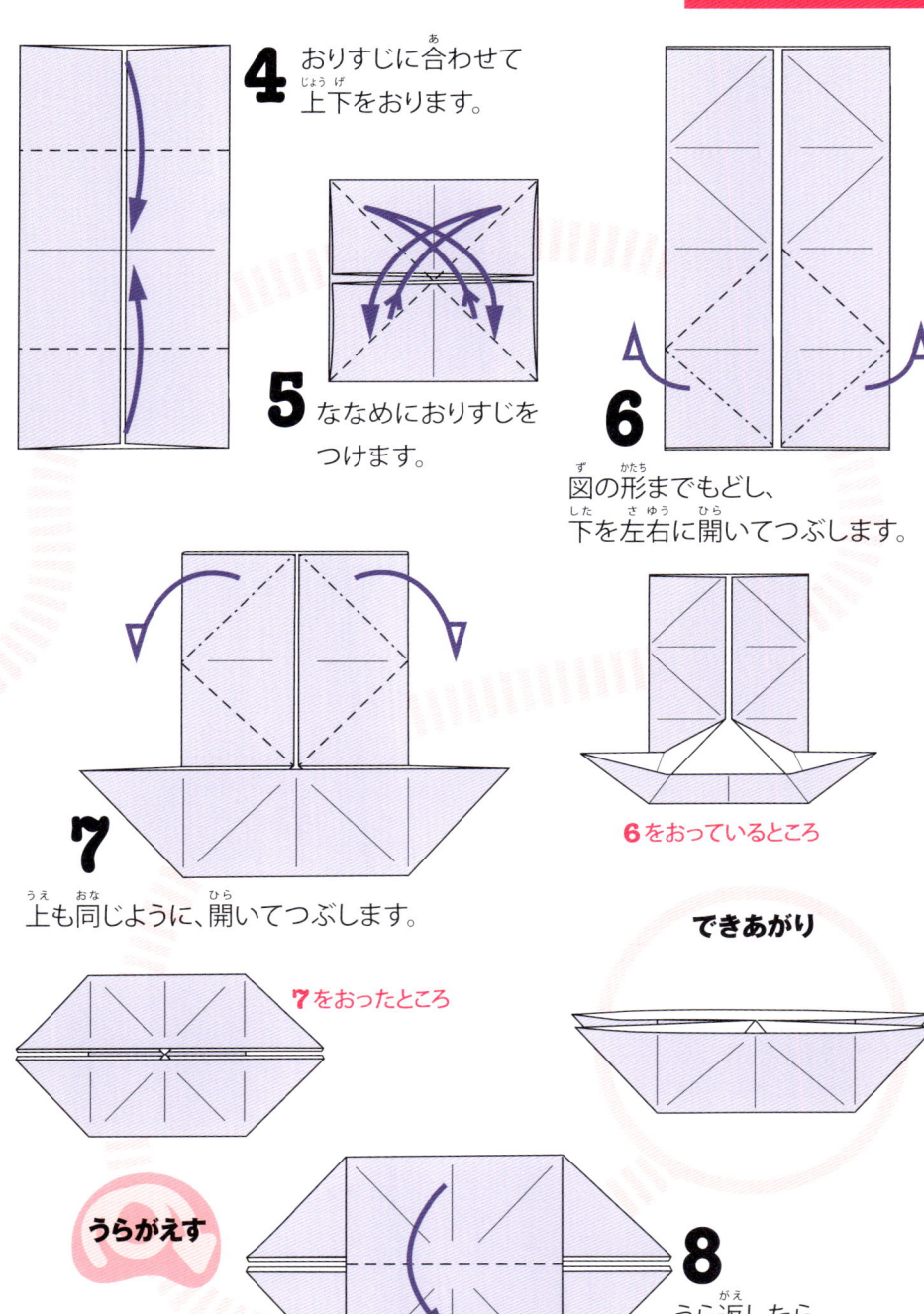

だましぶね

「にそうぶね」(28ページ)**の**
7までおります。

1 右《みぎ》だけ、図《ず》のように
上《じょう》下《げ》におり返《かえ》します。

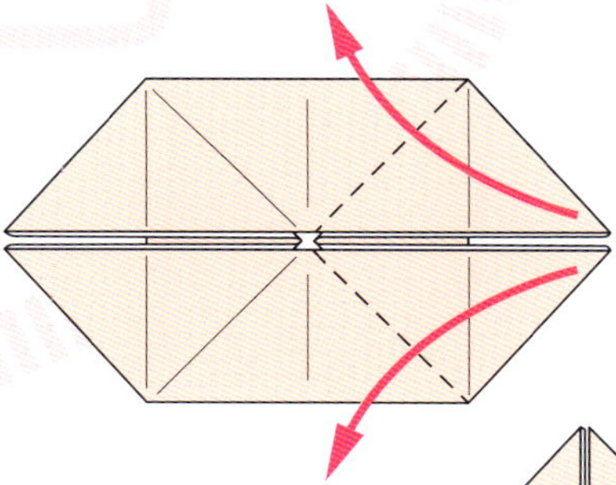

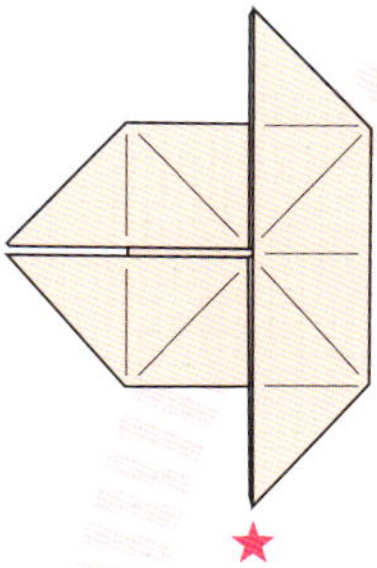

1をおったところ

むきをかえる

うらがえす

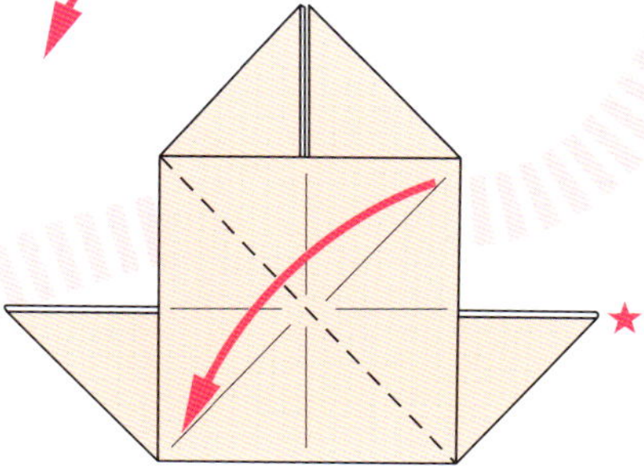

2 うら返《がえ》して向《む》きをかえてから
ななめにおります。
このとき、★が図《ず》の位置《いち》になるように
注意《ちゅうい》しましょう。

できあがり

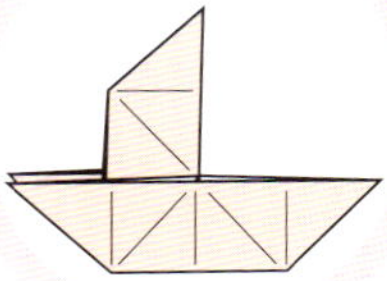

二人《ふたり》で遊《あそ》びましょう!

1 一人《ひとり》が帆《ほ》の先《さき》を持《も》ち、目《め》をつぶります。

2 もう一人《ひとり》が図《ず》の矢《や》じるし部分《ぶぶん》を下《した》におり返《かえ》します。

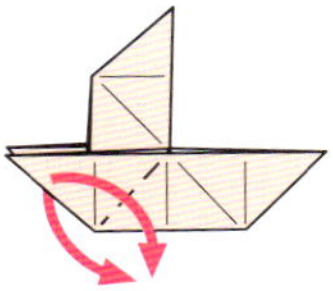

3 目《め》を開《あ》けると、帆《ほ》の先《さき》を持《も》っていたはずが、船《ふね》の前《まえ》の部分《ぶぶん》を持《も》っています。不思議《ふしぎ》ですね。

かざぐるま

「にそうぶね」(28ページ)の7までおります。

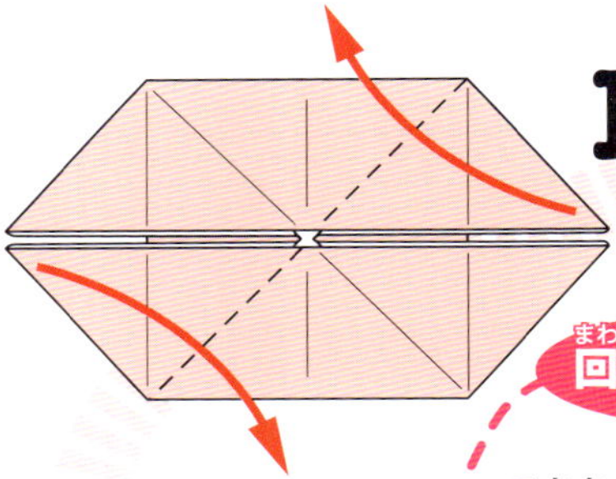

1 右上《みぎうえ》と左下《ひだりした》をおり返《かえ》します。

できあがり

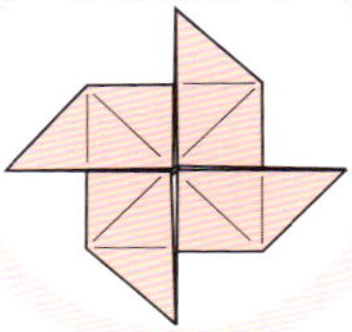

回《まわ》してみましょう!

できあがった風車《かざぐるま》をわりばしにピンでとめ、羽《はね》のふくろに息《いき》をふきかけましょう。少《すこ》し大《おお》きめのあなを開《あ》けてとめると、よく回《まわ》ります。

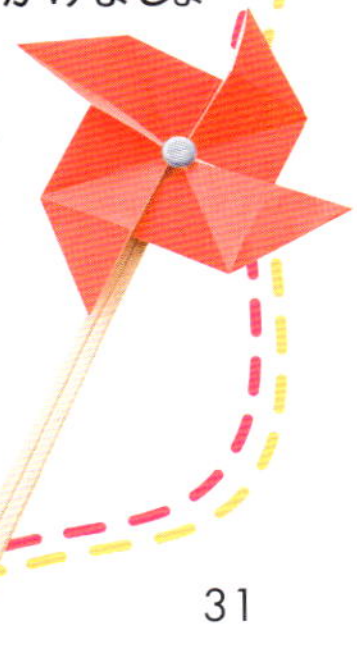

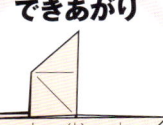

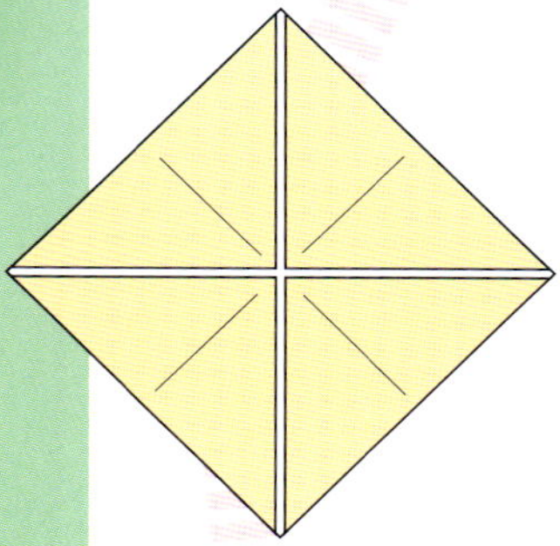

2をおったところ

やっこさん

1 ななめにおりすじをつけます。

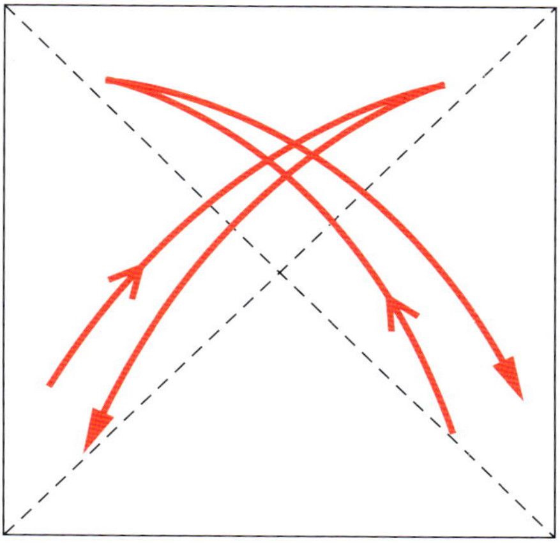

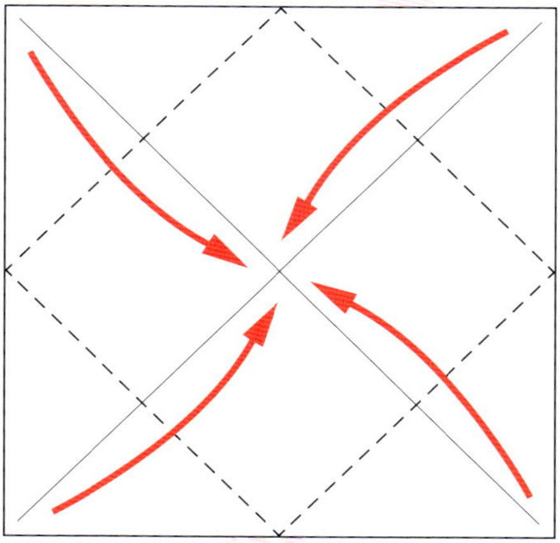

2 4つの角《かど》を
まん中《なか》に向《む》けております。

うらがえす

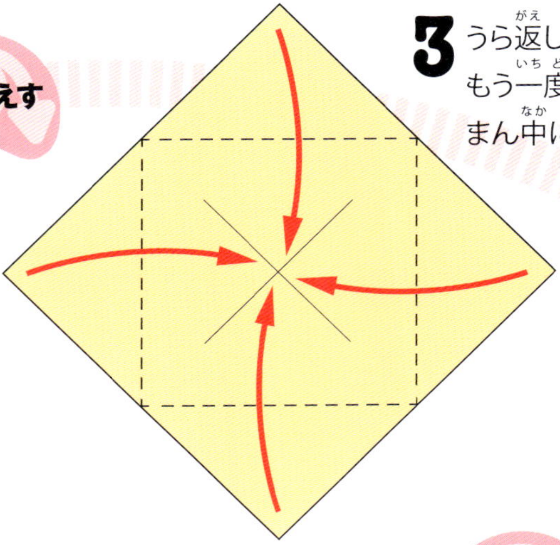

3

うら返《がえ》したら
もう一度《いちど》４つの角《かど》を
まん中《なか》に向《む》けております。

3をおったところ

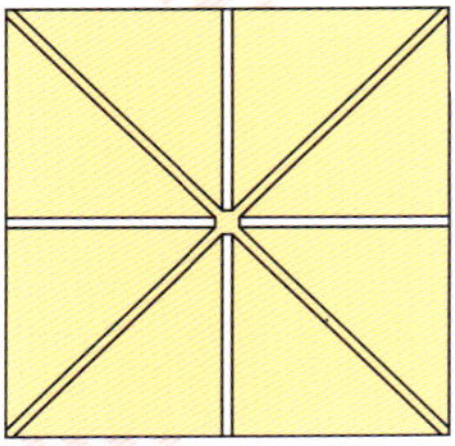

うらがえす

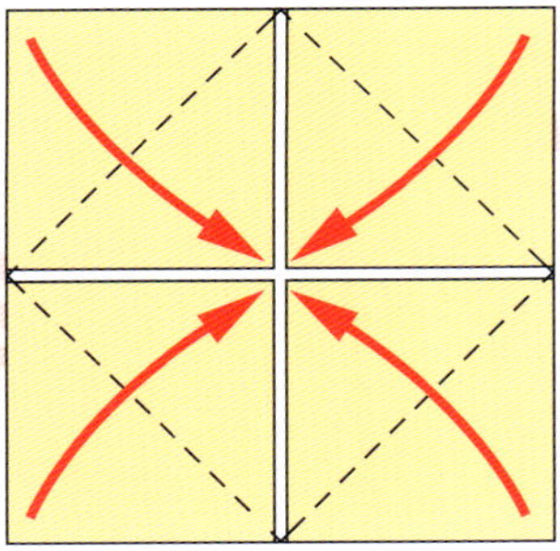

4

うら返《がえ》して
さらに４つの角《かど》をまん中《なか》に向《む》けております。

できあがり

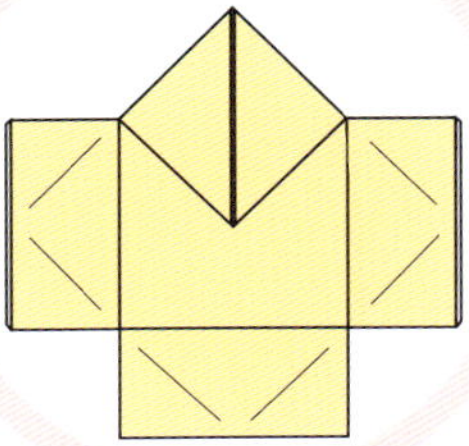

4をおったところ

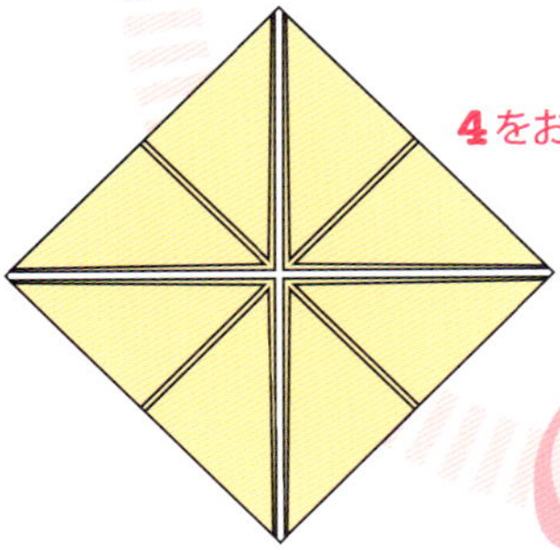

うらがえす

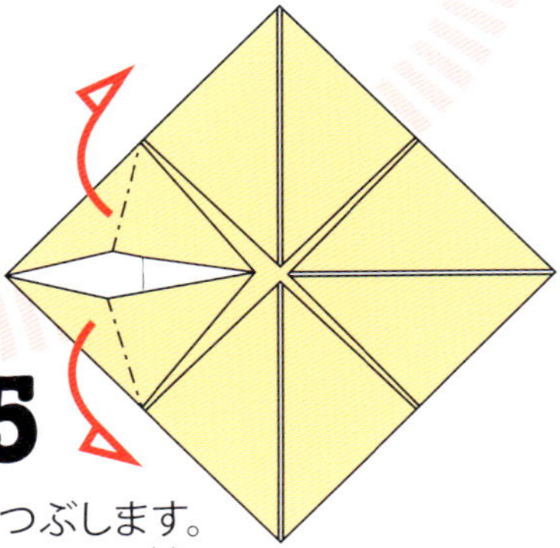

5

うら返《がえ》したら
図《ず》のように開《ひら》いてつぶします。
１つの角《かど》を残《のこ》して、ほかも同《おな》じにおります。

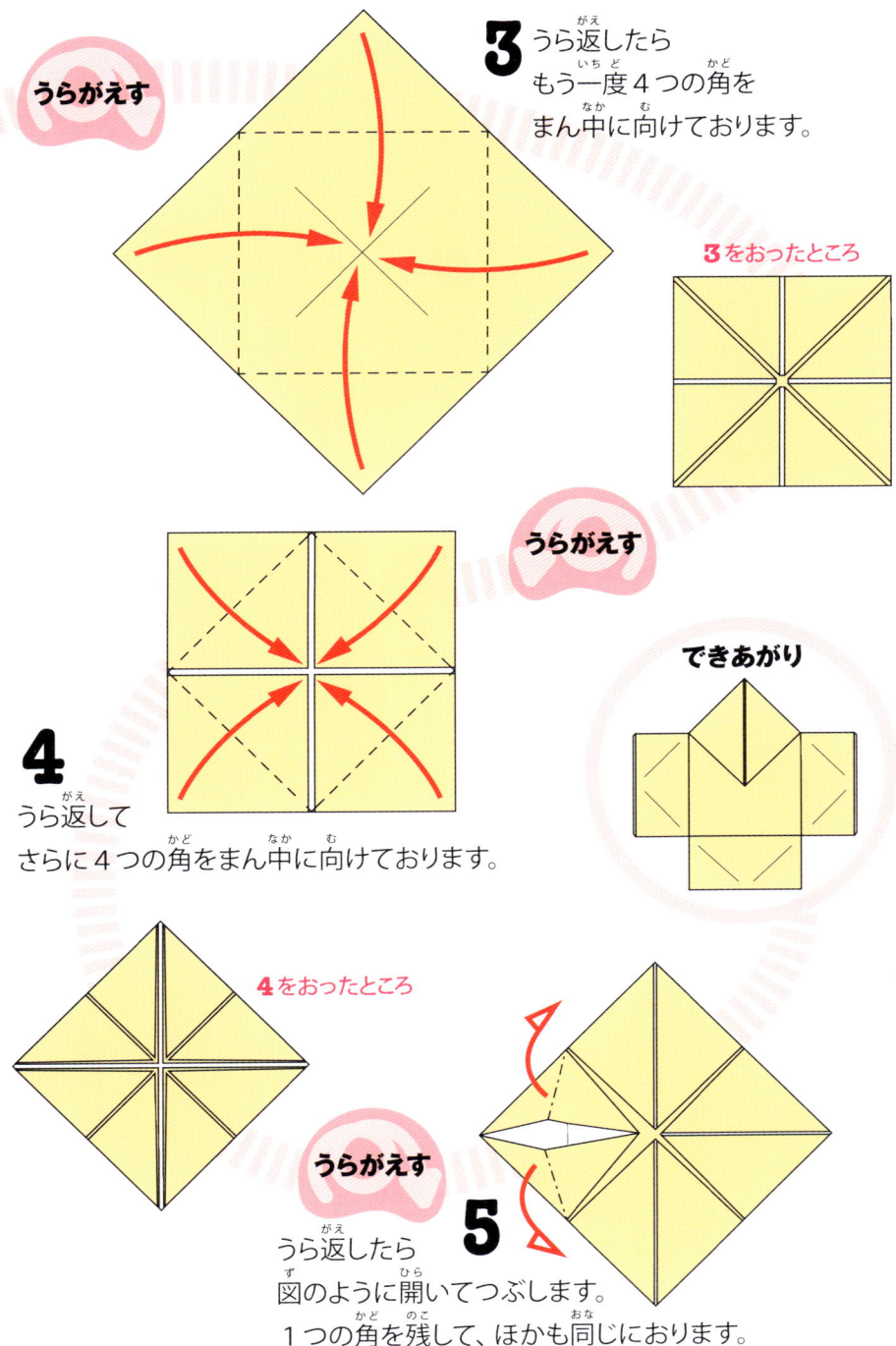

はかま

「やっこさん」(32ページ)の
4までおります。

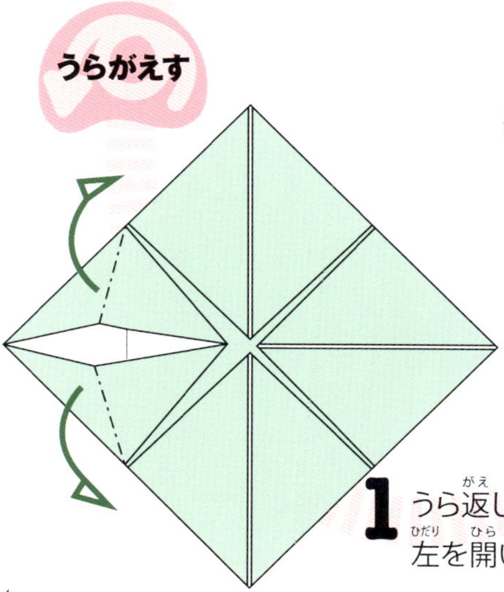

1 うら返《がえ》したら
左《ひだり》を開《ひら》いてつぶします。

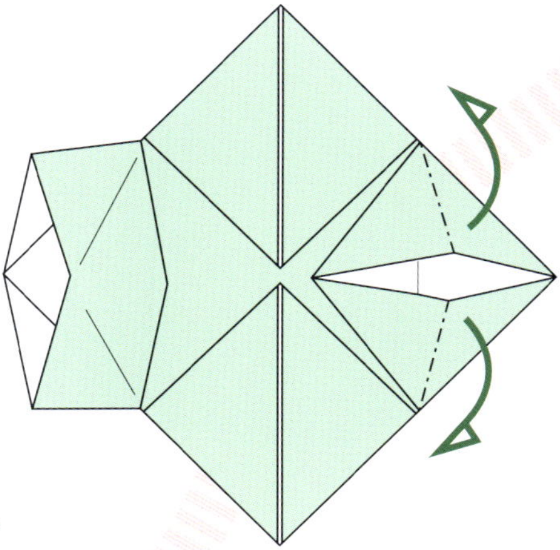

2 右《みぎ》も、同《おな》じように
開《ひら》いてつぶします。

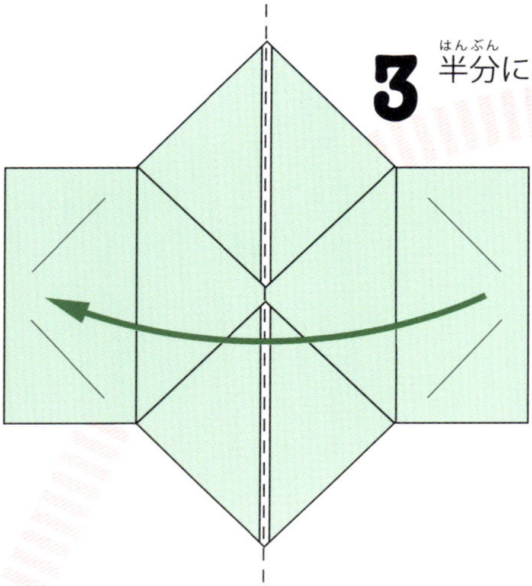

3 半分《はんぶん》におります。

むきをかえる

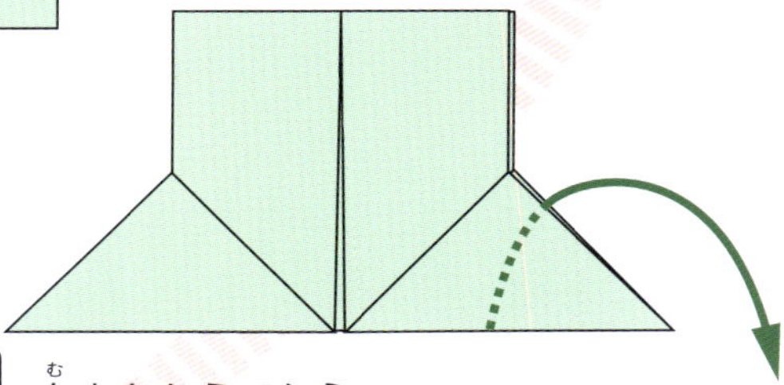

4 向《む》きをかえてから
内《うち》がわに入《はい》っている角《かど》をうら返《がえ》すように、
外《そと》に引《ひ》き出《だ》します。

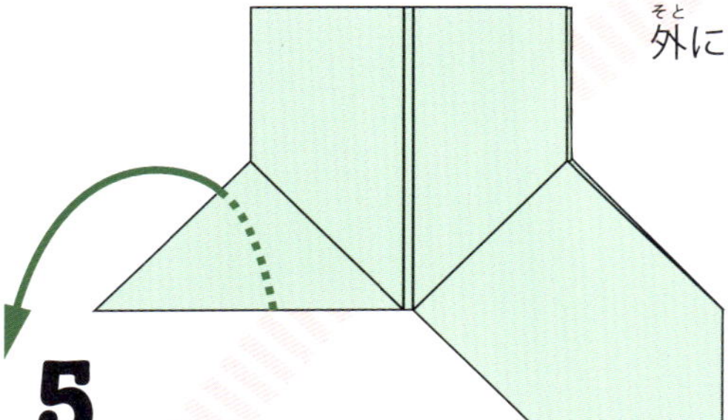

5

4をおったところ。
反対《はんたい》がわも同《おな》じように引《ひ》き出《だ》します。

できあがり

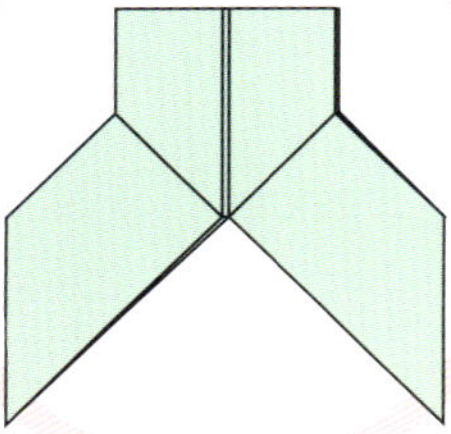

やっこさん（32ページ）を
はさんで、のりづけします。

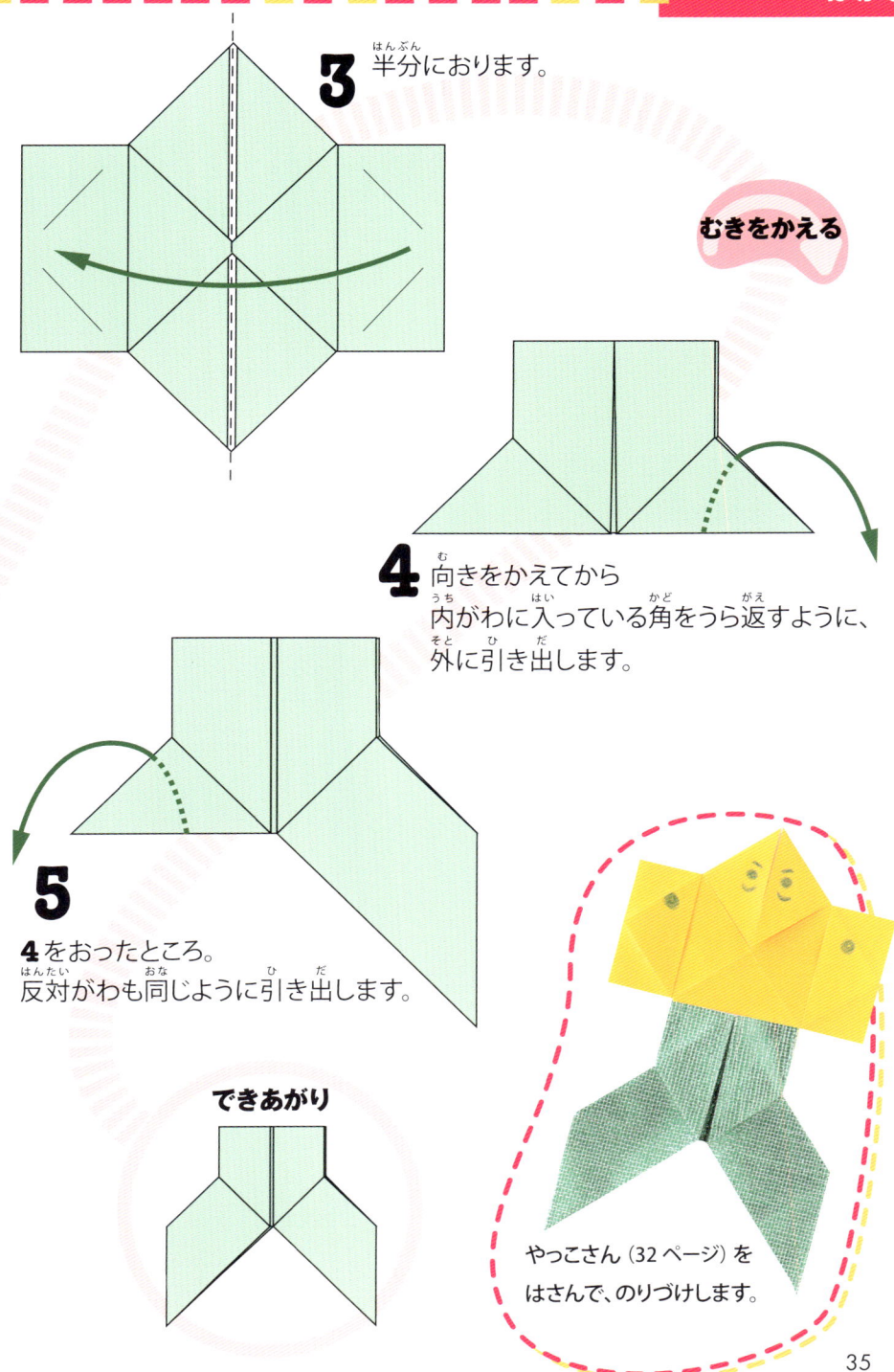

ふね

「さいふ」(22ページ) の
2までおります。

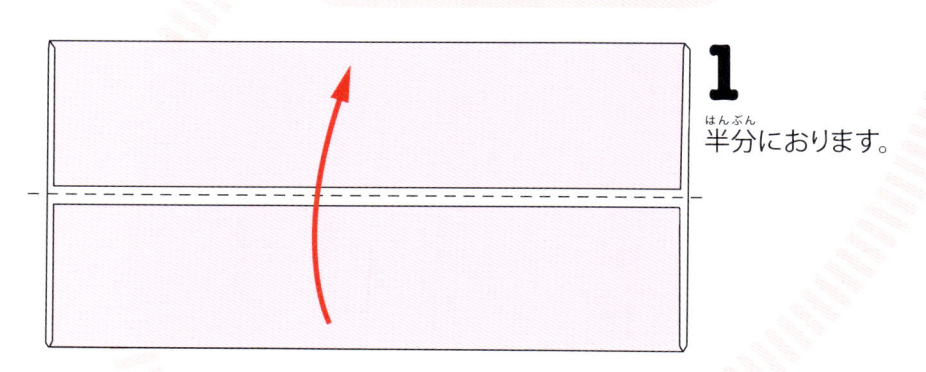

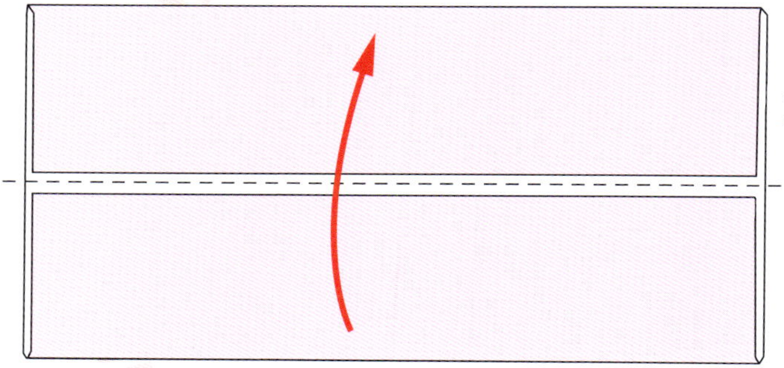

1
半分《はんぶん》におります。

2 上《うえ》を少《すこ》しあまらせて、下《した》の両角《りょうかど》をおり上《あ》げます。

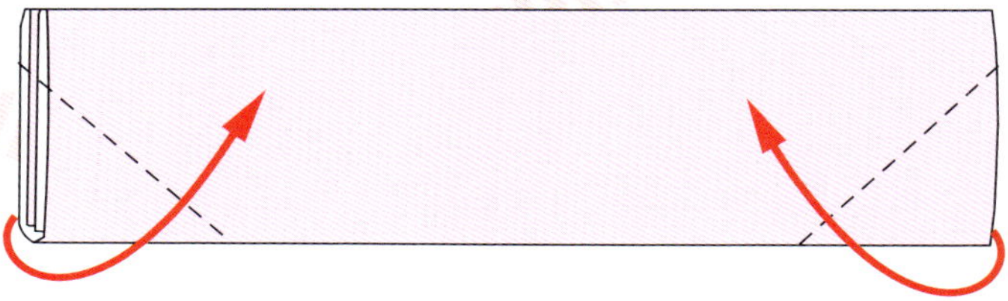

3 手前《てまえ》の１枚《まい》を細《ほそ》くおります。

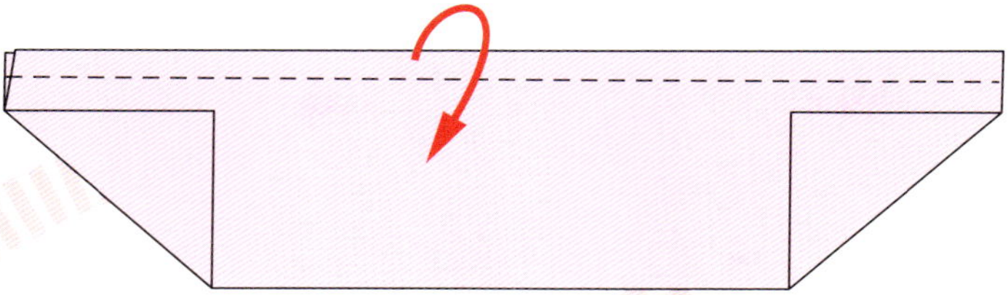

4 もう一度《いちど》下《した》におります。

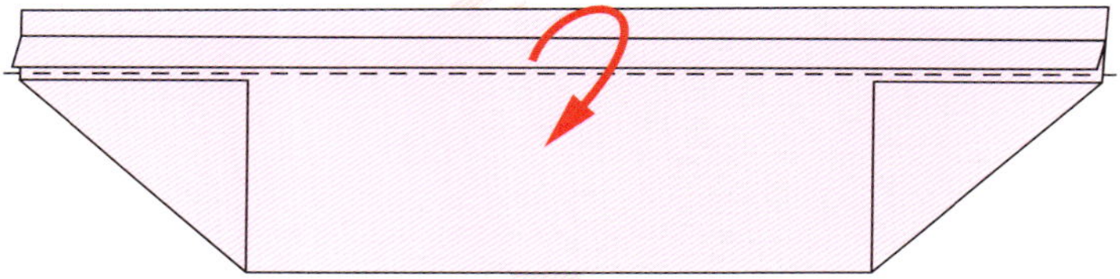

5 うらも同《おな》じように
3～**4**をおります。

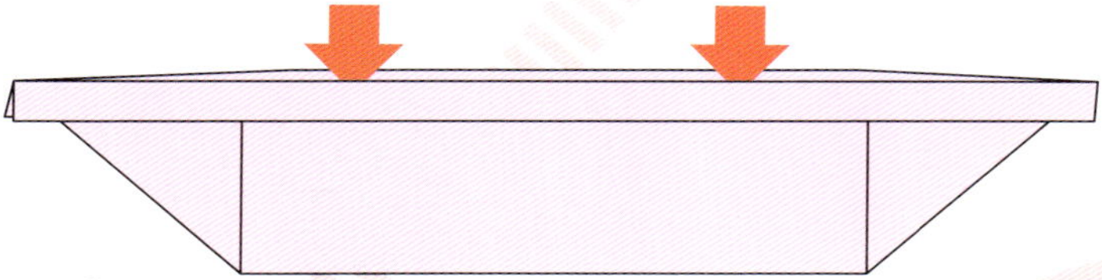

6 ⬆に指《ゆび》を入《い》れて、舟《ふね》の底《そこ》を広《ひろ》げます。

できあがり

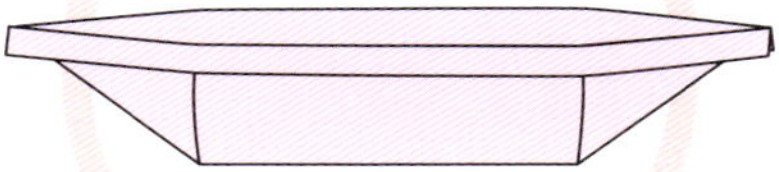

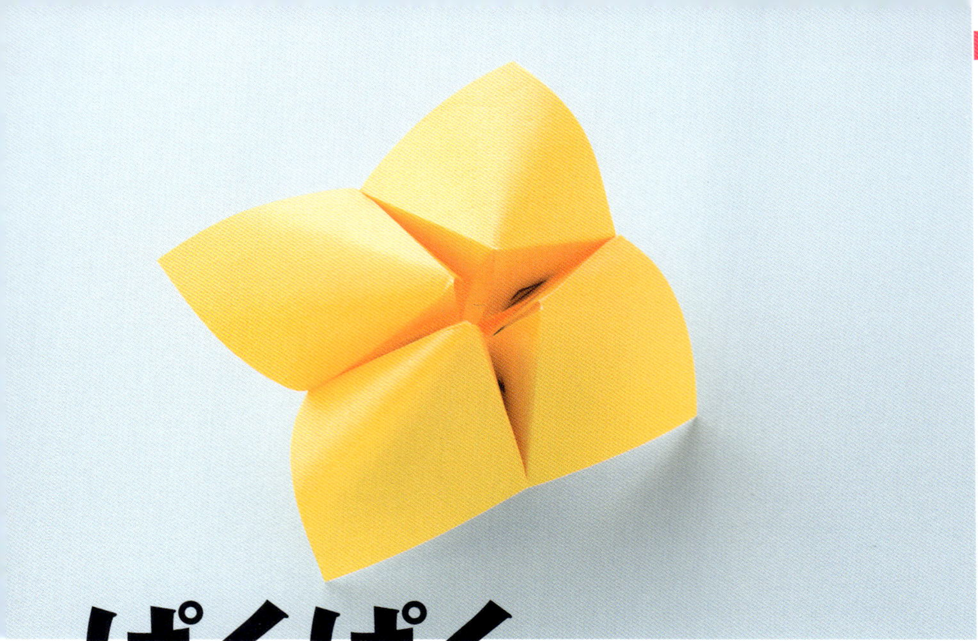

ぱくぱく

1

ななめにおりすじをつけます。

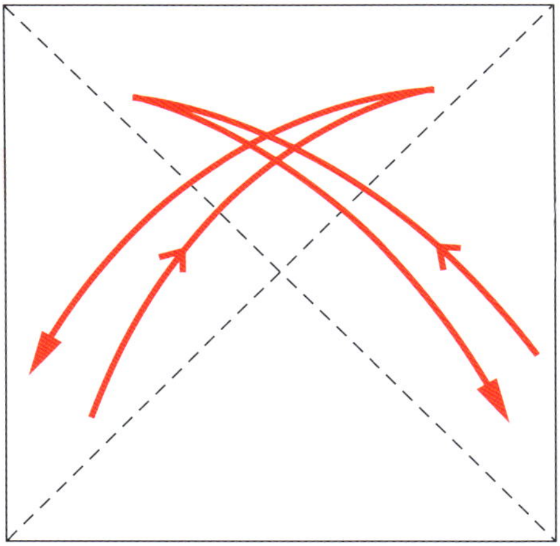

2

4つの角《かど》をまん中《なか》に向《む》けております。

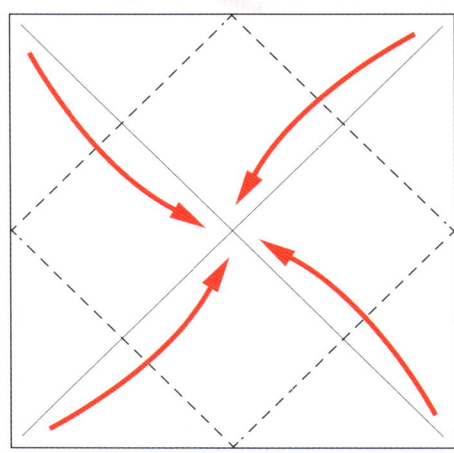

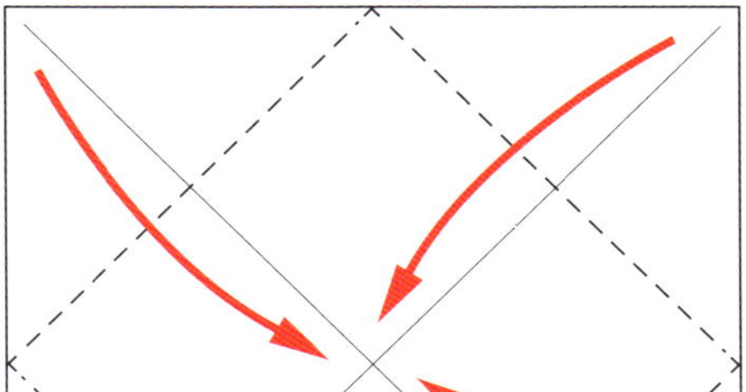

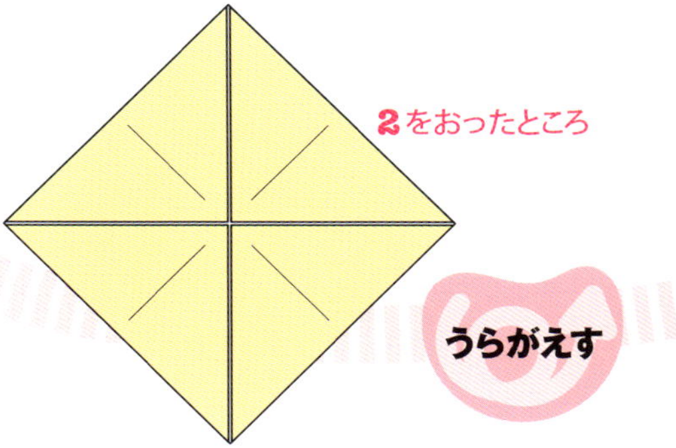

2をおったところ

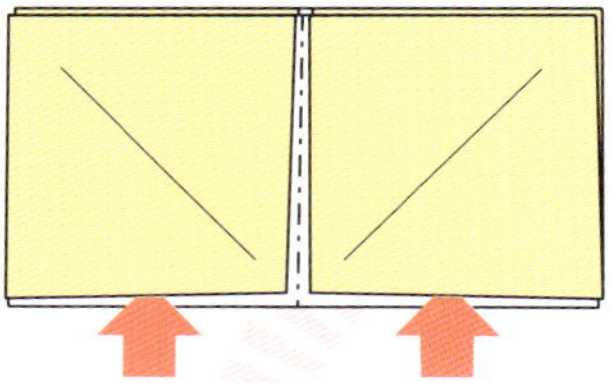

5

4つのふくろにから
両手《りょうて》の親指《おやゆび》と人《ひと》さし指《ゆび》を入《い》れます。

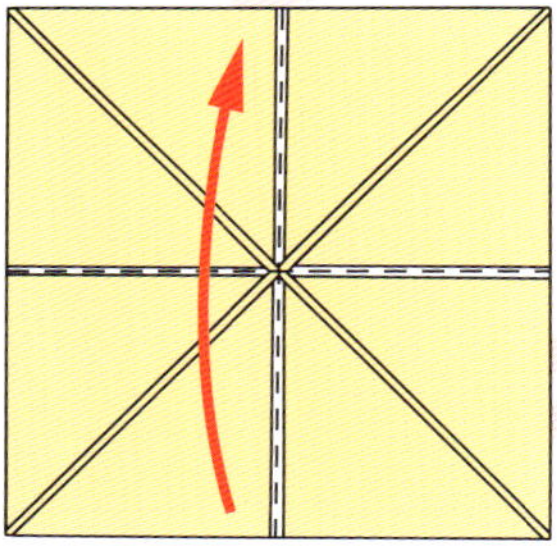

4

たて横《よこ》に
おりすじをつけてから
半分《はんぶん》におります。

3をおったところ

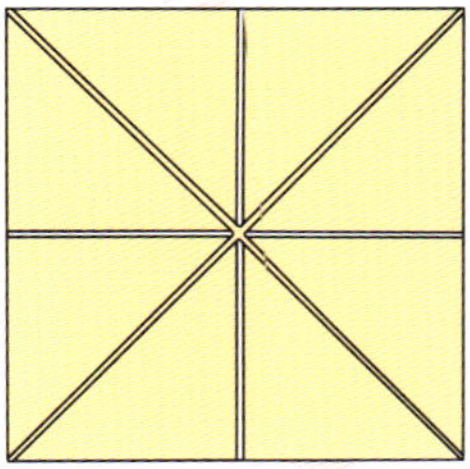

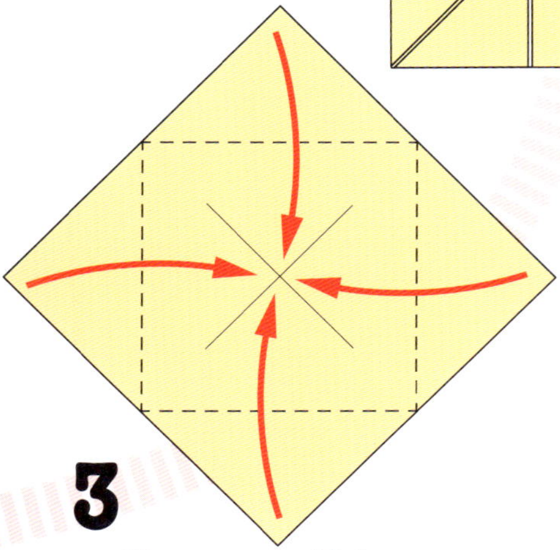

3

うら返《がえ》したら、もう一度《いちど》
4つの角《かど》をまん中《なか》に向《む》けております。

できあがり

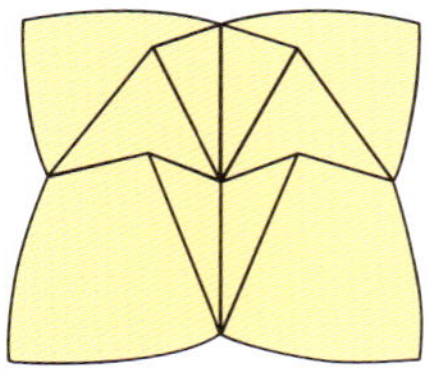

ぱくぱく占《うらな》い

1 3をおったら、1つのますに1つ数字《すうじ》を書《か》きます。紙《かみ》をめくった内《うち》がわに、好《す》きな絵《え》を8つかきましょう。

2 占《うらな》う人《ひと》の名前《なまえ》をいいながら、ぱくぱくさせます。止《と》まったところに見《み》える数字《すうじ》から、1つ相手《あいて》に選《えら》んでもらいましょう。

3 選《えら》んだ数字《すうじ》を開《ひら》いて出《で》てきた絵《え》が、今日《きょう》のラッキーアイテムです。

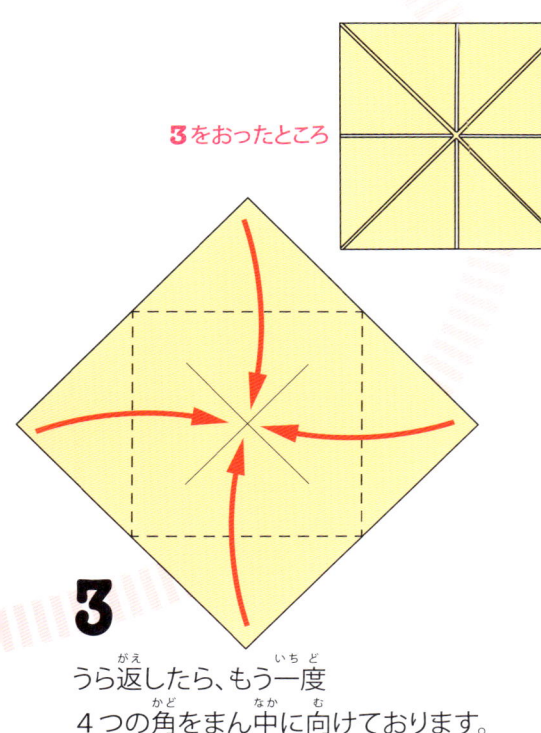

かみでっぽう

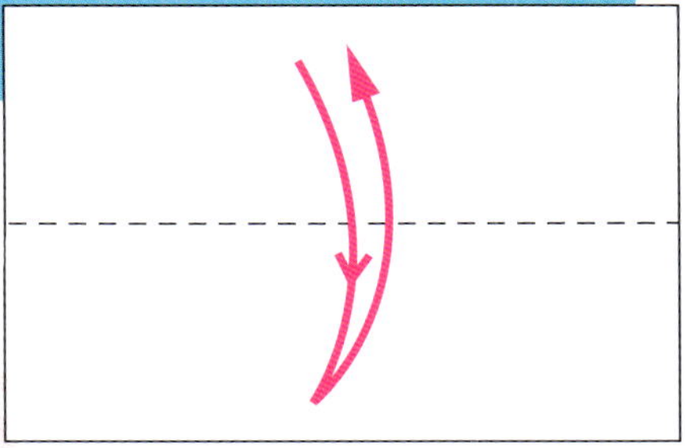

1 包《ほう》そう紙《し》や新聞紙《しんぶんし》などの
長方形《ちょうほうけい》の紙《かみ》におりすじをつけます。

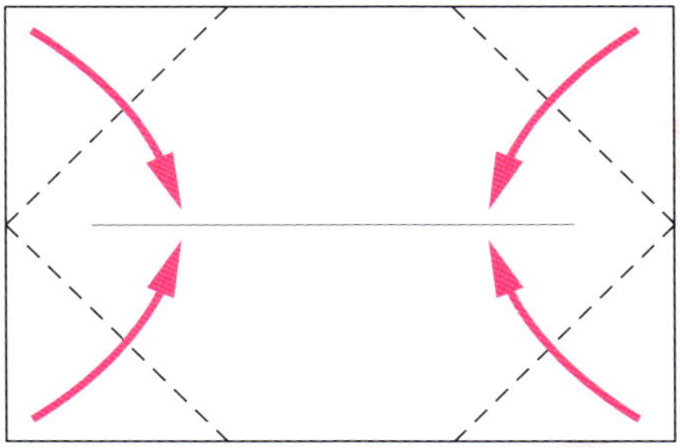

2 おりすじに合《あ》わせて
4つの角《かど》をおります。

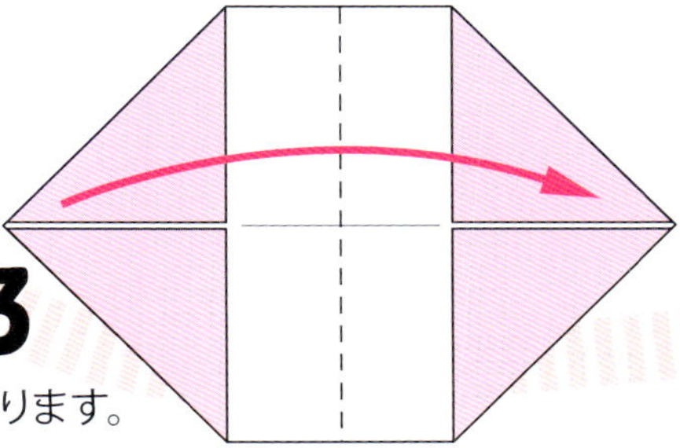

3 半分《はんぶん》におります。

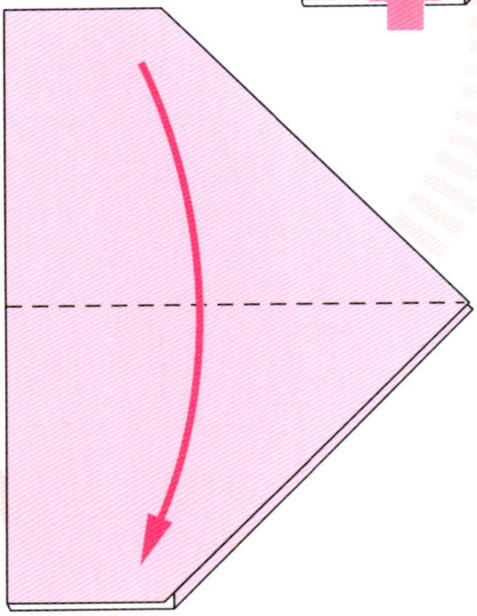

4 もう一度《いちど》半分《はんぶん》におります。

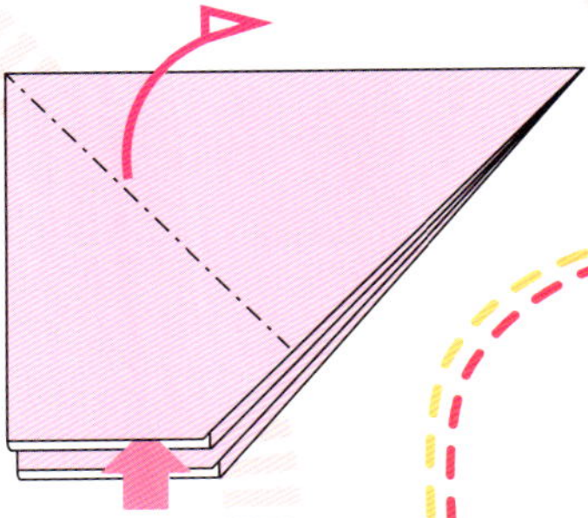

5 ⇧に指《ゆび》を入《い》れて
開《ひら》いてつぶします。

6
うらも同《おな》じように
開《ひら》いてつぶします。

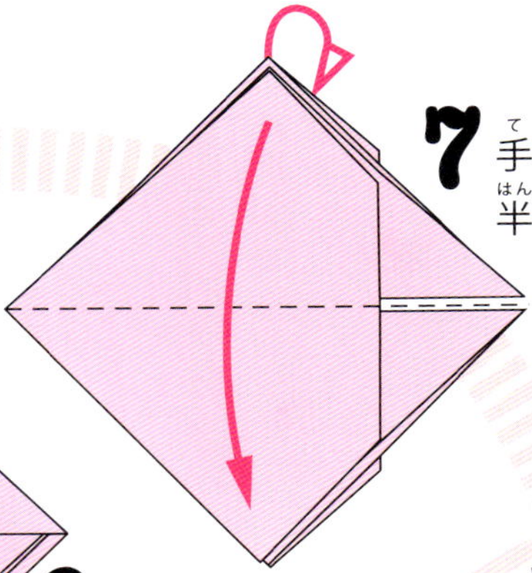

7 手前《てまえ》と向《む》こうがわに
半分《はんぶん》におります。

できあがり

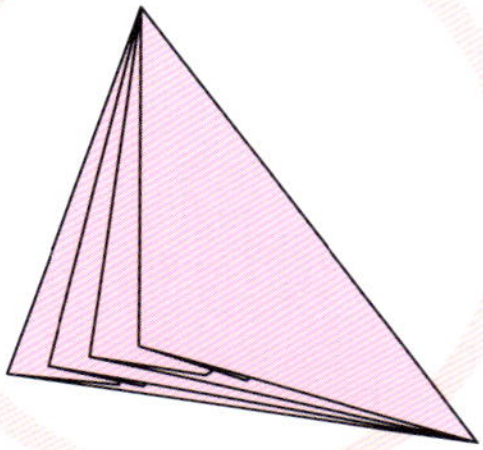

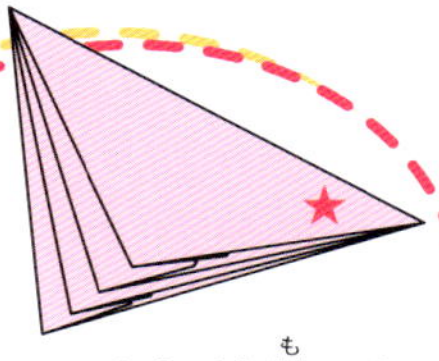

★じるしのあたりを持《も》って、
いきおいよく
ふりおろします。

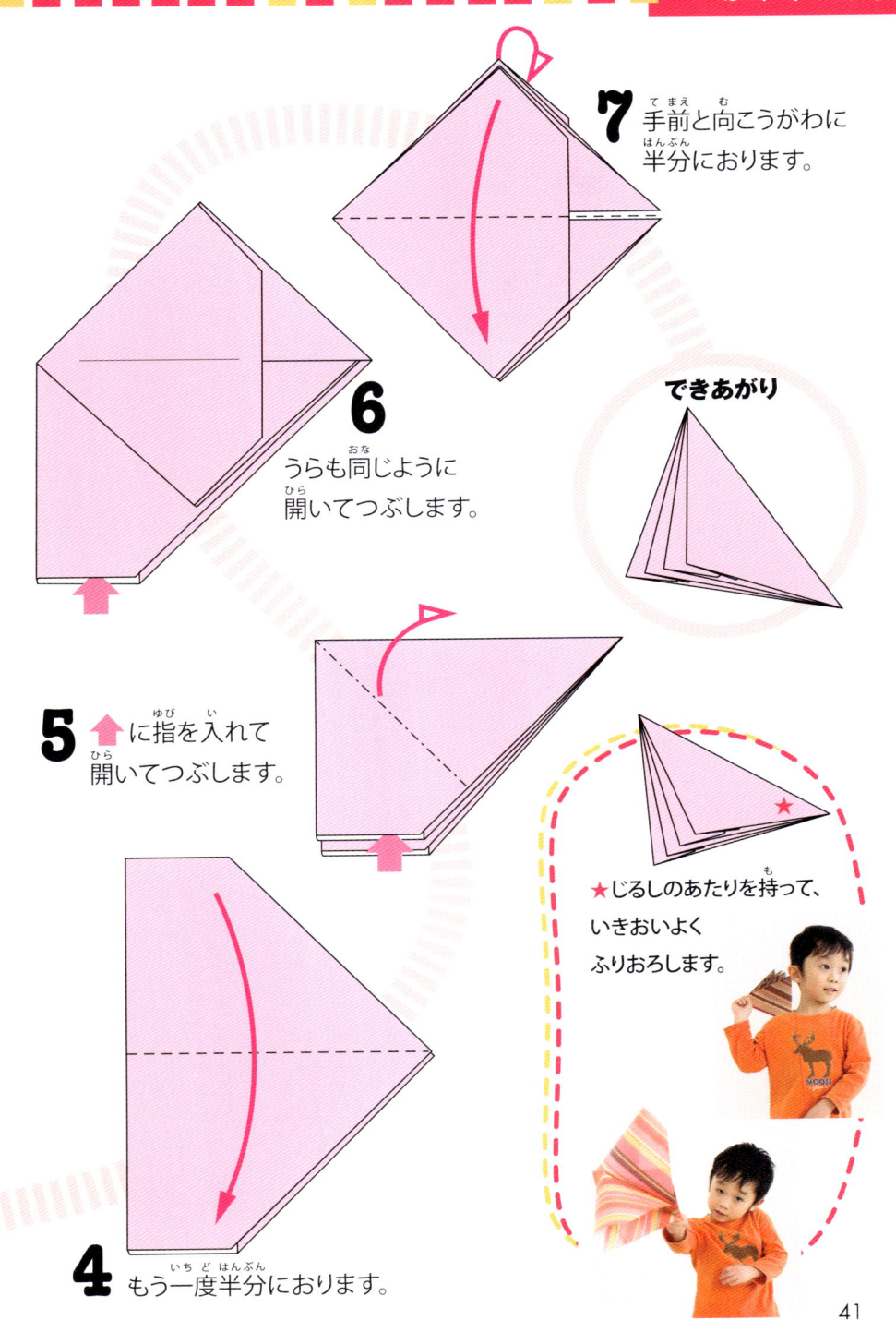

めんこ

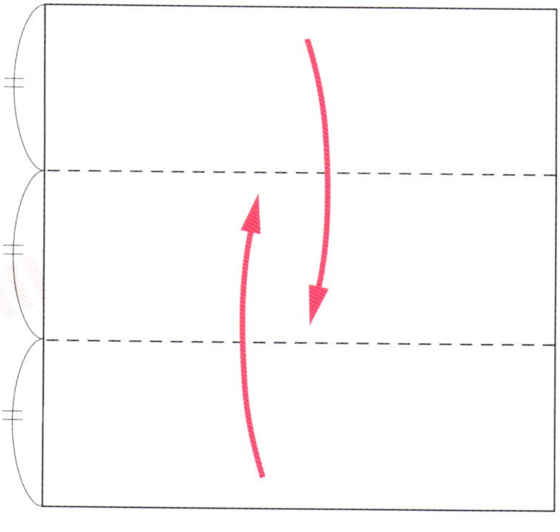

1

色《いろ》ちがいのおりがみを２枚使《まいつか》います。
それぞれを三《み》つおりにします。

2

両《りょう》はしを三角《さんかく》におります。
もう１色《しょく》も同《おな》じにおります。

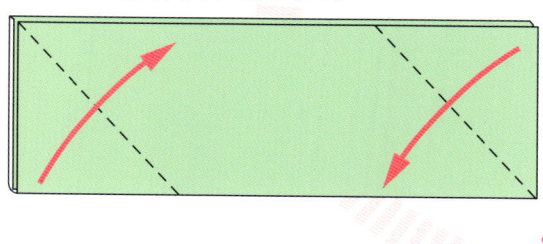

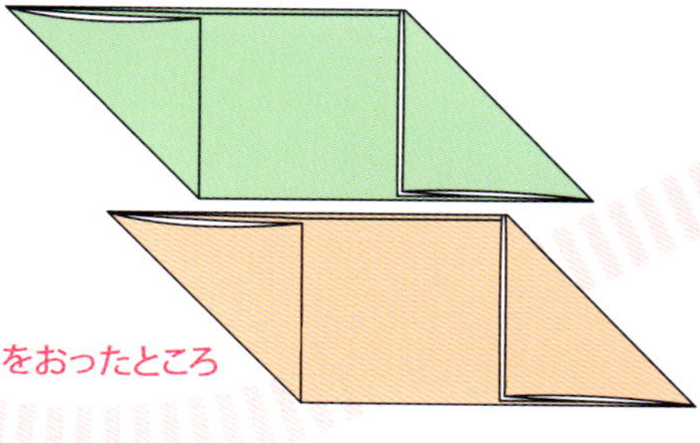

2をおったところ

7 6の角《かど》を
ふくろの中《なか》に入《い》れます。

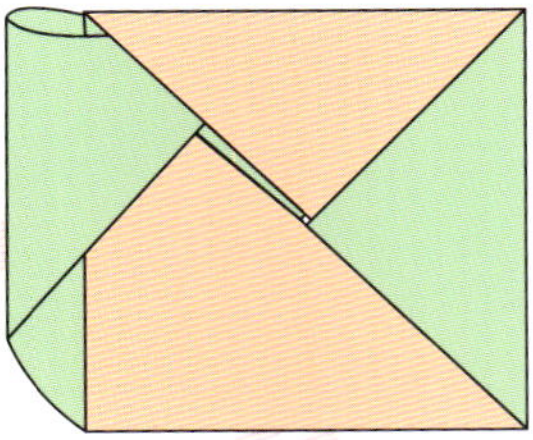

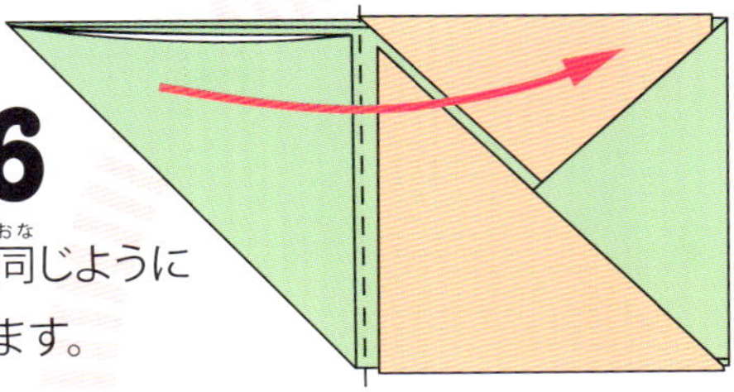

6
左《ひだり》も同《おな》じように
おります。

できあがり

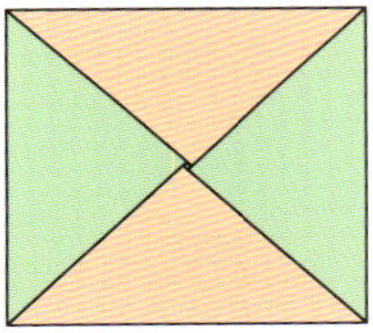

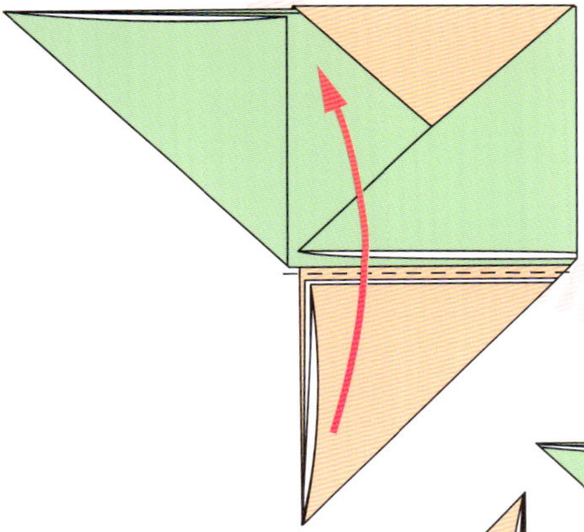

5
下《した》も同《おな》じように
おります。

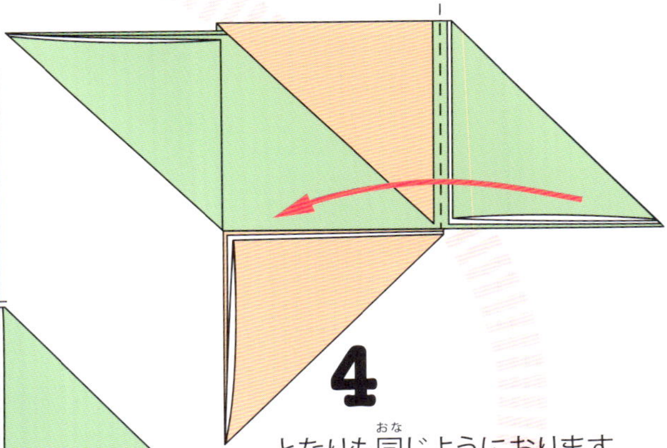

4
となりも同《おな》じようにおります。

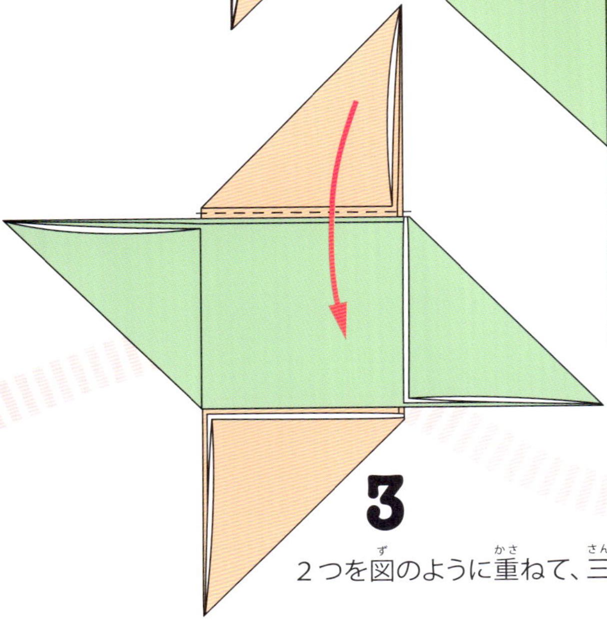

3
２つを図《ず》のように重《かさ》ねて、三角《さんかく》を内《うち》がわにおります。

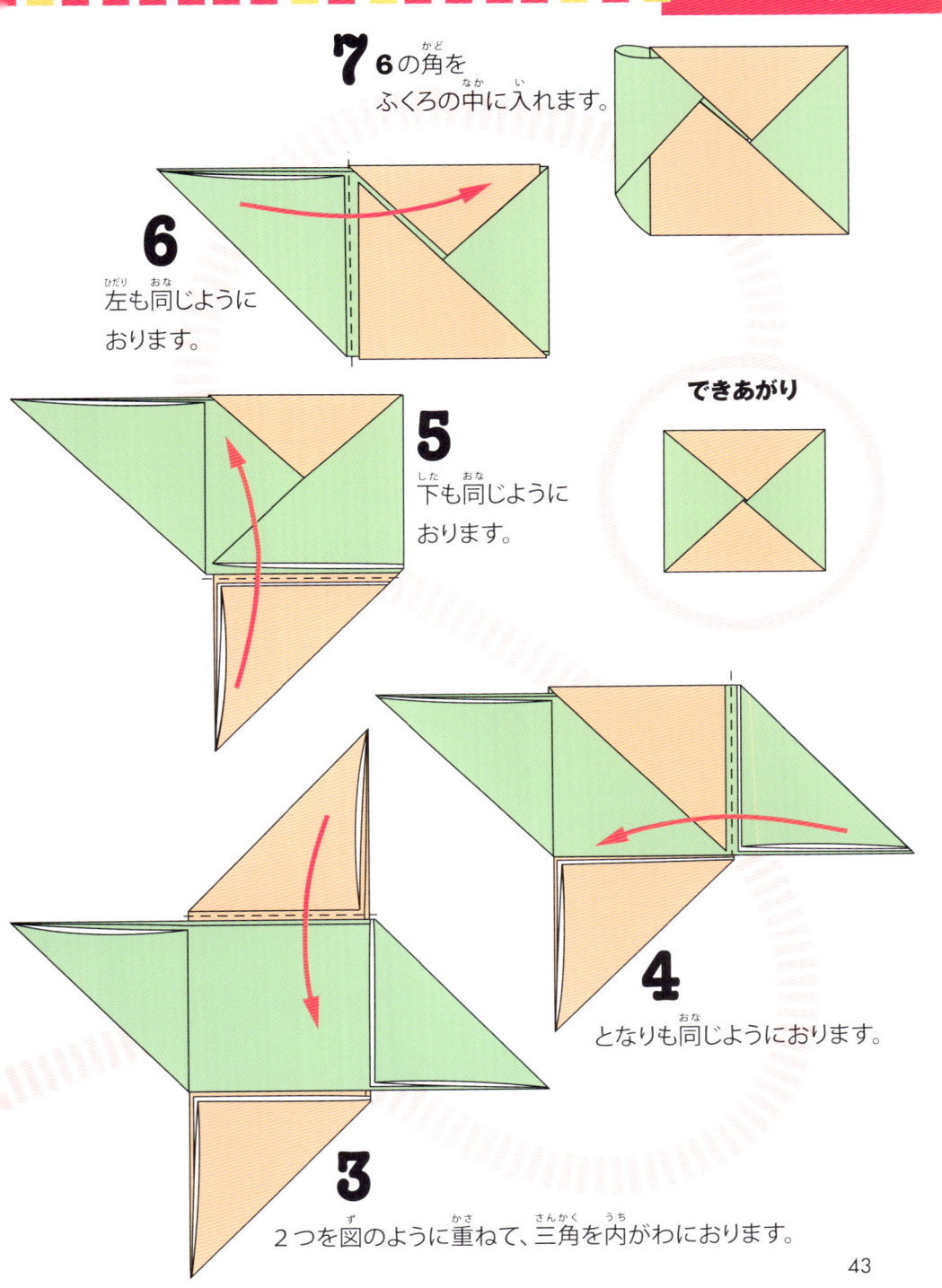

しゅりけん

1

色《いろ》ちがいのおりがみを
２枚使《まいつか》います。
たて横《よこ》におりすじをつけてから
上下《じょうげ》をおります。

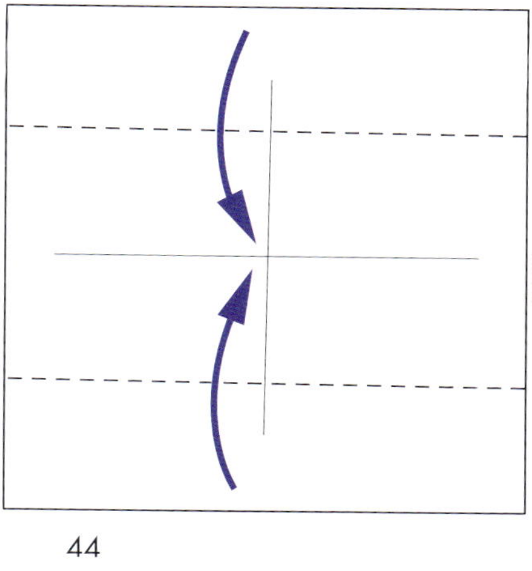

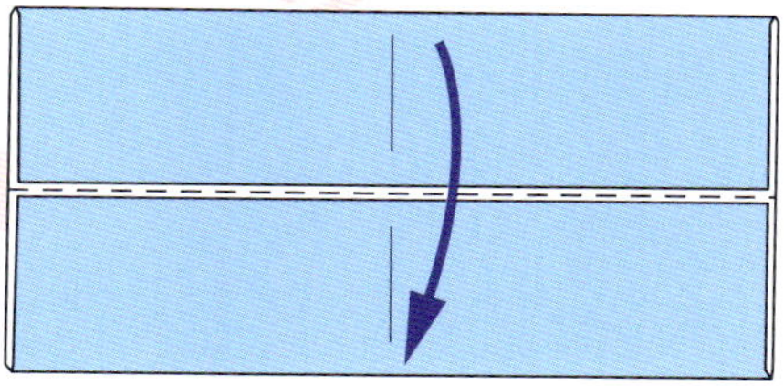

2 半分《はんぶん》におります。
もう１色《しょく》も **1** ～ **2** を同《おな》じようにおります。

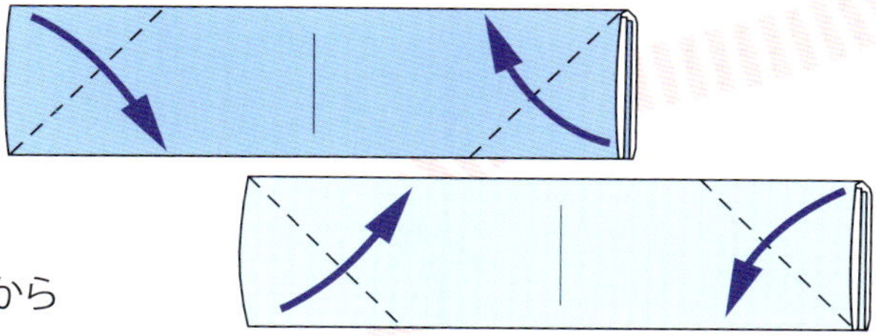

3 はしを三角《さんかく》におります。
２枚《まい》のおり方《かた》がちがうので
図《ず》をよく見《み》ておりましょう。

まん中《なか》のおりすじに合《あ》わせて
三角《さんかく》をおります。

4

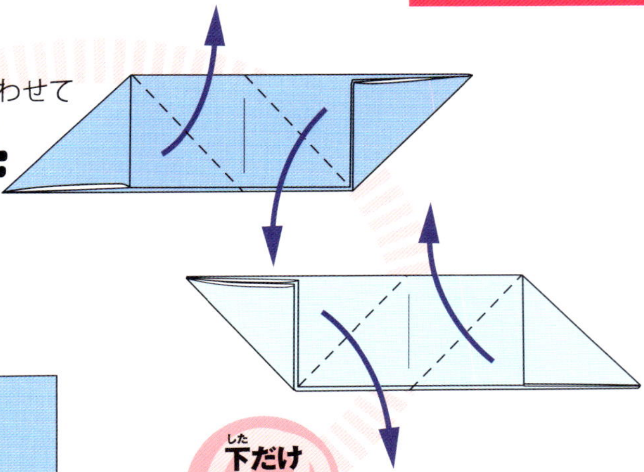

下《した》だけ
うらがえす

5

下《した》のおりがみだけうら返《がえ》します。
図《ず》と同《おな》じ形《かたち》かどうか
確認《かくにん》しましょう。

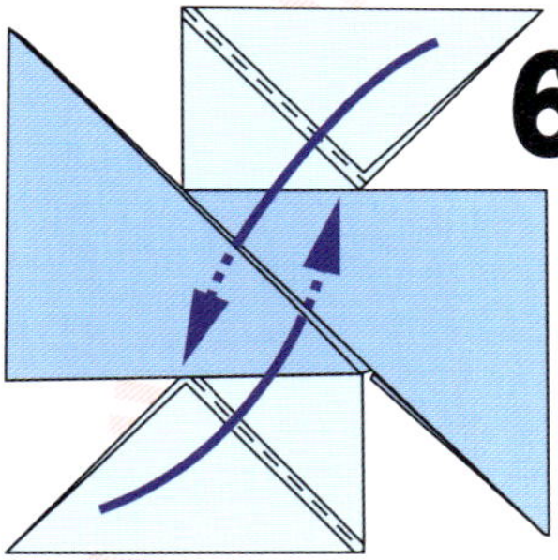

6

図《ず》のように
２枚《まい》を重《かさ》ねて
三角《さんかく》の先《さき》をすきまに
さしこみます。

できあがり

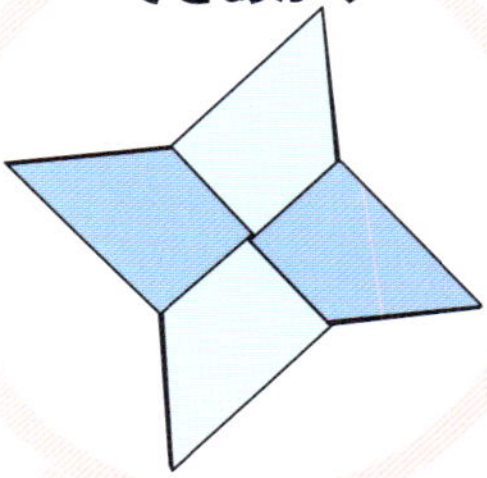

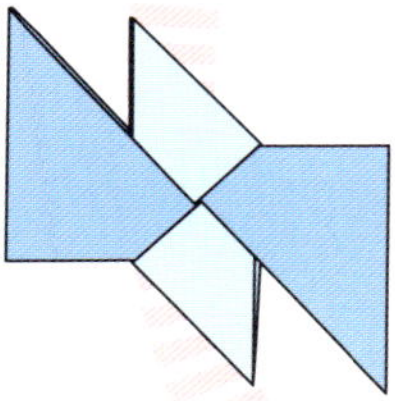

6をおったところ

うらがえす

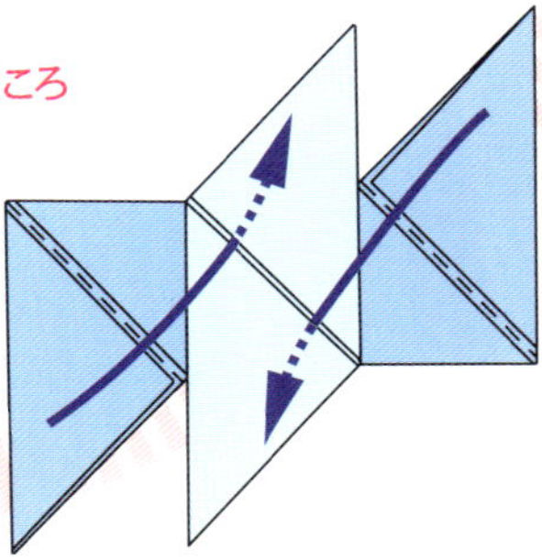

7

うら返《がえ》したら
もう１色《しょく》も同《おな》じように
おります。

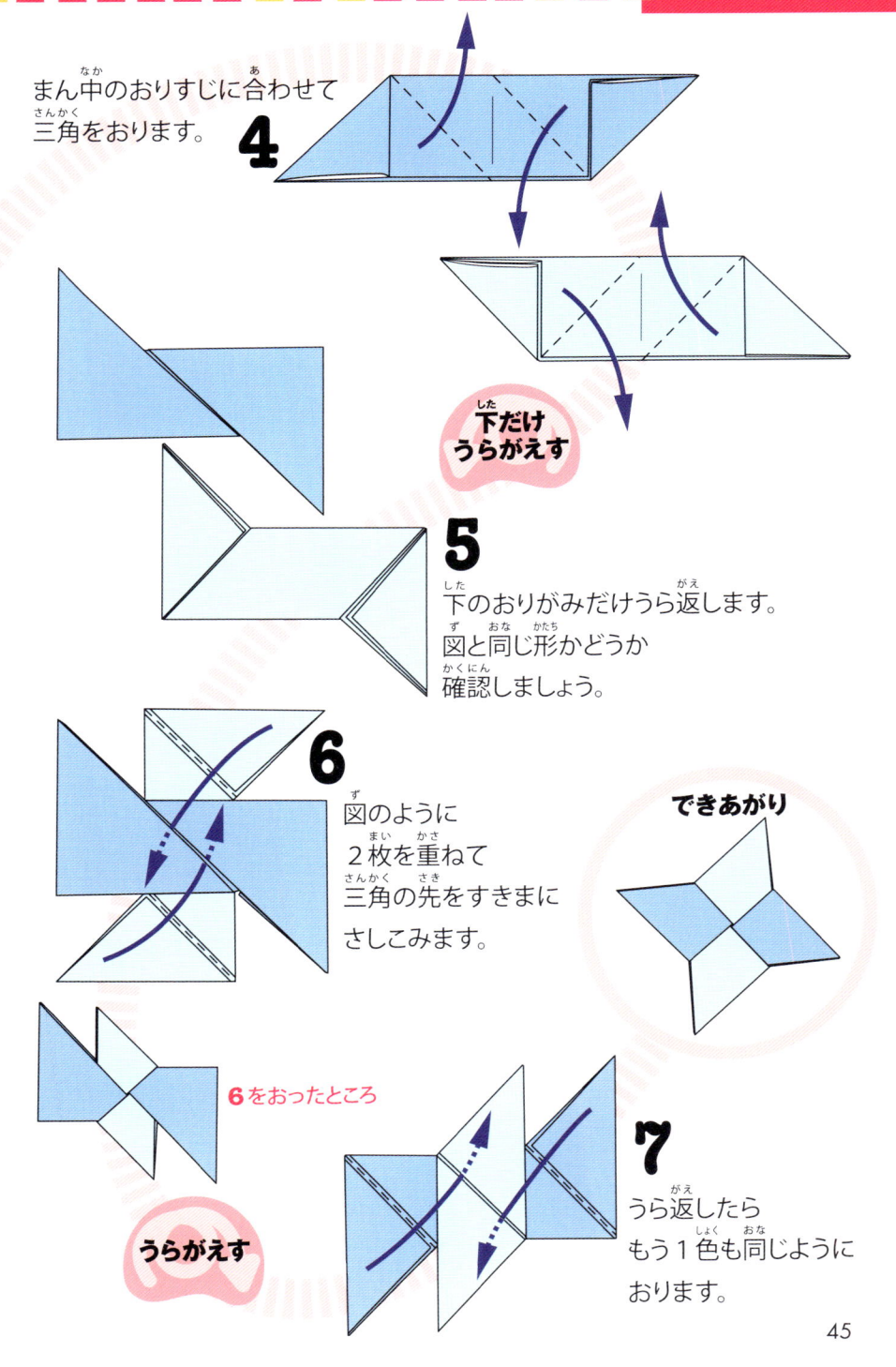

つる

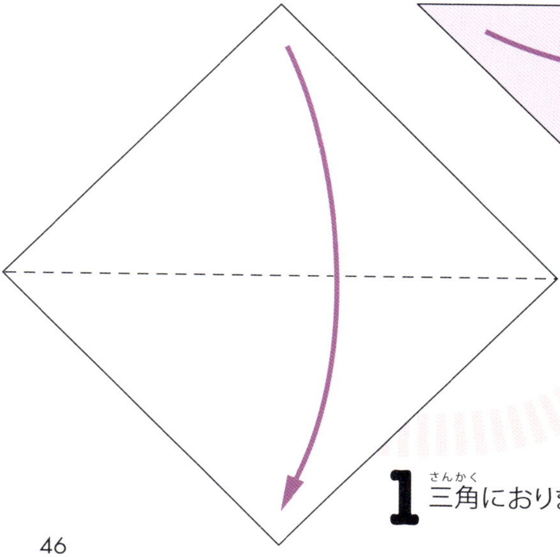

1 三角《さんかく》におります。

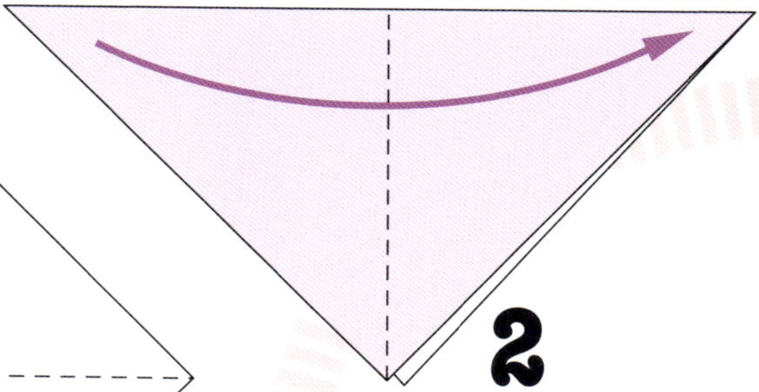

2 横半分《よこはんぶん》に
三角《さんかく》をおります。

つぎのページに

5

図《ず》のように
3カ所《しょ》でおりすじをつけます。

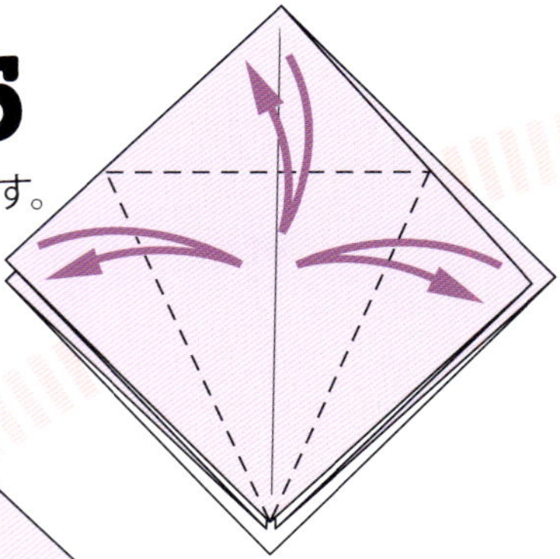

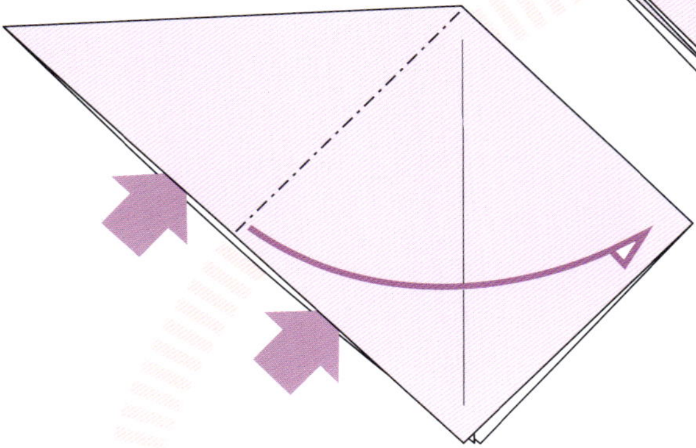

4

うらも同《おな》じように
開《ひら》いてつぶします。

うらがえす

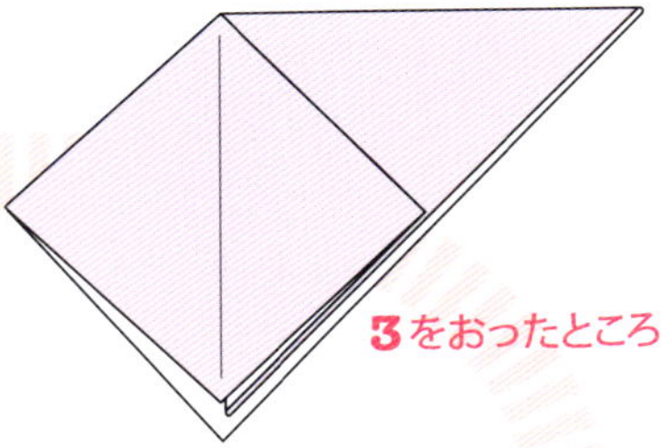

3をおったところ

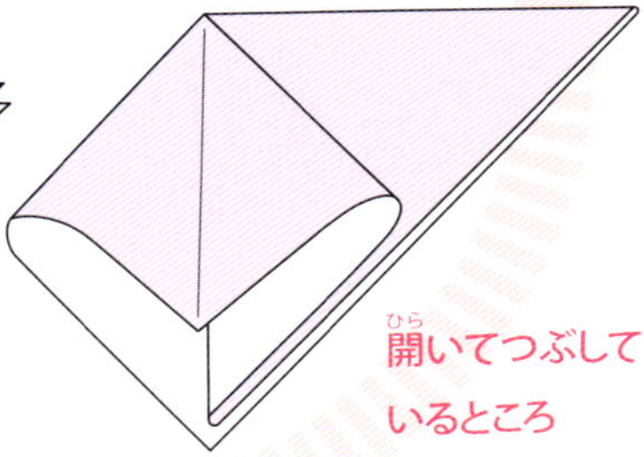

開《ひら》いてつぶして
いるところ

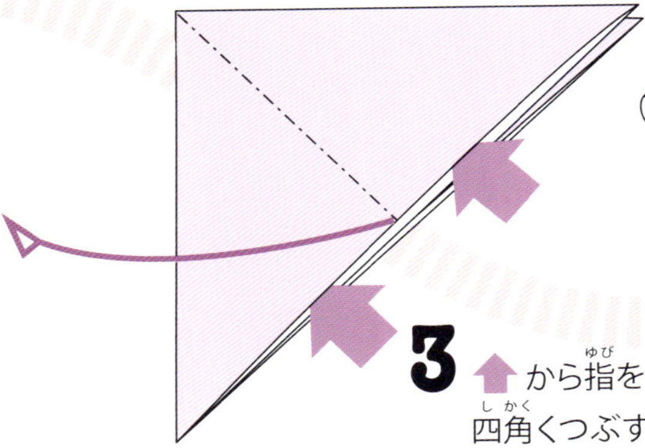

3

から指《ゆび》を入《い》れて開《ひら》き、
四角《しかく》くつぶすように
おります。

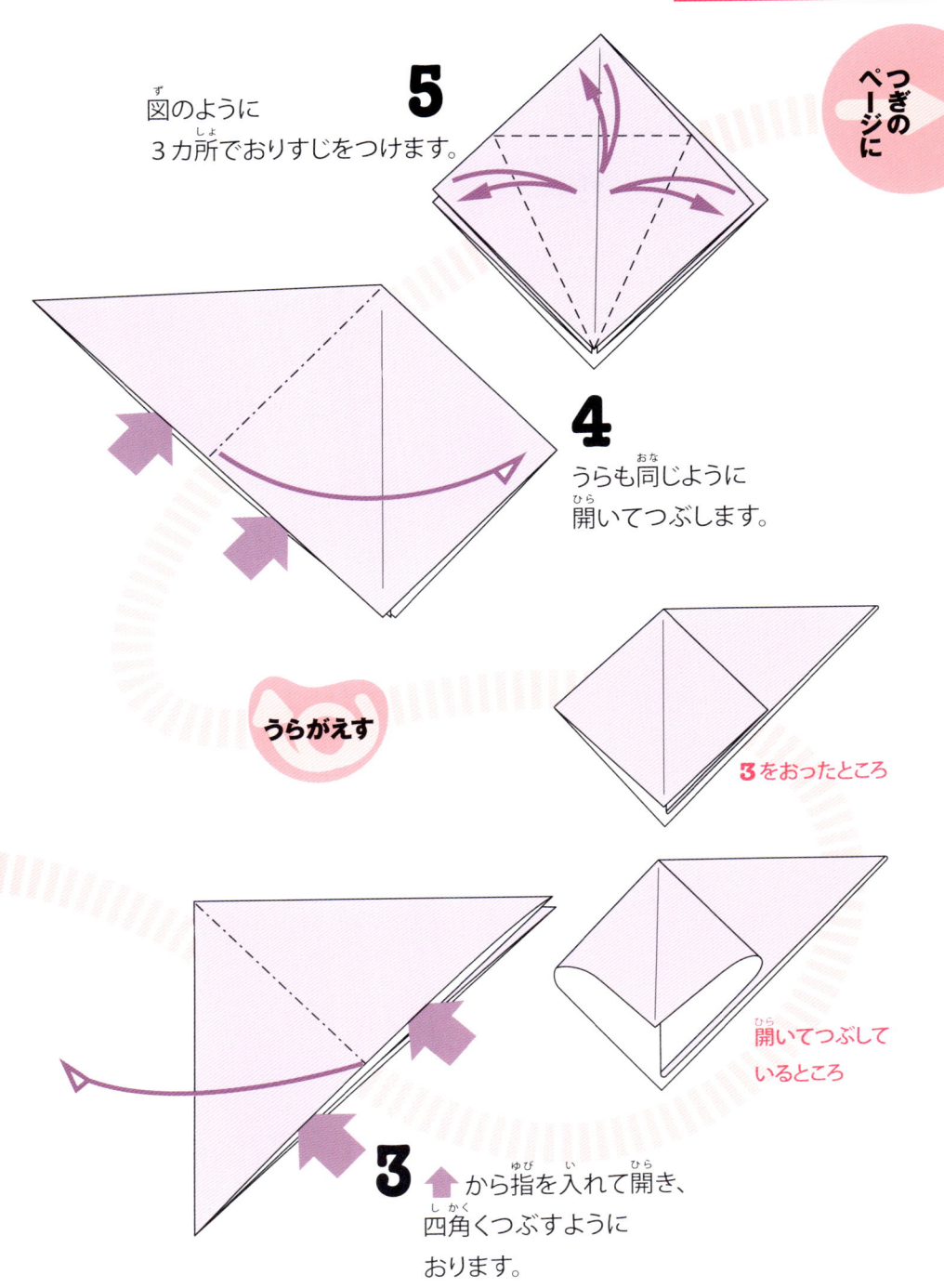

まえのページから

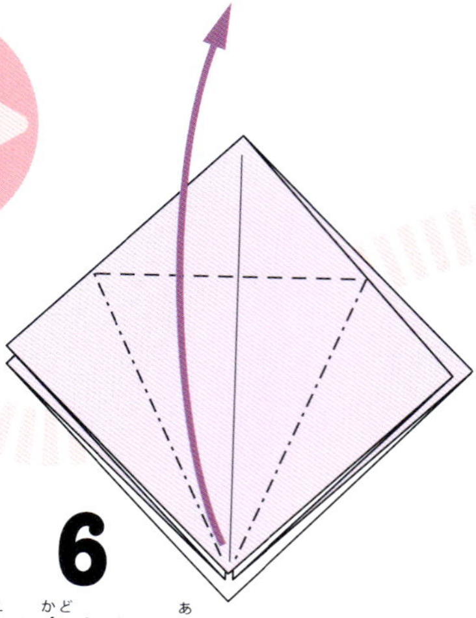

6

手前《てまえ》の角《かど》をおり上《あ》げます。
このとき左右《さゆう》の角《かど》は
5のおりすじの位置《いち》で
内《うち》がわにたたむようにします。
うらも同《おな》じようにおります。

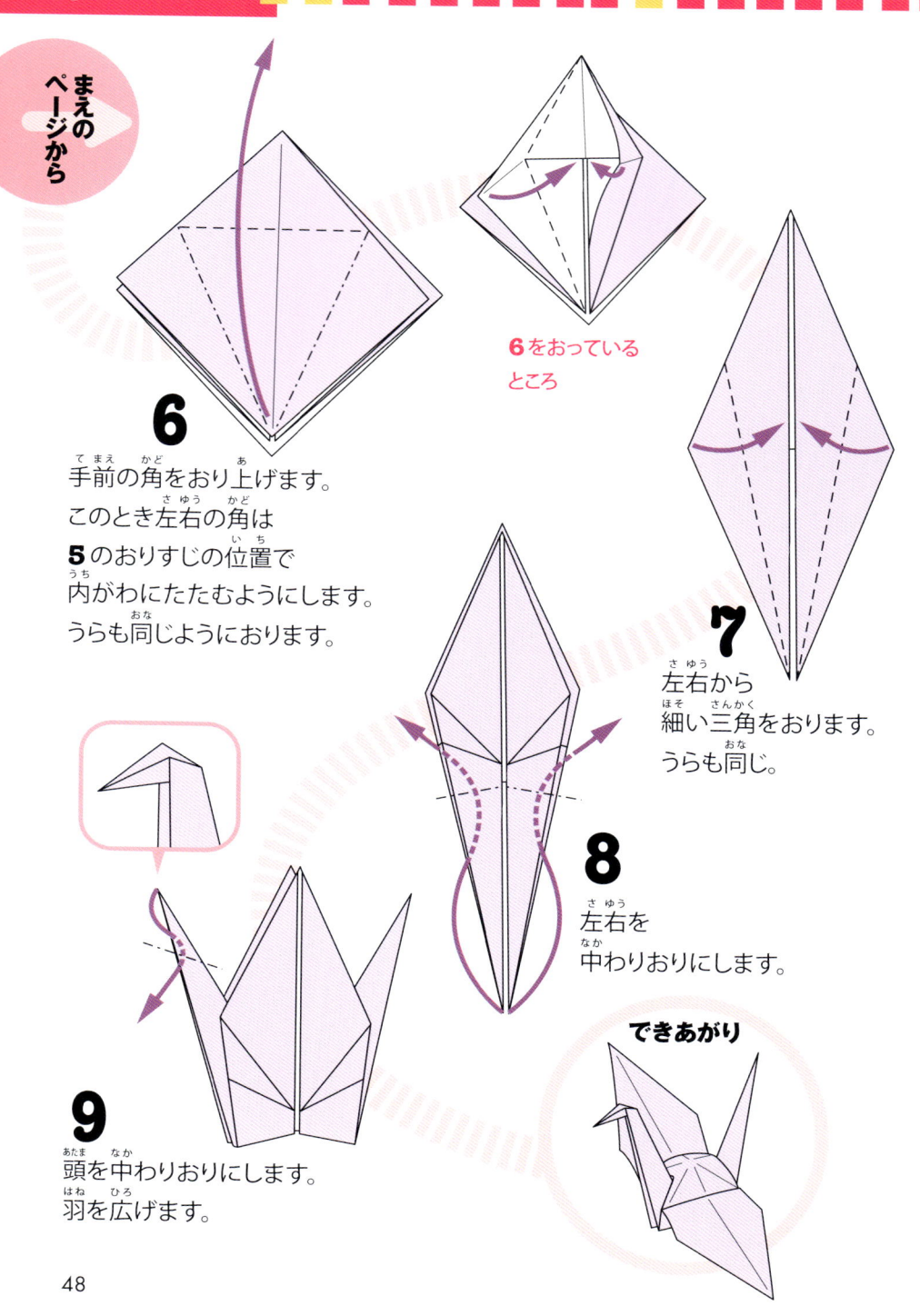

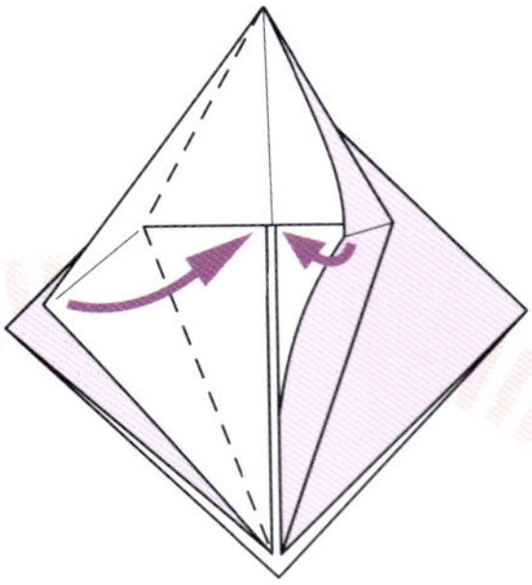

6をおっている
ところ

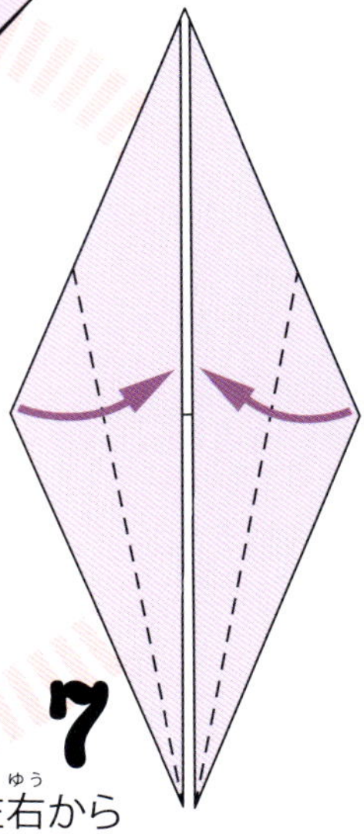

7

左右《さゆう》から
細《ほそ》い三角《さんかく》をおります。
うらも同《おな》じ。

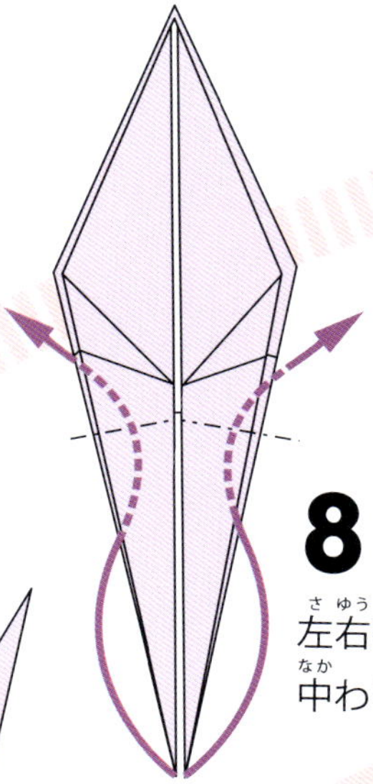

8

左右《さゆう》を
中《なか》わりおりにします。

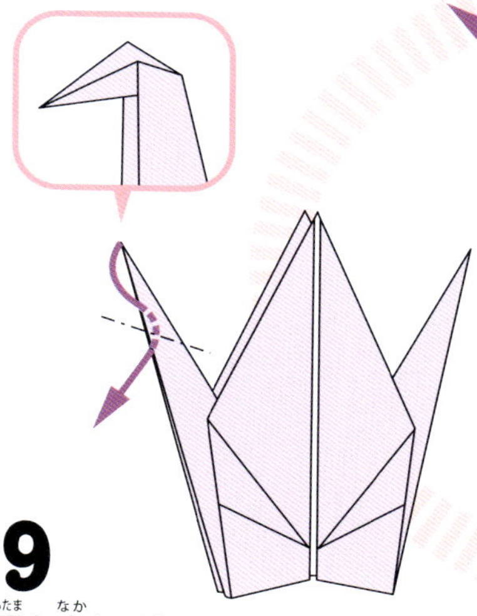

9

頭《あたま》を中《なか》わりおりにします。
羽《はね》を広《ひろ》げます。

できあがり

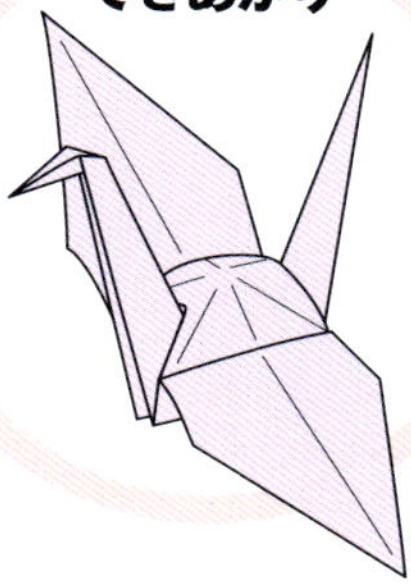

第《だい》2章《しょう》

かわいい
虫《むし》や動物《どうぶつ》たち

うさぎやきつね、馬《うま》など
の動物《どうぶつ》から、ばったや
とんぼなどのこん虫《ちゅう》まで。
かわいらしさを表現《ひょうげん》した
作品《さくひん》ばかりです。

いぬ

三角《さんかく》におります。

1

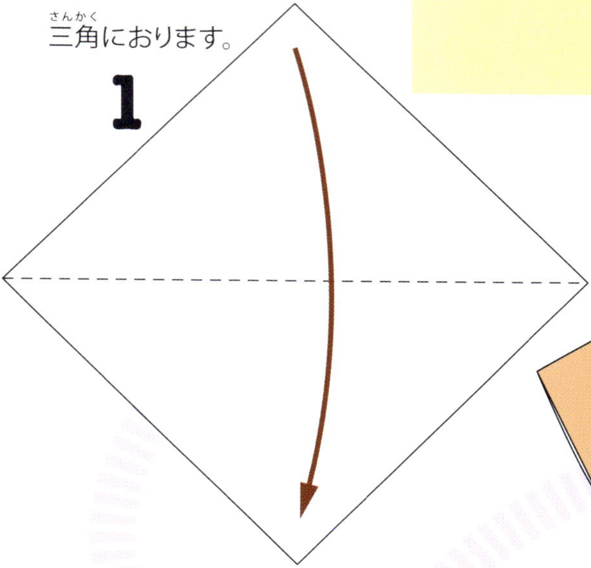

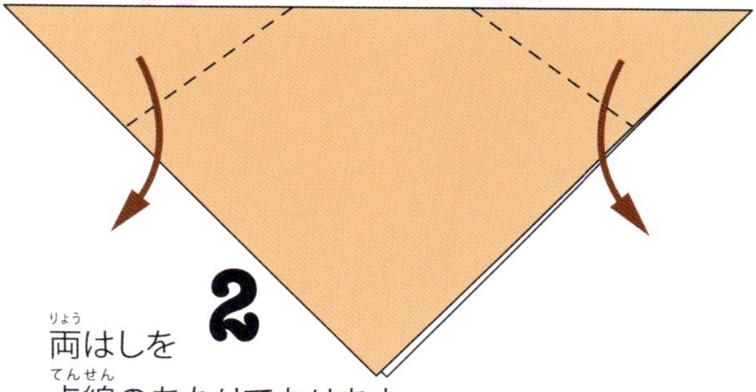

2

両《りょう》はしを
点線《てんせん》のあたりでおります。

3 上《うえ》の1枚《まい》だけ
おり上《あ》げます。

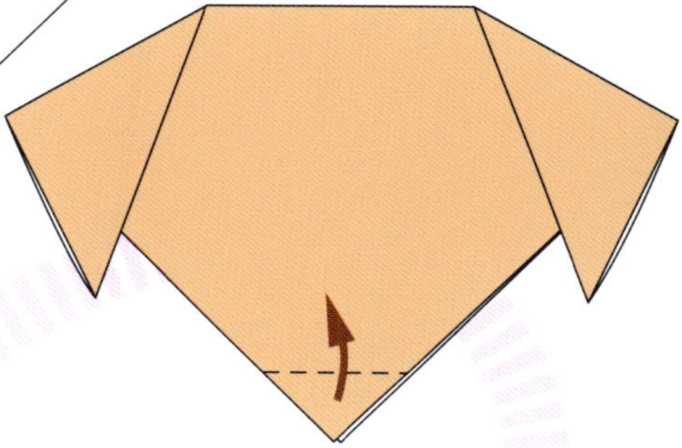

できあがり

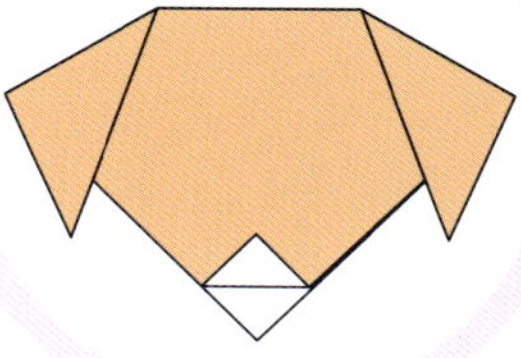

ねこ

1

三角《さんかく》におります。

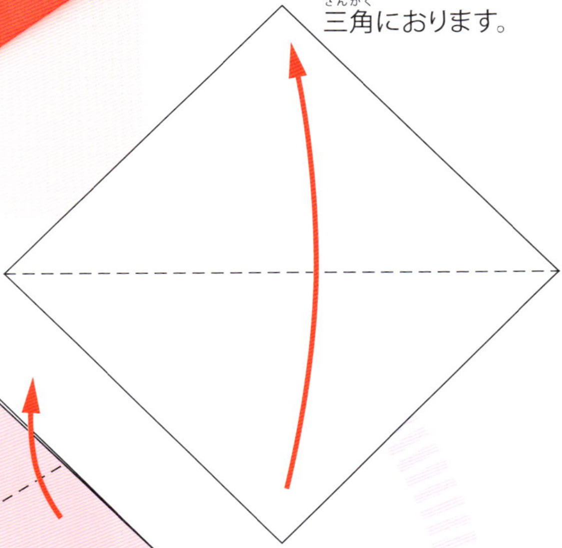

2

上《うえ》の三角《さんかく》を
2枚《まい》とも
少《すこ》しおり下《さ》げます。

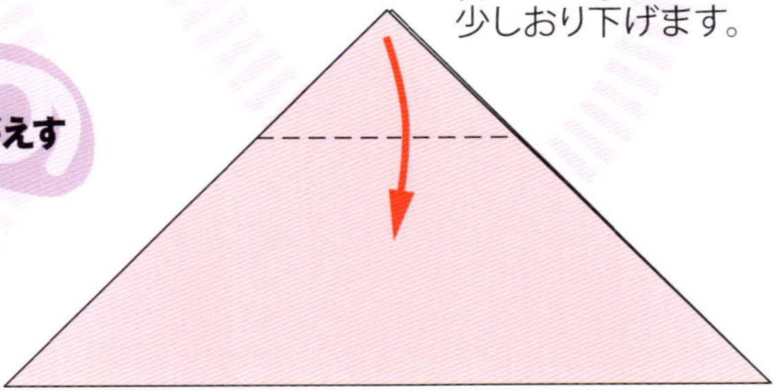

3

両《りょう》はしを点線《てんせん》のあたりでおります。

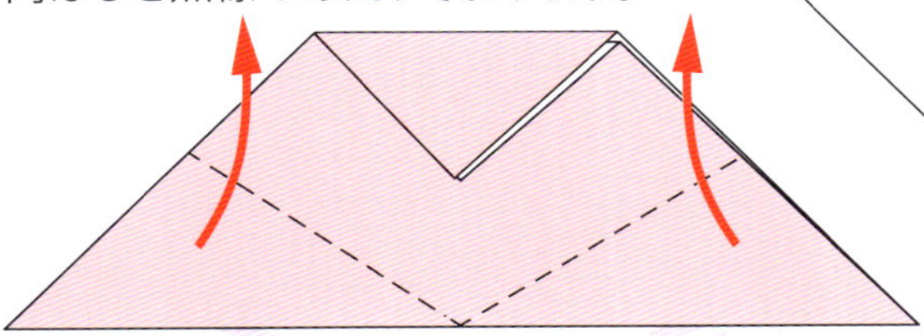

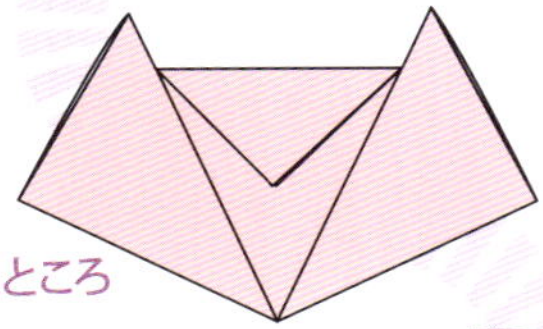

3をおったところ

うらがえす

できあがり

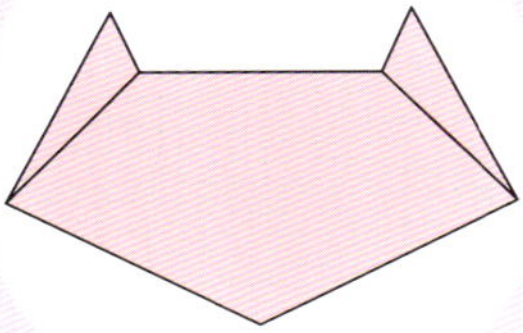

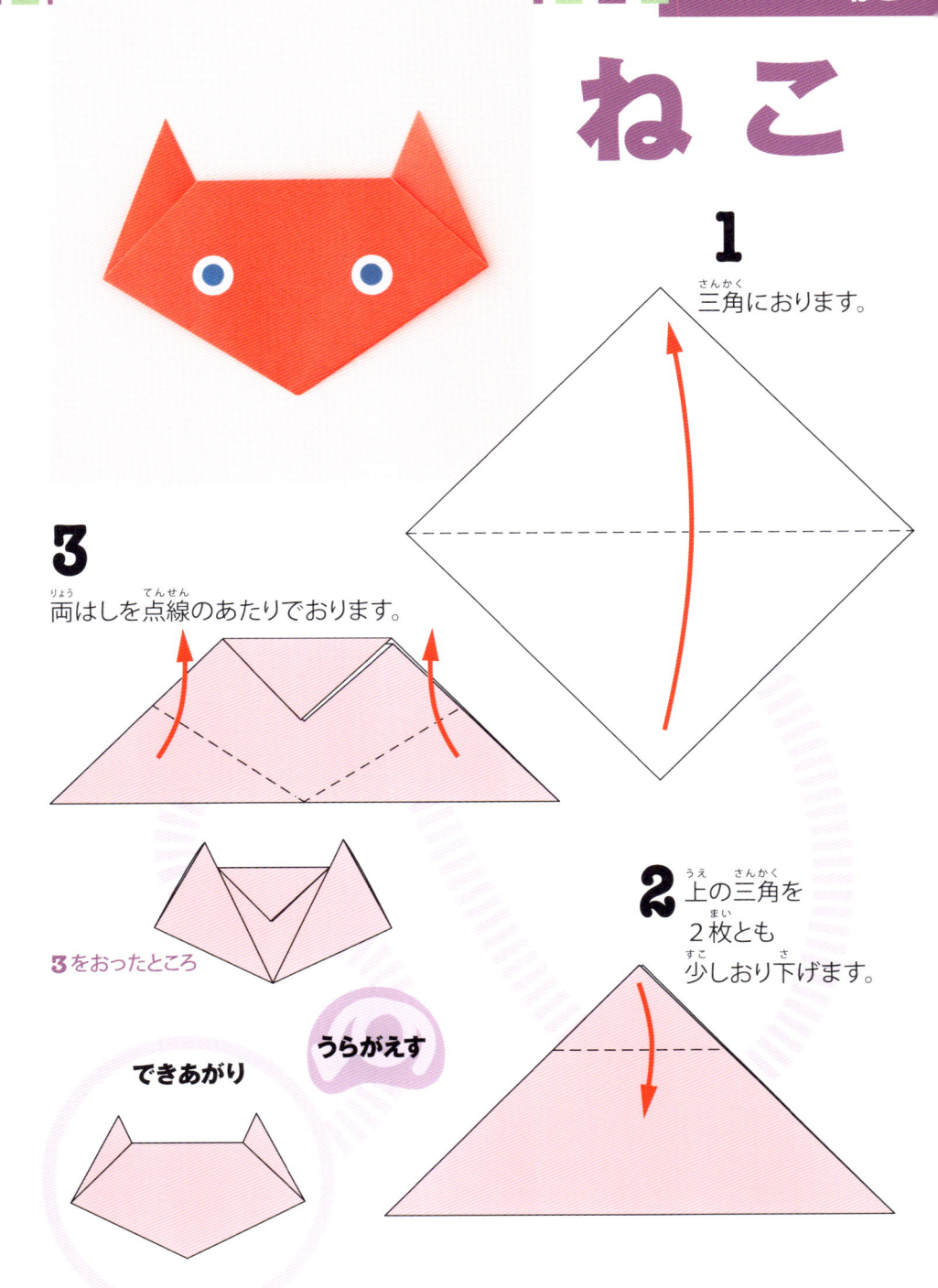

うさぎ

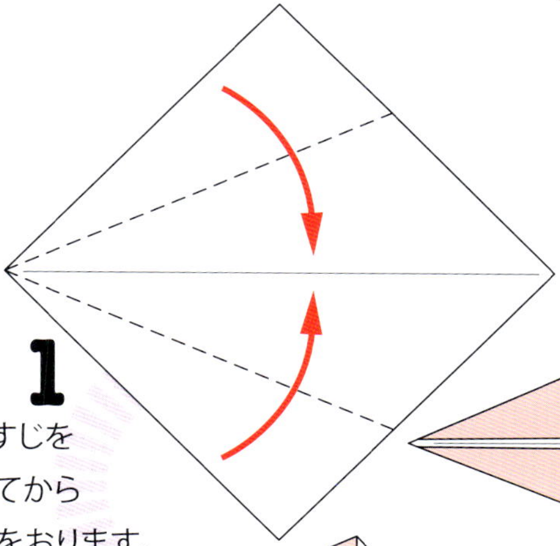

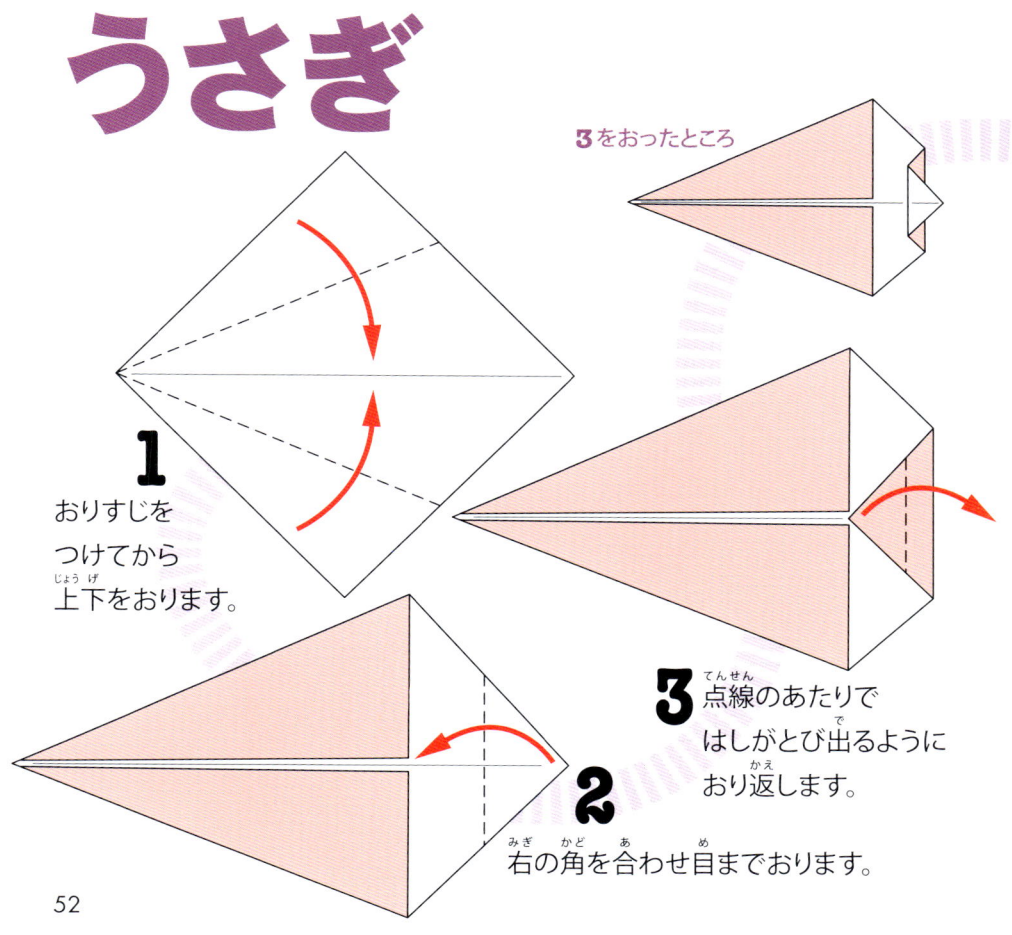

1

おりすじを
つけてから
上下《じょうげ》をおります。

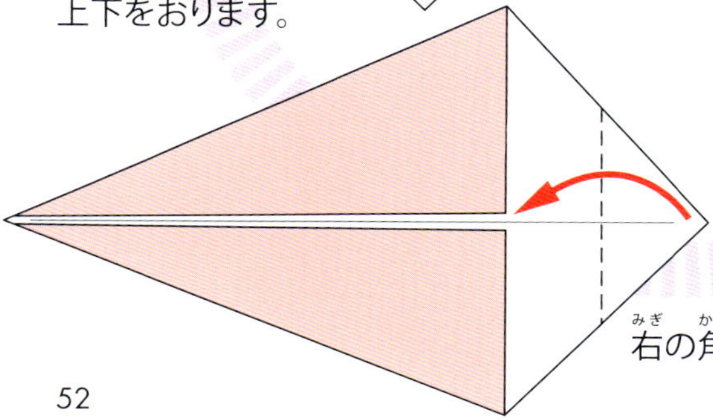

2

右《みぎ》の角《かど》を合《あ》わせ目《め》までおります。

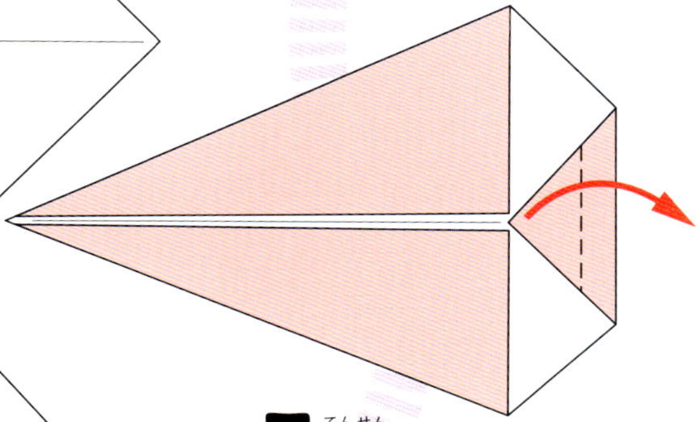

3 点線《てんせん》のあたりで
はしがとび出《で》るように
おり返《かえ》します。

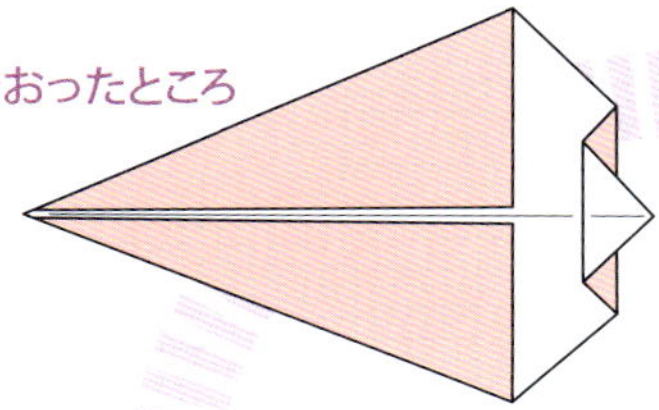

3をおったところ

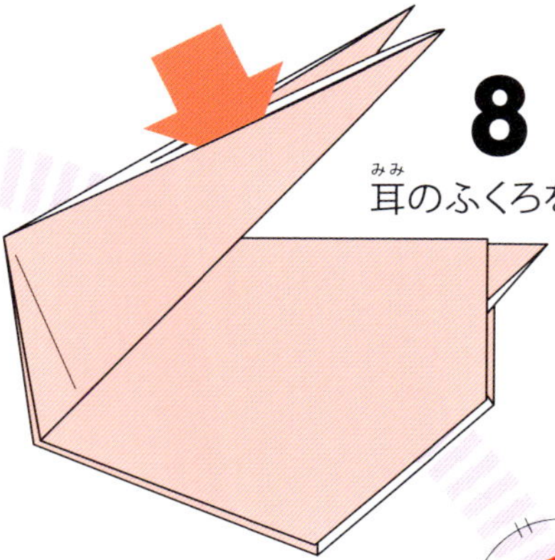

8

耳《みみ》のふくろを広《ひろ》げます。

できあがり

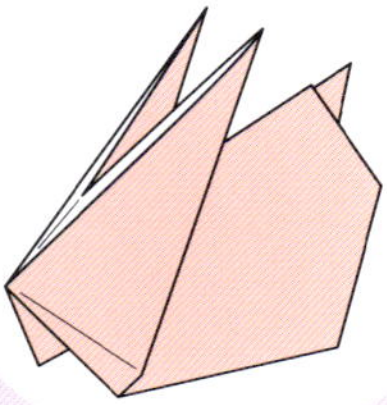

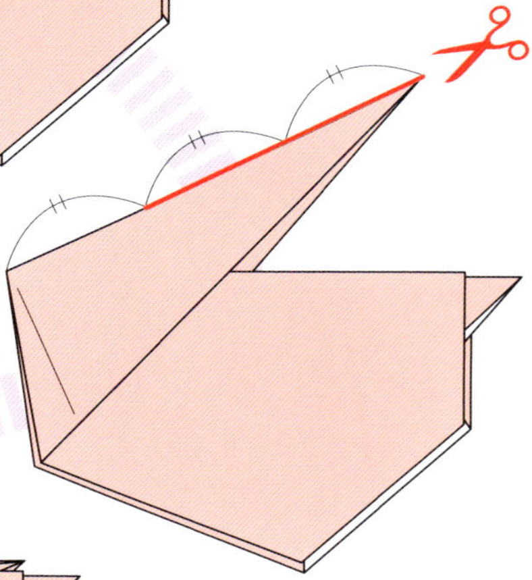

7

⅔まで
切《き》りこみを入《い》れます。

6 上《うえ》の三角《さんかく》を
引《ひ》っぱり上《あ》げます。

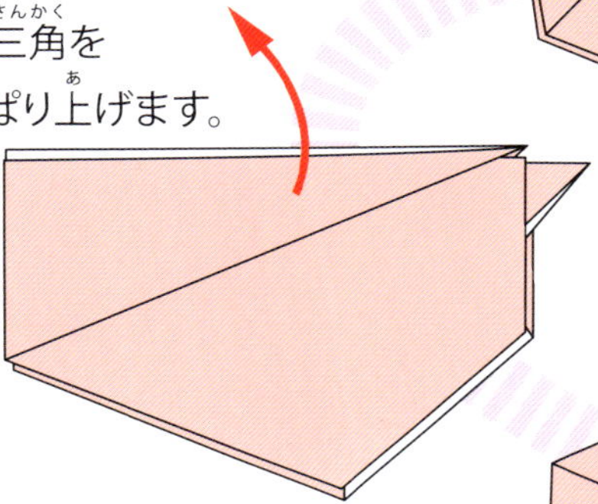

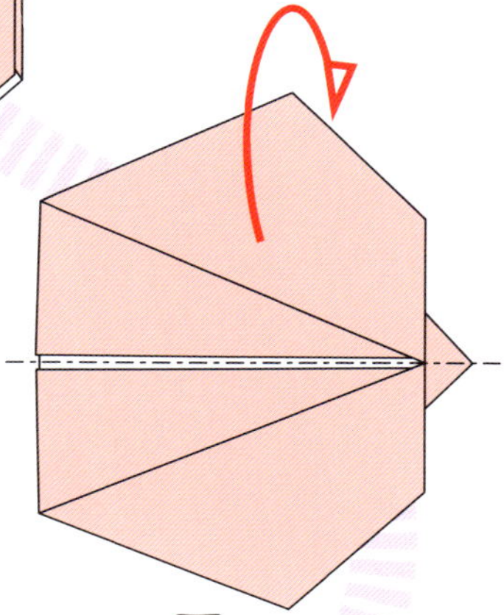

うらがえす

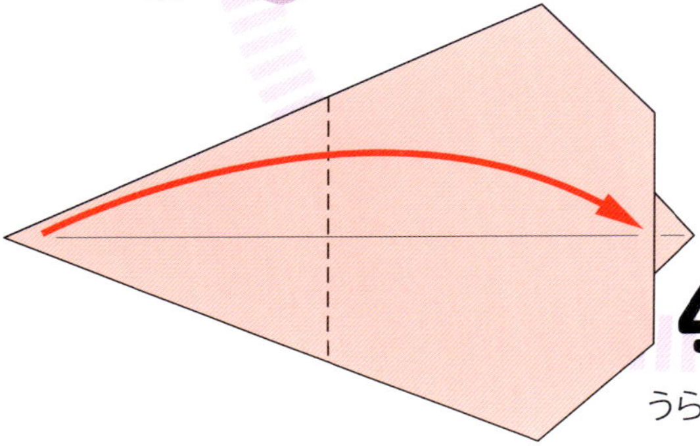

5 向《む》こうがわに
半分《はんぶん》におります。

4

うら返《がえ》したら、左《ひだり》の角《かど》をおります。

きつね

頭《あたま》とからだを別々《べつべつ》におります。

頭《あたま》

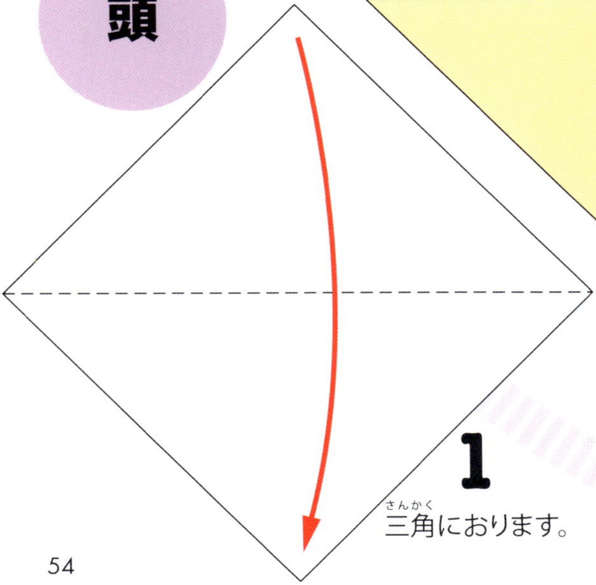

1

三角《さんかく》におります。

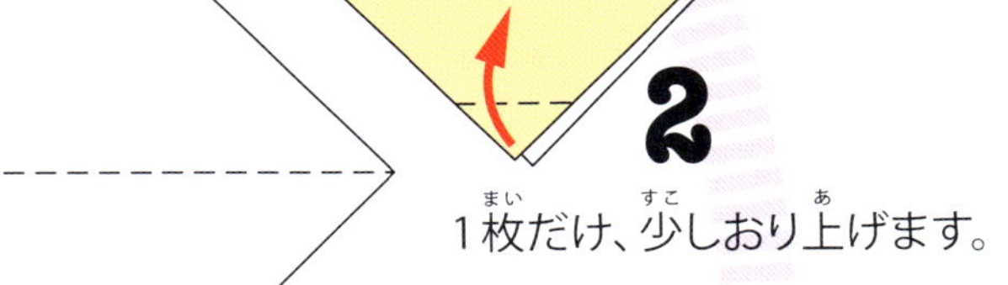

2

1枚《まい》だけ、少《すこ》しおり上《あ》げます。

からだ

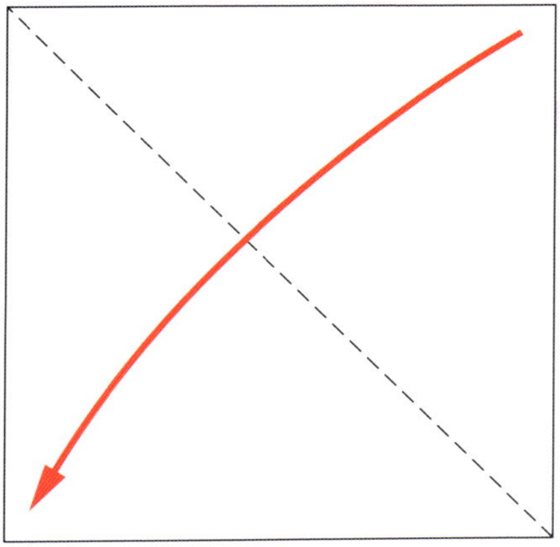

1 もう1枚《まい》のおりがみを三角《さんかく》におります。

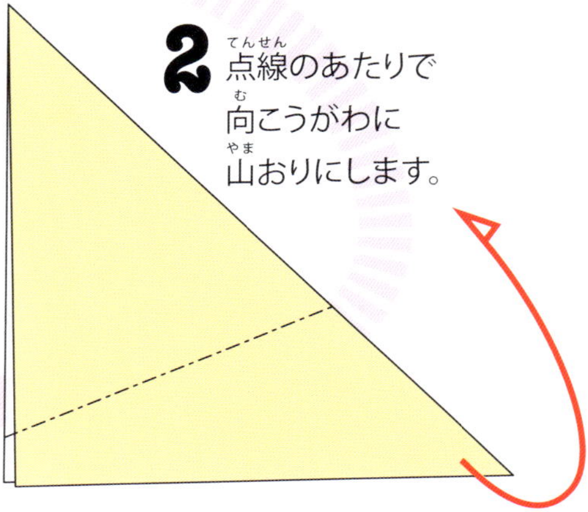

2 点線《てんせん》のあたりで向《む》こうがわに山《やま》おりにします。

からだのできあがり

頭《あたま》とからだをのりづけして

できあがり

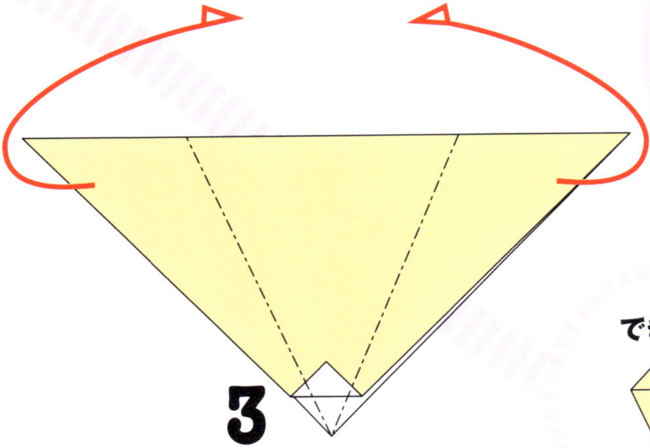

3 両《りょう》はしを向《む》こうがわに、山《やま》おりにします。

頭《あたま》のできあがり

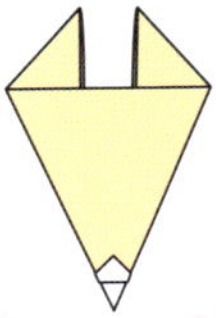

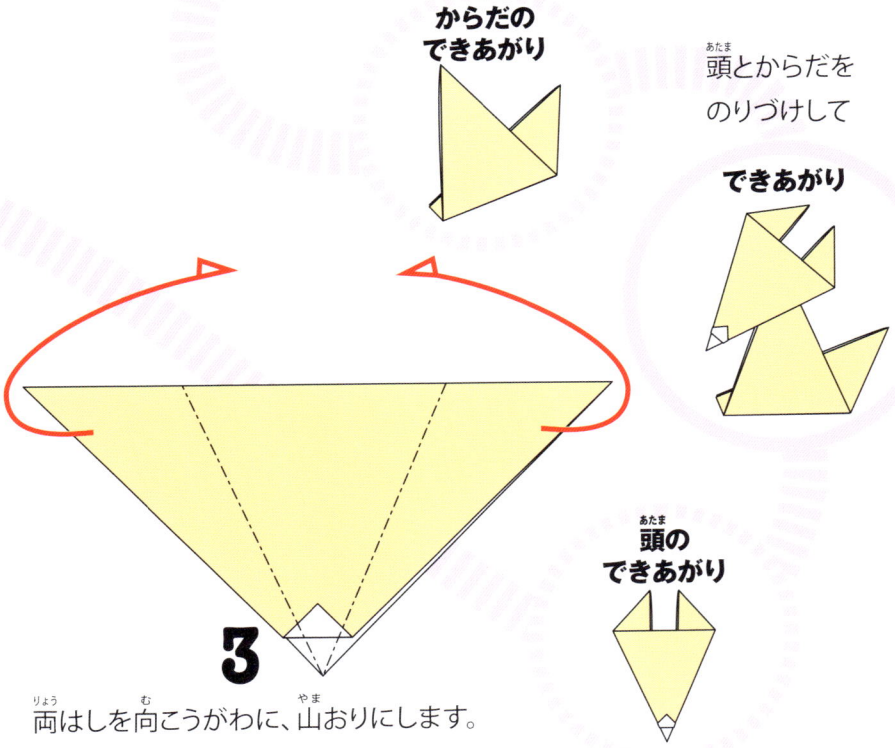

ぶた

「にそうぶね」(28ページ) **の**
5までおります。

1をおっているところ

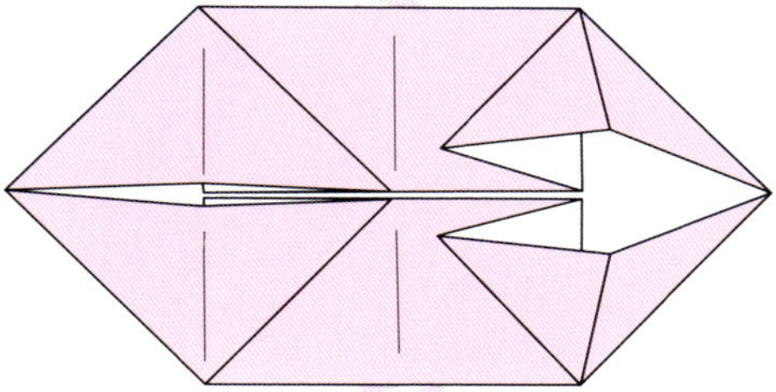

1 図《ず》の形《かたち》までもどし、◎と◎が合《あ》うようにおります。
ほかの3カ所《しょ》も同《おな》じようにおります。

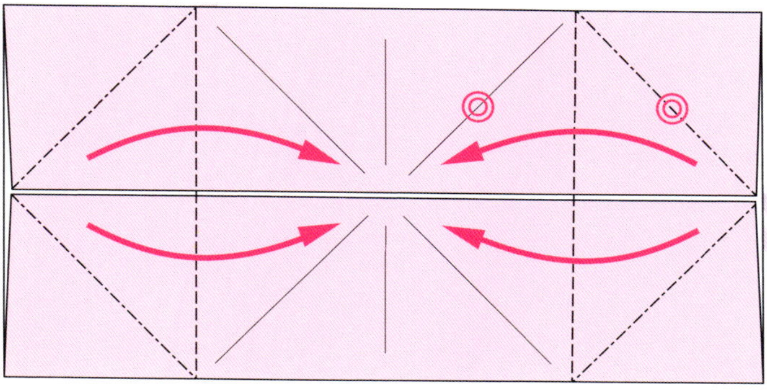

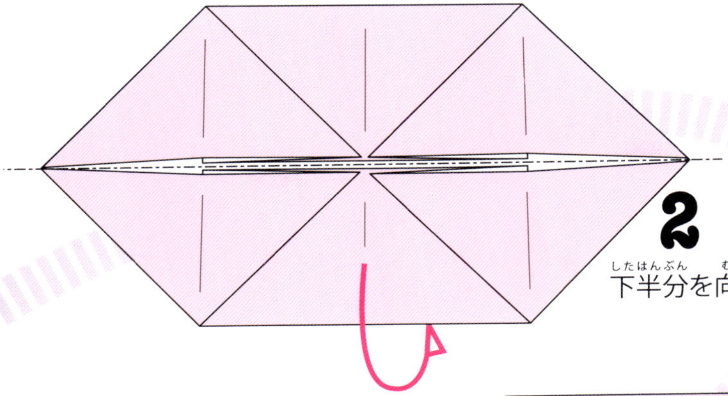

2

下半分《したはんぶん》を向《む》こうがわにおります。

点線《てんせん》のところで三角《さんかく》におります。
うらも同《おな》じ。

3

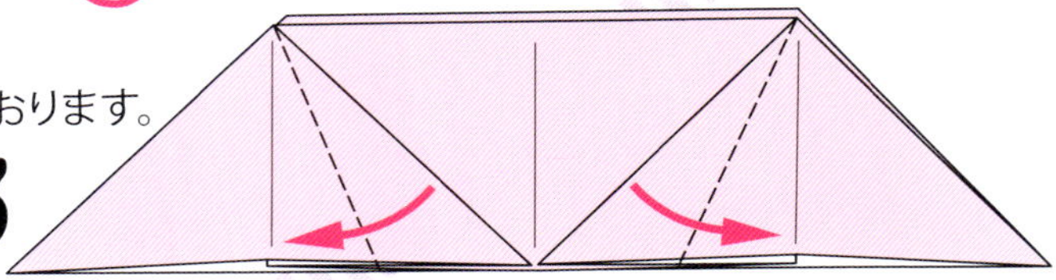

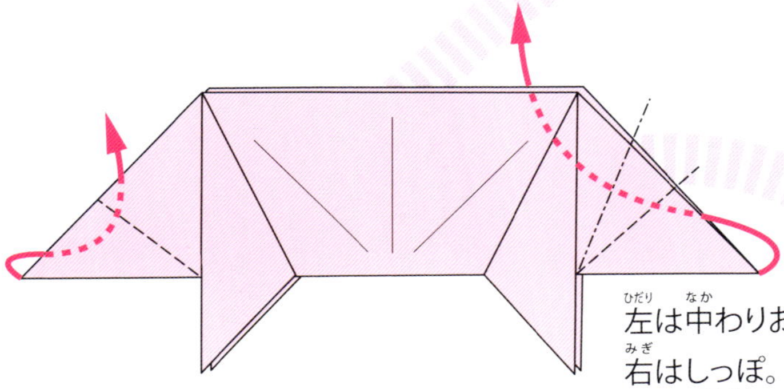

4

左《ひだり》は中《なか》わりおりで頭《あたま》をおります。
右《みぎ》はしっぽ。
まず、点線《てんせん》のとおりに
おりすじをつけます。

5 をおったところ

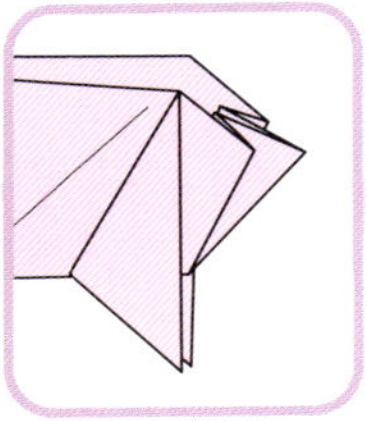

できあがり

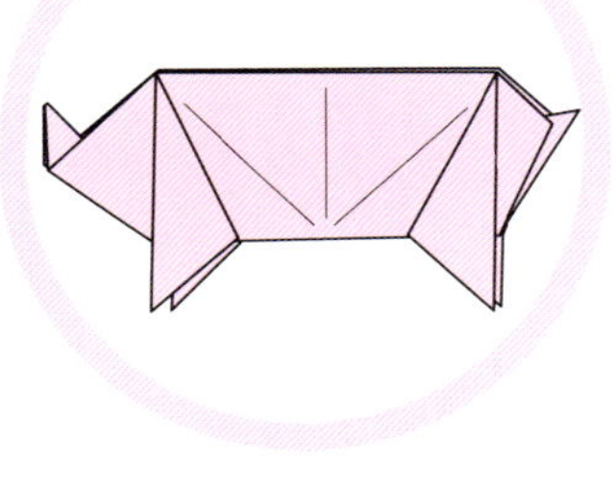

5 おしりのアップ。
間《あいだ》を開《ひら》いて
しっぽを中《なか》に
おしこみます。

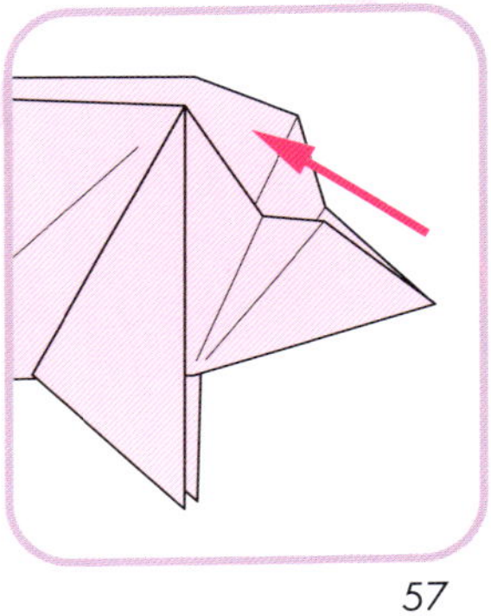

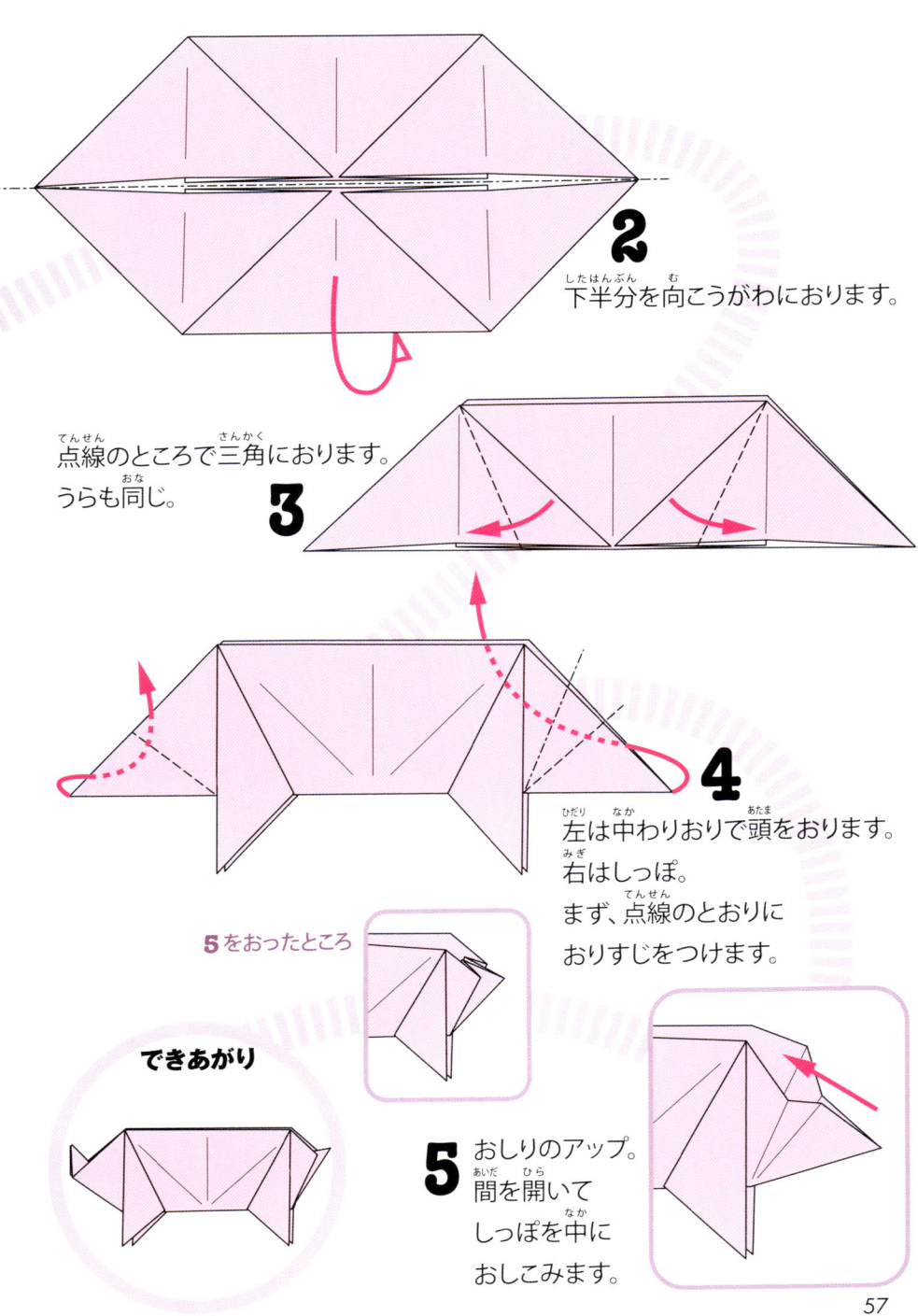

ぞう

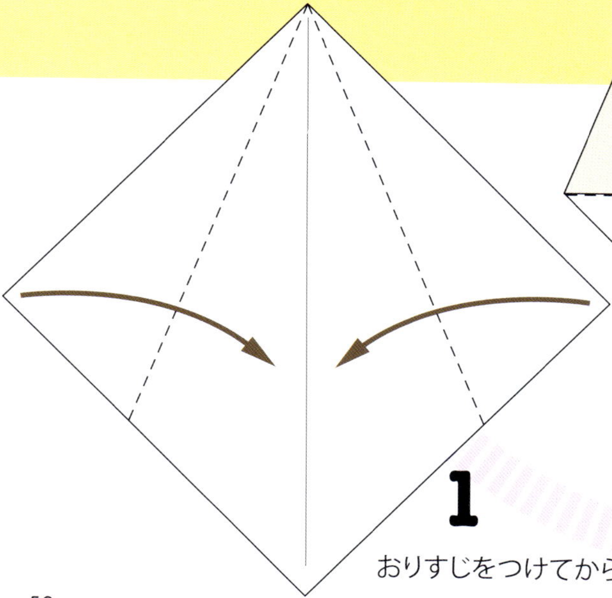

1

おりすじをつけてから、左右《さゆう》をおります。

2

下《した》の三角《さんかく》を
中《なか》におり入《い》れます。

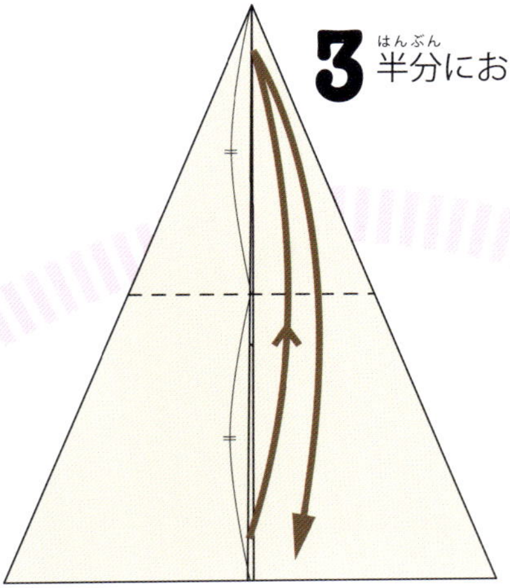

3 半分《はんぶん》におっておりすじをつけます。

4

左右《さゆう》の角《かど》を
点線《てんせん》のところで
向《む》こうがわに
おります。

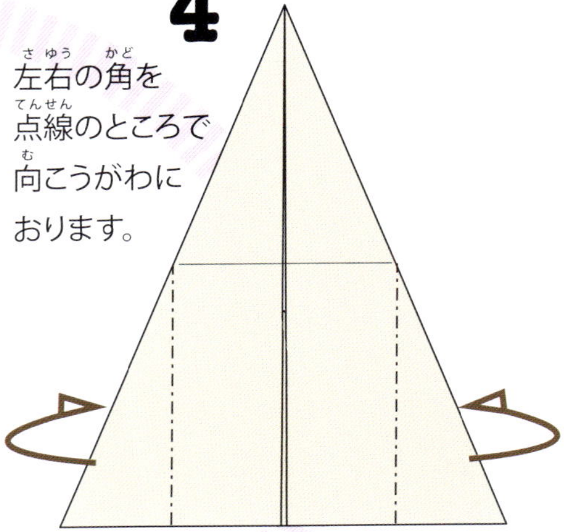

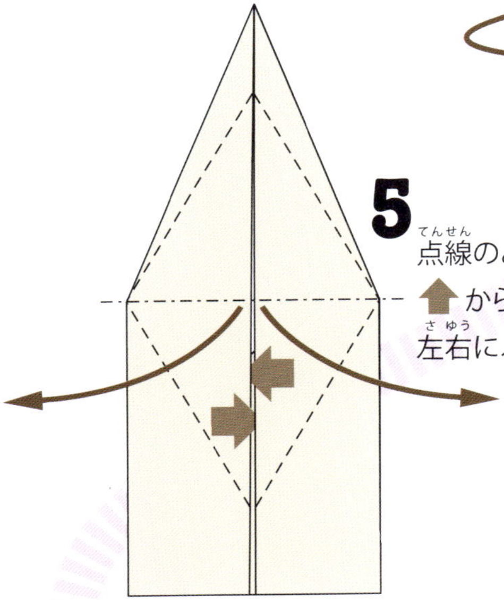

5

点線《てんせん》のところでおりすじをつけます。
⬆から指《ゆび》を入《い》れて
左右《さゆう》にふくろを開《ひら》いてつぶします。

できあがり

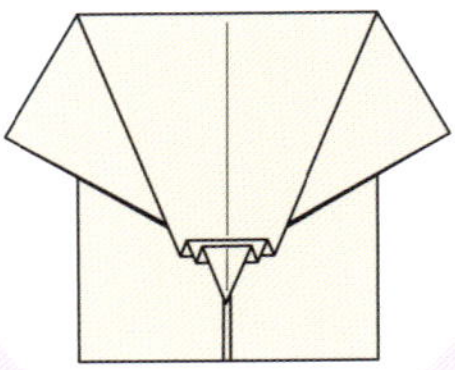

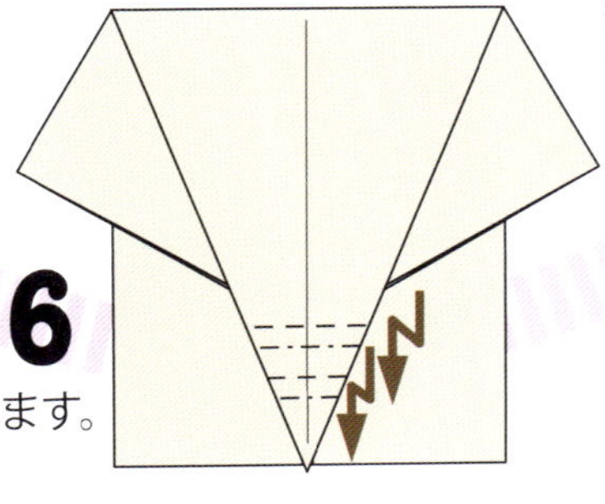

6

はなを２回《かい》
だんおりにします。

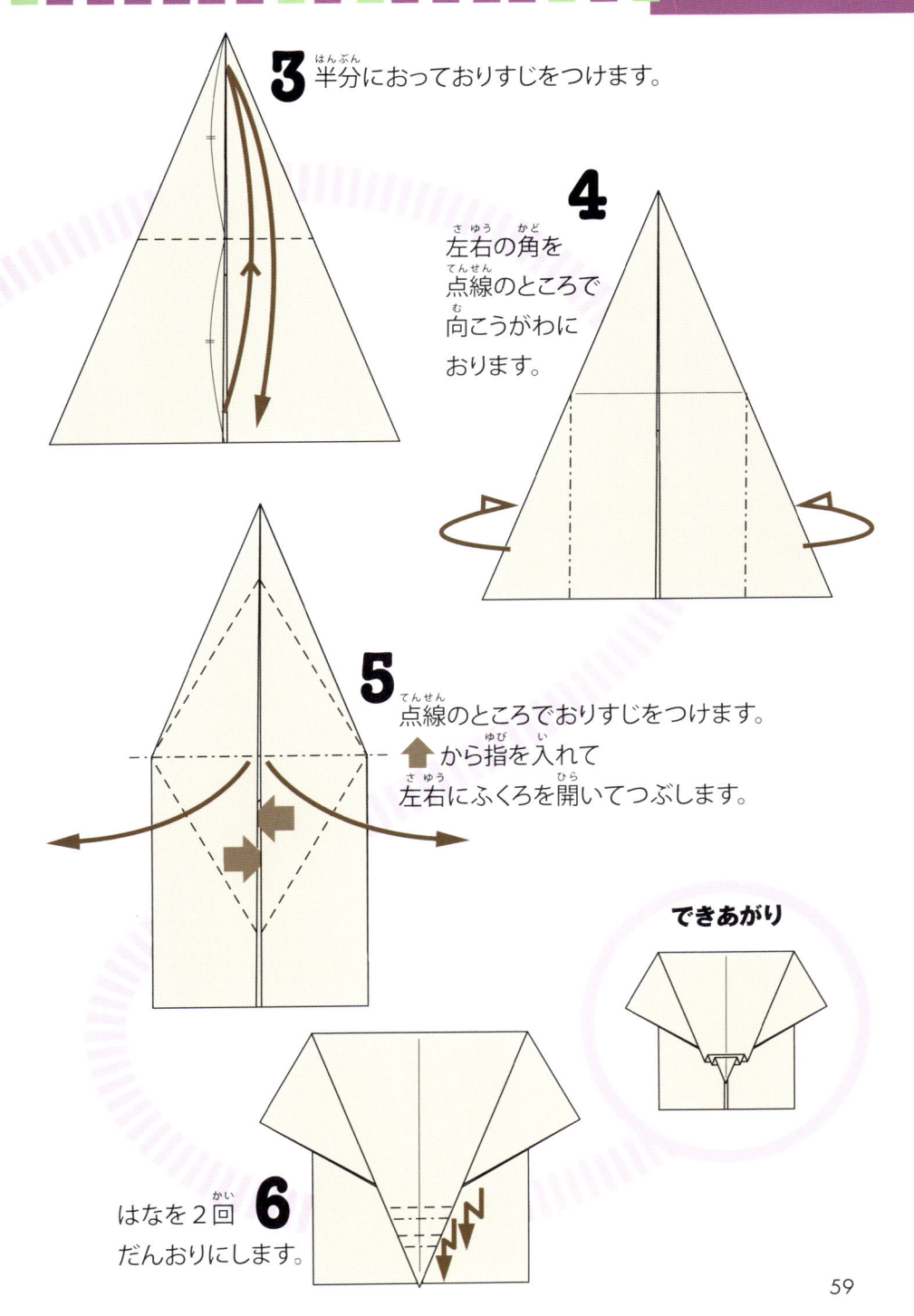

うし

からだと頭《あたま》を別々《べつべつ》におって
組《く》み合《あ》わせます。

からだ

「ふうせん」(16ページ)の
4までおります。

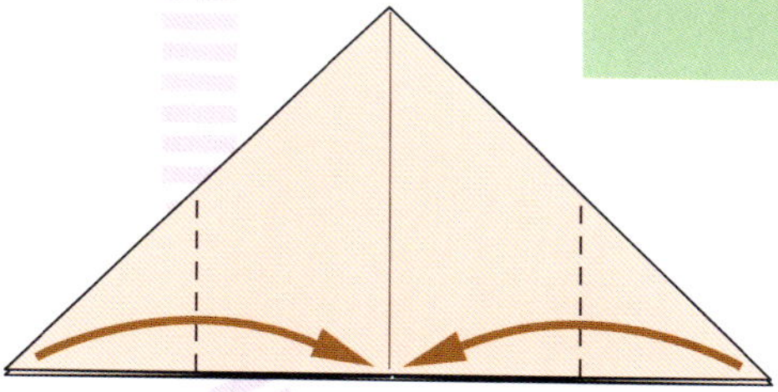

1 手前《てまえ》の１枚《まい》の両《りょう》はしを
まん中《なか》に合《あ》わせて
おります。

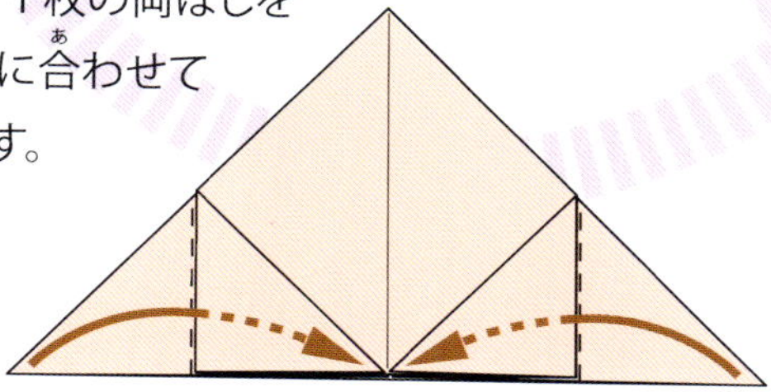

2 残《のこ》りの１枚《まい》は両《りょう》はしを
中《なか》におりこみます。

からだの
できあがり

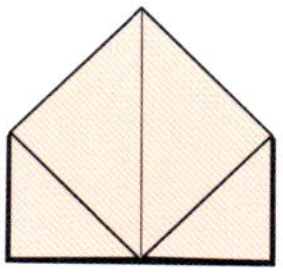

できあがり

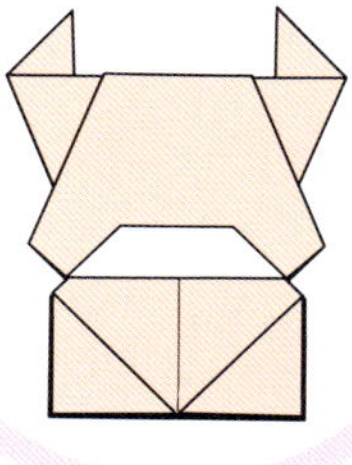

頭《あたま》にからだをさしこみましょう。

頭《あたま》

1 半分《はんぶん》におります。

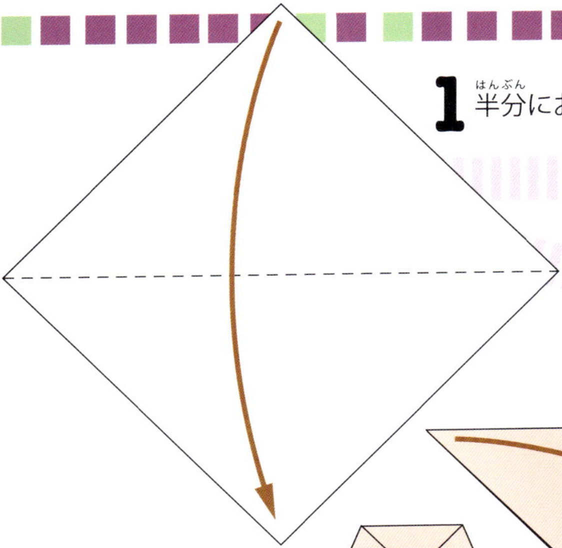

2 両角《りょうかど》を
点線《てんせん》のあたりでおります。

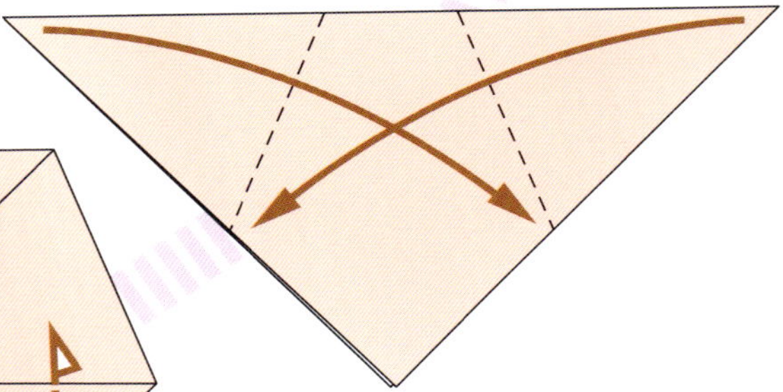

3
手前《てまえ》の１枚《まい》だけを
中《なか》へおりこみます。

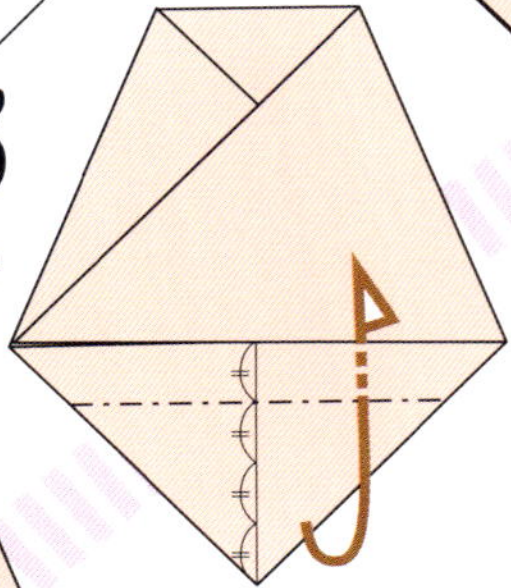

4
左右《さゆう》を
点線《てんせん》のところでおって
矢《や》じるしのほうへ広《ひろ》げます。

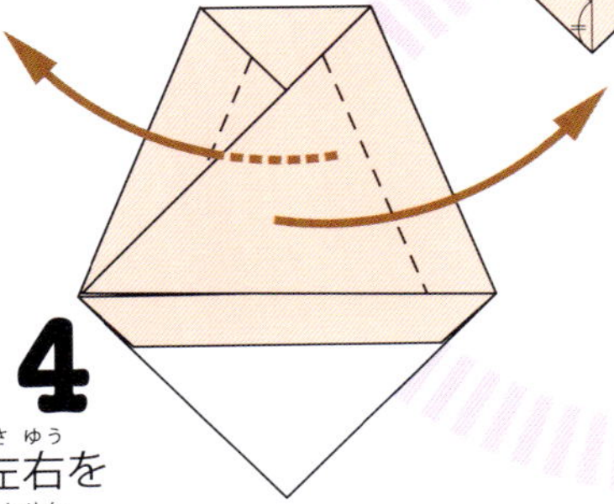

5 ３カ所《しょ》を点線《てんせん》のところで
おります。

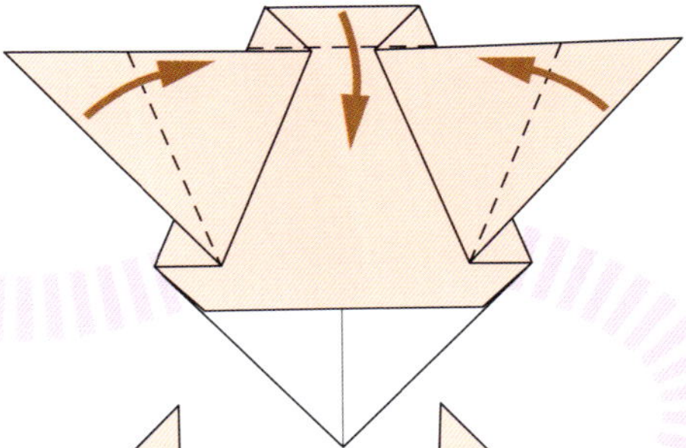

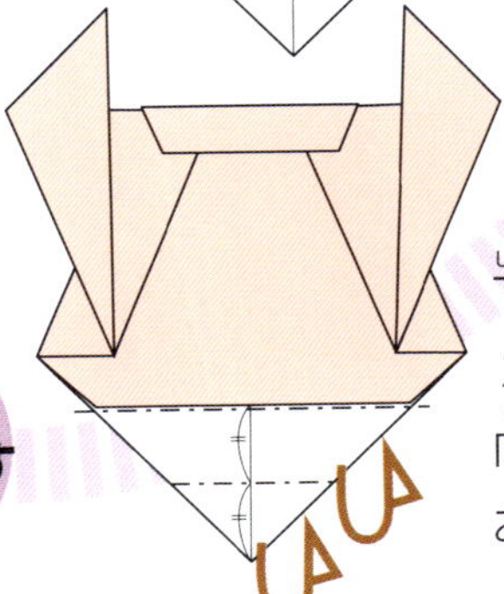

6
下《した》の三角《さんかく》を
２回《かい》、
向《む》こうがわに
おります。

**頭《あたま》の
できあがり**

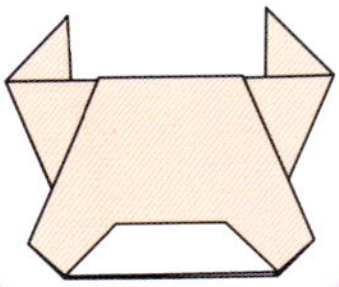

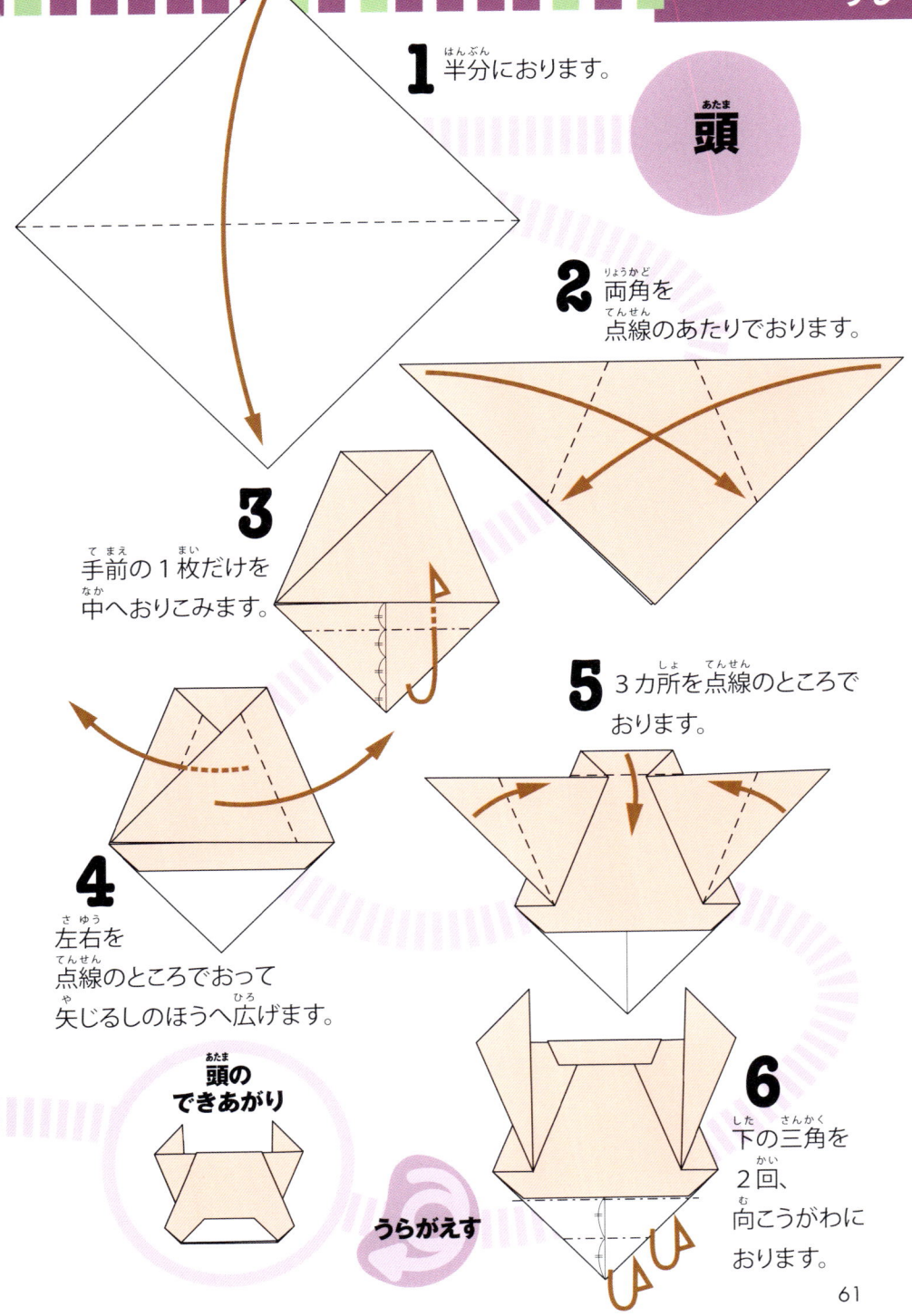

くま

からだと頭《あたま》を別々《べつべつ》におって
組《く》み合《あ》わせます。

からだ

1

おりすじをつけてから
上《うえ》の両角《りょうかど》を
まん中《なか》に向《む》けております。

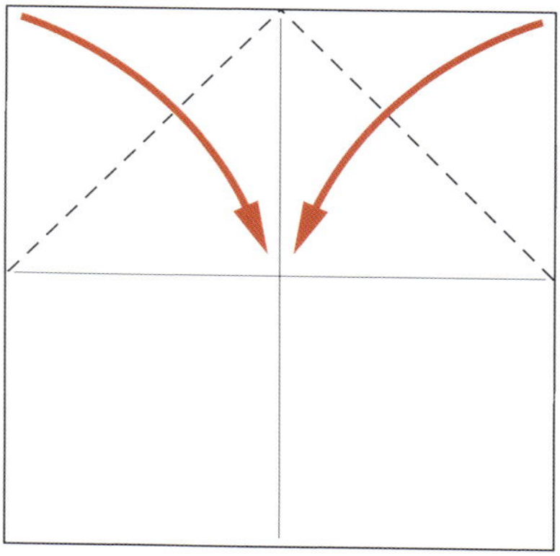

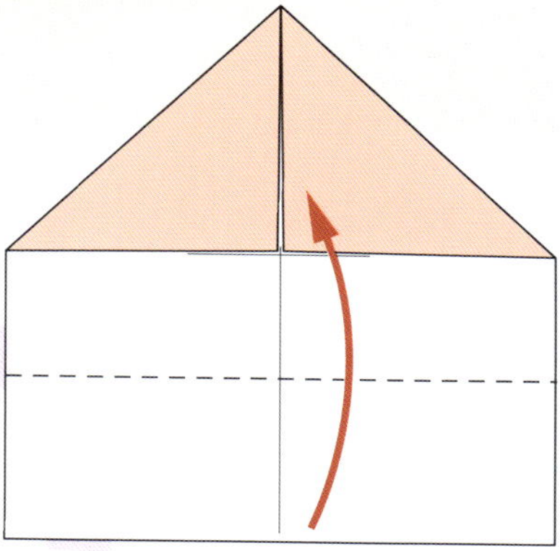

2

1でおった三角《さんかく》に少《すこ》し重《かさ》なるように
下《した》からおり上《あ》げます。

3

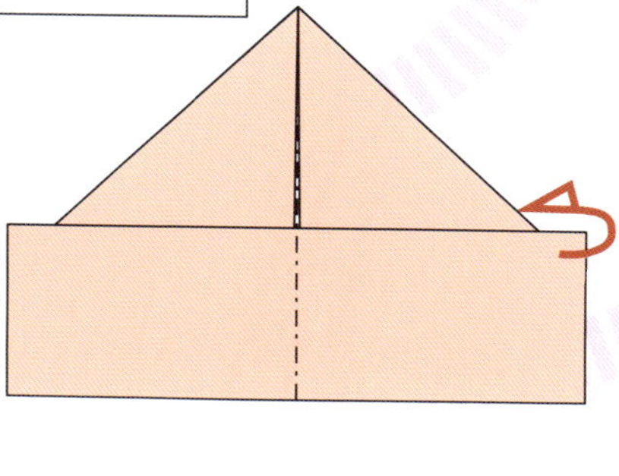

向《む》こうがわに
半分《はんぶん》におります。

からだのできあがり

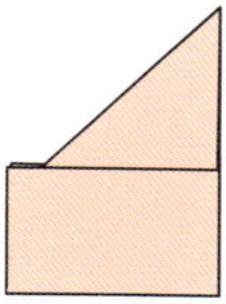

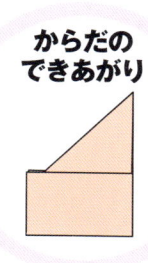

頭《あたま》

1

おりすじをつけてから
図《ず》のようにおります。

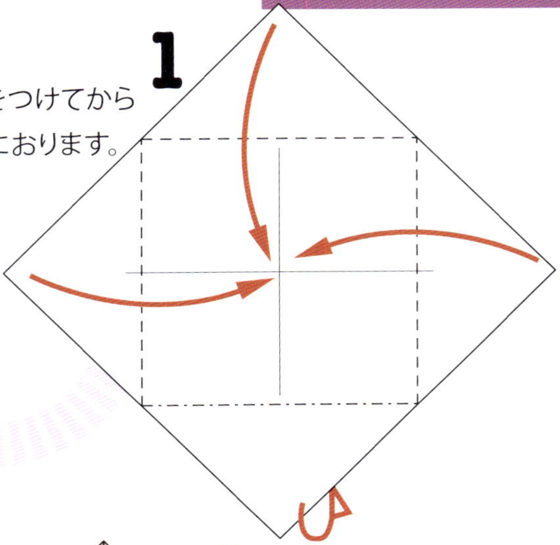

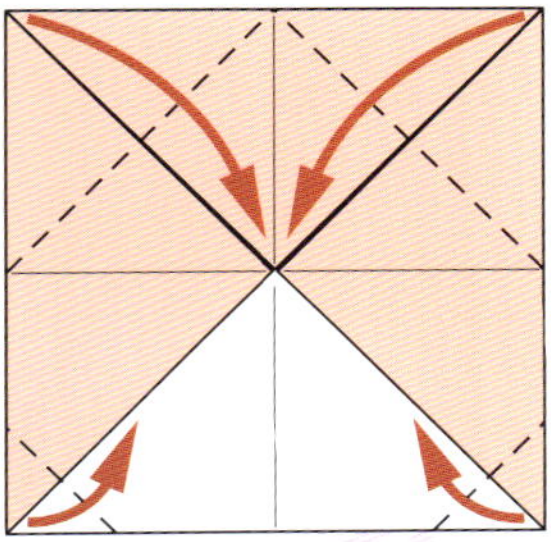

2

上《うえ》の両角《りょうかど》をもう一度《いちど》
まん中《なか》に向《む》けております。
下《した》の両角《りょうかど》は小《ちい》さく三角《さんかく》に
おります。

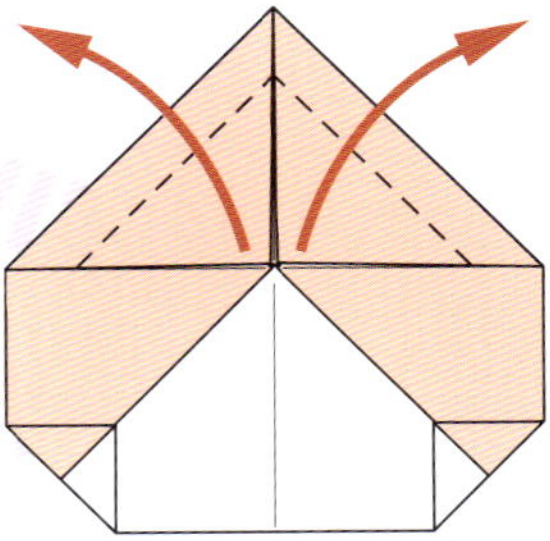

3

2でおった
上《うえ》の角《かど》をそれぞれ
おり返《かえ》します。

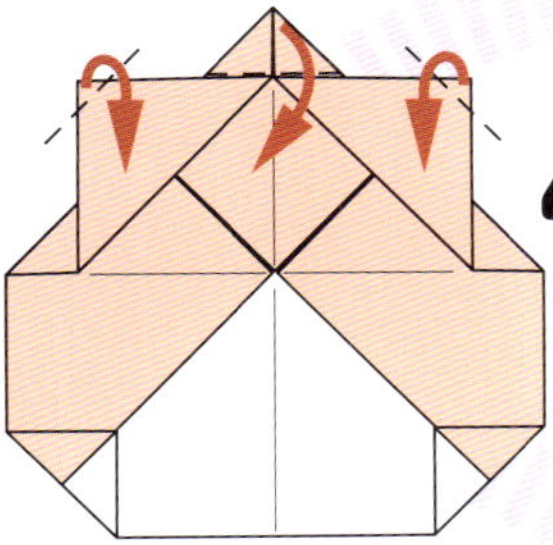

4

頭《あたま》の三角《さんかく》をおり下《さ》げます。
両角《りょうかど》は小《ちい》さく三角《さんかく》におります。

うらがえす

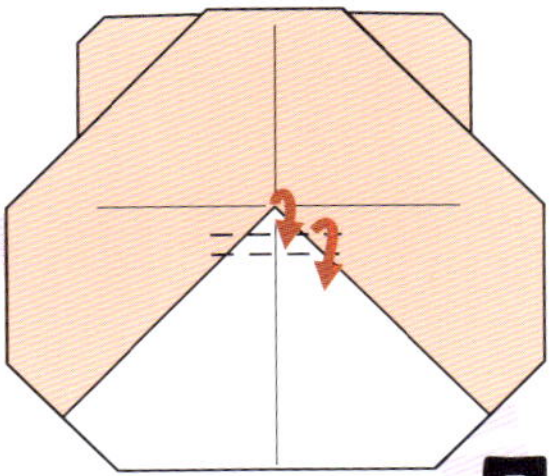

5

うら返《がえ》したら
三角《さんかく》の角《かど》を
小《ちい》さく2回《かい》おります。

頭《あたま》とからだをのりづけしましょう。

できあがり

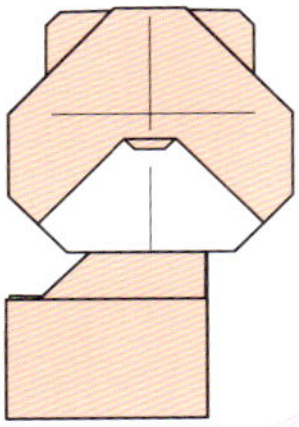

頭《あたま》の できあがり

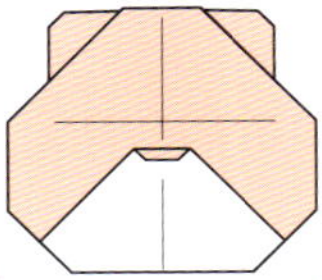

うま

「つる」(46ページ)**の**
5までおります。

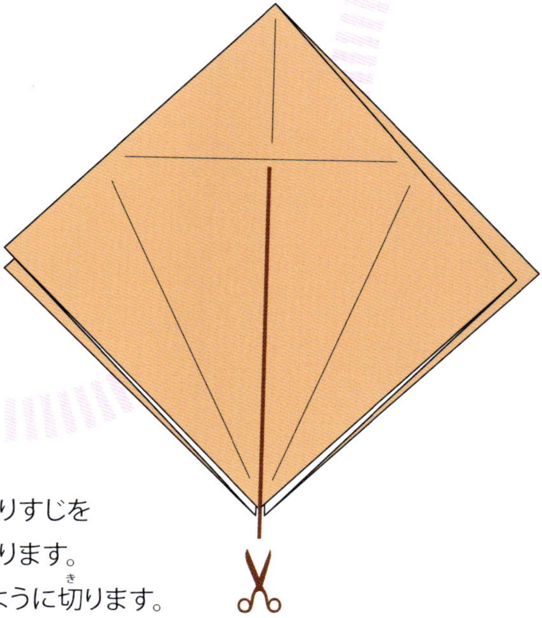

1 手前《てまえ》1枚《まい》の
まん中《なか》のおりすじを
はさみで切《き》ります。
うらも同《おな》じように切《き》ります。

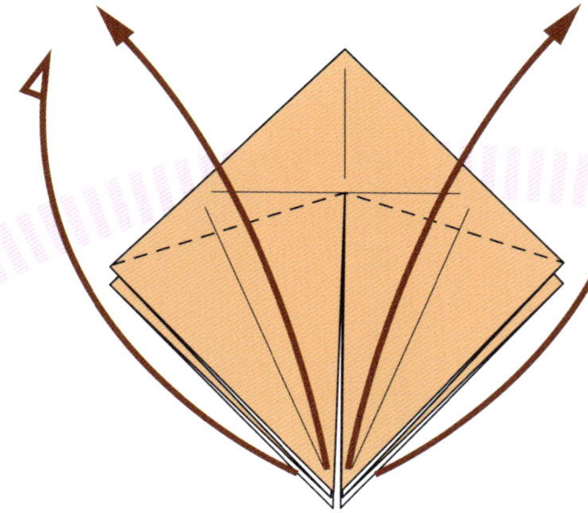

2 切《き》った三角《さんかく》をおり上《あ》げます。
うらも同《おな》じ。

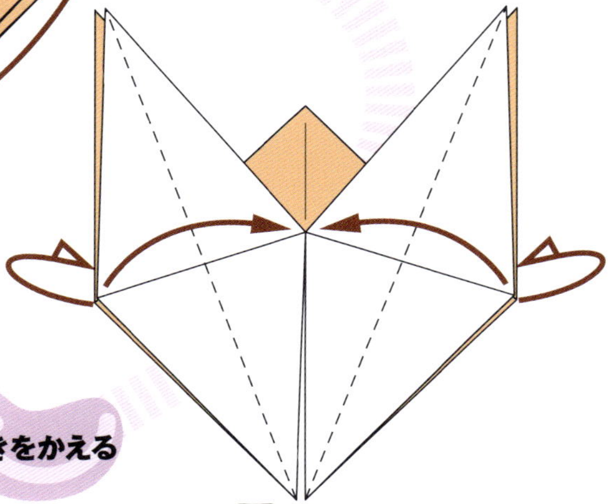

3 ダイヤ形《がた》を
半分《はんぶん》におります。
うらも同《おな》じ。

上下《じょうげ》の向《む》きをかえてから
右《みぎ》を中《なか》わりおりにします。

4

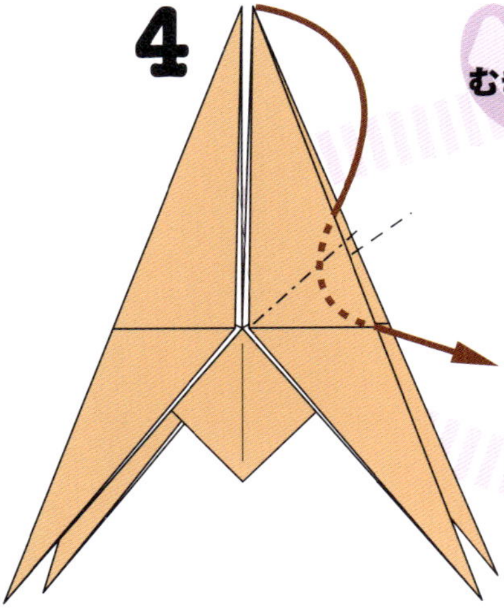

むきをかえる

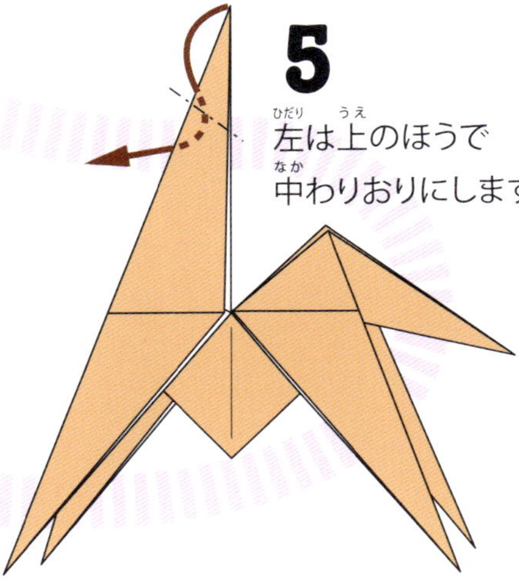

5

左《ひだり》は上《うえ》のほうで
中《なか》わりおりにします。

できあがり

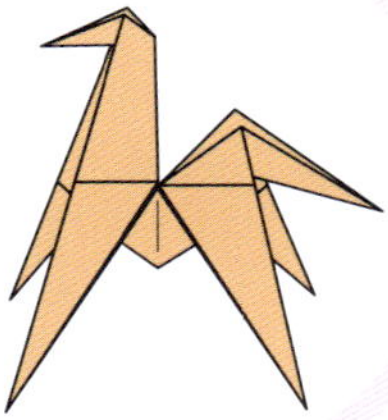

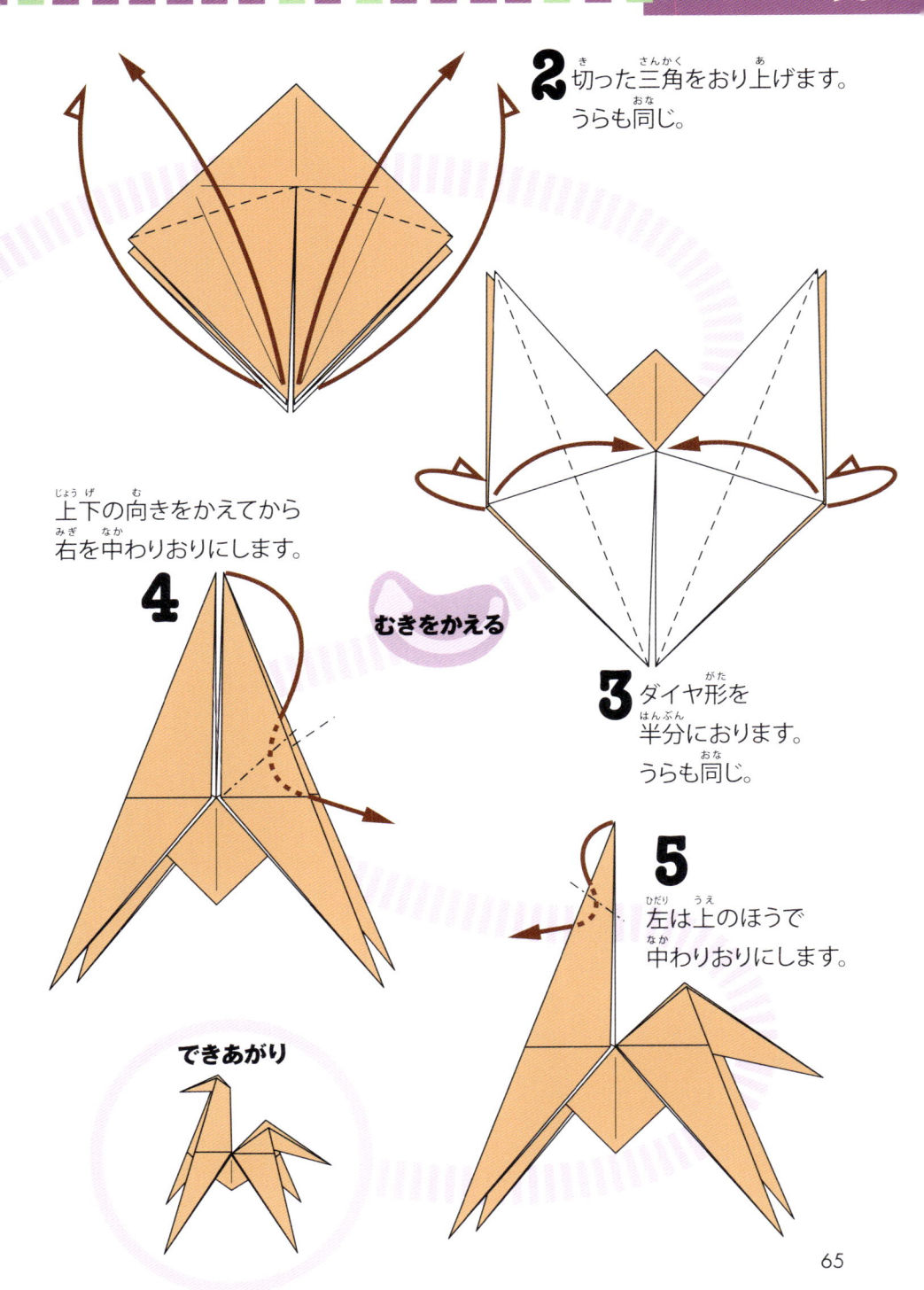

ゆきうさぎ

「ふうせん」(16ページ)**の**
6までおります。

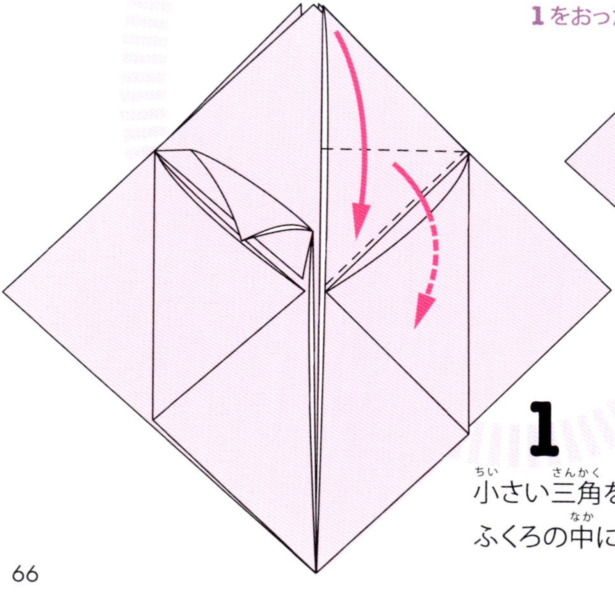

1をおったところ

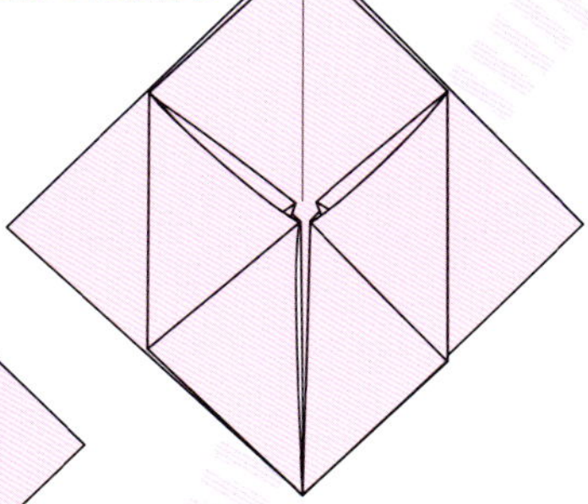

1

小《ちい》さい三角《さんかく》を２回《かい》おって
ふくろの中《なか》に入《い》れます。

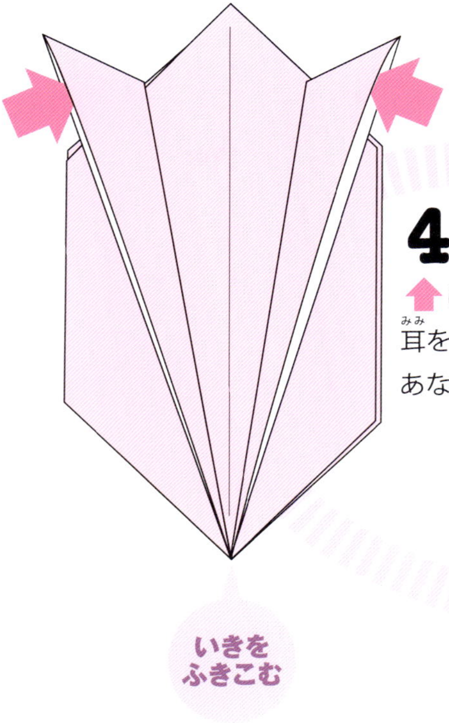

できあがり

4

に指《ゆび》を入《い》れて
耳《みみ》を広《ひろ》げます。
あなから息《いき》をふき入《い》れます。

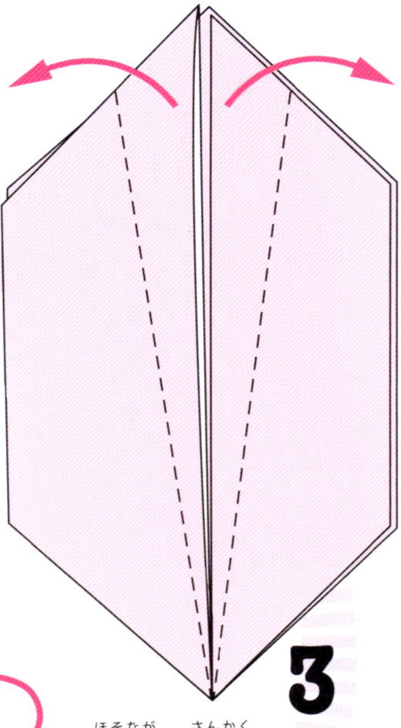

3

細長《ほそなが》い三角《さんかく》をおります。

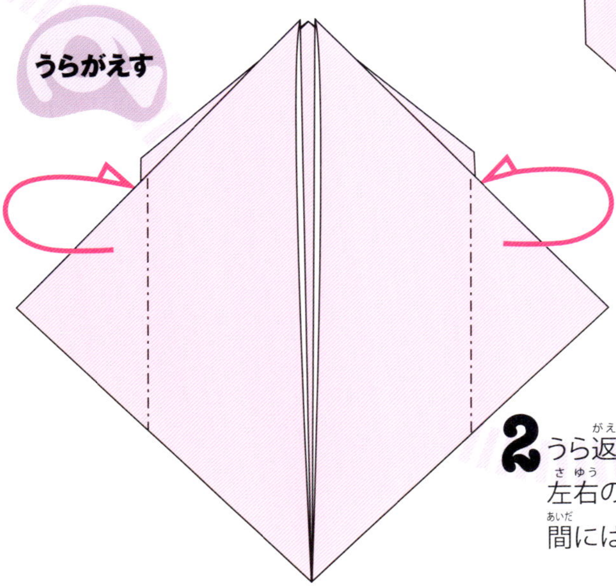

2

うら返《がえ》したら、
左右《さゆう》の角《かど》を向《む》こうがわにおって
間《あいだ》にはさみます。

かたつむり

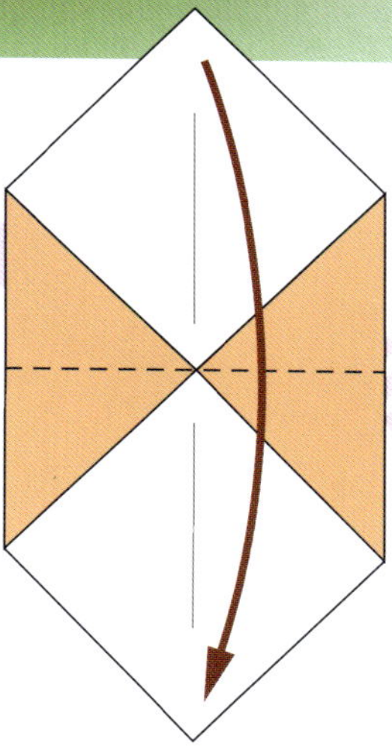

1

おりすじをつけてから
左右《さゆう》をおります。

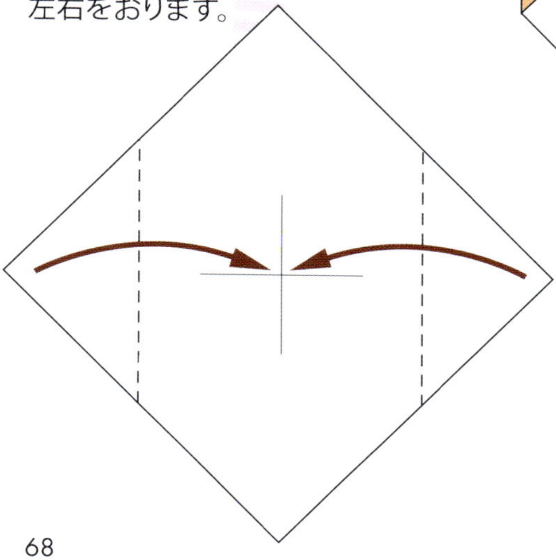

2

上下半分《じょうげはんぶん》に
おります。

3

今度《こんど》は左右半分《さゆうはんぶん》におります。

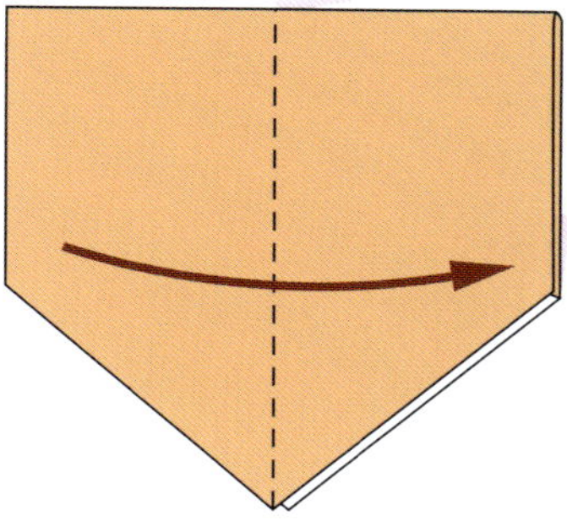

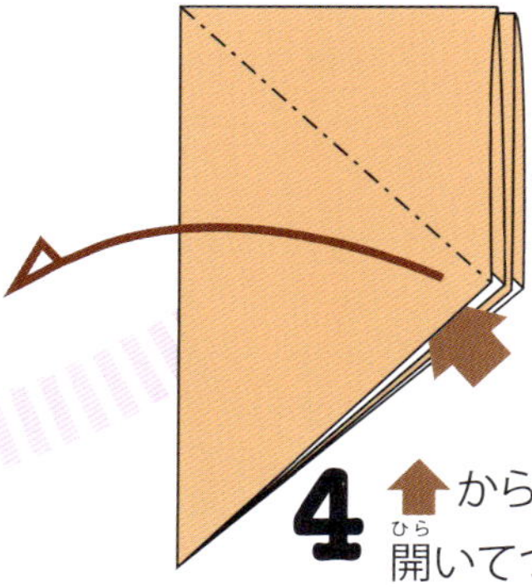

4 ⬆から指《ゆび》を入《い》れて
開《ひら》いてつぶします。
うらも同《おな》じ。

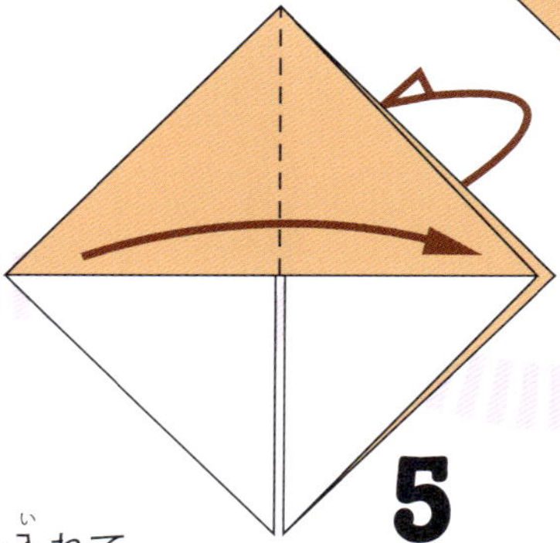

5 おりずらします。うらも同《おな》じ。

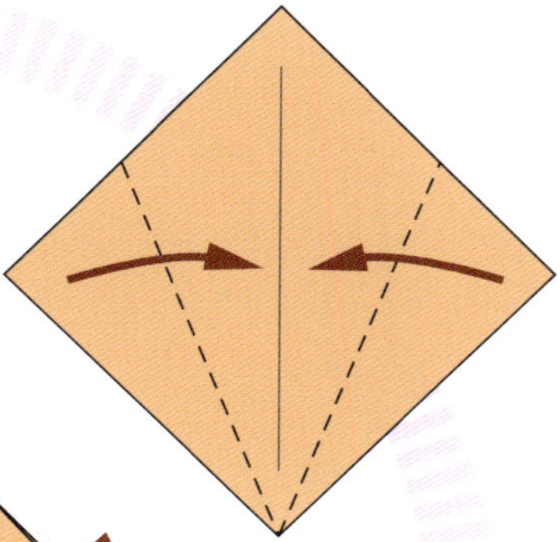

6 左右《さゆう》をおります。うらも同《おな》じ。

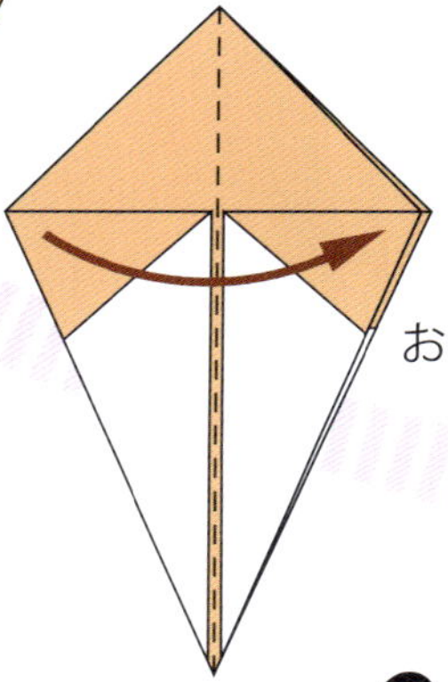

7 おりずらします。うらも同《おな》じ。

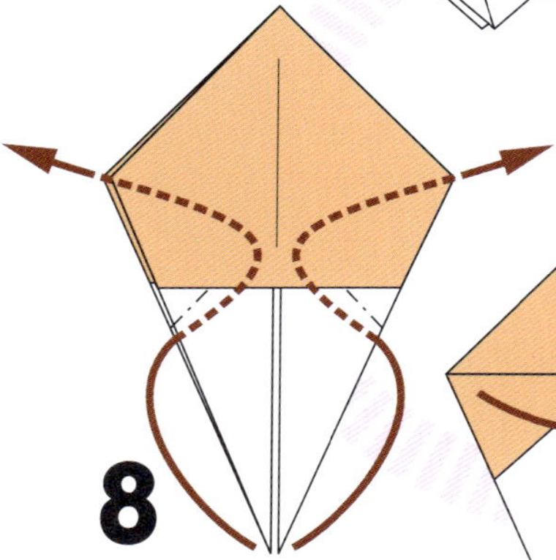

8 左右《さゆう》それぞれ
中《なか》わりおりにします。

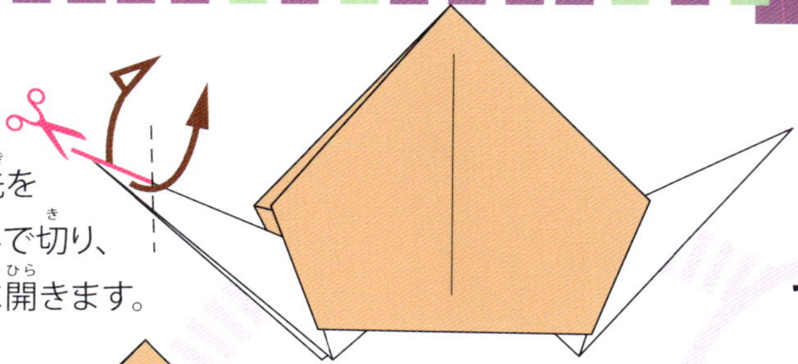

9 頭《あたま》の先《さき》を
はさみで切《き》り、
左右《さゆう》に開《ひら》きます。

できあがり

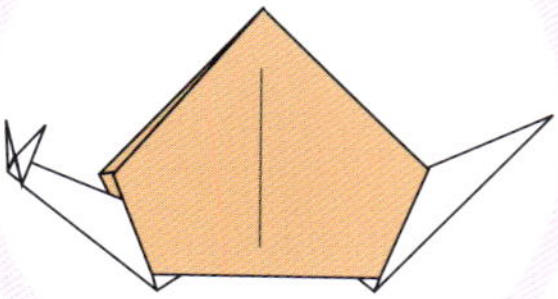

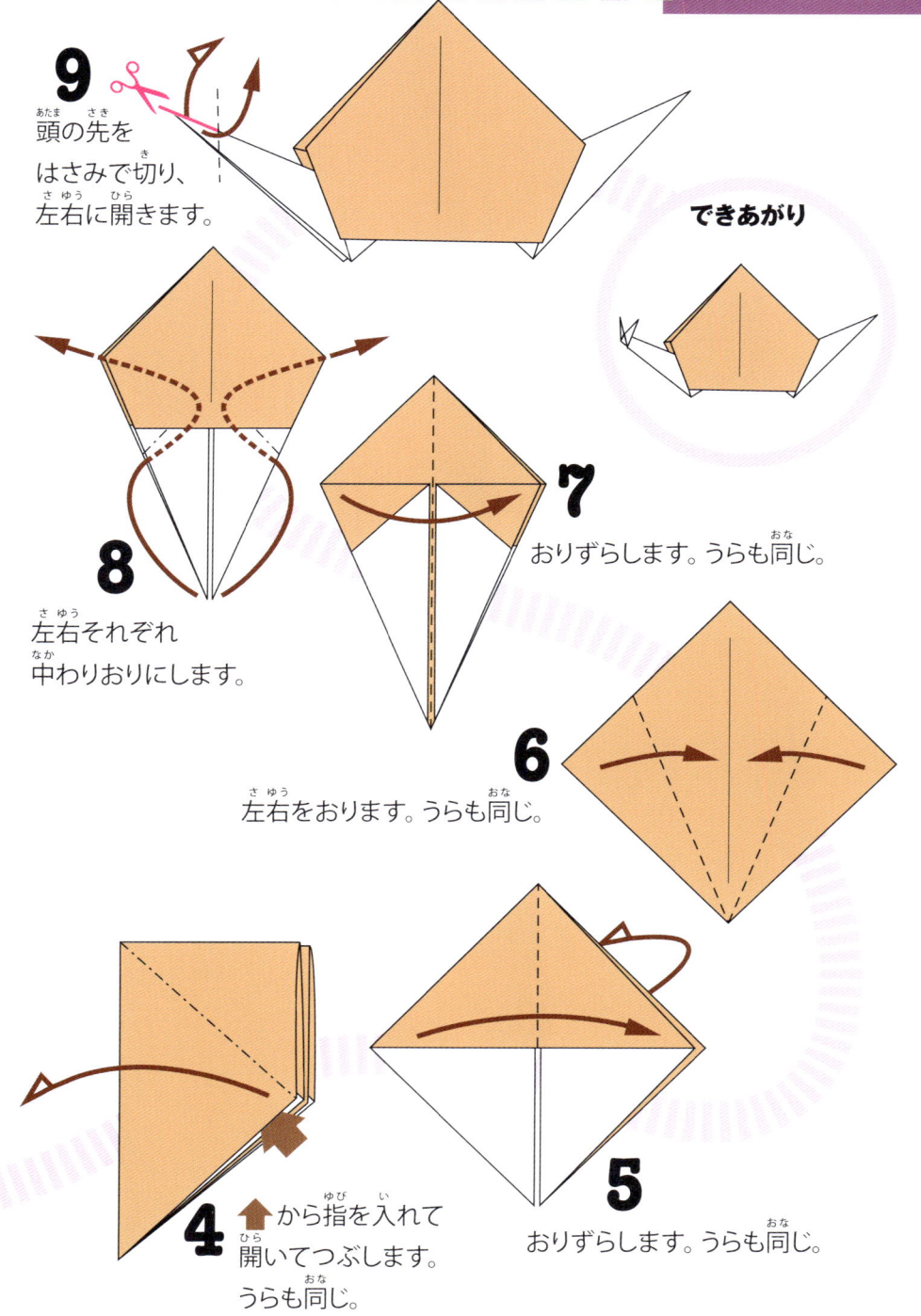

ちょうちょ

「にそうぶね」(28ページ)の
7までおります。

1

2つの角《かど》をおり下《さ》げます。

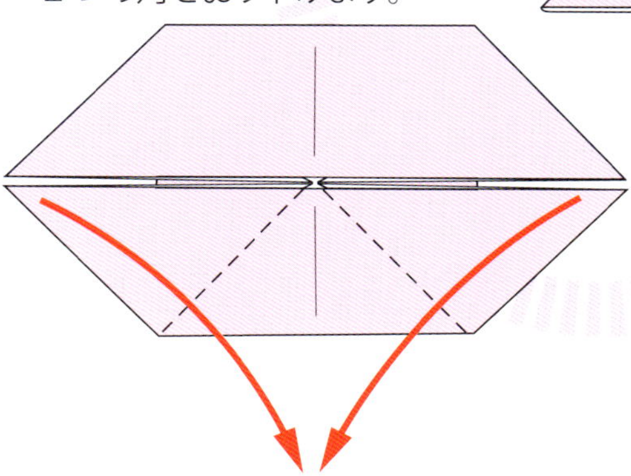

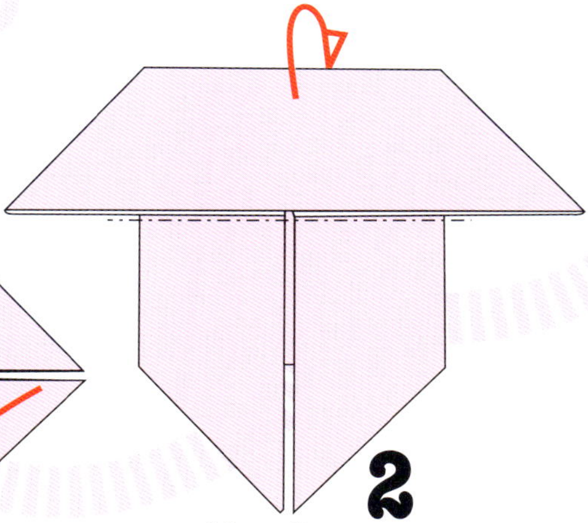

2

上《うえ》を、向《む》こうがわへおります。

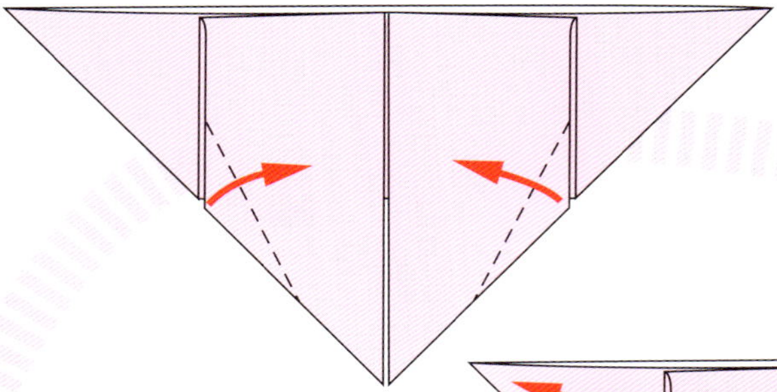

3 上《うえ》の1枚《まい》だけ
小《ちい》さな三角《さんかく》におります。

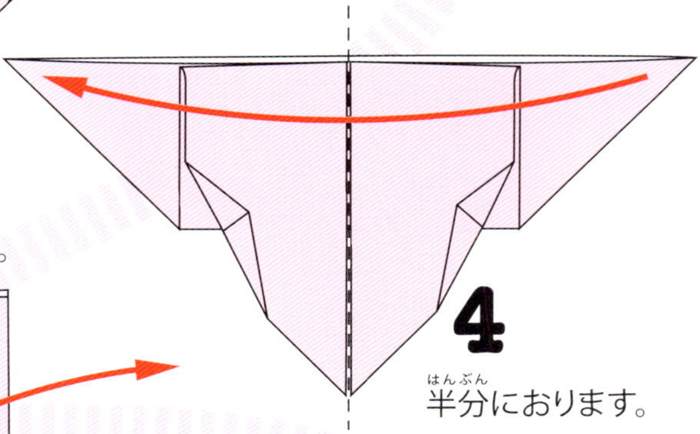

4
半分《はんぶん》におります。

5
上《うえ》の1枚《まい》だけ、おり返《かえ》します。

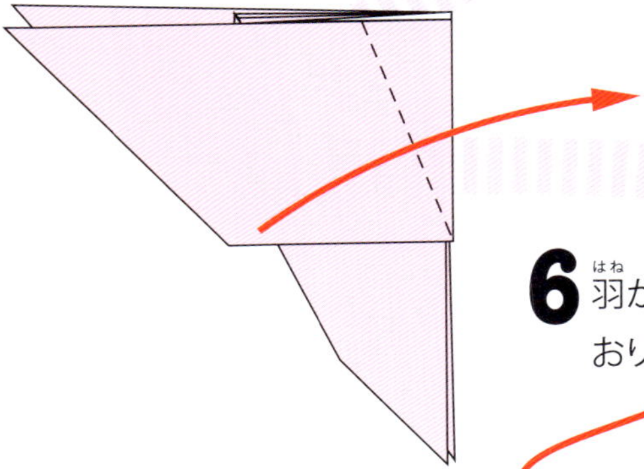

6 羽《はね》が重《かさ》なるように
おります。

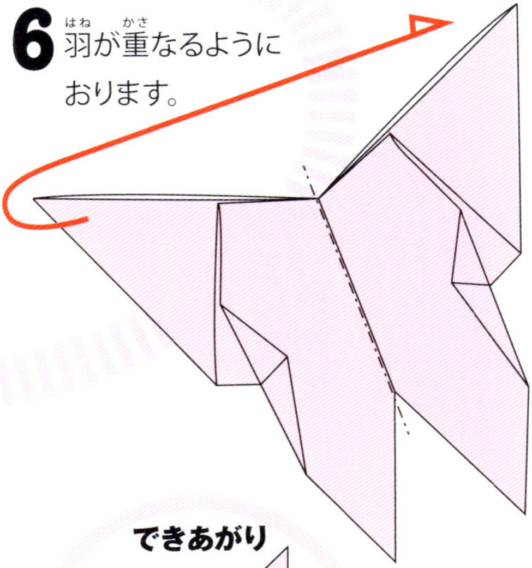

7
羽《はね》を広《ひろ》げます。

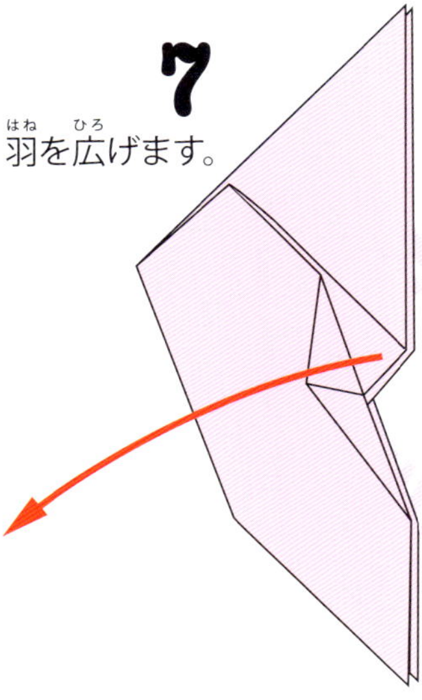

できあがり

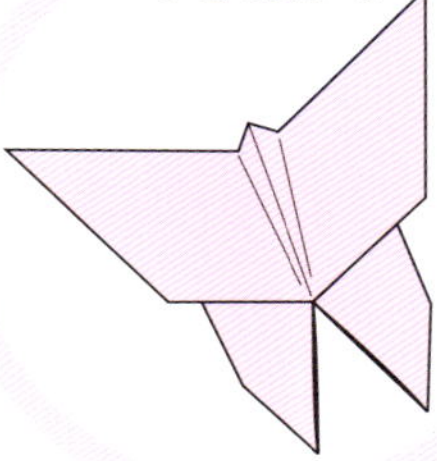

せみ

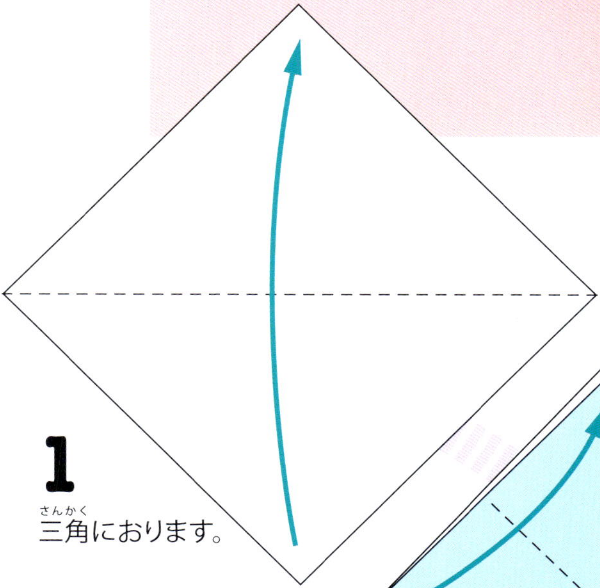

1

三角《さんかく》におります。

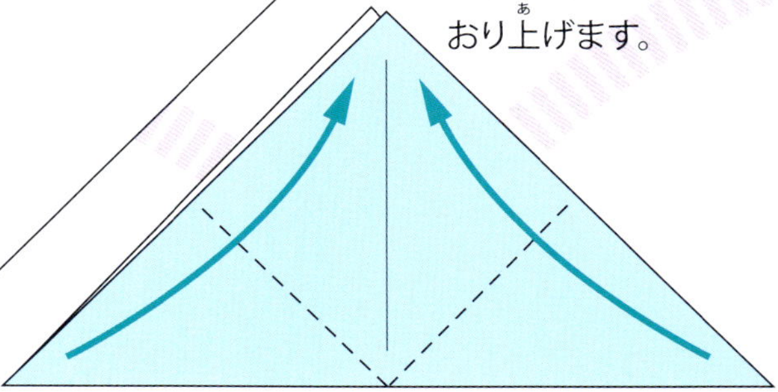

2 おりすじをつけてから
左右《さゆう》の角《かど》を
おり上《あ》げます。

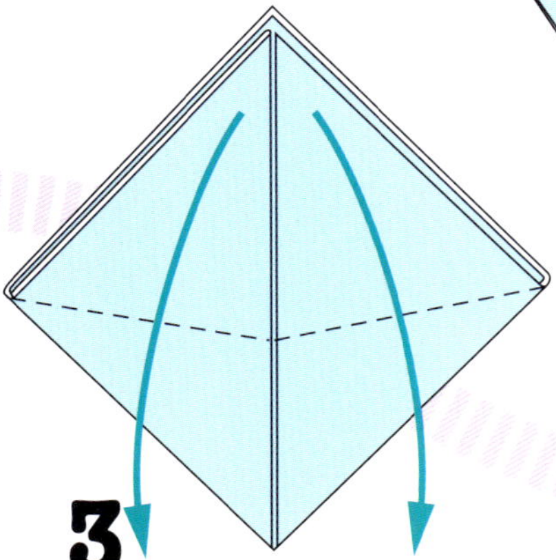

3

点線《てんせん》のあたりで
ななめにおり下《さ》げます。

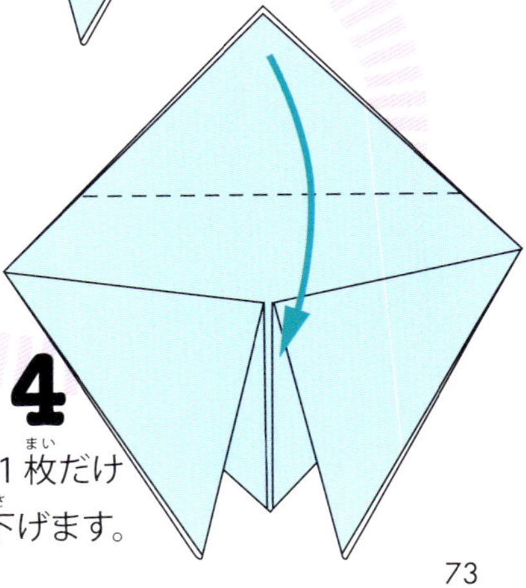

4

上《うえ》の１枚《まい》だけ
おり下《さ》げます。

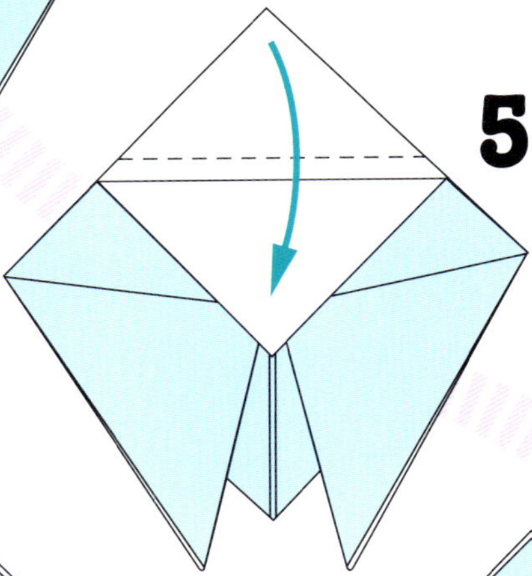

5

２枚目《まいめ》を
少《すこ》しずらして
おり下《さ》げます。

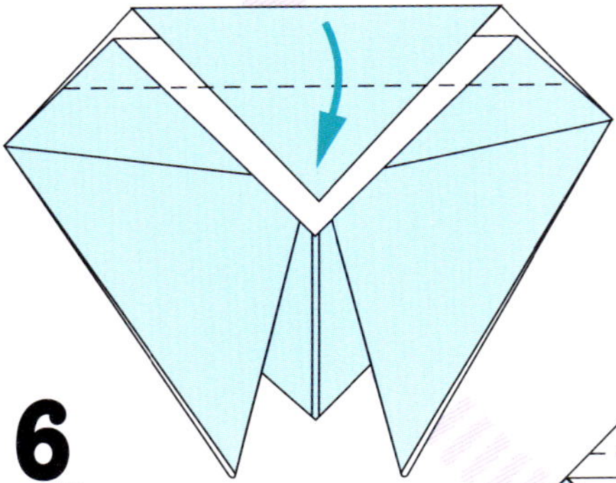

6

２枚《まい》いっしょに
おり下《さ》げます。

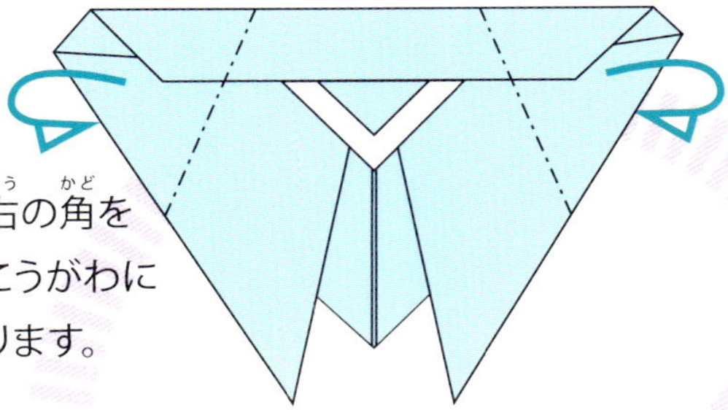

7

左右《さゆう》の角《かど》を
向《む》こうがわに
おります。

できあがり

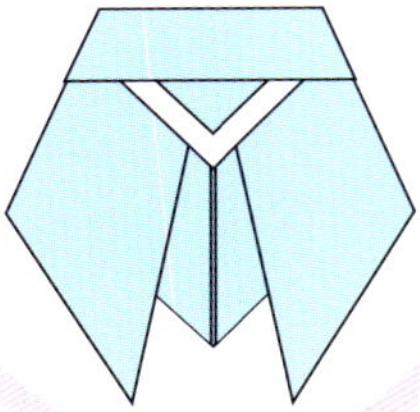

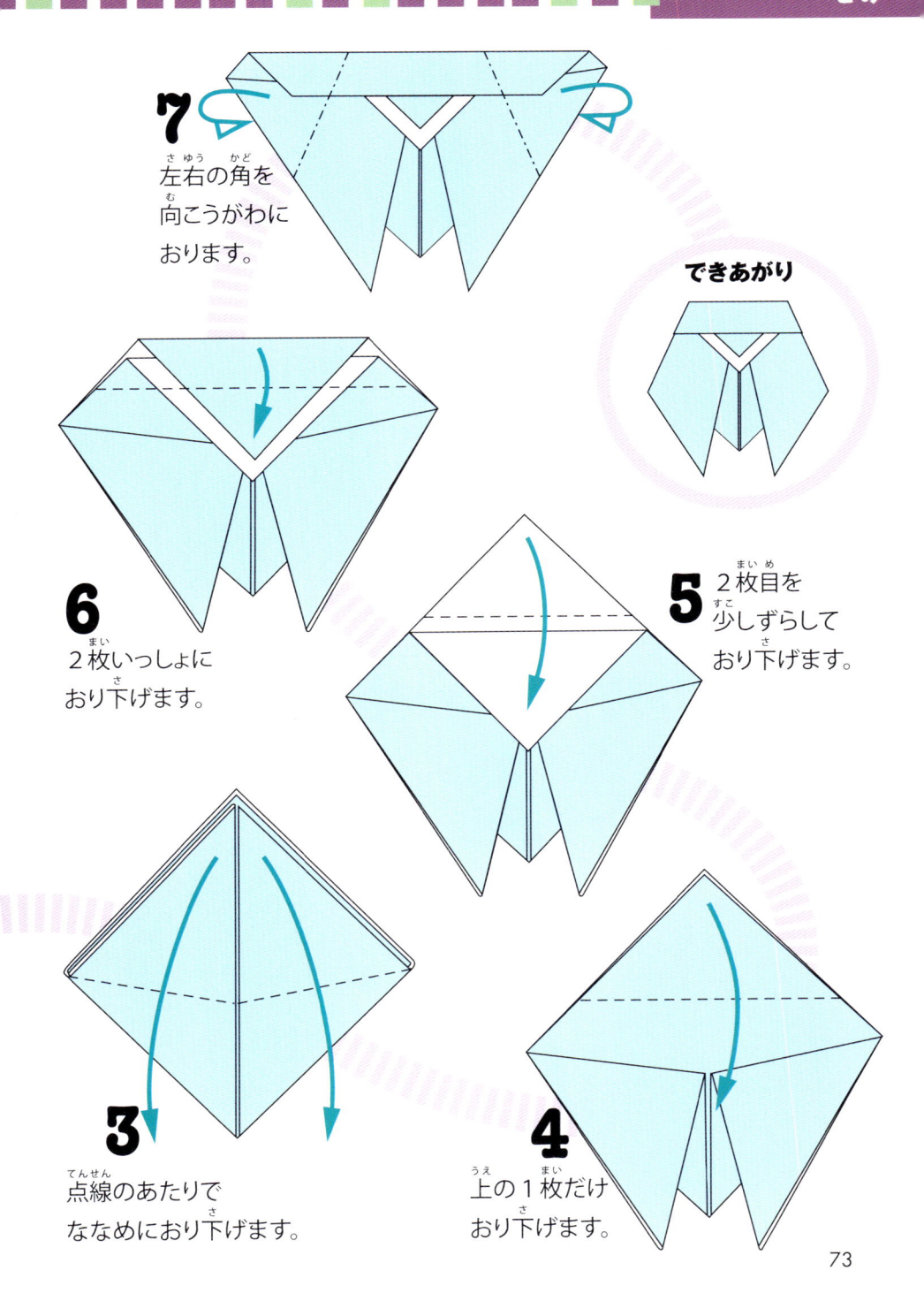

くわがた

1 中央《ちゅうおう》におりすじをつけてから左右《さゆう》をおります。

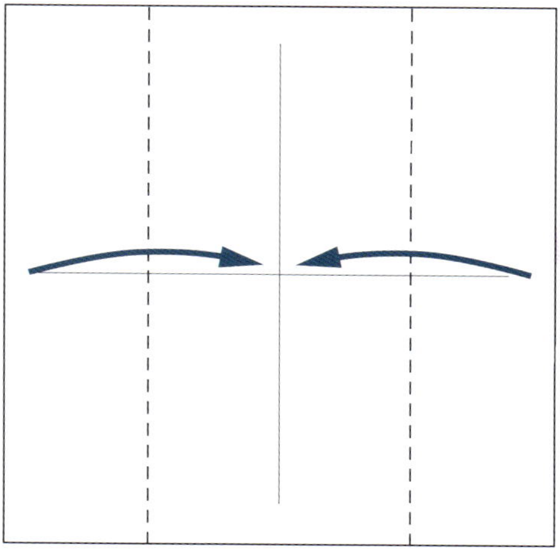

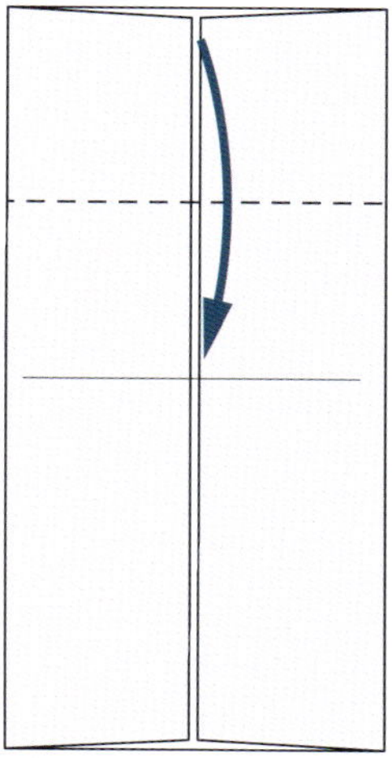

2 おりすじに合《あ》わせて、上《うえ》をおります。

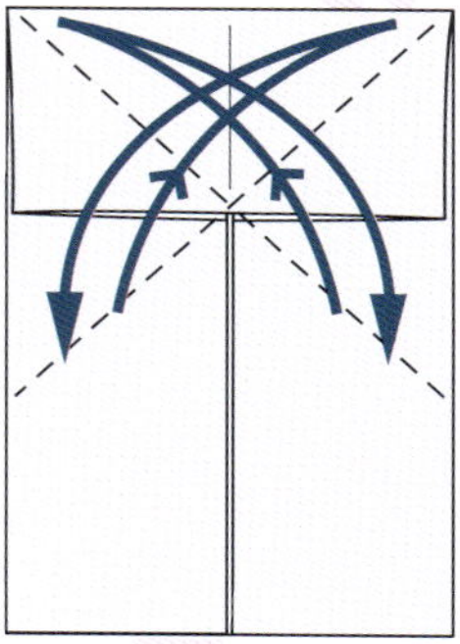

3 ななめにおりすじをつけます。

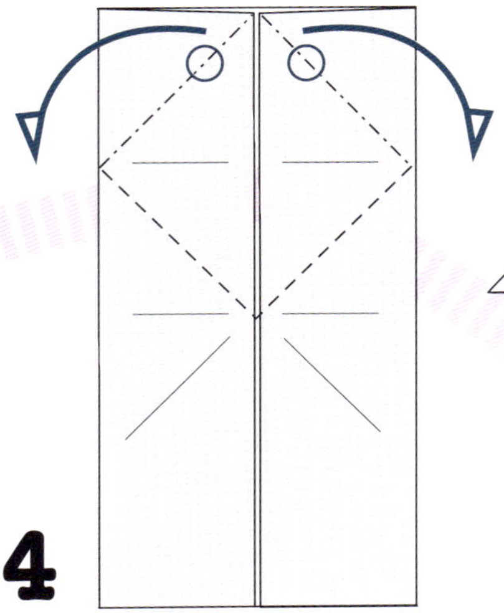

4

2の形《かたち》までもどしたら
○を外《そと》に開《ひら》きます。

5 両角《りょうかど》をななめにおり上《あ》げます。

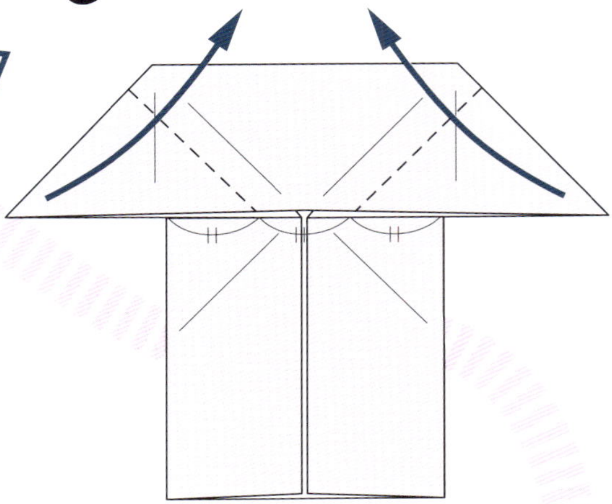

6

点線《てんせん》のあたりで
おり上《あ》げます。

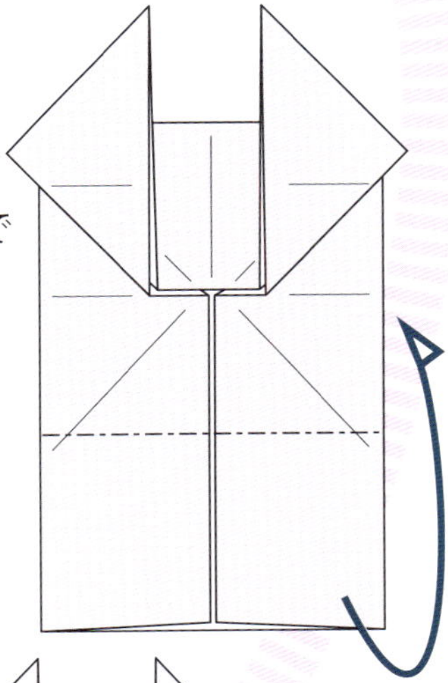

うらがえす

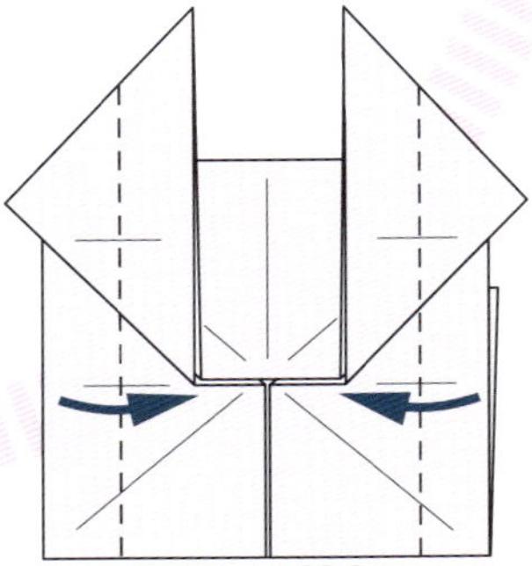

7 左右《さゆう》をおります。

8

下《した》の角《かど》を
三角《さんかく》におります。

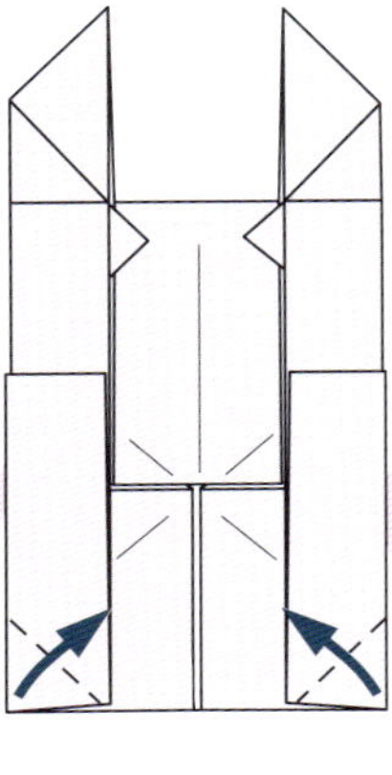

できあがり

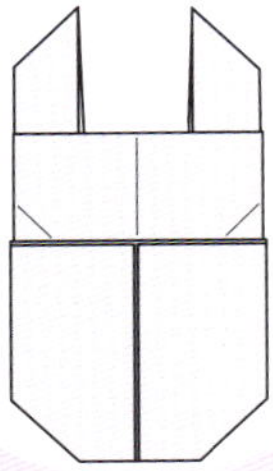

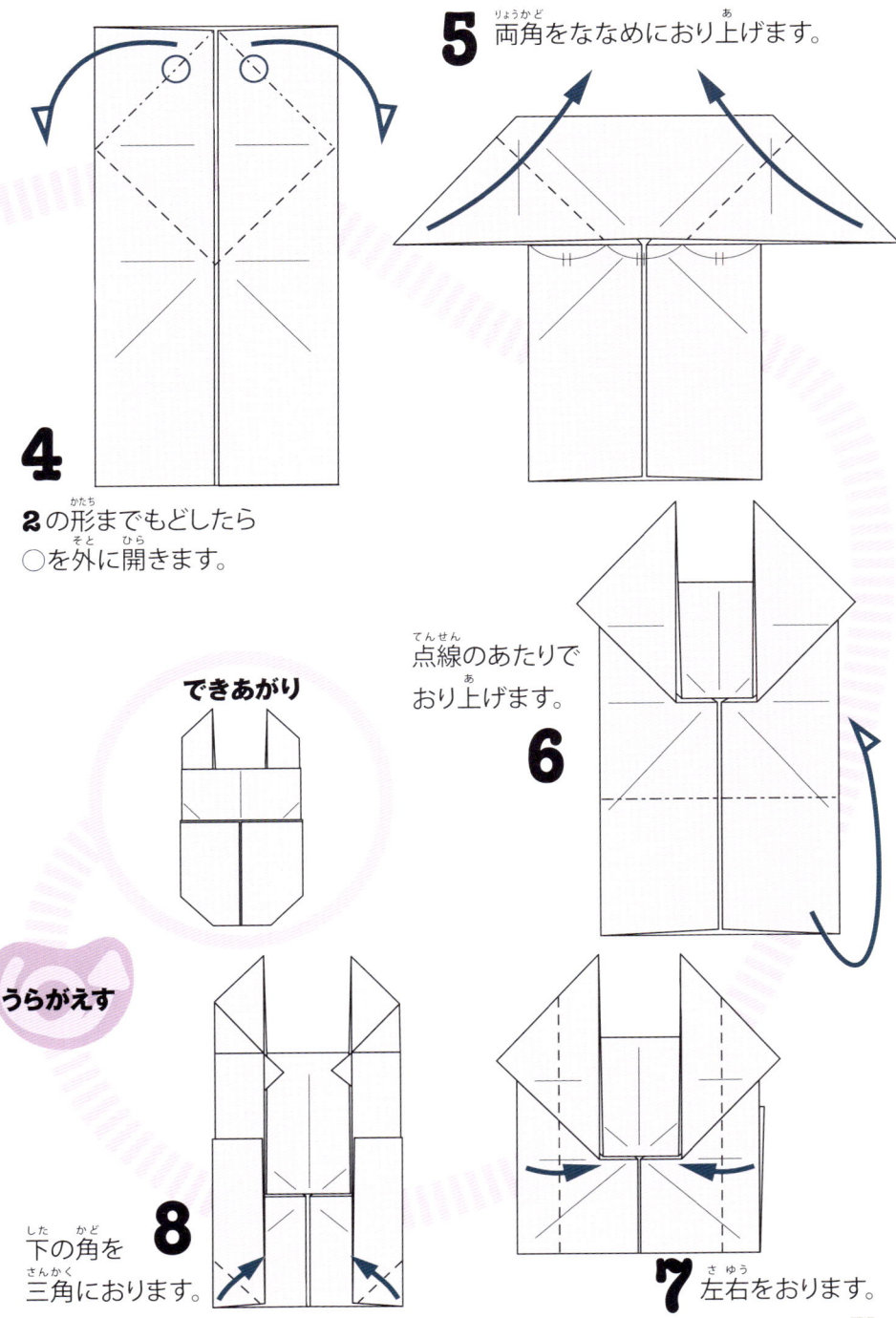

ばった

「つる」（46ページ）**の**
5までおります。

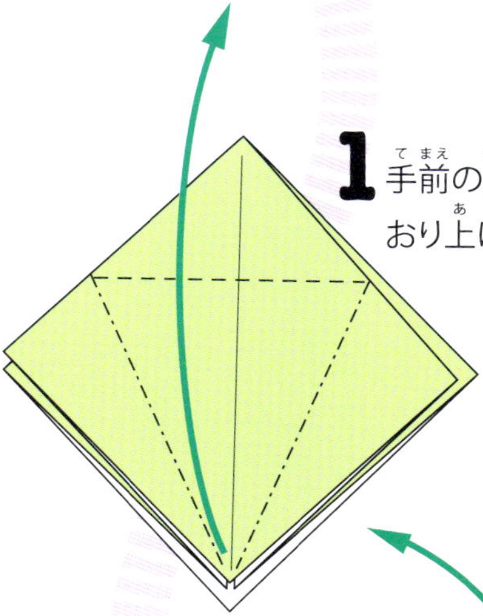

1 手前《てまえ》の角《かど》を
おり上《あ》げます。

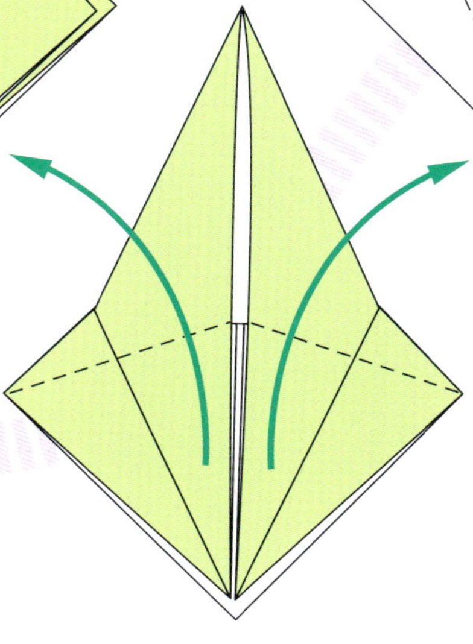

2 下《した》の角《かど》を
おり上《あ》げます。

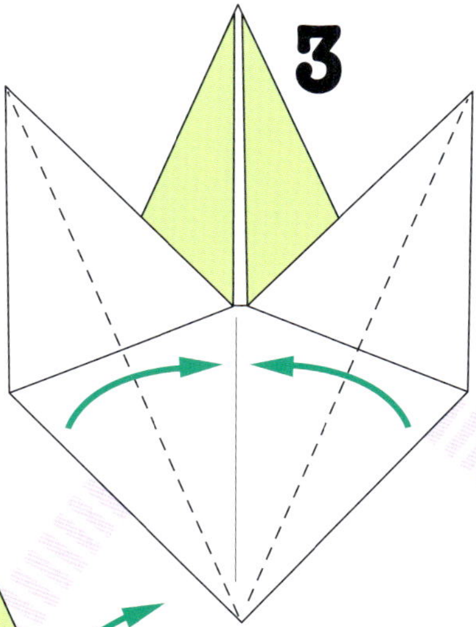

3 ダイヤ形《がた》を
半分《はんぶん》におります。

4 下《した》の角《かど》をまん中《なか》まで
おり上《あ》げます。

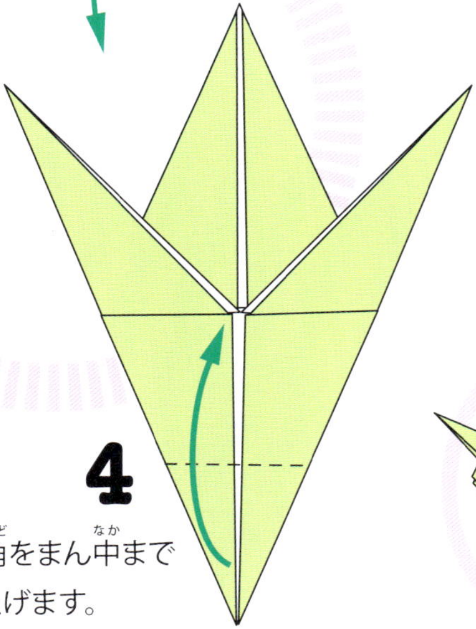

5 今度《こんど》は下《した》へおり返《かえ》します。

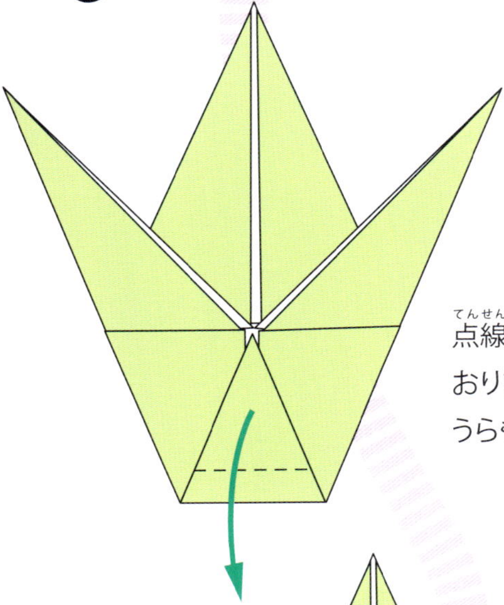

6 半分《はんぶん》におります。

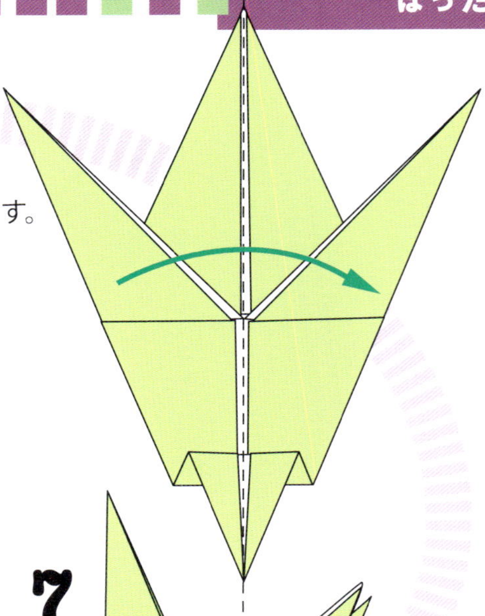

7 点線《てんせん》のところで
おります。
うらも同《おな》じ。

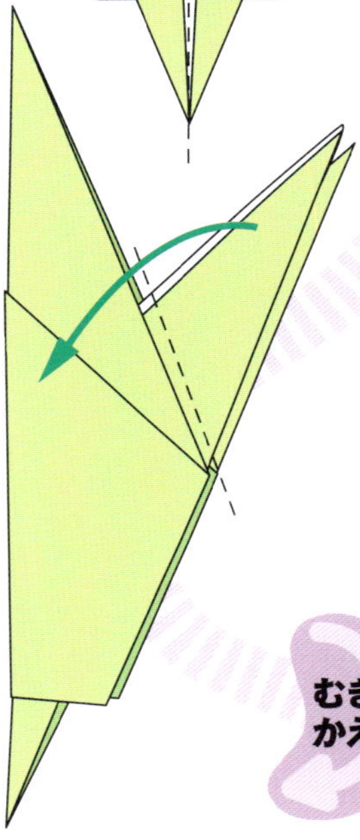

むきをかえる

できあがり

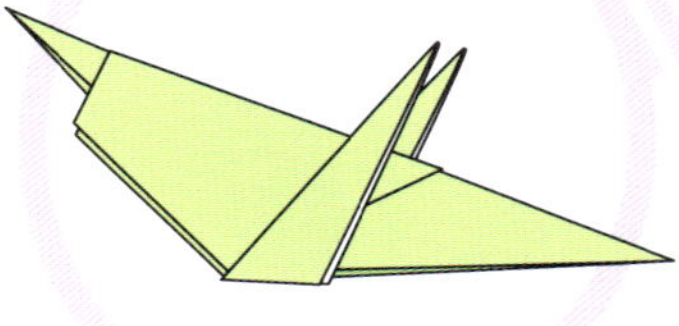

とんぼ

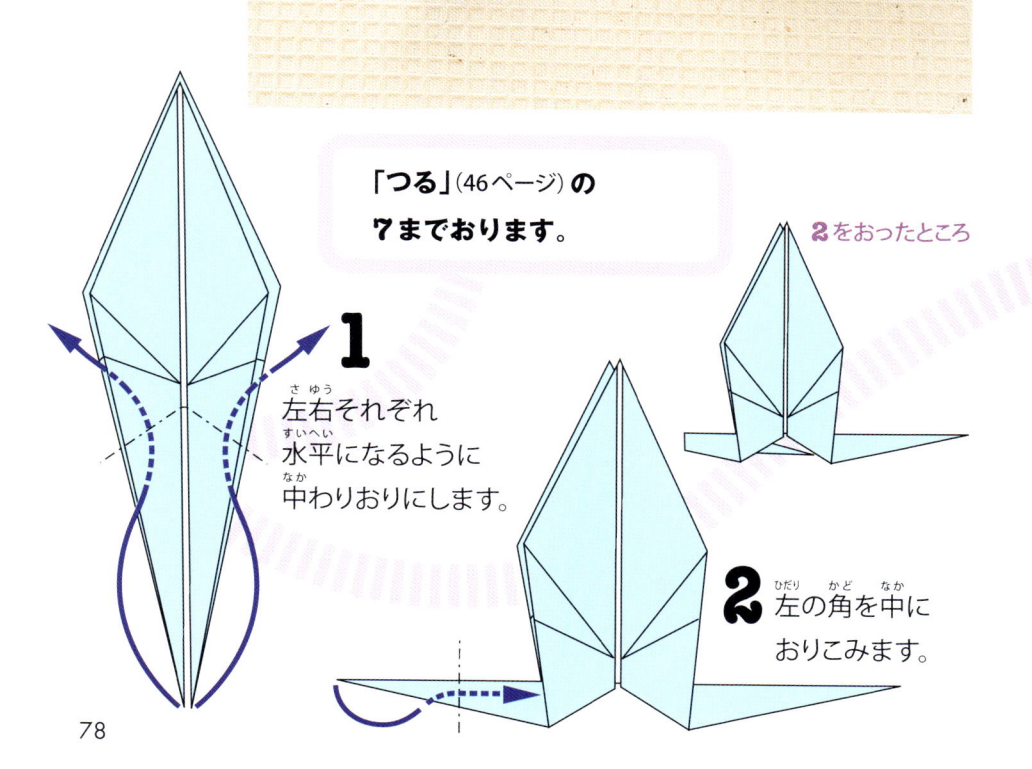

「つる」(46ページ)の
7までおります。

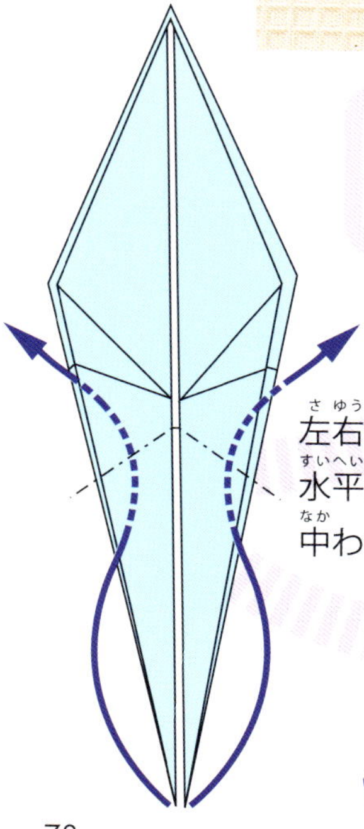

1 左右《さゆう》それぞれ
水平《すいへい》になるように
中《なか》わりおりにします。

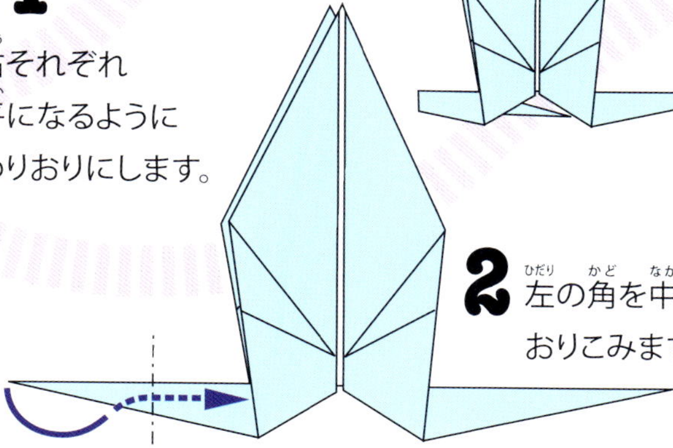

2 左《ひだり》の角《かど》を中《なか》に
おりこみます。

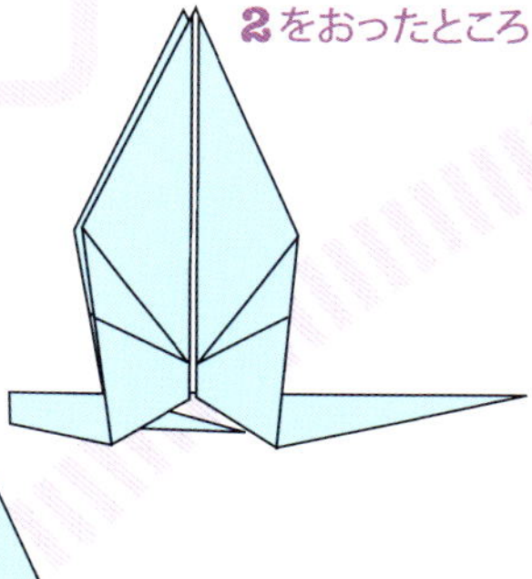

2をおったところ

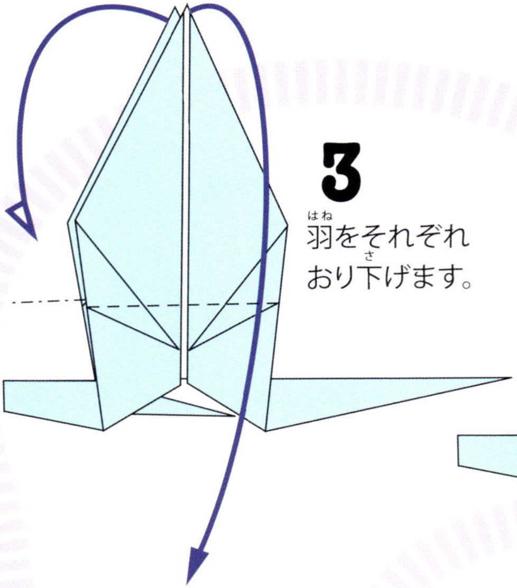

3

羽《はね》をそれぞれ
おり下《さ》げます。

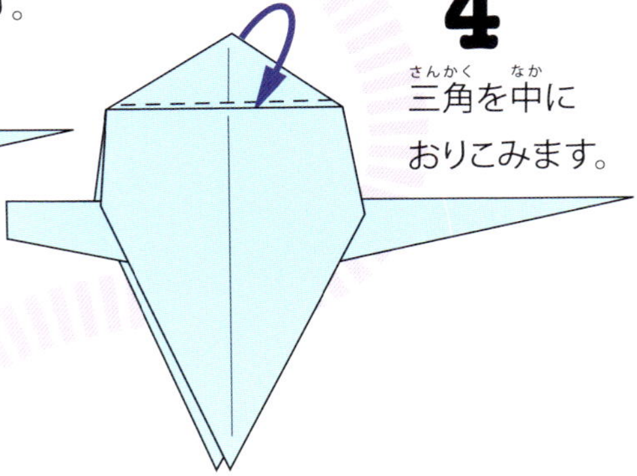

4

三角《さんかく》を中《なか》に
おりこみます。

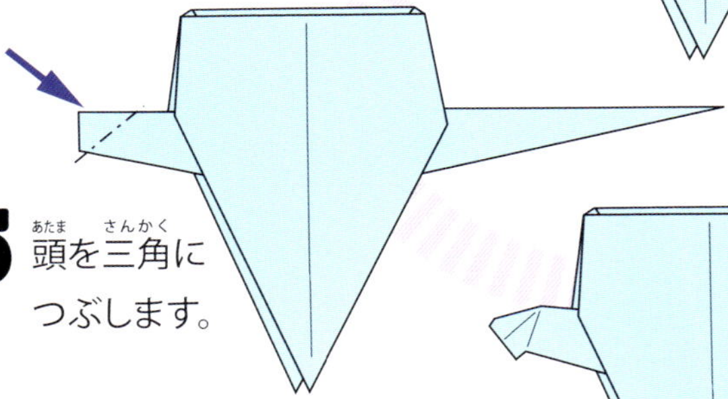

5

頭《あたま》を三角《さんかく》に
つぶします。

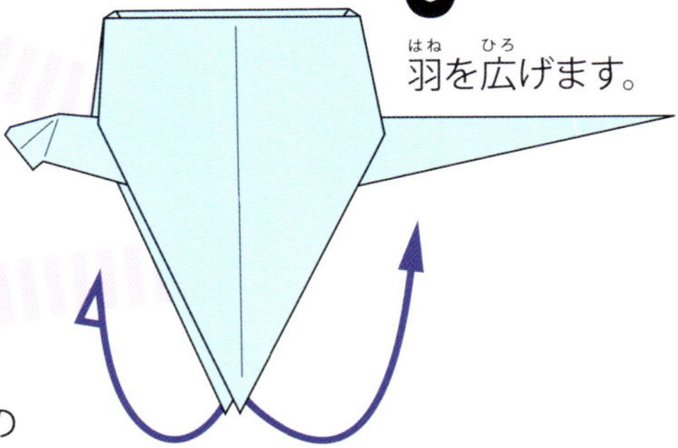

6

羽《はね》を広《ひろ》げます。

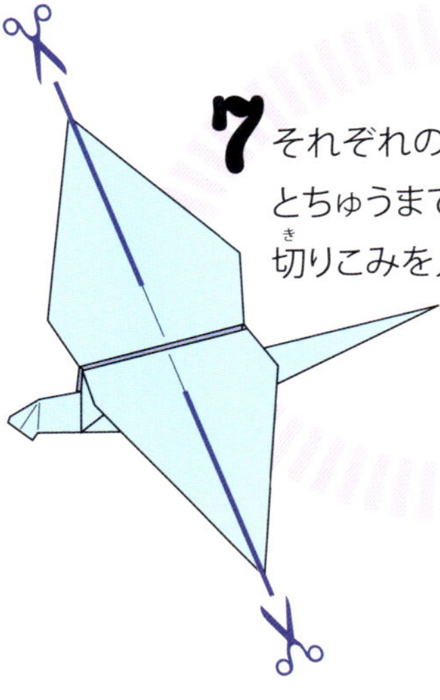

7

それぞれの羽《はね》の
とちゅうまで
切《き》りこみを入《い》れます。

できあがり

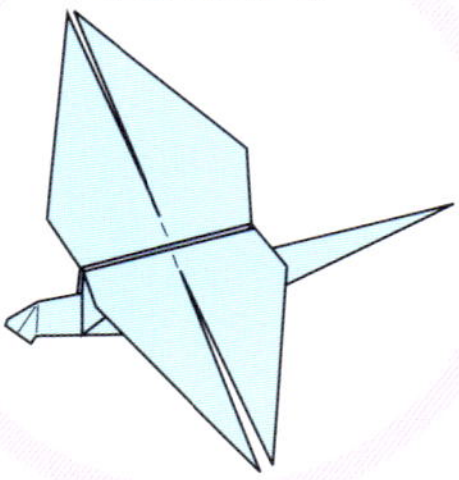

「頭《あたま》と背《せ》」とからだを
別々《べつべつ》におって
組《く》み合《あ》わせます。

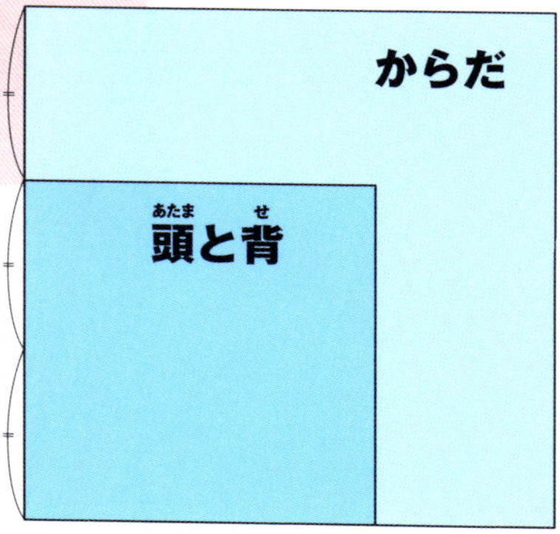

ステゴサウルス

頭《あたま》と背《せ》

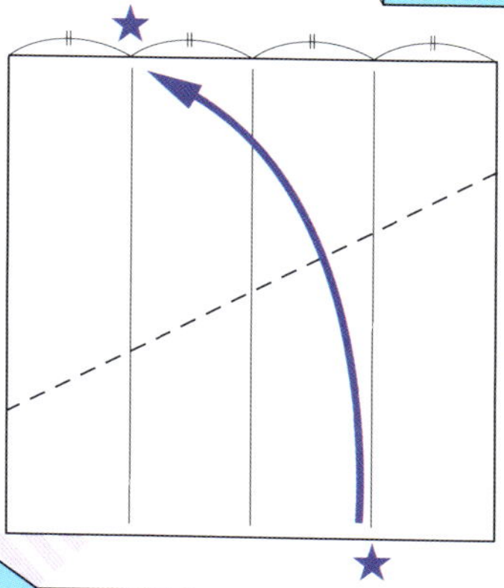

1

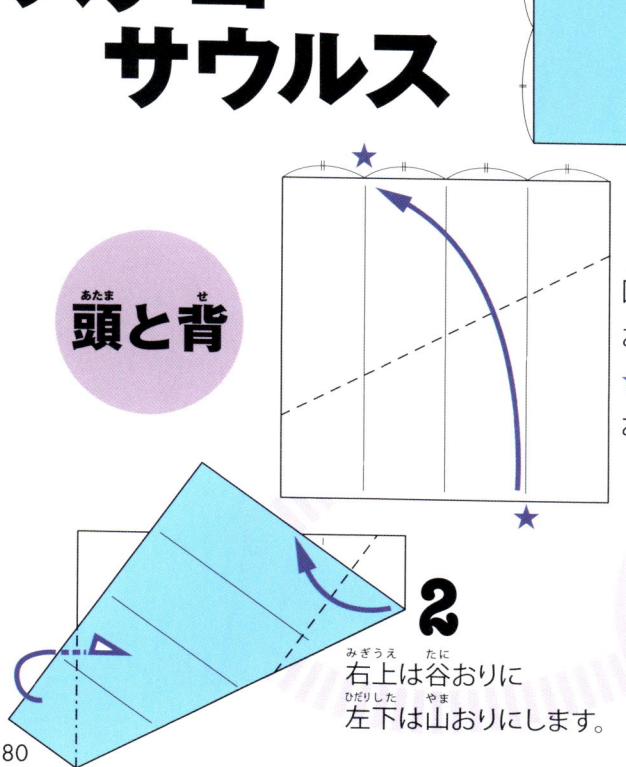

図《ず》のように
おりすじをつけてから
★と★を合《あ》わせるように
おります。

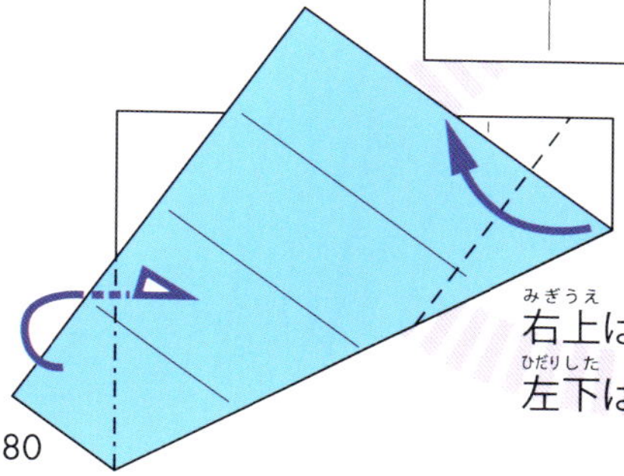

2

右上《みぎうえ》は谷《たに》おりに
左下《ひだりした》は山《やま》おりにします。

頭《あたま》と背《せ》のできあがり

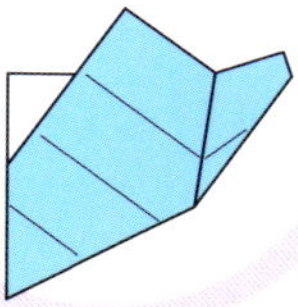

からだ

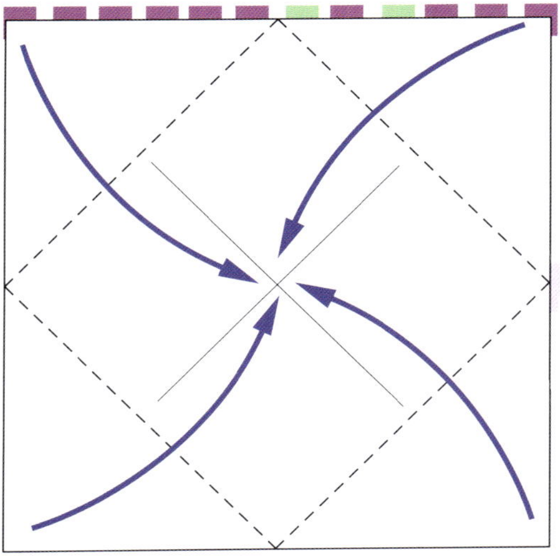

1

おりすじをつけてから
４つの角《かど》を
まん中《なか》に向《む》けております。

2

両《りょう》はしから、⅙のところまで
切《き》りこみを入《い》れます。

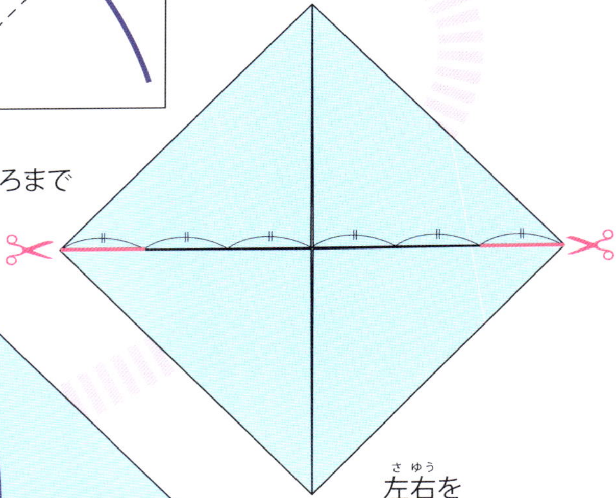

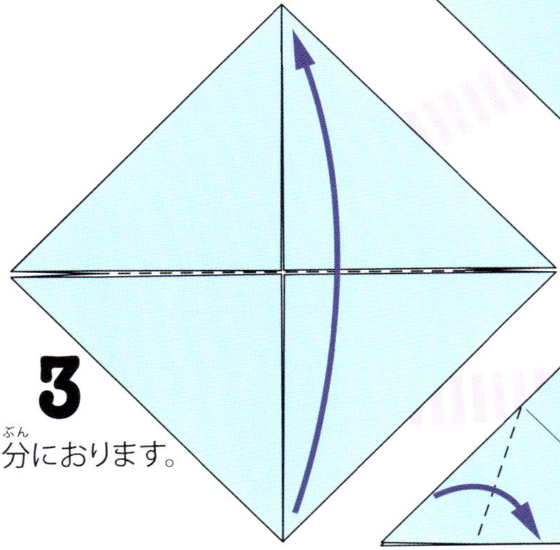

3

半分《はんぶん》におります。

左右《さゆう》を
三角《さんかく》におります。
うらも同《おな》じに。

4

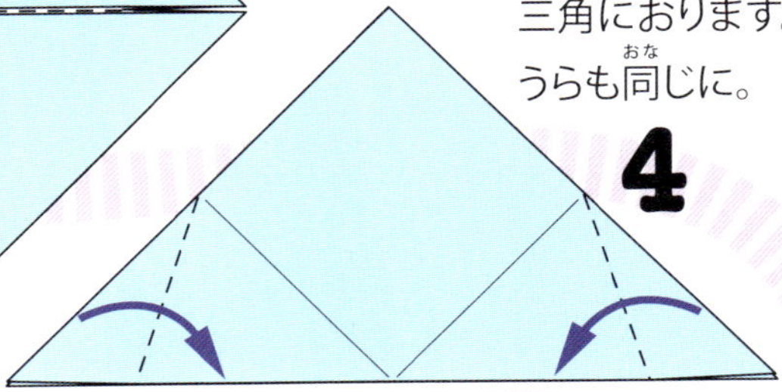

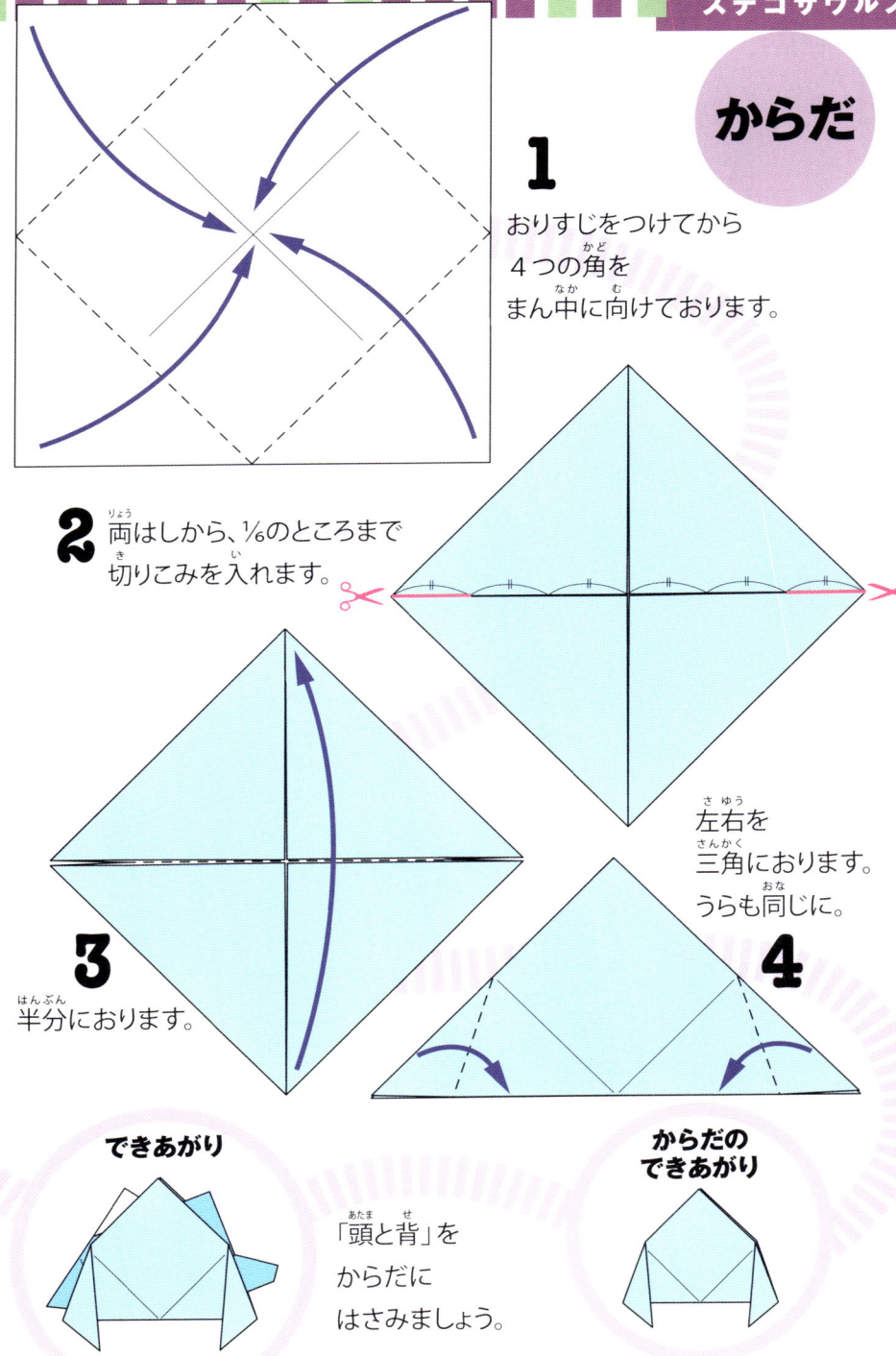

できあがり

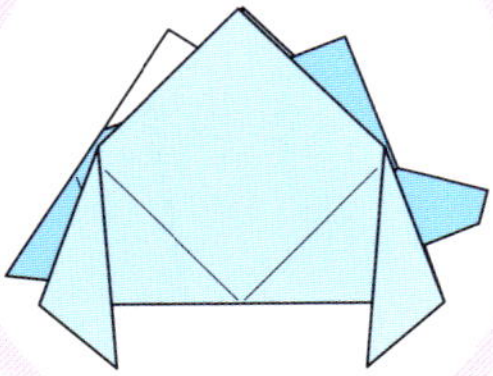

「頭《あたま》と背《せ》」を
からだに
はさみましょう。

**からだの
できあがり**

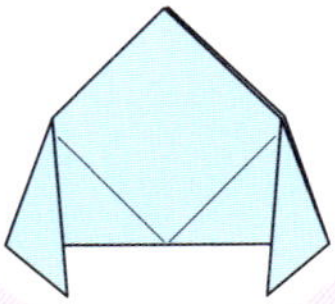

アパトサウルス

頭《あたま》としっぽ

おりがみを３枚《まい》使《つか》います。
頭《あたま》としっぽ、からだを別々《べつべつ》におって、組《く》み合《あ》わせます。

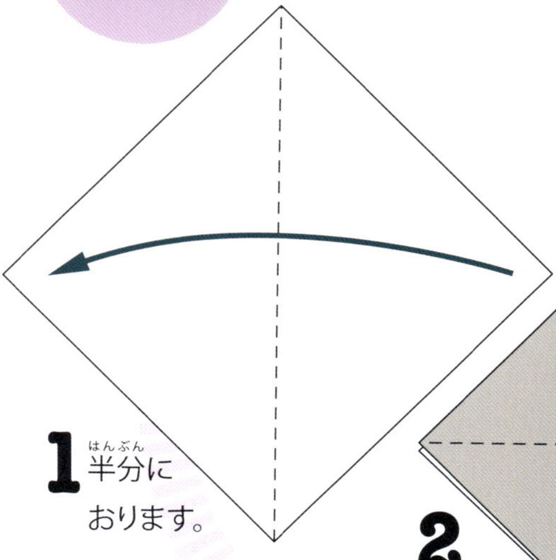

1 半分《はんぶん》におります。

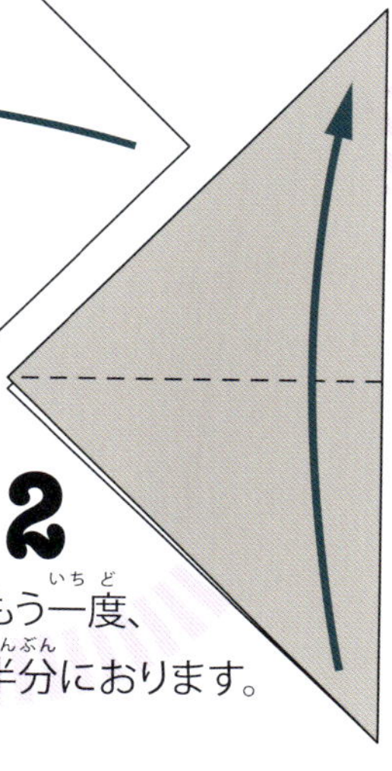

2 もう一度《いちど》、半分《はんぶん》におります。

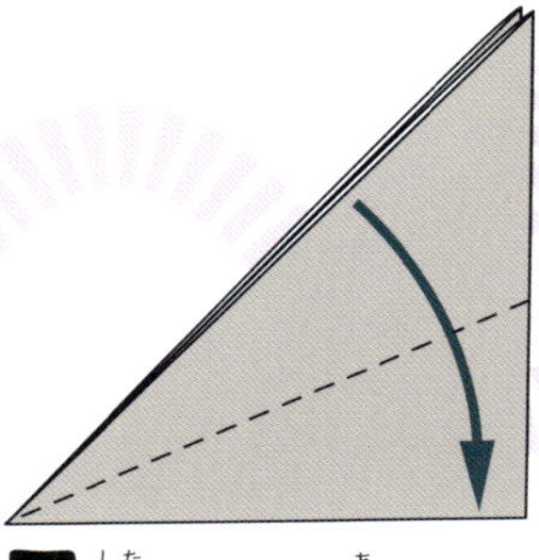

3 下《した》のふちに合《あ》わせており下《さ》げます。うらも同《おな》じ。

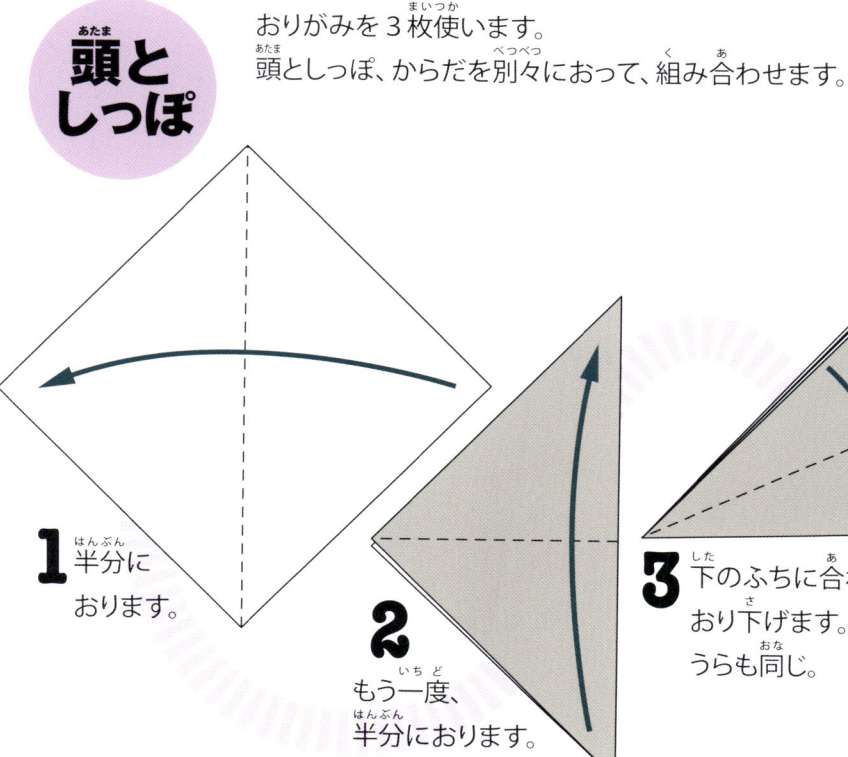

頭《あたま》

4 おりすじをつけます。
うらも同《おな》じ。

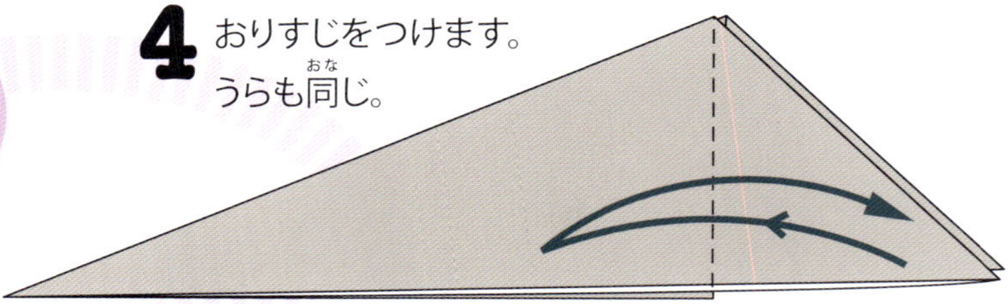

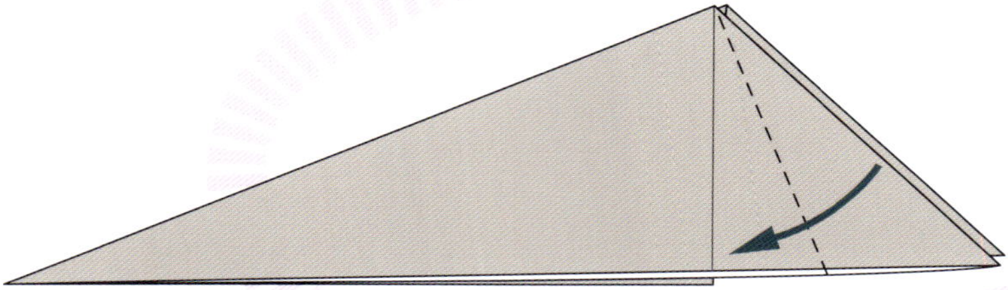

5 小《ちい》さな三角《さんかく》をおります。
うらも同《おな》じ。これが前足《まえあし》。

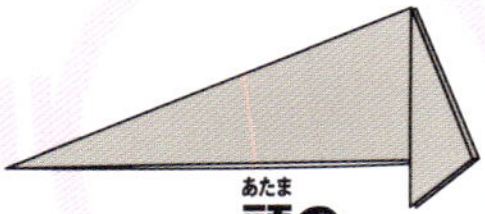

頭《あたま》のできあがり

しっぽ

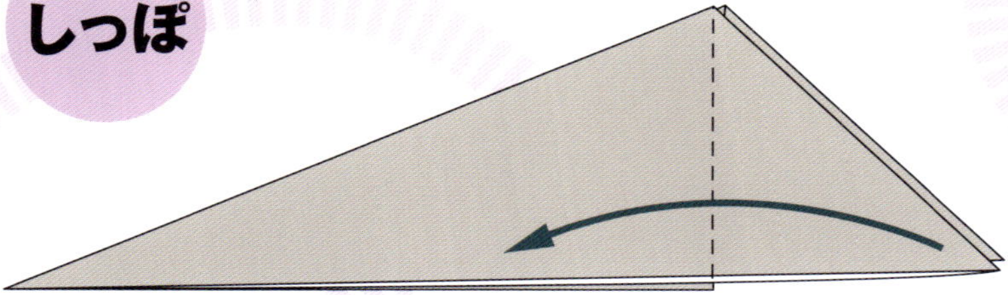

4 内《うち》がわに、三角《さんかく》をおります。
うらも同《おな》じ。

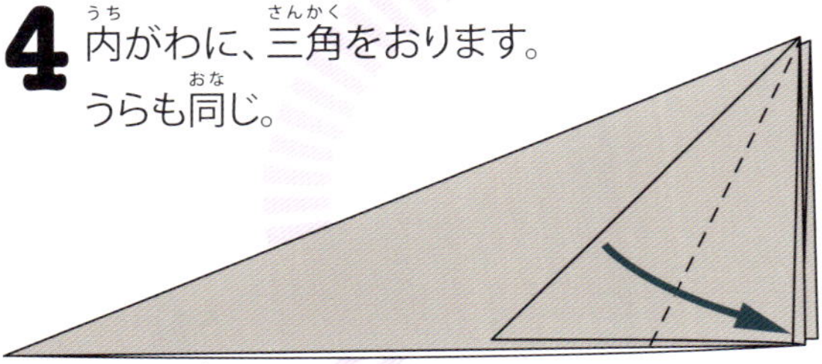

5 ふちと合《あ》うように
小《ちい》さな三角《さんかく》をおります。
うらも同《おな》じ。
これが後《うし》ろ足《あし》。

うらがえす

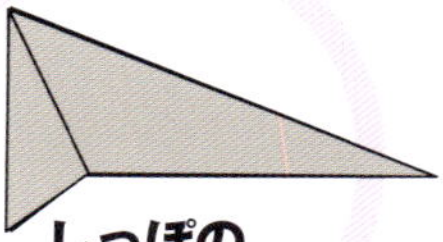

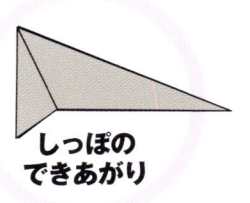

しっぽのできあがり

つぎのページに

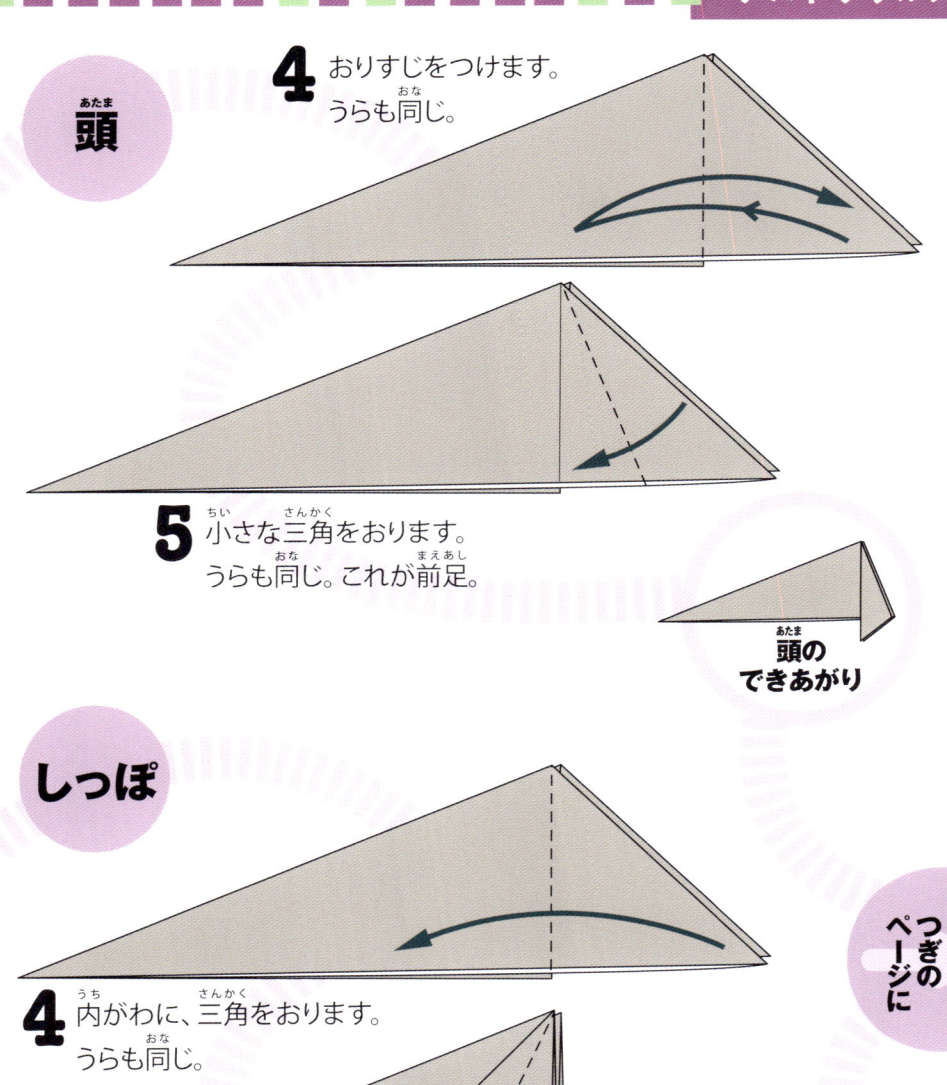

まえのページから

からだ

「ふうせん」(16ページ)の
4までおったもの。

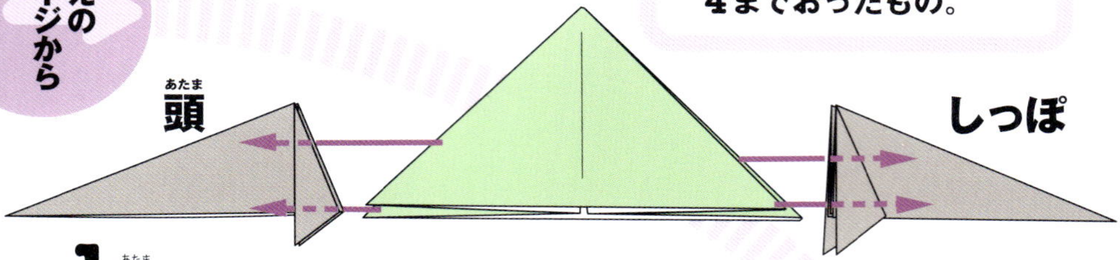

1 頭《あたま》としっぽにからだをさしこみ、のりづけします。

2 頭《あたま》を中《なか》わりおりにします。

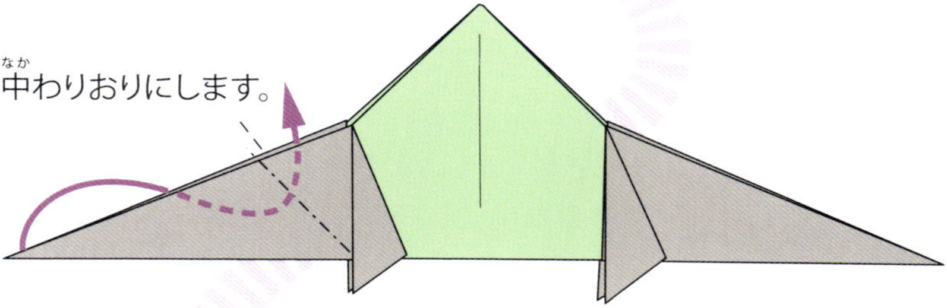

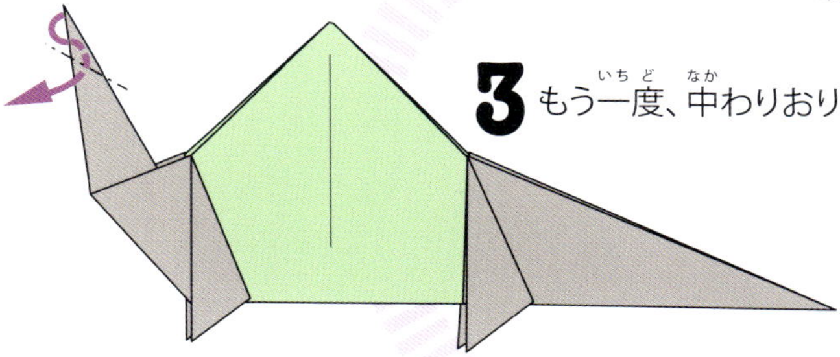

3 もう一《いち》度《ど》、中《なか》わりおりにします。

4 先《さき》を内《うち》がわにおります。

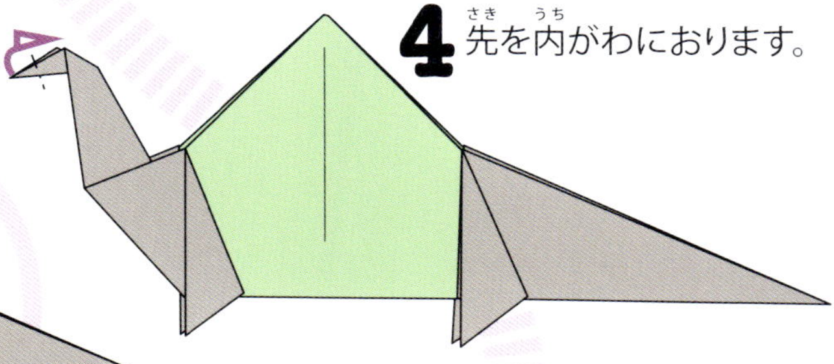

できあがり

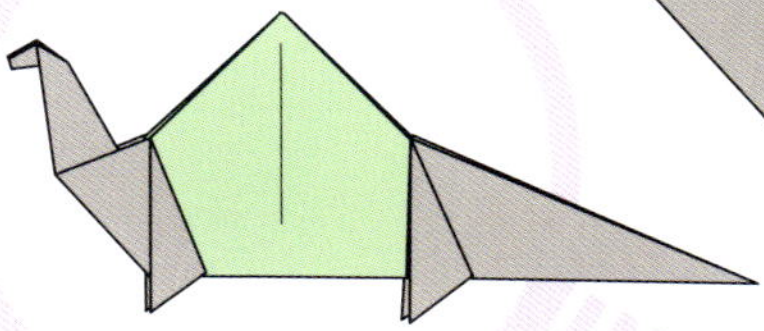

第《だい》3章《しょう》

鳥《とり》や
水辺《みずべ》の生《い》き物《もの》

金魚《きんぎょ》やかめのほか、えびやたこなど
池《いけ》や海《うみ》にいる生《い》き物《もの》と
つばめやきじなど、鳥《とり》を集《あつ》めました。

きんぎょ

「かぶと」の（18ページ）の
できあがりまでおります。

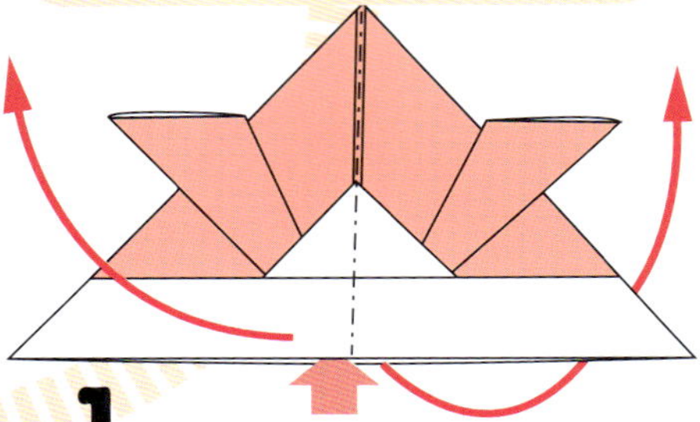

1を開《ひら》いているところ

1 ↑から手《て》を入れて、
ふくろを開《ひら》き、四角《しかく》につぶします。

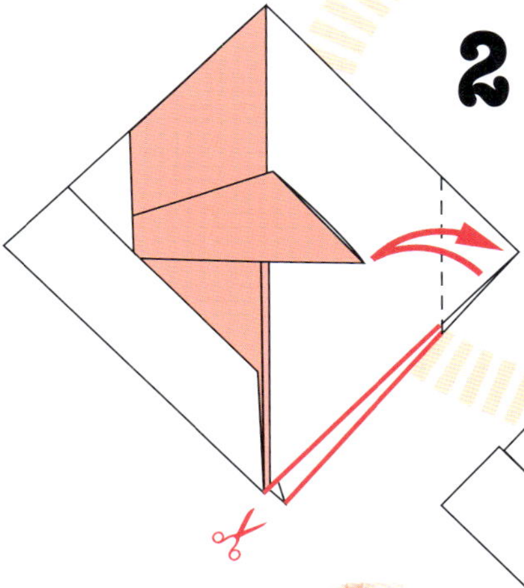

2 向《む》きをかえ、右《みぎ》の角《かど》を小《ちい》さく三角《さんかく》におって
おりすじをつけたら
下《した》からはさみを入《い》れて切《き》ります。
うらも同《おな》じように切《き》ります。

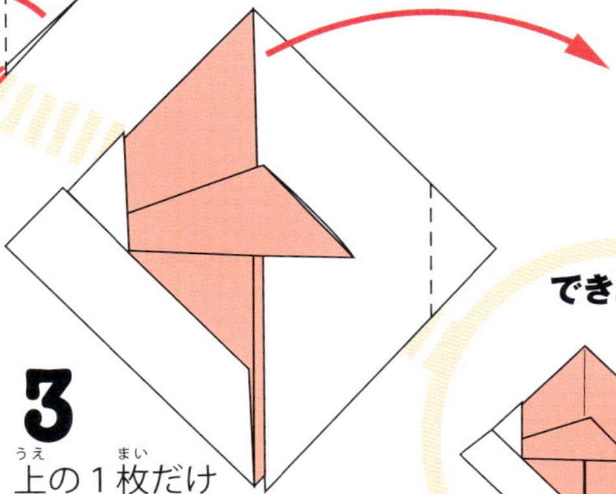

3でうら返《がえ》しているところ

3
上《うえ》の１枚《まい》だけ
矢《や》じるしのほうへ引《ひ》っぱって
おりすじでうら返《がえ》します。

できあがり

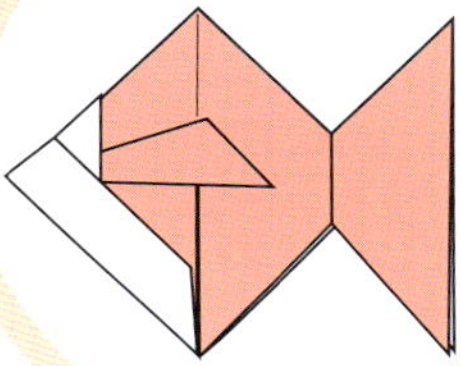

かえる

「ふうせん」の(16ページ)の
4までおります。

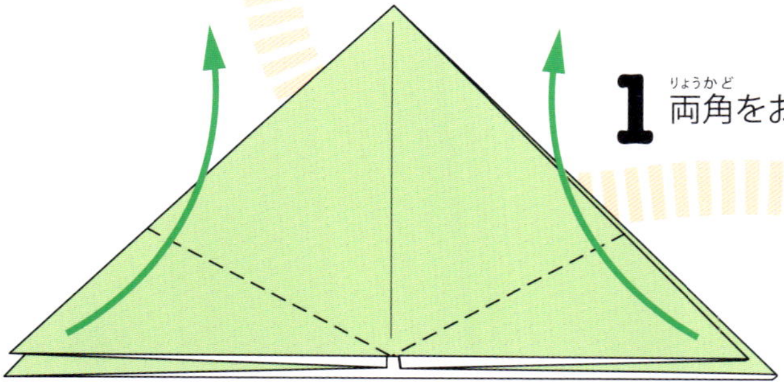

1 両角《りょうかど》をおり上《あ》げます。

うらがえす

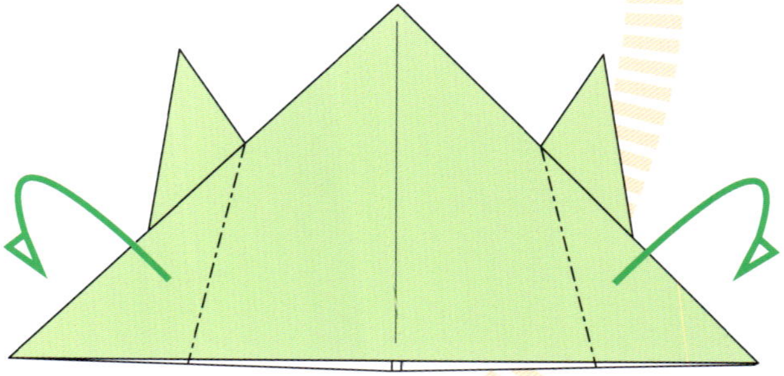

2 うら返《がえ》したら、
両角《りょうかど》を内《うち》がわにおり入《い》れます。

できあがり

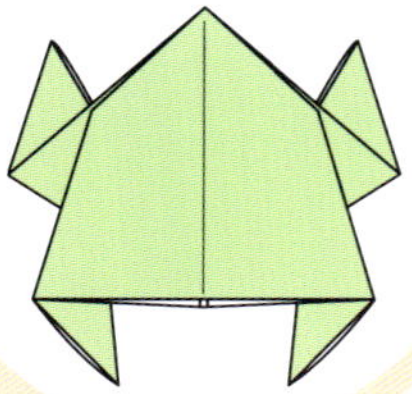

おたまじゃくし

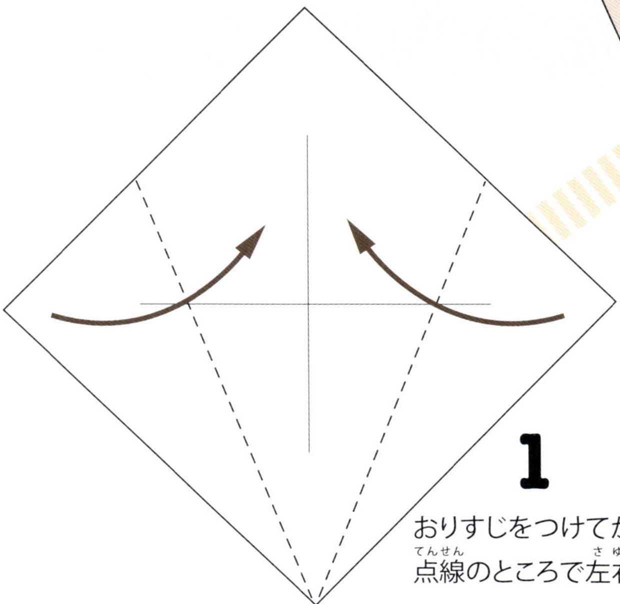

1

おりすじをつけてから
点線《てんせん》のところで左右《さゆう》をおります。

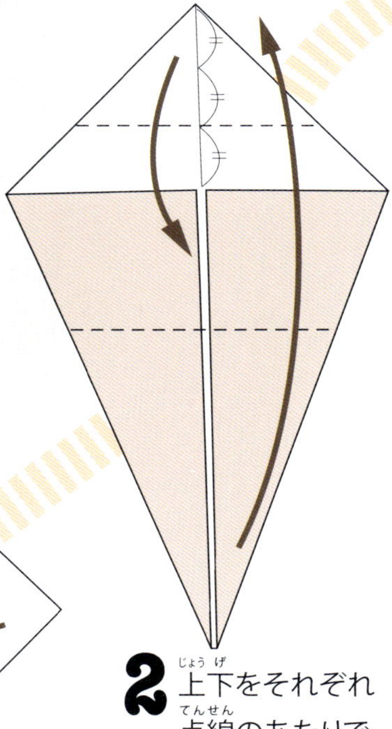

2 上《じょう》下《げ》をそれぞれ
点線《てんせん》のあたりで
おります。

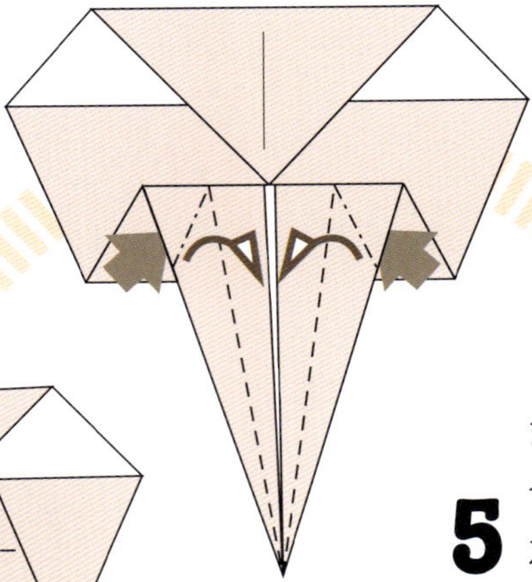

4

左右《さゆう》それぞれ
に指《ゆび》を入《い》れて
開《ひら》いてつぶします。

3

おり下《さ》げます。

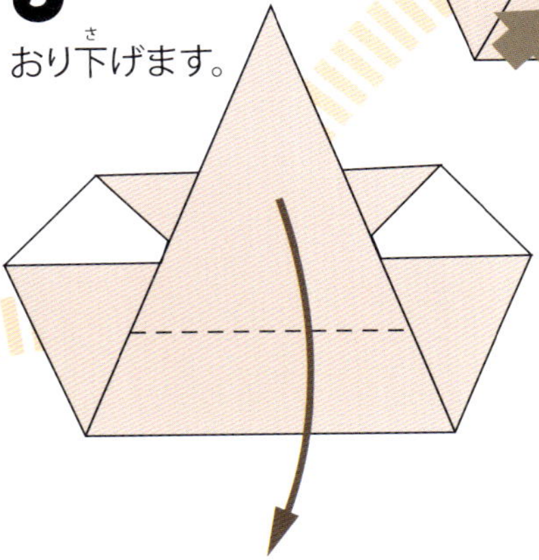

まん中《なか》のおりすじに
合《あ》うように
左右《さゆう》をおります。

5

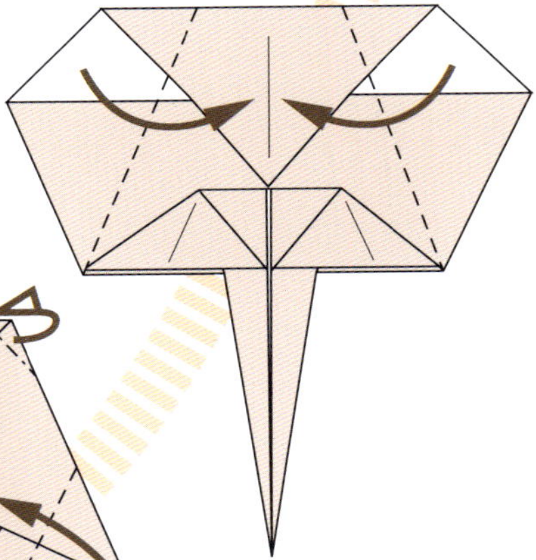

6をおったところ

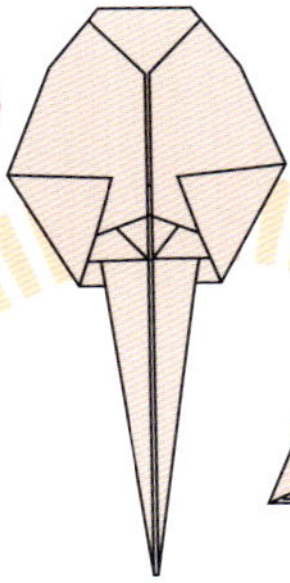

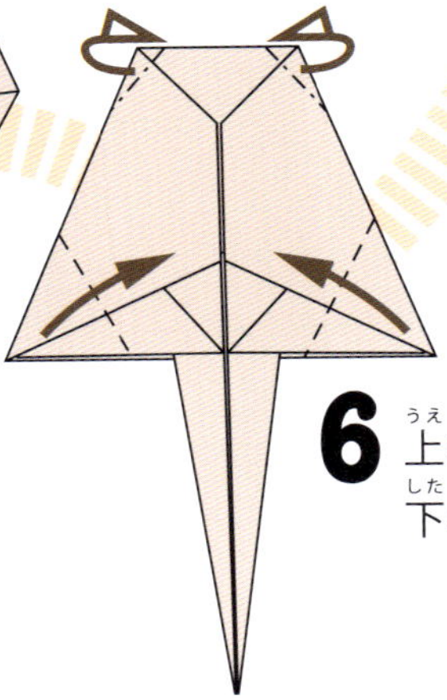

うらがえす

6

上《うえ》の角《かど》は山《やま》おりに
下《した》の角《かど》は谷《たに》おりにします。

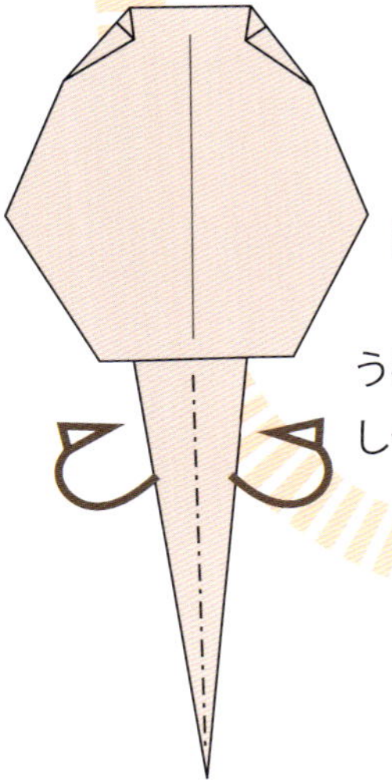

7

うら返《がえ》したら
しっぽを半分《はんぶん》におります。

できあがり

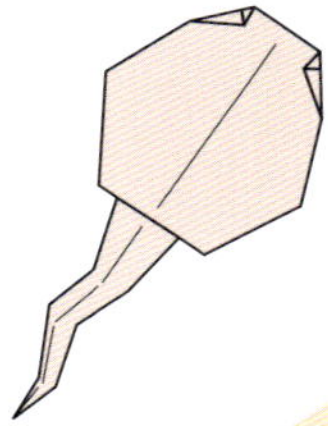

しっぽに動《うご》きをつけましょう。

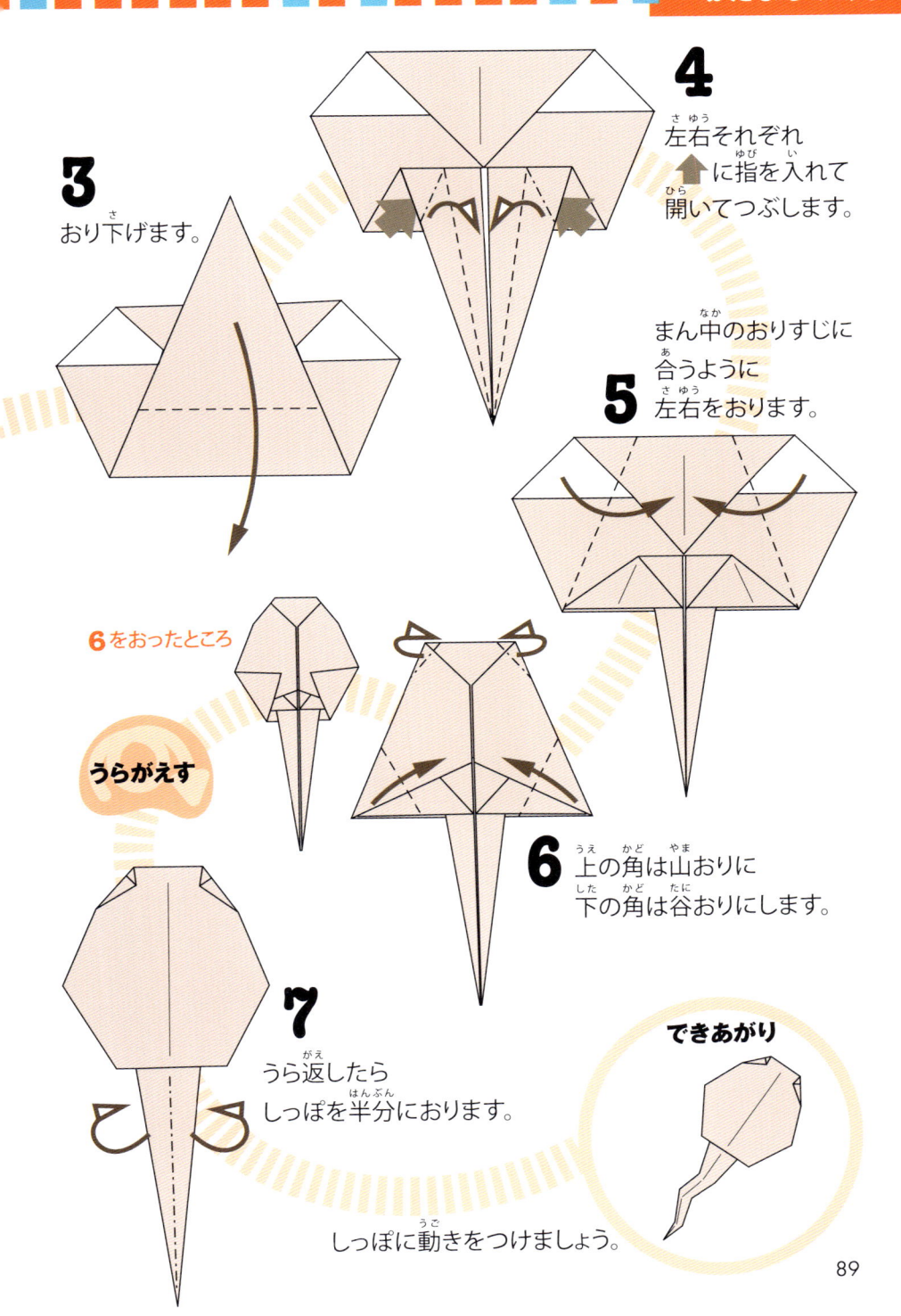

かに

「つる」(46ページ)の
4までおります。

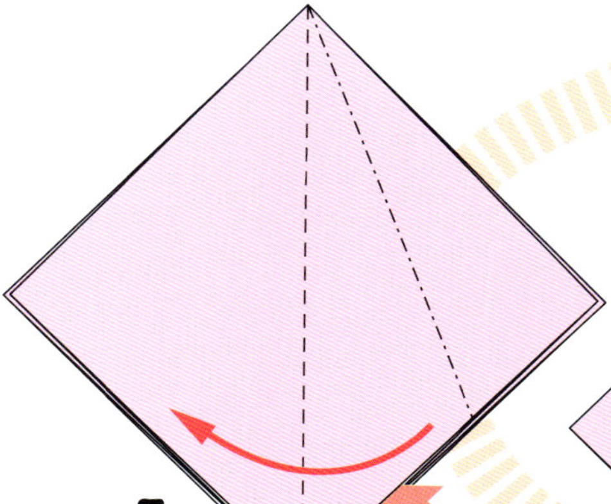

1

上《うえ》の1枚《まい》の⬆から指《ゆび》を入れてふくろを開《ひら》き、点線《てんせん》のところでおります。

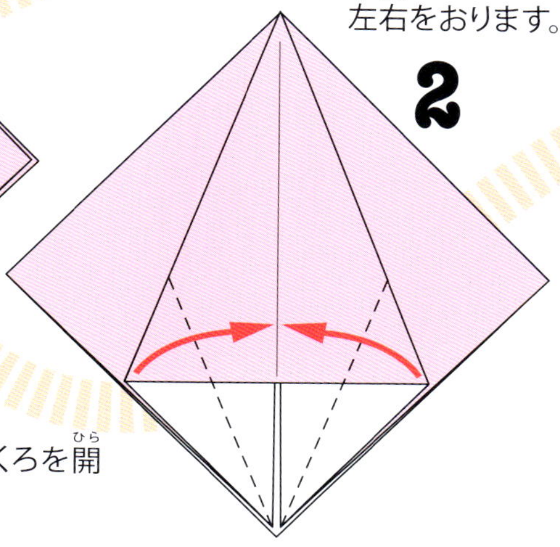

左右《さゆう》をおります。

2

3

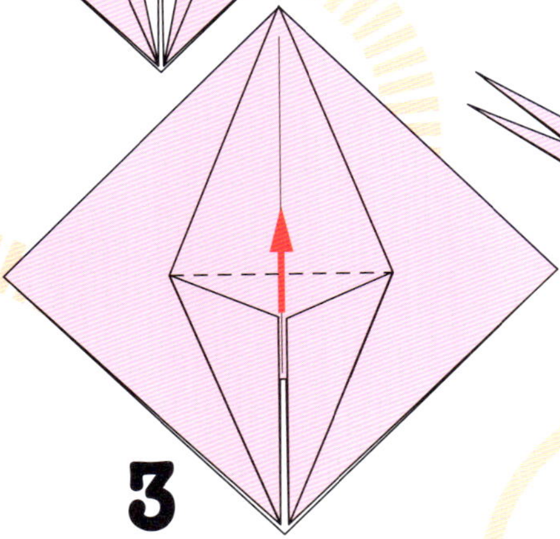

重《かさ》なっている部分《ぶぶん》を引《ひ》き出《だ》しながら、矢《や》じるしのほうへ開《ひら》いてつぶします。

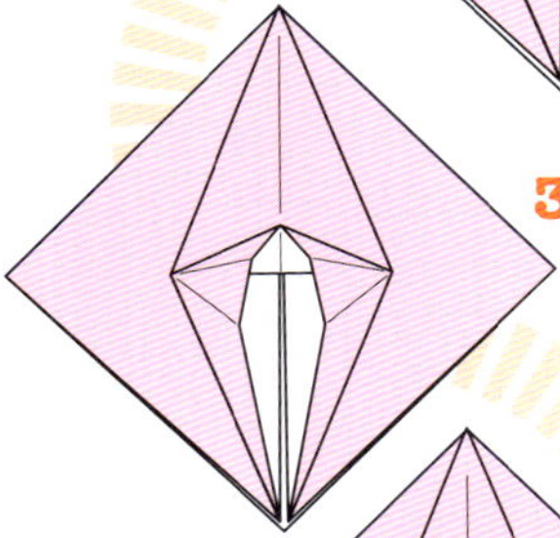

３をおっているところ

4

３をおったところ。ほかの３カ所《しょ》も同《おな》じようにおります。

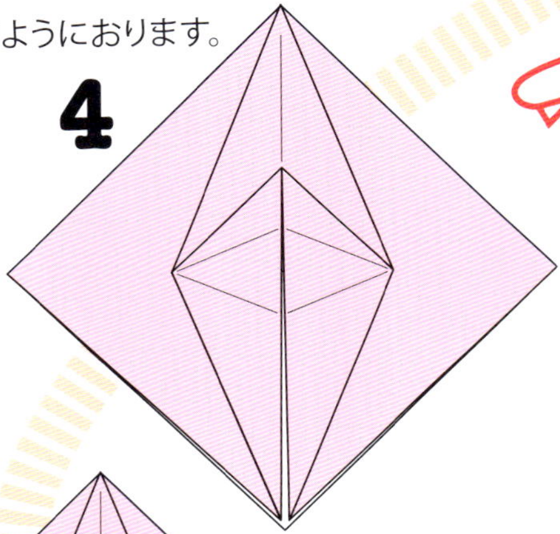

5

左右《さゆう》の細《ほそ》い三角《さんかく》を山《やま》おりにします。ほかの３カ所《しょ》も同《おな》じ。

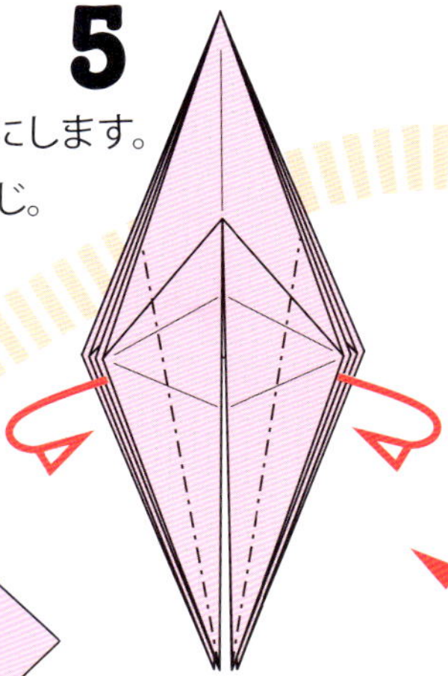

6

左右《さゆう》ともに中《なか》わりおりにします。うらも同《おな》じ。

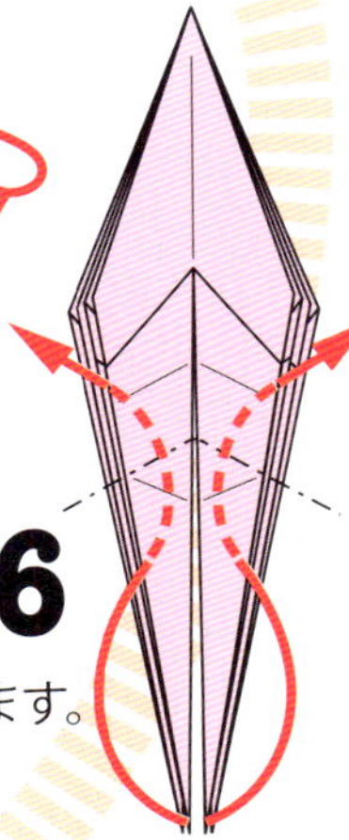

7

上《うえ》の角《かど》を山《やま》おりにします。足《あし》は４本《ほん》とも先《さき》を中《なか》わりおりにします。

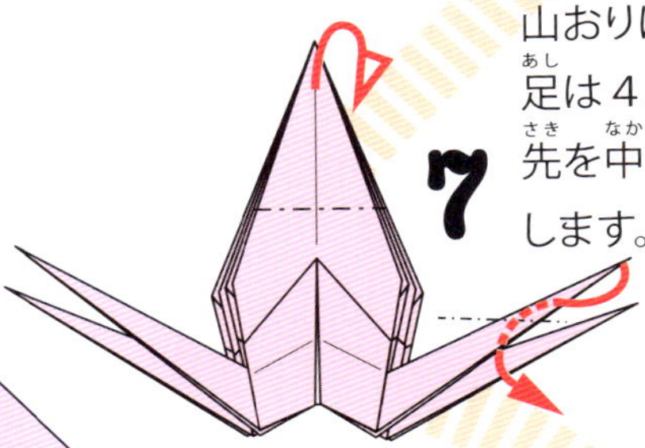

７をおったところ

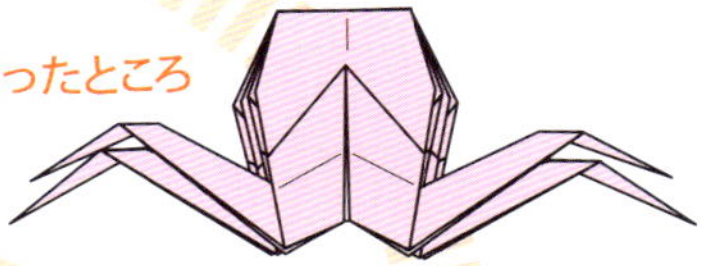

できあがり

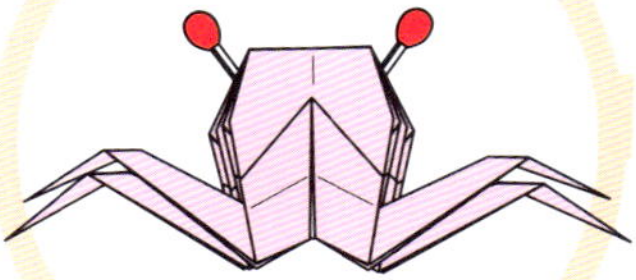

うらにマッチぼうをとめましょう。

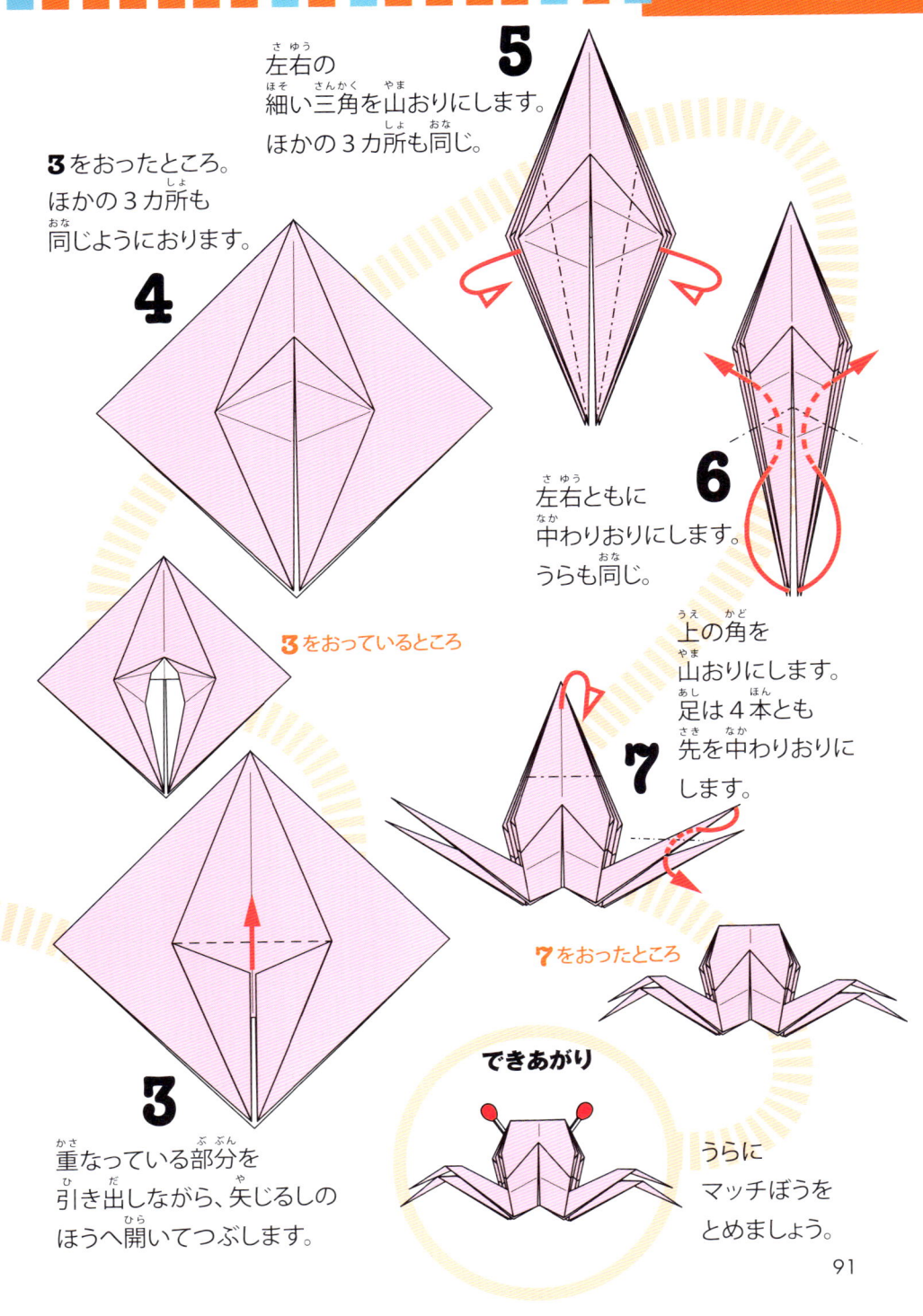

くじら

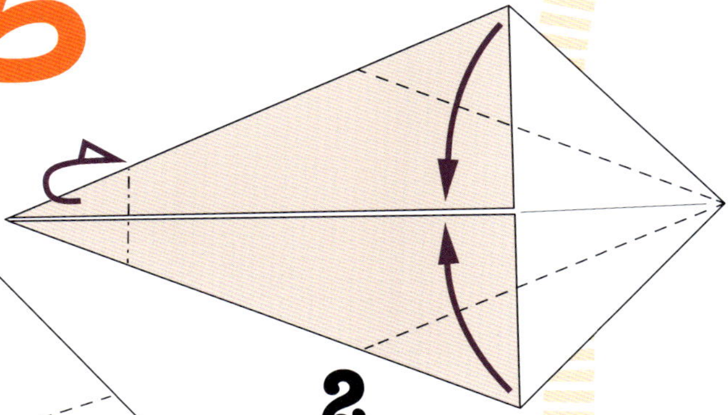

2

左《ひだり》の先《さき》は、山《やま》おりにします。
右《みぎ》は
上下《じょうげ》をまん中《なか》に向《む》けております。

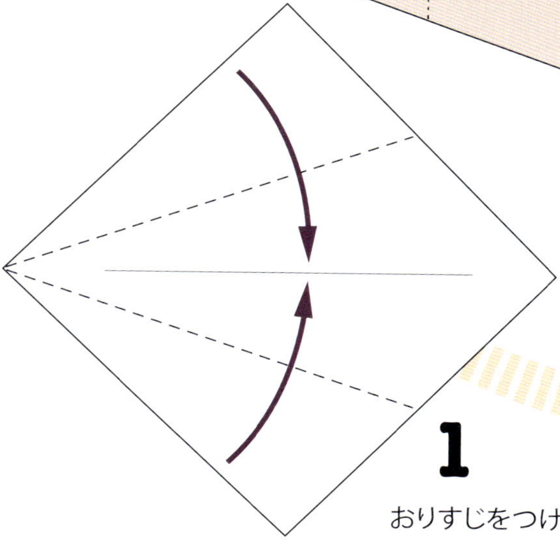

1

おりすじをつけてから、上下《じょうげ》をおります。

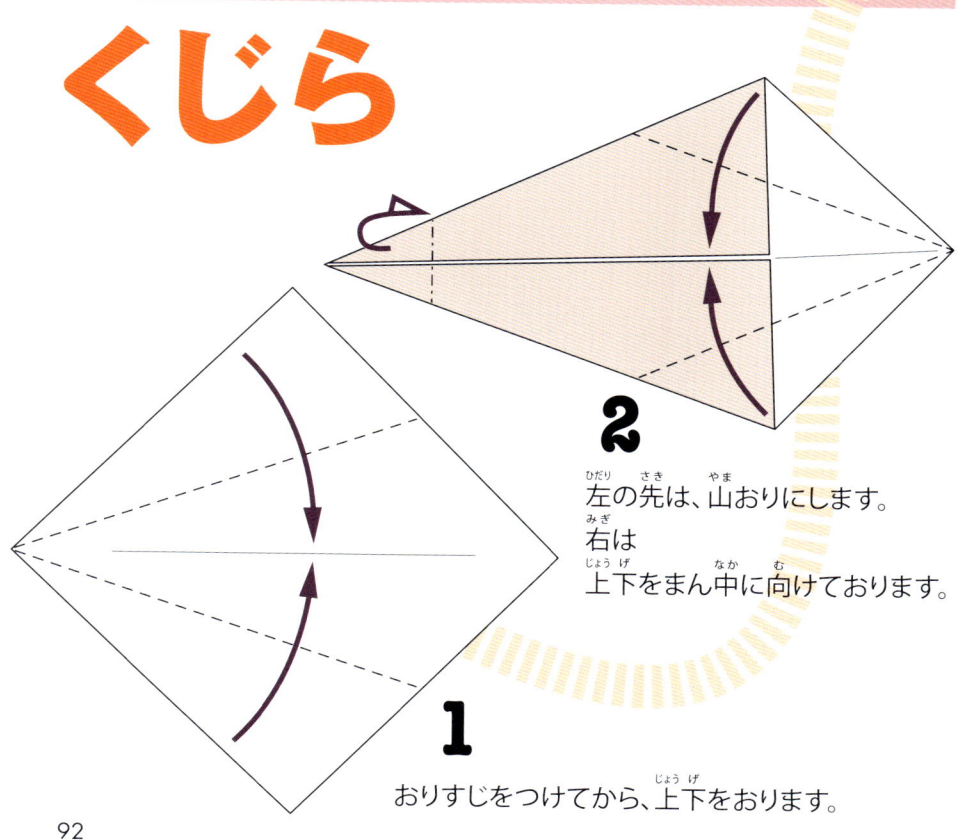

3 重《かさ》なっている部分《ぶぶん》を
矢《や》じるしのほうへ引《ひ》き出《だ》します。

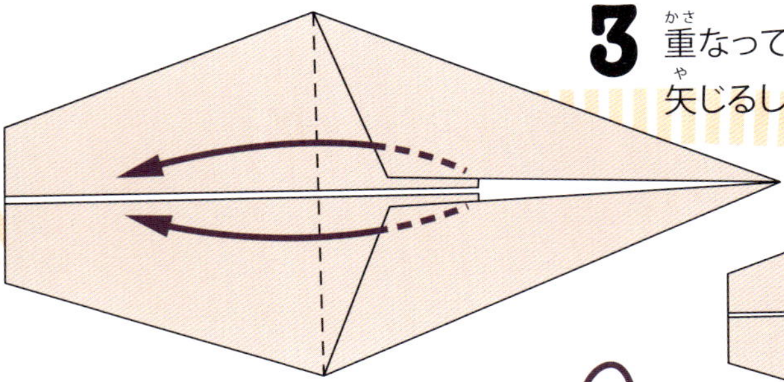

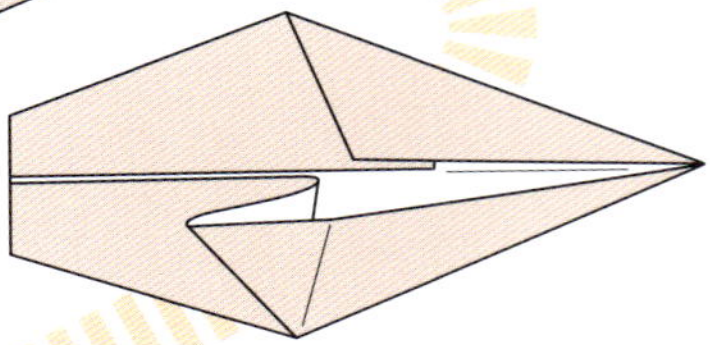

3をおっているところ

4

上下《じょうげ》の角《かど》を
向《む》こうがわに
おります。

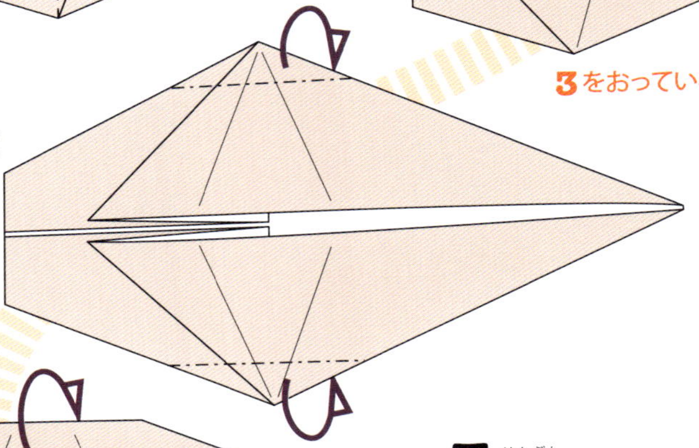

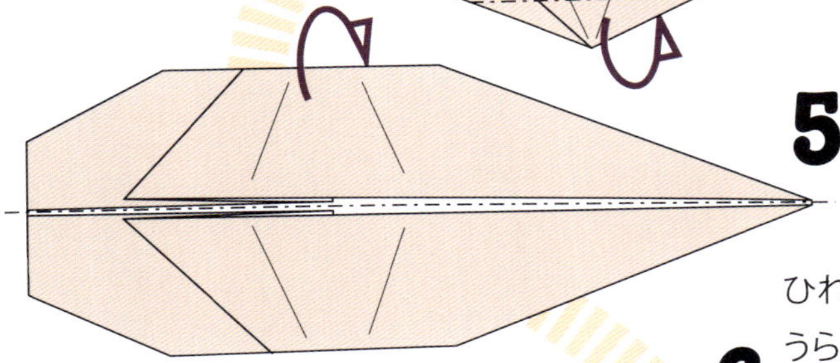

5 半分《はんぶん》におります。

ひれをななめ下《した》におります。
うらも同《おな》じ。
6 しっぽは山《やま》おりにします。

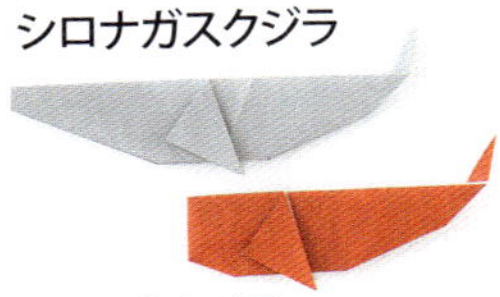

シロナガスクジラ

マッコウクジラ

2で左先《ひだりさき》をおる位置《いち》によって
いろいろなくじらがおれます。

できあがり

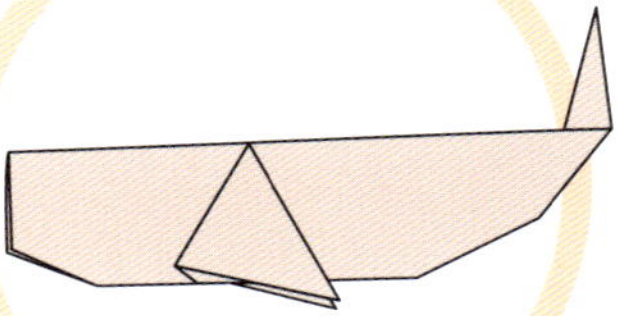

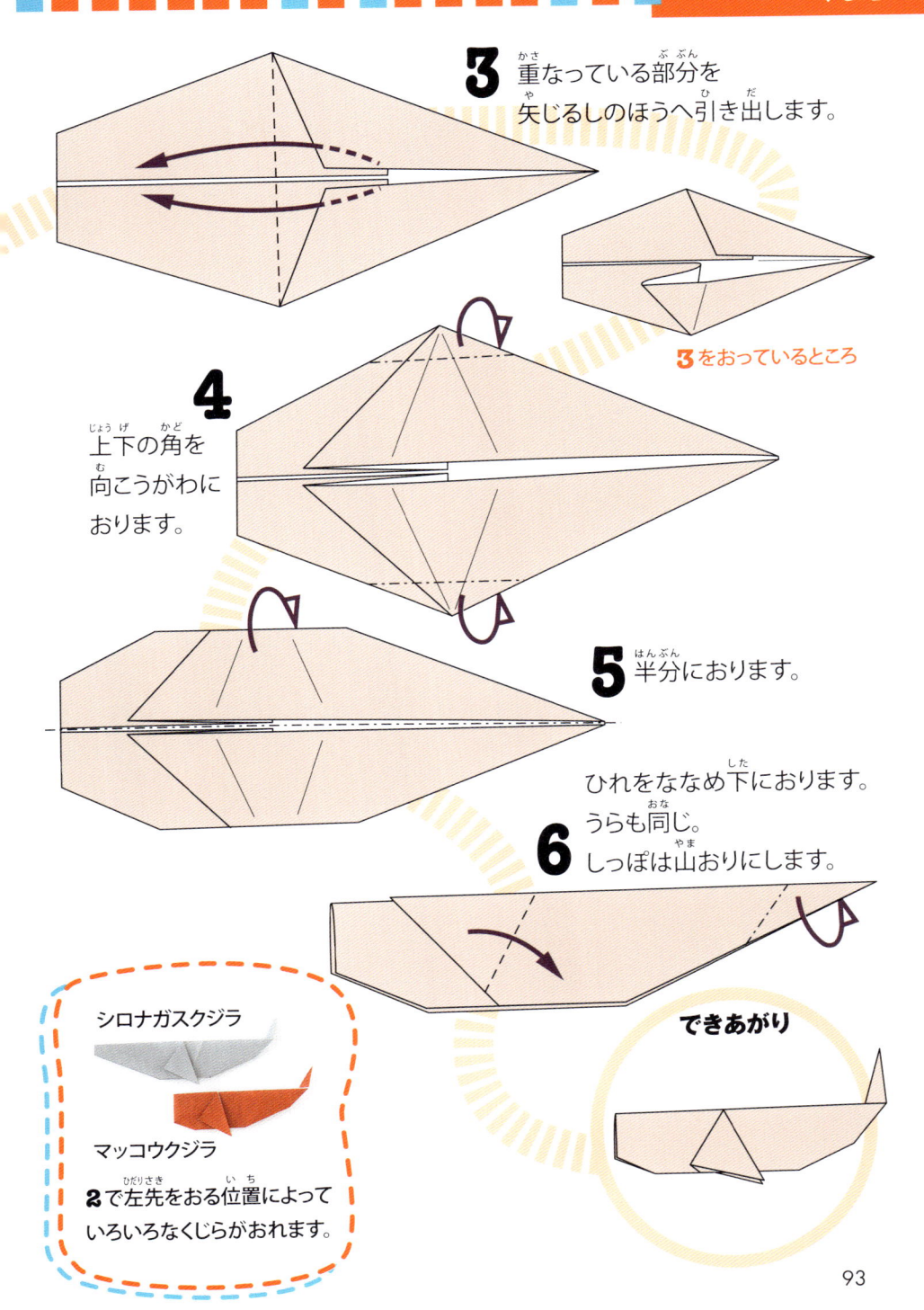

アシカ

「つる」(46ページ)の
5までおります。

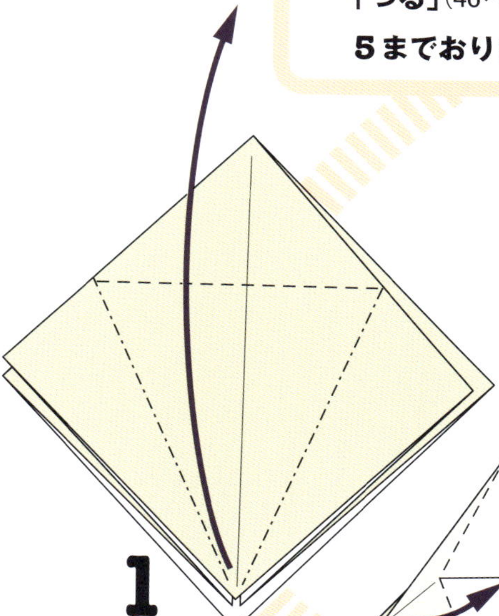

1

手前《てまえ》の角《かど》をおり上《あ》げます。
うらも同《おな》じ。

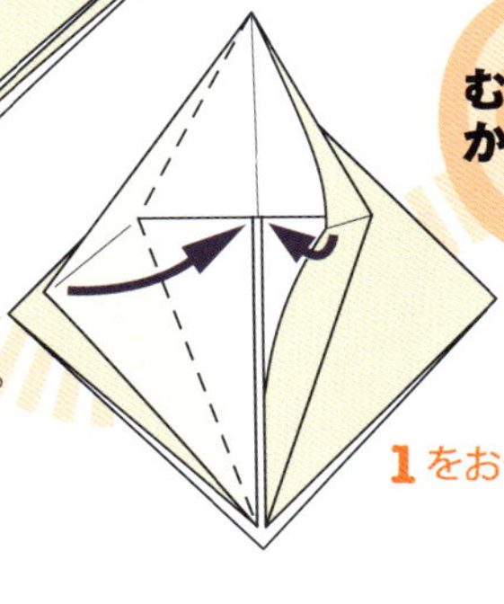

1をおっているところ

2

上下《じょうげ》の向《む》きをかえたら
左《ひだり》だけ
中《なか》わりおりにします。

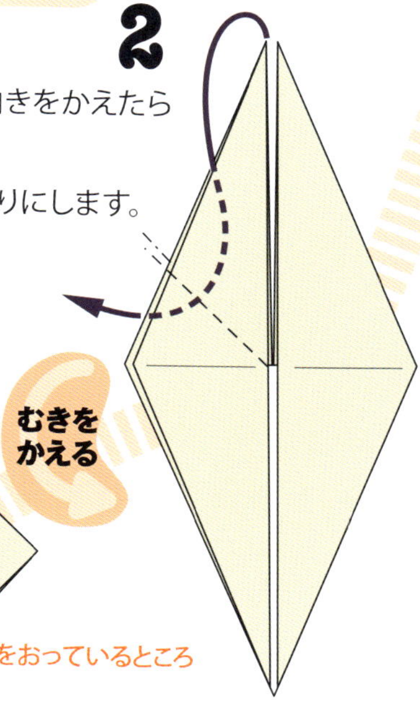

3

右《みぎ》がわをかぶせるように
手前《てまえ》と向《む》こうがわにおります。

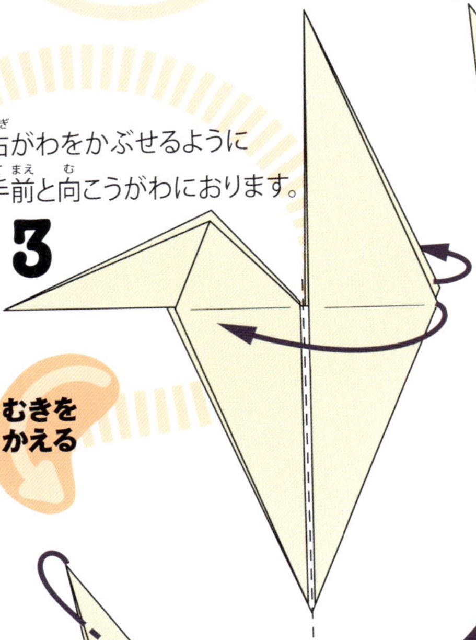

むきを
かえる

4

図《ず》のように向《む》きをかえたら
上《うえ》の先《さき》を中《なか》わりおりにして
頭《あたま》をおります。

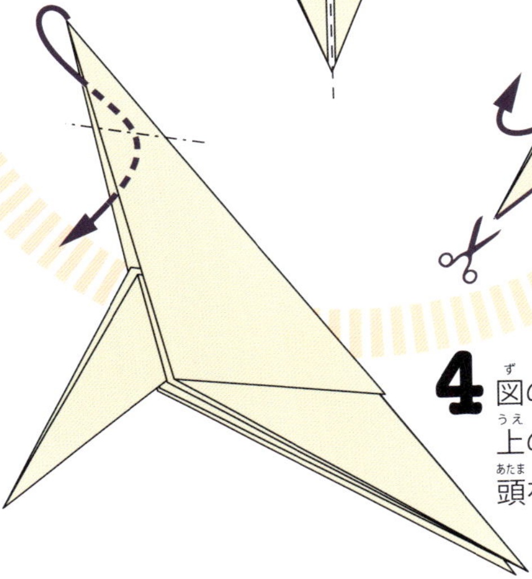

5

切《き》りこみを入《い》れて
開《ひら》いて前《まえ》びれをおります。

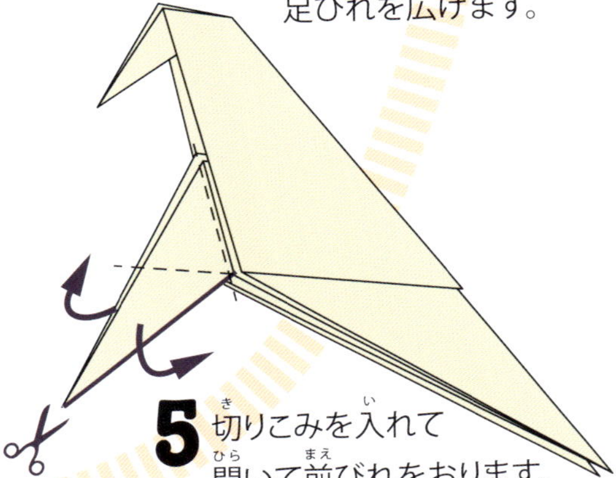

6

点線《てんせん》のところでおって
足《あし》びれを広《ひろ》げます。

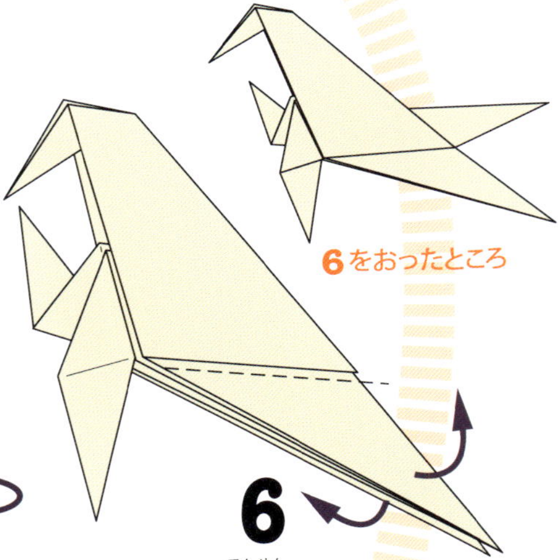

6をおったところ

7

口《くち》の先《さき》を
中《なか》におりこみます。

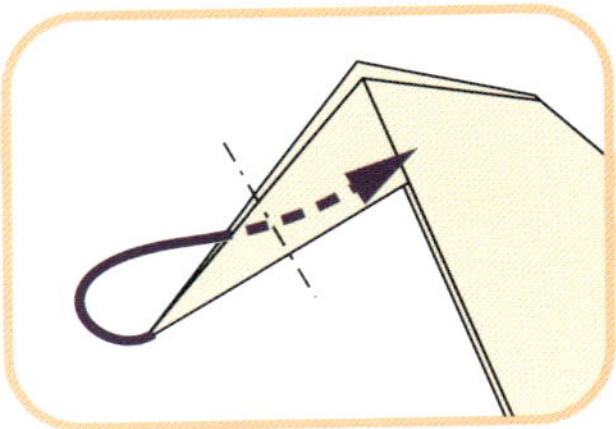

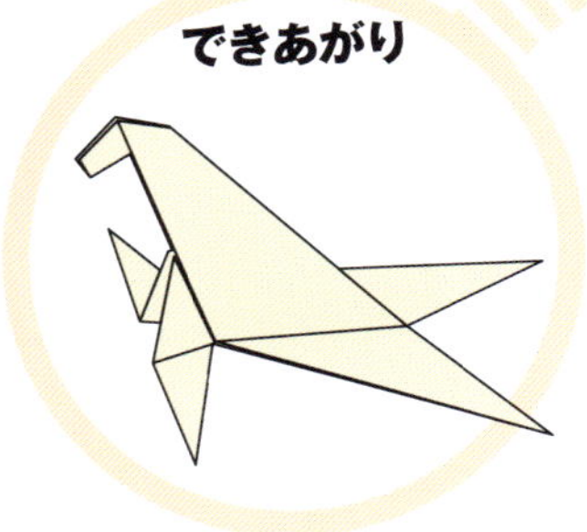

エンゼルフィッシュ

両面《りょうめん》おりがみで
おっています。

1
三角《さんかく》におります。

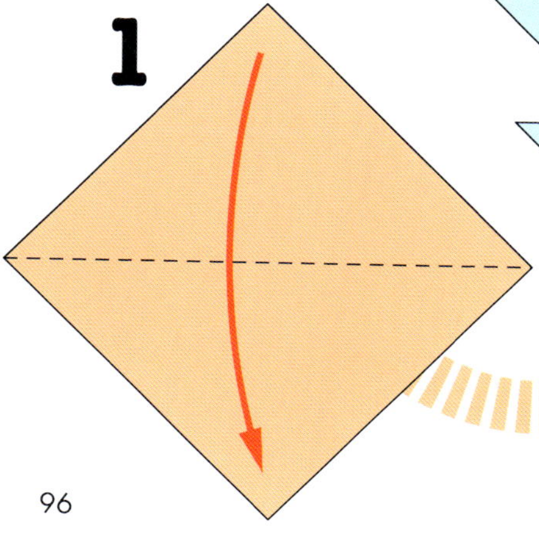

2
ふちに合《あ》わせて、2枚《まい》ともおります。

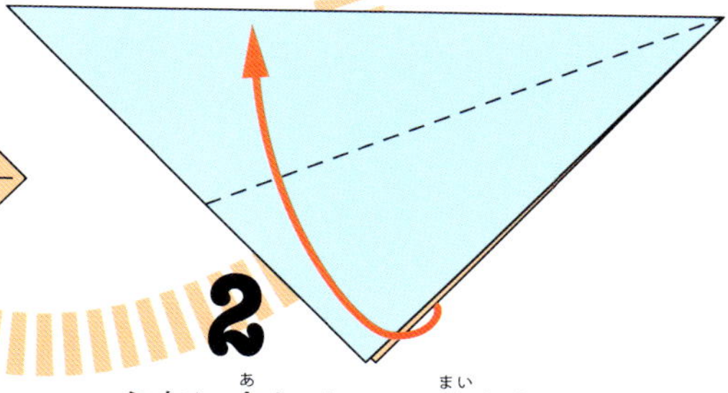

3
もう一度《いちど》、
ふちに合《あ》わせております。

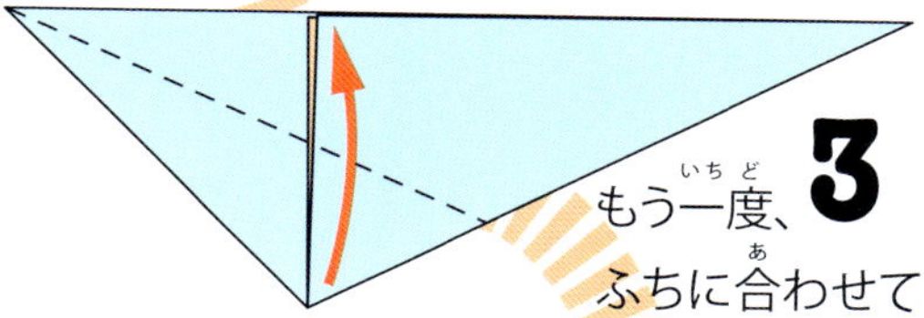

4
点線《てんせん》のところで、
ななめにおります。

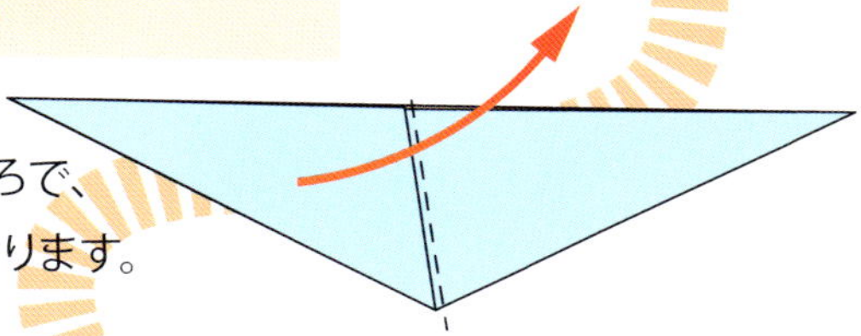

4をおったところ

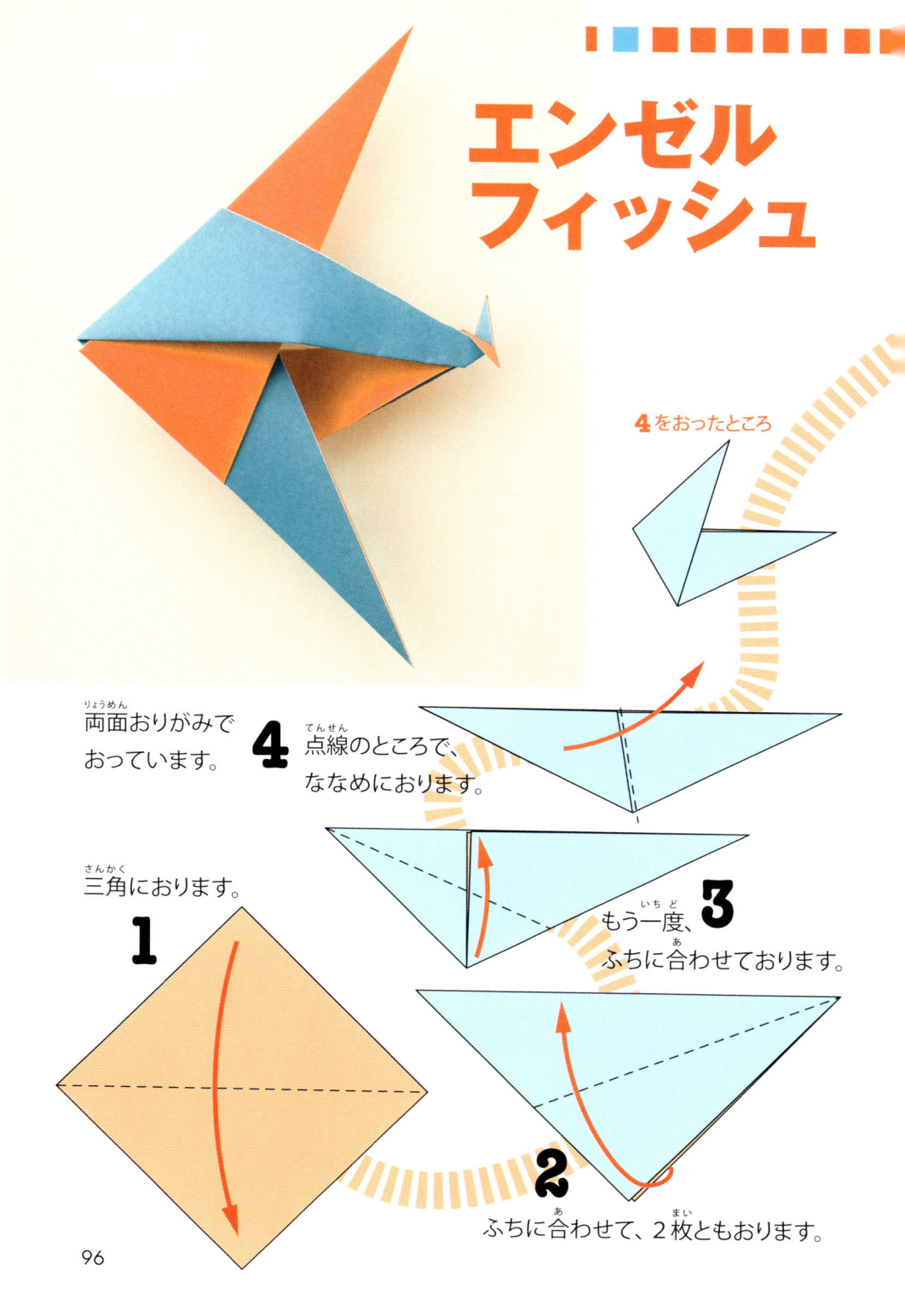

5

すべて開《ひら》いて
まん中《なか》のおりすじで
半分《はんぶん》に切《き》ります。

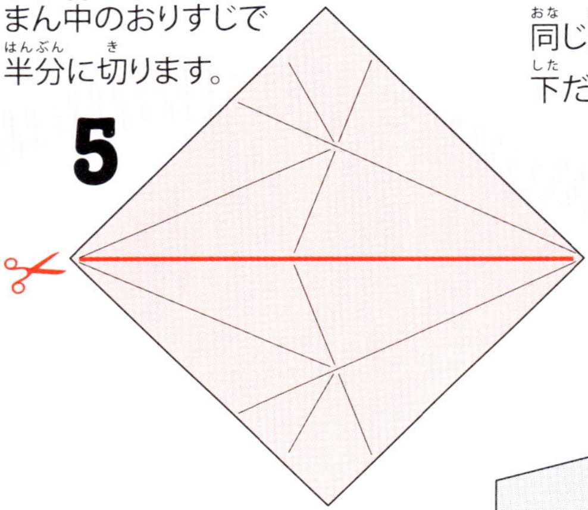

6

切《き》りはなした２枚《まい》を
おりすじのとおりに、もう一度《いちど》おります。
同《おな》じ形《かたち》の色《いろ》ちがいがおれたら
下《した》だけうら返《がえ》します。

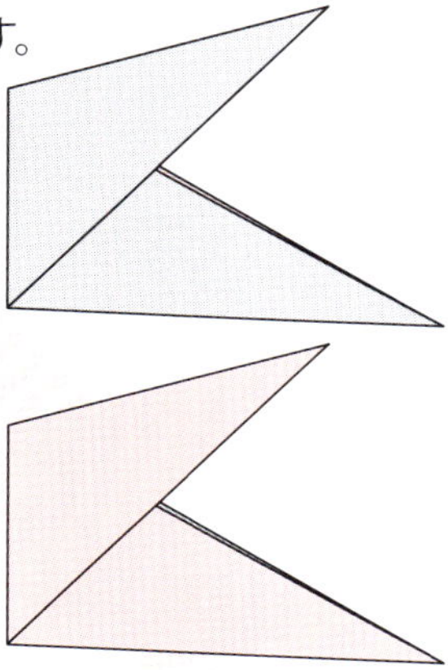

下《した》だけ
うらがえす

7

図《ず》のようにおいたら
２つを交《こう》ささせて組《く》み合《あ》わせます。

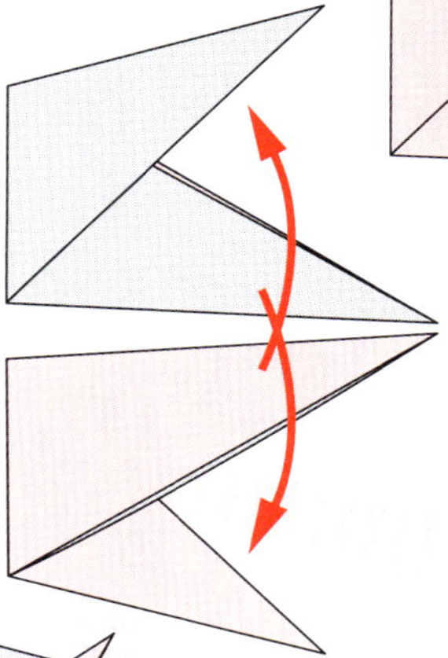

7を組《く》み合《あ》わせているところ

8

尾《お》びれを重《かさ》ね合《あ》わせたら
たがいちがいになるように
おってとめます。

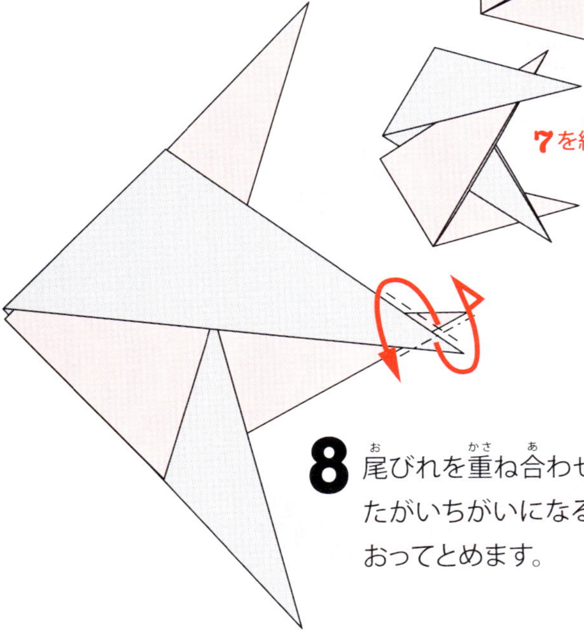

できあがり

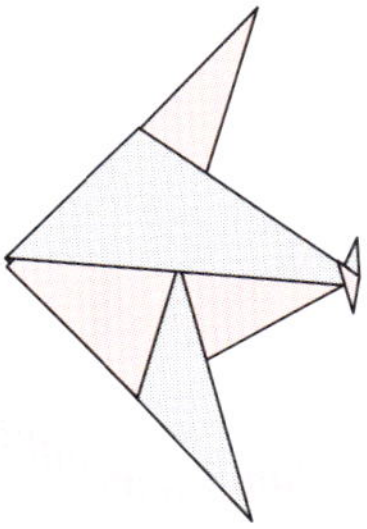

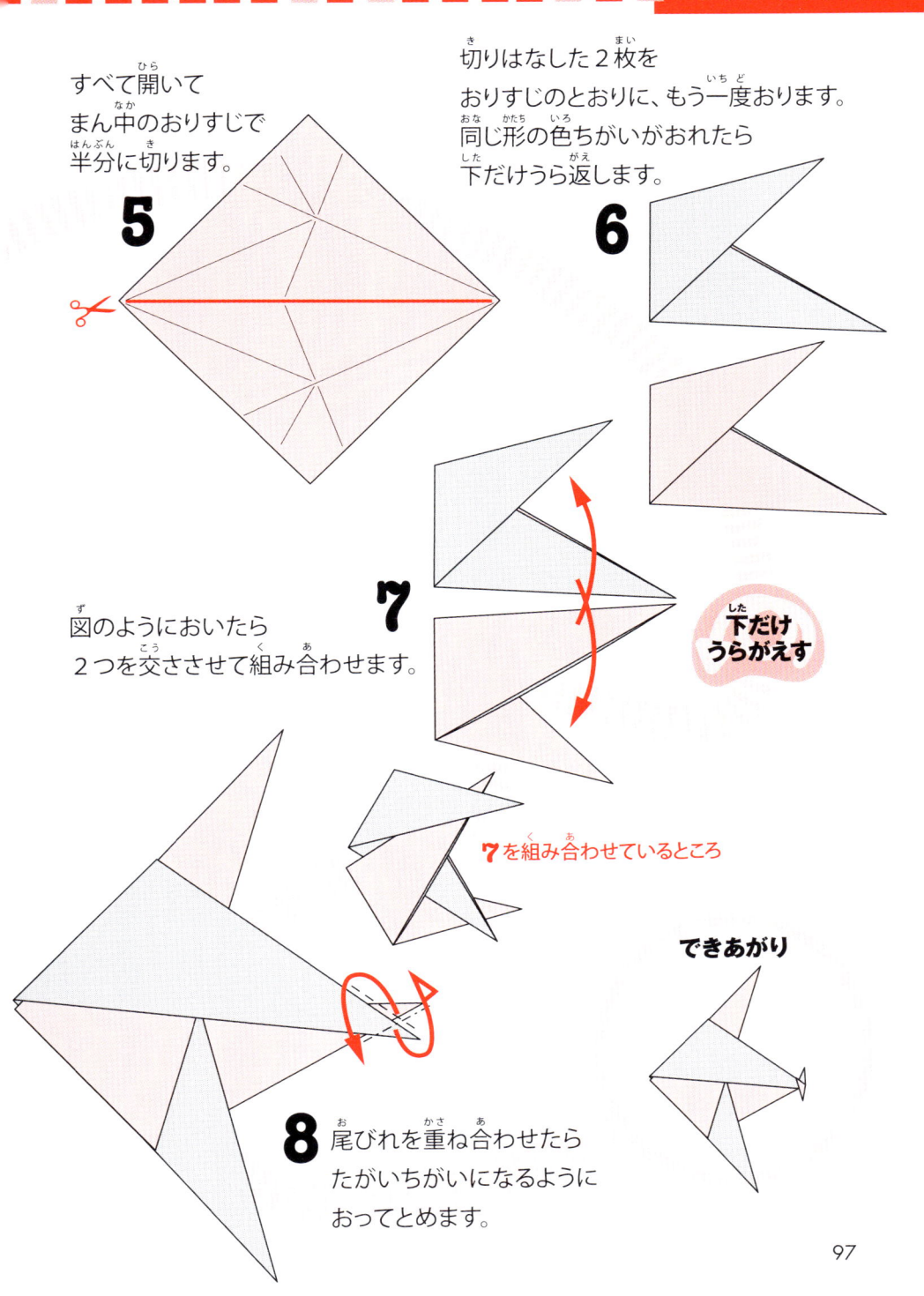

かめ

「かぶと」(18ページ)の
2までおります。

1

図《ず》の向《む》きにおいたら
手前《てまえ》の三角《さんかく》をおり上《あ》げます。

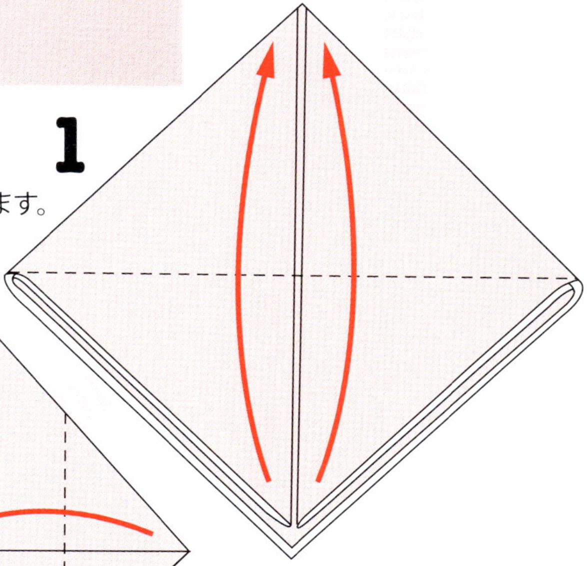

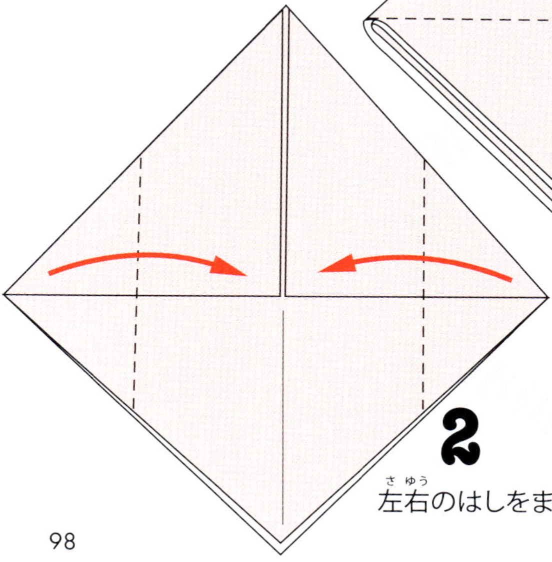

2

左右《さゆう》のはしをまん中《なか》でおり合《あ》わせます。

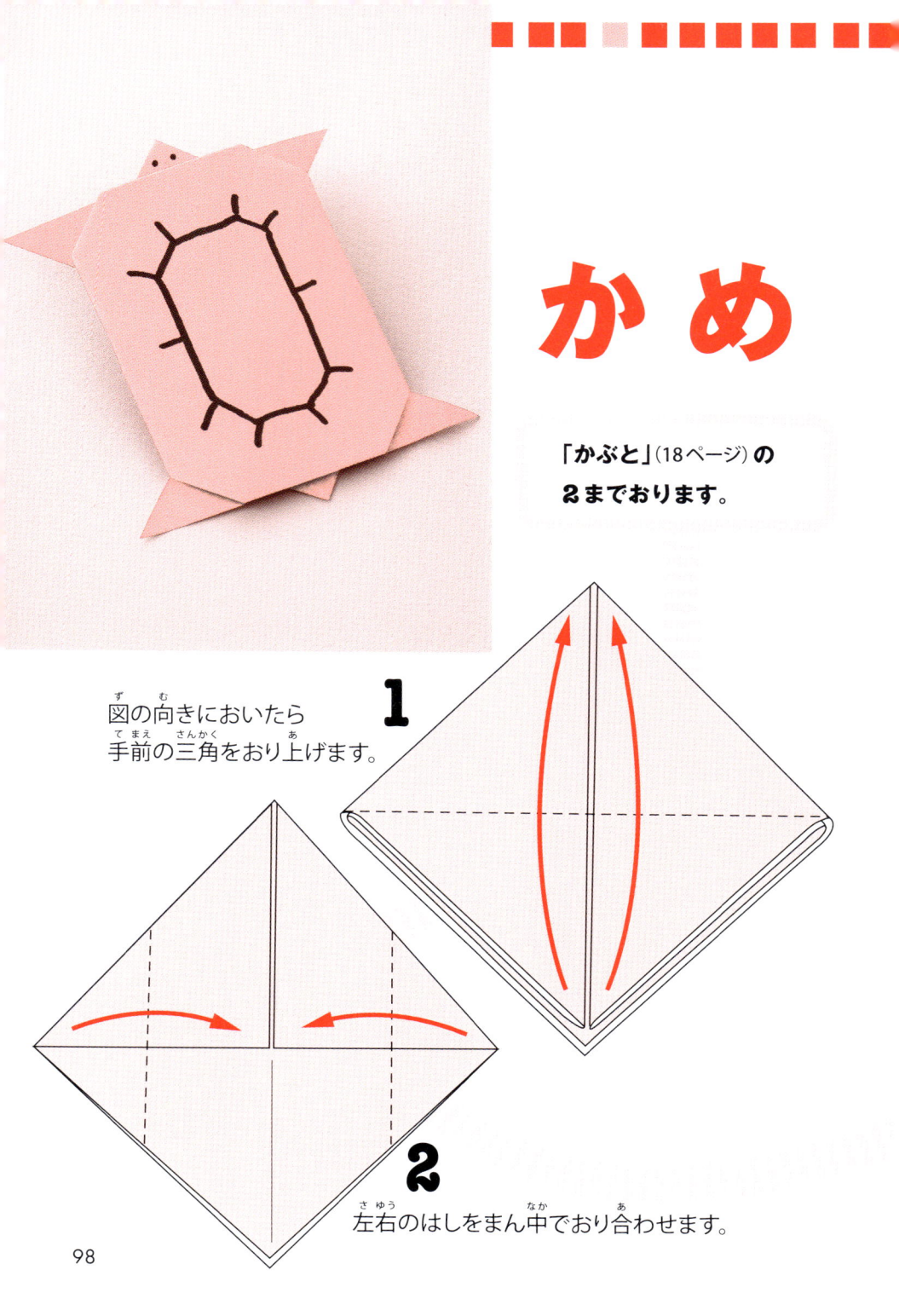

うら返《がえ》したら上下《じょうげ》をだんおりにし、
頭《あたま》としっぽを
つくります。

5

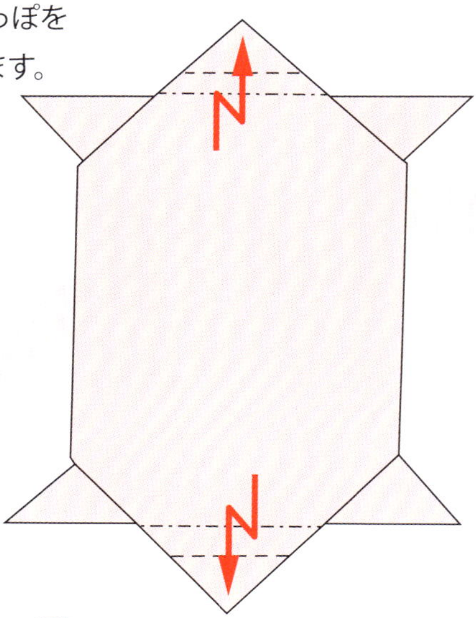

できあがり

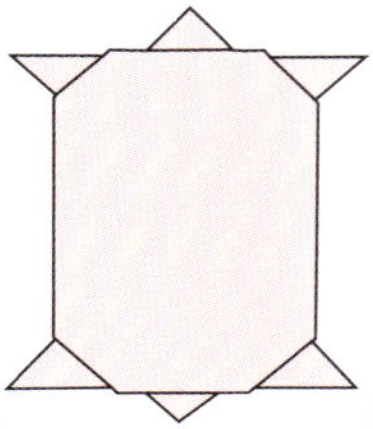

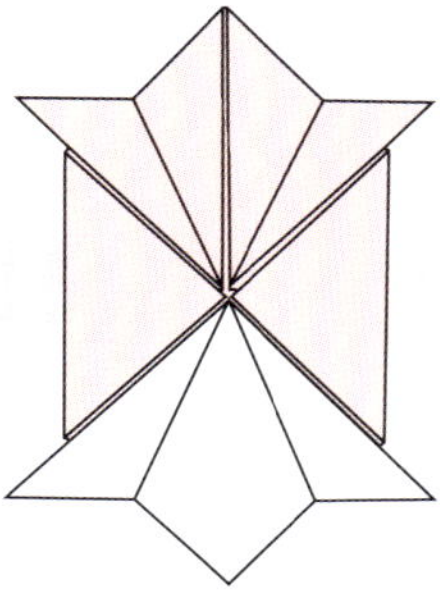

4をおったところ

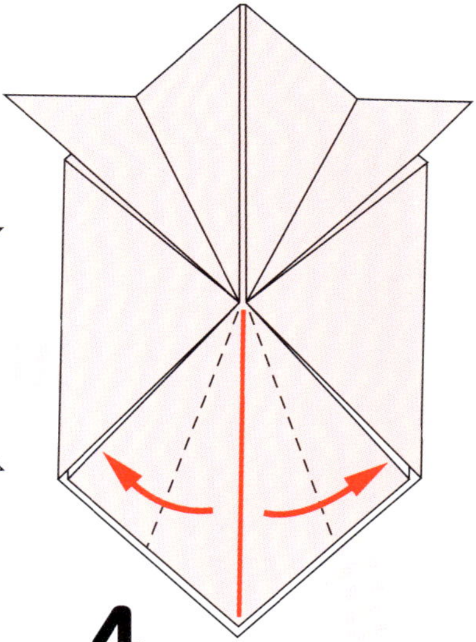

4

上《うえ》の１枚《まい》だけ
はさみで切《き》りこみを入《い》れます。
左右《さゆう》におって、後《うし》ろ足《あし》をつくります。

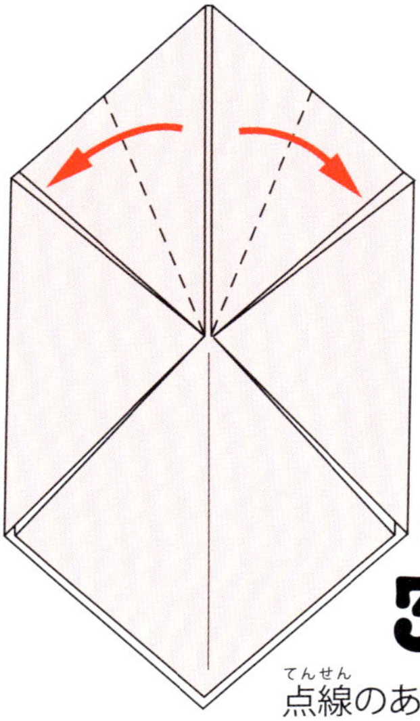

3

点線《てんせん》のあたりで左右《さゆう》におり、前足《まえあし》をつくります。

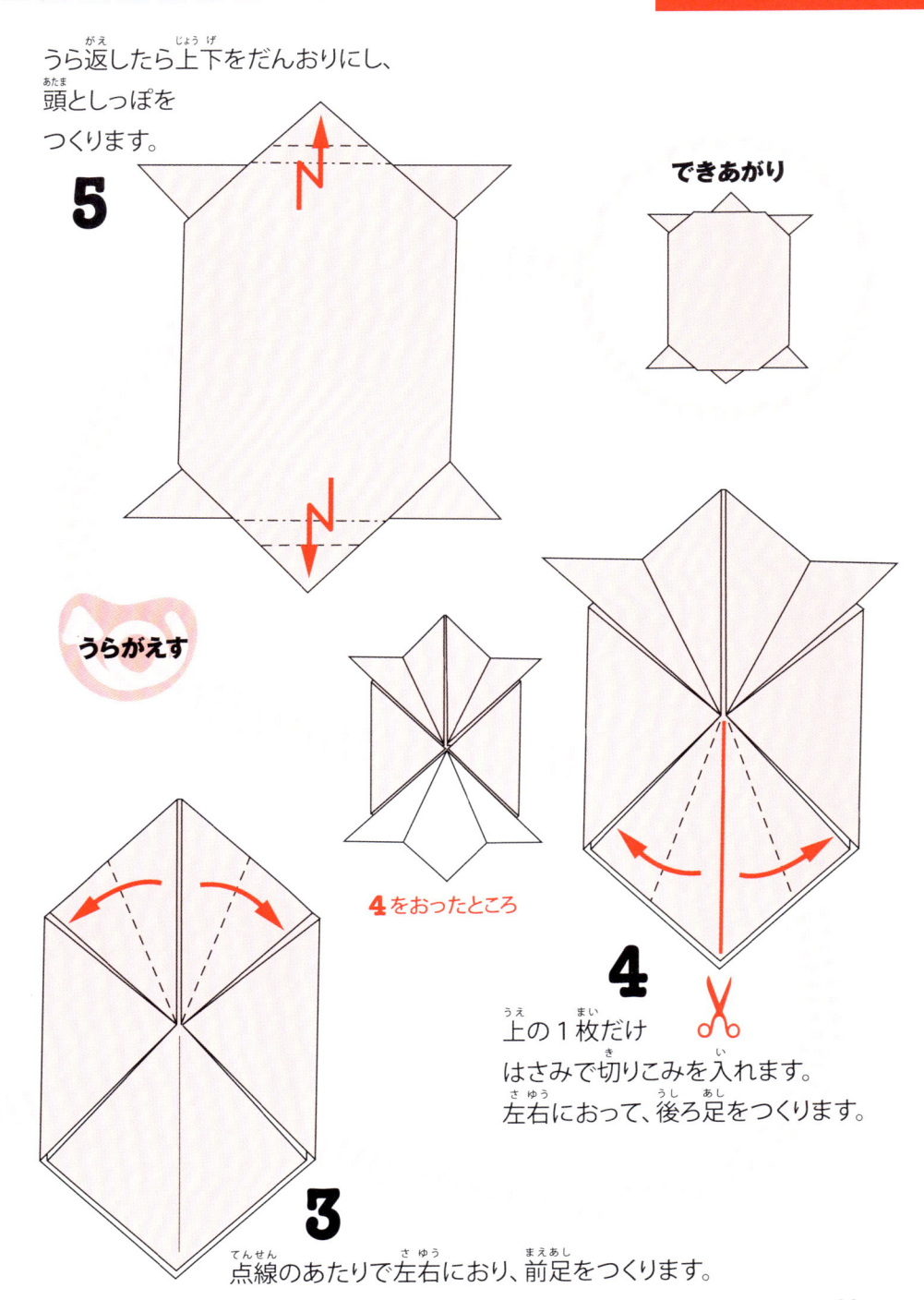

ふうせんきんぎょ

「ふうせん」（16ページ）**の**
4までおります。

1

上《うえ》の１枚《まい》だけ
左右《さゆう》の角《かど》を
おり上《あ》げます。

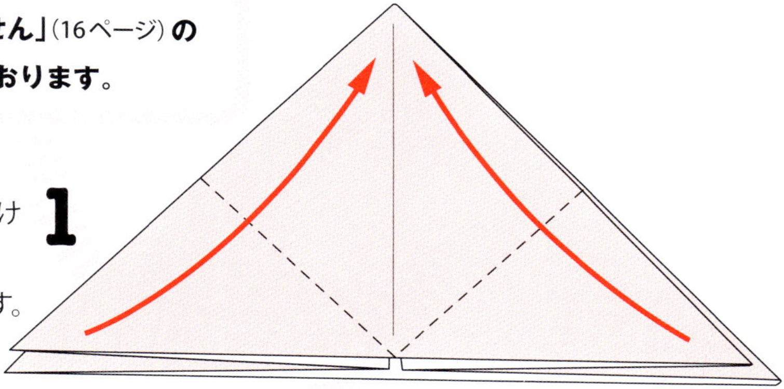

2

まん中《なか》に向《む》けて、左右《さゆう》をおります。

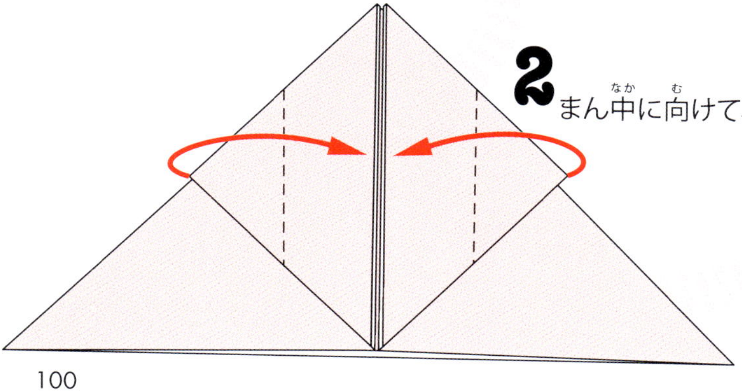

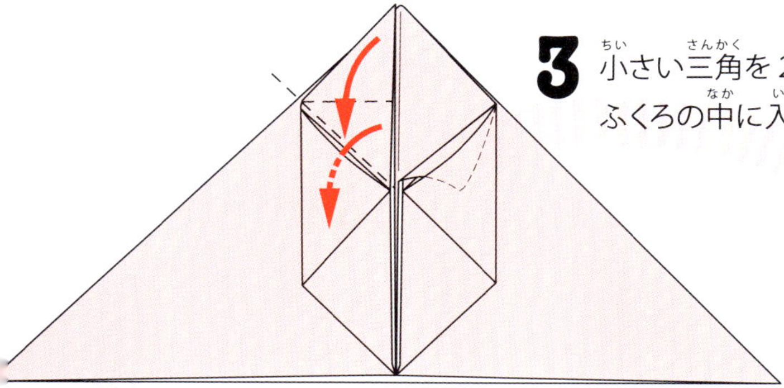

3

小《ちい》さい三角《さんかく》を２回《かい》おって
ふくろの中《なか》に入《い》れます。

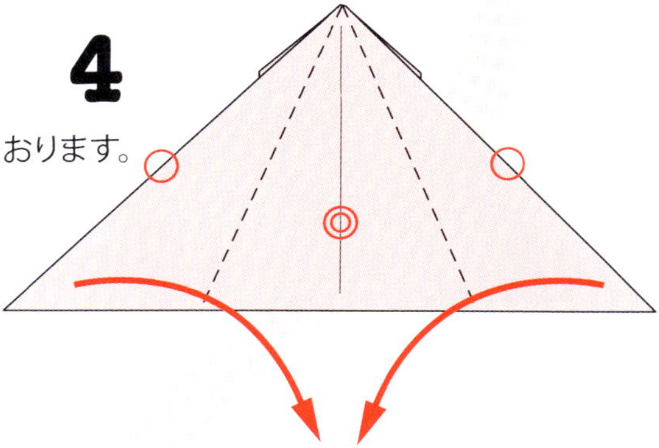

4

うら返《がえ》したら
○と◎が合《あ》うように左右《さゆう》をおります。

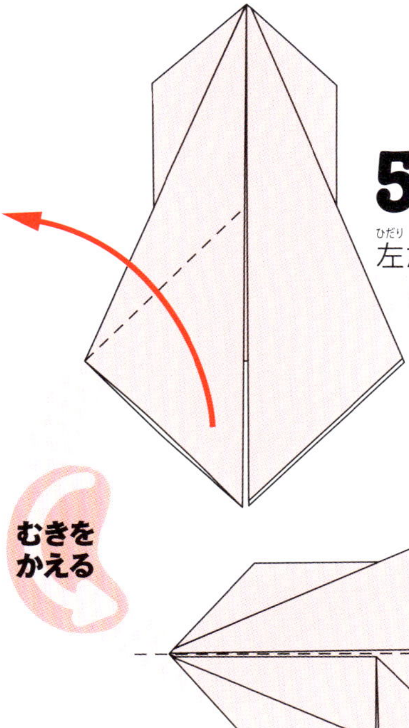

5

左《ひだり》だけななめにおります。

できあがり

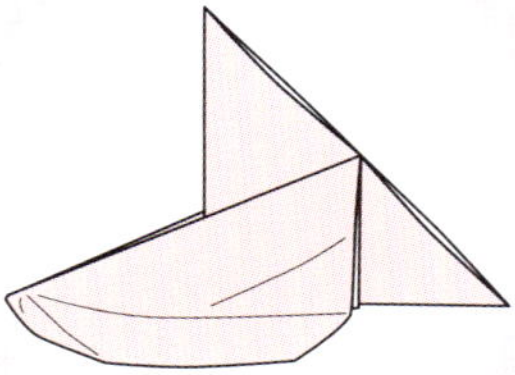

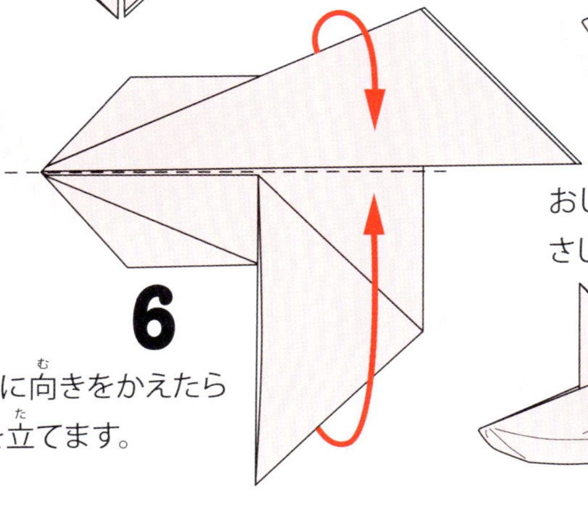

おしりからストローなどを
さしこんでふくらませます。

6

図《ず》のように向《む》きをかえたら
尾《お》びれを立《た》てます。

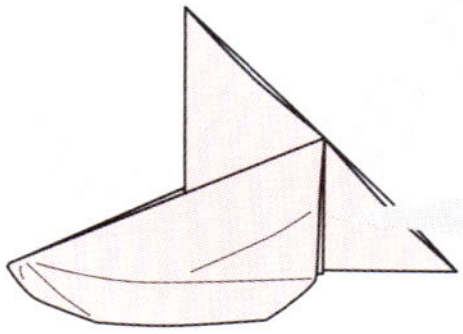

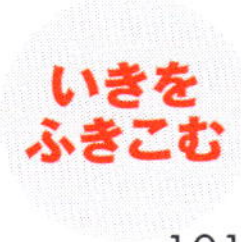

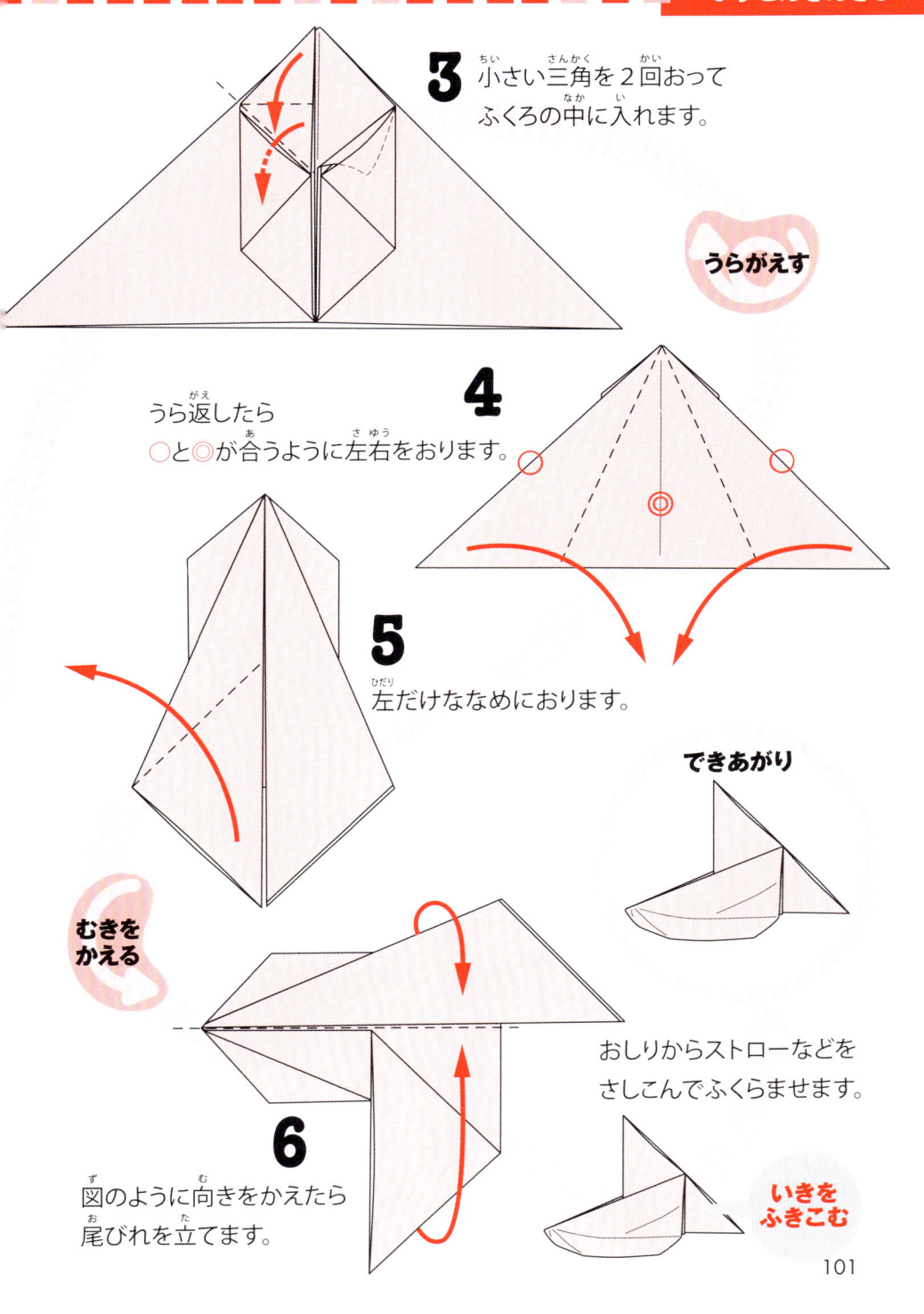

ペンギン

1 色《いろ》のついた面《めん》を表《おもて》にして
半分《はんぶん》におります。

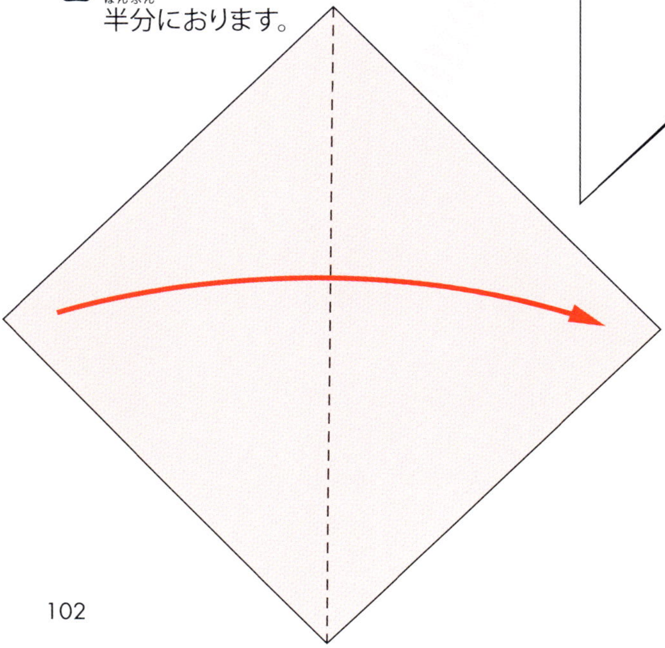

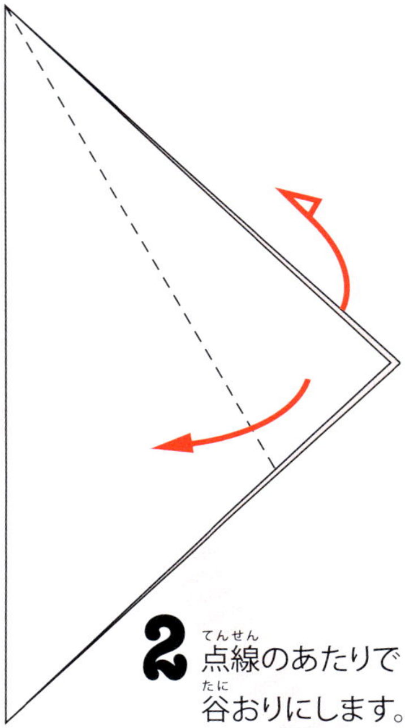

2 点線《てんせん》のあたりで
谷《たに》おりにします。
うらも同《おな》じ。

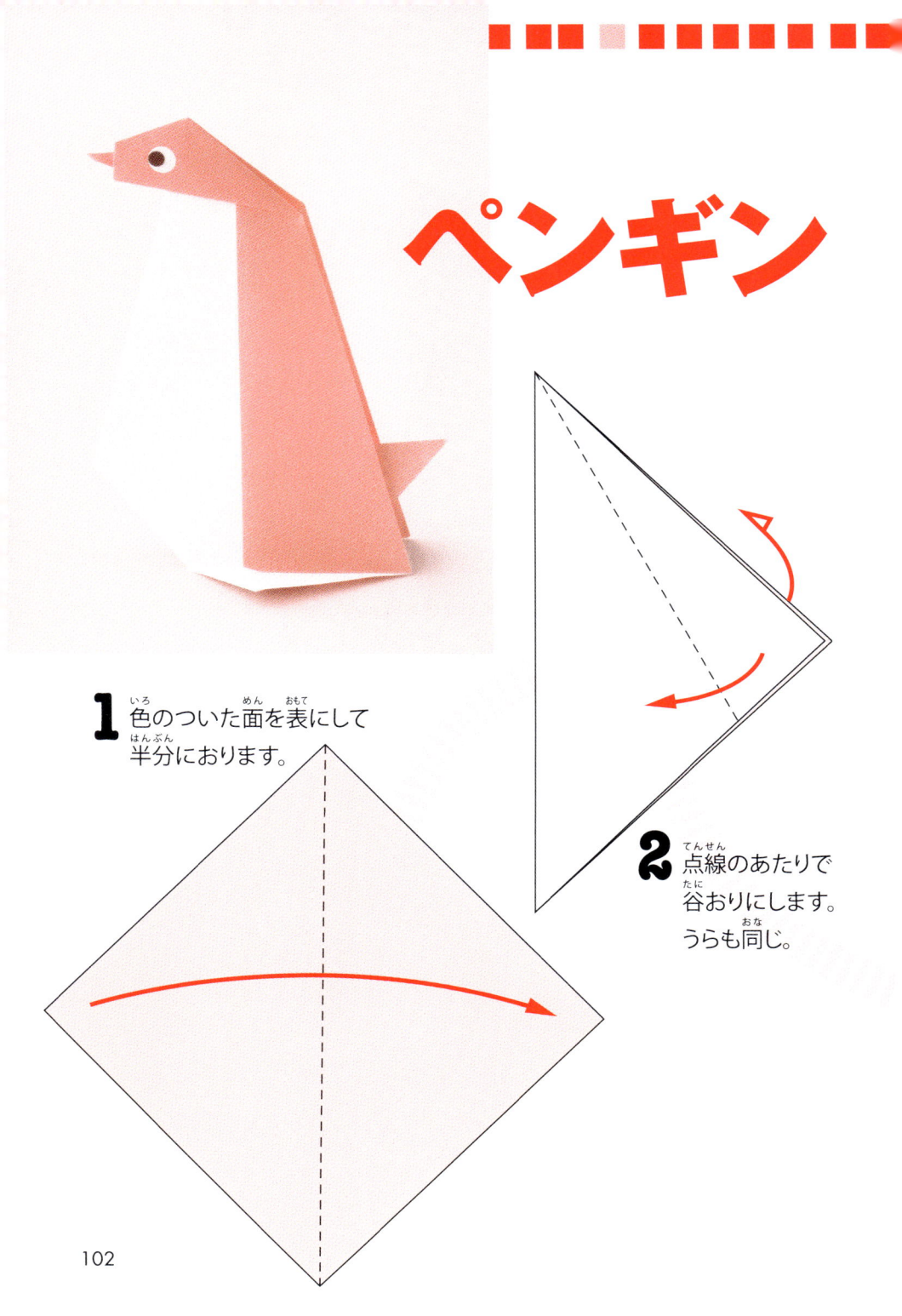

6 くちばしはだんおりにします。
足《あし》は手前《てまえ》と向《む》こうがわにおります。

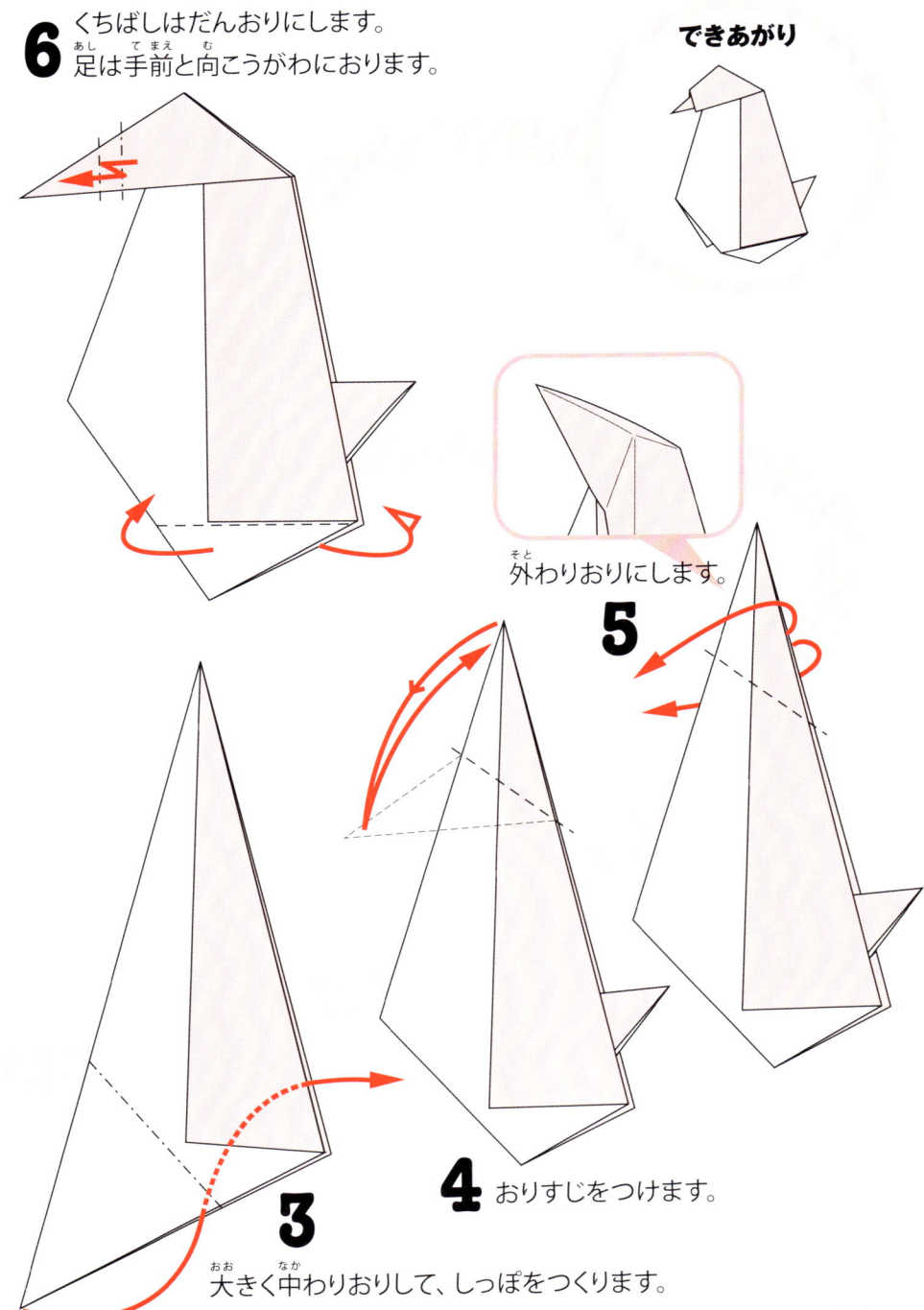

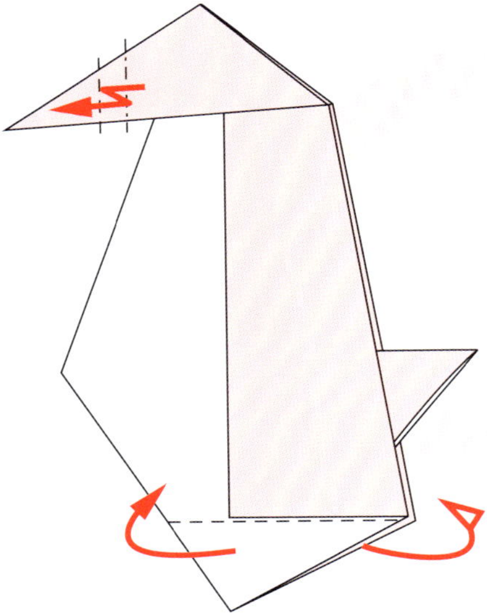

できあがり

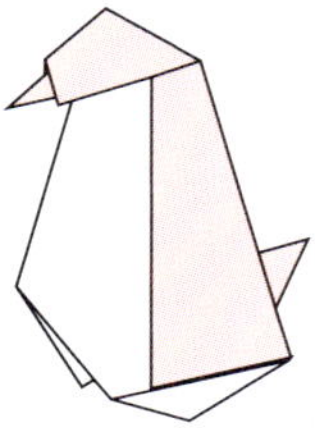

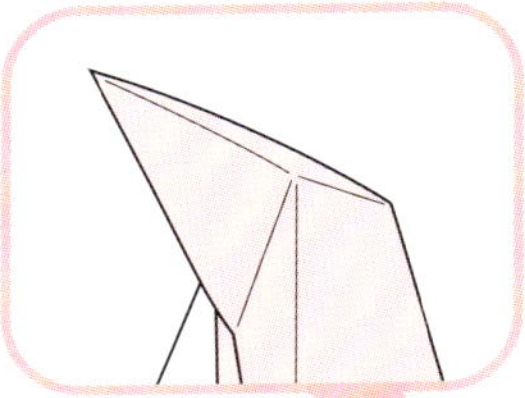

外《そと》わりおりにします。

5

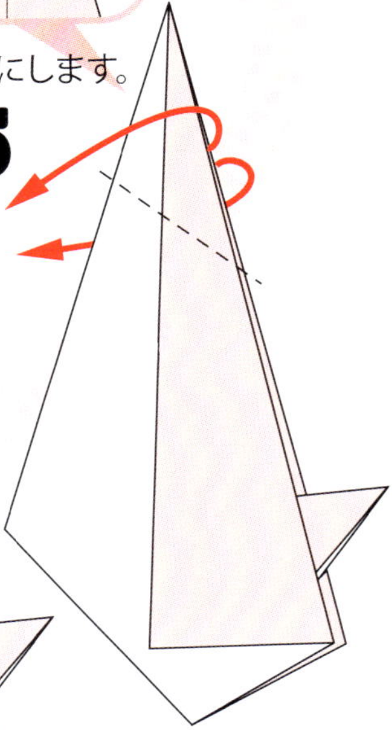

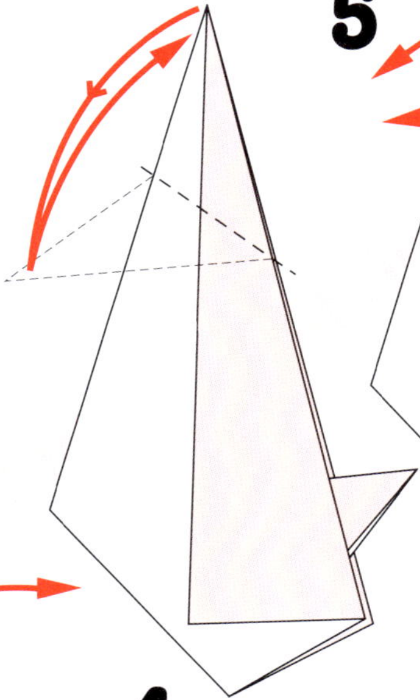

4 おりすじをつけます。

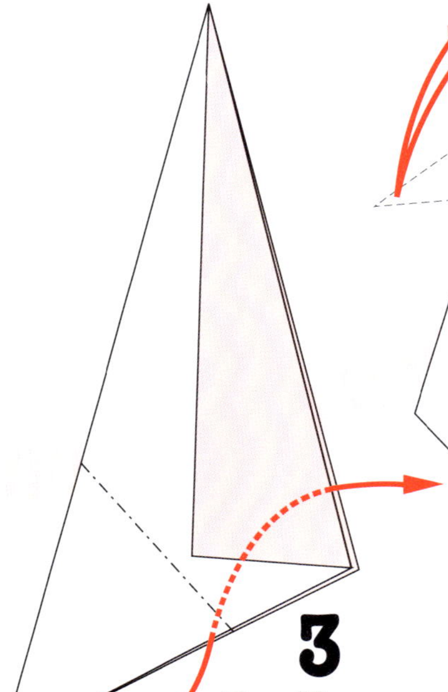

3
大《おお》きく中《なか》わりおりして、しっぽをつくります。

インコ

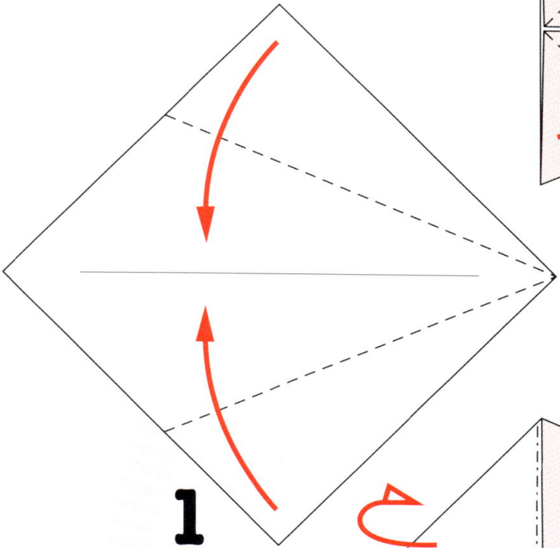

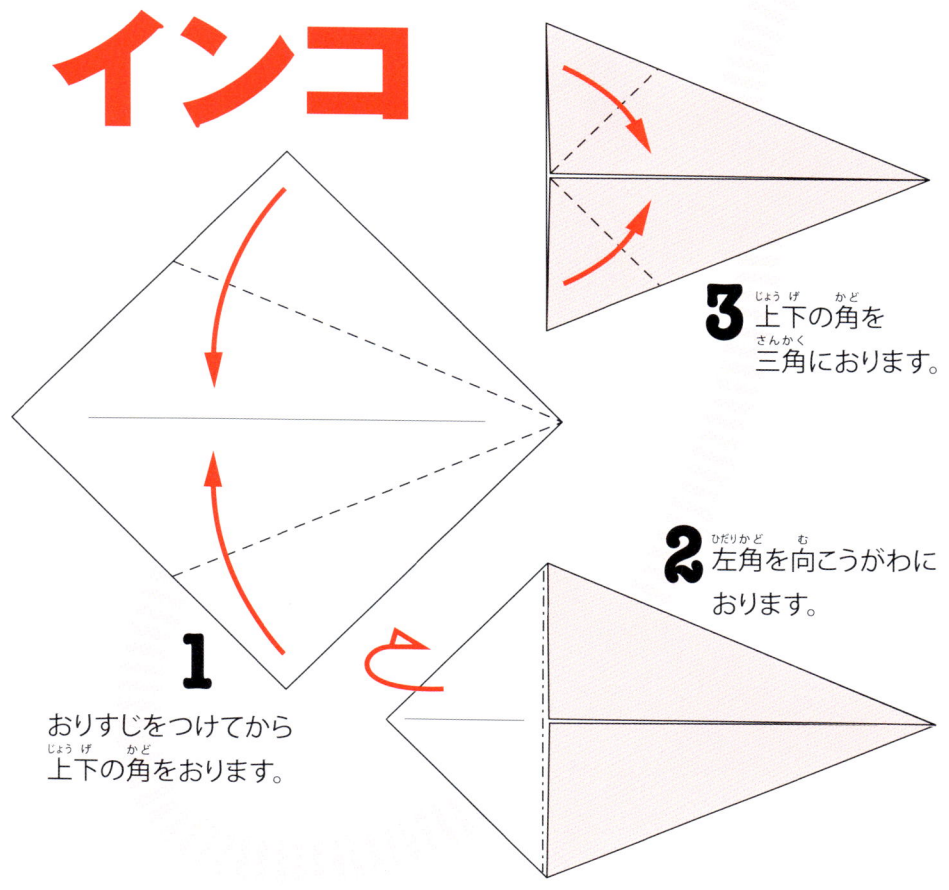

1

おりすじをつけてから
上下《じょうげ》の角《かど》をおります。

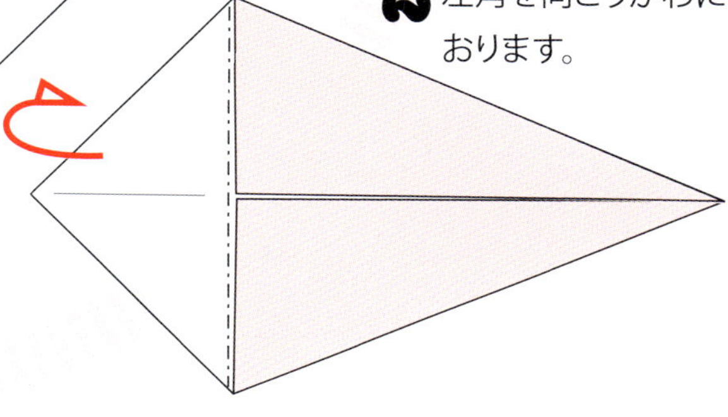

2 左角《ひだりかど》を向《む》こうがわに
おります。

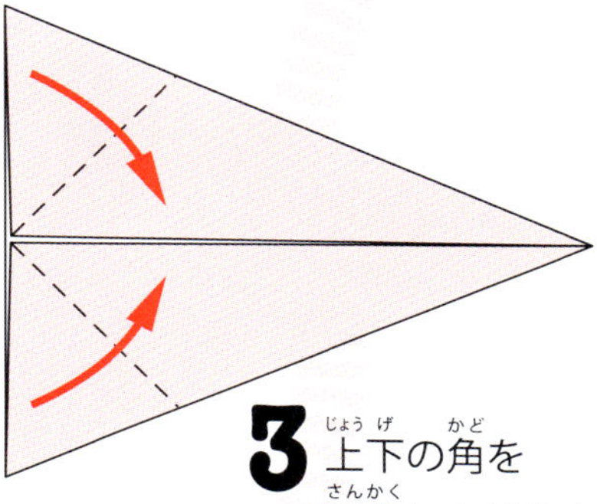

3 上下《じょうげ》の角《かど》を
三角《さんかく》におります。

4

3でおった角《かど》を持《も》ち上《あ》げ、
おりこまれている角《かど》を
引《ひ》き出《だ》して
おりつぶします。

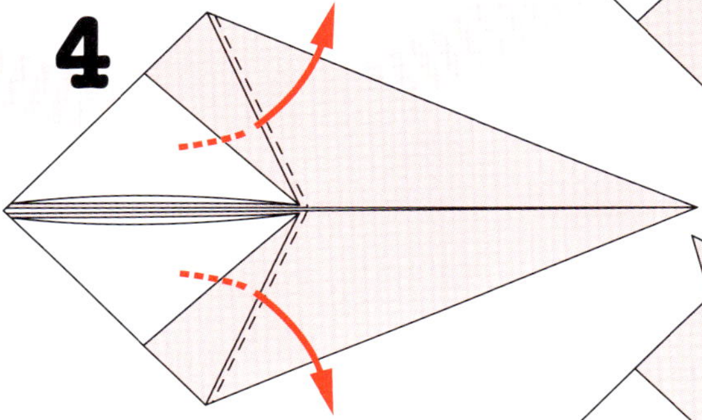

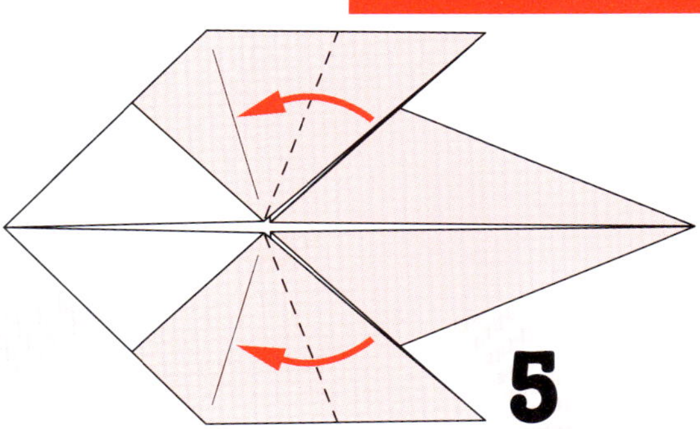

5

おりすじに合《あ》わせて
三角《さんかく》におります。

6

だんおりにします。

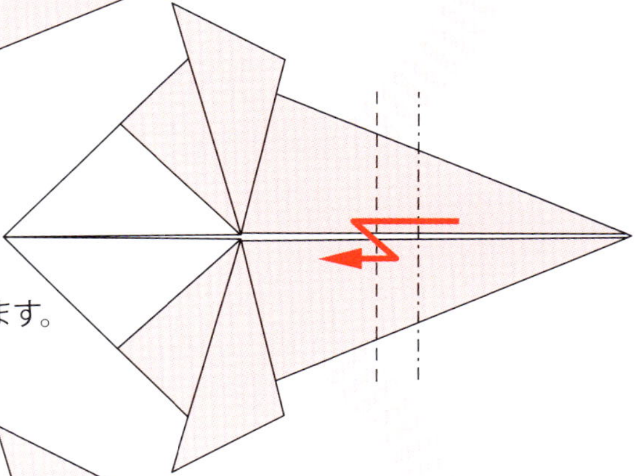

7 半分《はんぶん》におります。

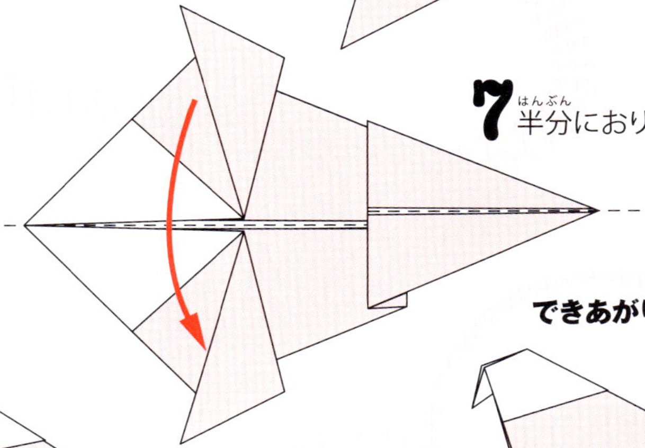

8

頭《あたま》は
中《なか》わりおりにして
しっぽは少《すこ》し
引《ひ》き上《あ》げます。

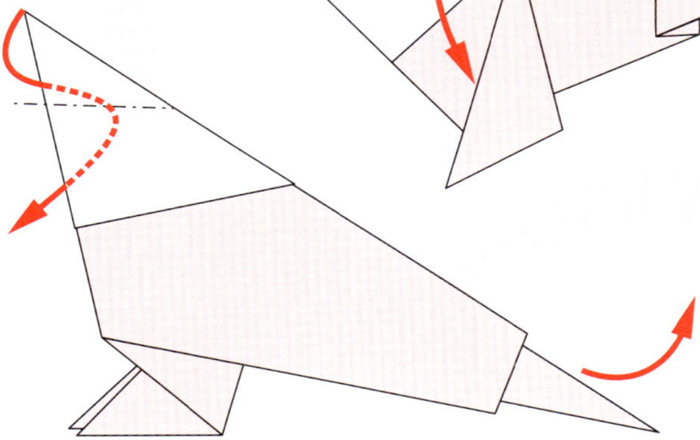

できあがり

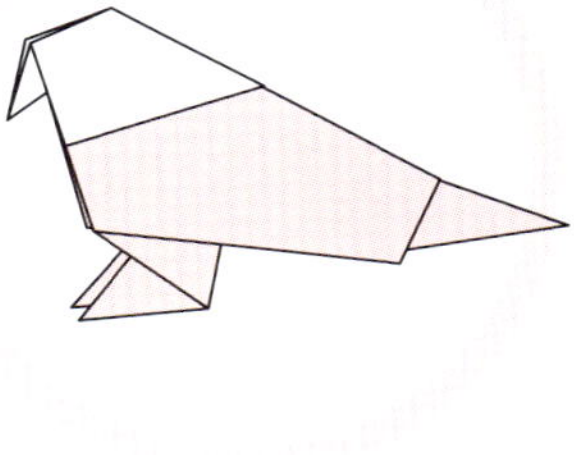

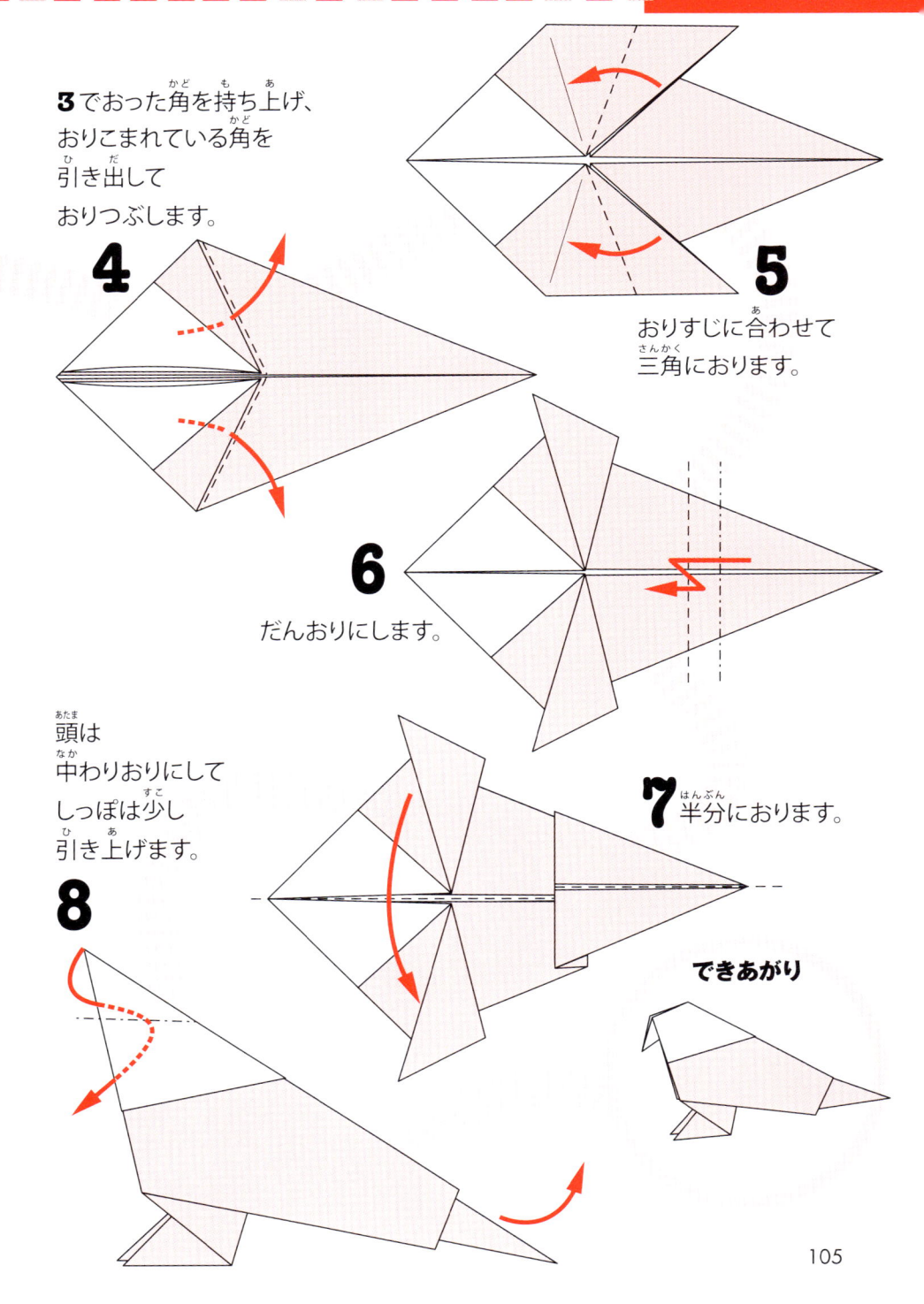

からす

「つる」(46ページ)の
6までおります。

1 右角《みぎかど》をおりずらします。
うらも同《おな》じ。

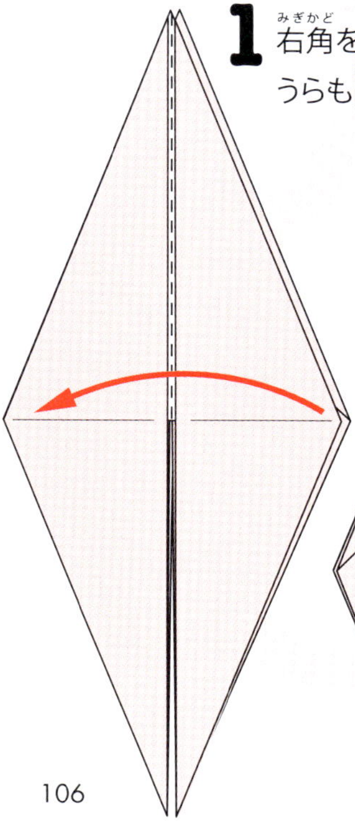

1をおったところ

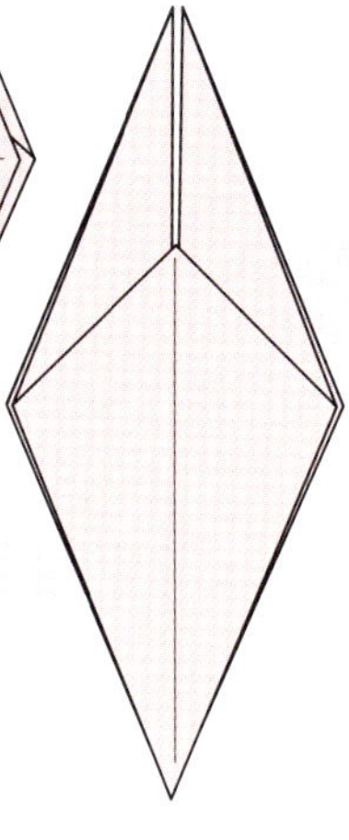

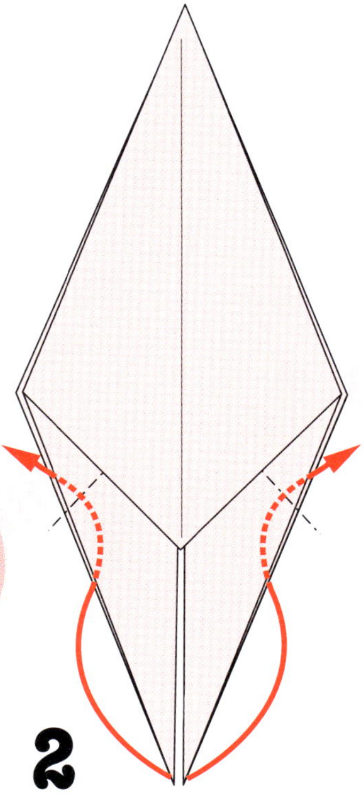

2 上下《じょうげ》の向《む》きをかえたら
下《した》から中《なか》わりおりにします。

できあがり

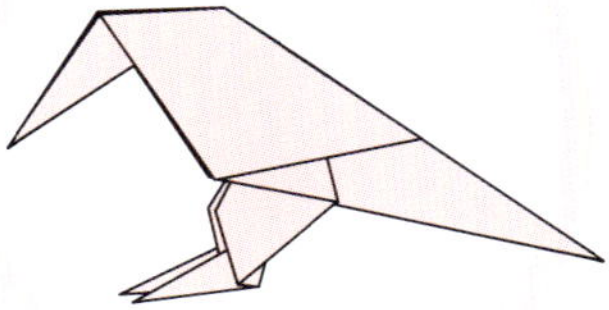

5

図《ず》のように向《む》きをかえ、
左先《ひだりさき》を中《なか》わりおりにして頭《あたま》をおります。
足《あし》はそれぞれだんおりにします。

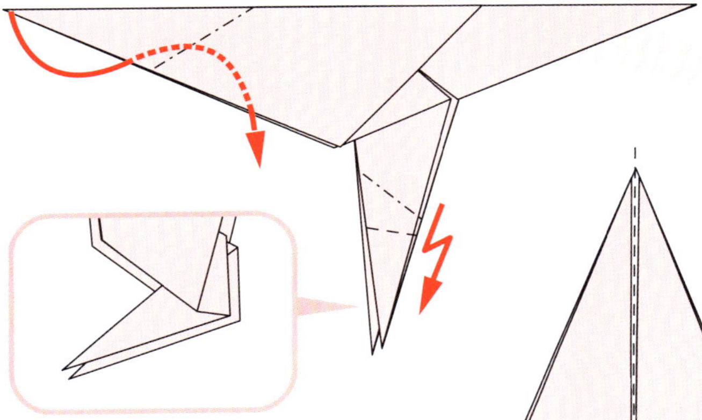

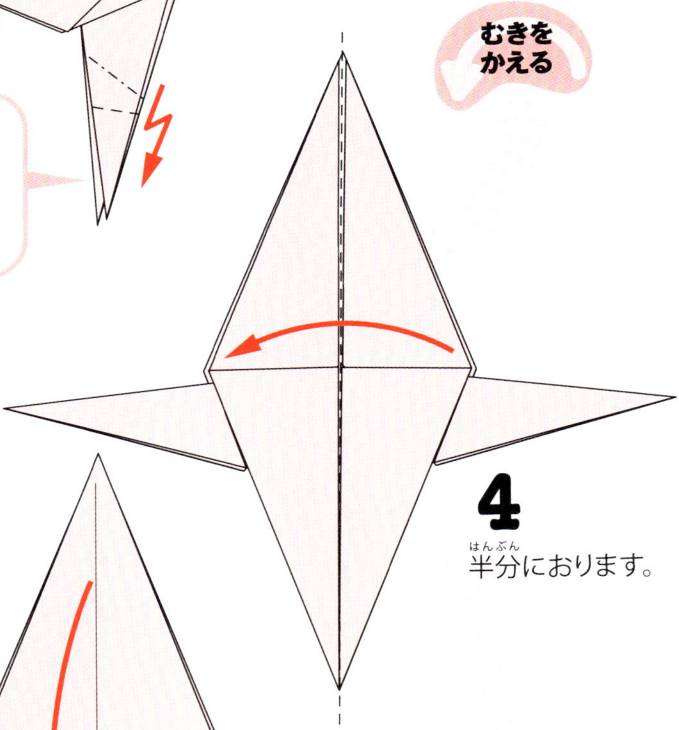

4

半分《はんぶん》におります。

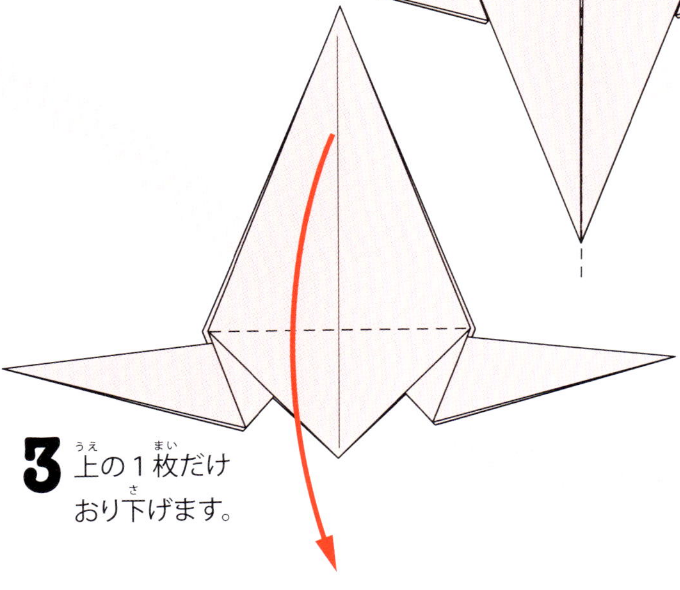

3

上《うえ》の1枚《まい》だけ
おり下《さ》げます。

ペリカン

1

おりすじをつけてから
左右《さゆう》をおります。

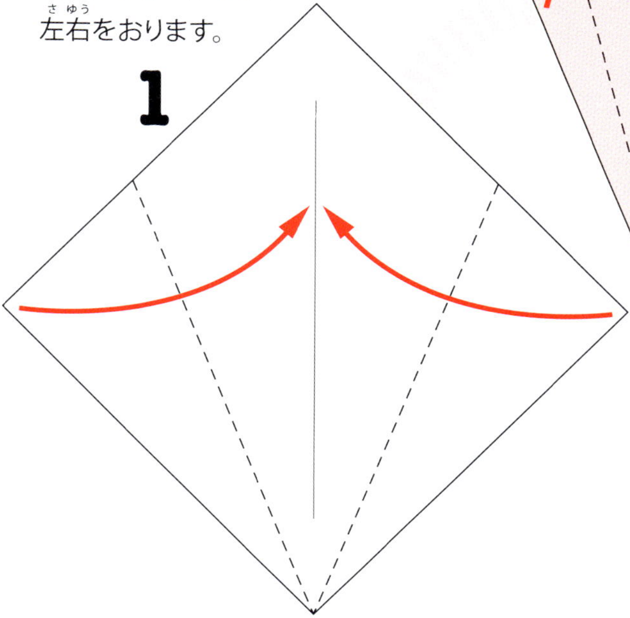

2

点線《てんせん》のあたりで
左右《さゆう》をおります。

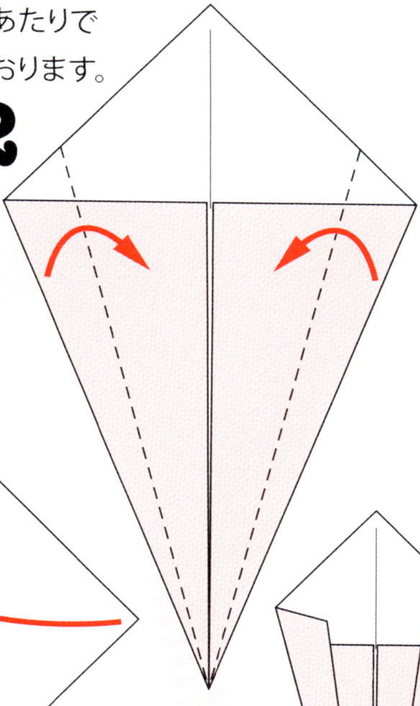

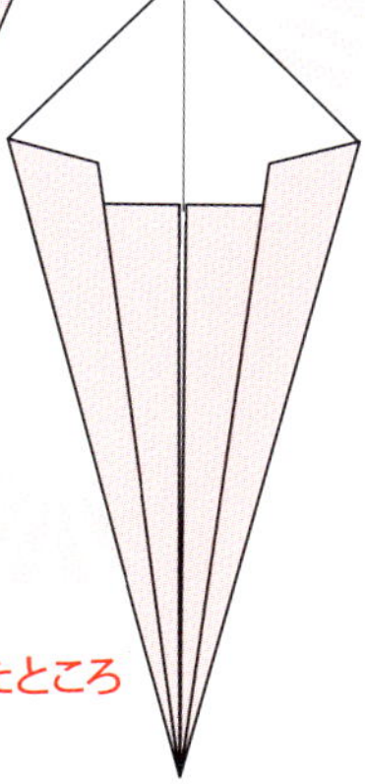

2をおったところ

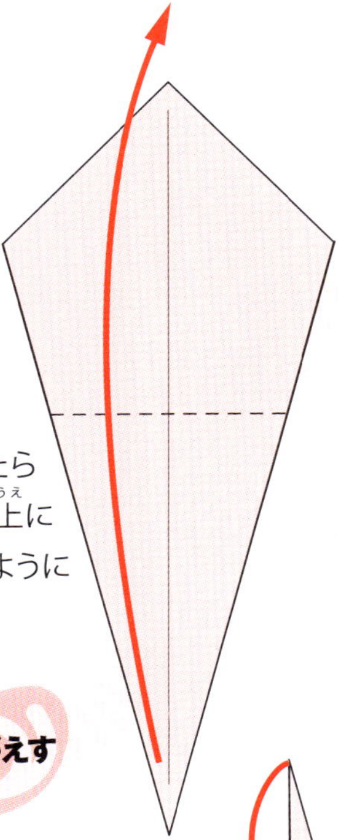

3

うら返《がえ》したら
下《した》の角《かど》が上《うえ》に
とび出《だ》すように
おります。

うらがえす

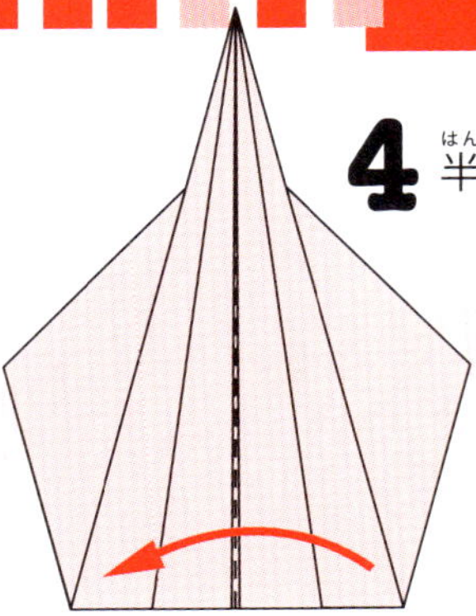

4

半分《はんぶん》におります。

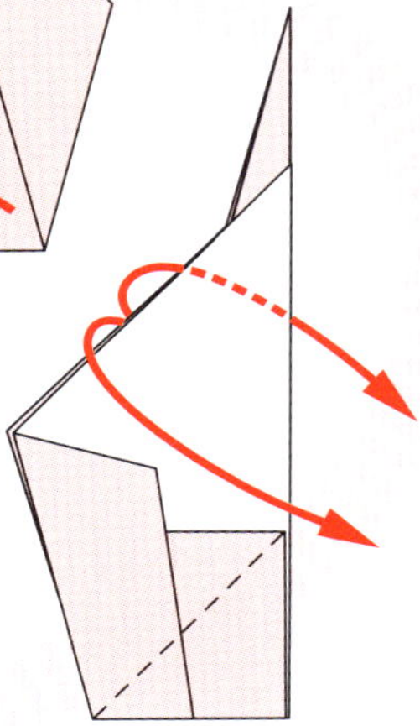

5

矢《や》じるしのほうに
引《ひ》っぱり出《だ》して
点線《てんせん》のところで
外《そと》わりおりにします。

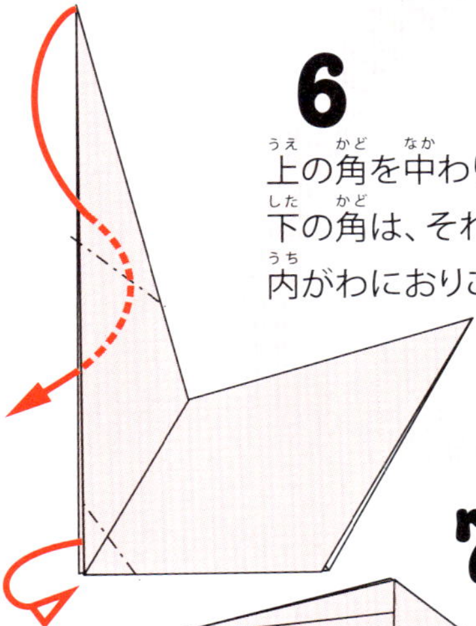

6

上《うえ》の角《かど》を中《なか》わりおりにします。
下《した》の角《かど》は、それぞれ
内《うち》がわにおりこみます。

できあがり

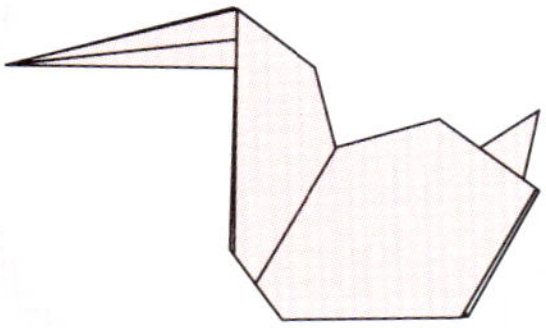

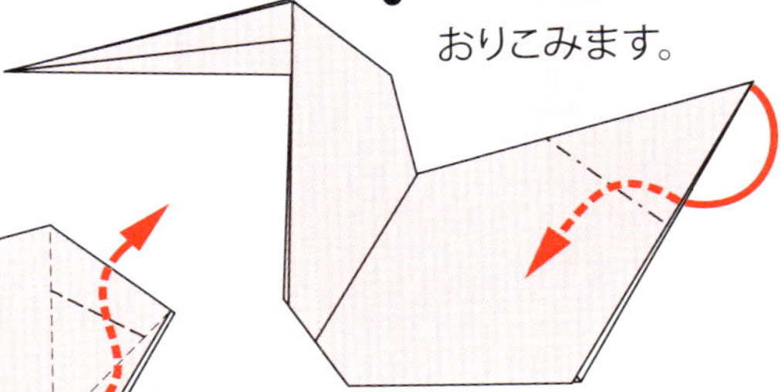

7

しっぽを内《うち》がわに
おりこみます。

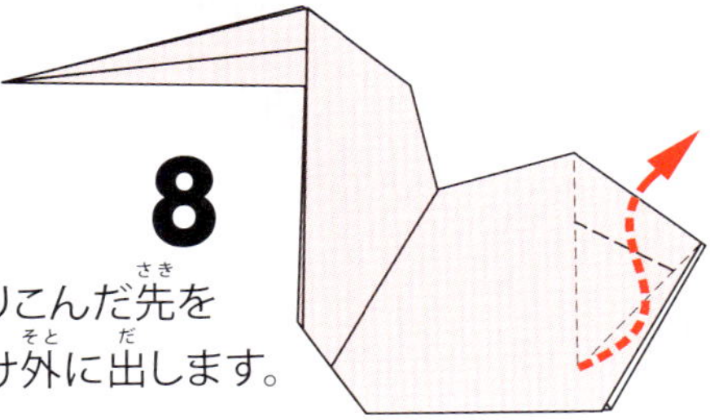

8

7 でおりこんだ先《さき》を
少《すこ》しだけ外《そと》に出《だ》します。

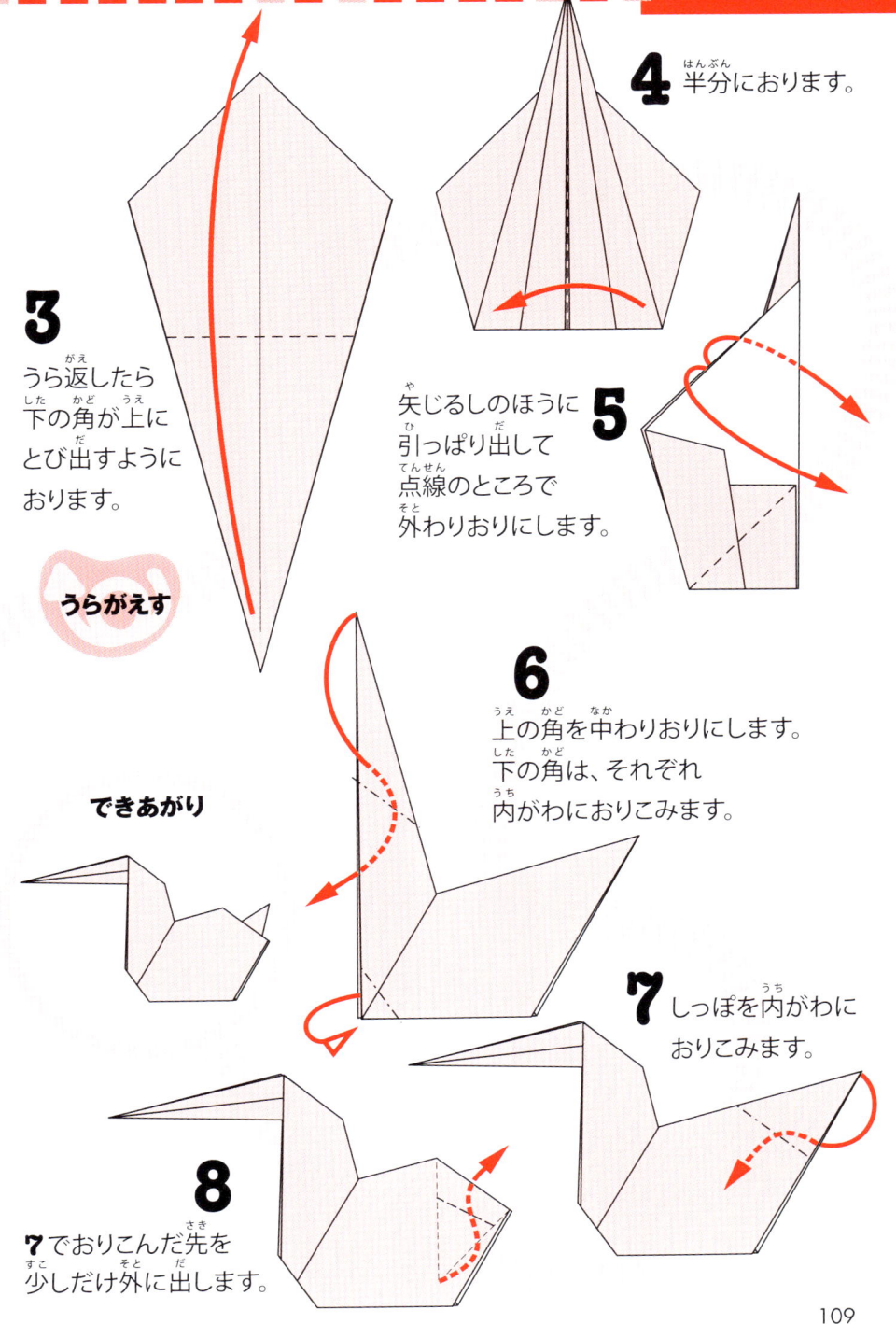

おんどり

1 色《いろ》のついた面《めん》を表《おもて》にして
半分《はんぶん》におります。

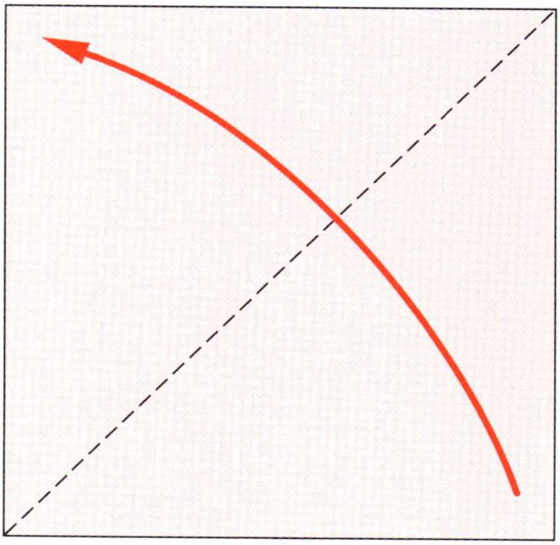

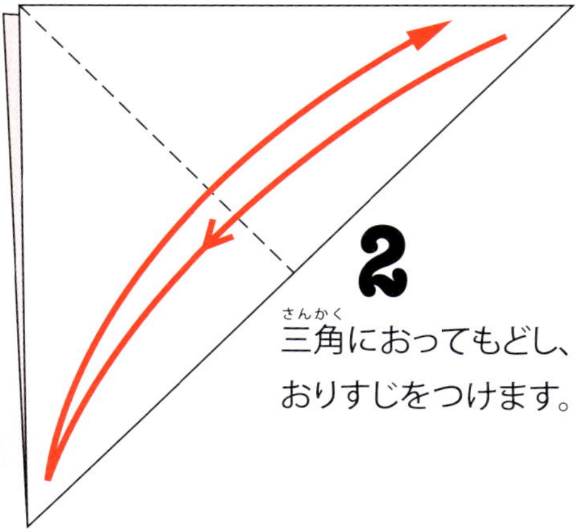

2 三角《さんかく》におってもどし、
おりすじをつけます。

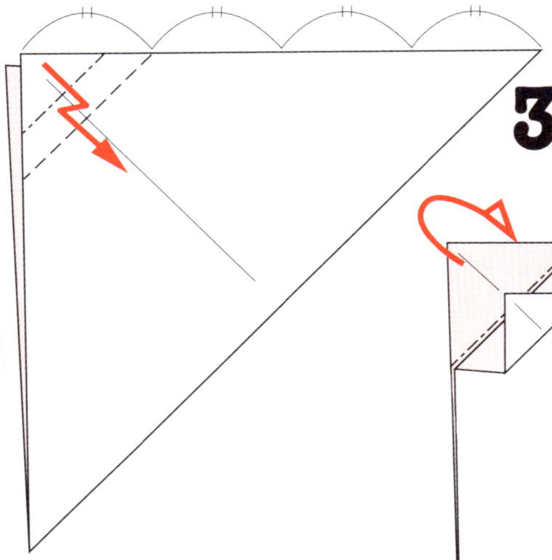

3

手前《てまえ》の１枚《まい》をだんおりにします。
このとき、三角《さんかく》の先《さき》が
谷《たに》おり線《せん》から
少《すこ》しとび出《だ》すようにおります。

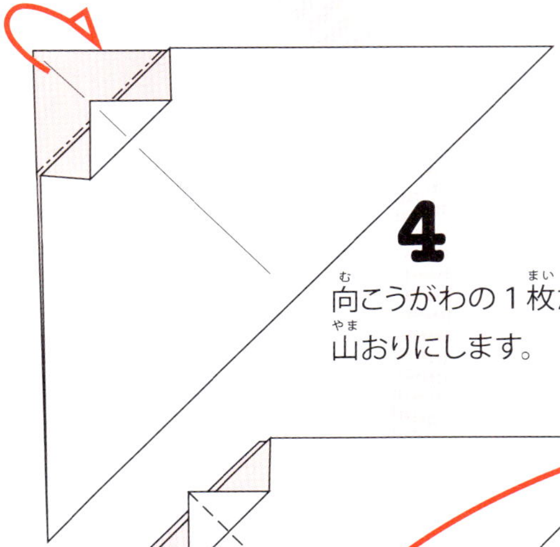

4

向《む》こうがわの１枚《まい》だけ
山《やま》おりにします。

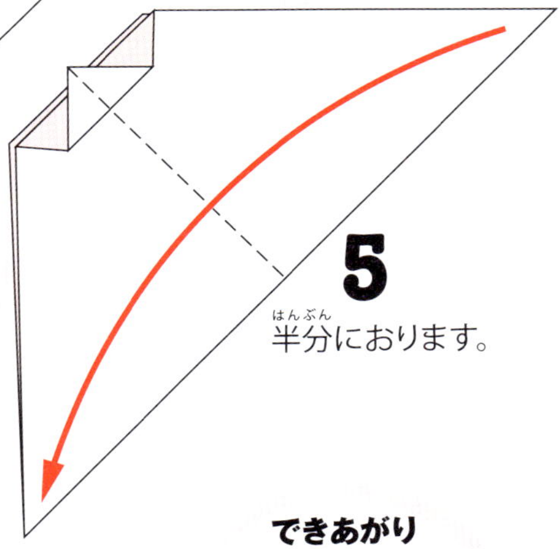

5

半分《はんぶん》におります。

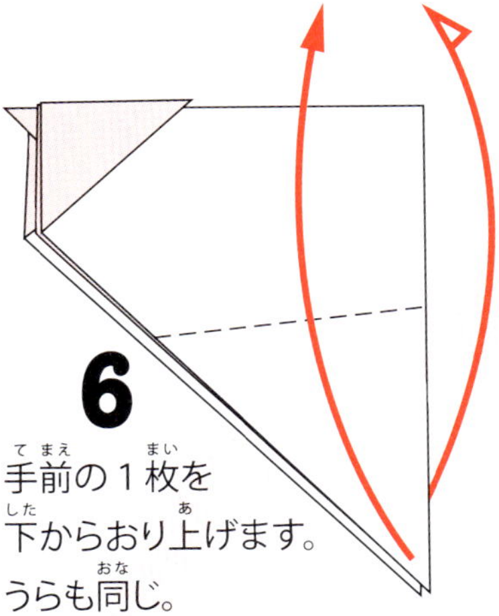

6

手前《てまえ》の１枚《まい》を
下《した》からおり上《あ》げます。
うらも同《おな》じ。

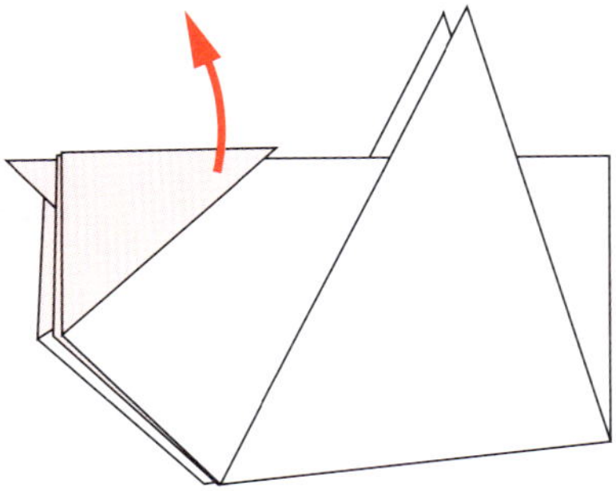

7

三角《さんかく》をつまんで
引《ひ》き上《あ》げます。

できあがり

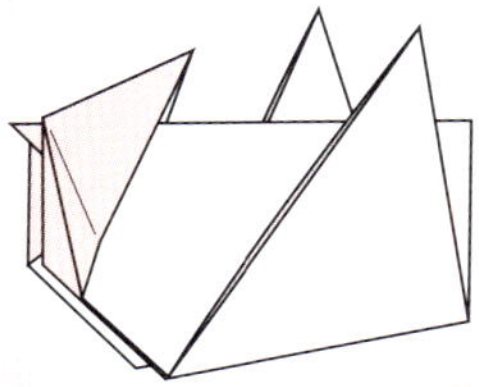

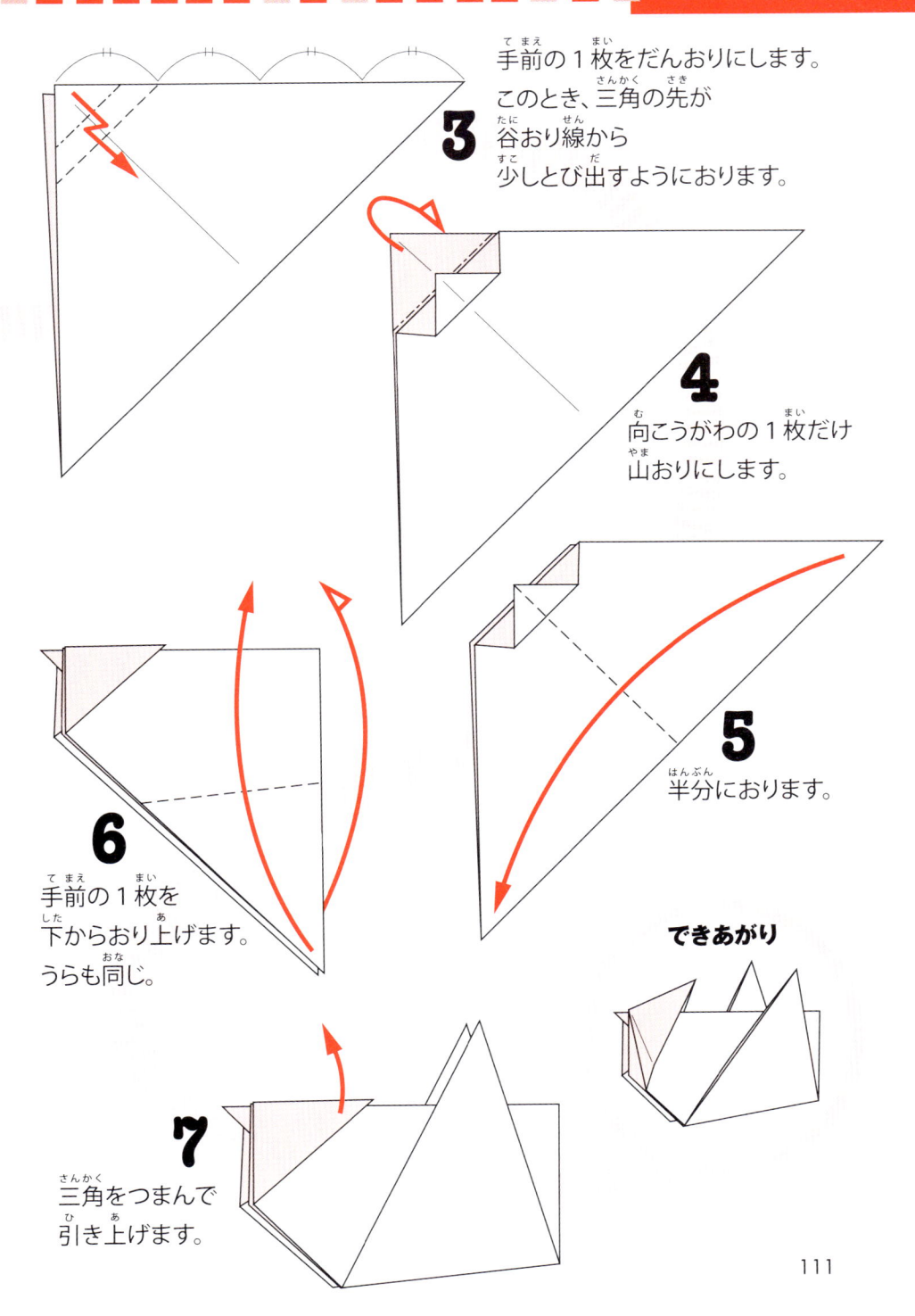

つばめ

「つる」(46ページ) の
7までおります。

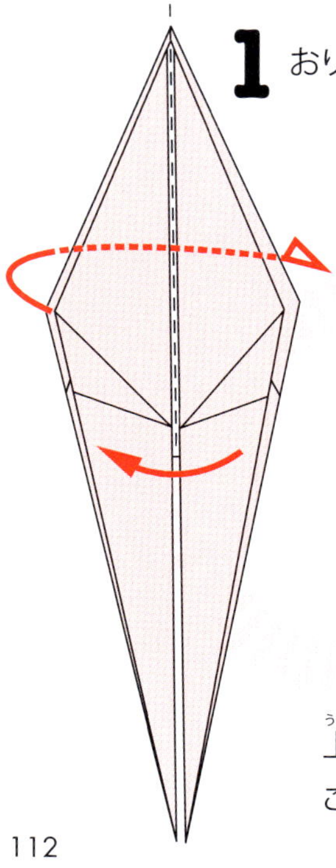

1 おりずらします。

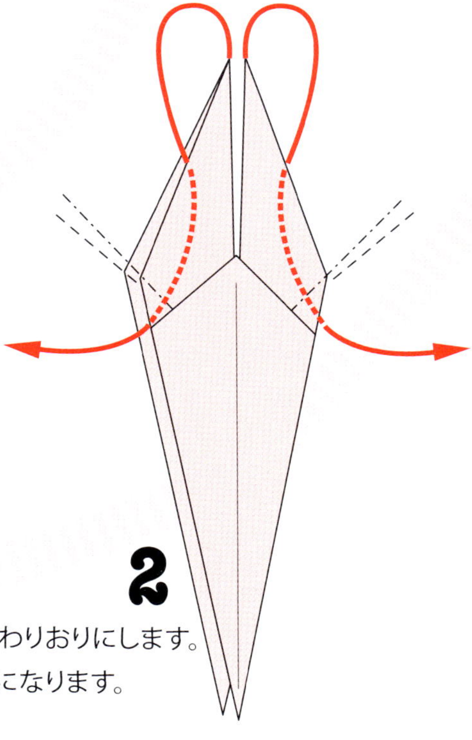

2

上《うえ》の三角《さんかく》を中《なか》わりおりにします。
これがつばさになります。

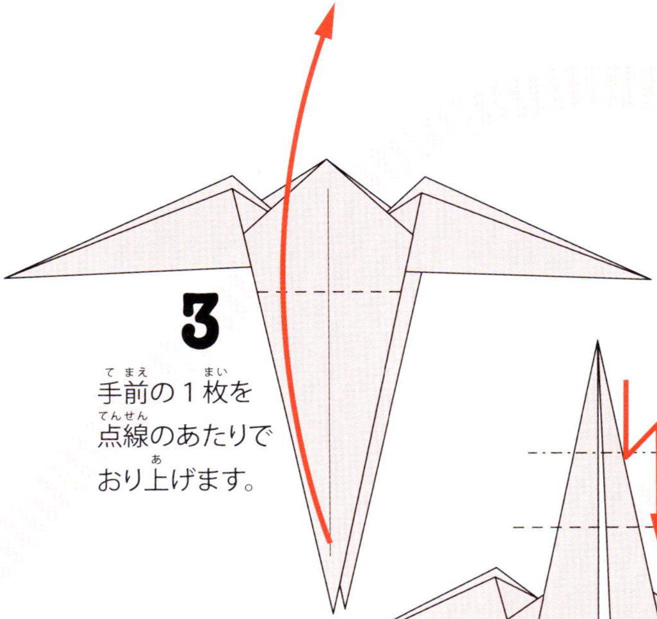

3

手前《てまえ》の１枚《まい》を
点線《てんせん》のあたりで
おり上《あ》げます。

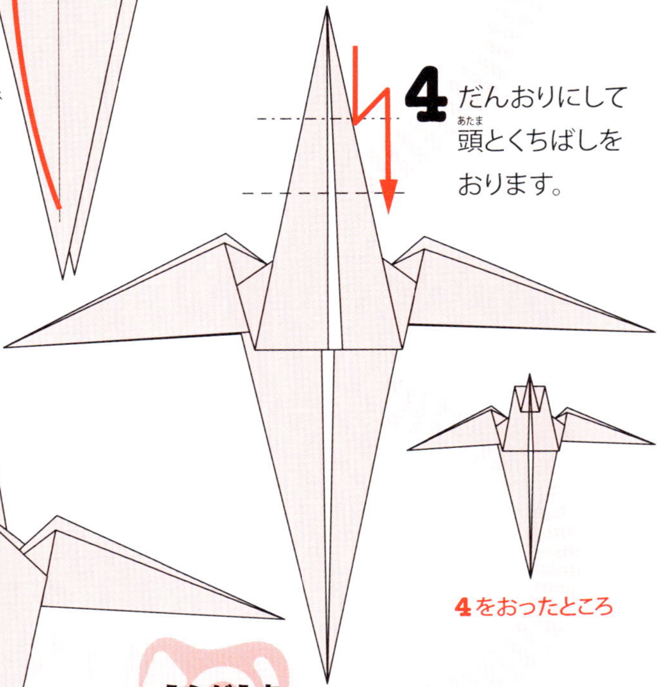

4 だんおりにして
頭《あたま》とくちばしを
おります。

4をおったところ

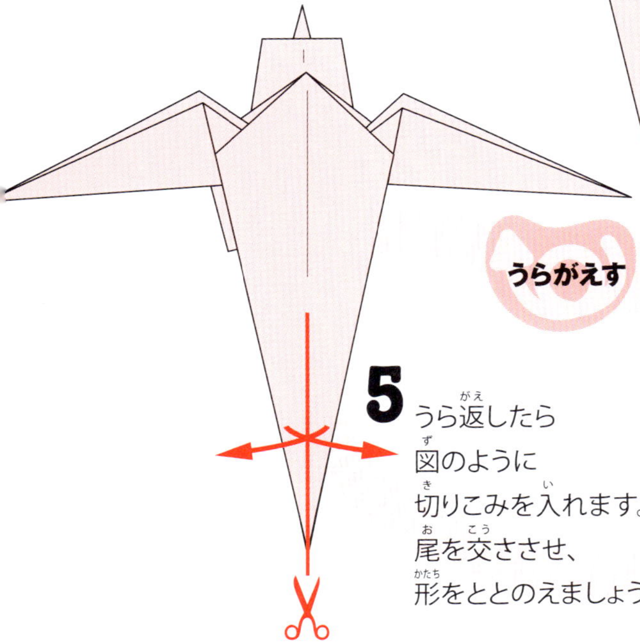

5 うら返《がえ》したら
図《ず》のように
切《き》りこみを入《い》れます。
尾《お》を交《こう》させ、
形《かたち》をととのえましょう。

できあがり

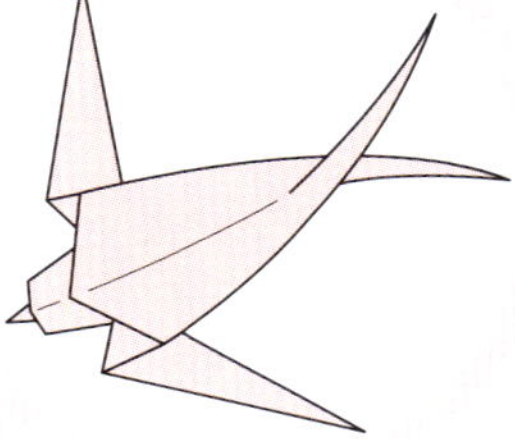

おながどり

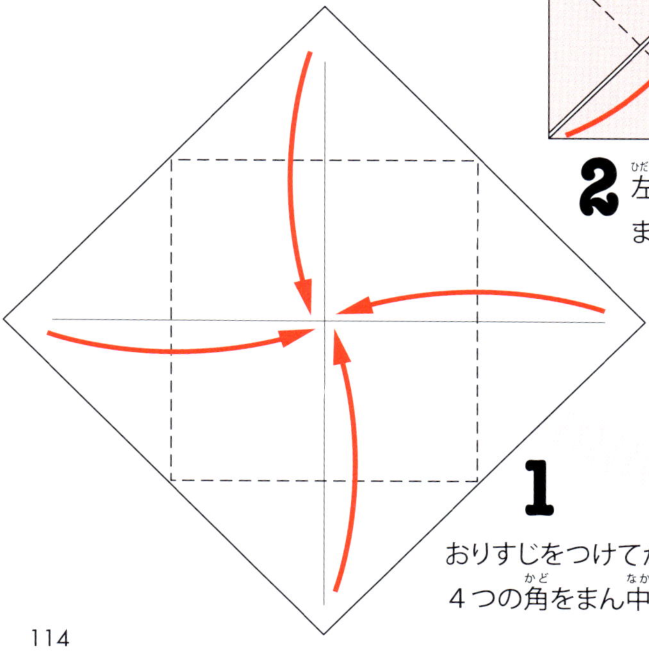

1

おりすじをつけてから
４つの角《かど》をまん中《なか》に向《む》けております。

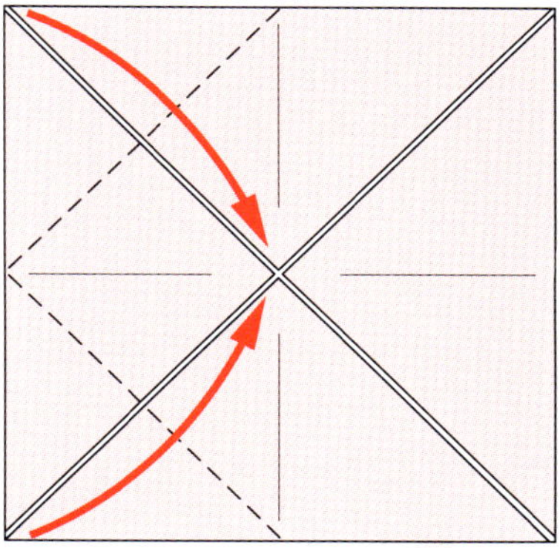

2 左《ひだり》の上下《じょうげ》の角《かど》をもう一度《いちど》
まん中《なか》に向《む》けております。

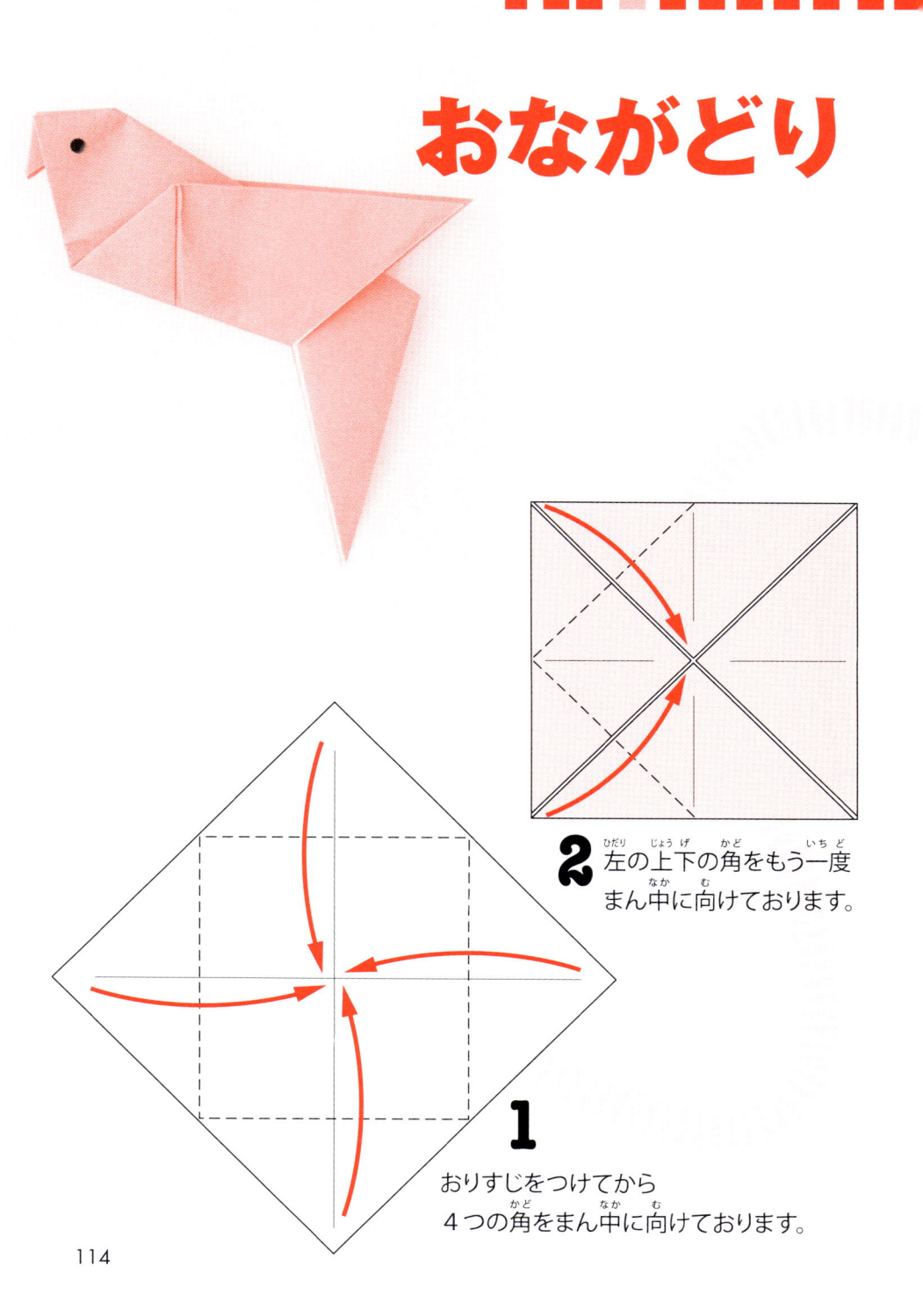

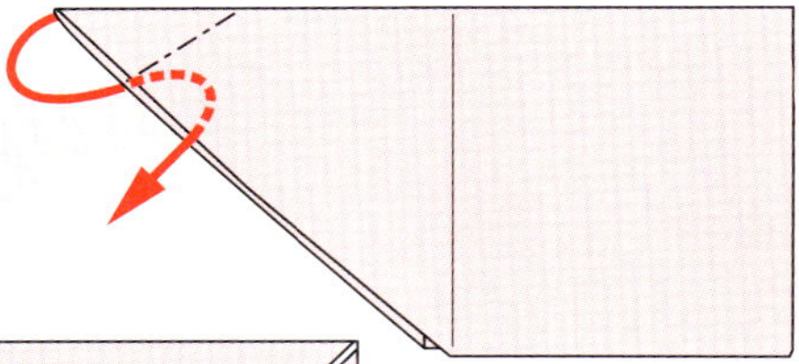

4

左《ひだり》の先《さき》を
中《なか》わりおりにします。

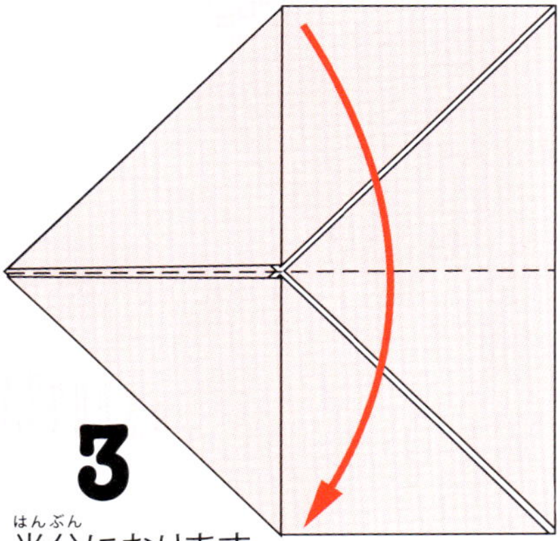

3

半分《はんぶん》におります。

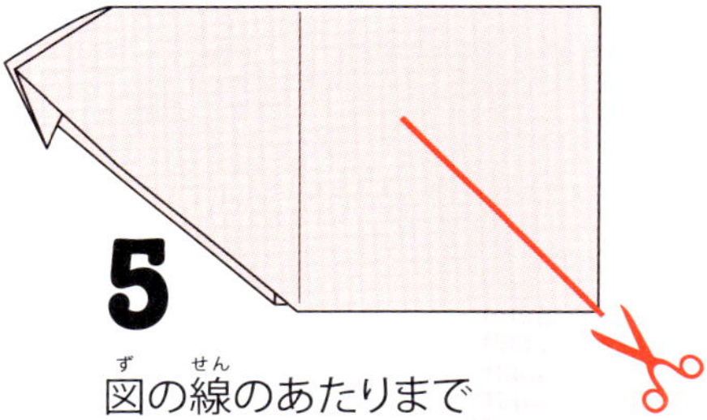

5

図《ず》の線《せん》のあたりまで
はさみで切《き》りこみを入《い》れます。

6

手前《てまえ》の１枚《まい》を
点線《てんせん》のところでおり上《あ》げます。

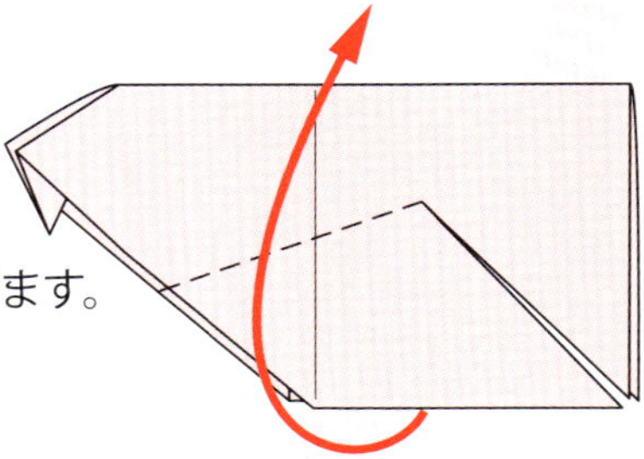

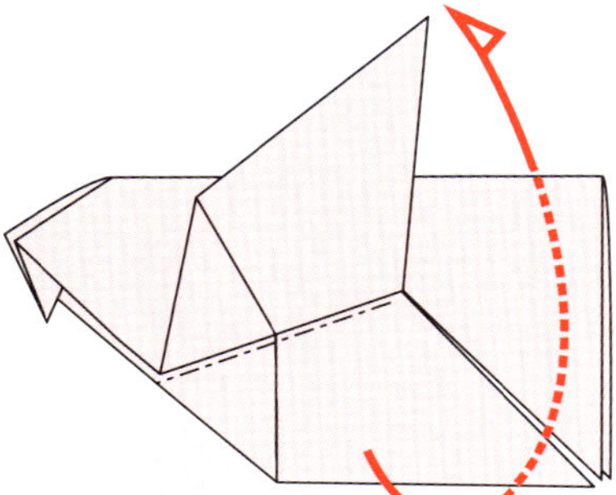

7

もう１枚《まい》は、向《む》こうがわにおり上《あ》げます。

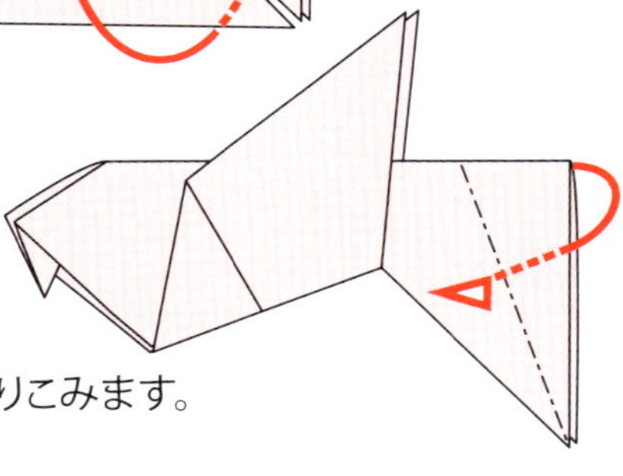

8

右角《みぎかど》を中《なか》におりこみます。

できあがり

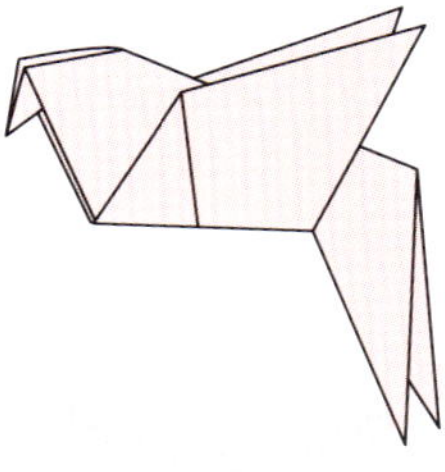

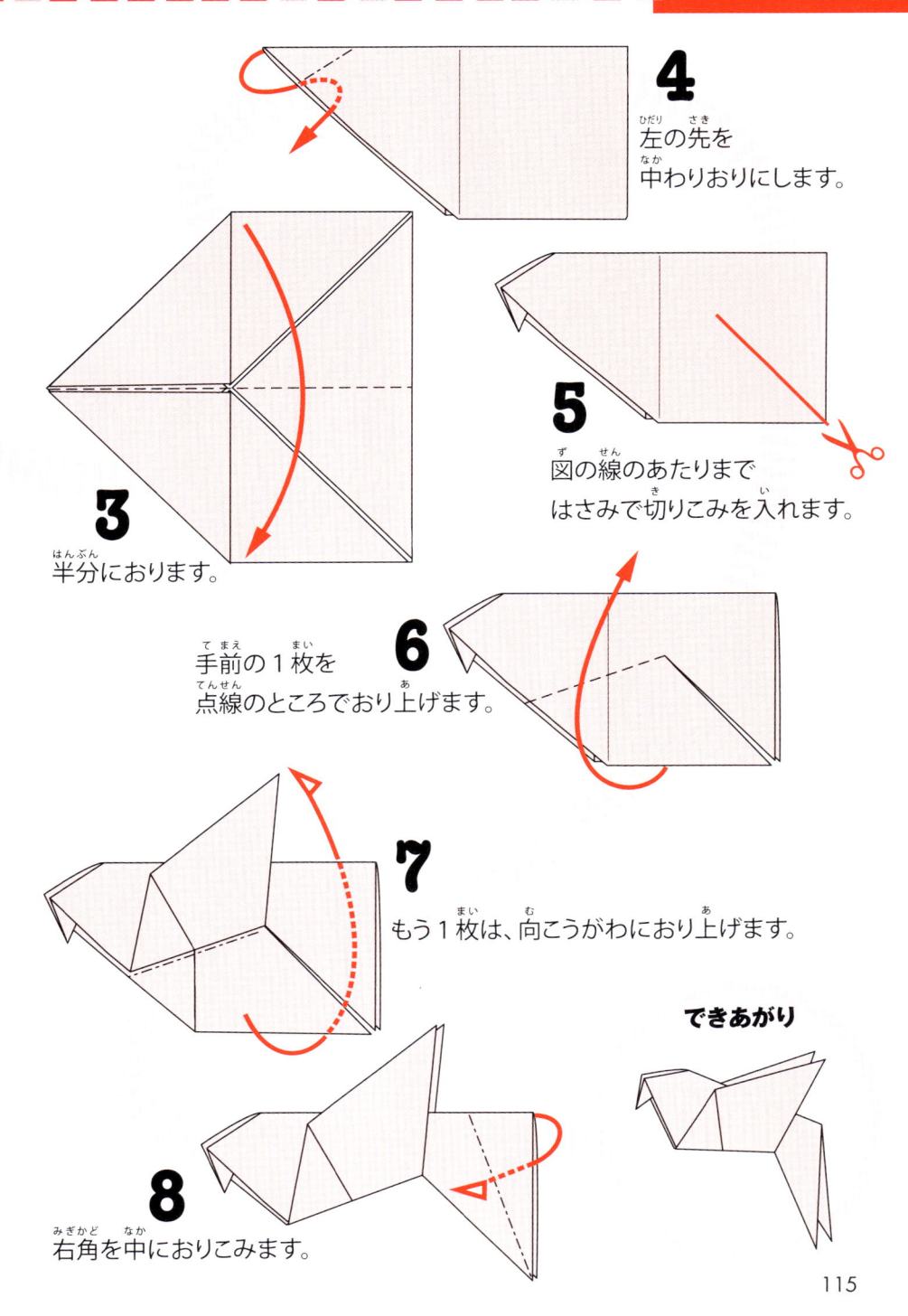

あひる

「つる」(46ページ) の
5までおります。

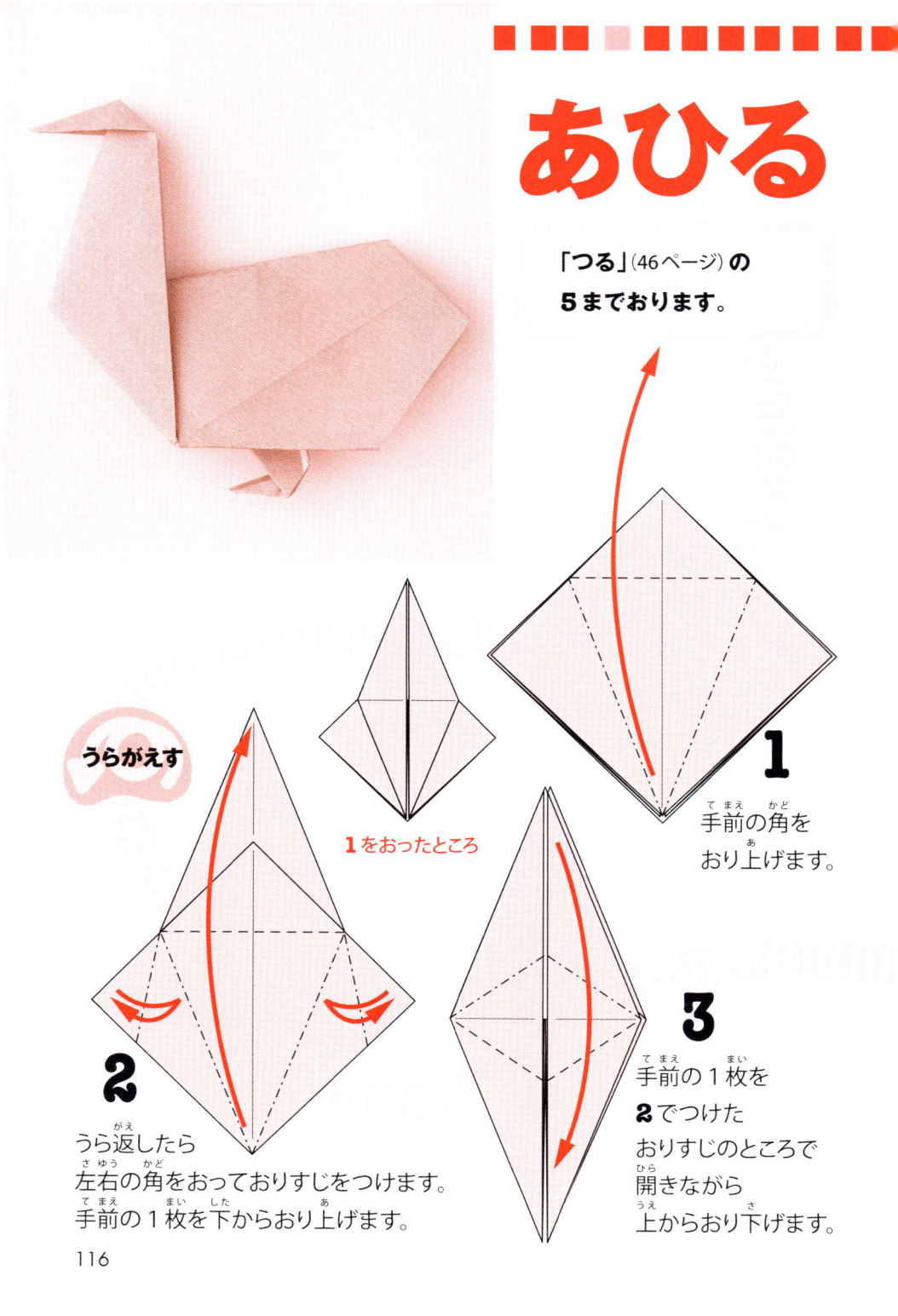

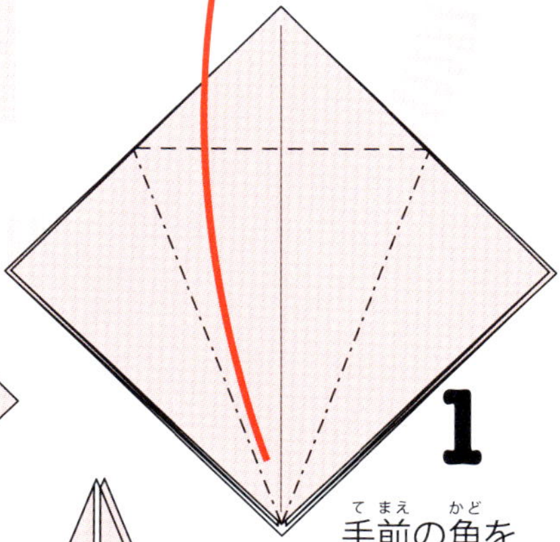

1

手前《てまえ》の角《かど》を
おり上《あ》げます。

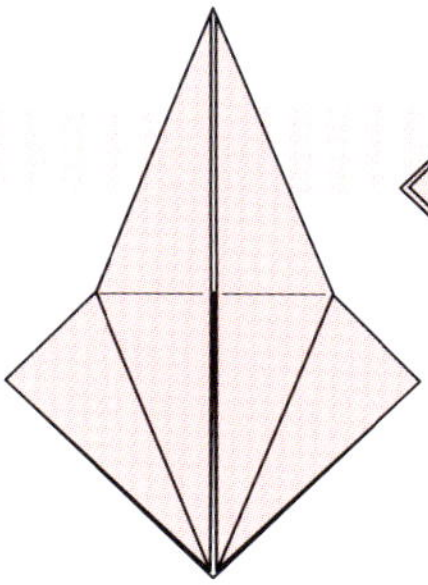

1をおったところ

うらがえす

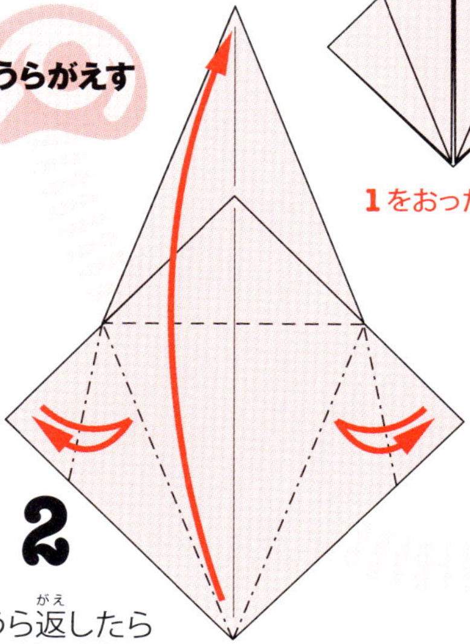

2

うら返《がえ》したら
左右《さゆう》の角《かど》をおっておりすじをつけます。
手前《てまえ》の1枚《まい》を下《した》からおり上《あ》げます。

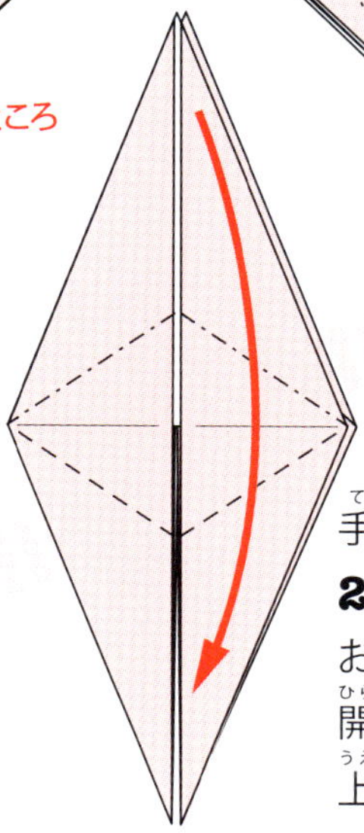

3

手前《てまえ》の1枚《まい》を
2でつけた
おりすじのところで
開《ひら》きながら
上《うえ》からおり下《さ》げます。

3をおっているとちゅう

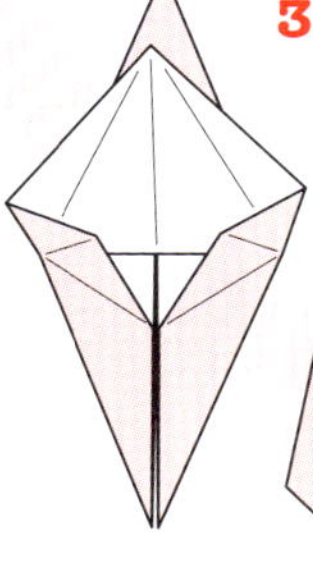

3をおったところ

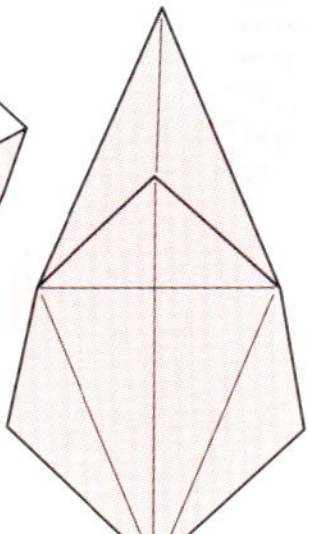

うらがえす

4

うら返《がえ》したら、
下《した》の先《さき》を少《すこ》しななめに
それぞれおり上《あ》げます。

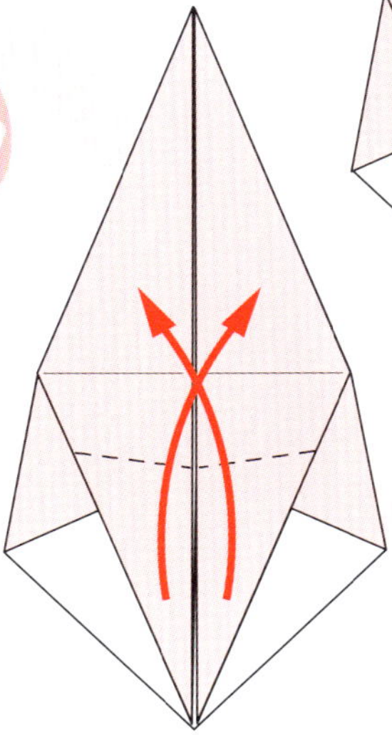

5

左右《さゆう》に
開《ひら》くように
おります。

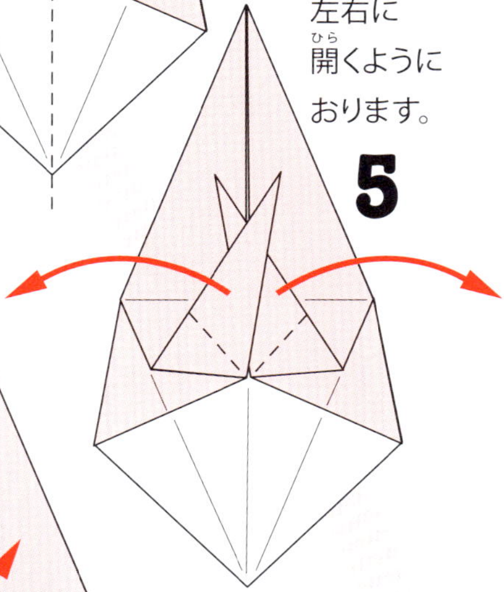

6

半分《はんぶん》におります。

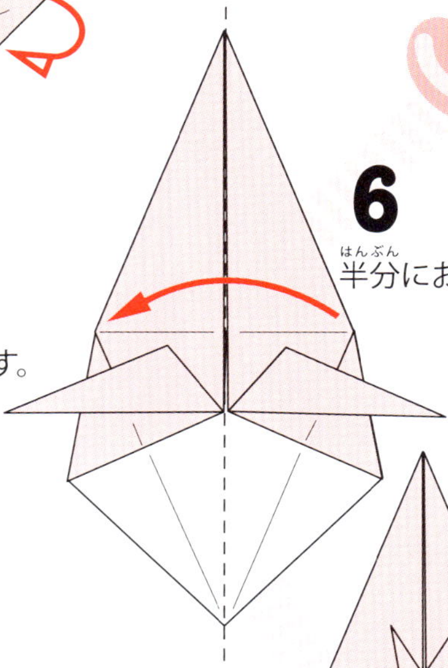

むきをかえる

7

図《ず》のように向《む》きをかえたら
左《ひだり》がわを外《そと》わりおりにします。

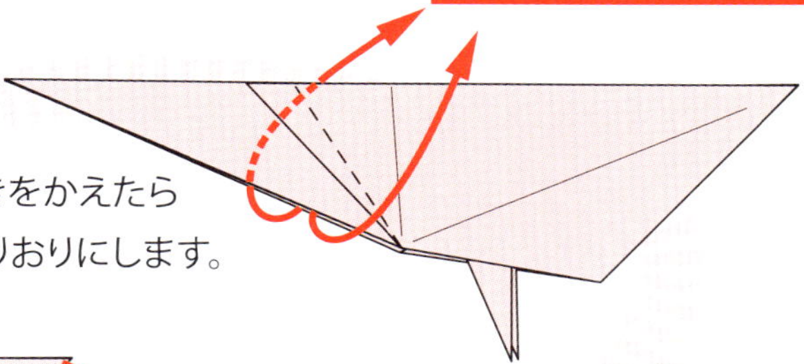

8

頭《あたま》は外《そと》わりおりに
しっぽは中《なか》におり入《い》れます。
足《あし》はそれぞれ中《なか》わりおりにします。

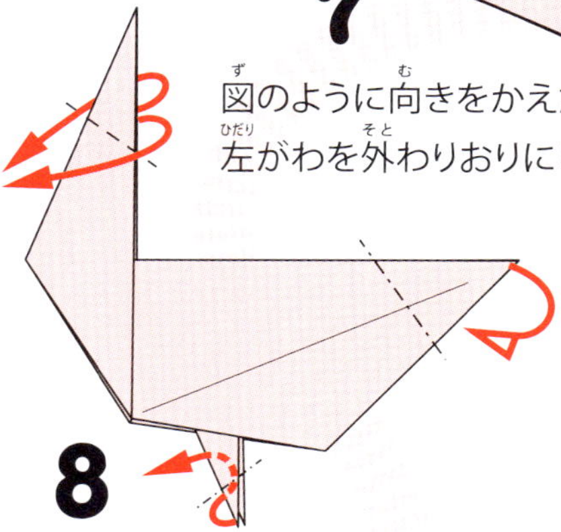

できあがり

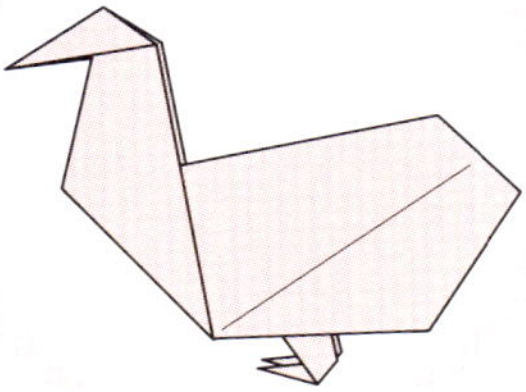

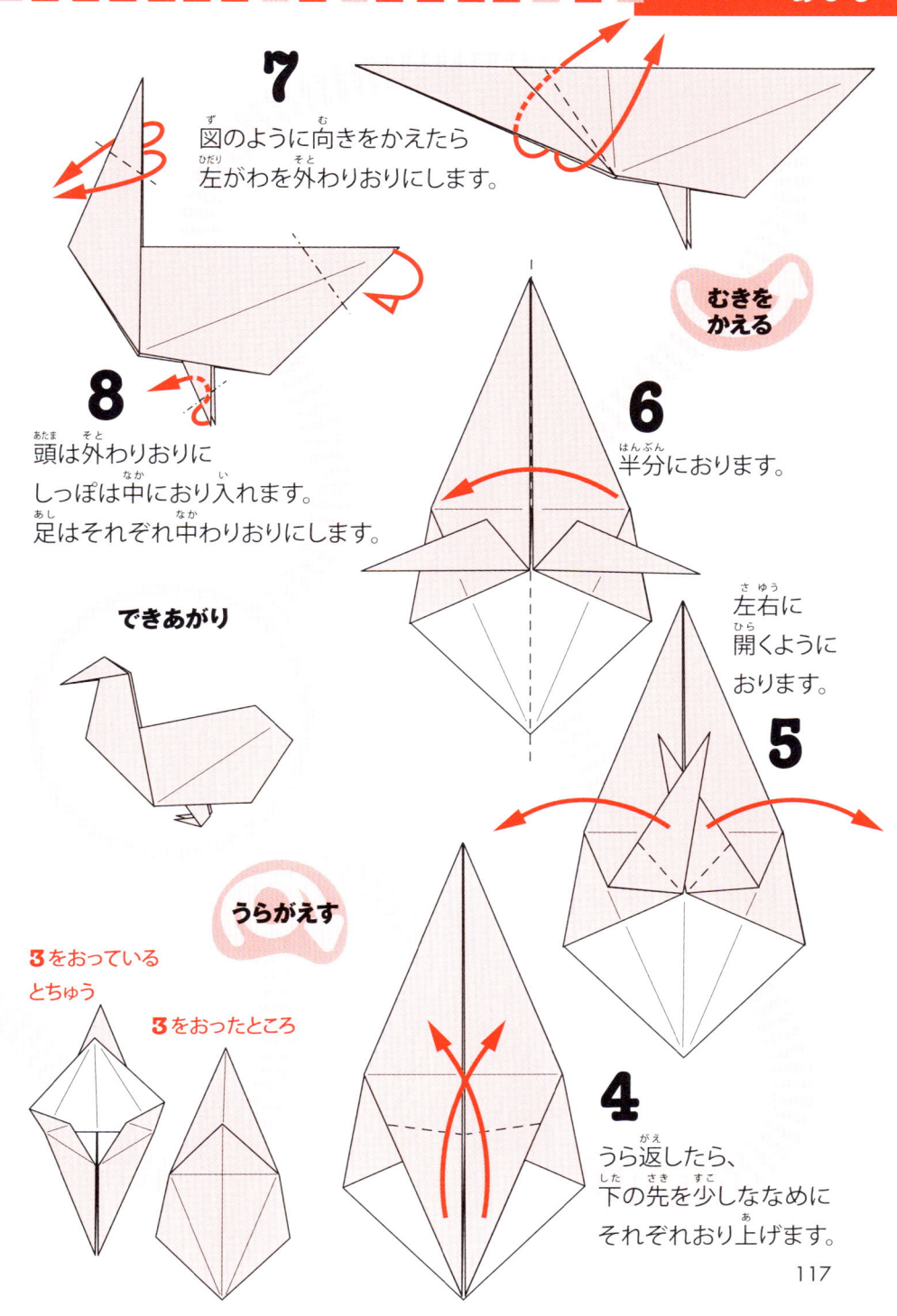

きじ

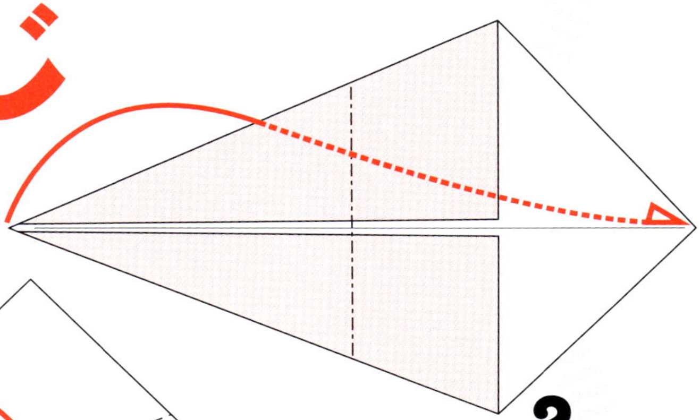

2

左右《さゆう》の角《かど》が合《あ》うように
向《む》こうがわにおります。

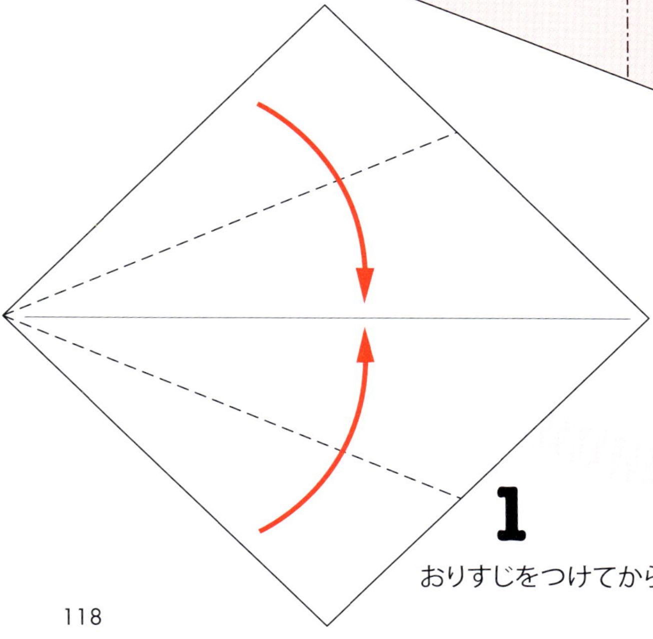

1

おりすじをつけてから上下《じょうげ》をおります。

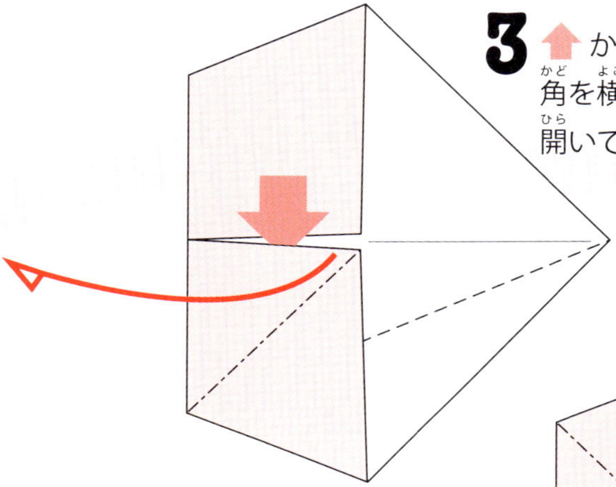

3 ⬆から指《ゆび》を入《い》れて
角《かど》を横《よこ》に引《ひ》き出《だ》すように
開《ひら》いてつぶします。

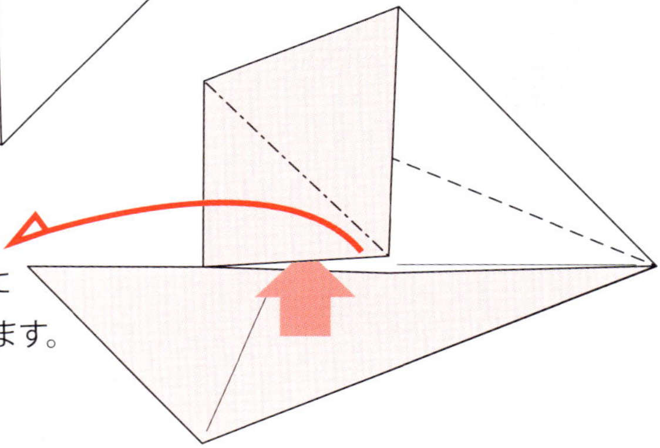

4 上《うえ》も同《おな》じように
開《ひら》いてつぶします。

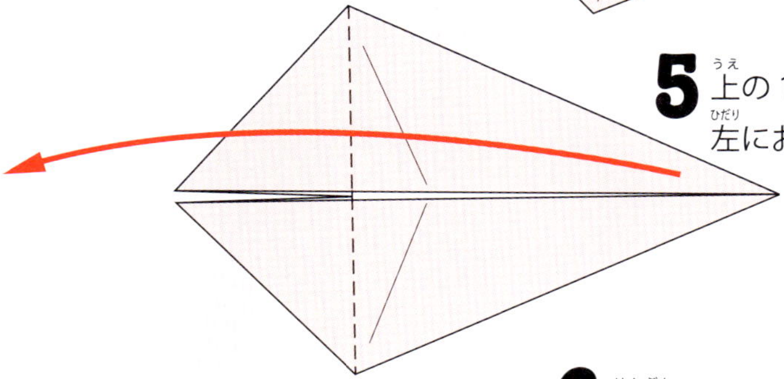

5 上《うえ》の１枚《まい》だけ
左《ひだり》におりたおします。

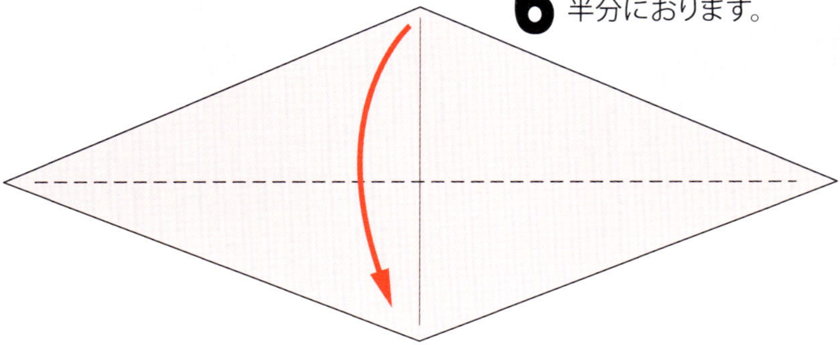

6 半分《はんぶん》におります。

つぎのページに

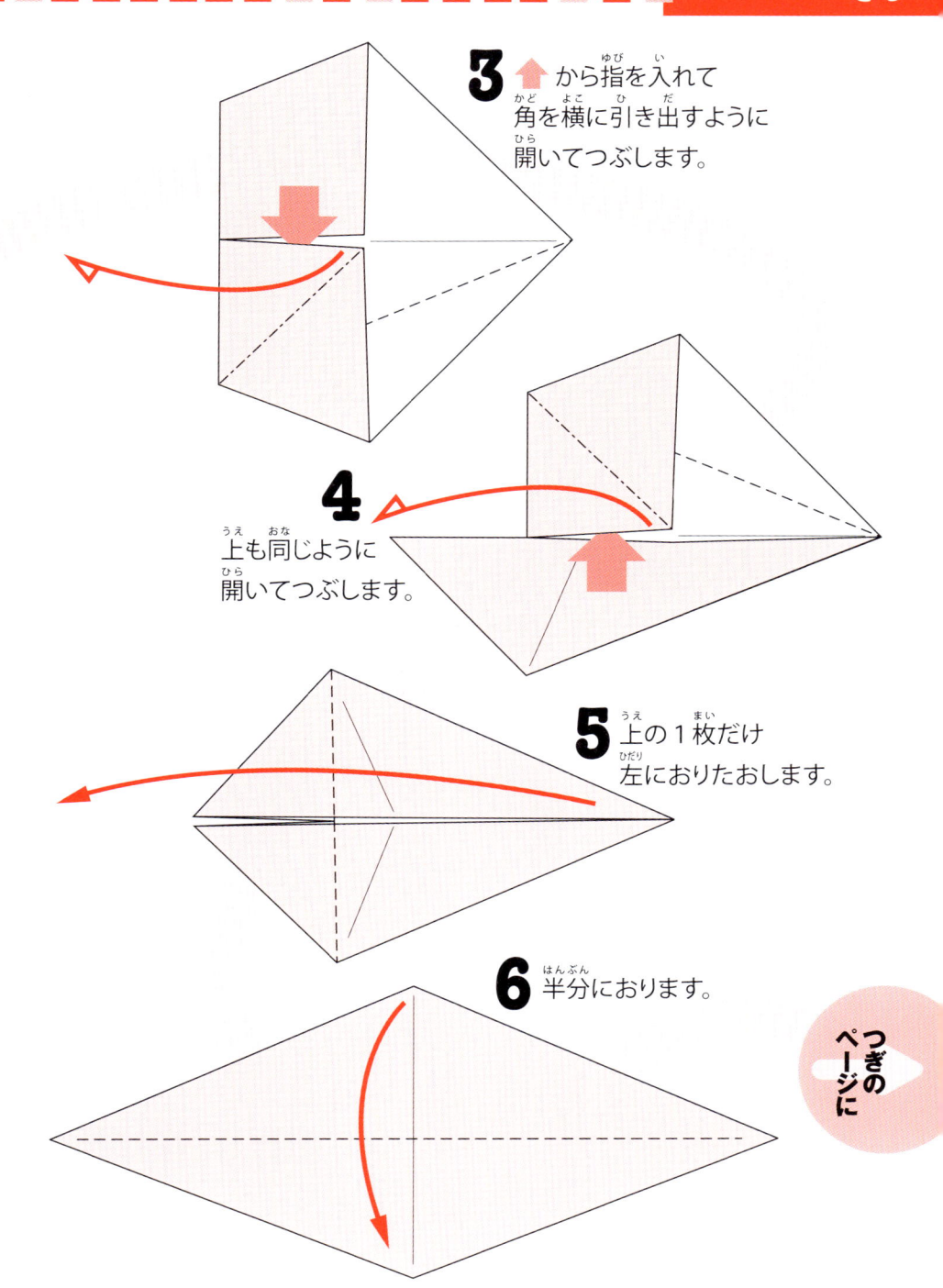

まえのページから

7 右《みぎ》がわを外《そと》わりおりにします。

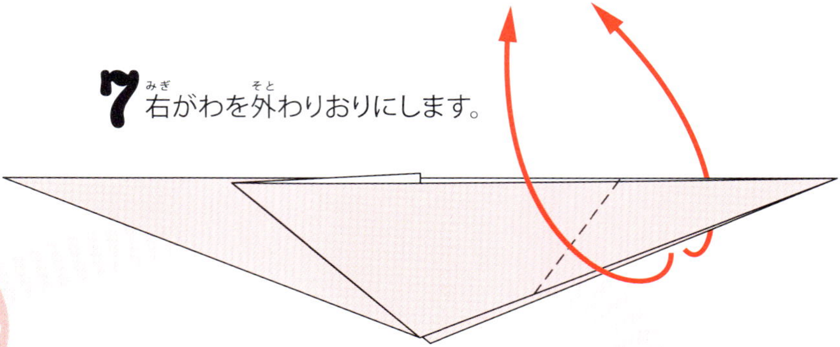

8 もう一度《いちど》
小《ちい》さく外《そと》わりおりにします。

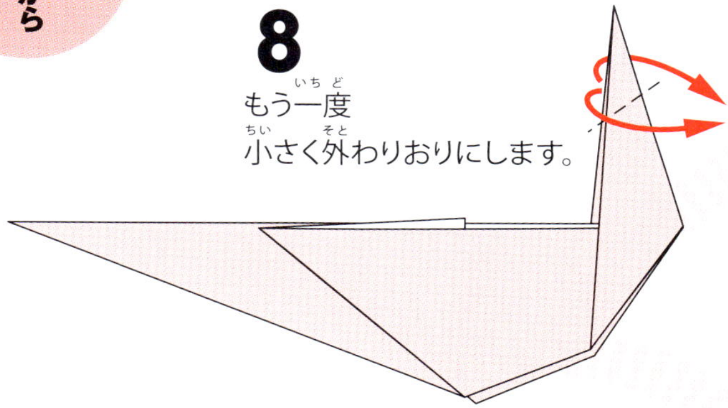

9 はさみで切《き》りこみを入《い》れます。

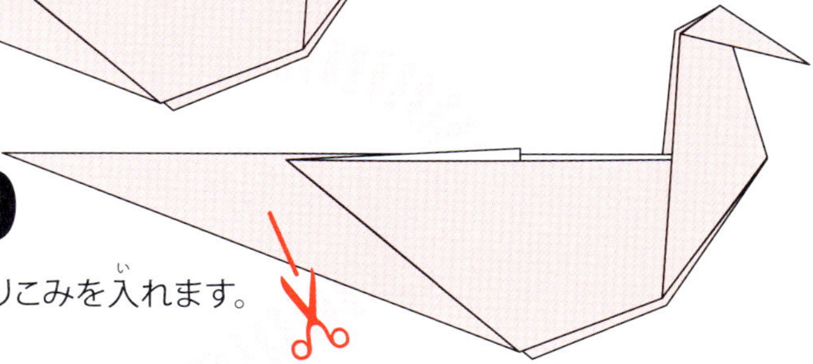

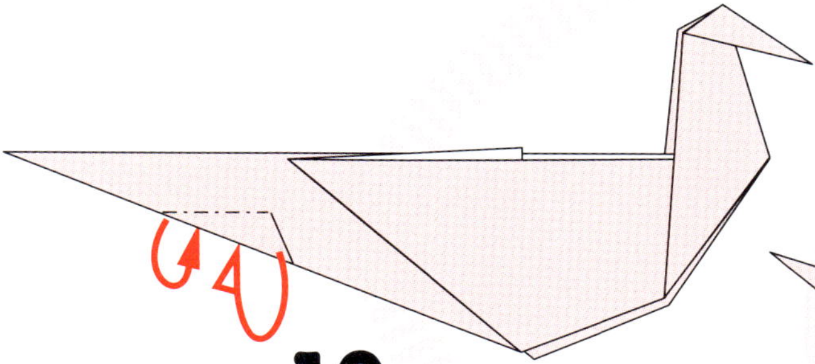

10 それぞれ内《うち》がわにおりこみます。

できあがり

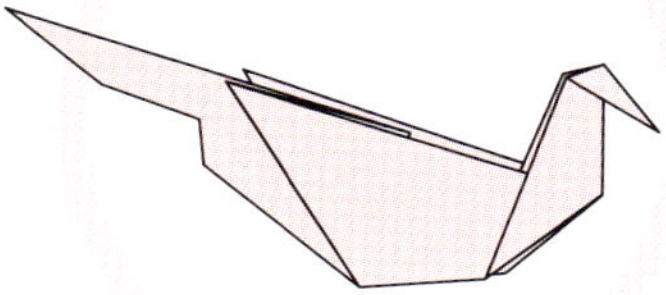

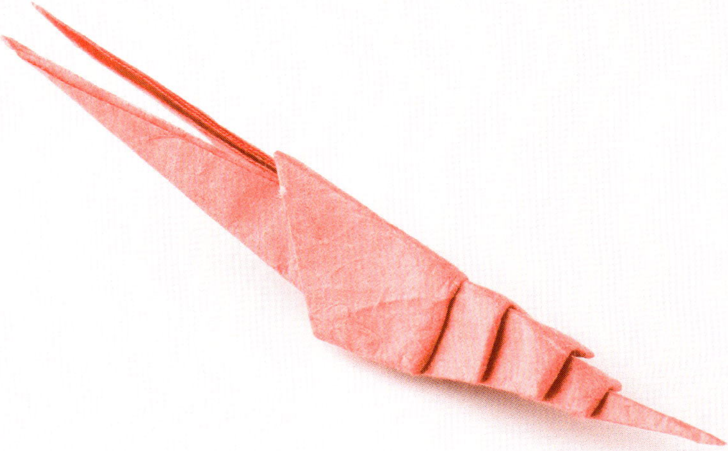

えび

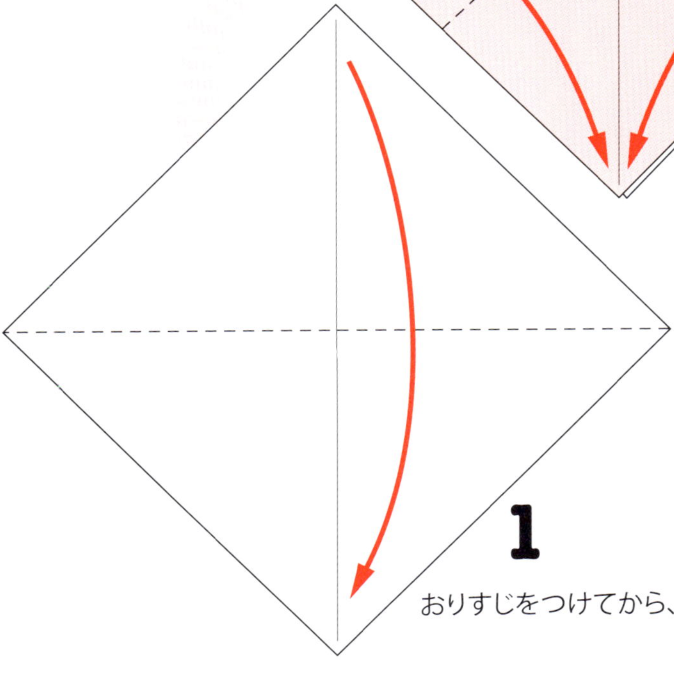

1

おりすじをつけてから、半分《はんぶん》におります。

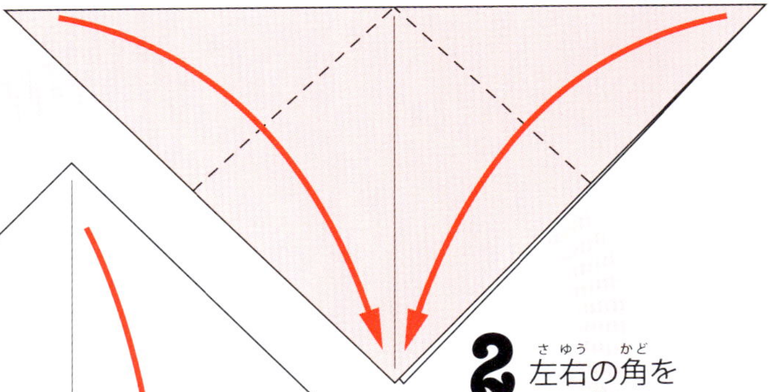

2 左右《さゆう》の角《かど》を
おり下《さ》げます。

つぎのページに

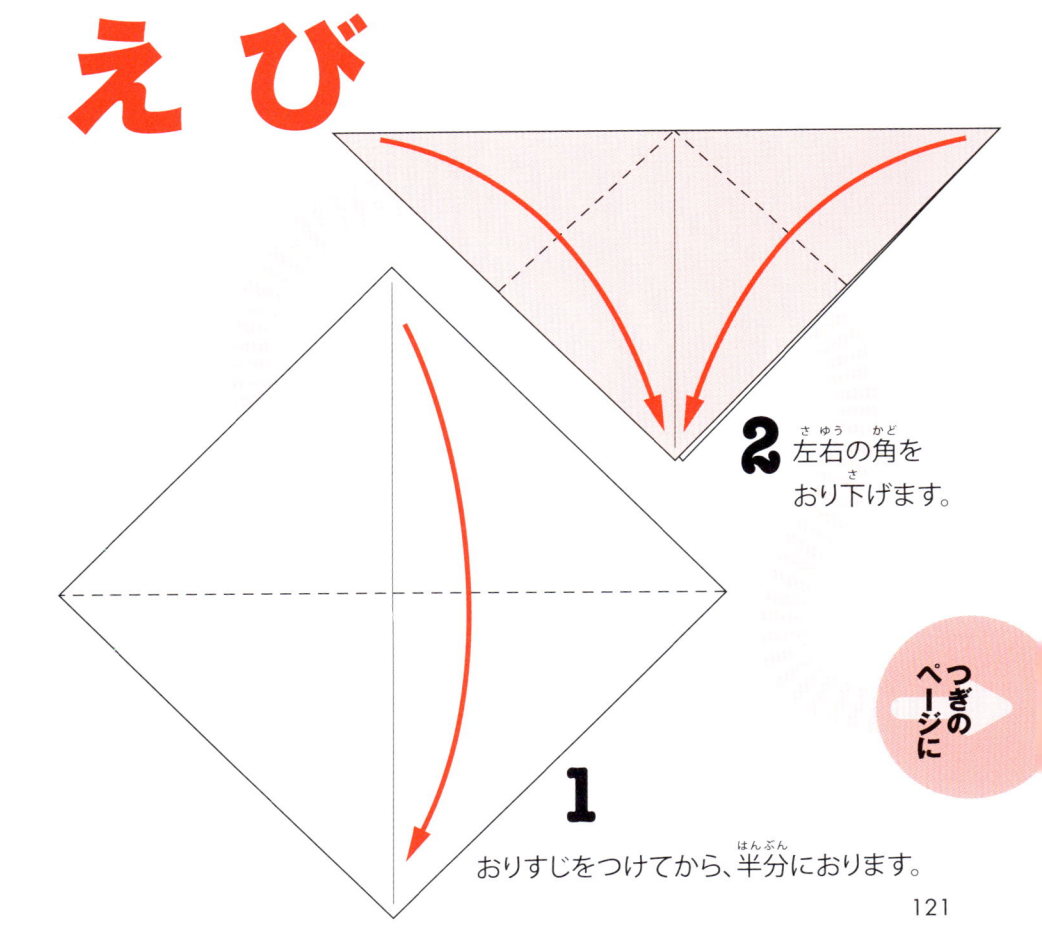

まえのページから

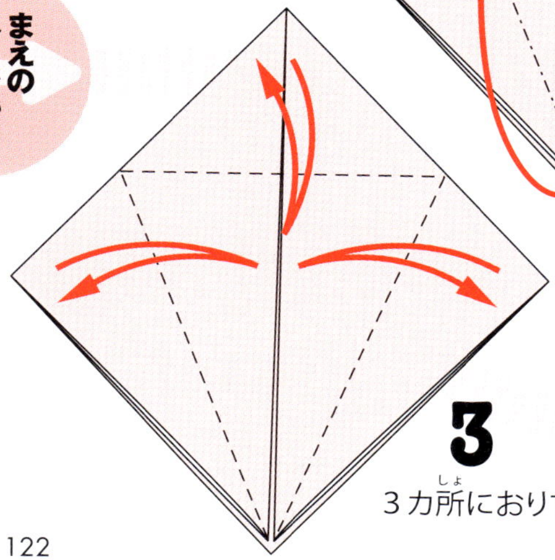

3

3カ所《しょ》におりすじをつけます。

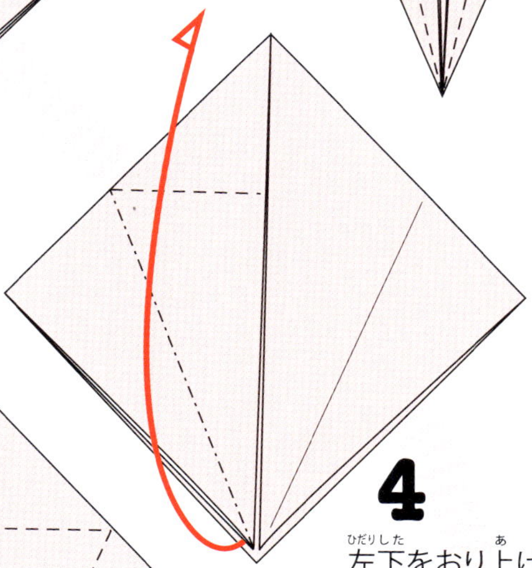

4

左下《ひだりした》をおり上《あ》げます。

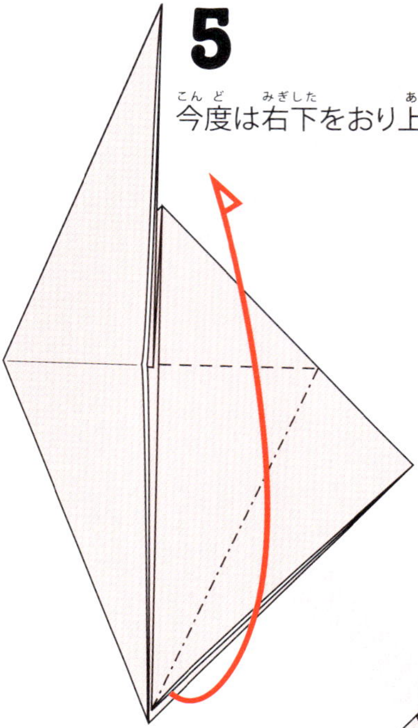

5

今度《こんど》は右下《みぎした》をおり上《あ》げます。

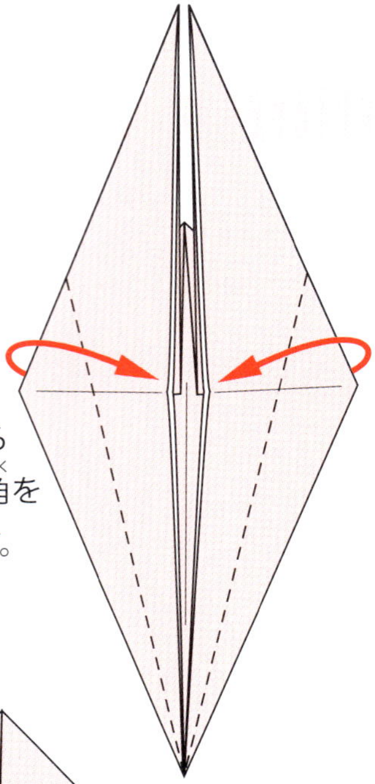

6

左右《さゆう》から
細《ほそ》い三角《さんかく》を
おります。

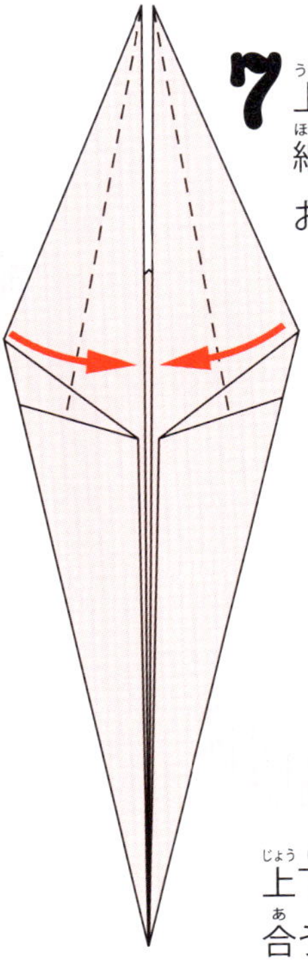

7 上《うえ》の部分《ぶぶん》だけ細《ほそ》い三角《さんかく》をおります。

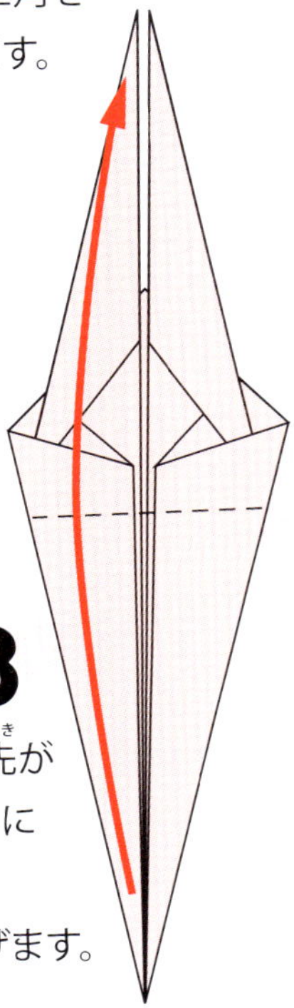

8 上下《じょうげ》の先《さき》が合《あ》うように下《した》からおり上《あ》げます。

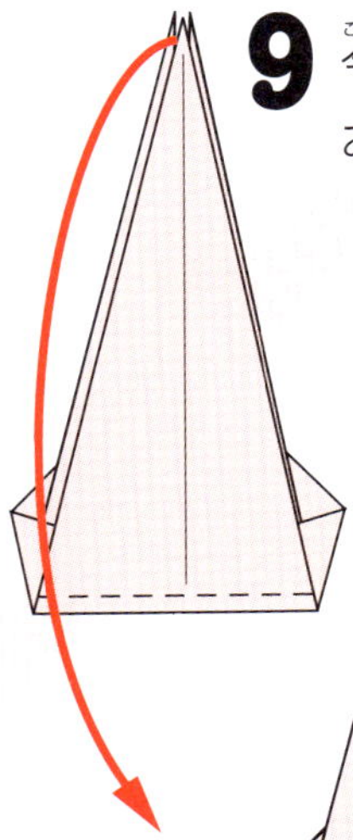

9 今度《こんど》はおり下《さ》げます。

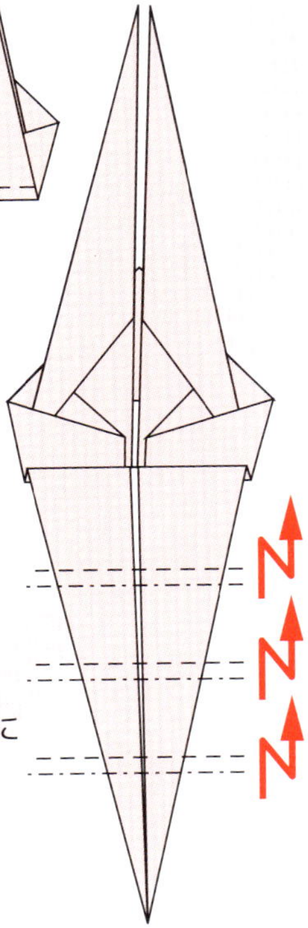

10 3カ所《しょ》でだんおりにします。

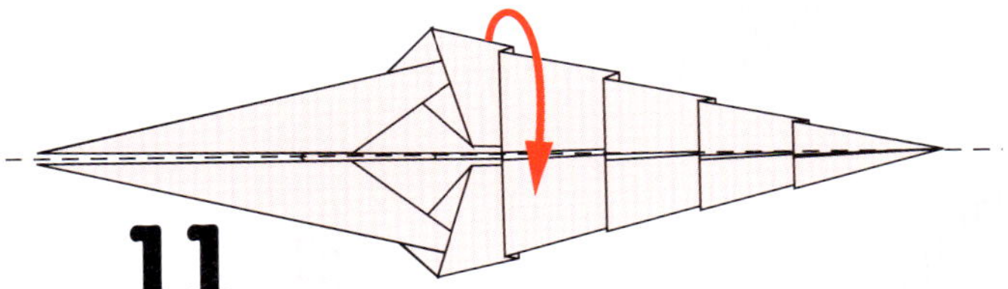

11 半分《はんぶん》におります。

できあがり

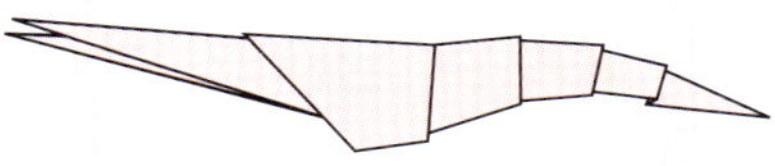

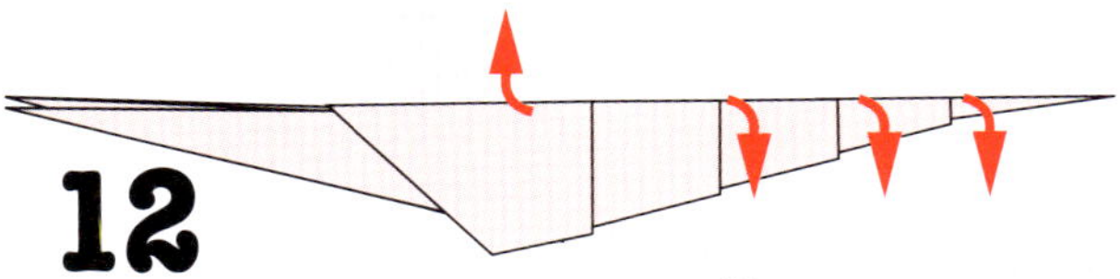

12 矢《や》じるしのほうに少《すこ》し引《ひ》っぱって、形《かたち》をととのえます。

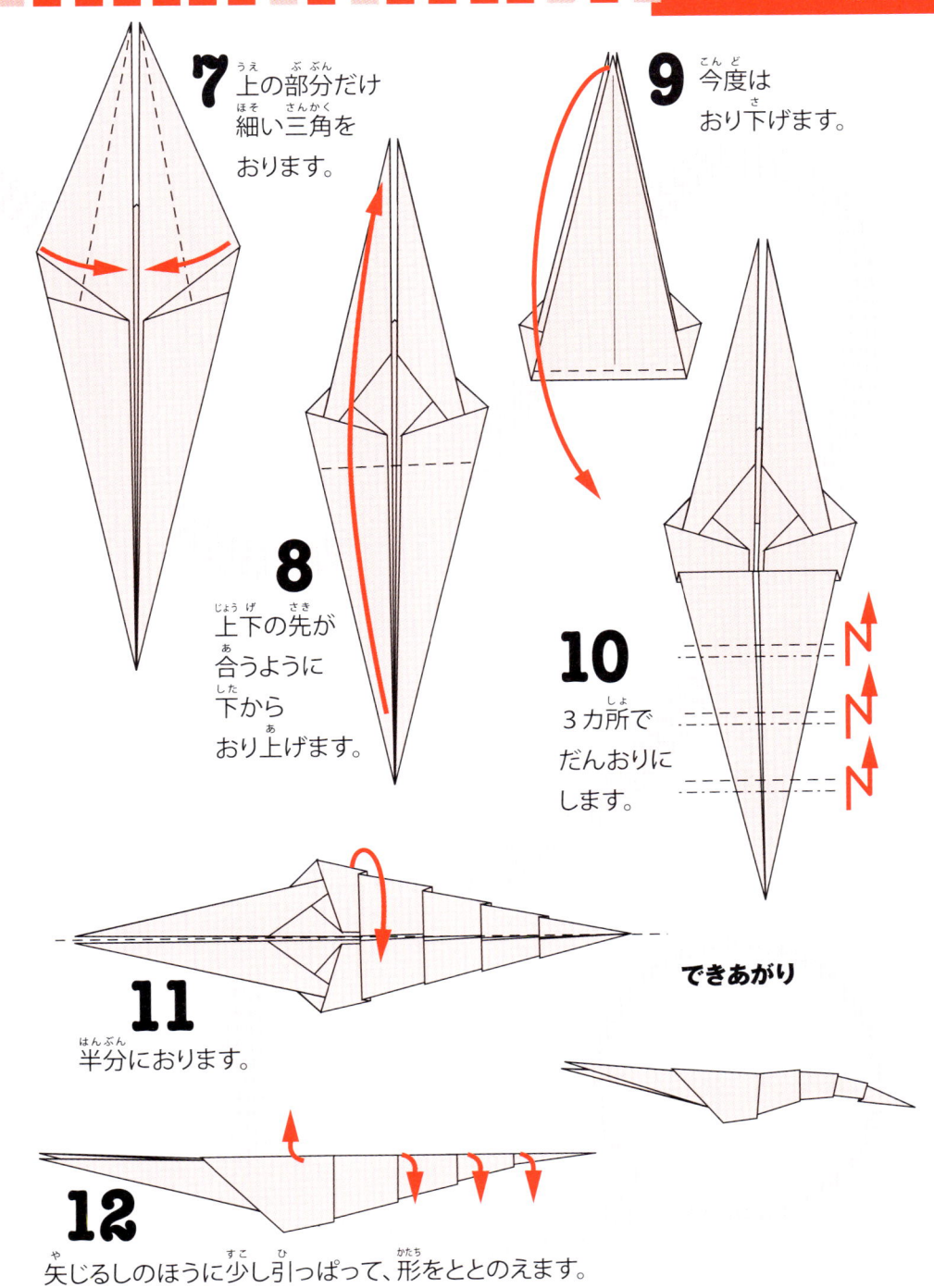

たこ

「つる」(46ページ)の
6までおります。

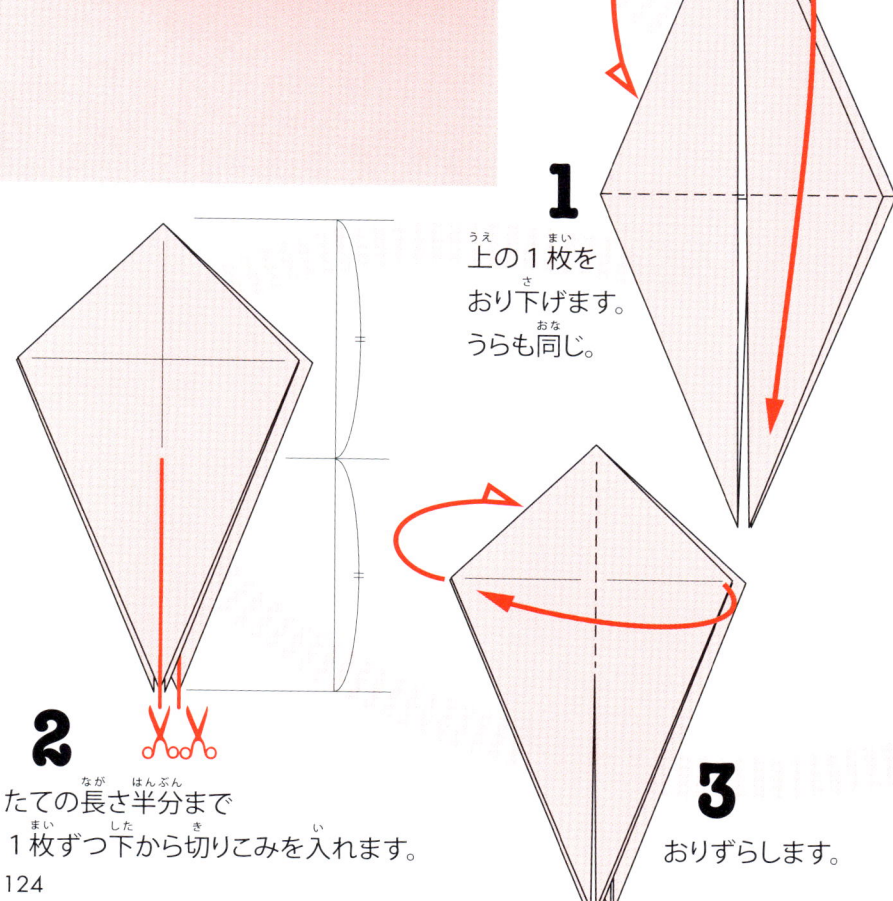

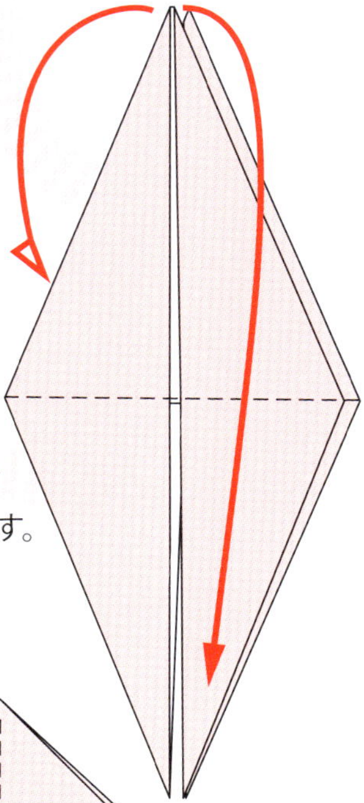

1

上《うえ》の1枚《まい》を
おり下《さ》げます。
うらも同《おな》じ。

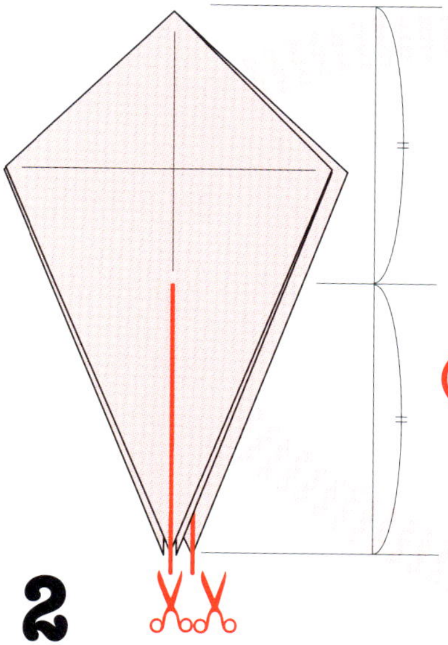

2

たての長《なが》さ半分《はんぶん》まで
1枚《まい》ずつ下《した》から切《き》りこみを入《い》れます。

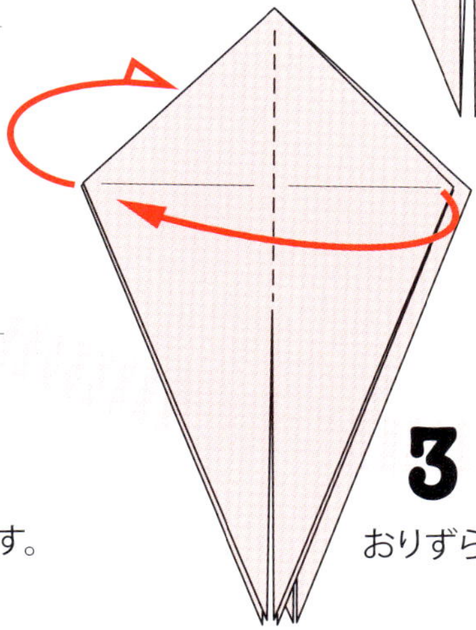

3

おりずらします。

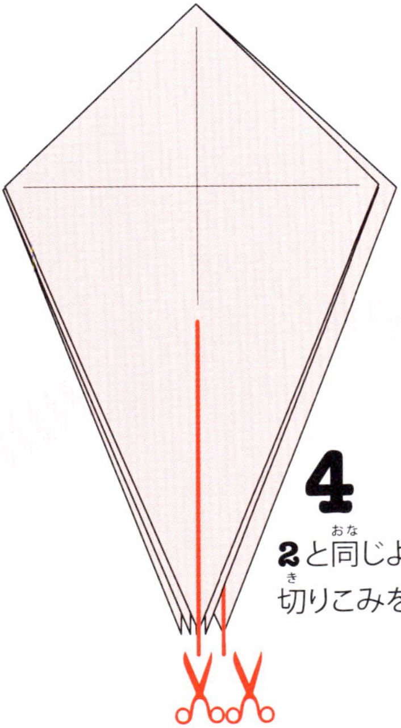

4

2と同《おな》じように
切《き》りこみを入《い》れます。

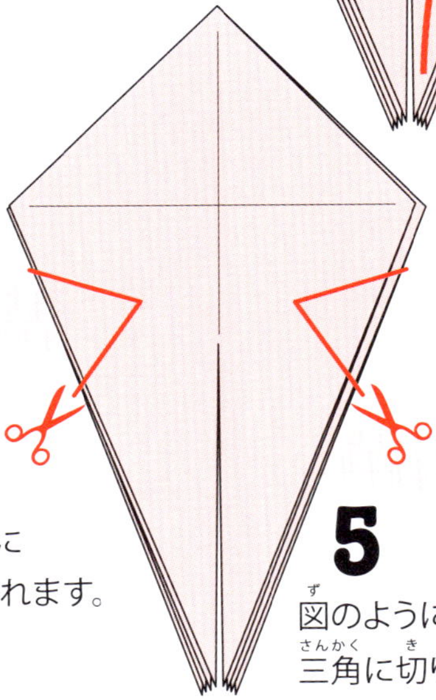

5

図《ず》のように
三角《さんかく》に切《き》り落《お》とします。

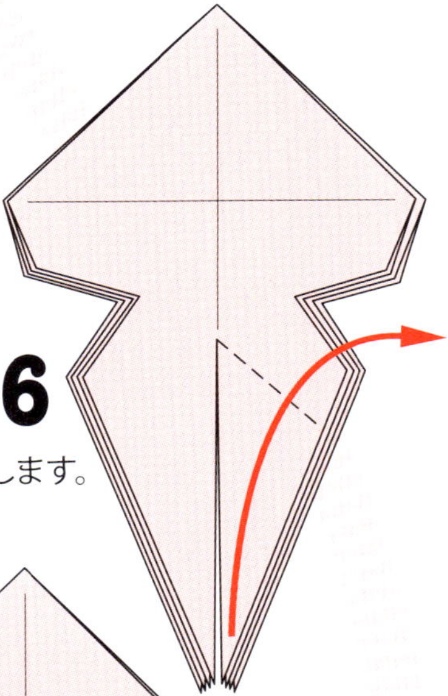

6

点線《てんせん》のところでおり返《かえ》します。

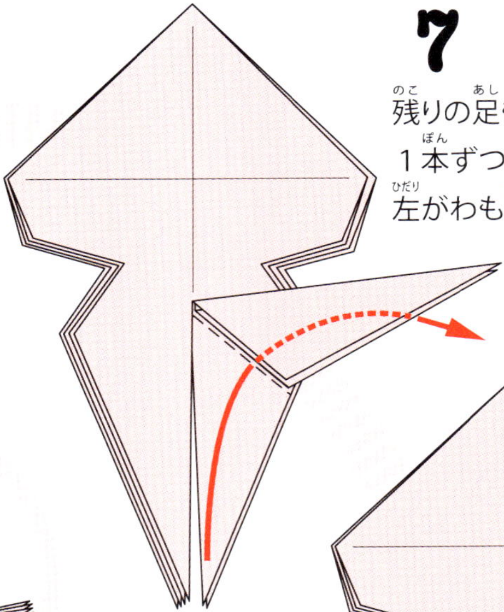

7

残《のこ》りの足《あし》も
1本《ぽん》ずつおり返《かえ》します。
左《ひだり》がわも同《おな》じ。

できあがり

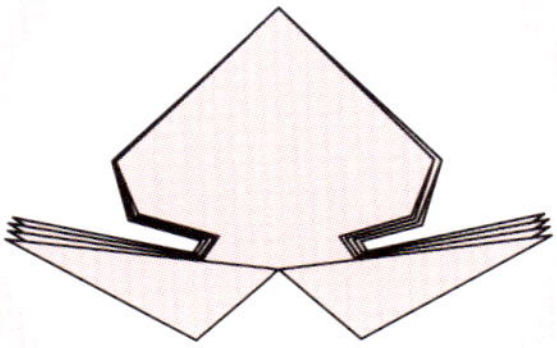

いか

1 半分《はんぶん》におります。

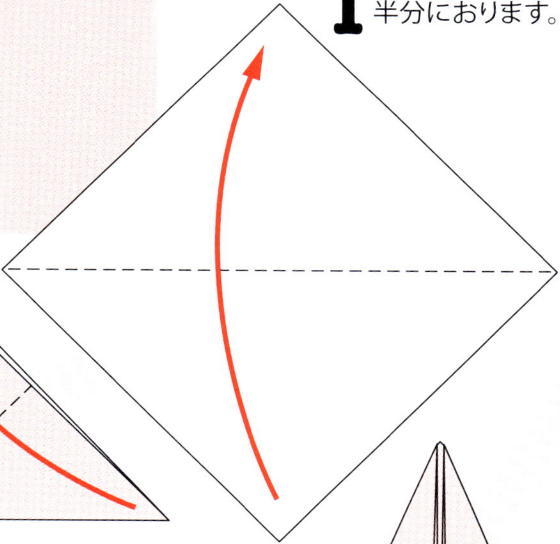

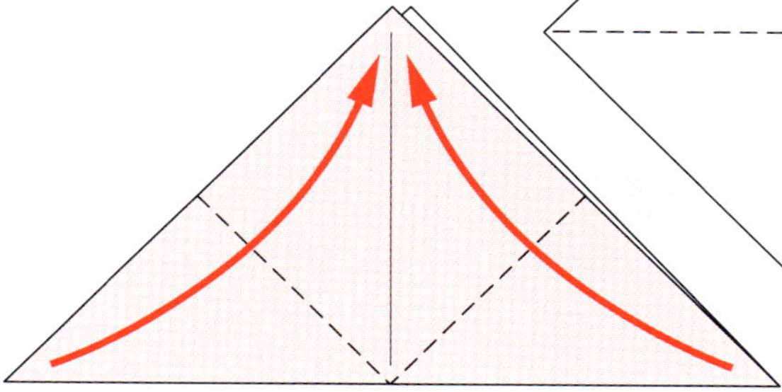

2 半分《はんぶん》におって
おりすじをつけてから
両《りょう》はしをおり上《あ》げます。

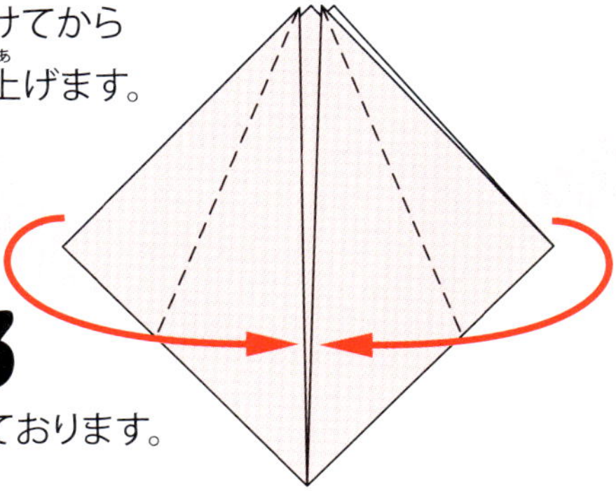

3 左右《さゆう》の角《かど》を
まん中《なか》に向《む》けております。

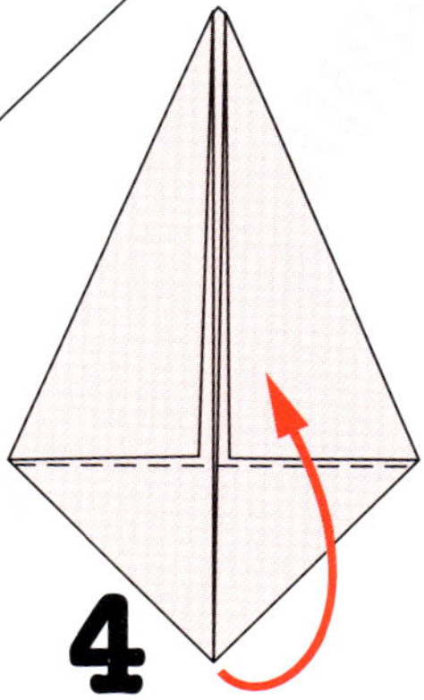

4 下《した》の三角《さんかく》を
おり上《あ》げます。

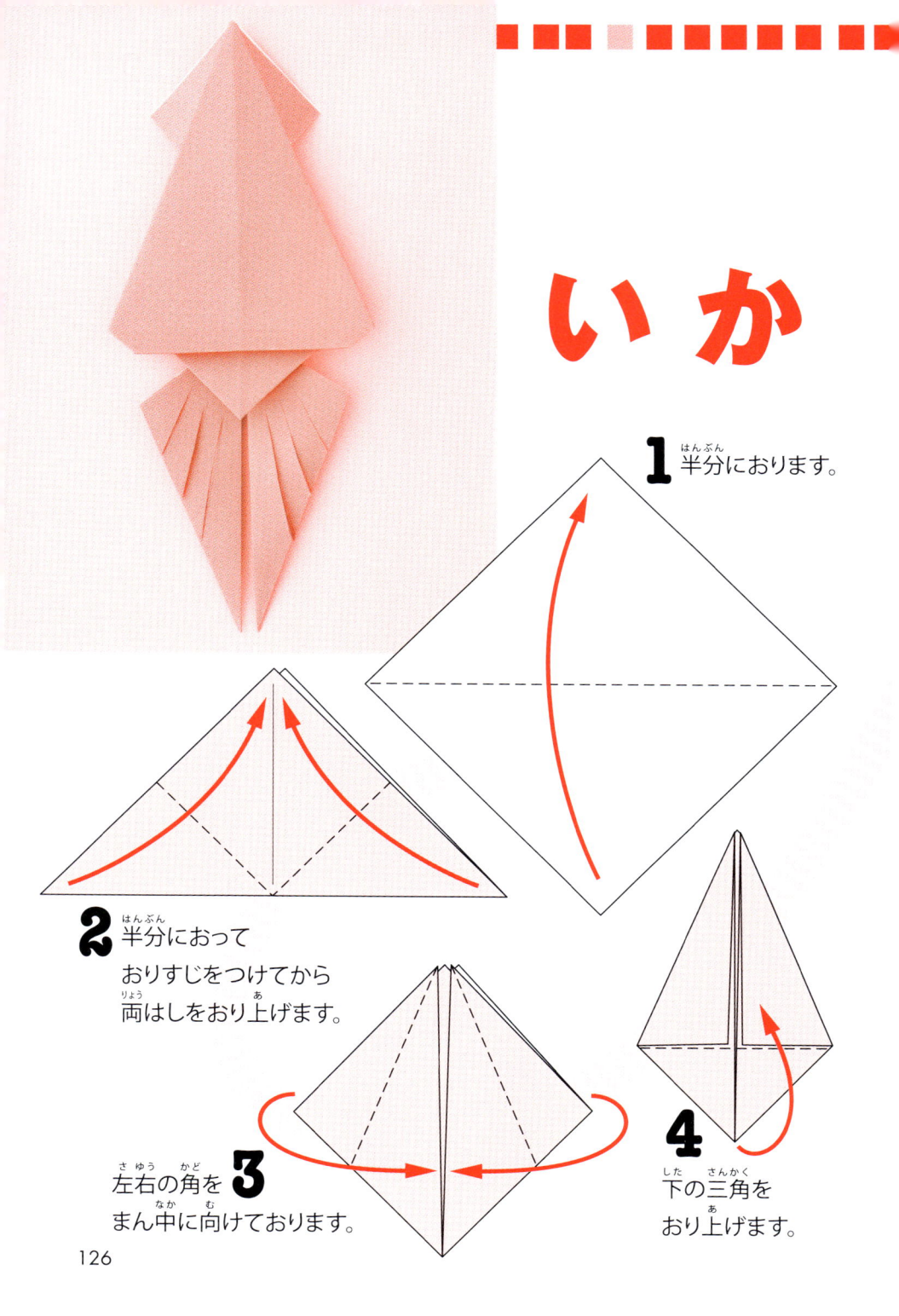

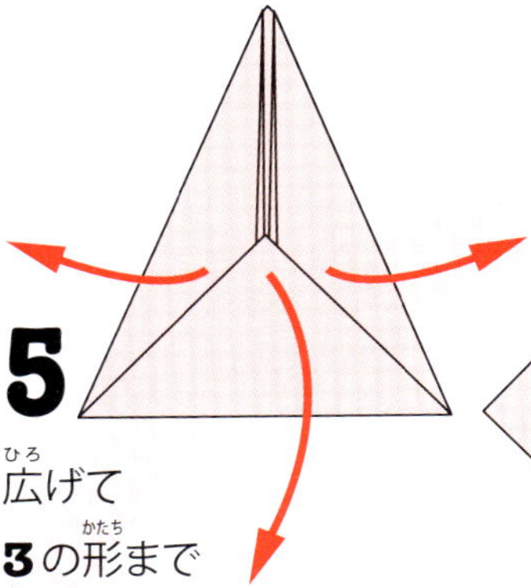

5

広《ひろ》げて
3の形《かたち》まで
もどします。

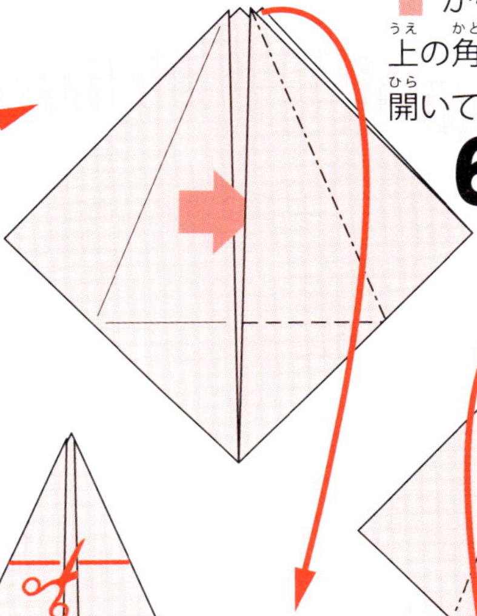

6

から指《ゆび》を入《い》れて
上《うえ》の角《かど》をおり下《さ》げながら
開《ひら》いてつぶします。

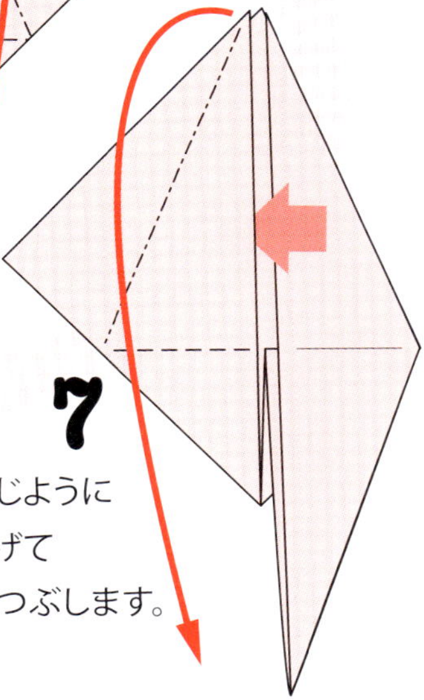

7

左《ひだり》も同《おな》じように
おり下《さ》げて
開《ひら》いてつぶします。

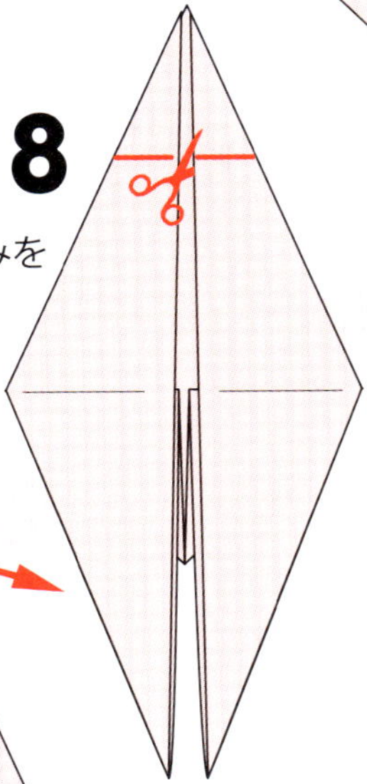

8

上《うえ》の１枚《まい》だけ
両《りょう》がわに切《き》りこみを
入《い》れます。

つぎのページに

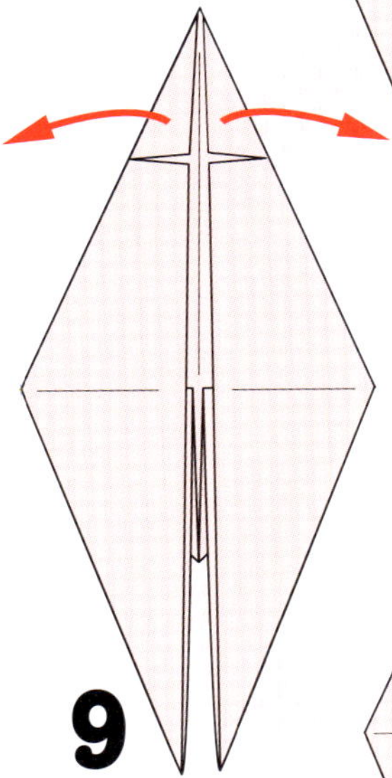

9

切《き》りこみを開《ひら》きます。

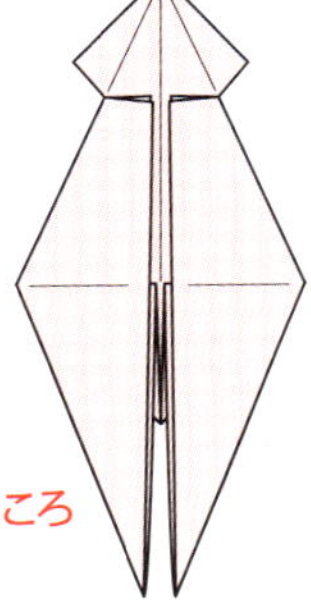

9で開《ひら》いたところ

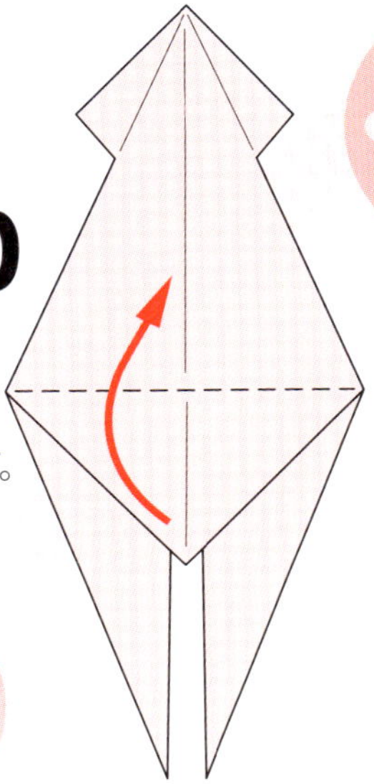

10

うら返《がえ》したら
三角《さんかく》を
おり上《あ》げます。

うらがえす

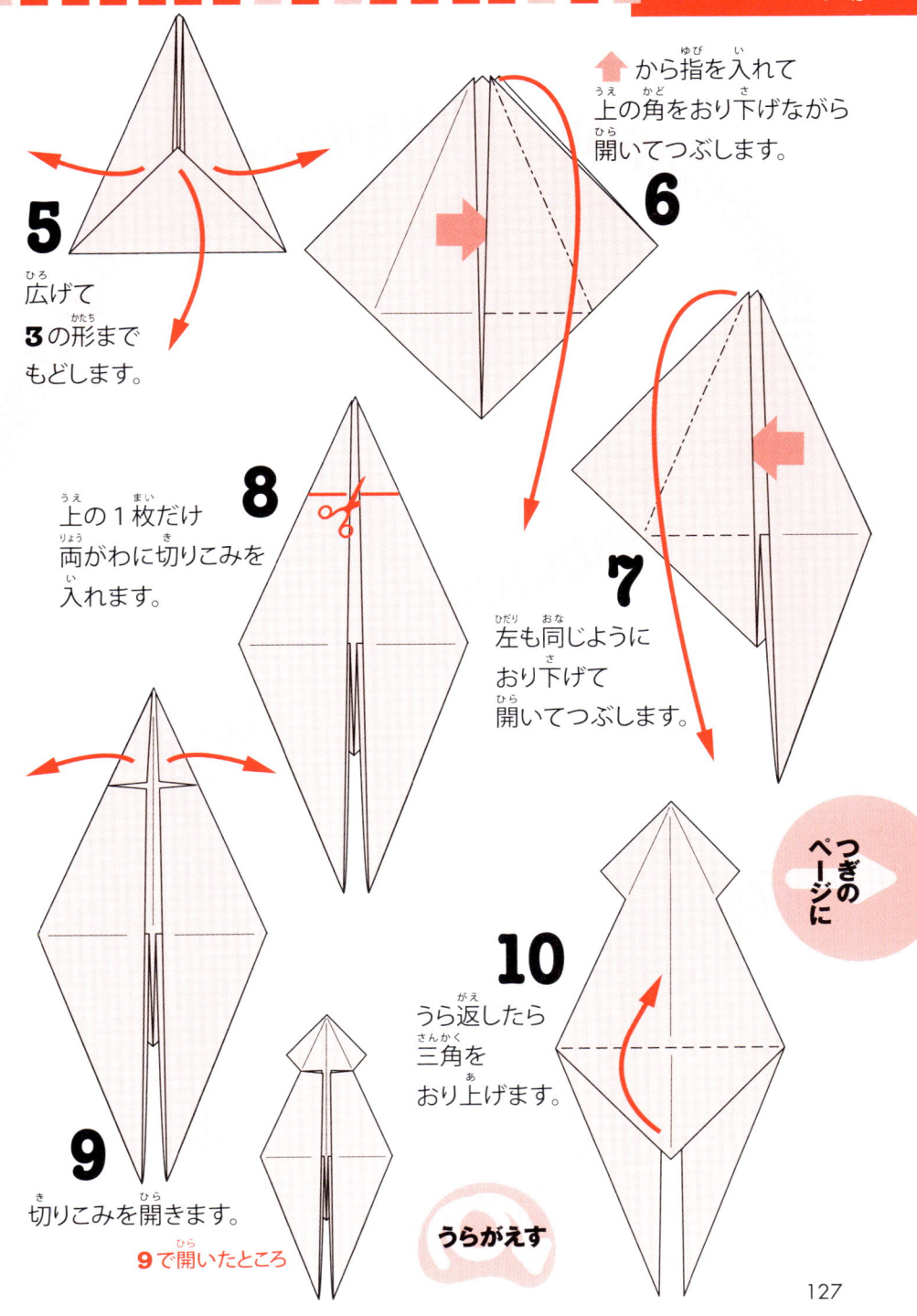

まえのページから

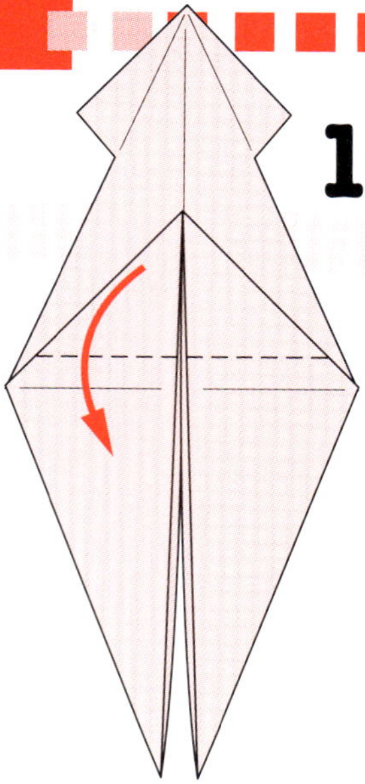

11 点線《てんせん》のあたりでおり下《さ》げます。

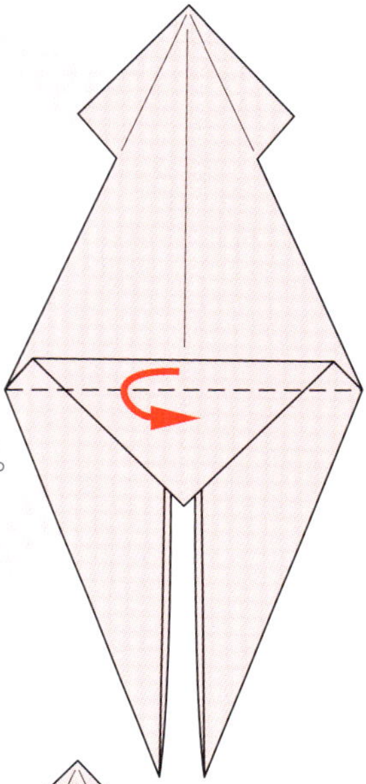

12 もう一度《いちど》
下《した》におります。

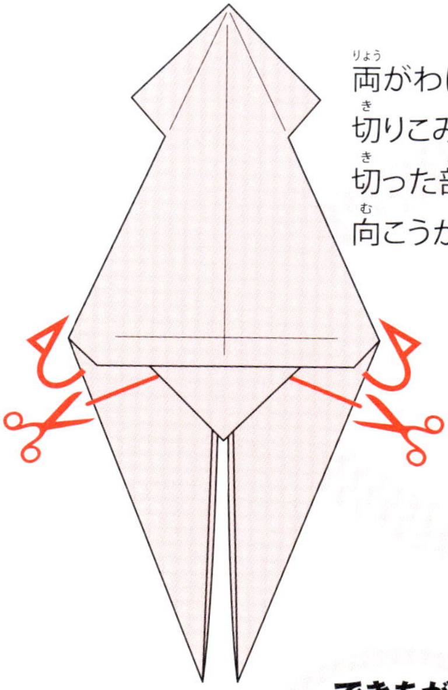

13 両《りょう》がわに
切《き》りこみを入《い》れたら
切《き》った部《ぶ》分《ぶん》を
向《む》こうがわにおります。

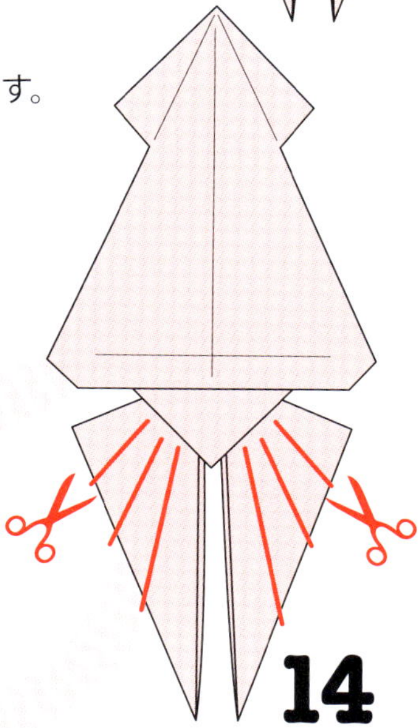

14

はさみで切《き》りこみを入《い》れて
足《あし》をつくります。

できあがり

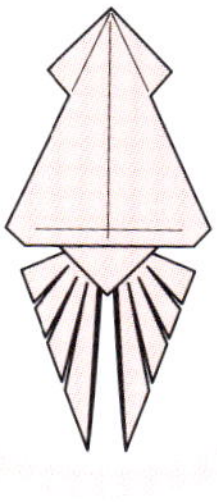

第《だい》4章《しょう》

かっこいい乗《の》り物《もの》

車《くるま》やロケットなど、夢《ゆめ》をのせた乗《の》り物《もの》が、せいぞろい。飛行機《ひこうき》は種類《しゅるい》も多《おお》く、飛《と》び方《かた》もいろいろ。実際《じっさい》に飛《と》ばして楽《たの》しみましょう。

ひこうき

1 おりすじをつけます。

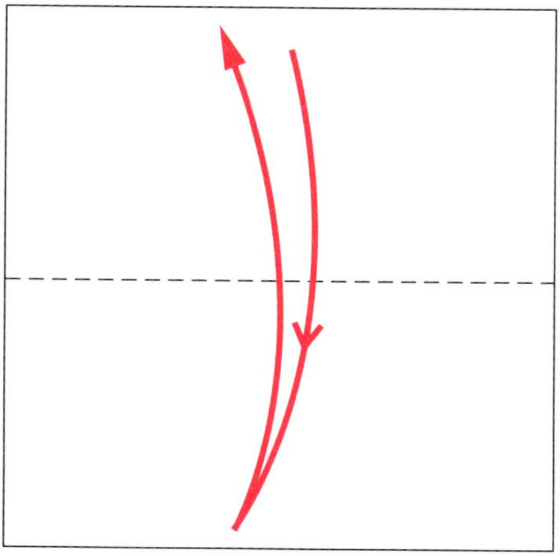

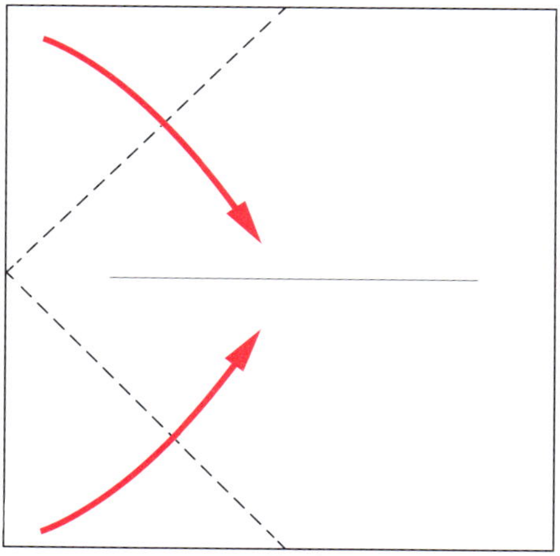

2 左角《ひだりかど》を三角《さんかく》におります。

できあがり

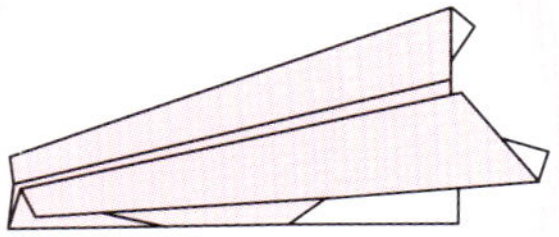

手前《てまえ》の1枚《まい》だけ、下《した》におります。
うらも同《おな》じようにおります。

6

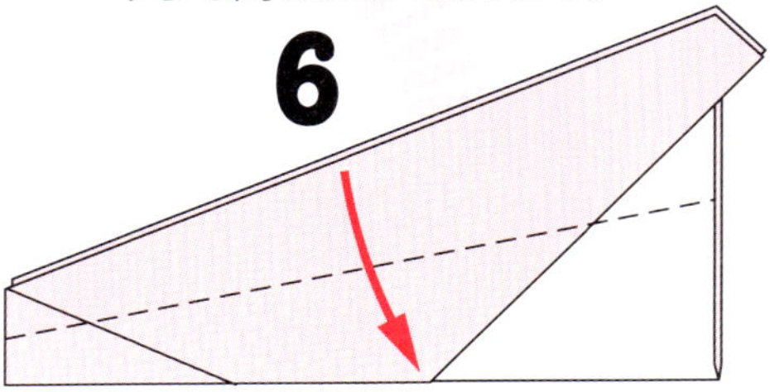

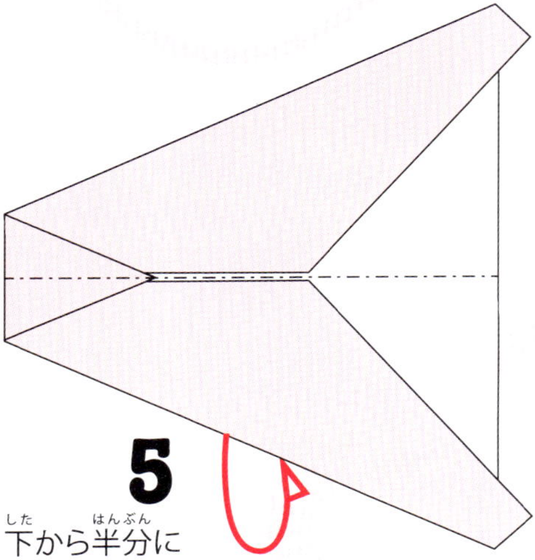

5

下《した》から半分《はんぶん》に
向《む》こうがわにおります。

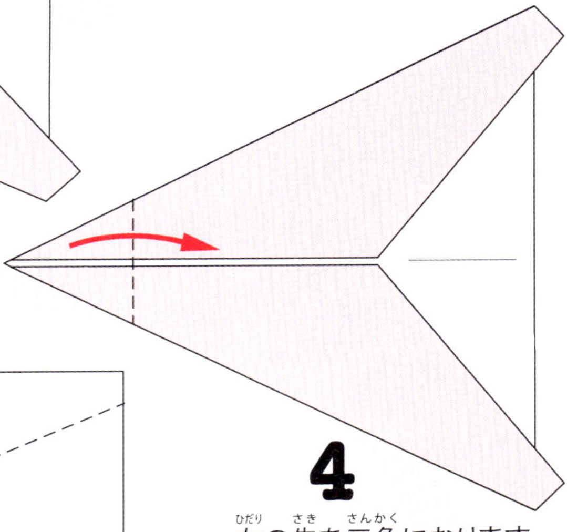

4

左《ひだり》の先《さき》を三角《さんかく》におります。

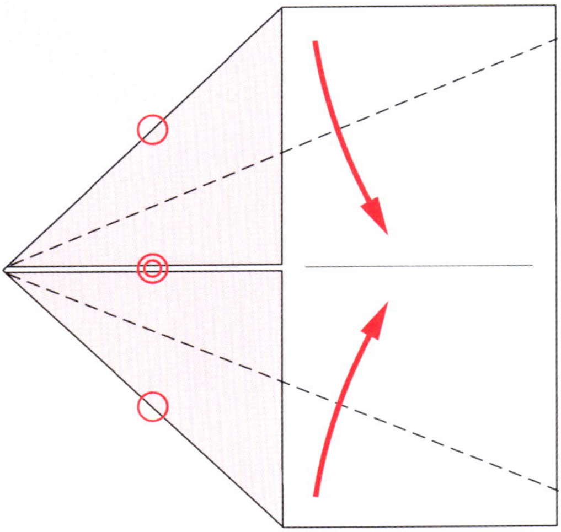

3

もう一度《いちど》、左《ひだり》の上下《じょうげ》をおります。
○と◎が合《あ》うようにおりましょう。

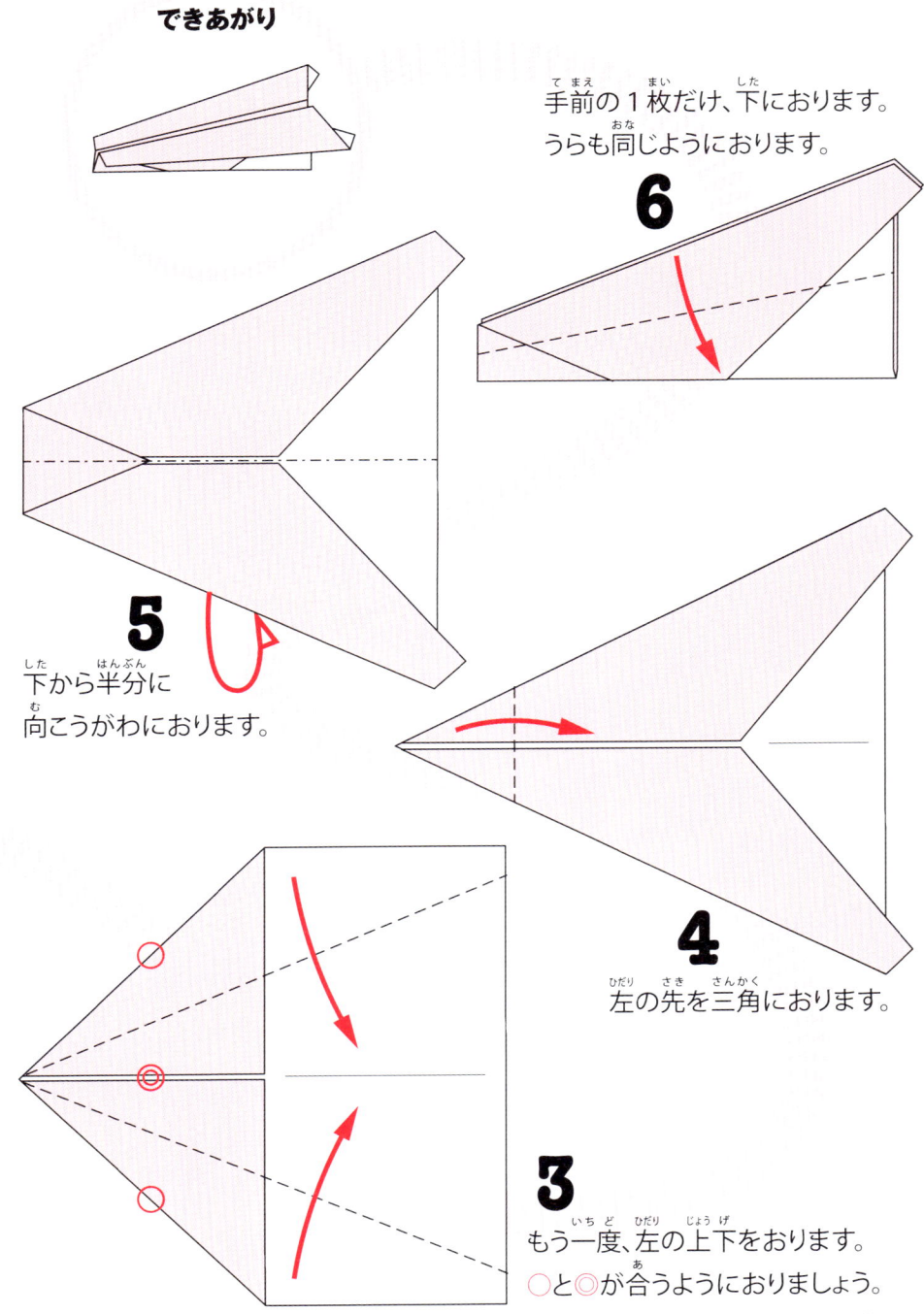

へそひこうき

長方形《ちょうほうけい》の紙《かみ》を使《つか》います。

1 おりすじをつけます。

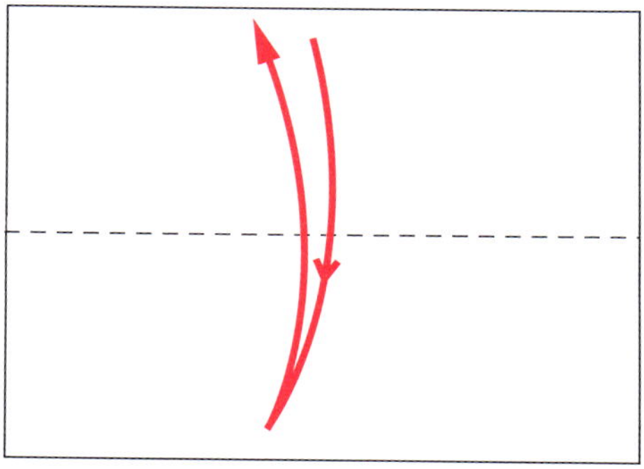

2 おりすじに合《あ》わせて
左《ひだり》の両角《りょうかど》を三角《さんかく》におります。

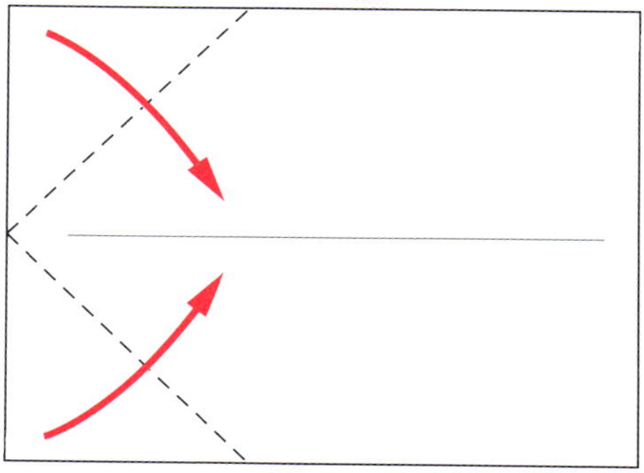

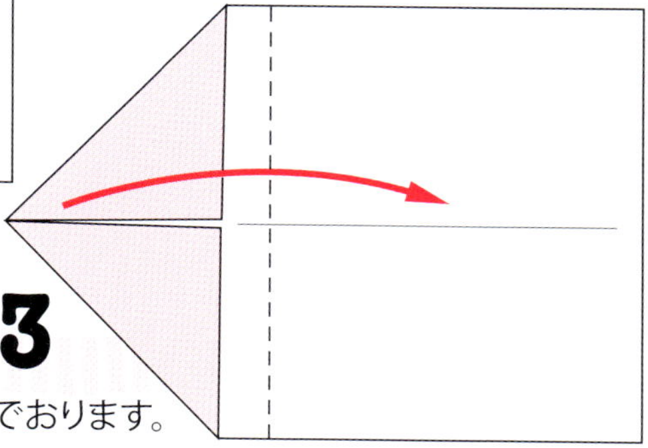

3 左《ひだり》の角《かど》を
点線《てんせん》のあたりでおります。

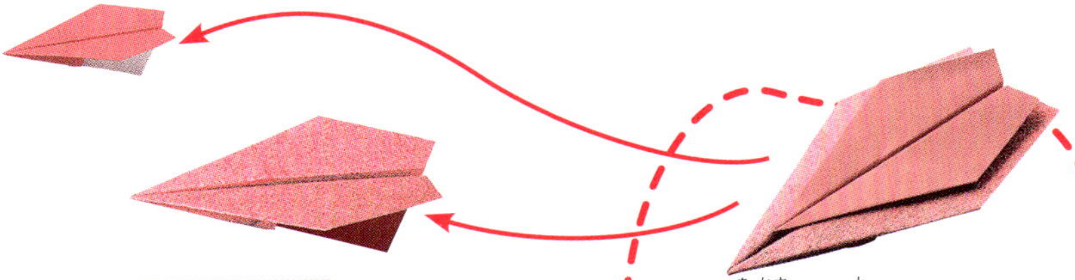

２機《き》重《かさ》ねて飛《と》ばすと
スペースシャトルのように
とちゅうから分《わ》かれて
飛《と》んでいきます。

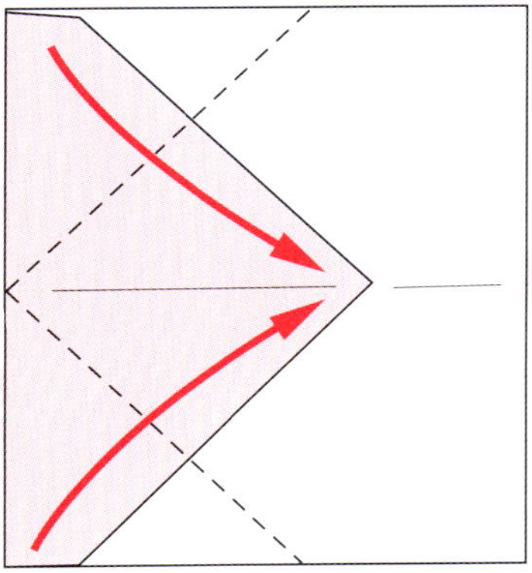

4

左《ひだり》の両角《りょうかど》を
もう一度《いちど》三角《さんかく》に
おります。

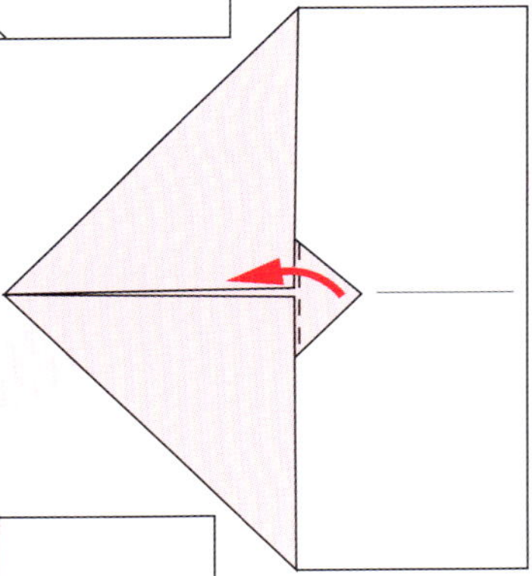

5

とび出《で》ている
小《ちい》さな三角《さんかく》をおり返《かえ》します。
ここが「へそ」です。

できあがり

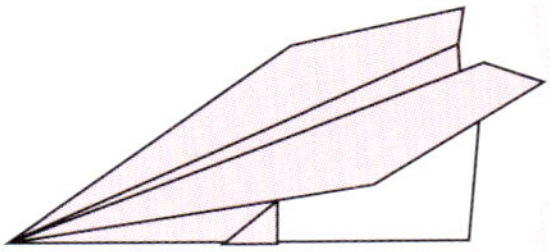

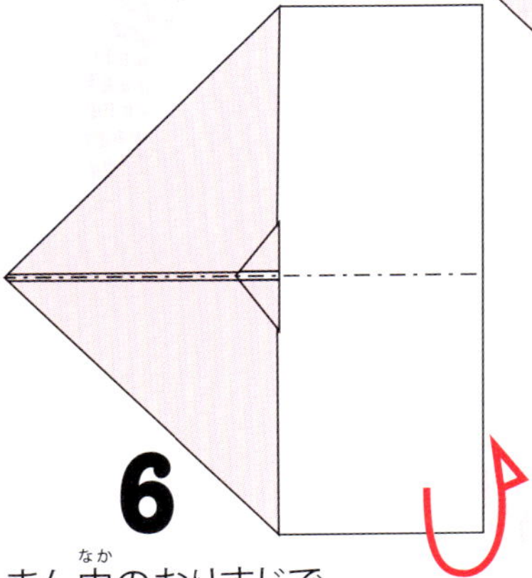

6

まん中《なか》のおりすじで
山《やま》おりにします。

7

手前《てまえ》の羽《はね》を谷《たに》おりにし、
うらも同《おな》じにおります。

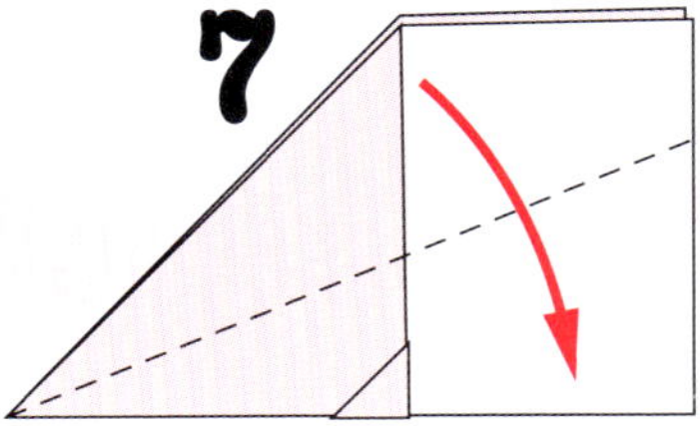

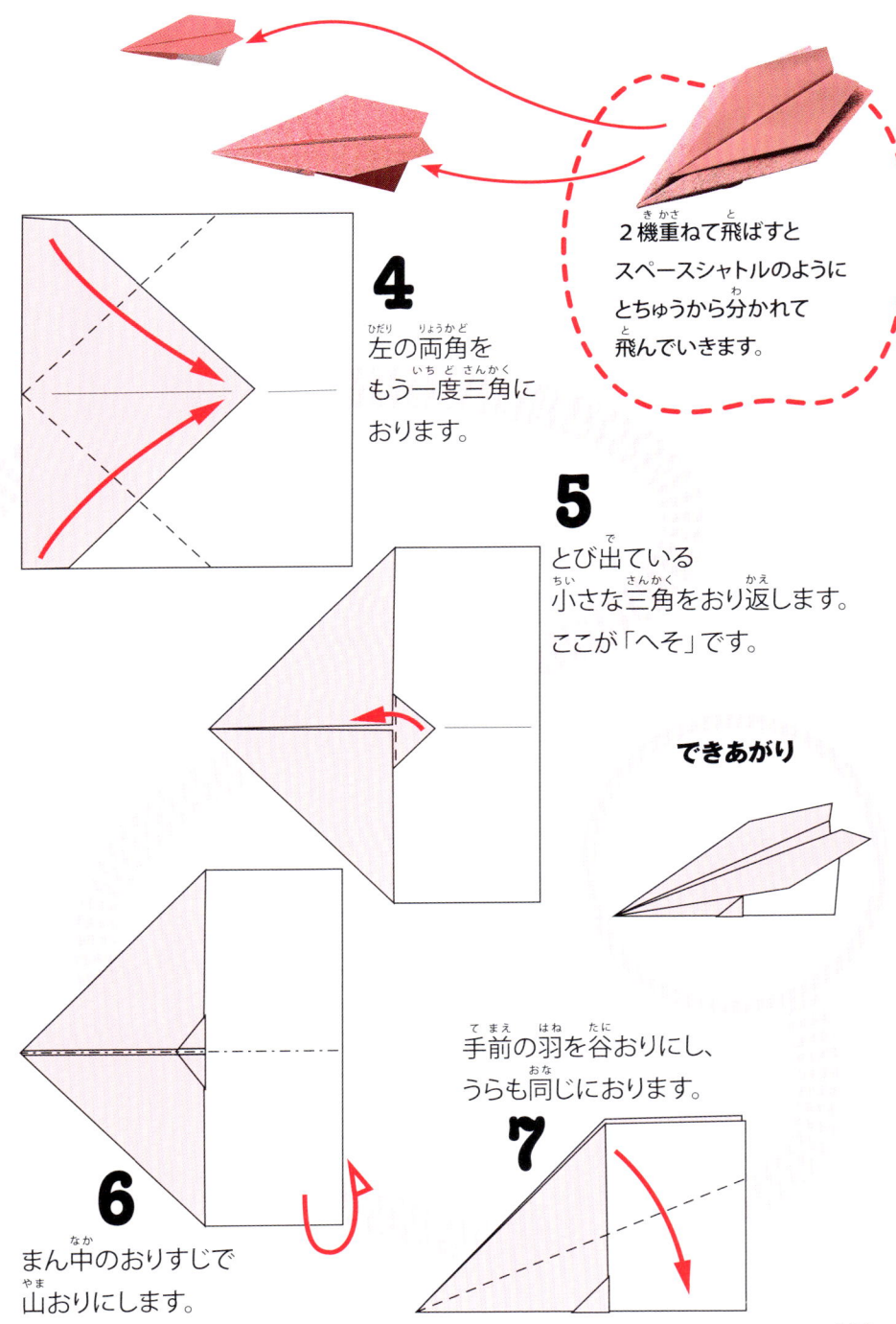

いかひこうき

長方形《ちょうほうけい》の紙《かみ》を使《つか》います。

1

色《いろ》がついた面《めん》を表《おもて》にして、
おりすじをつけてから
左角《ひだりかど》を三角《さんかく》におります。

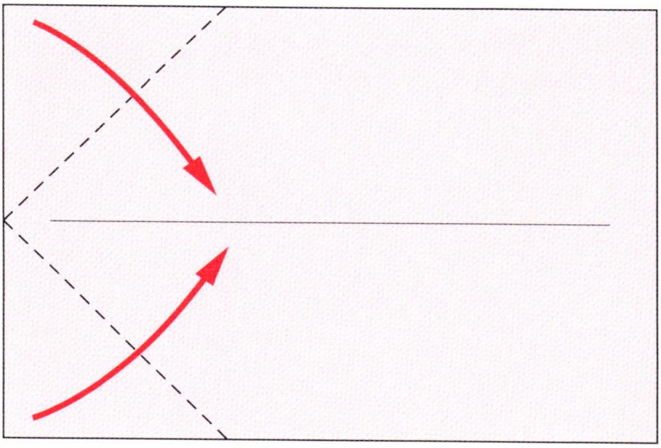

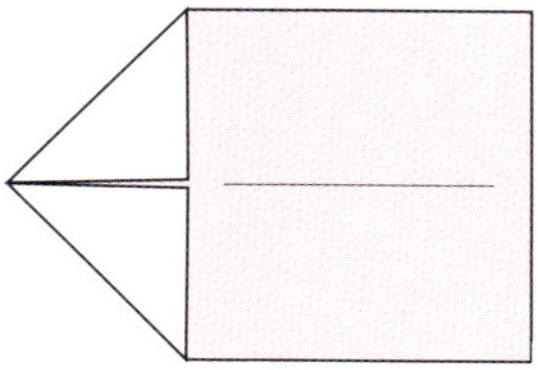

1をおったところ

うらがえす

2

うら返《がえ》したら、もう一度《いちど》、
左上下《ひだりじょうげ》を三角《さんかく》におります。
○と◎が合《あ》うようにおりましょう。

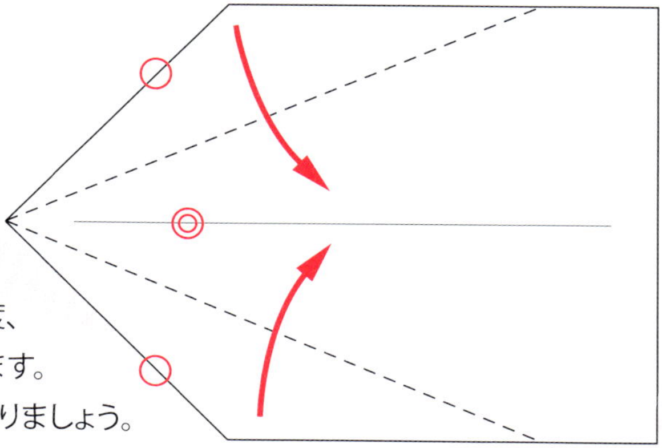

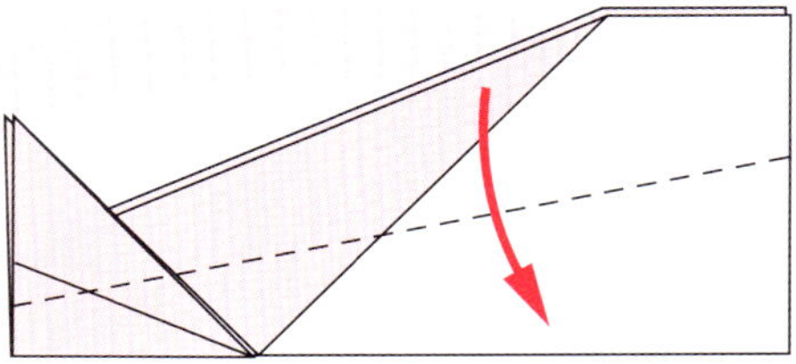

6

手前《てまえ》の羽《はね》を点線《てんせん》のあたりで谷《たに》おりにします。
うらも同《おな》じにおります。

できあがり

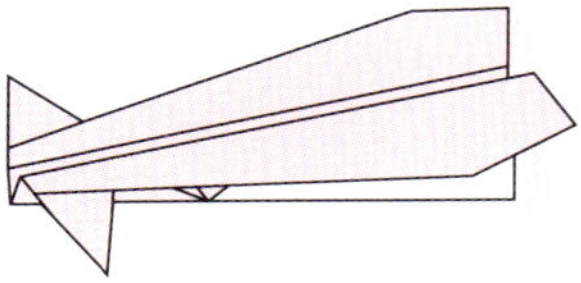

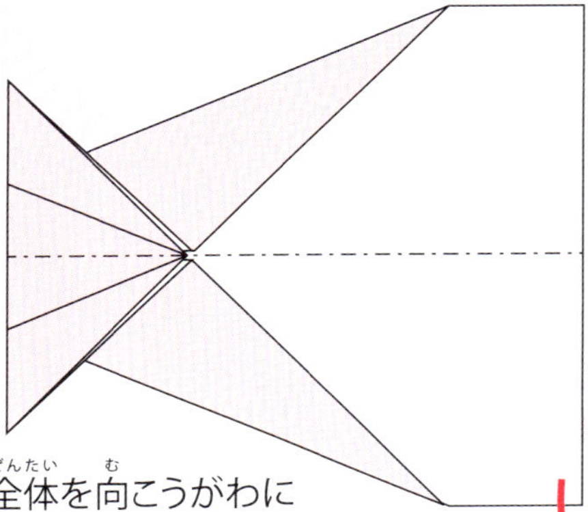

5 全体《ぜんたい》を向《む》こうがわに
半分《はんぶん》におります。

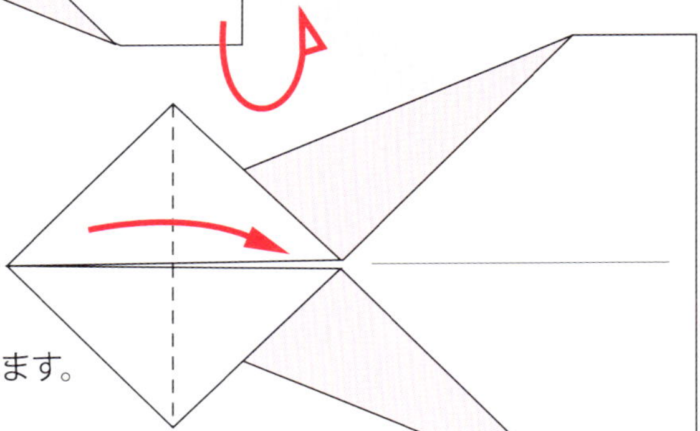

4

左《ひだり》の四角《しかく》を半分《はんぶん》におります。

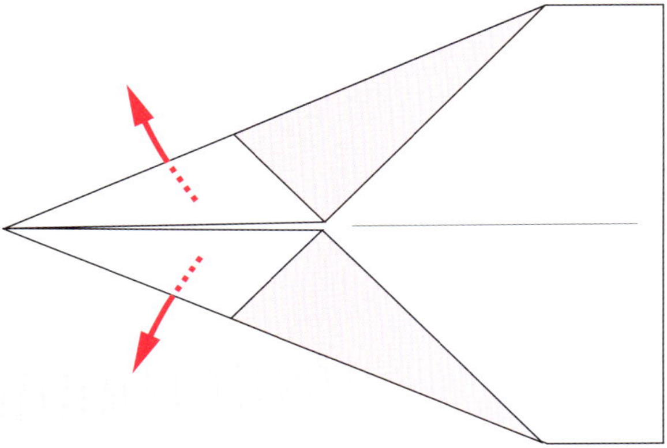

3

うらにある三角《さんかく》を
開《ひら》きます。

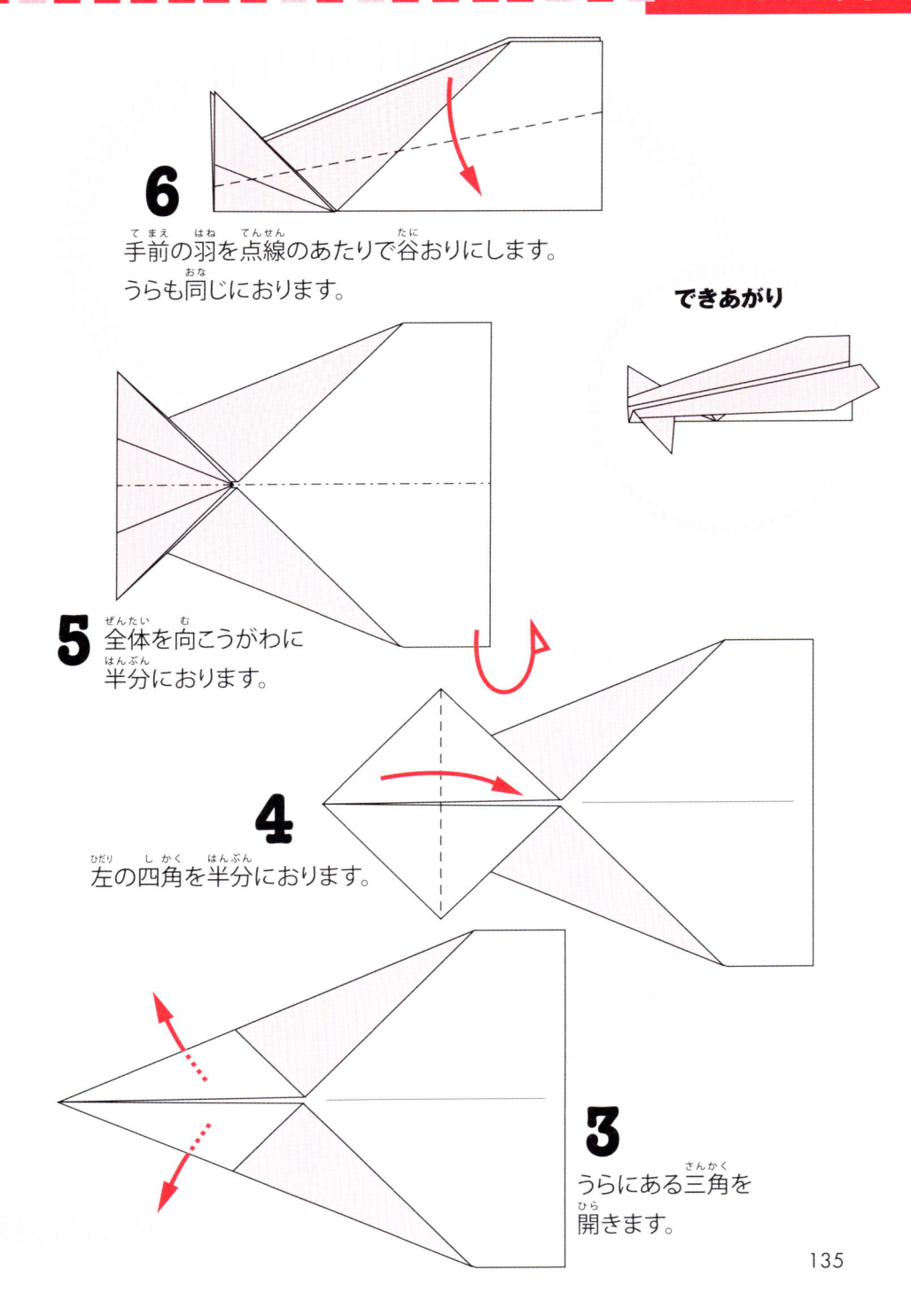

ジェットき

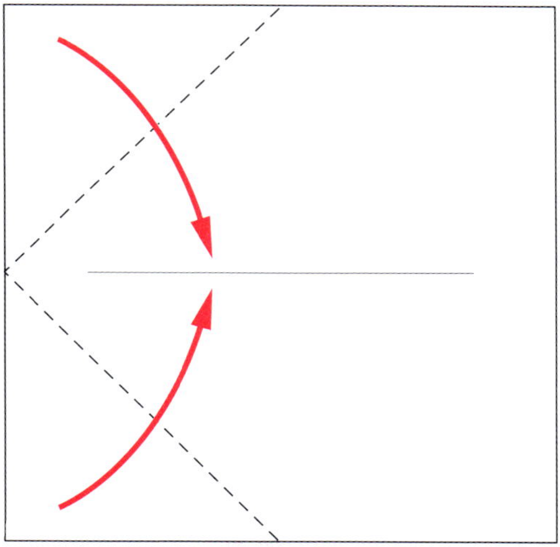

1

おりすじをつけてから
左角《ひだりかど》を三角《さんかく》におります。

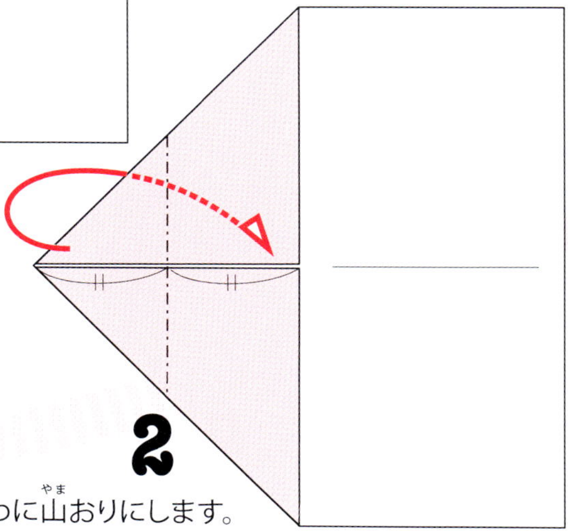

2

左《ひだり》はしを向《む》こうがわに山《やま》おりにします。

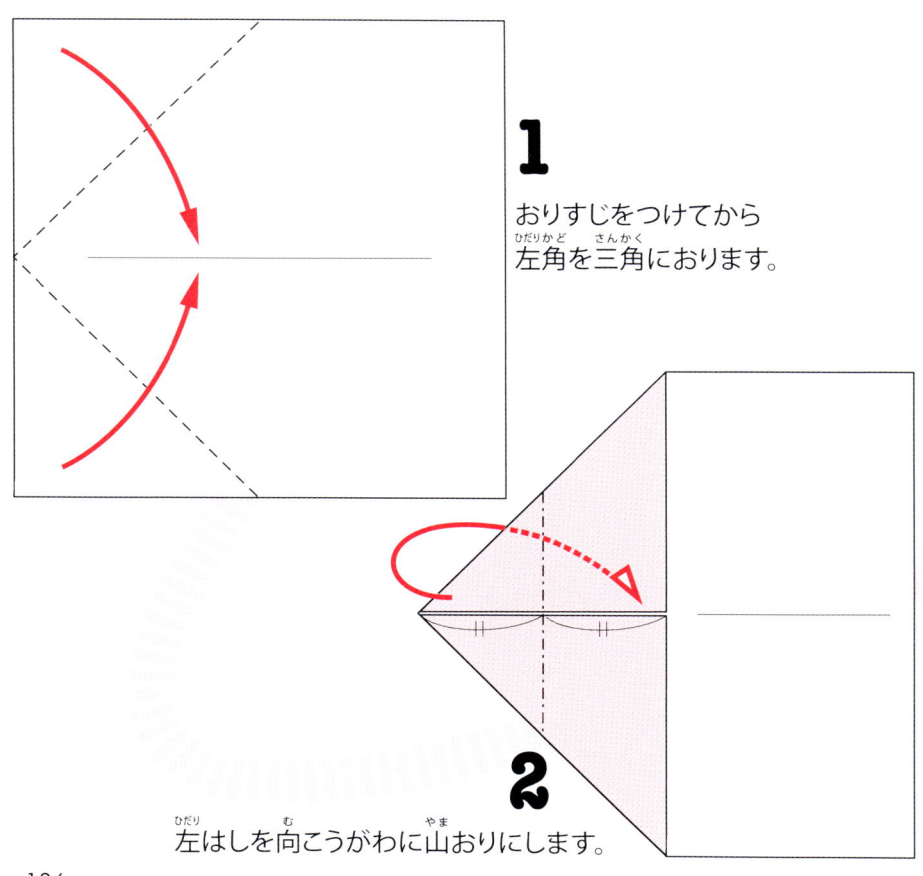

6 間《あいだ》に指《ゆび》を入《い》れ、
中《なか》におりこまれている角《かど》を
引《ひ》き出《だ》します。

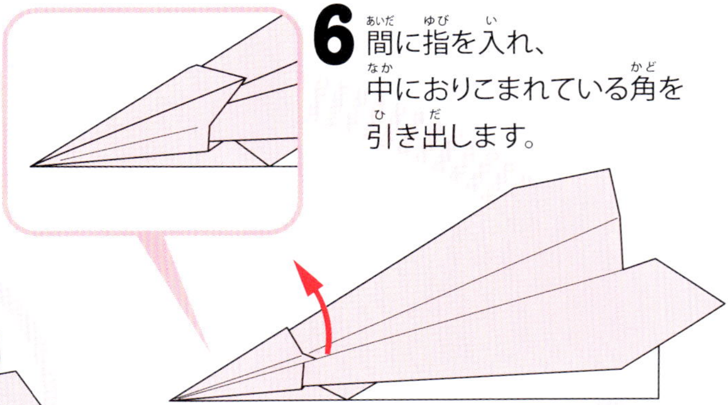

できあがり

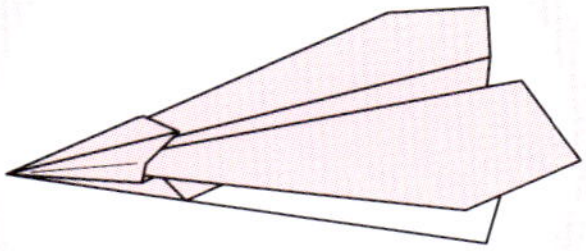

5

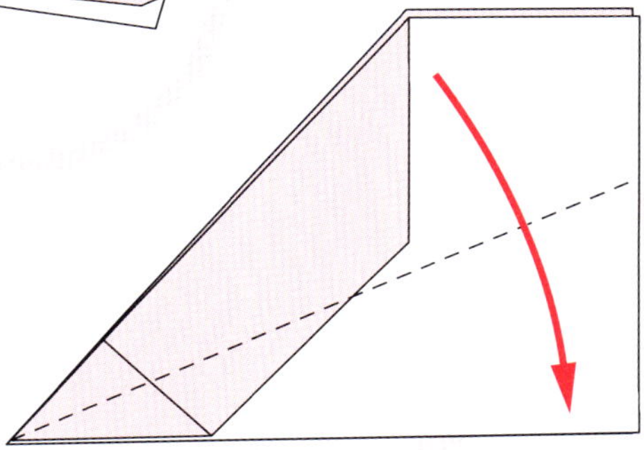

羽《はね》をおります。うらも同《おな》じ。

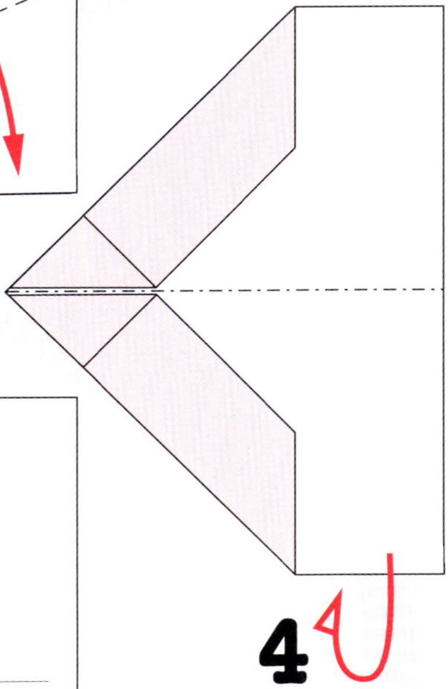

4

下半分《したはんぶん》を山《やま》おりにします。

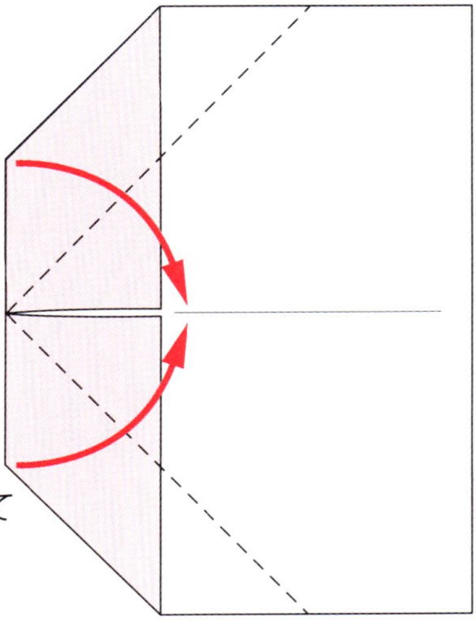

3

おりすじに合《あ》わせて
上下《じょうげ》をおります。

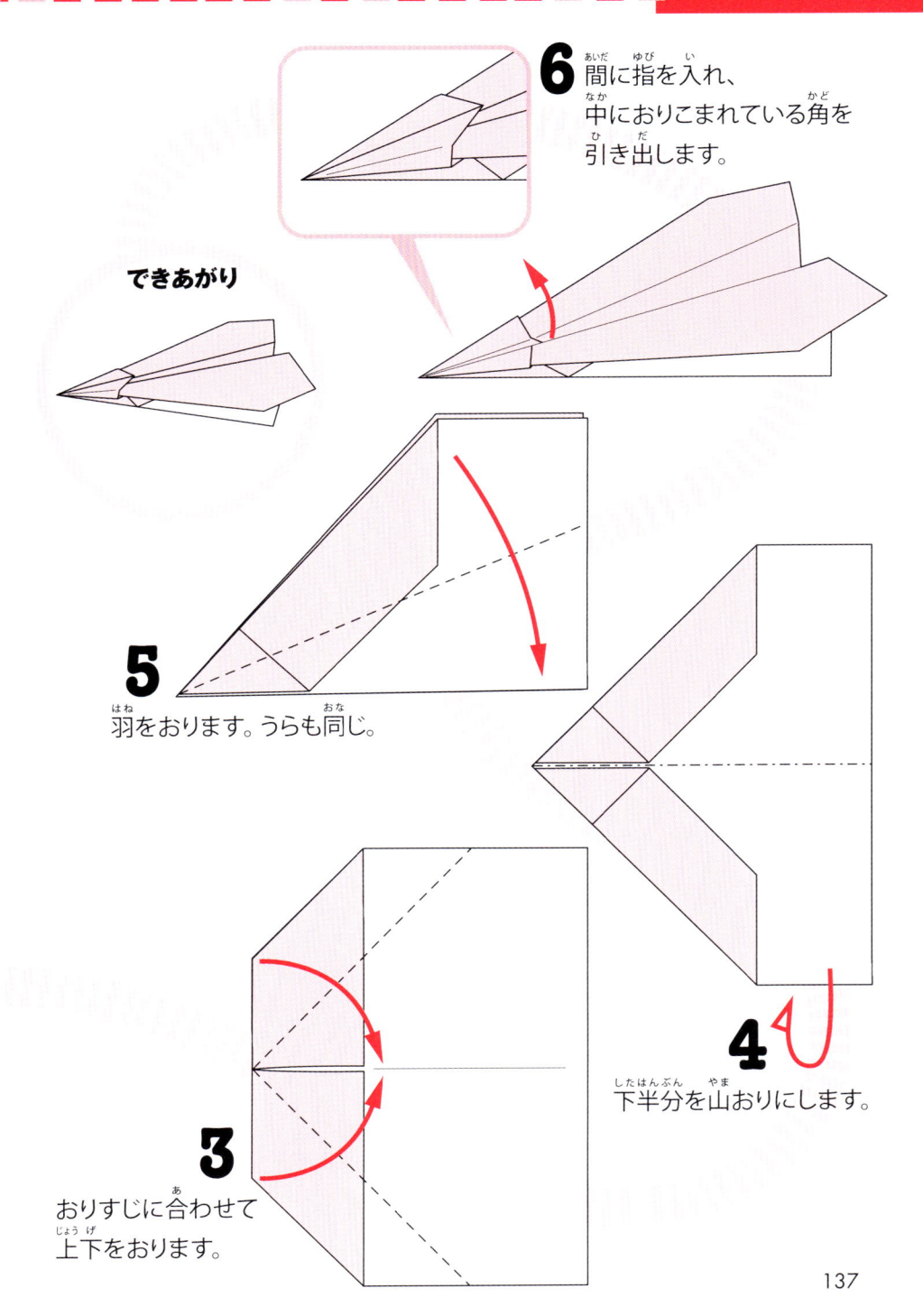

のしいかひこうき

長方形《ちょうほうけい》の紙《かみ》を使《つか》います。

1

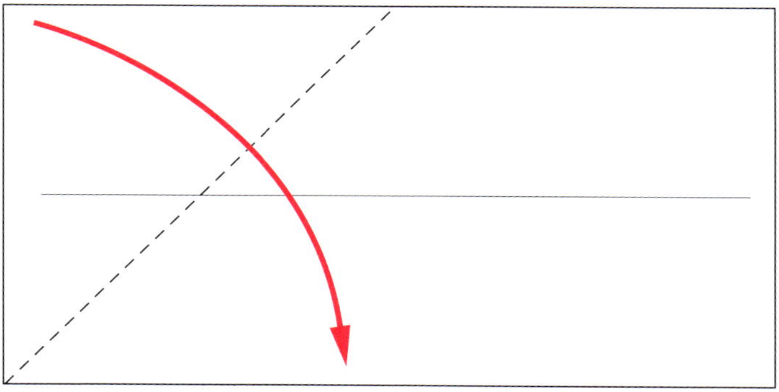

おりすじをつけてから
左上《ひだりうえ》の角《かど》を下《した》のふちに合《あ》わせております。

2

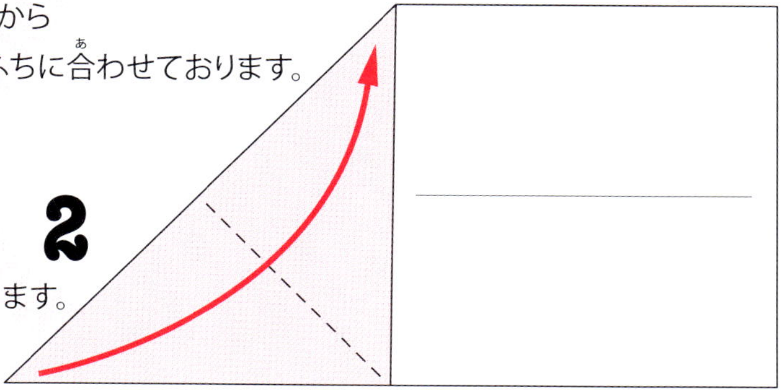

今度《こんど》は
上《うえ》に合《あ》わせております。

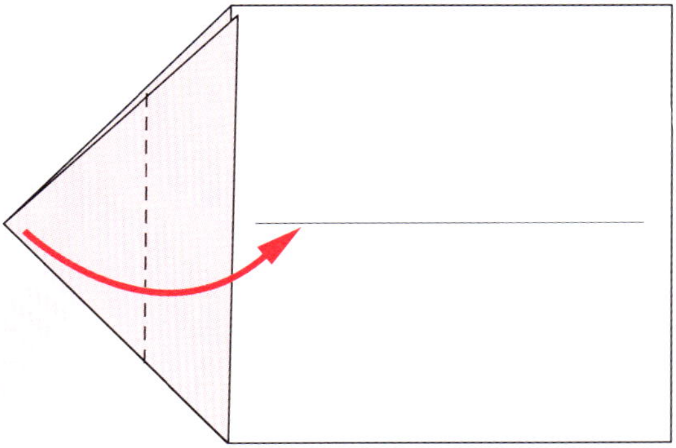

3
三角《さんかく》の先《さき》がとび出《だ》すように
おります。

4 下《した》から半分《はんぶん》におります。

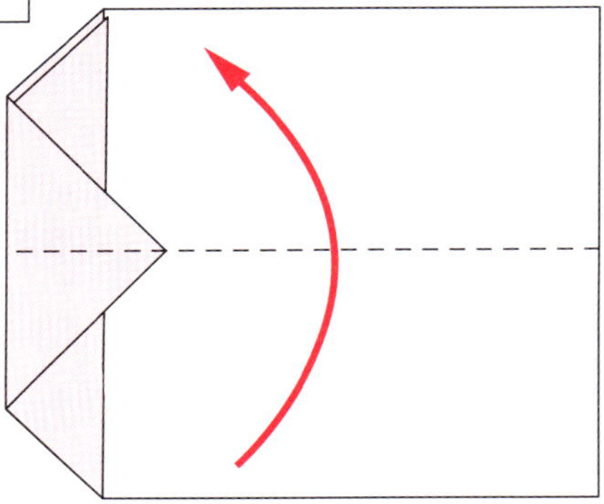

5 手前《てまえ》の１枚《まい》だけ、下《した》におります。
うらも同《おな》じようにおります。

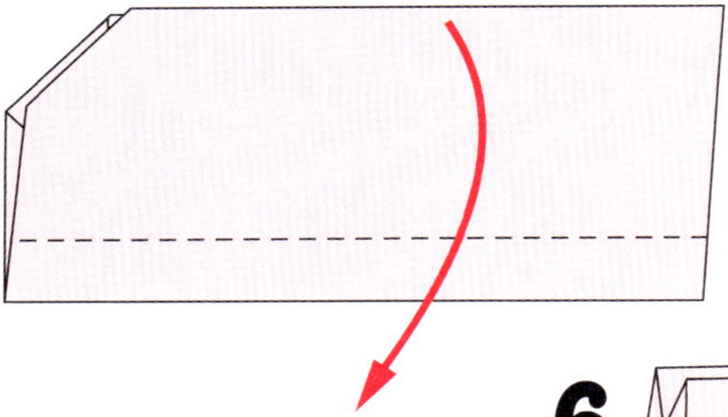

6

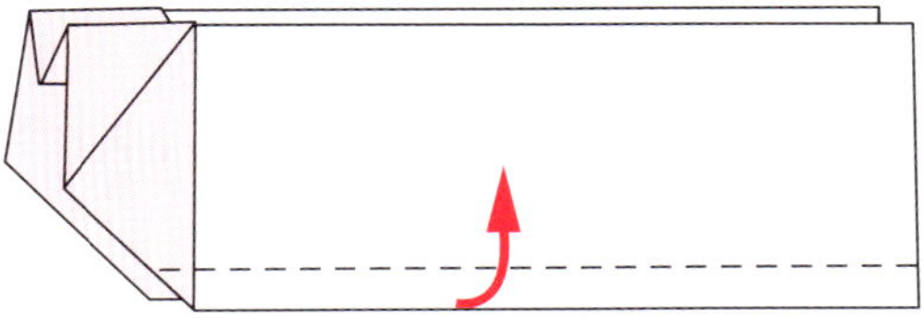

羽《はね》のはしを少《すこ》しおり上《あ》げます。
うらも同《おな》じ。

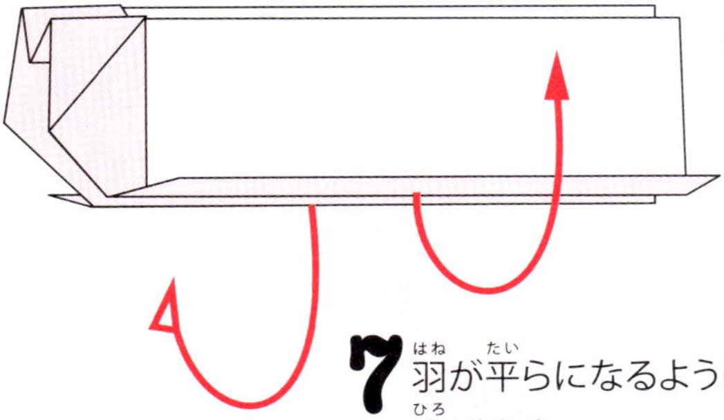

7 羽《はね》が平《たい》らになるように
広《ひろ》げます。

できあがり

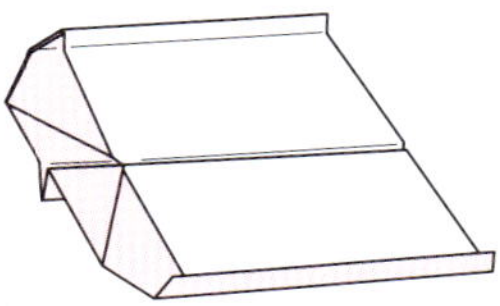

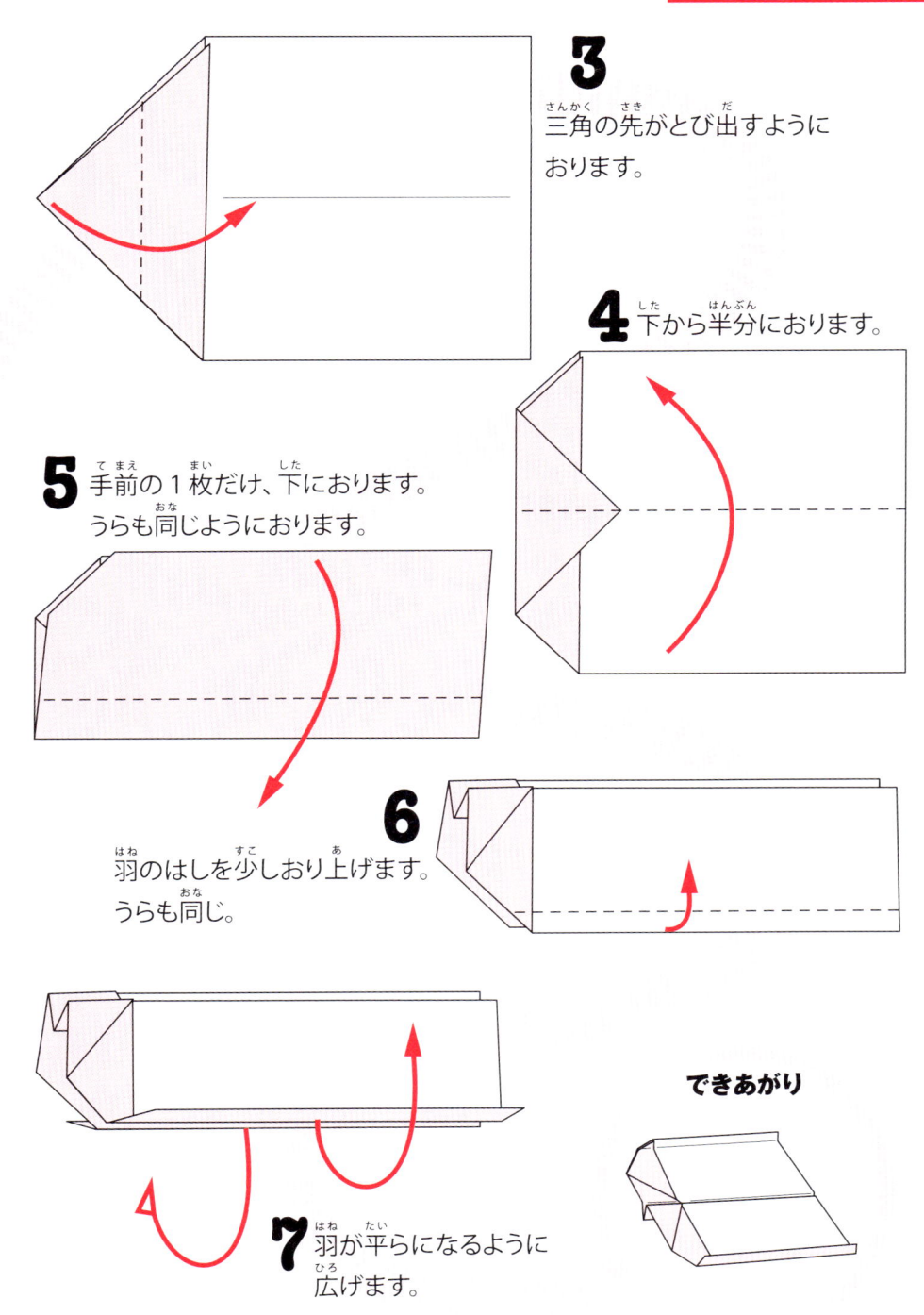

ヨット

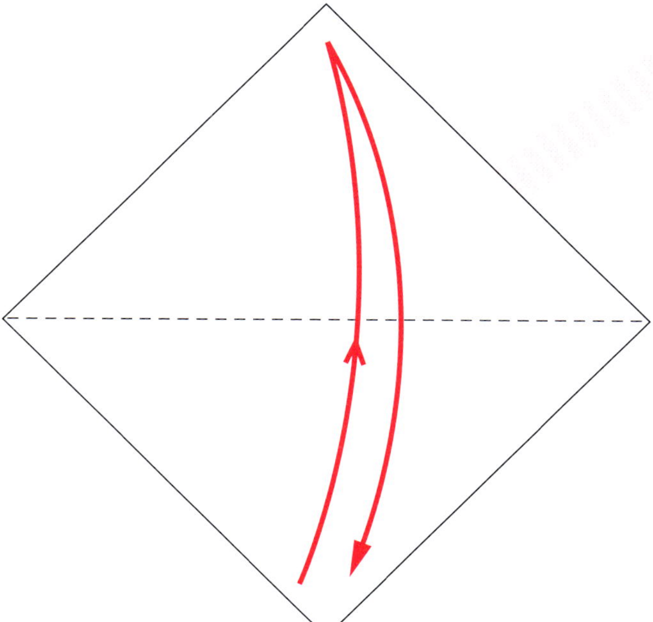

1
おりすじをつけます。

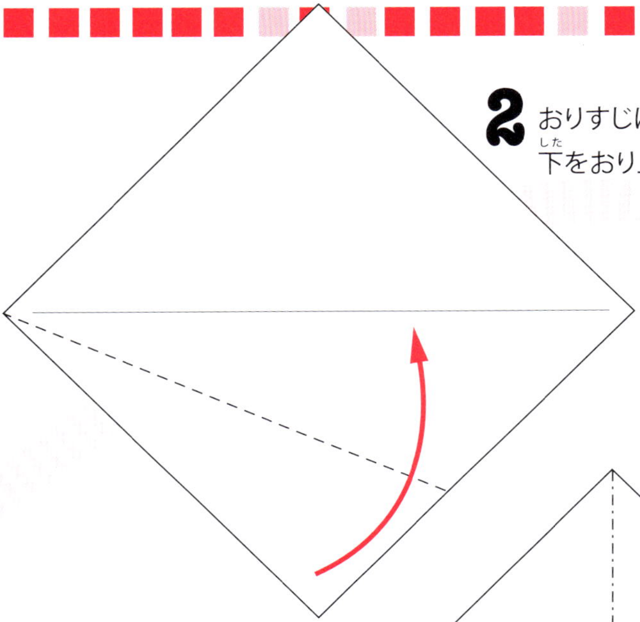

2 おりすじに合《あ》わせて
下《した》をおり上《あ》げます。

3 左角《ひだりかど》を
右角《みぎかど》に合《あ》わせて
向《む》こうがわに
おります。

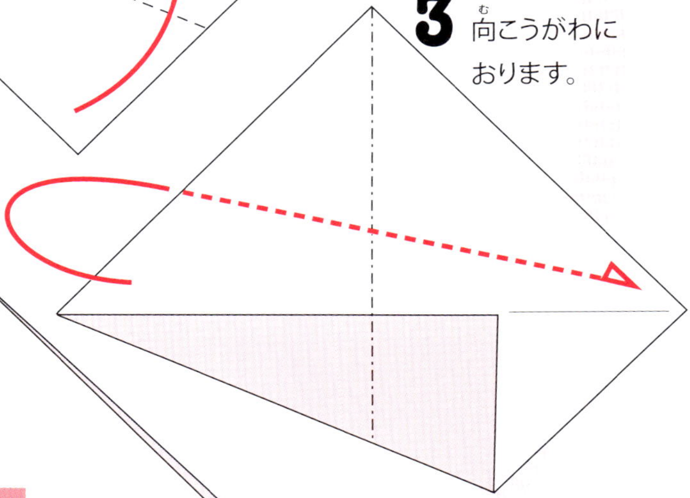

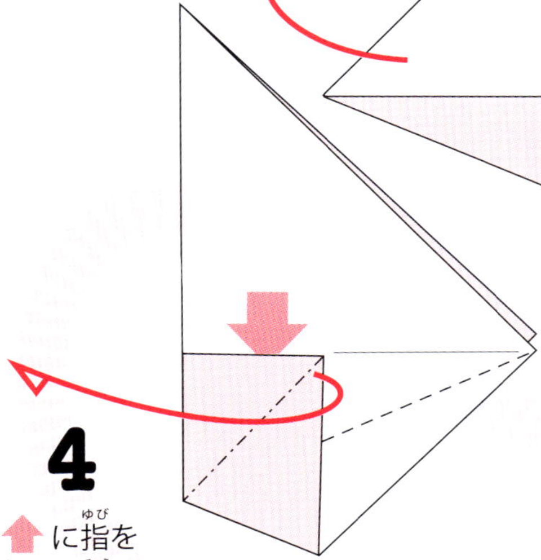

4 に指《ゆび》を
入《い》れて開《ひら》き
左《ひだり》にたおすように
おります。

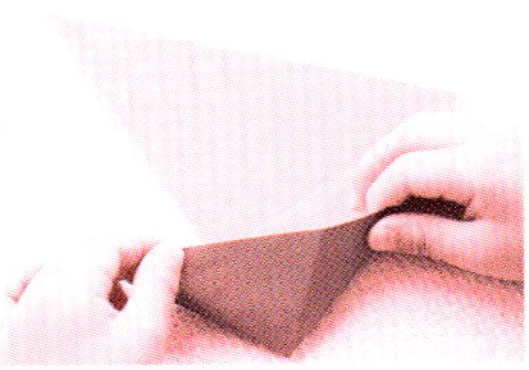

4をおっているところ

できあがり

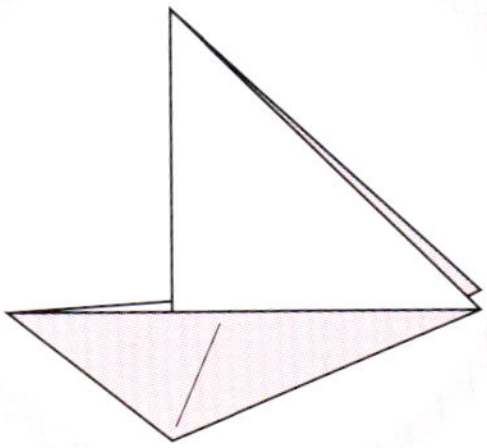

ほかけぶね

2をおったところ

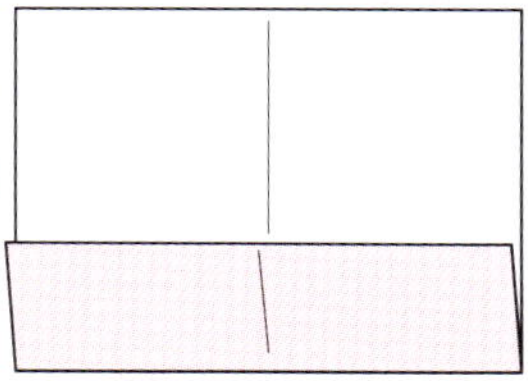

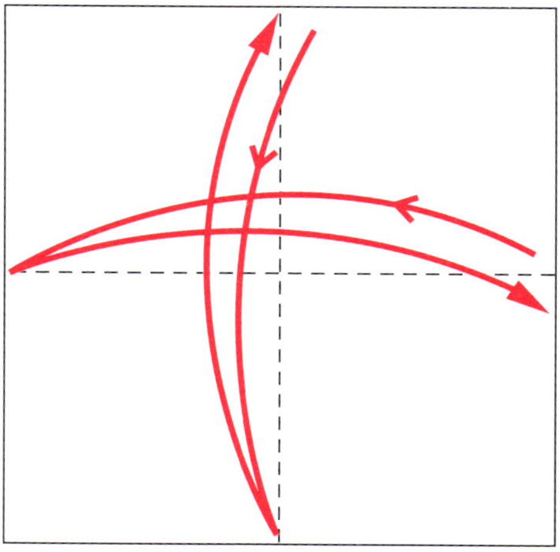

1 たて横《よこ》におりすじをつけます。

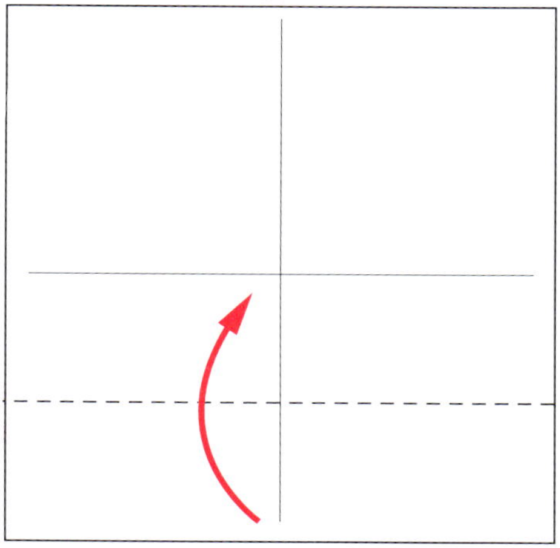

2 おりすじに合《あ》わせて、下《した》をおります。

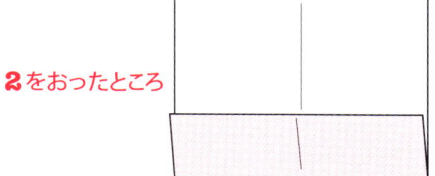

3

うら返《がえ》したら
左右《さゆう》をおります

うらがえす

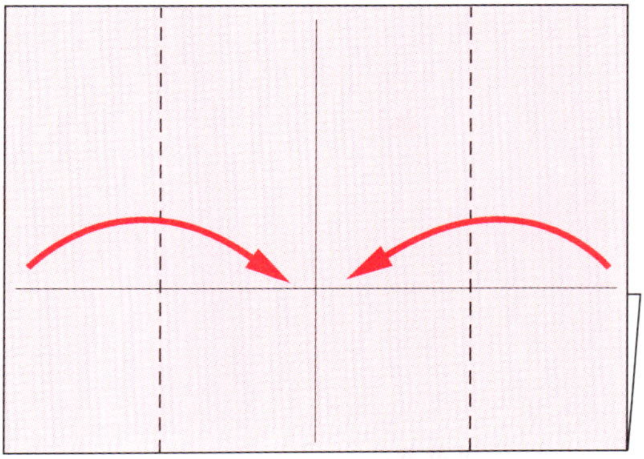

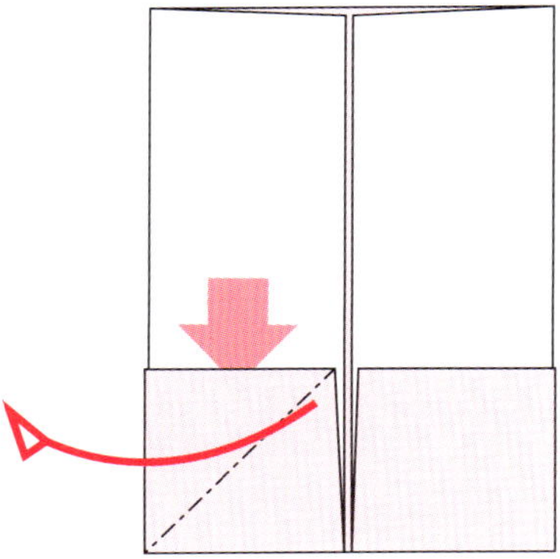

4

左下《ひだりした》の に指《ゆび》を入《い》れて
開《ひら》いてつぶします。

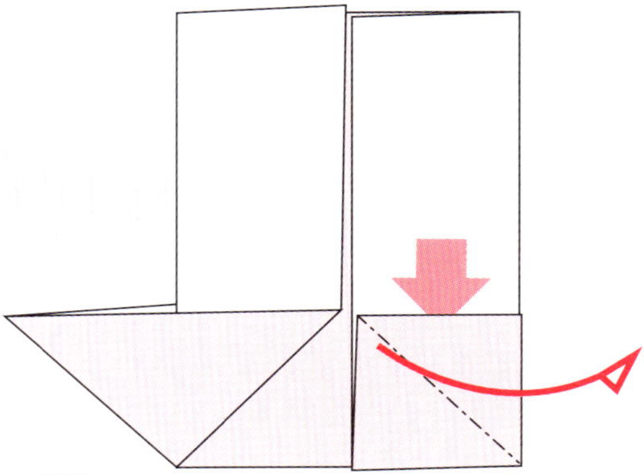

5

右《みぎ》も同《おな》じように、開《ひら》いてつぶします。

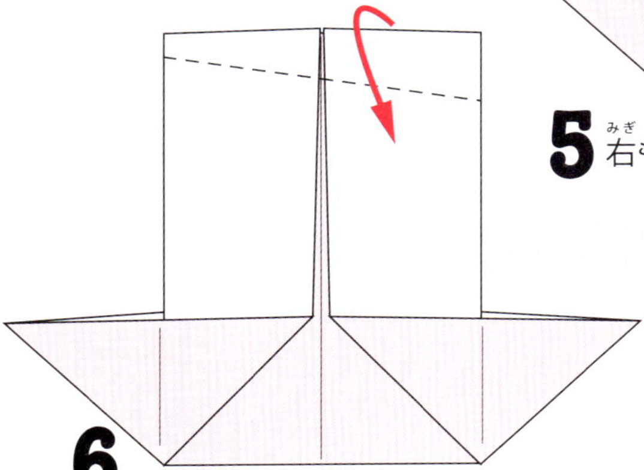

6

上《うえ》を少《すこ》しだけ
ななめにおります。

うらがえす

できあがり

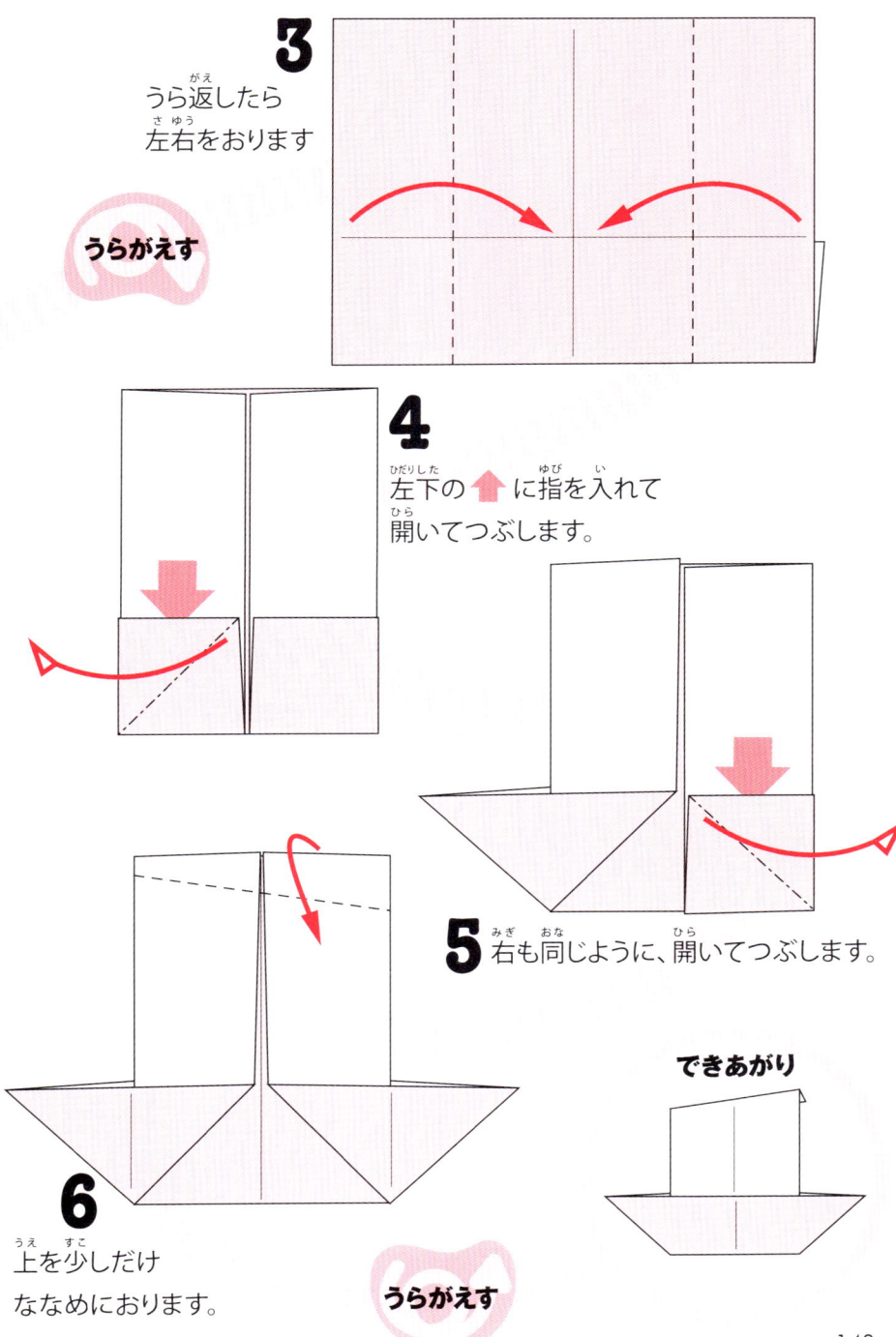

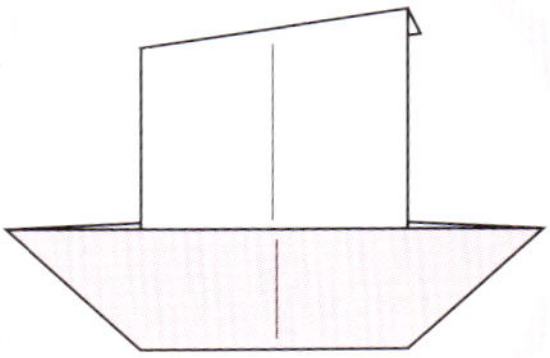

ボート

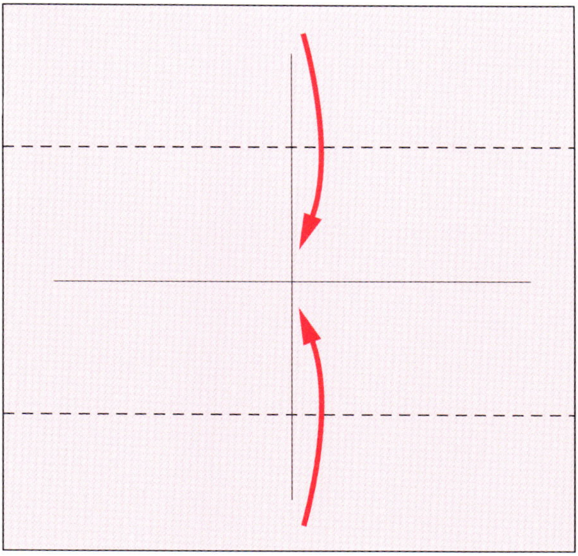

1

色《いろ》がついた面《めん》を表《おもて》にして
おりすじをつけてから
上下《じょうげ》をおります。

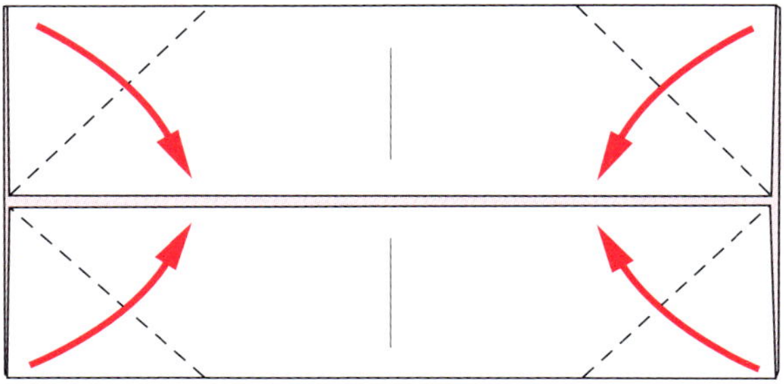

2

４つの角《かど》を
三角《さんかく》におります。

できあがり

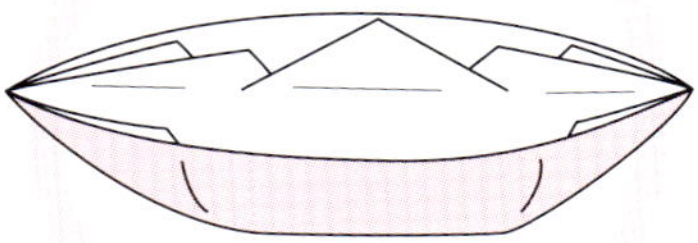

6

うら返《がえ》しているところ

開《ひら》いているとちゅう。
色《いろ》のついた面《めん》が
表《おもて》になるように
うら返《がえ》します。

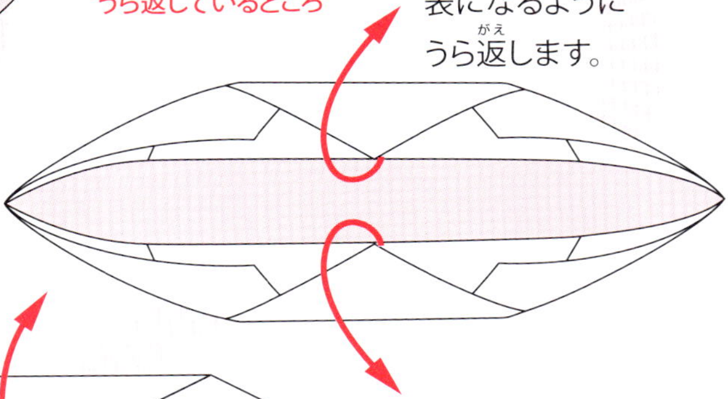

おり目《め》の間《あいだ》に指《ゆび》を入《い》れて
外《そと》がわに開《ひら》きます。

5

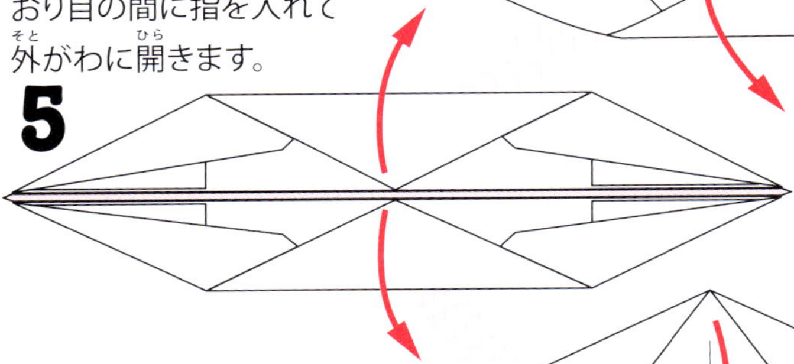

4

上下《じょうげ》の角《かど》がまん中《なか》で
合《あ》うようにおります。

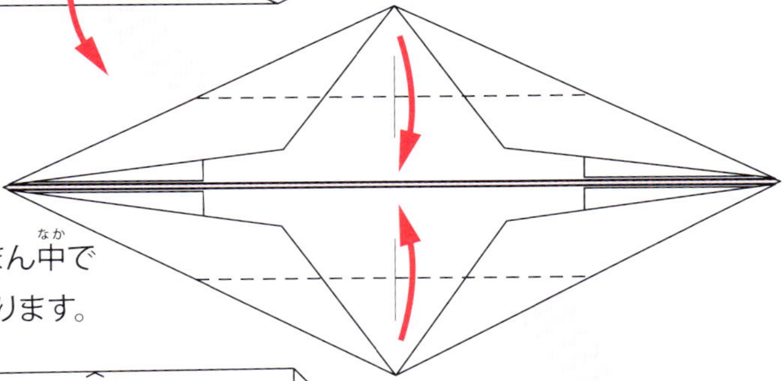

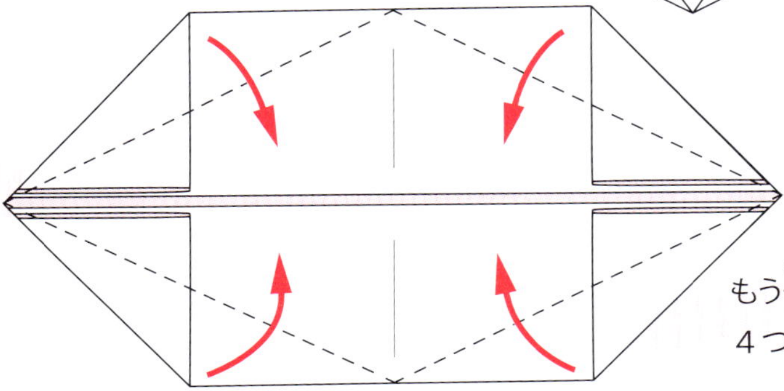

3

もう一度《いちど》
4つの角《かど》をおります。

ロケット

「ふうせん」(16ページ)**の**
4までおります。

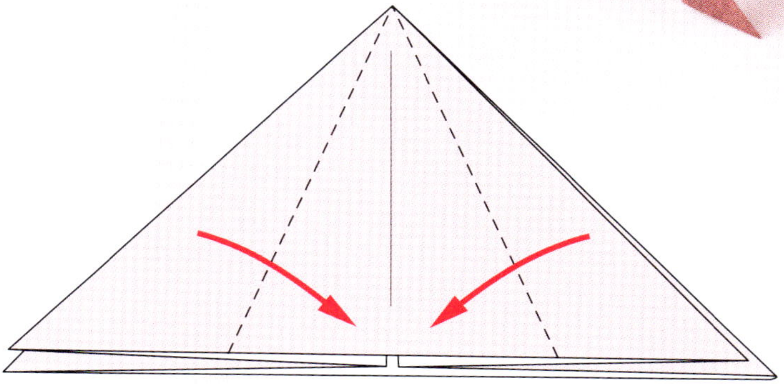

1 左右《さゆう》を三角《さんかく》におります。

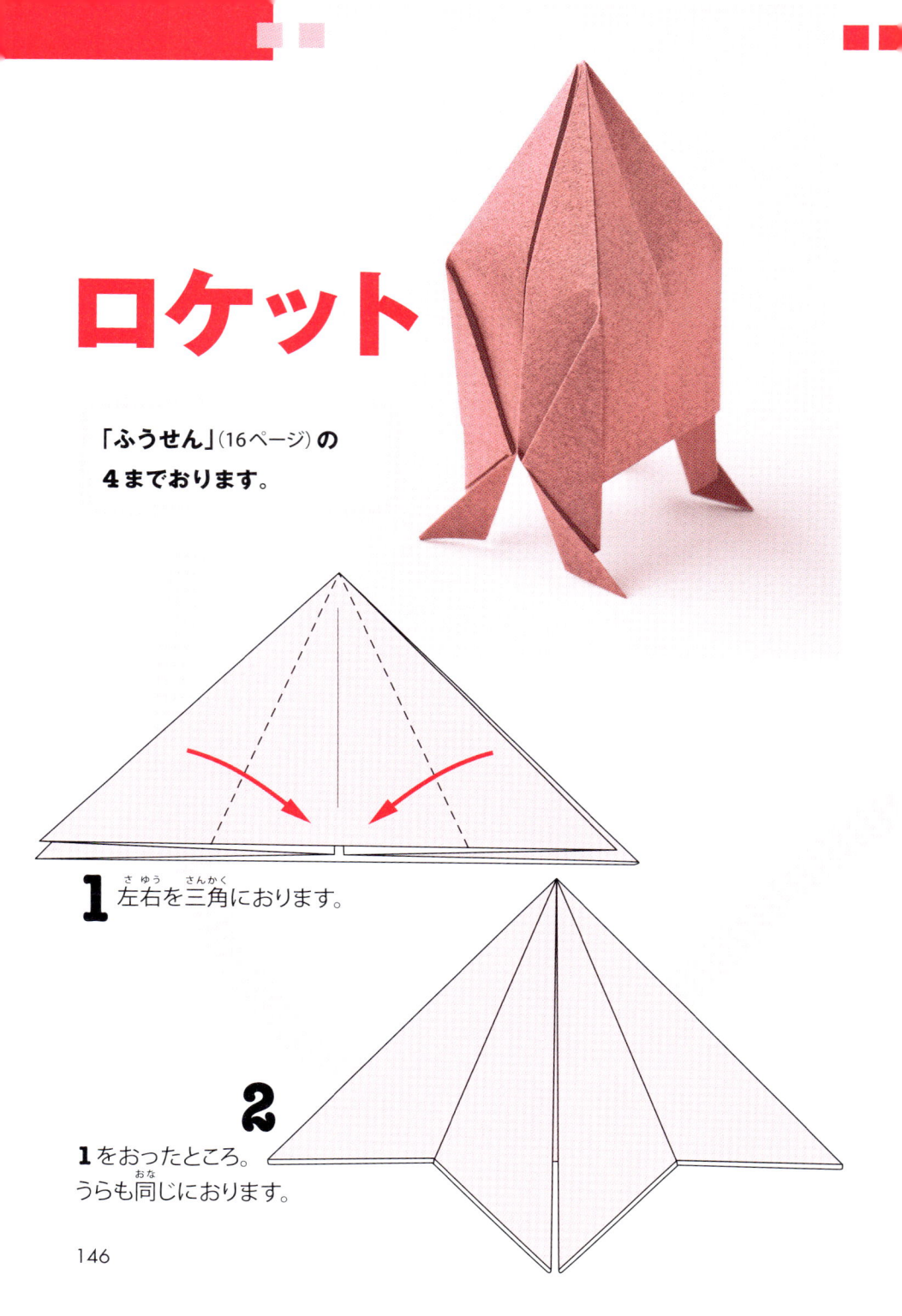

2

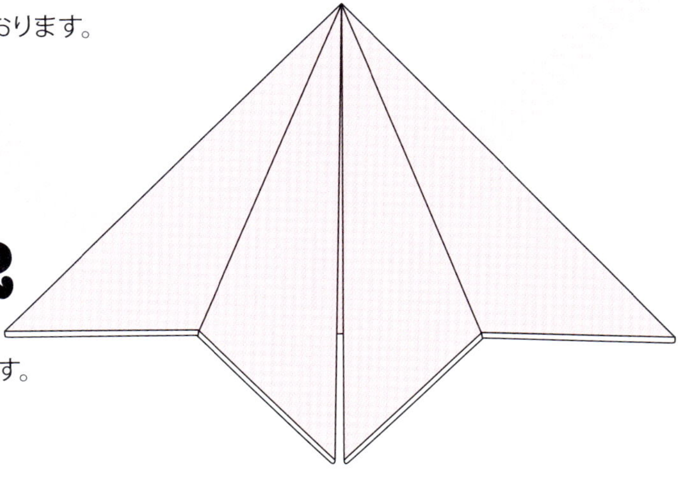

1をおったところ。
うらも同《おな》じにおります。

曲《ま》がるストローの先《さき》をロケットの内《うち》がわに入《い》れます。息《いき》をふき入《い》れて、飛《と》ばしてみましょう。

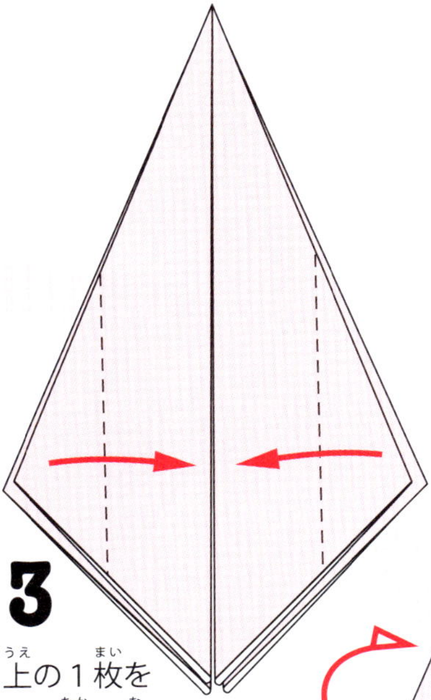

3

上《うえ》の１枚《まい》をまん中《なか》に向《む》けております。

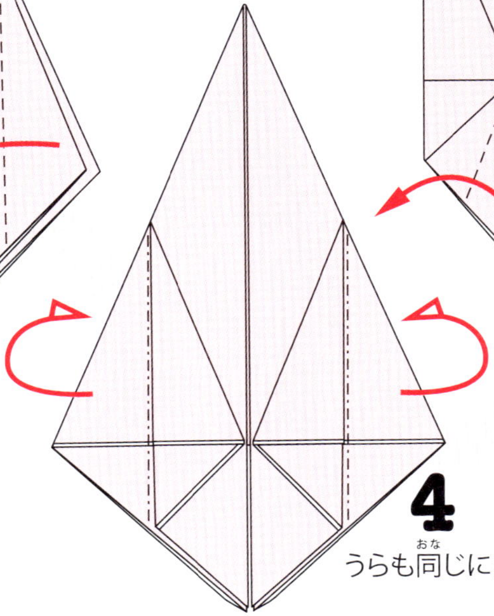

4

うらも同《おな》じにおります。

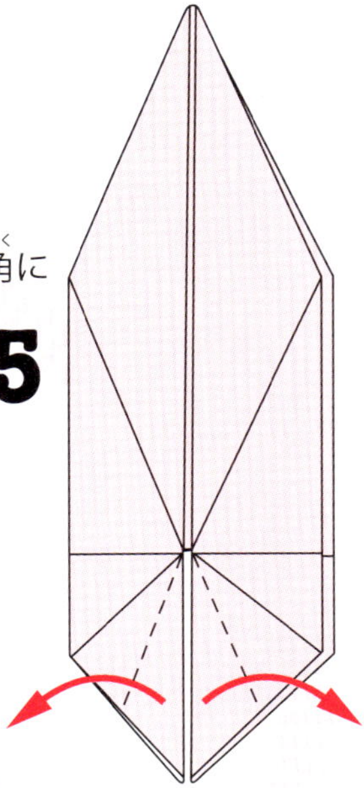

5

下《した》を小《ちい》さく三角《さんかく》におります。うらも同《おな》じ。

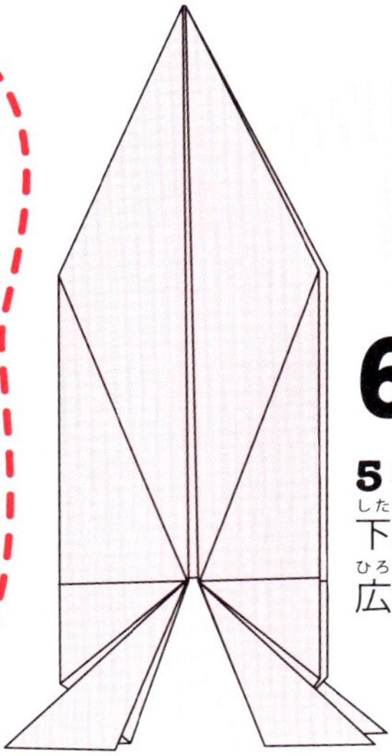

6

5をおったところ。下《した》から指《ゆび》を入《い》れて広《ひろ》げます。

できあがり

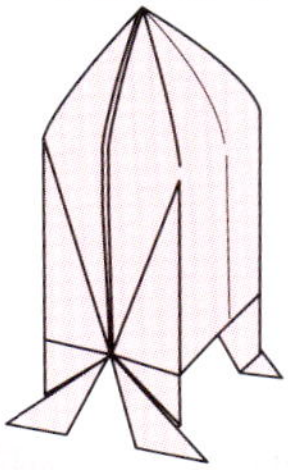

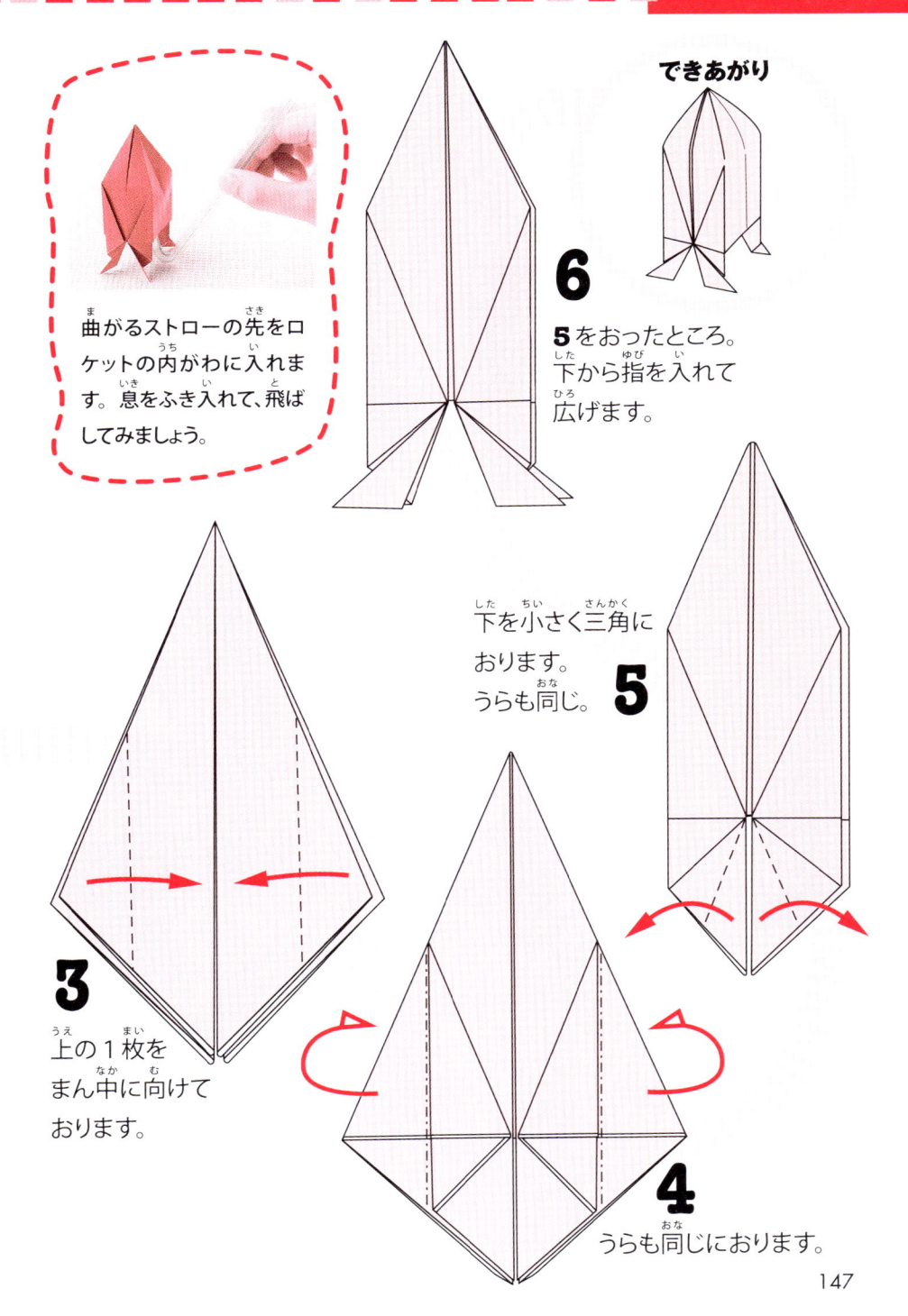

じんこう えいせい

「ふうせん」（16ページ）**の**
4までおります。

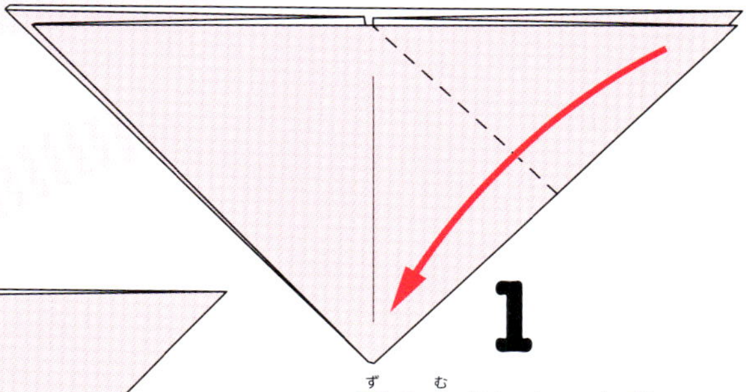

1

図《ず》の向《む》きにおいたら
右《みぎ》の１枚《まい》をおり下《さ》げます。

2

左《ひだり》にたおします。

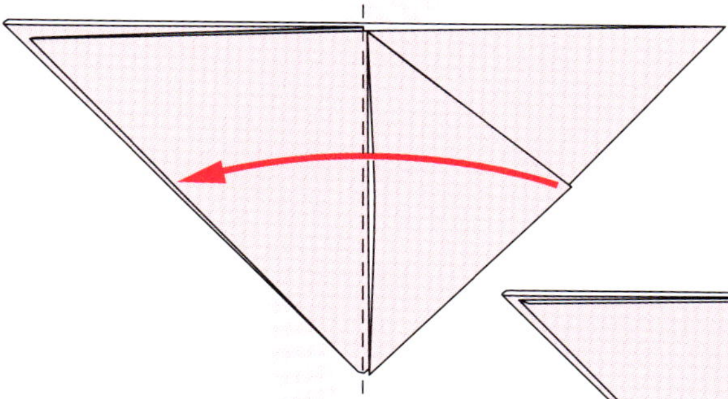

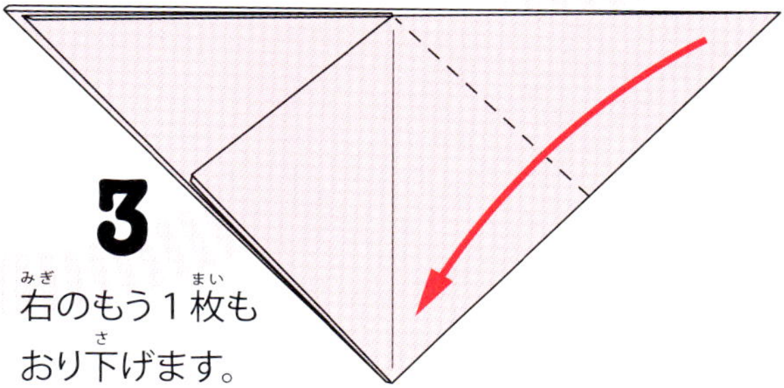

3

右《みぎ》のもう１枚《まい》も
おり下《さ》げます。

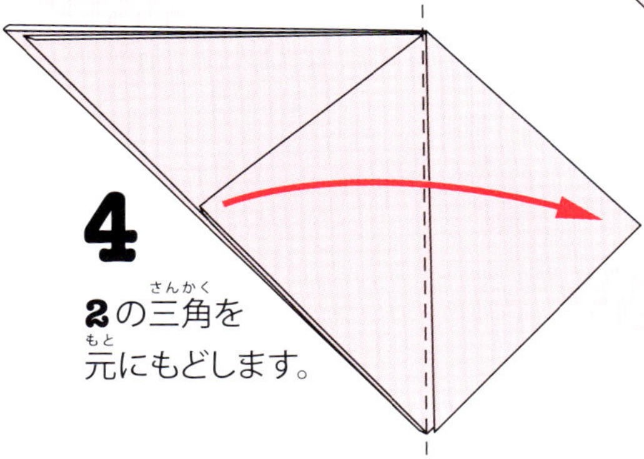

4

2の三角《さんかく》を
元《もと》にもどします。

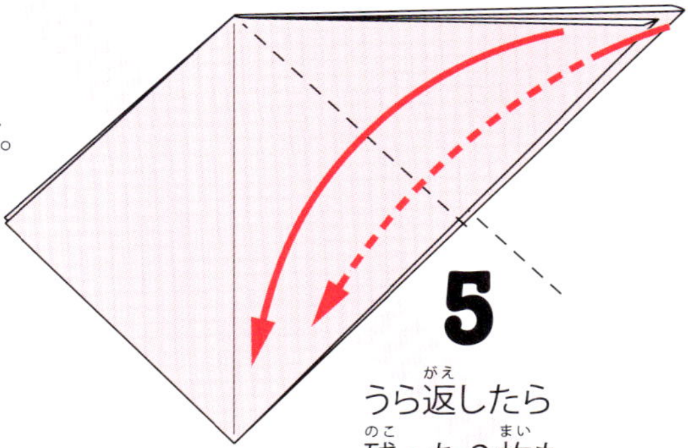

うらがえす

5

うら返《がえ》したら
残《のこ》った２枚《まい》も
同《おな》じように
1 ～ **4** をおります。

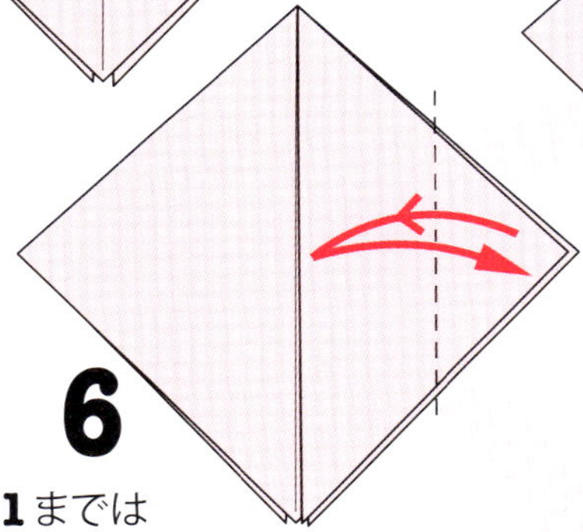

6

ここから **11** までは
手《て》前《まえ》右《みぎ》の三角《さんかく》だけをおっていきます。
まず、おりすじをつけます。

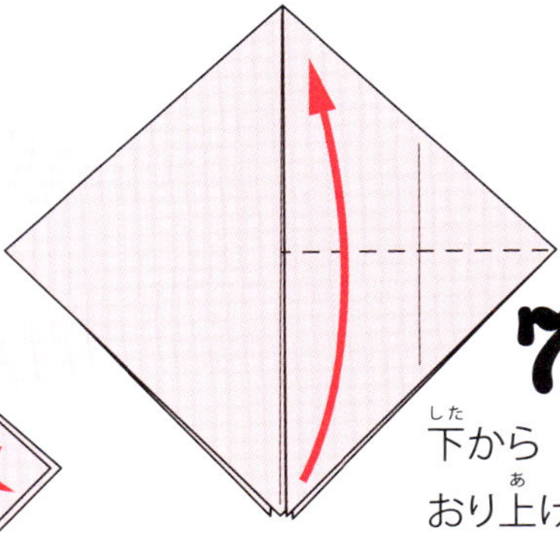

7

下《した》から
おり上《あ》げます。

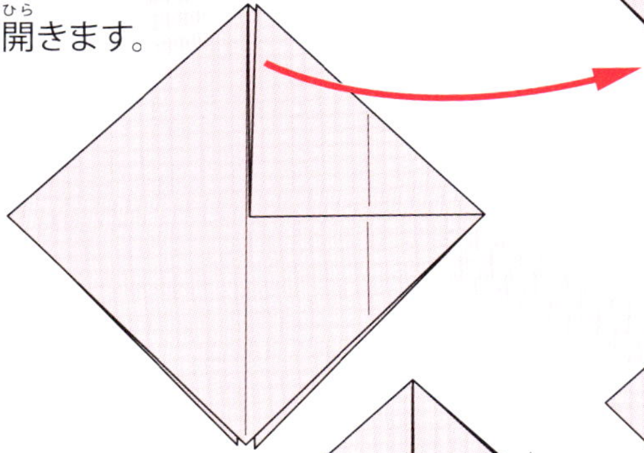

8

矢《や》じるしのほうに
開《ひら》きます。

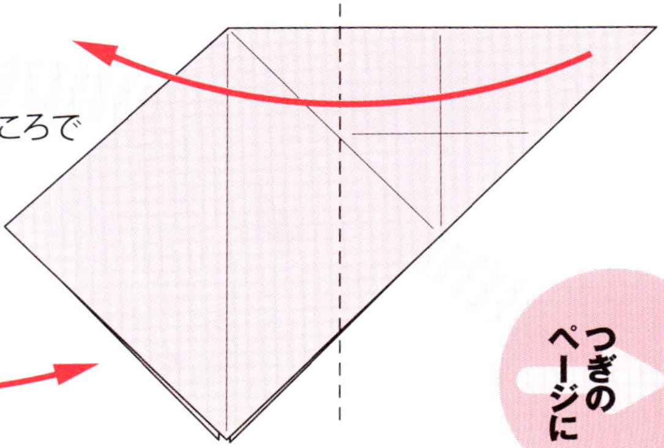

9

点線《てんせん》のところで
おります。

つぎのページに

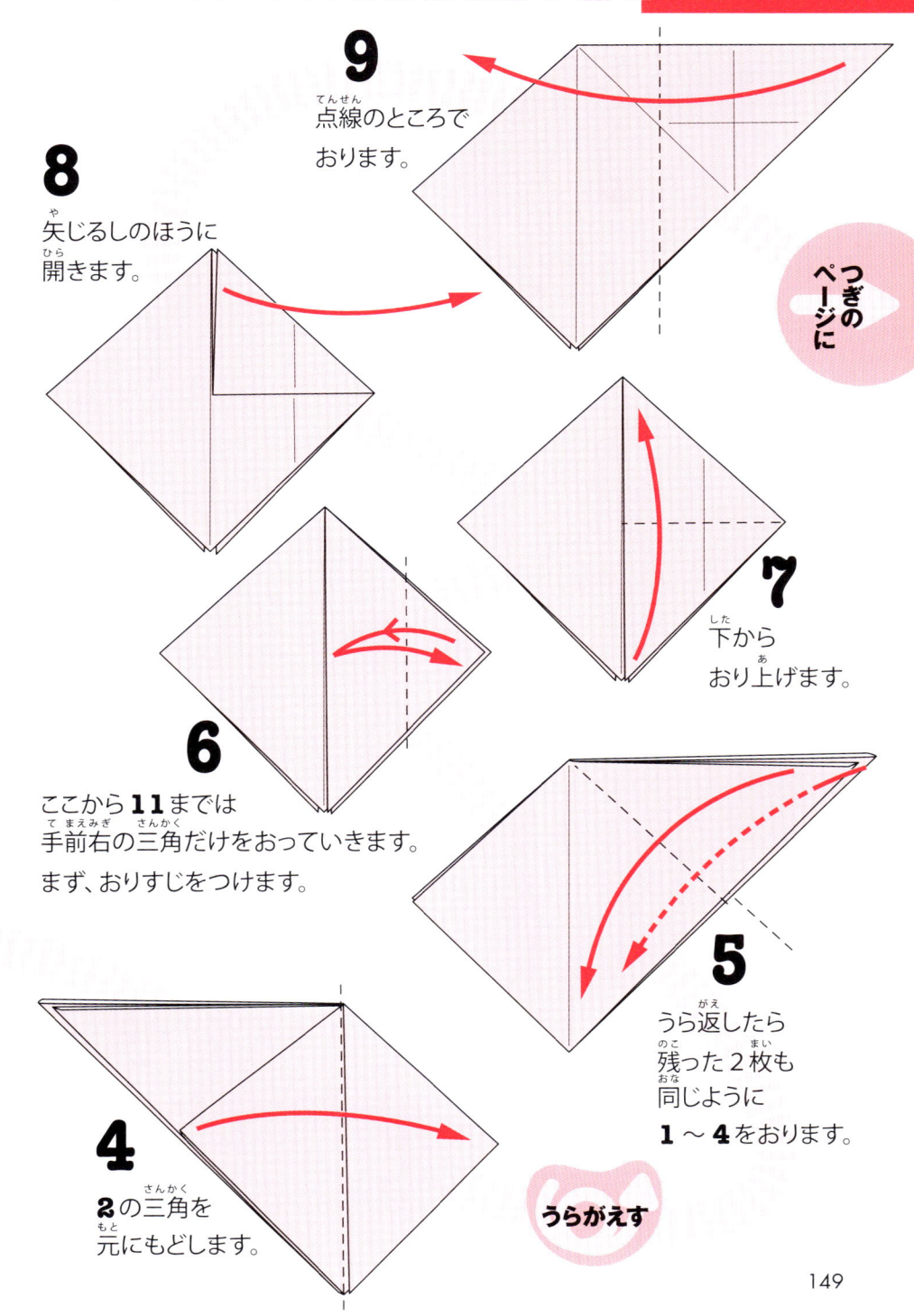

まえのページから

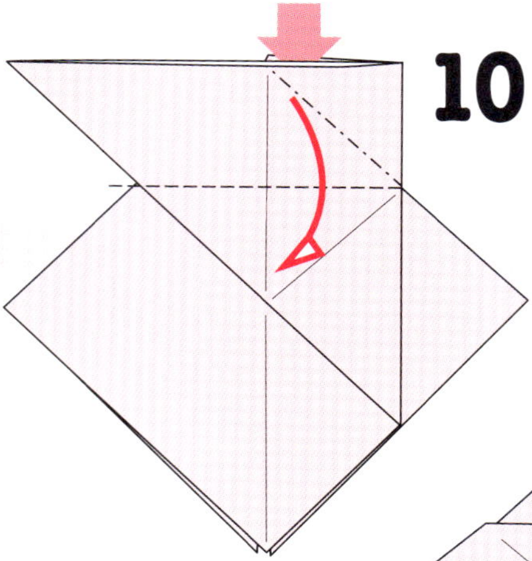

10 ⇧に指《ゆび》を入《い》れて
開《ひら》いてつぶします。

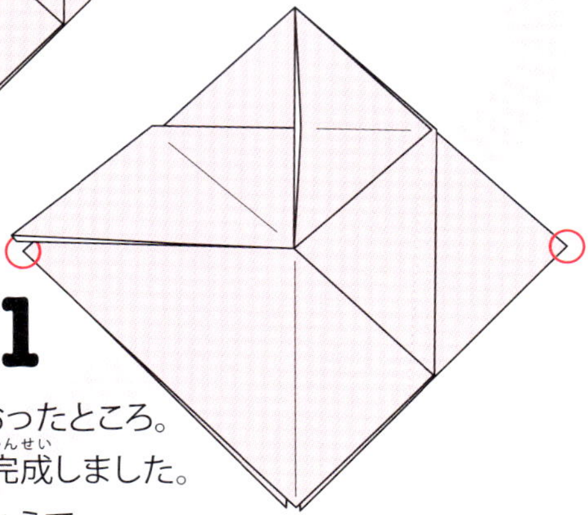

11

10までおったところ。
羽《はね》が1枚完成《まいかんせい》しました。
おる面《めん》をかえて、
残《のこ》り3つの角《かど》（○のところ）も
同《おな》じように**6**～**10**をおります。

いきをふきこむ

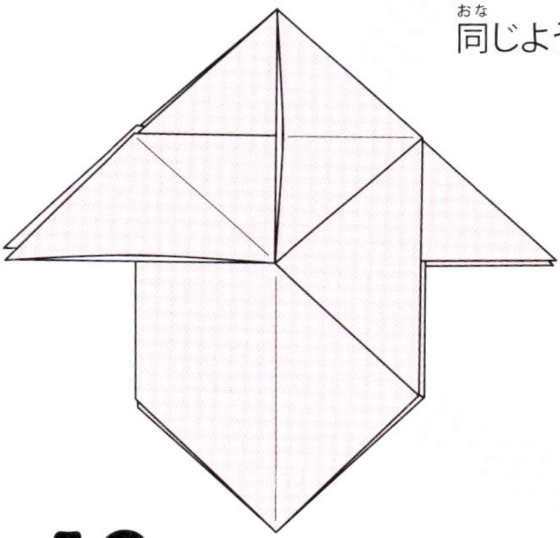

12 羽《はね》が4枚《まい》できたら
息《いき》をふきこんで
ふくらませます。

できあがり

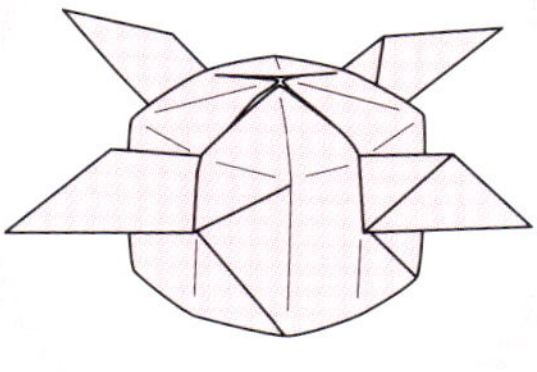

トラック

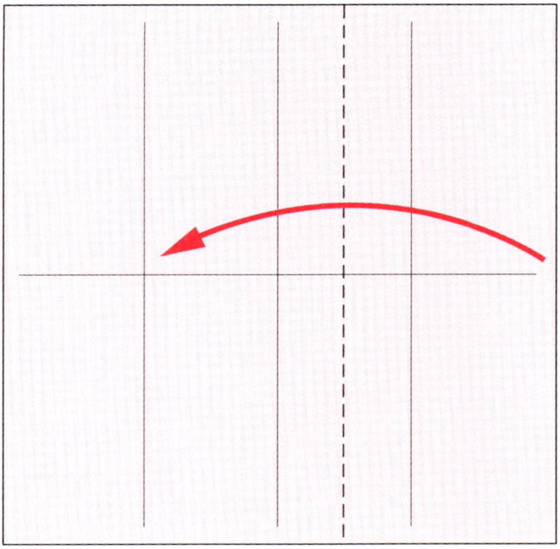

1

図《ず》のようにおりすじをつけてから
右《みぎ》を点線《てんせん》のところでおります。

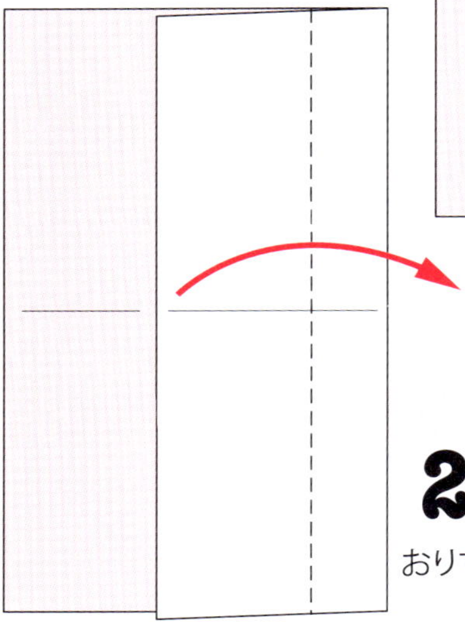

2

おりすじのところでおりもどします。

つぎのページに

まえのページから

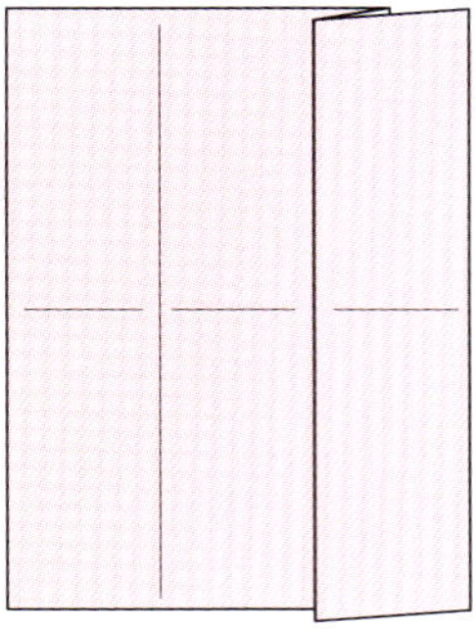

2をおったところ

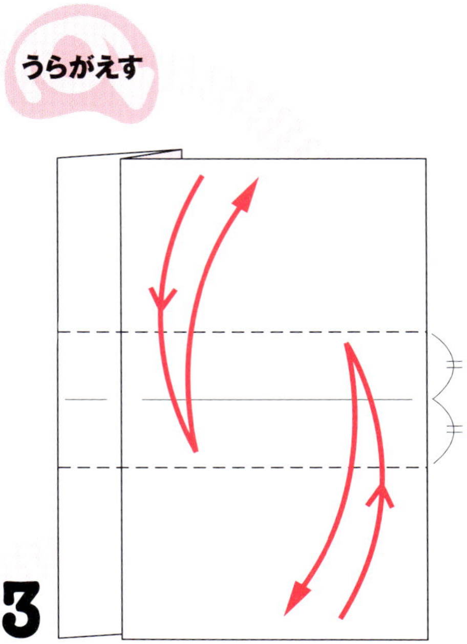

うらがえす

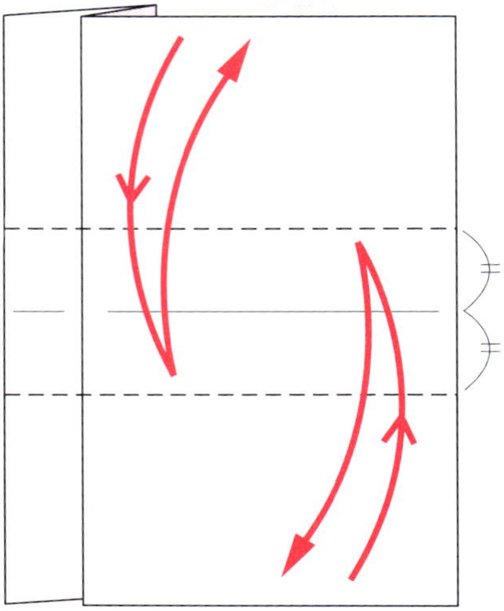

3

うら返《がえ》したら
点線《てんせん》のところにおりすじをつけます。

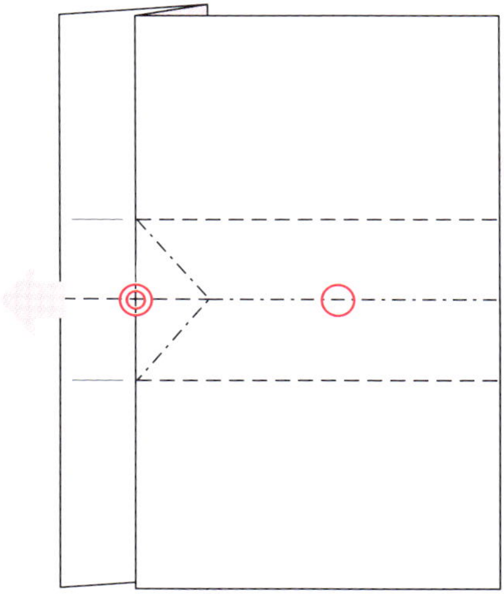

4

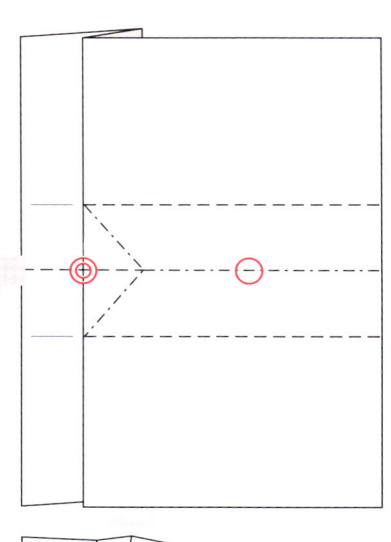

右手《みぎて》で○をつまみ
左手《ひだりて》は少《すこ》し引《ひ》っぱって開《ひら》きながら、
◎を中《なか》におしこみます。

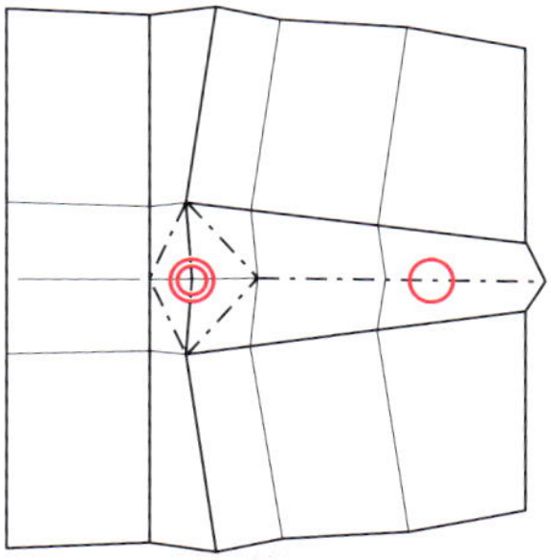

4をおっているところ

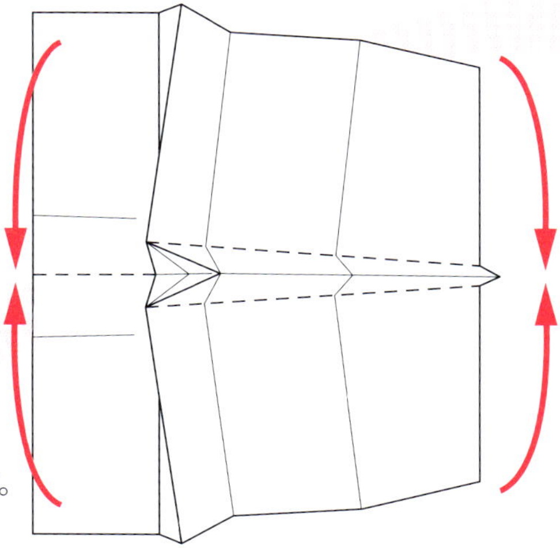

5

半分《はんぶん》におります。

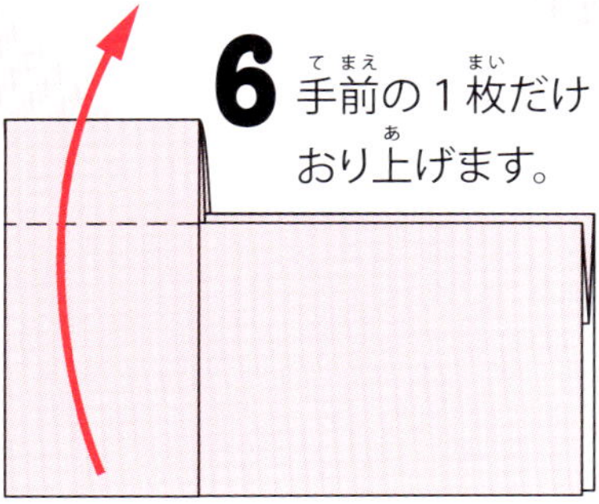

6 手前《てまえ》の1枚《まい》だけ
おり上《あ》げます。

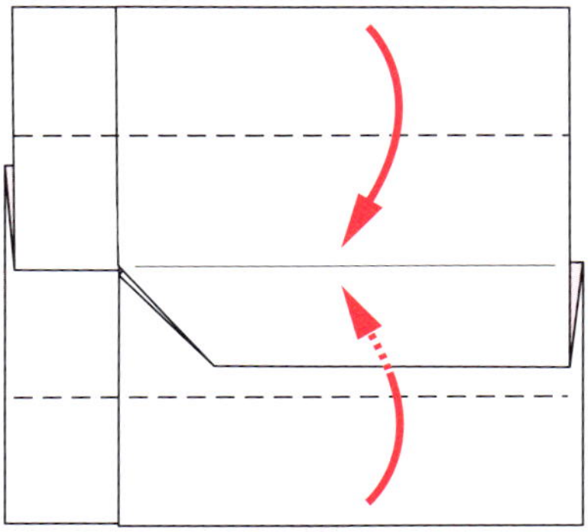

7
上下《じょうげ》を半分《はんぶん》におります。
下《した》はおり返《かえ》しの内《うち》がわに入《い》れます。

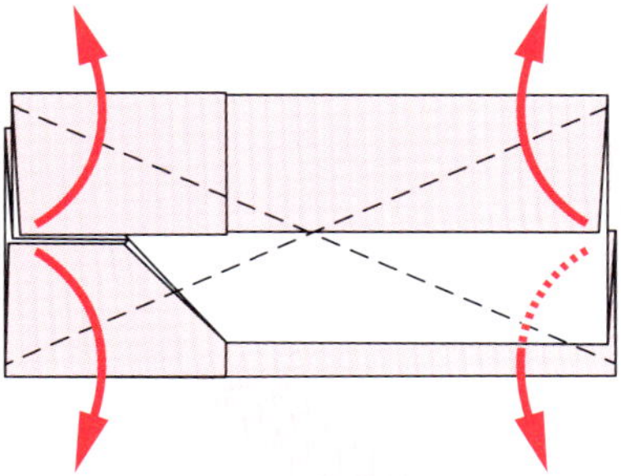

8 4つの角《かど》を
それぞれ三角《さんかく》におります。

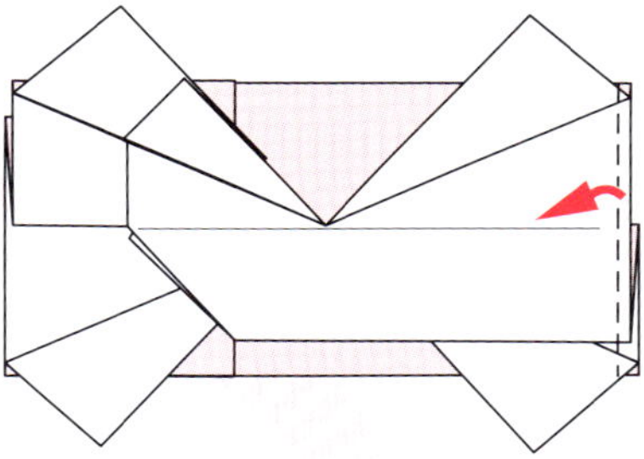

9
右《みぎ》はしを少《すこ》しだけ内《うち》がわにおります。

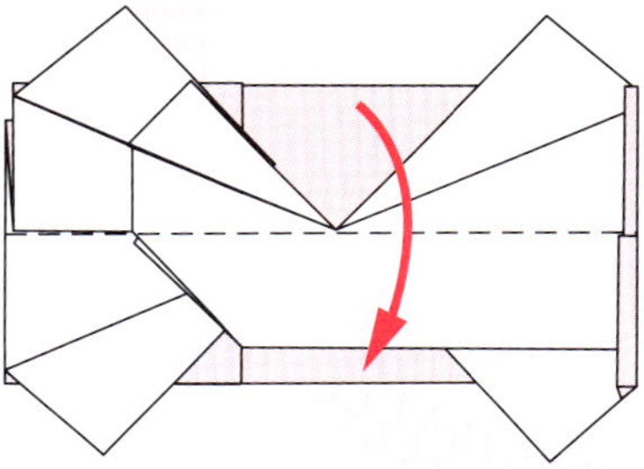

10
半分《はんぶん》におります。

11
3カ所《しょ》を
山《やま》おりにします。

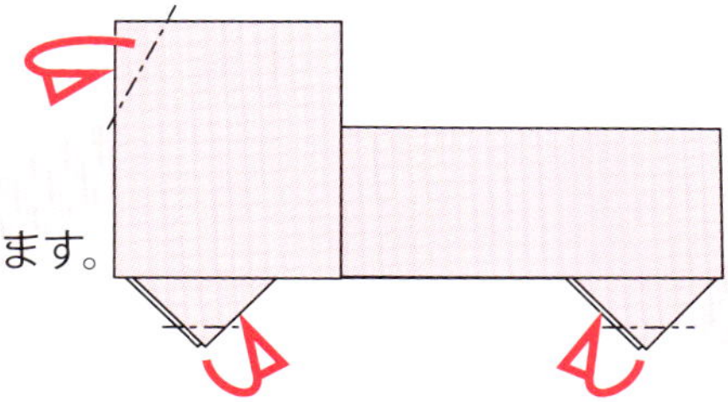

できあがり

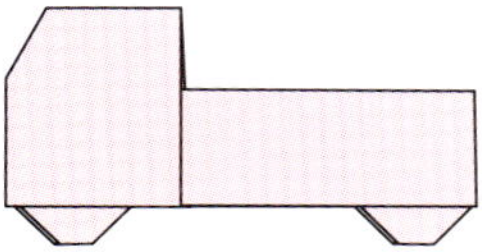

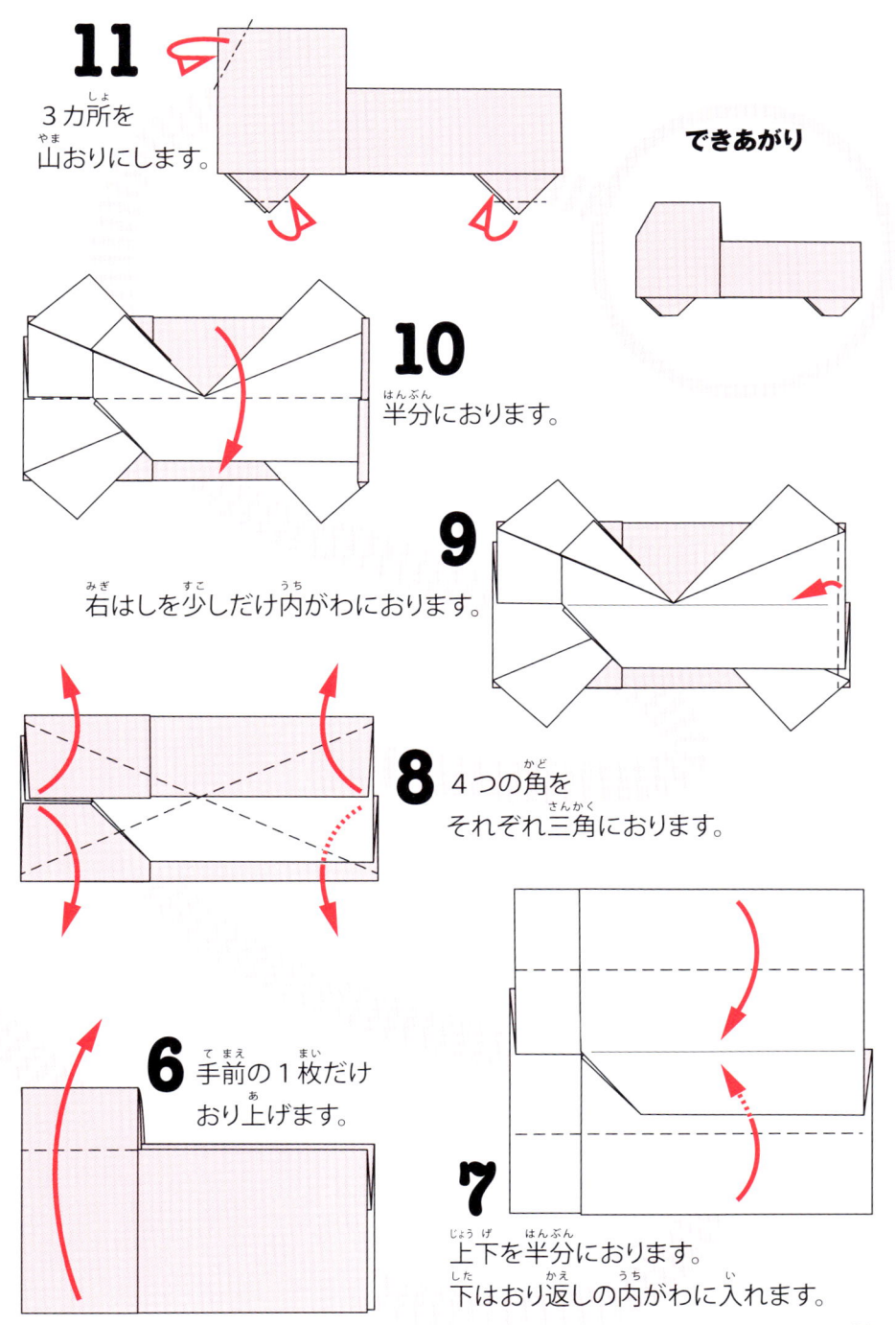

くるま

「つる」（46ページ）の
4までおります。

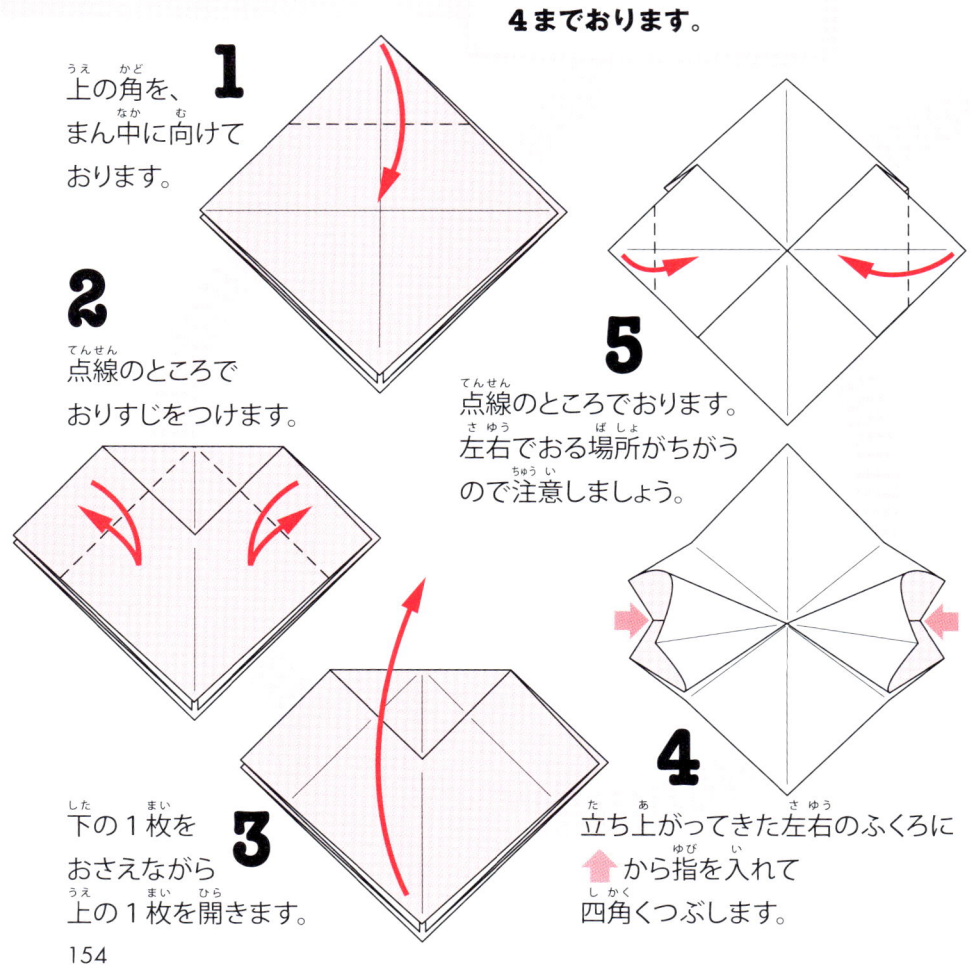

1

上《うえ》の角《かど》を、
まん中《なか》に向《む》けて
おります。

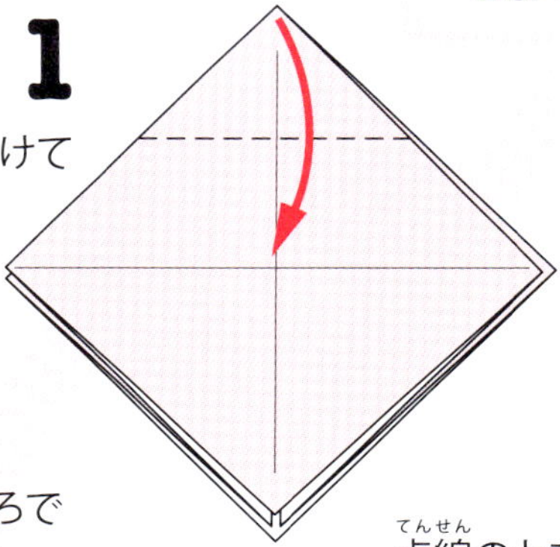

2

点線《てんせん》のところで
おりすじをつけます。

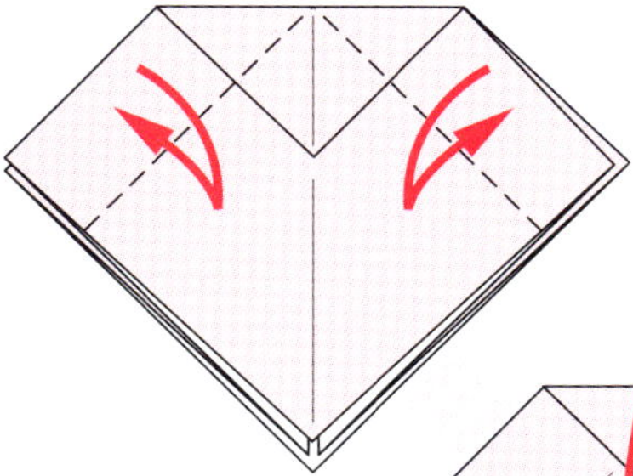

3

下《した》の１枚《まい》を
おさえながら
上《うえ》の１枚《まい》を開《ひら》きます。

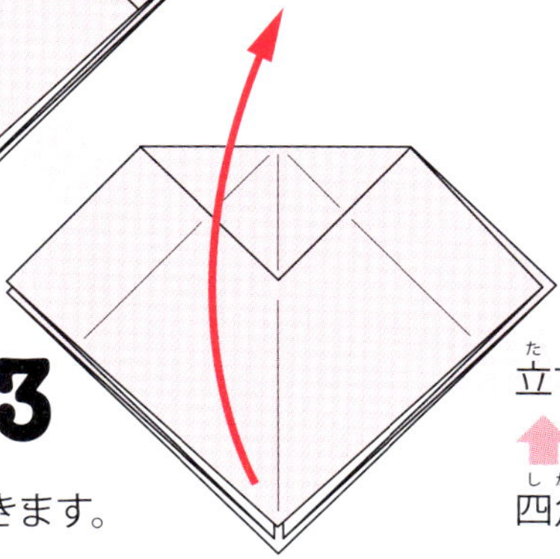

4

立《た》ち上《あ》がってきた左右《さゆう》のふくろに
から指《ゆび》を入《い》れて
四角《しかく》つぶしします。

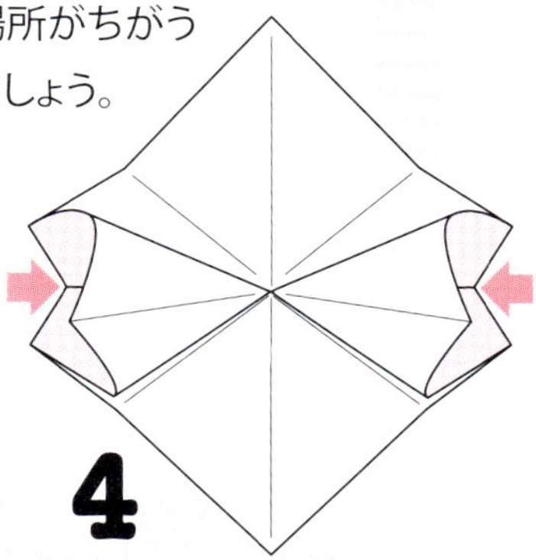

5

点線《てんせん》のところでおります。
左右《さゆう》でおる場所《ばしょ》がちがう
ので注意《ちゅうい》しましょう。

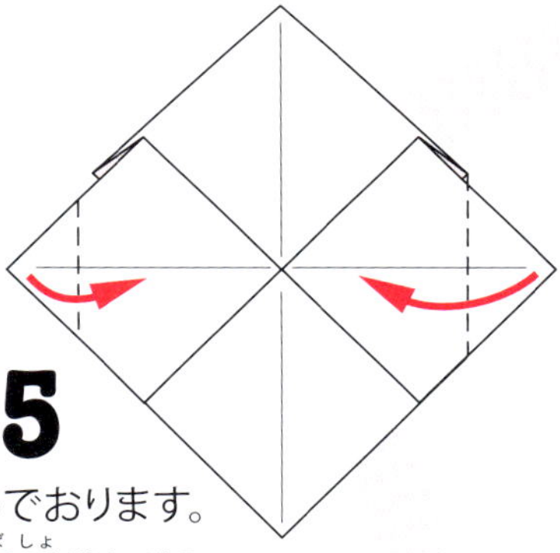

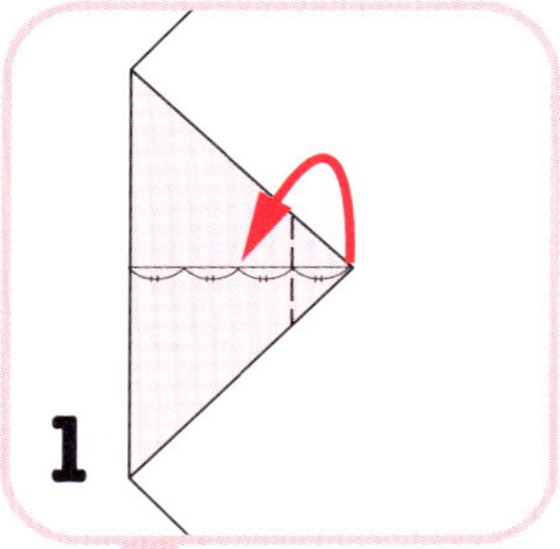

1

小《ちい》さい三角《さんかく》を
おります。

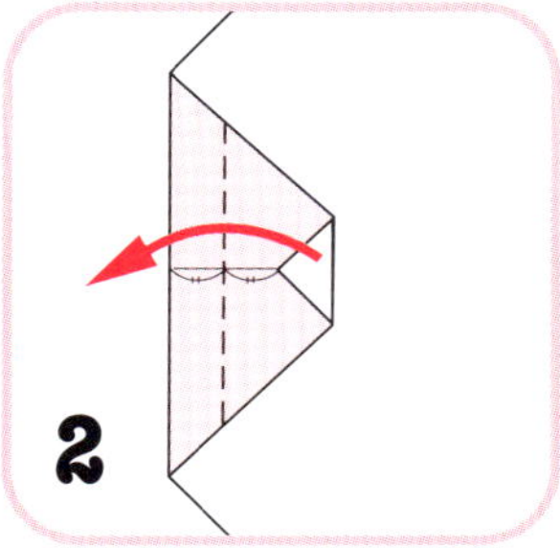

2

1でおったところが
左《ひだり》にとび出《だ》すように
おります。

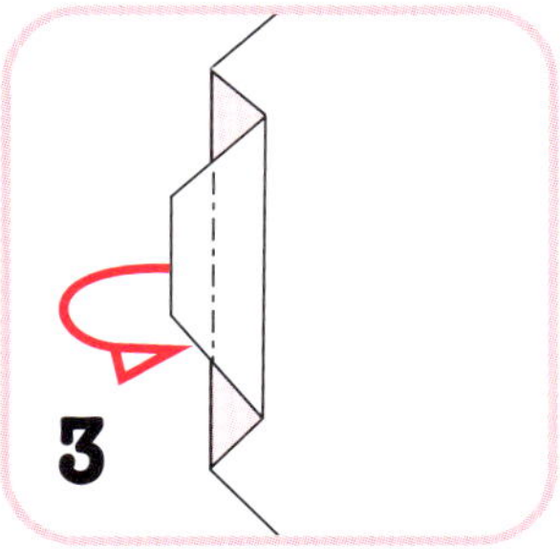

3

とび出《だ》したところを
向《む》こうがわに
山《やま》おりにします。

6

左《ひだり》の三角《さんかく》を
上《うえ》のように
おりましょう。

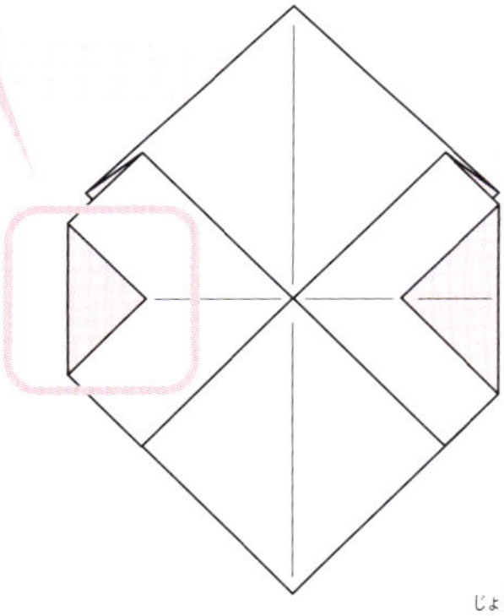

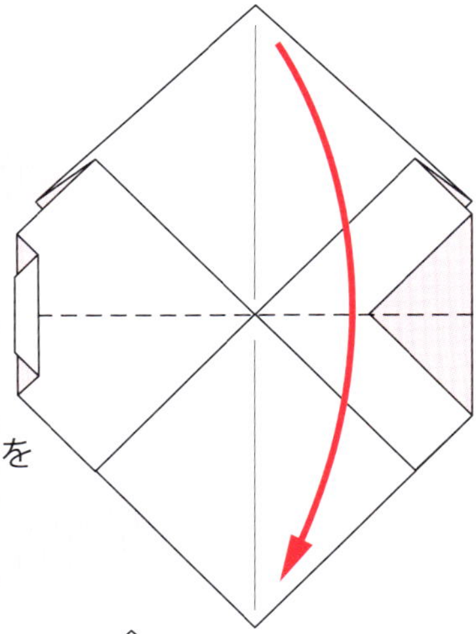

7

上下《じょうげ》の角《かど》を
合《あ》わせて
おります。

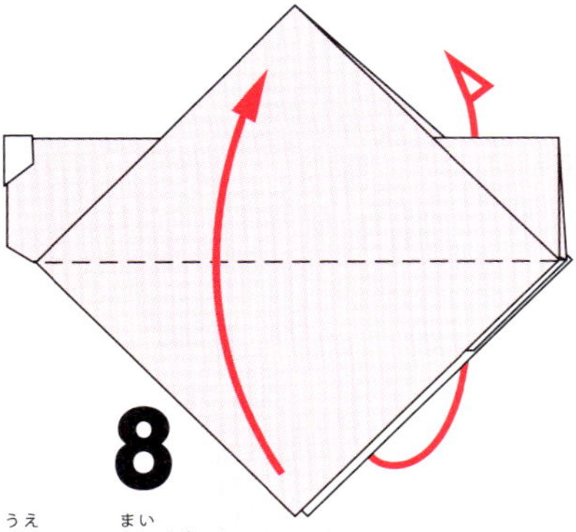

8

上《うえ》の１枚《まい》だけ
おり上《あ》げます。
うらも同《おな》じ。

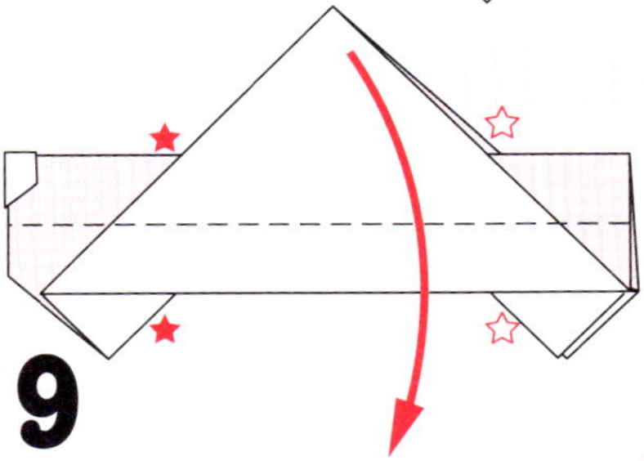

9

☆と☆、★と★が重《かさ》なるように
点線《てんせん》のところでおります。
うらも同《おな》じ。

つぎのページに

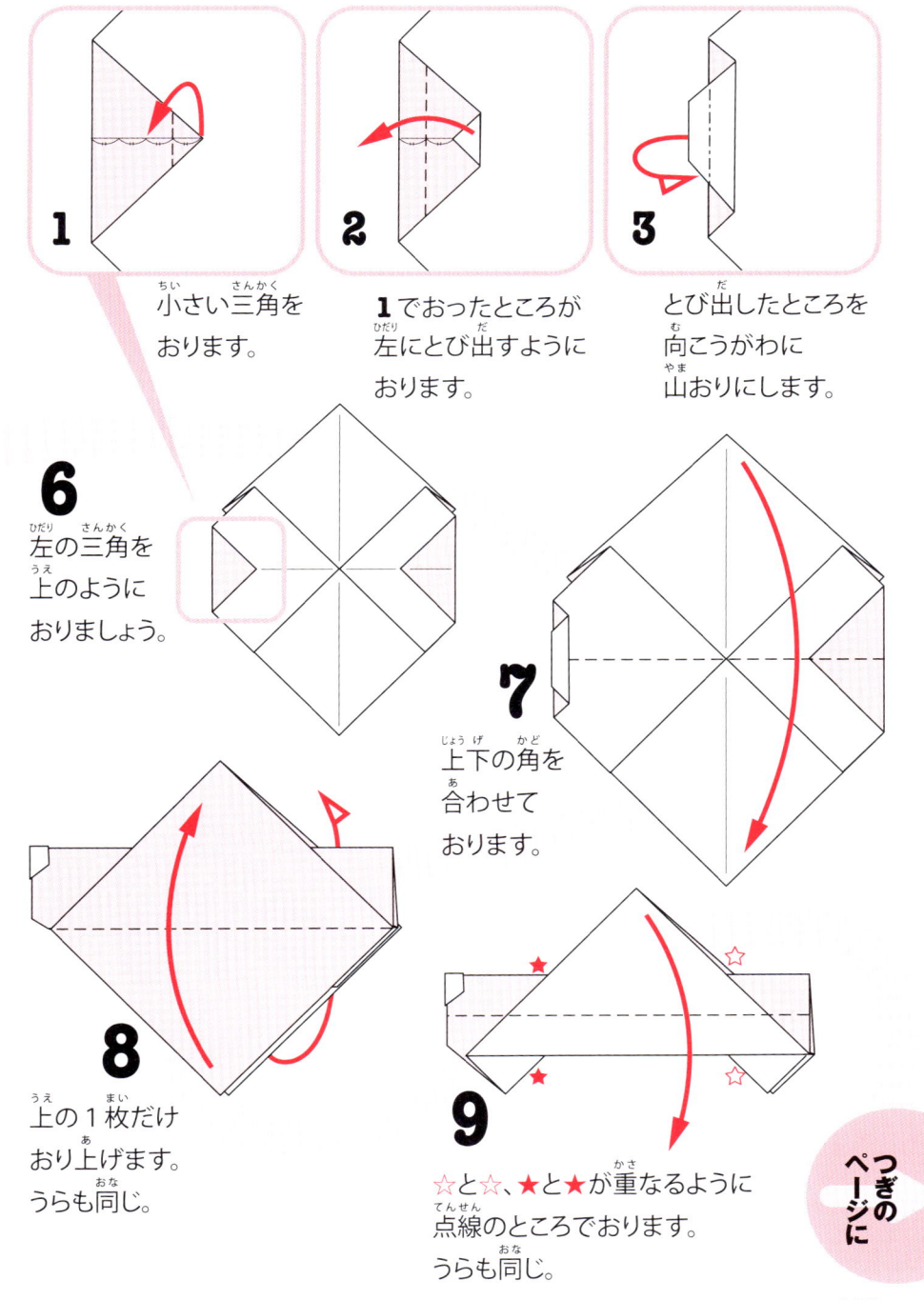

まえのページから

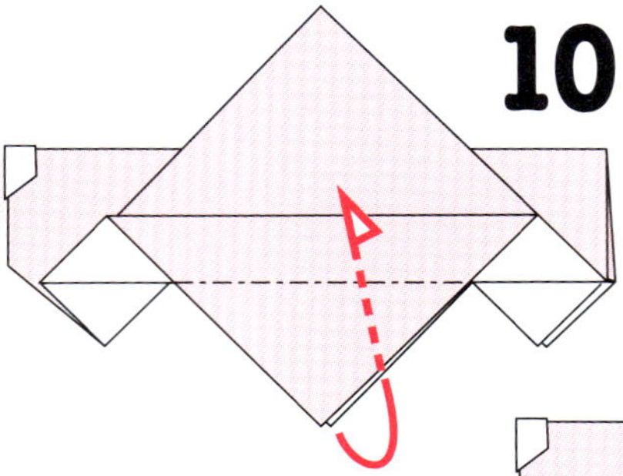

10

下《した》の三角《さんかく》を
内《うち》がわにおりこみます。
うらも同《おな》じ。

11

点線《てんせん》のところで
細《ほそ》く山《やま》おりにします。
うらも同《おな》じ。

12

点線《てんせん》のところで
谷《たに》おりにします。

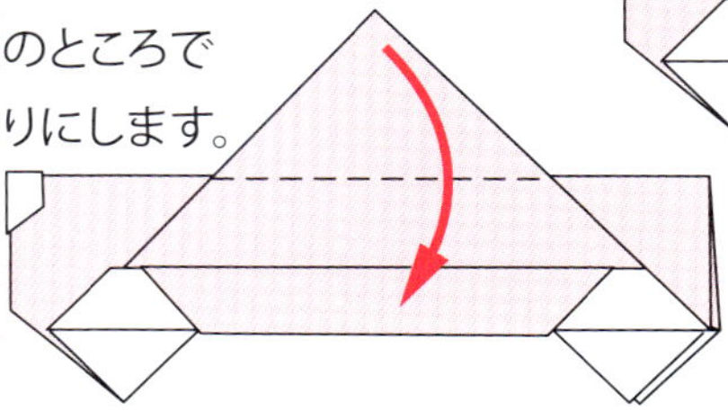

13

⬆から指《ゆび》を入《い》れて
持《も》ち上《あ》げるようにして四角《しかく》くつぶします。

14

13でつぶした
手前《てまえ》の１枚《まい》を上《うえ》におります。

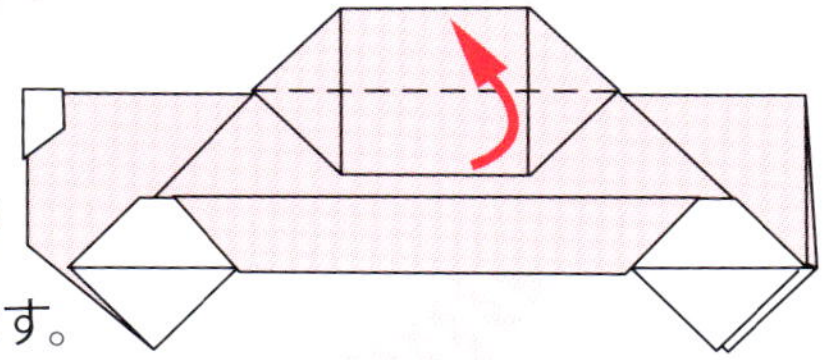

15

矢《や》じるしの方向《ほうこう》へ
少《すこ》しずつおりこみ
タイヤの形《かたち》をととのえます。

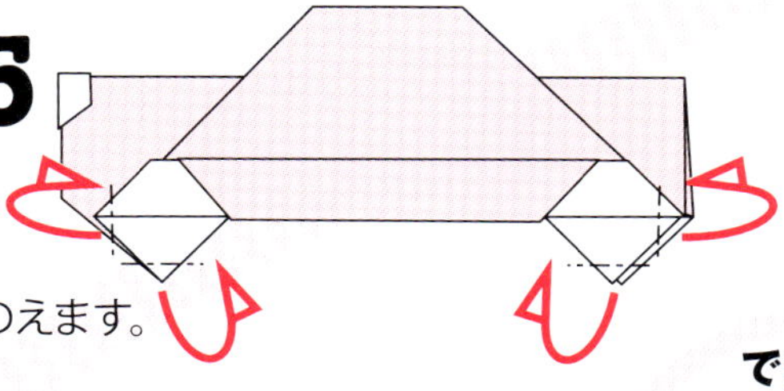

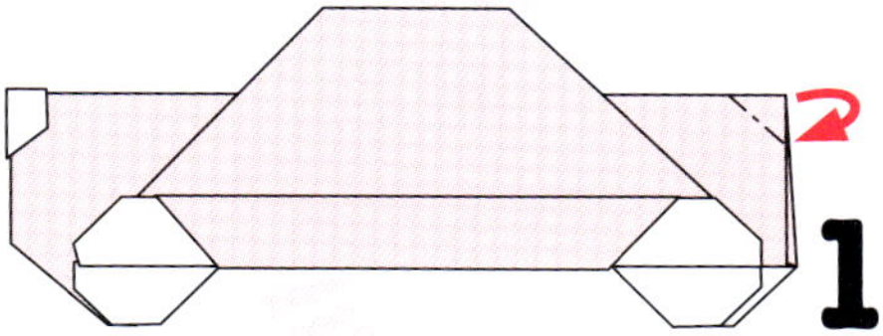

16

後《うし》ろを少《すこ》し間《あいだ》におりこみます。

できあがり

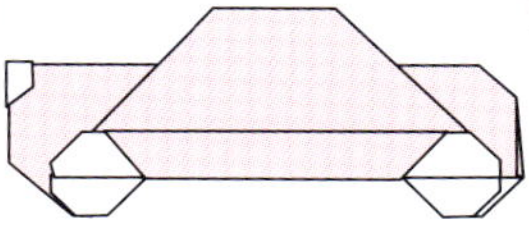

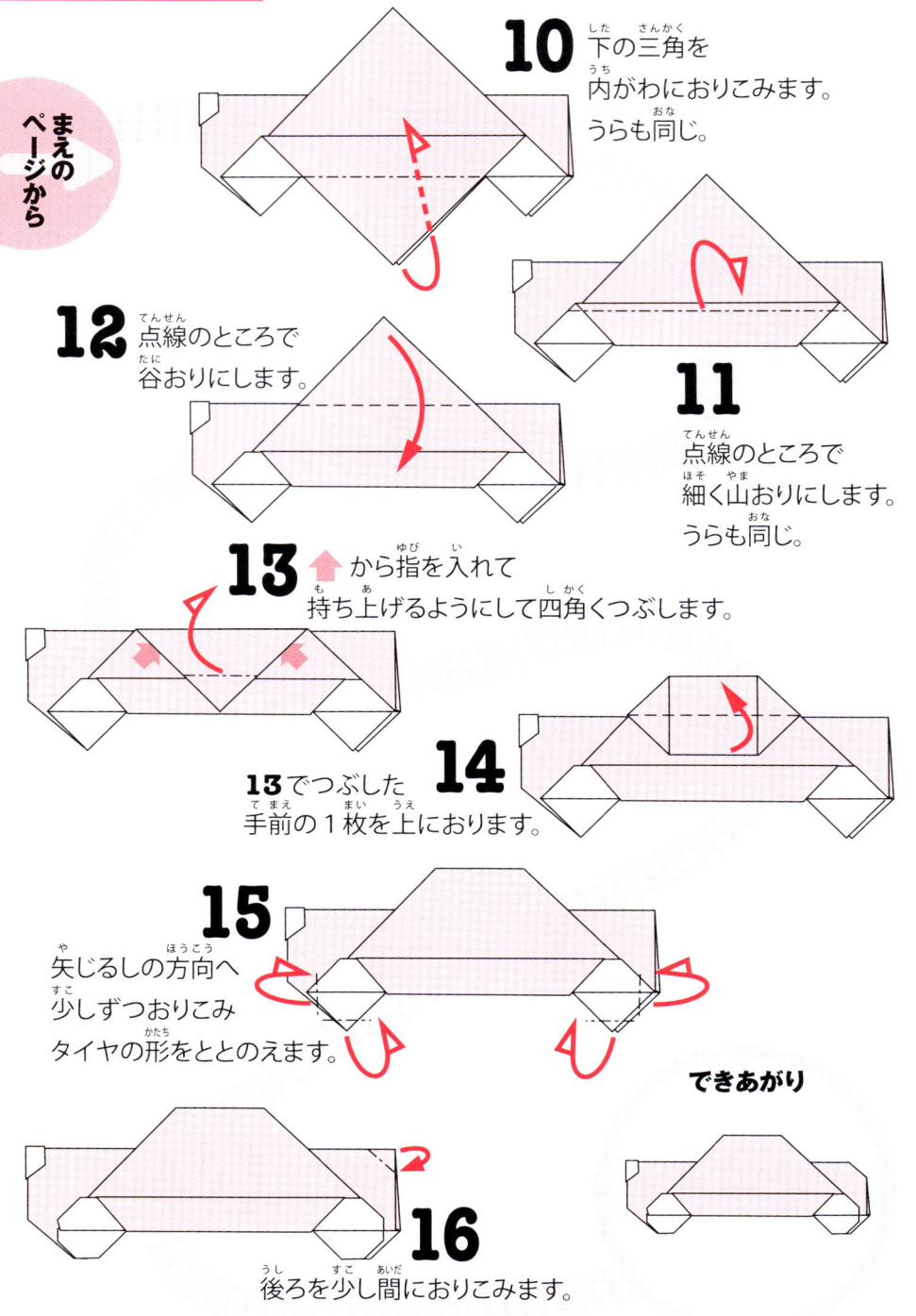

エコカー

「つる」(46ページ)の
4までおります。

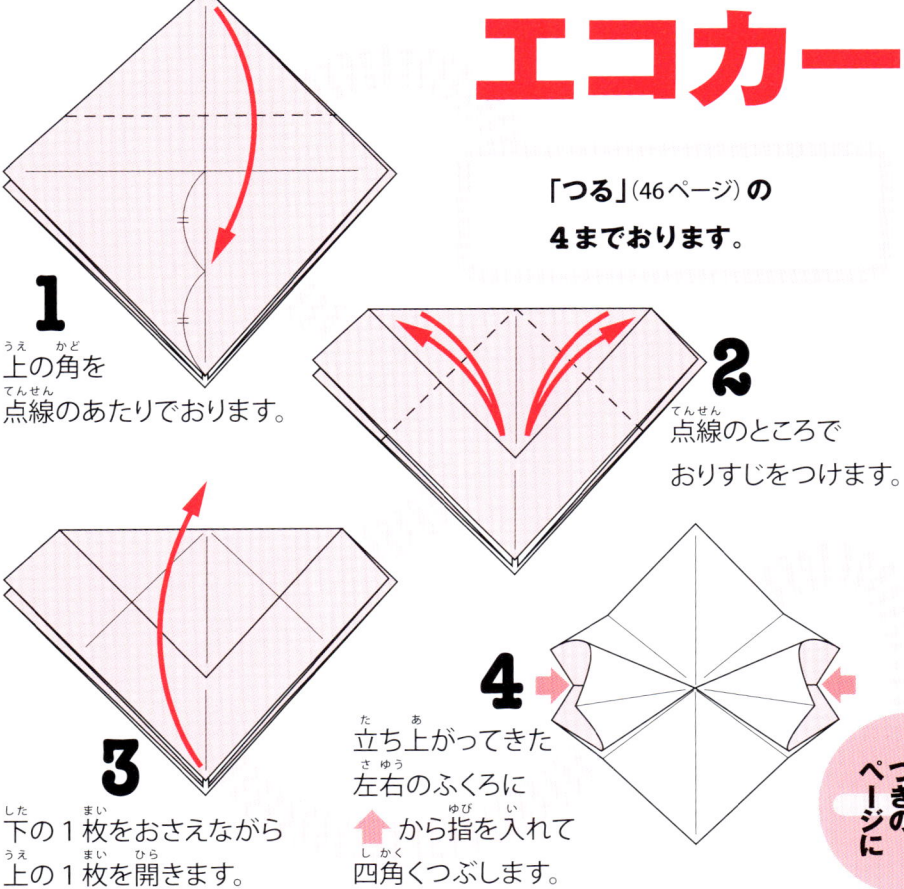

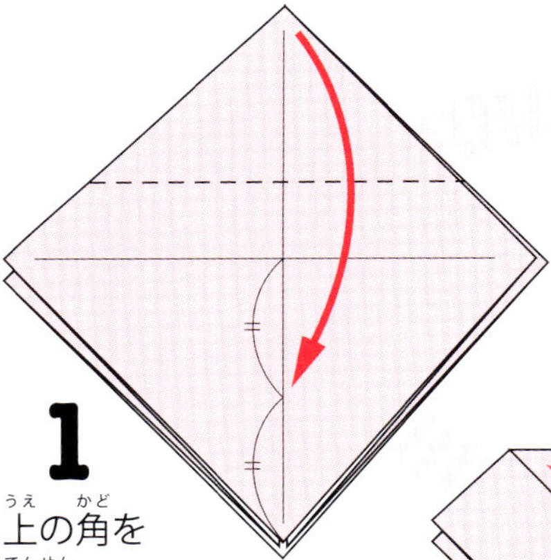

1

上《うえ》の角《かど》を
点線《てんせん》のあたりでおります。

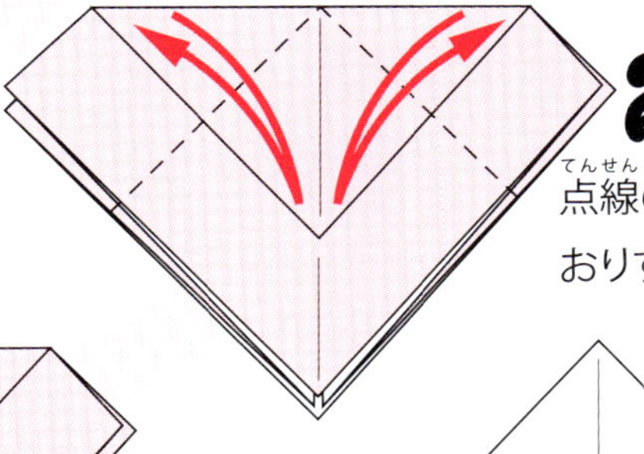

2

点線《てんせん》のところで
おりすじをつけます。

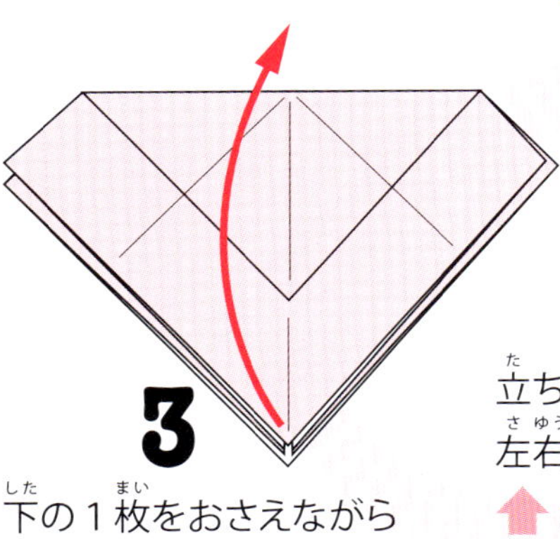

3

下《した》の１枚《まい》をおさえながら
上《うえ》の１枚《まい》を開《ひら》きます。

4

立《た》ち上《あ》がってきた
左右《さゆう》のふくろに
⇧から指《ゆび》を入《い》れて
四角《しかく》つぶします。

つぎのページに

まえのページから

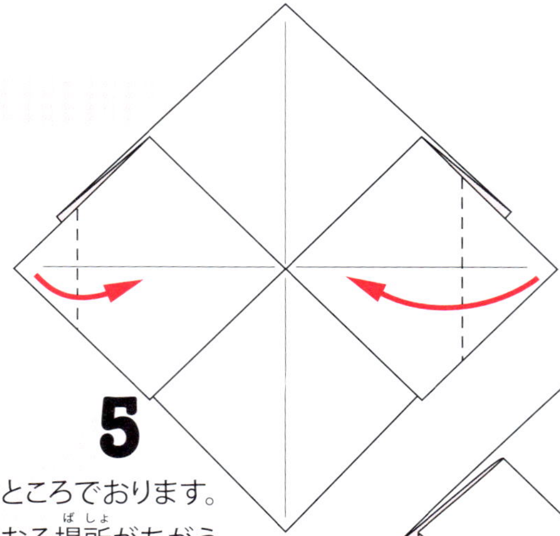

5

点線《てんせん》のところでおります。左右《さゆう》でおる場所《ばしょ》がちがうので注意《ちゅうい》しましょう。

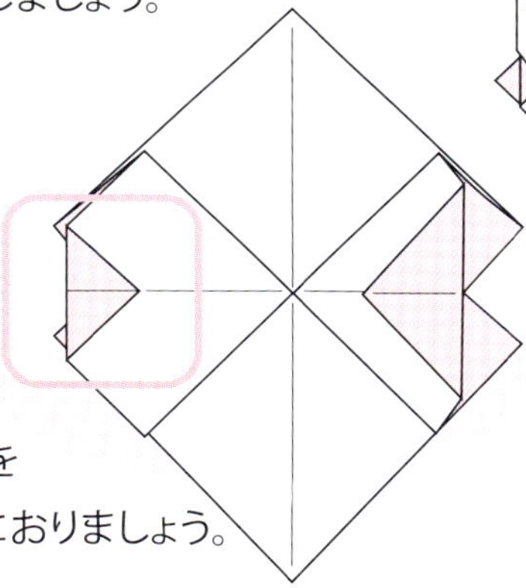

6

左《ひだり》の三角《さんかく》を下《した》のようにおりましょう。

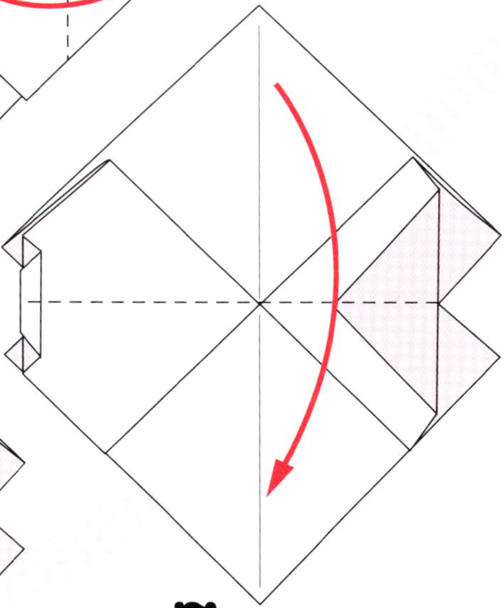

7

半分《はんぶん》におります。

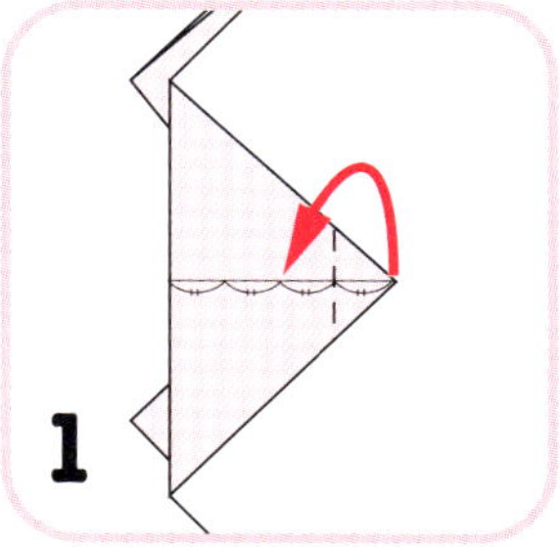

小《ちい》さい三角《さんかく》をおります。

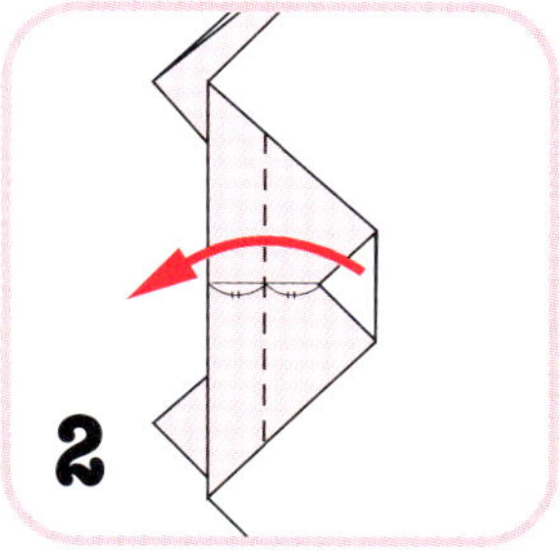

1 でおったところが左《ひだり》にとび出《だ》すようにおります。

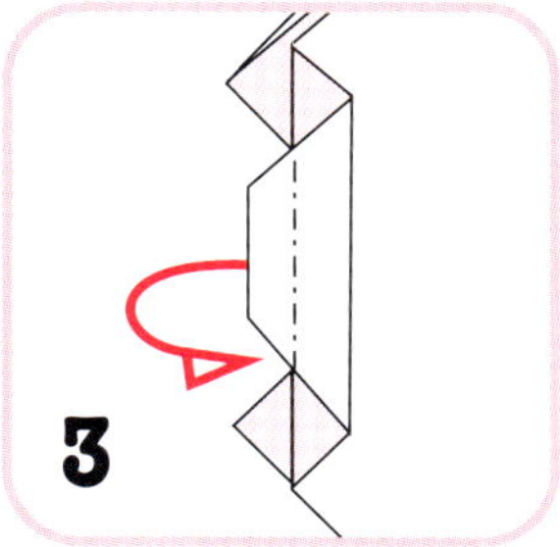

とび出《だ》したところを向《む》こうがわに山《やま》おりにします。

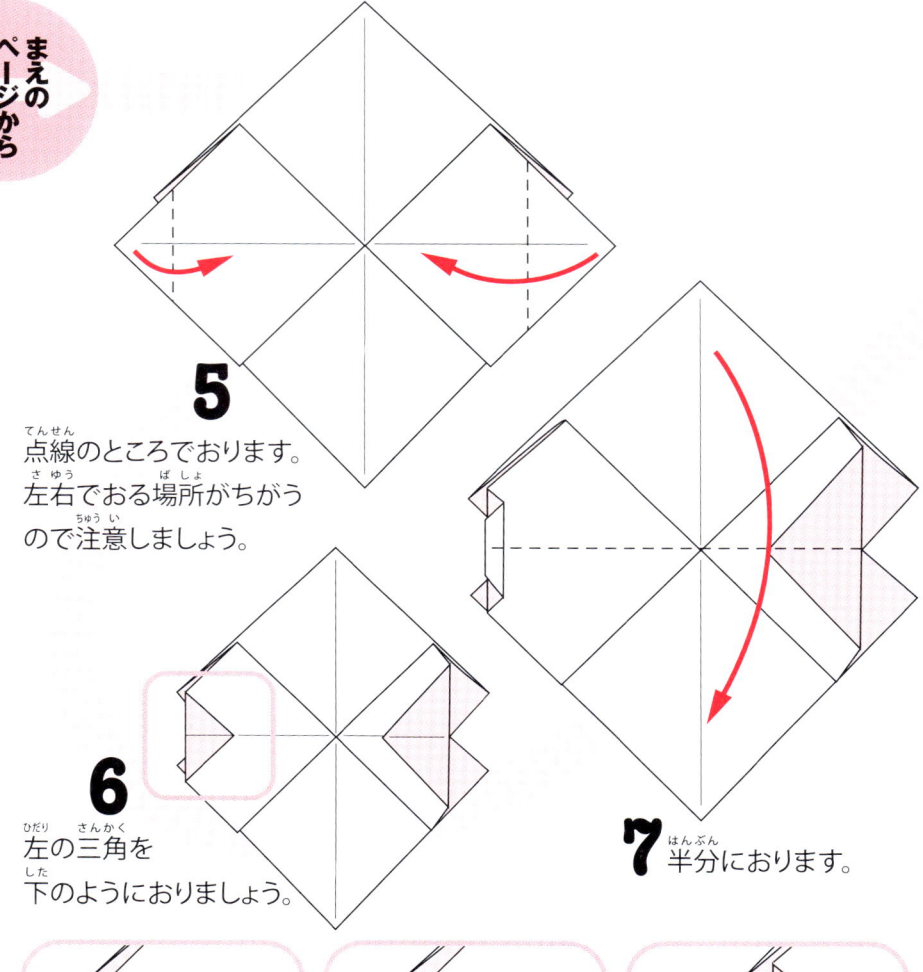

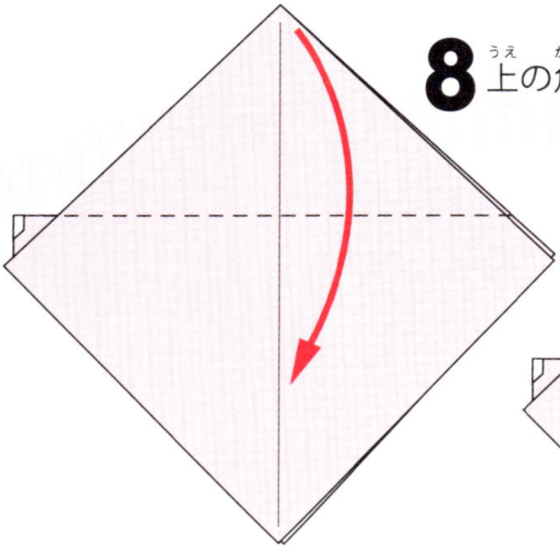

8 上《うえ》の角《かど》をおり下《さ》げます。

9 ↑から指《ゆび》を入《い》れ、**8**でおった三角《さんかく》の角《かど》を四角《しかく》くつぶします。

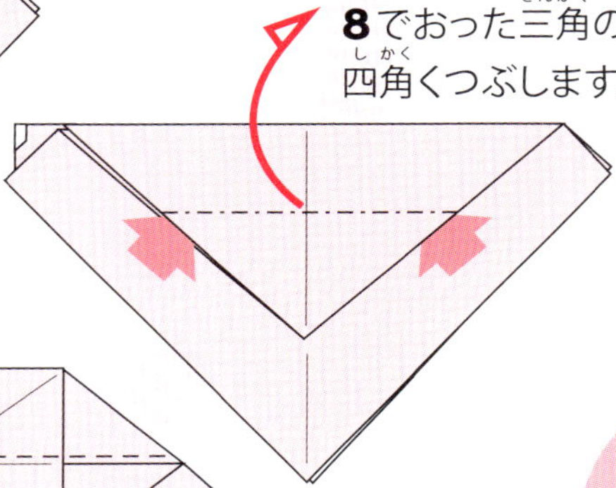

つぎのページに

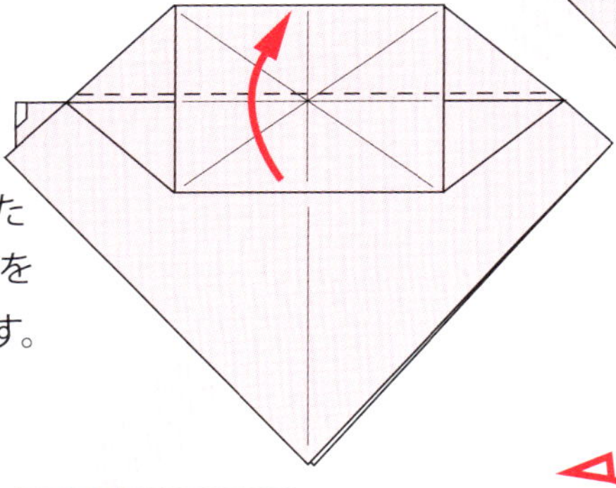

10

9でつぶした手前《てまえ》の１枚《まい》をおり上《あ》げます。

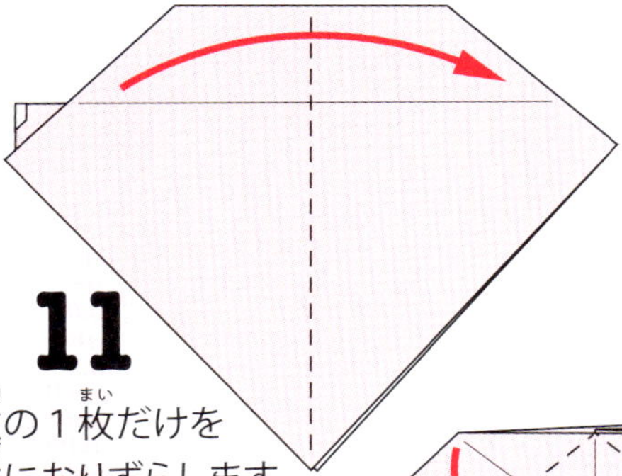

11

左《ひだり》の１枚《まい》だけを右《みぎ》におりずらします。

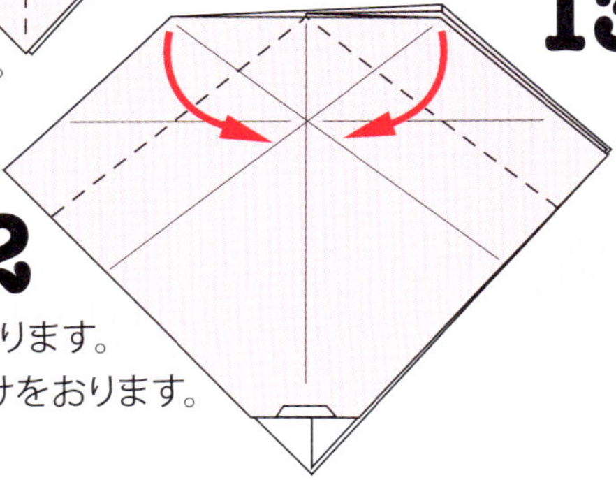

12

点線《てんせん》のところでおります。右《みぎ》は上《うえ》の１枚《まい》だけをおります。

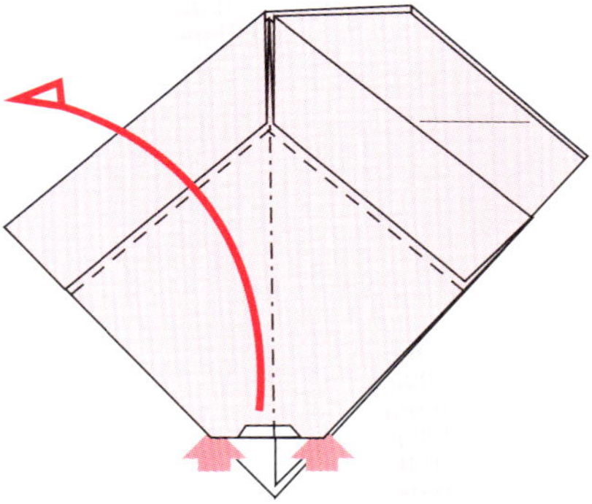

13 ↑から手《て》を入《い》れ、矢《や》じるしのほうへおりたおします。

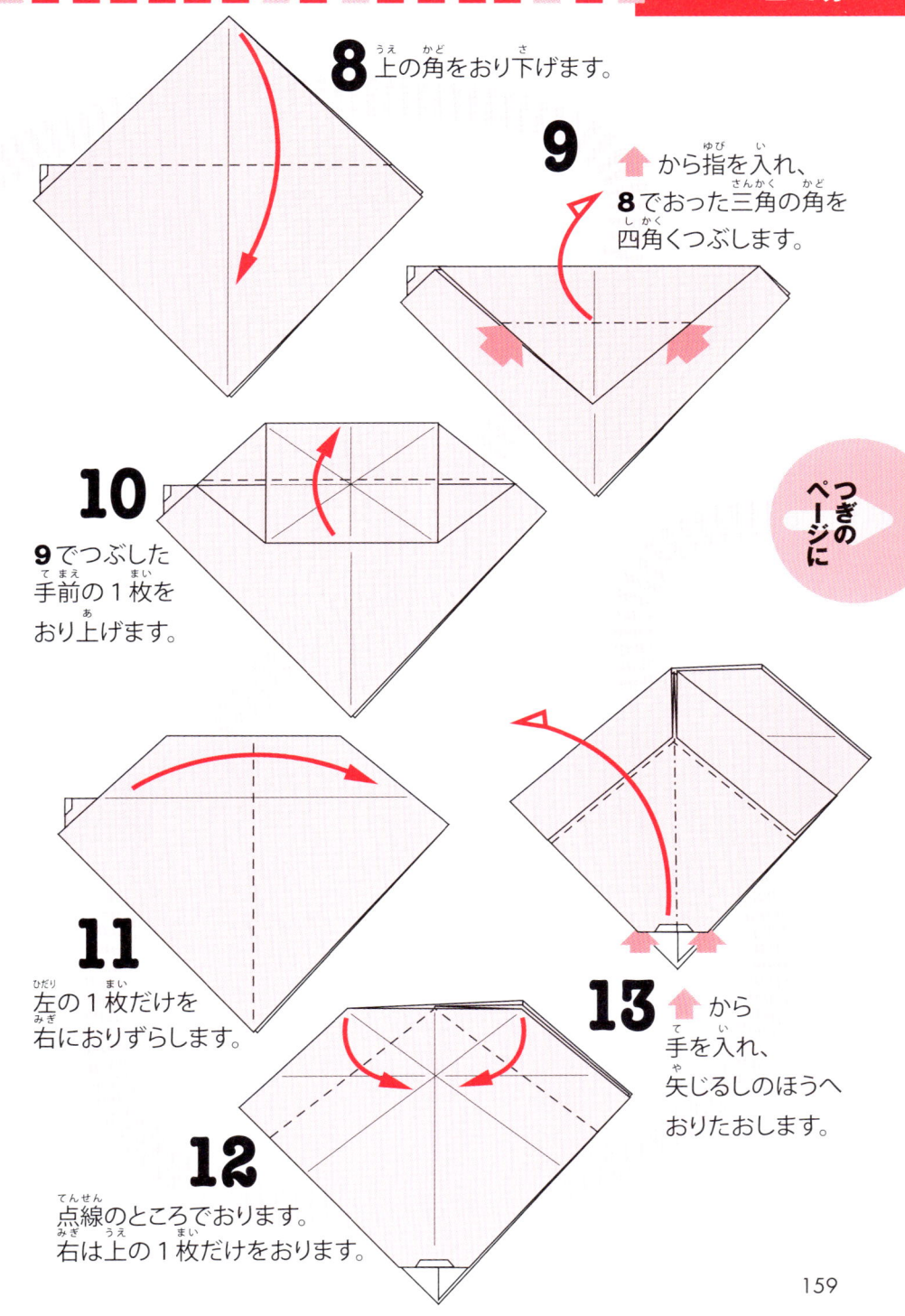

まえのページから

14

下《した》の１枚《まい》をおり上《あ》げます。

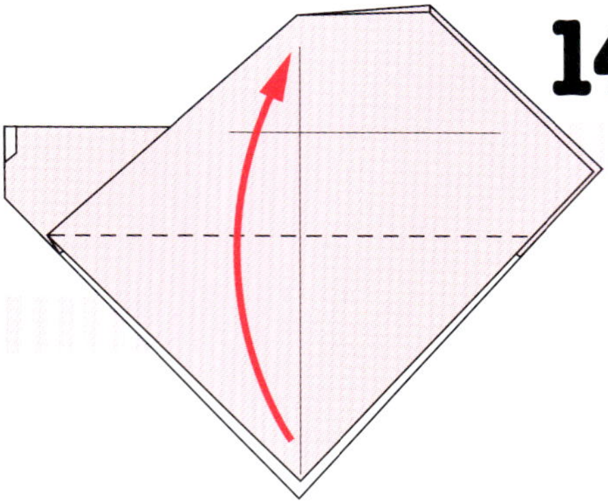

15

下《した》の１枚《まい》をおり上《あ》げます。

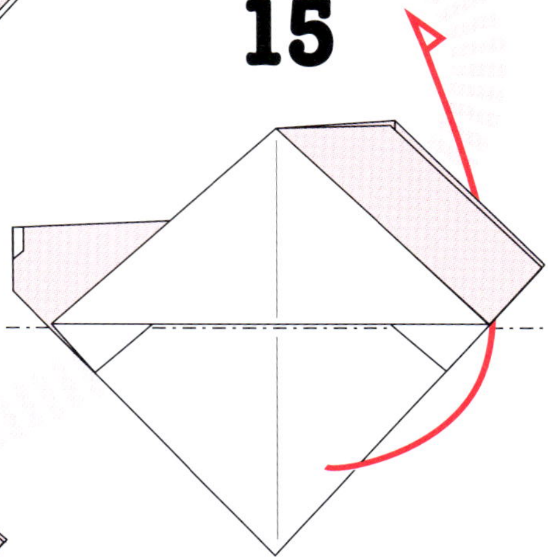

16

点線《てんせん》のところで、おり下《さ》げます。
うらも同《おな》じ。

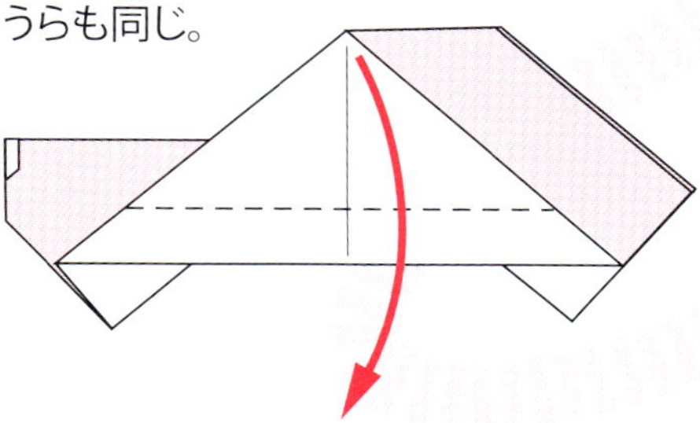

17

下《した》の三角《さんかく》を
車体《しゃたい》の中《なか》におり入《い》れます。
うらも同《おな》じ。

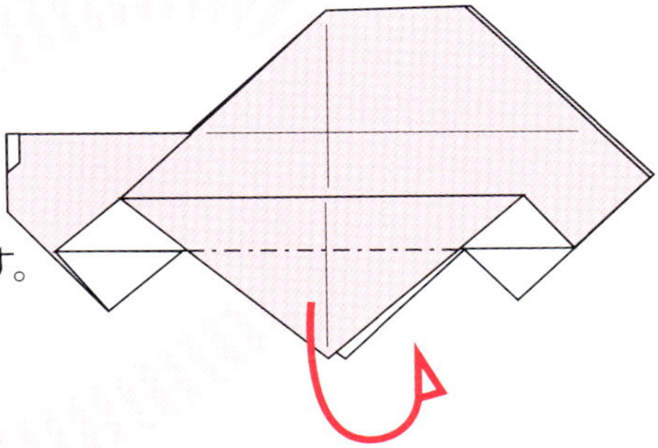

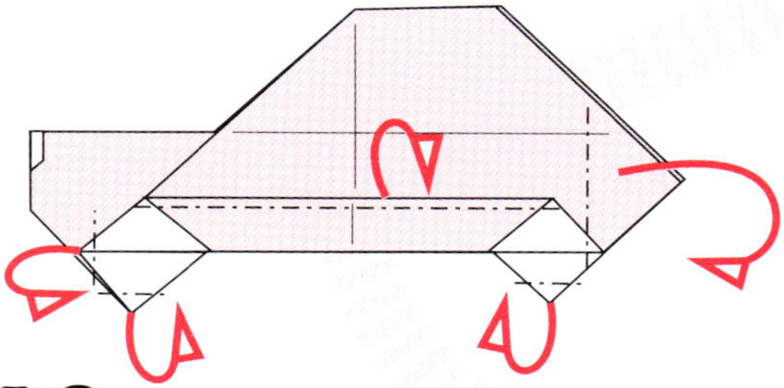

18

矢《や》じるしの方向《ほうこう》に少《すこ》しずつおって
形《かたち》をととのえましょう。

できあがり

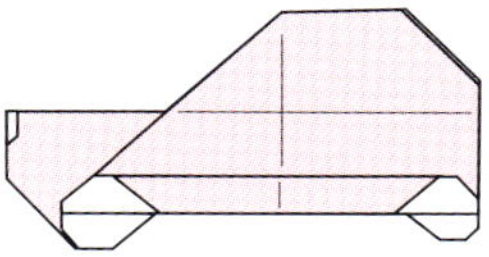

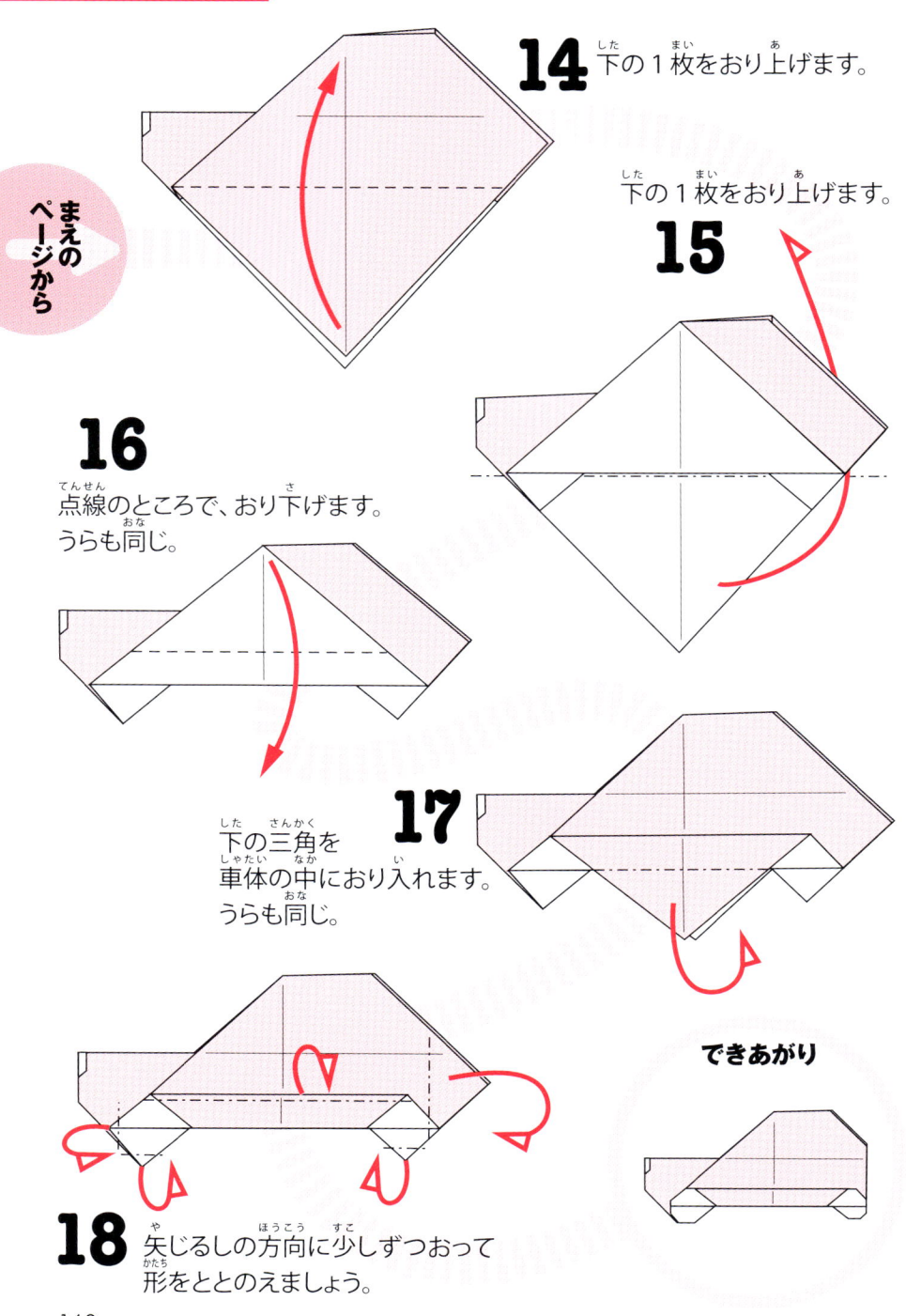

第《だい》5章《しょう》

遊《あそ》べる おりがみ

引《ひ》っぱると動《うご》くおりがみや、おままごとに
活《かつ》やくするおりがみ、
そしてアクセサリーになるおりがみも
いっぱい。楽《たの》しく遊《あそ》びましょう。

リボン

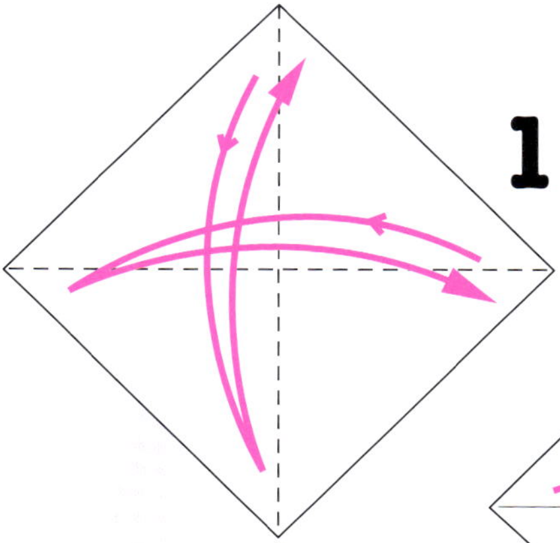

1 おりすじをつけます。

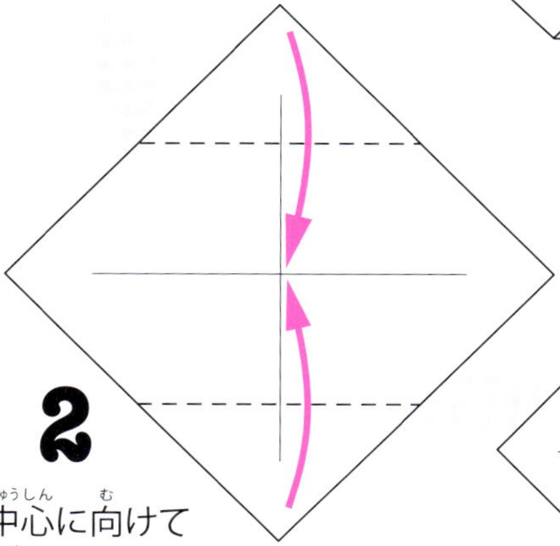

2 中心《ちゅうしん》に向《む》けて
角《かど》をおります。

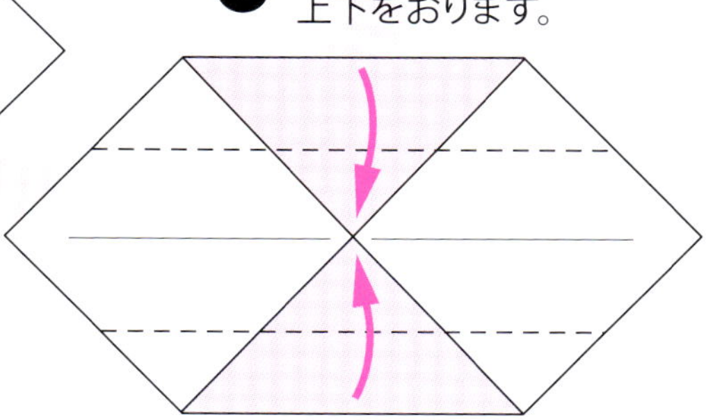

3 おりすじに合《あ》わせて
上下《じょうげ》をおります。

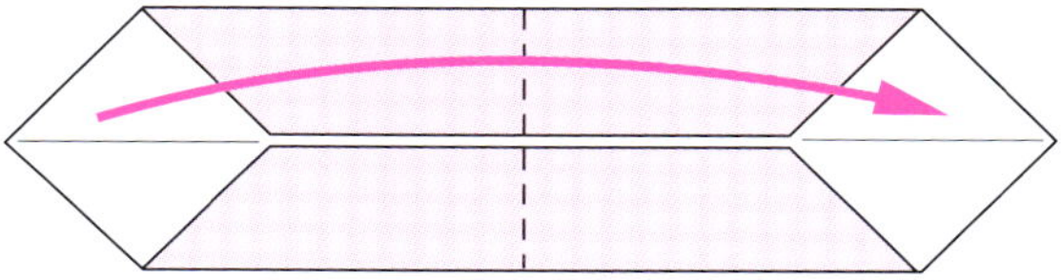

4 全体《ぜんたい》を半分《はんぶん》におります。

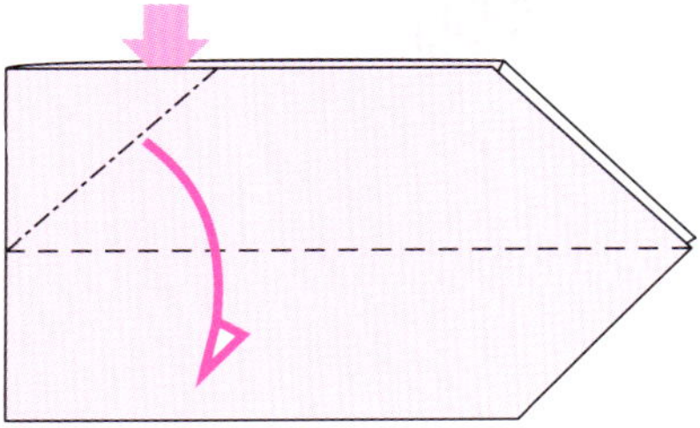

5 ↑から間《あいだ》に指《ゆび》を入《い》れるようにして
開《ひら》いてつぶします。

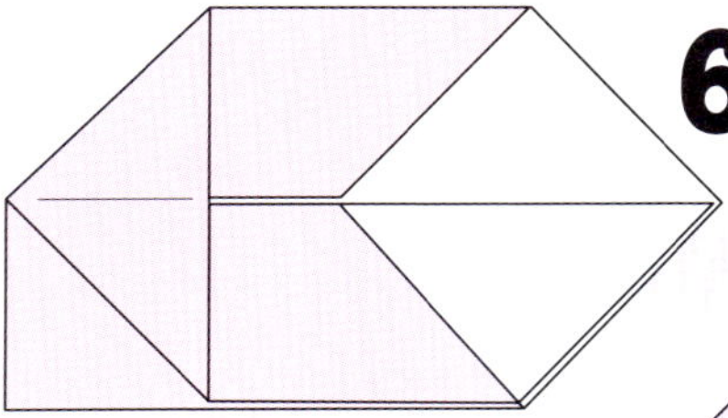

6 **5**をおったところ。
うらも同《おな》じにおります。

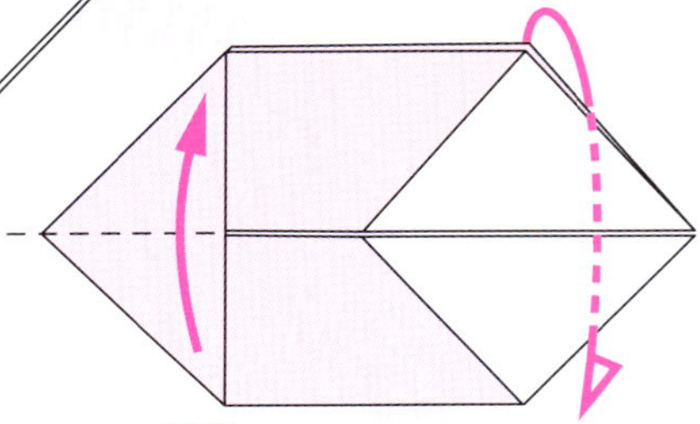

7 おりずらして
おる面《めん》をかえます。

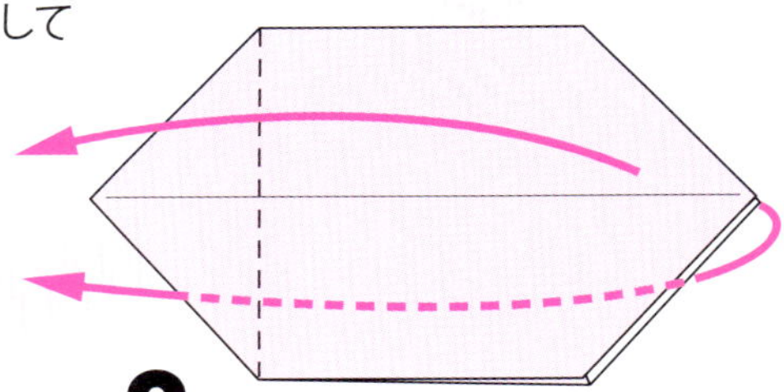

8 点線《てんせん》のところでおり返《かえ》します。

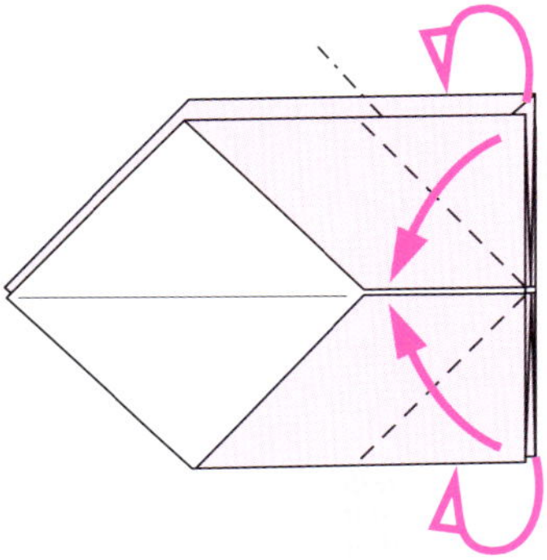

9 角《かど》をおり入《い》れます。
うらも同《おな》じにおります。

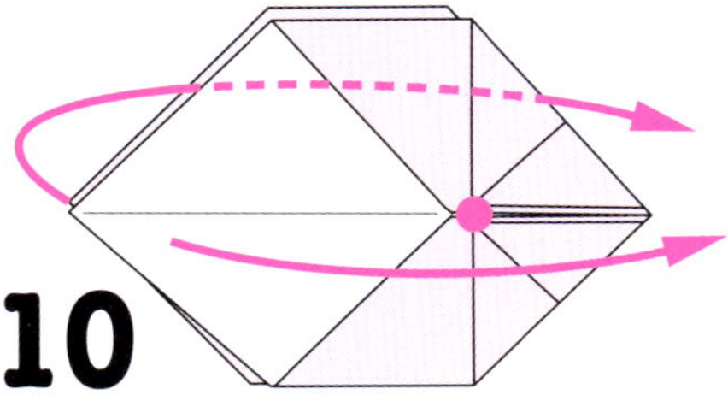

10
おり目《め》が開《ひら》かないよう
●のところを指《ゆび》でおさえながら
両《りょう》がわに引《ひ》っぱります。

できあがり

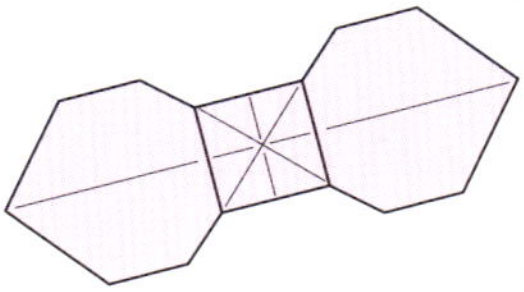

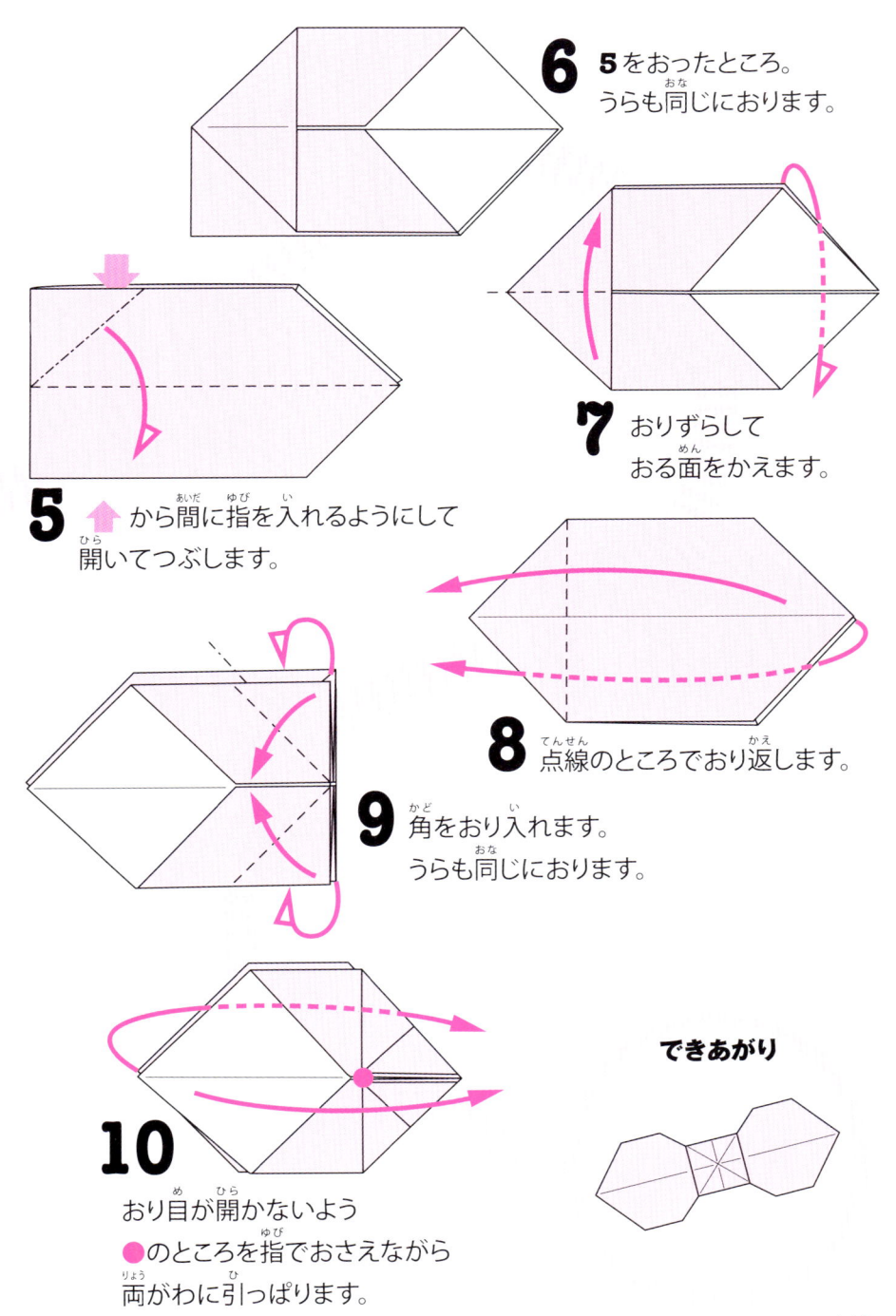

ネクタイ

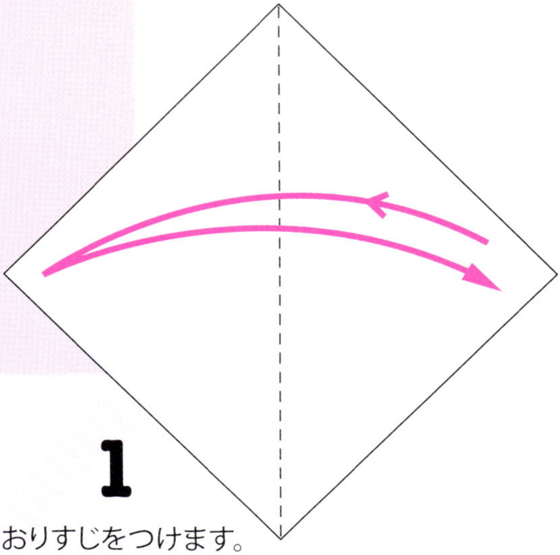

1

おりすじをつけます。

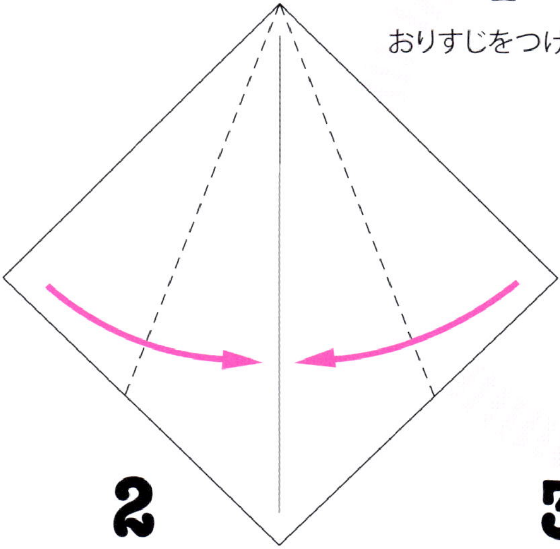

2

おりすじに合《あ》わせて
左右《さゆう》をおります。

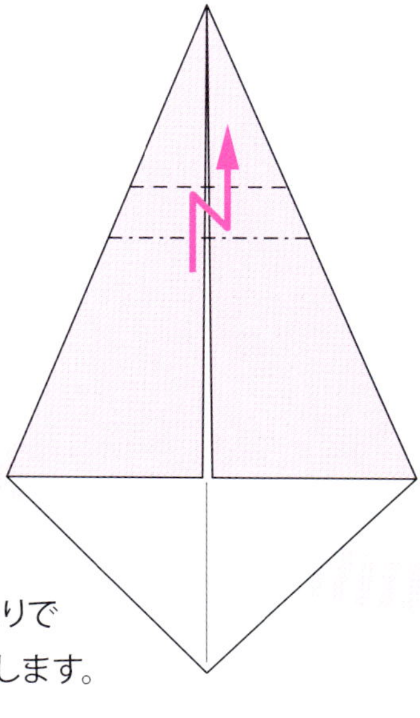

3

点線《てんせん》のあたりで
だんおりをします。

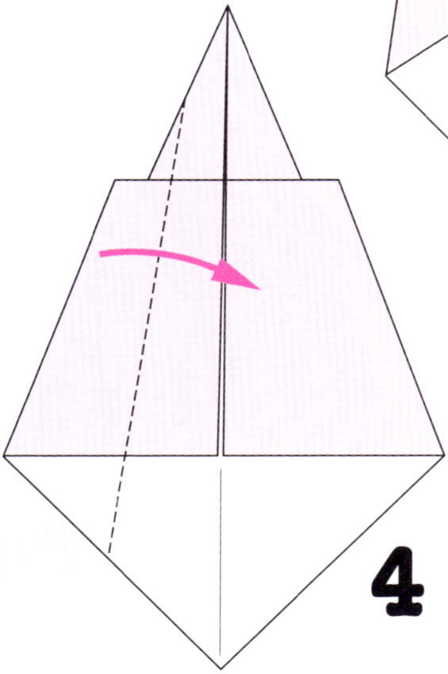

4 左《ひだり》を点線《てんせん》のところでおります。

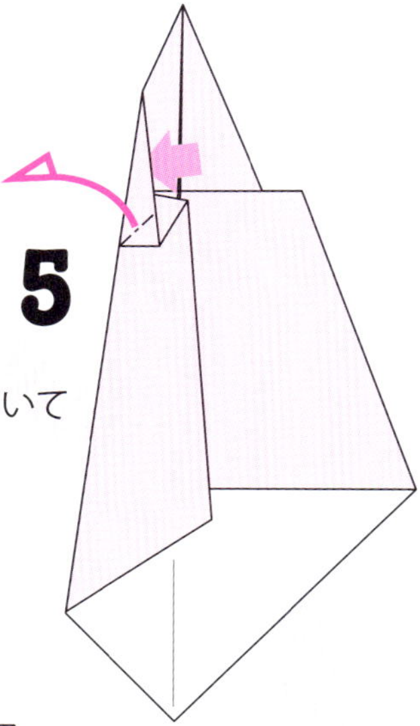

5

から指《ゆび》を入《い》れ
矢《や》じるしのほうへ開《ひら》いて
つぶします。

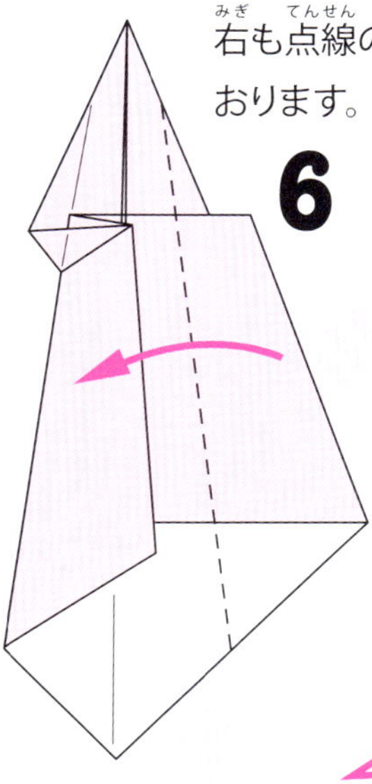

6

右《みぎ》も点線《てんせん》のところで
おります。

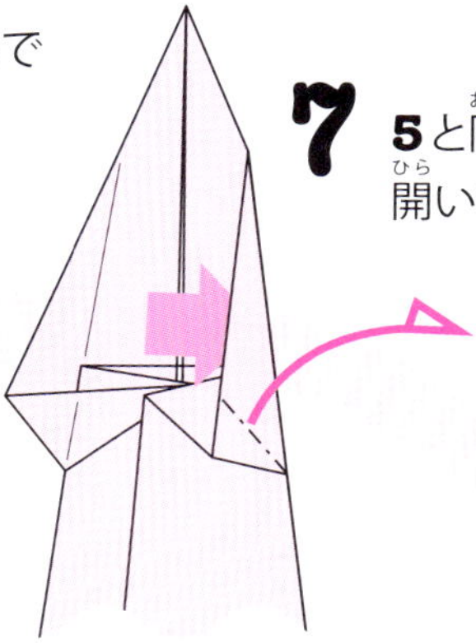

7 **5**と同《おな》じように
開《ひら》いてつぶします。

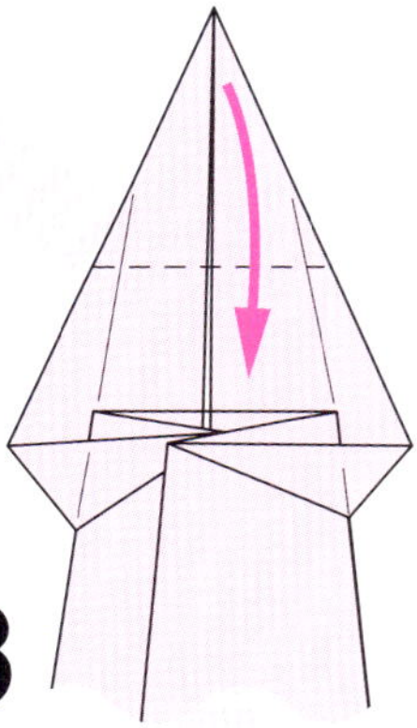

8

上《うえ》の角《かど》をおり下《さ》げます。

うらがえす

できあがり

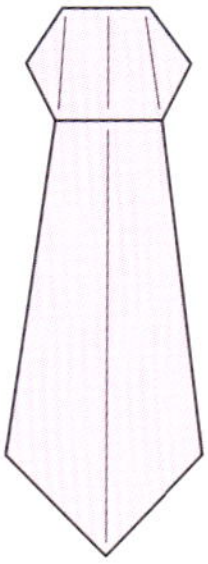

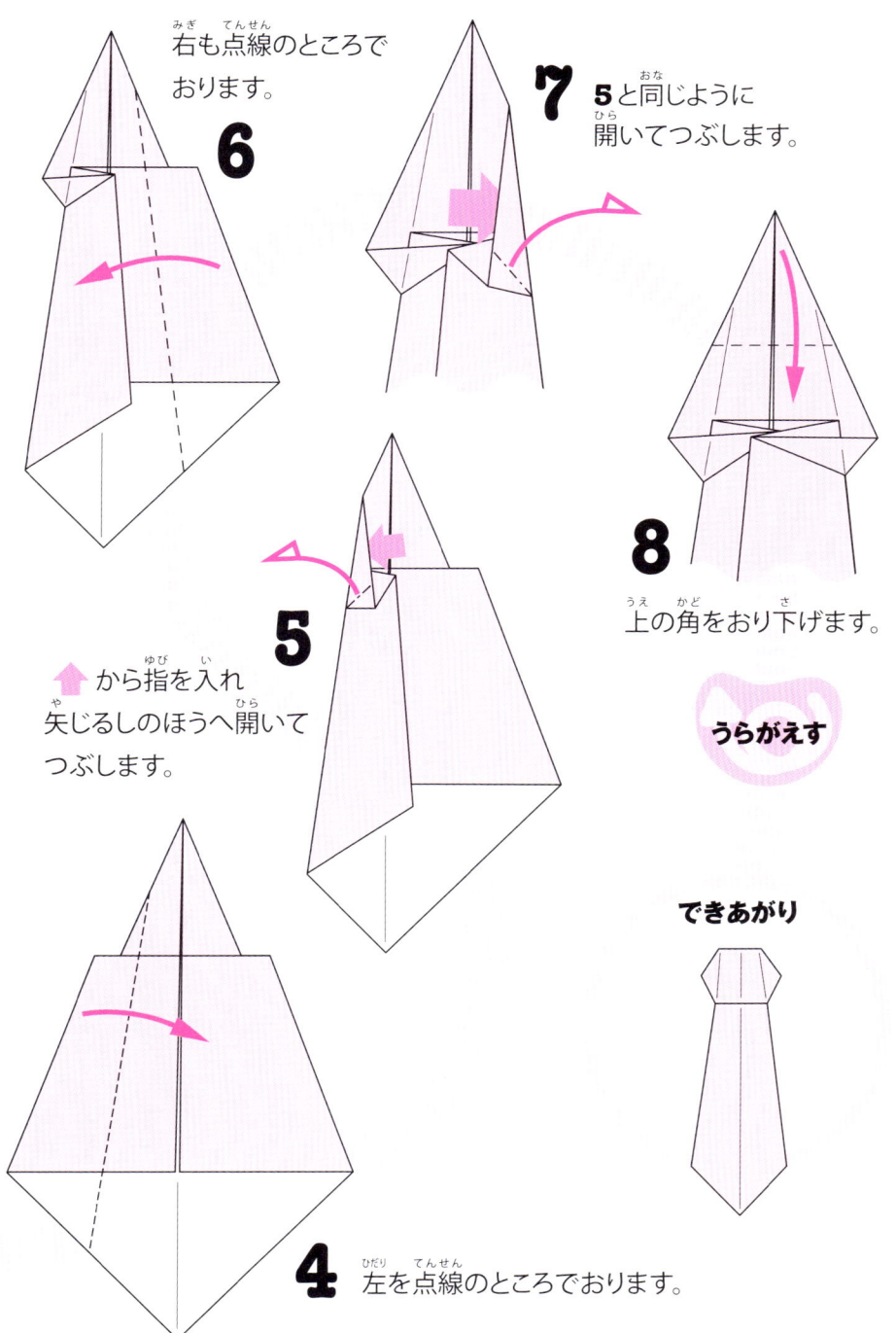

うでどけい

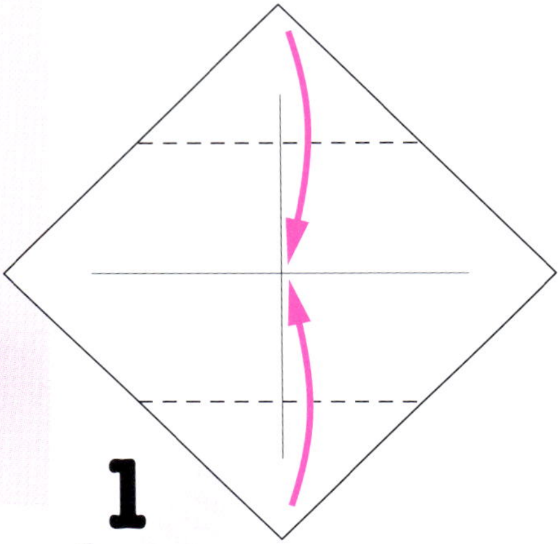

1

図《ず》のようにおりすじをつけたら
中心《ちゅうしん》に向《む》けて角《かど》をおります。

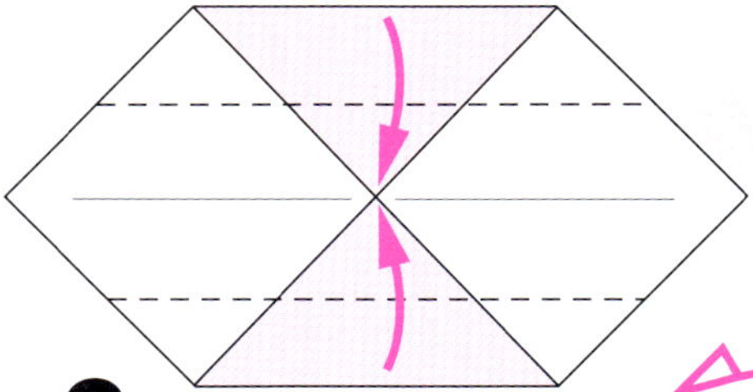

2

おりすじに合《あ》わせて
上下《じょうげ》をおります。

3

向《む》こうがわへ
全体《ぜんたい》を半分《はんぶん》におります。

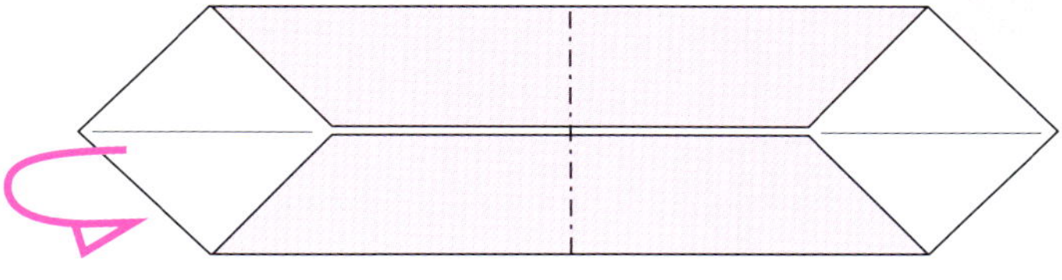

4

点線《てんせん》のところで左《ひだり》におり返《かえ》します。
うらも同《おな》じに。

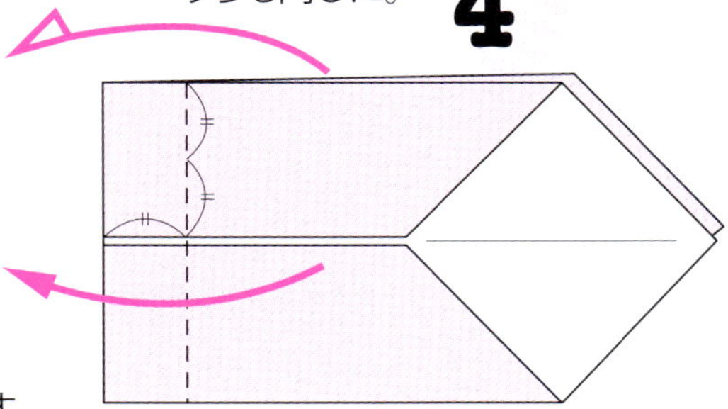

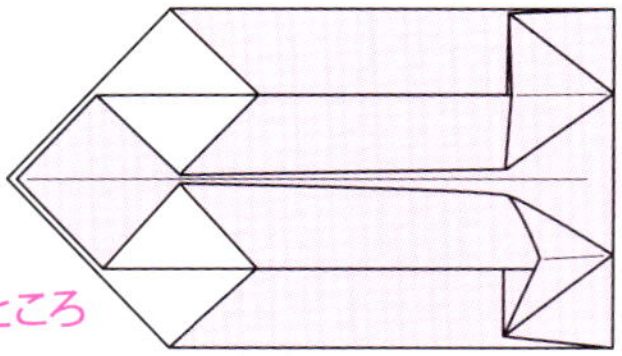

5をおっているところ

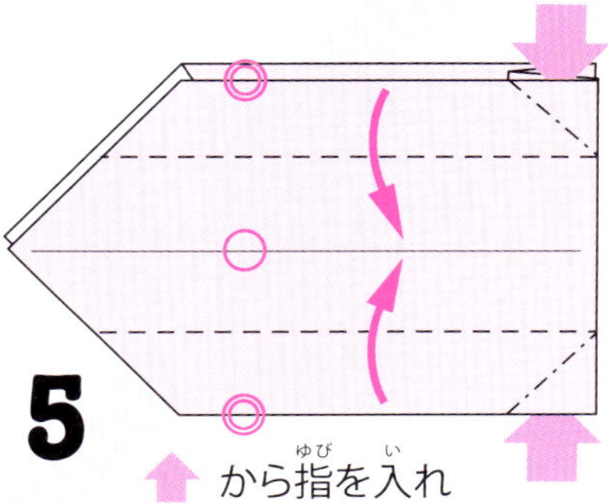

5

⬆から指《ゆび》を入《い》れ
◎と○を合《あ》わせるように
開《ひら》いてつぶします。

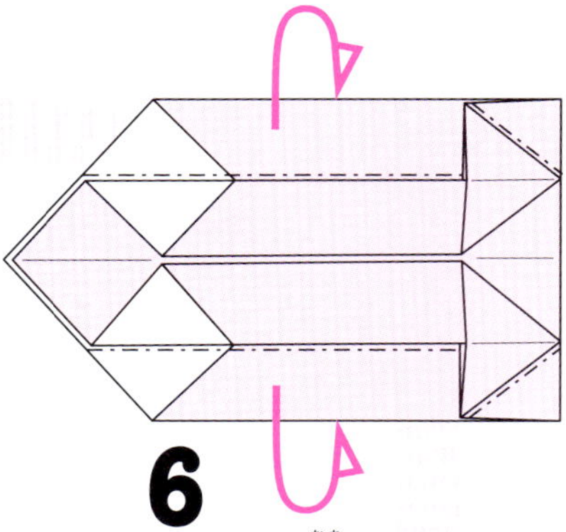

6

うらも5と同《おな》じように
開《ひら》いてつぶします。

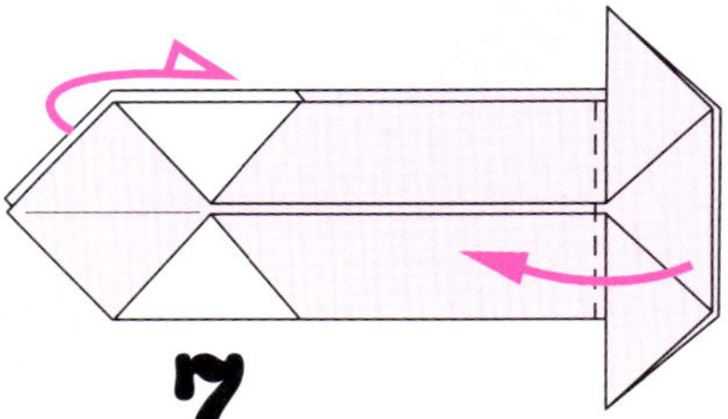

7

それぞれ矢《や》じるしのほうへおり、
広《ひろ》げます。

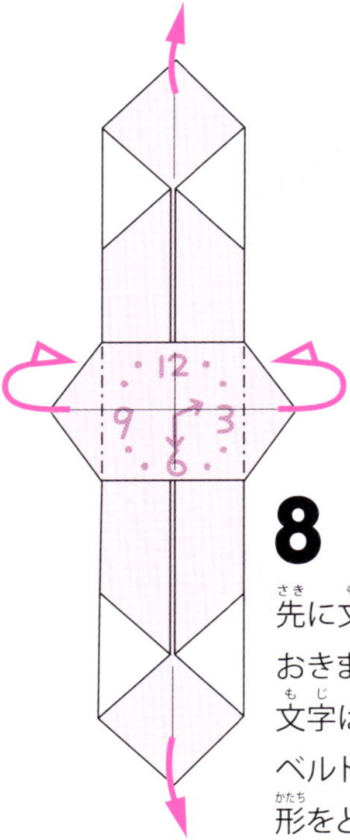

8

先《さき》に文字《もじ》ばんを書《か》いて
おきましょう。
文字《もじ》ばんの左右《さゆう》をおり、
ベルトを引《ひ》っぱって
形《かたち》をととのえます。

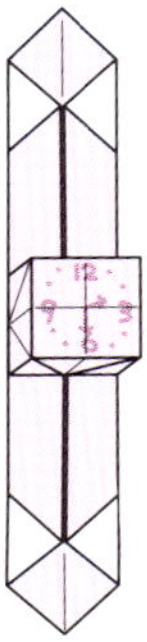

8をおったところ

できあがり

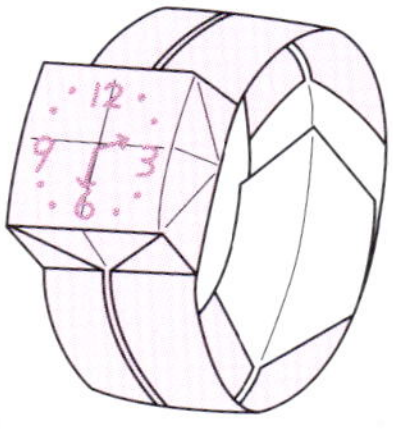

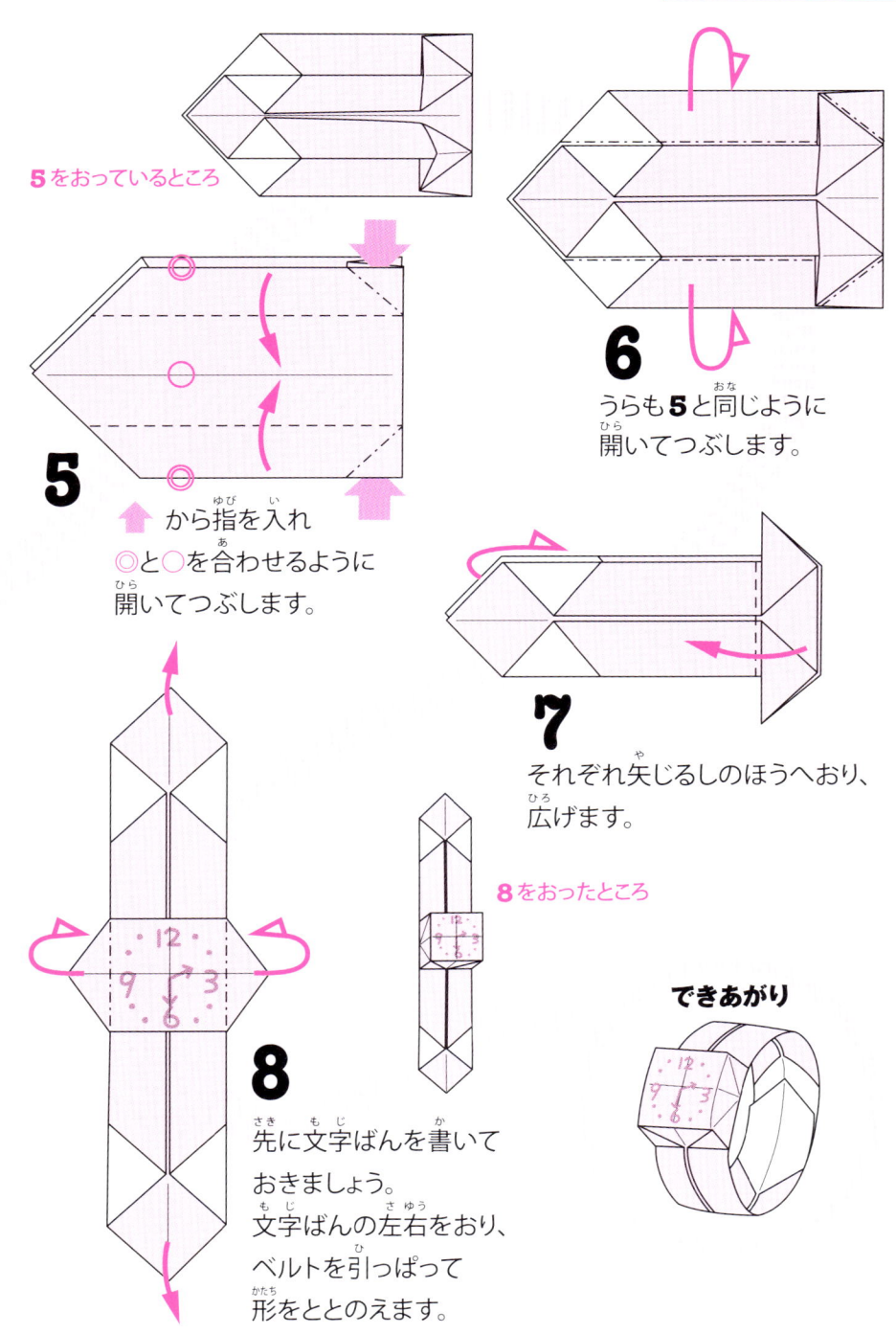

ハートのブレスレット

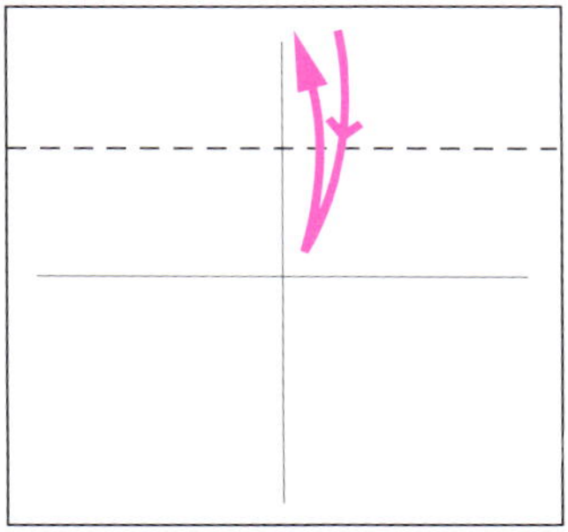

1 図《ず》のように
おりすじをつけたら
上《うえ》だけ半分《はんぶん》におって
おりすじをつけます。

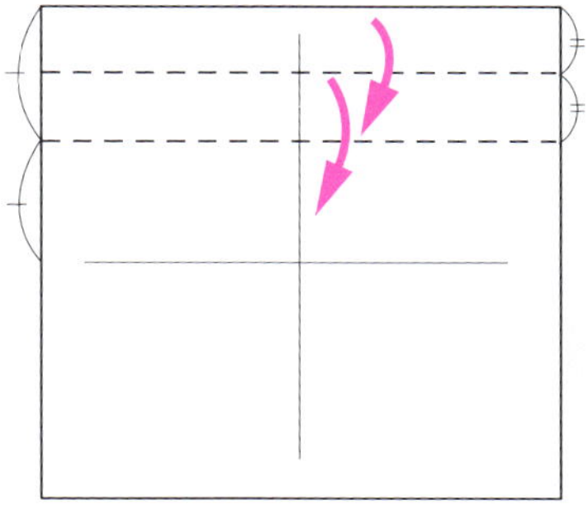

2 まくように2回《かい》おります。

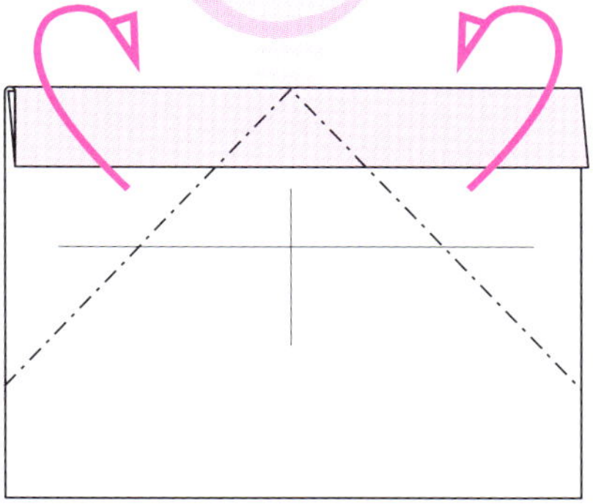

3 たてのおりすじに合《あ》わせて、
角《かど》を向《む》こうがわへおります。

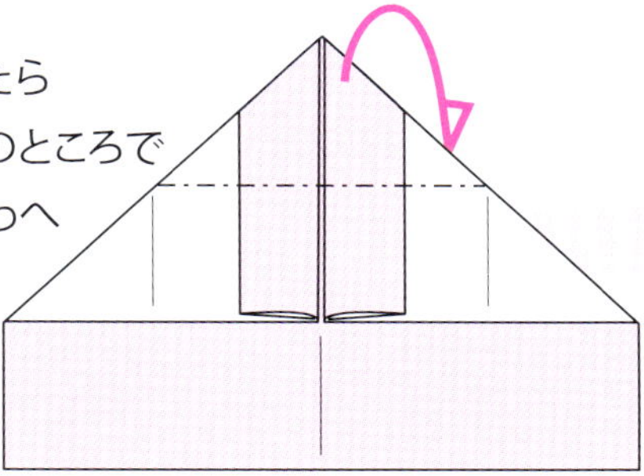

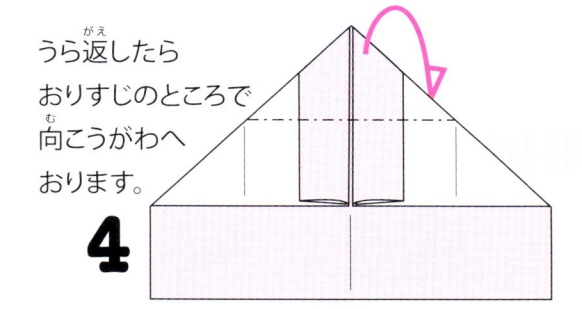

4 うら返《がえ》したら
おりすじのところで
向《む》こうがわへ
おります。

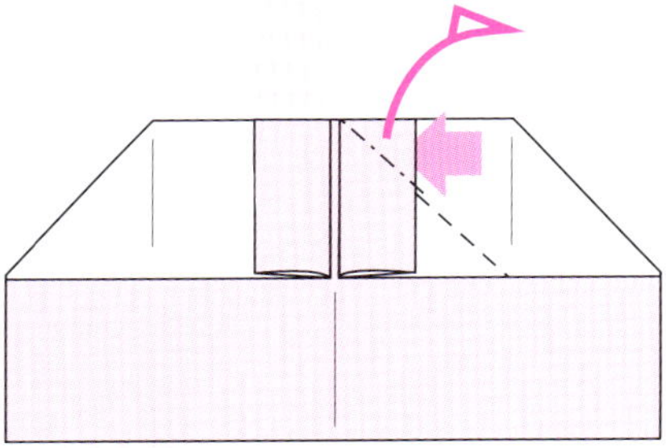

5 ↑から指《ゆび》を入《い》れ、
矢《や》じるしのほうへ
開《ひら》いてつぶします。

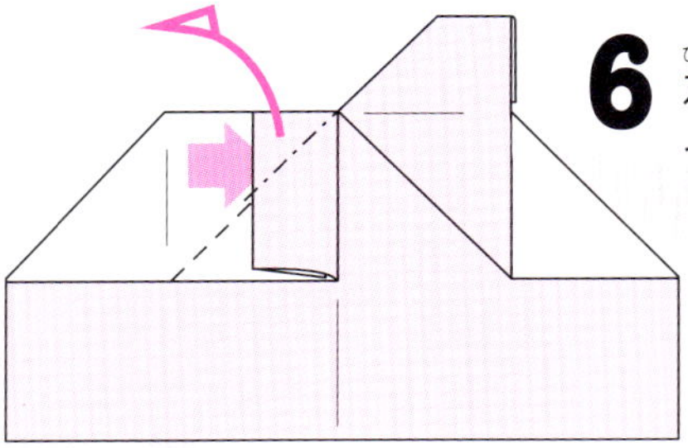

6 左《ひだり》も**5**と同《おな》じように開《ひら》いて
つぶします。

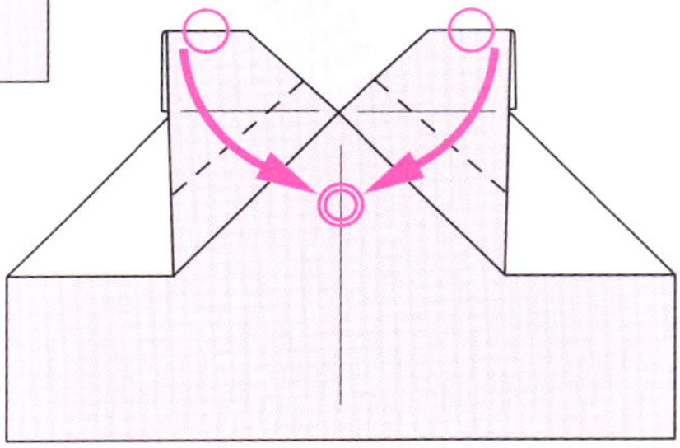

7 ○と◎を合《あ》わせて
よせるようにおります。

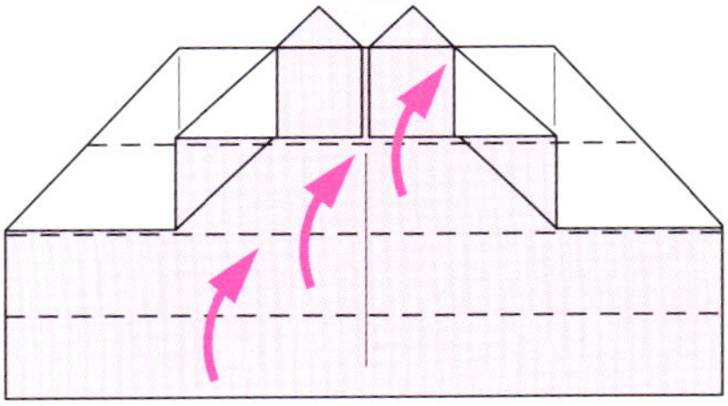

8 下《した》から3回《かい》
まくようにおり上《あ》げます。

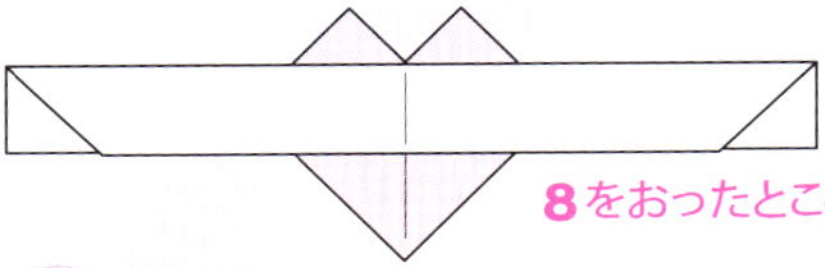

8をおったところ

うらがえす

できあがり

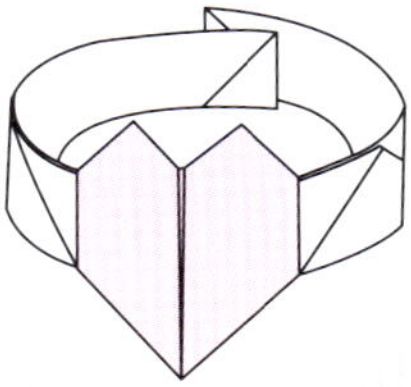

うでにまいてとめましょう。
また、ヘアピンで髪《かみ》にとめれば
かわいいヘアかざりにも。

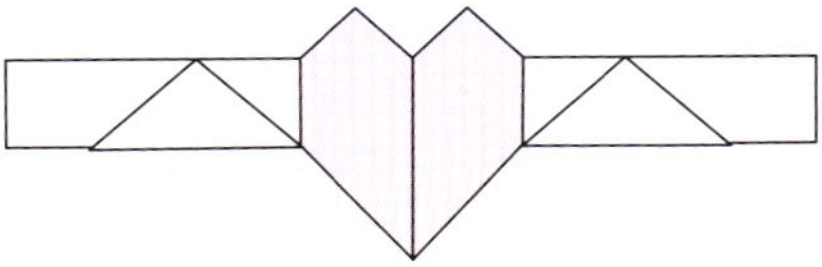

サングラス

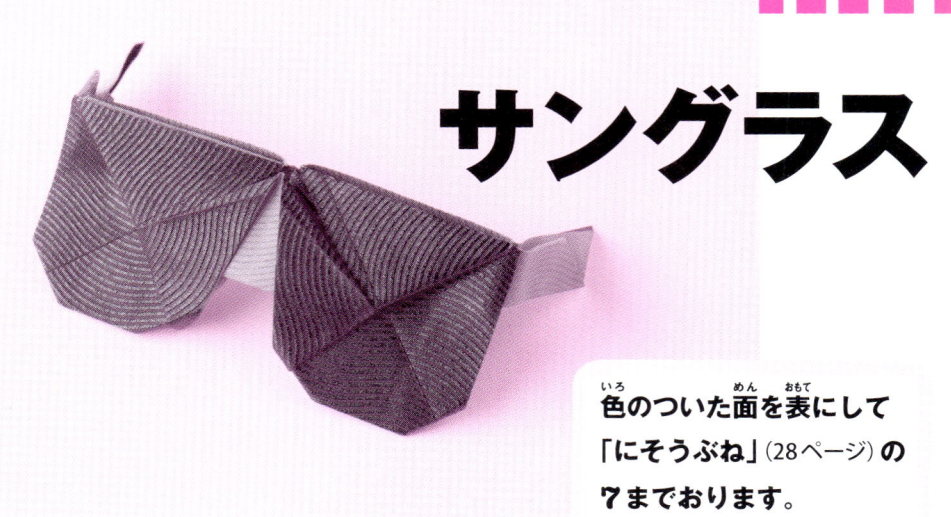

色《いろ》のついた面《めん》を表《おもて》にして
「にそうぶね」(28ページ) の
7までおります。

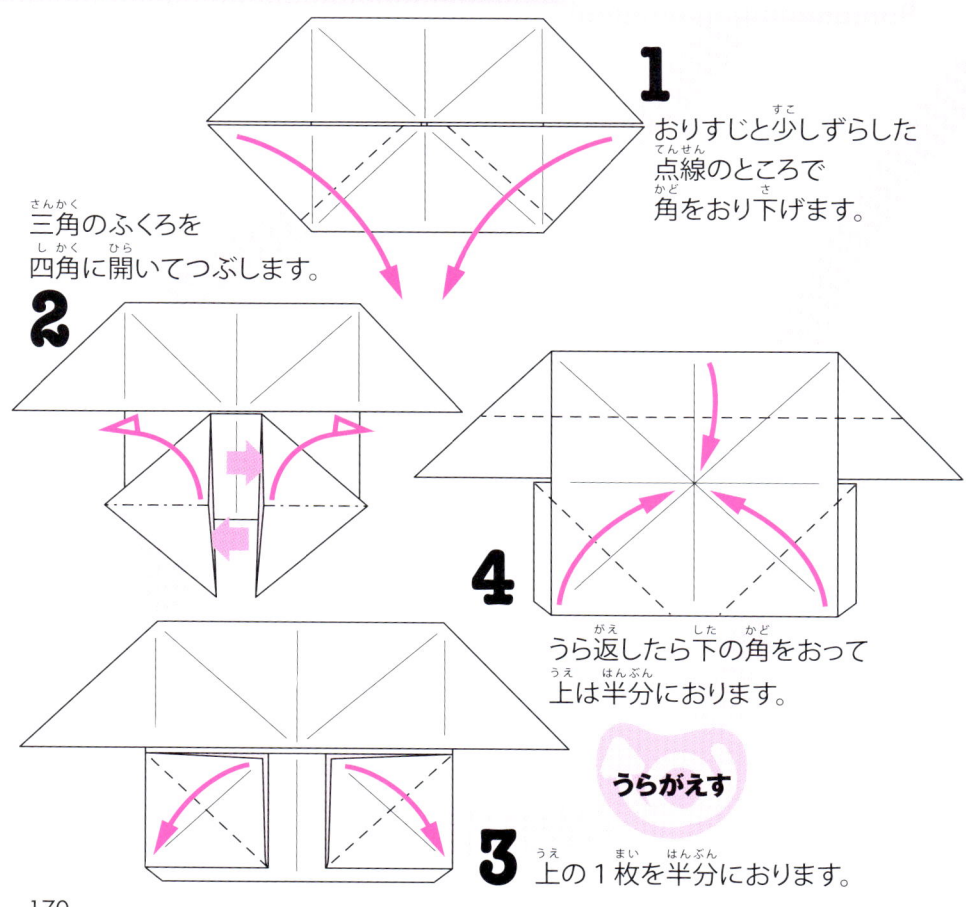

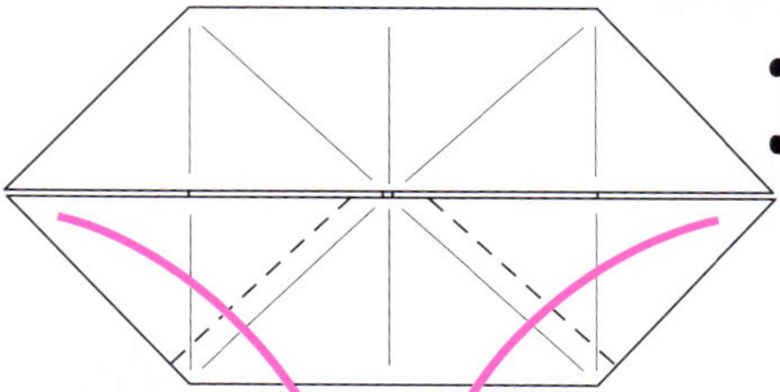

1

おりすじと少《すこ》しずらした
点線《てんせん》のところで
角《かど》をおり下《さ》げます。

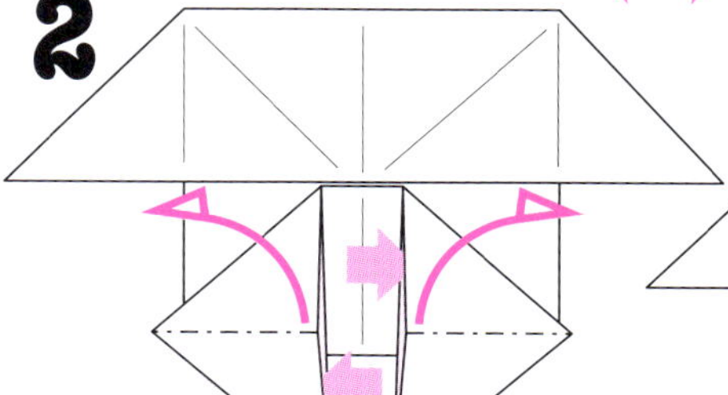

2

三角《さんかく》のふくろを
四角《しかく》に開《ひら》いてつぶします。

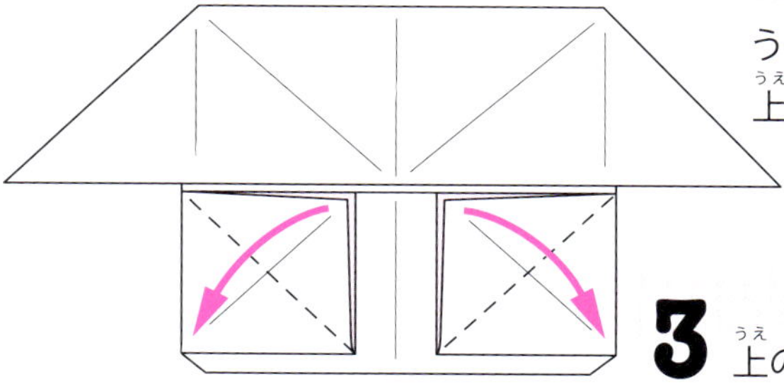

3

上《うえ》の１枚《まい》を半分《はんぶん》におります。

うらがえす

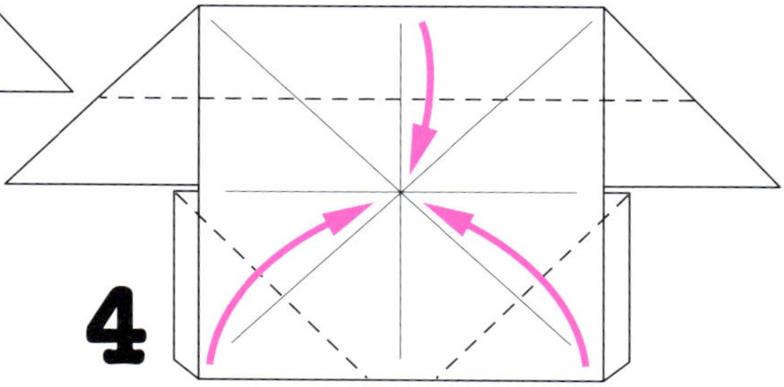

4

うら返《がえ》したら下《した》の角《かど》をおって
上《うえ》は半分《はんぶん》におります。

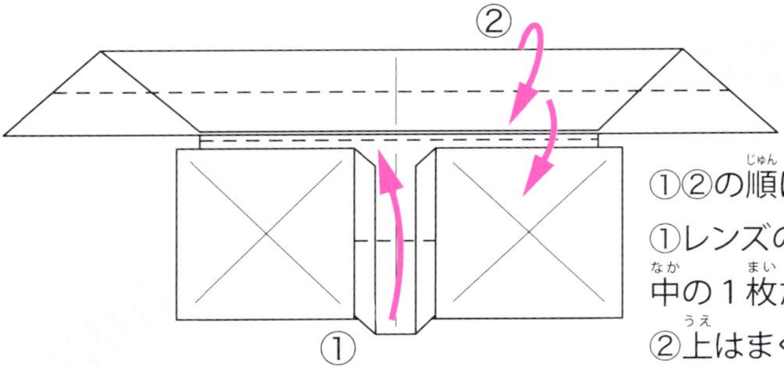

5

うらがえす

①②の順《じゅん》におります。
①レンズの部分《ぶぶん》はおらないように
中《なか》の１枚《まい》だけおり上《あ》げます。
②上《うえ》はまくように２回《かい》おります。

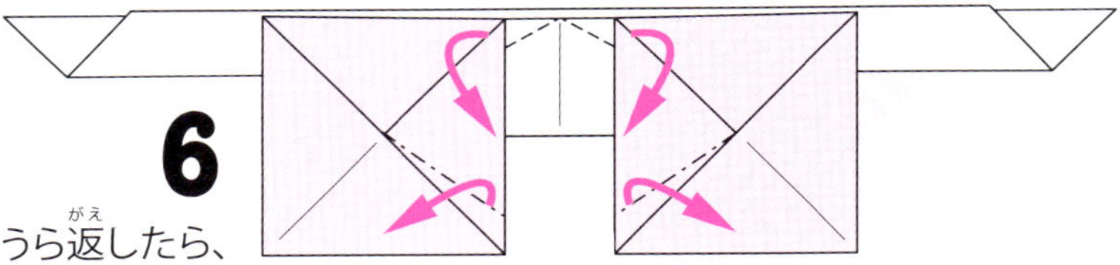

6

うら返《がえ》したら、
矢《や》じるしのほうへずらすように
点線《てんせん》のところでおります。

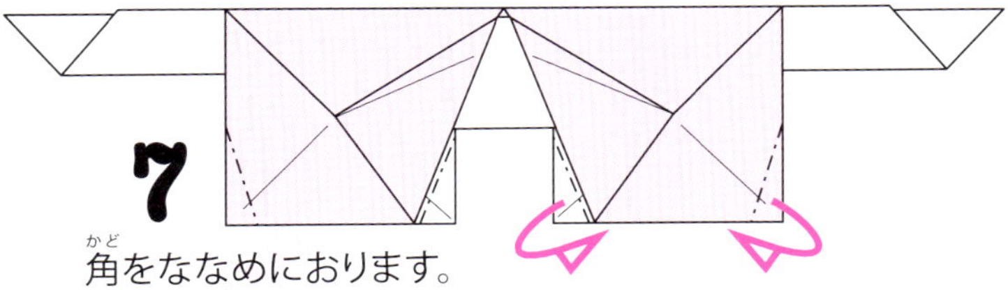

7

角《かど》をななめにおります。
左《ひだり》も同《おな》じに。

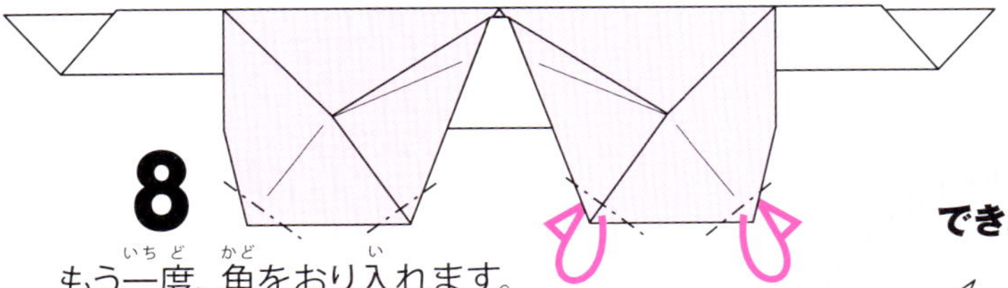

8

もう一度《いちど》、角《かど》をおり入《い》れます。
左《ひだり》も同《おな》じに。

できあがり

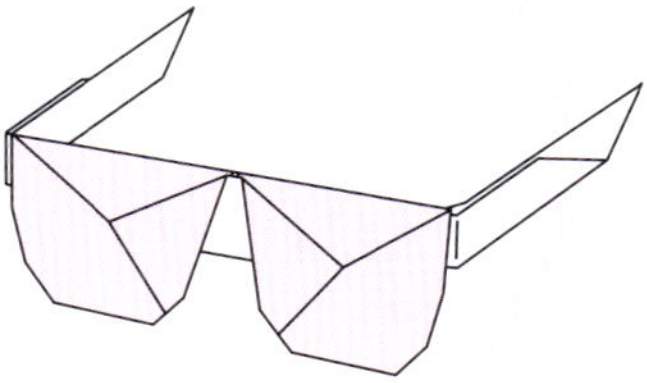

つるをおり曲《ま》げましょう。

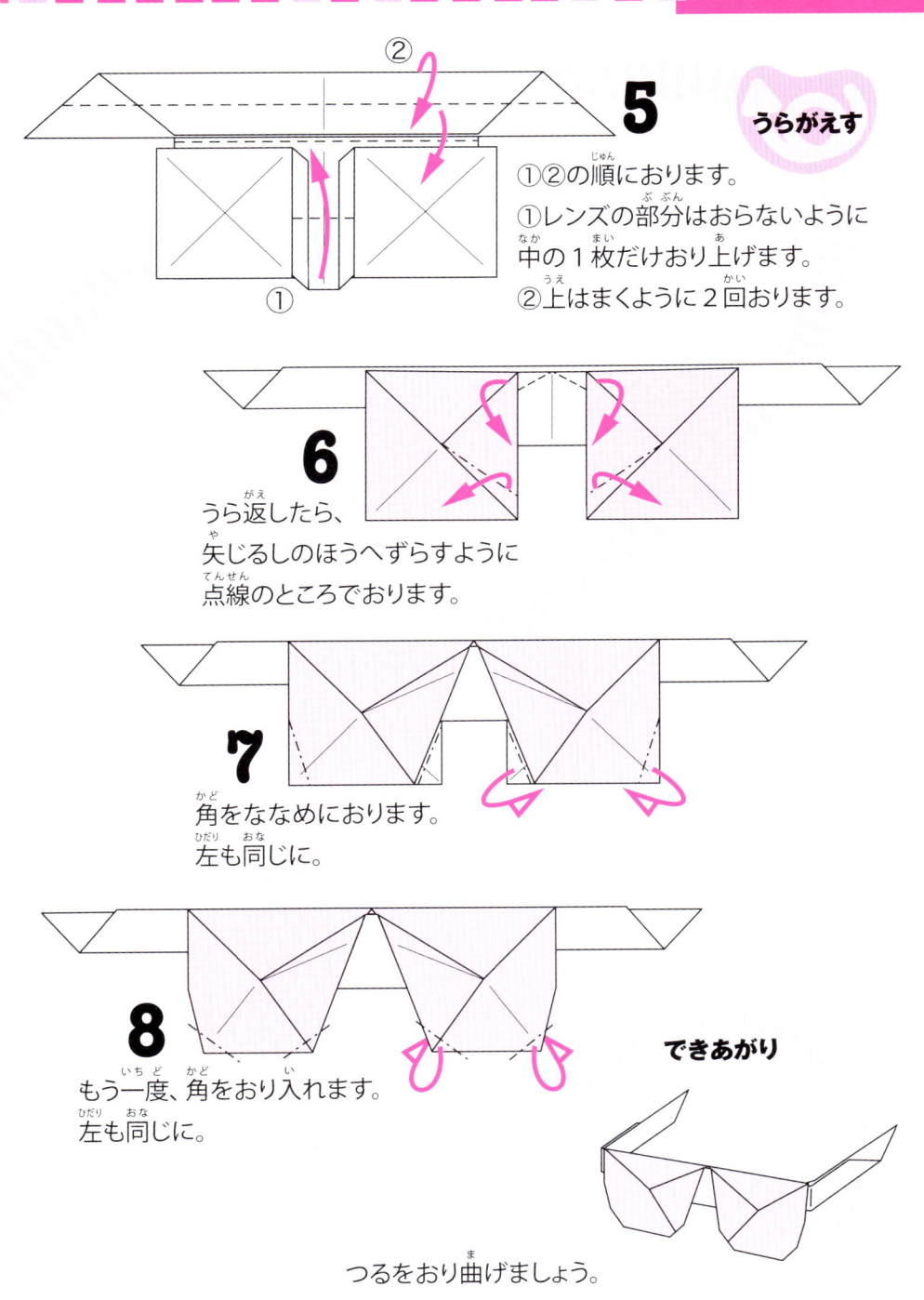

ゆびわ

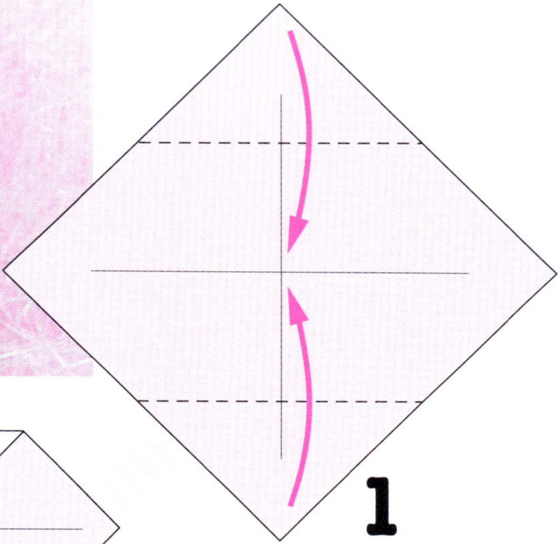

1

色《いろ》のついた面《めん》を表《おもて》にして
おりすじをつけたら
上下《じょうげ》の角《かど》をおります。

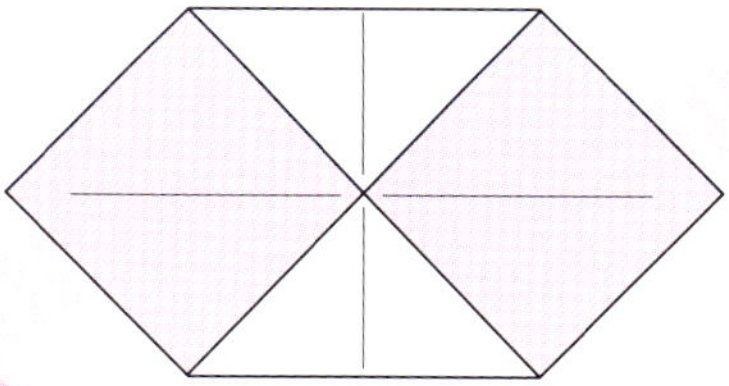

1 をおったところ

うらがえす

2 うら返《がえ》したら
おりすじに合《あ》わせて
上下《じょうげ》をおります。

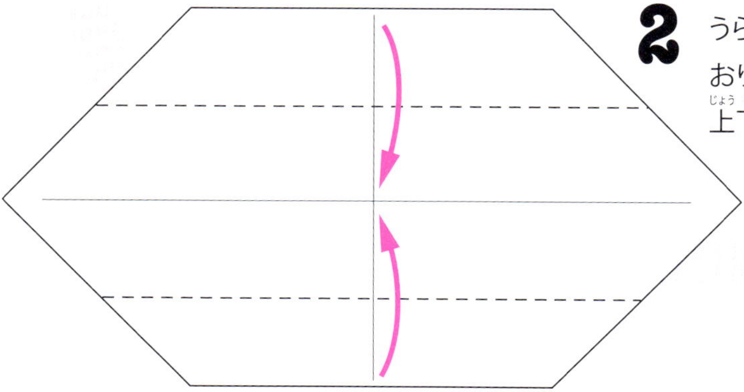

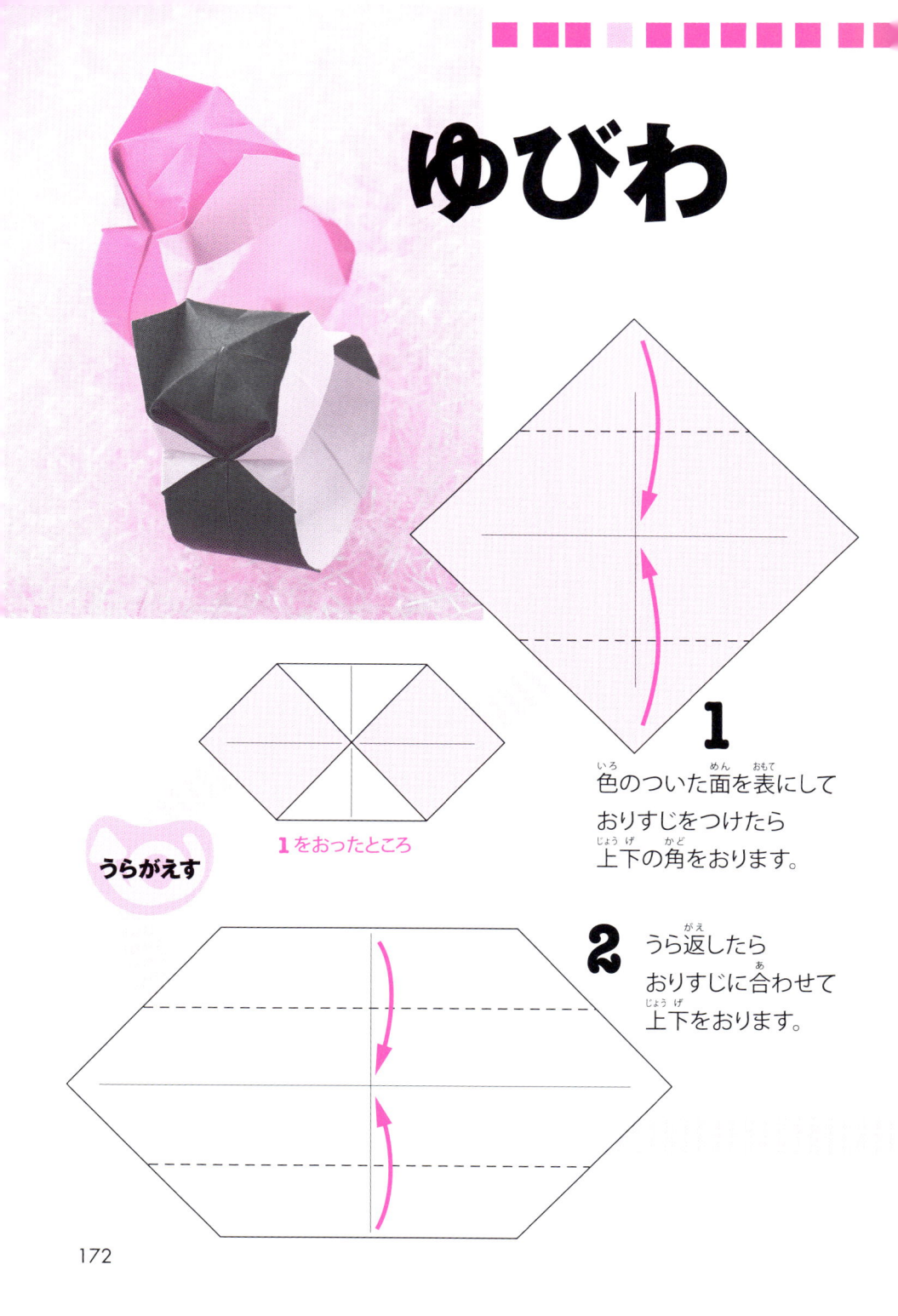

つぎのページに

3 全体《ぜんたい》を半分《はんぶん》におります。

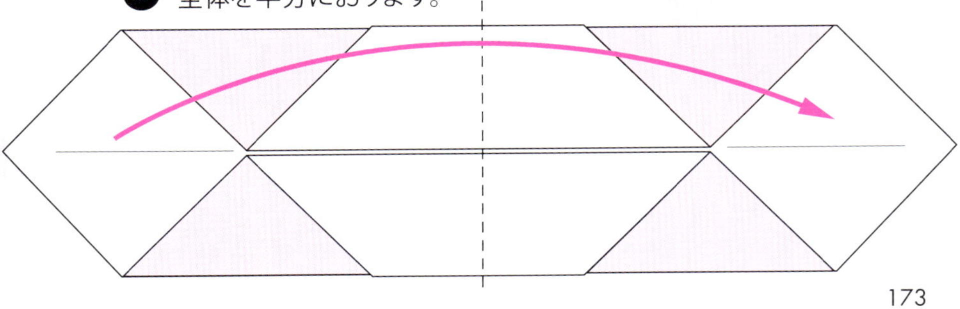

4

から指《ゆび》を入《い》れ、
下《した》へ開《ひら》いてつぶします。

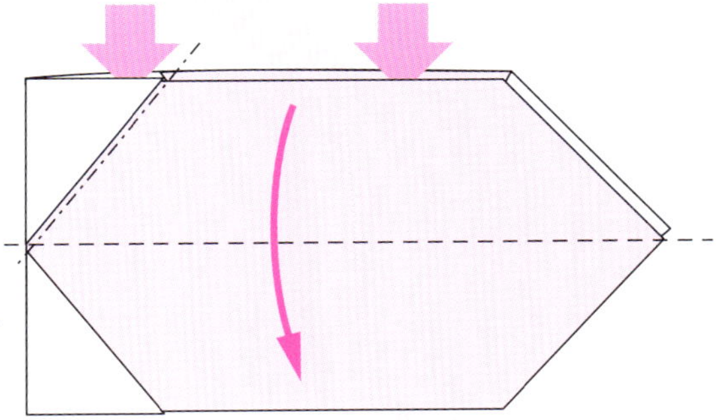

5

4をおったところ。
うらも同《おな》じにおります。

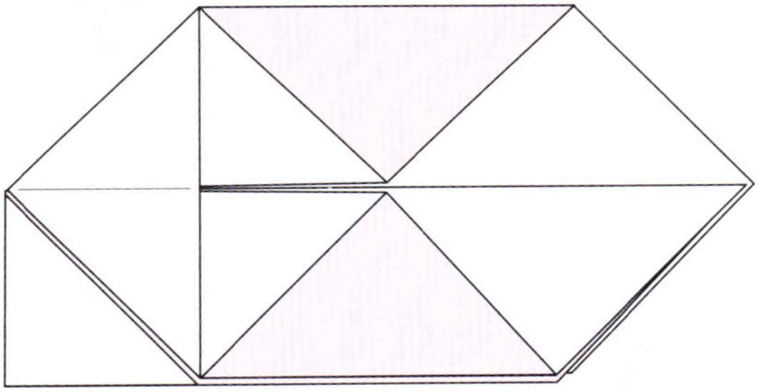

6

おりずらして、おる面《めん》をかえます。

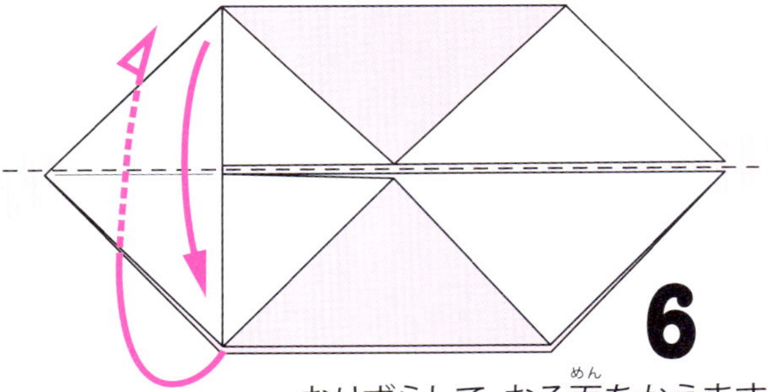

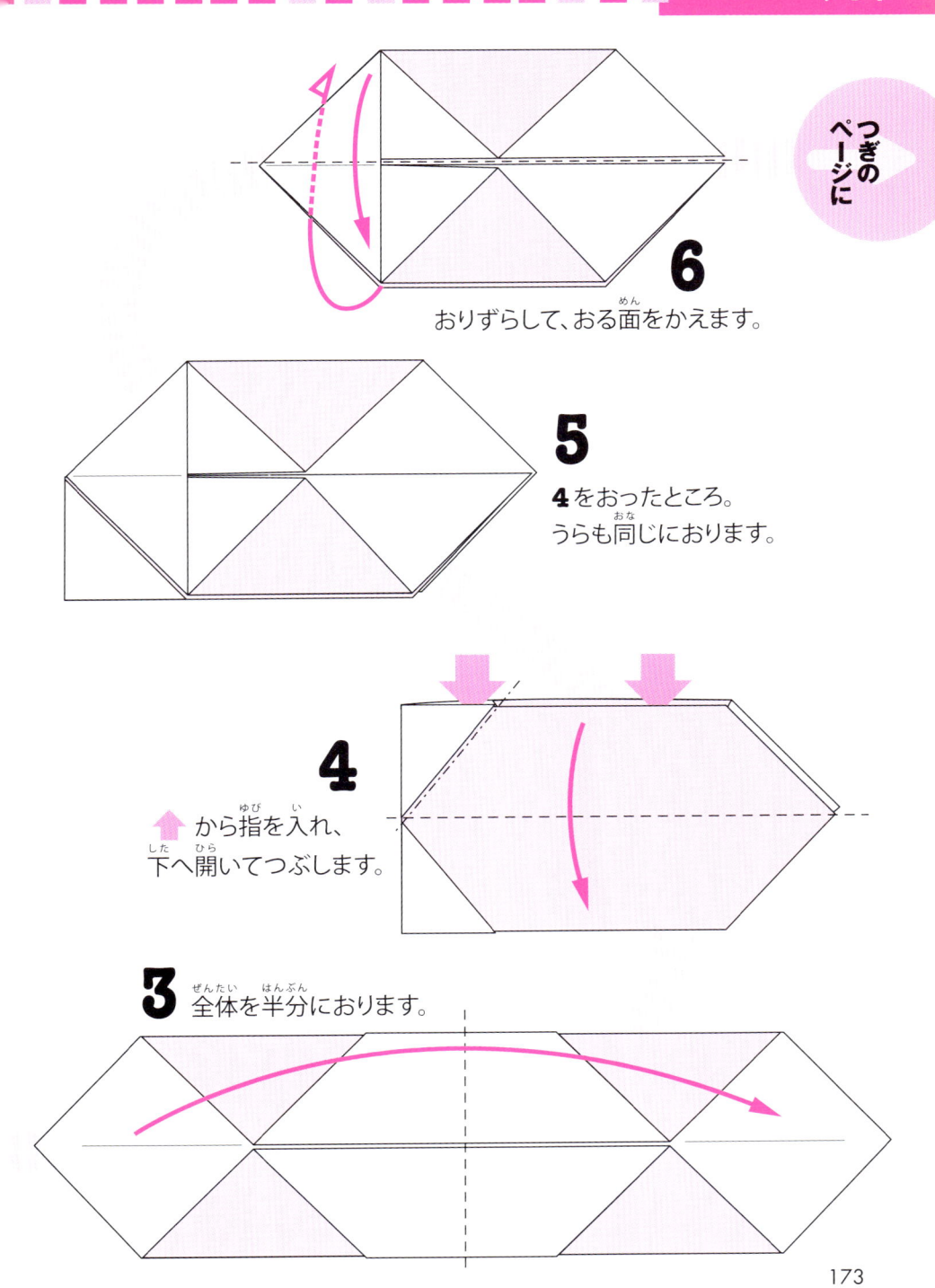

まえのページから

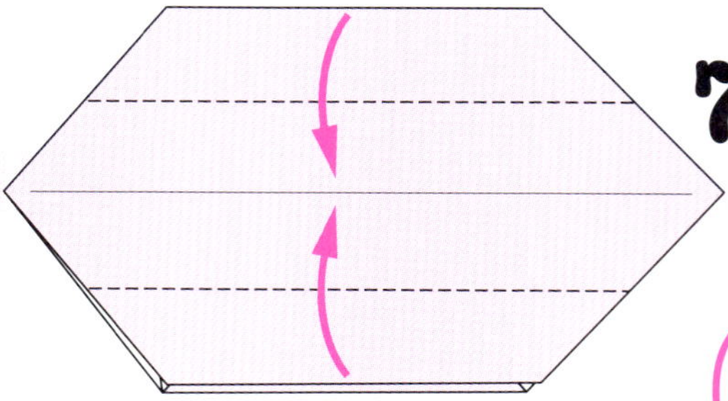

7 手前《てまえ》の1枚《まい》を
おりすじに合《あ》わせて
上下《じょうげ》をおります。

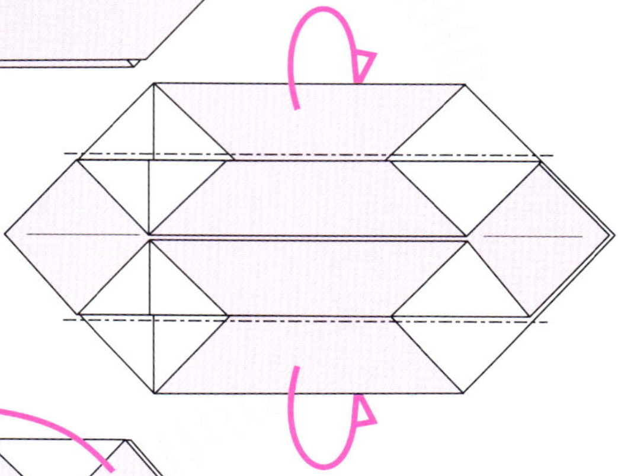

8
うらも**7**と同《おな》じように
上下《じょうげ》をおります。

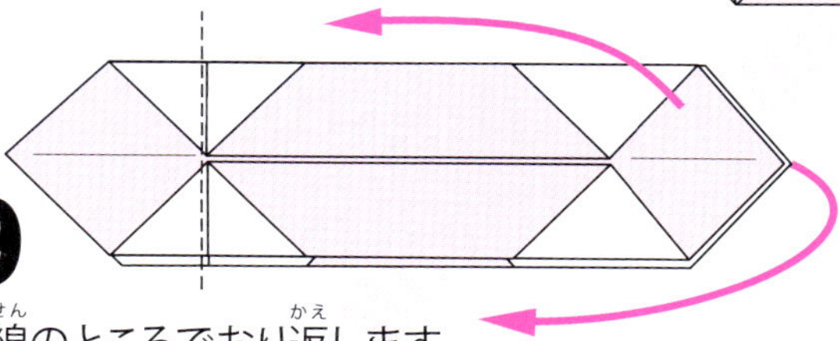

9
点線《てんせん》のところでおり返《かえ》します。

10 うらから指《ゆび》を入《い》れて
広《ひろ》げます。

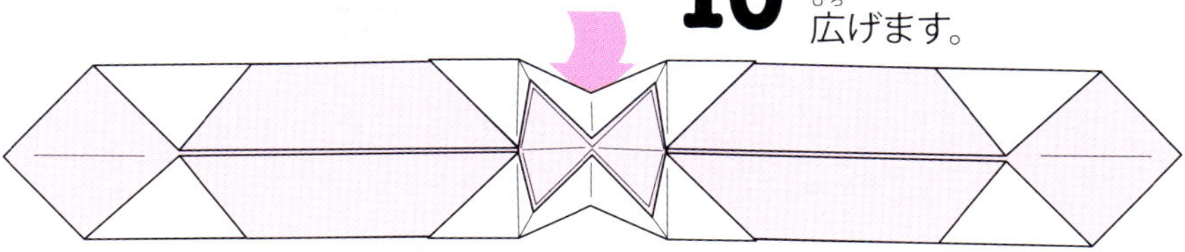

できあがり

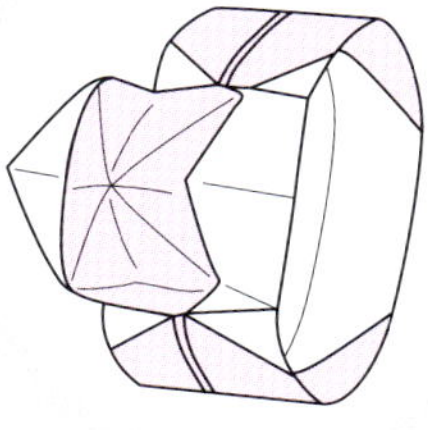

輪《わ》にして
とめましょう。

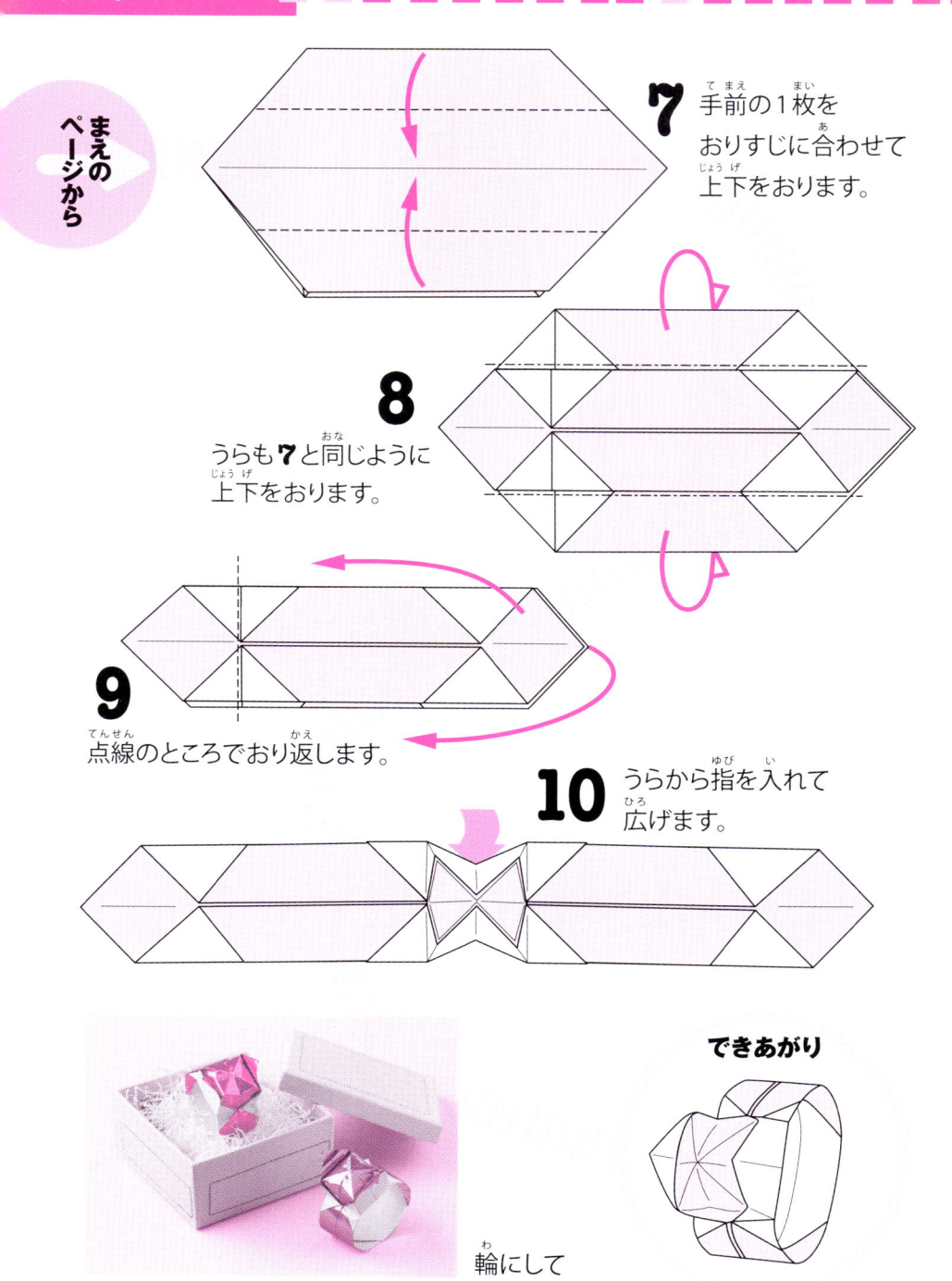

ウインドボート

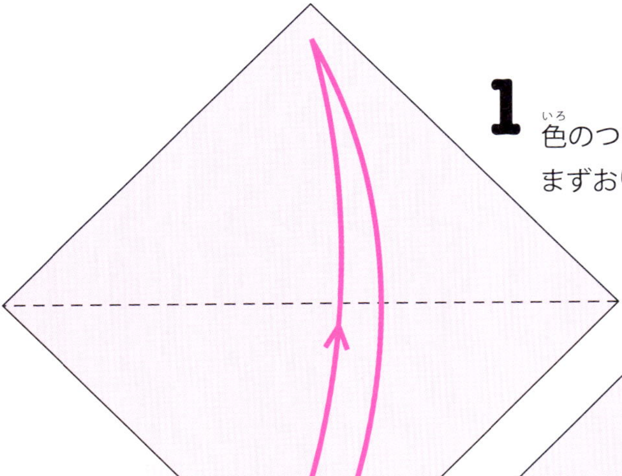

1 色《いろ》のついた面《めん》を表《おもて》にして
まずおりすじをつけます。

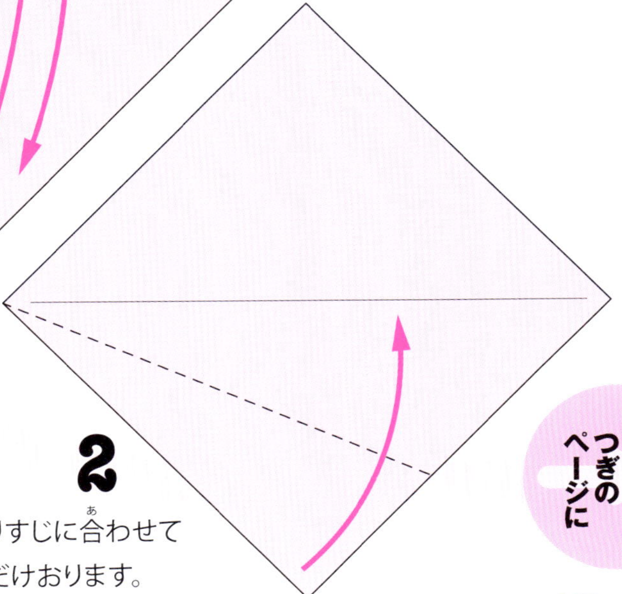

2 おりすじに合《あ》わせて
下《した》だけおります。

つぎのページに

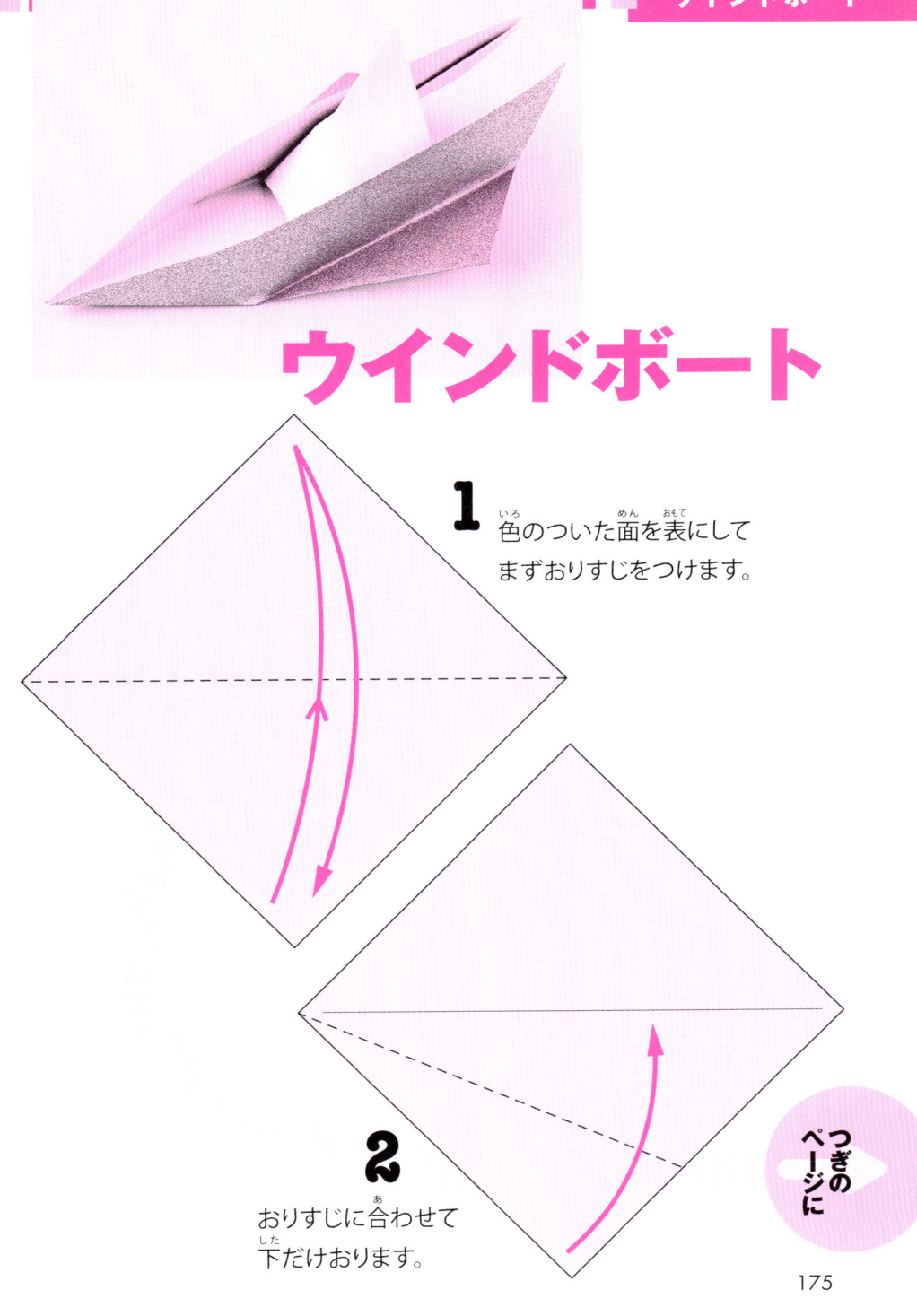

まえのページから

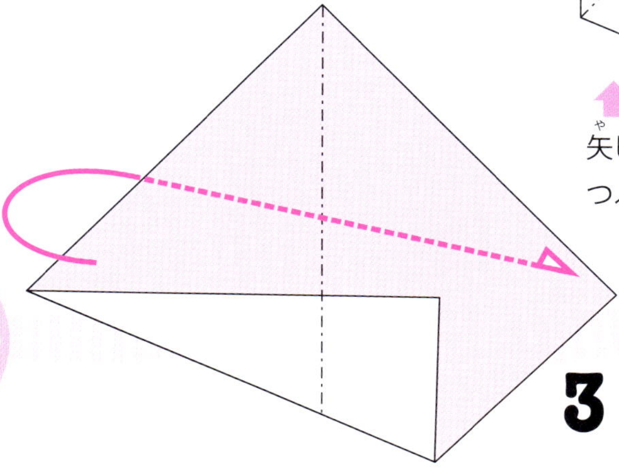

3 角《かど》と角《かど》を合《あ》わせて山《やま》おりをします。

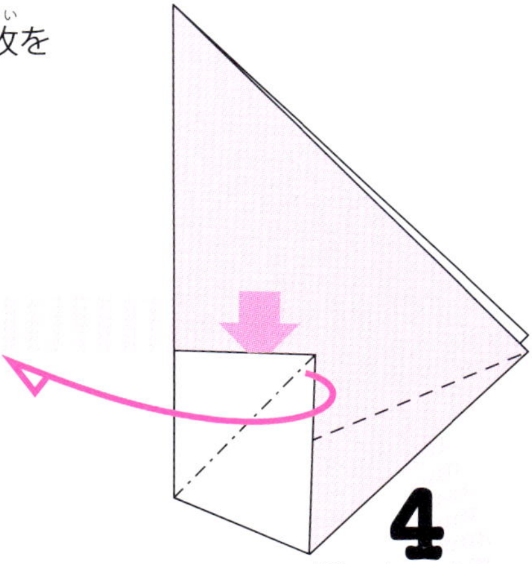

4 から指《ゆび》を入《い》れ、矢《や》じるしのほうへ開《ひら》いてつぶします。

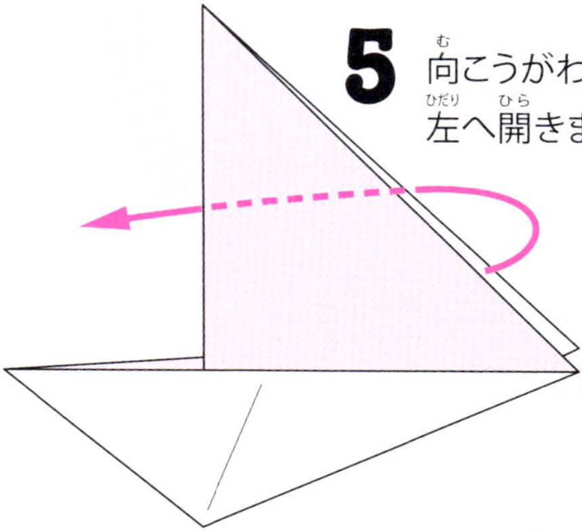

5 向《む》こうがわの1枚《まい》を左《ひだり》へ開《ひら》きます。

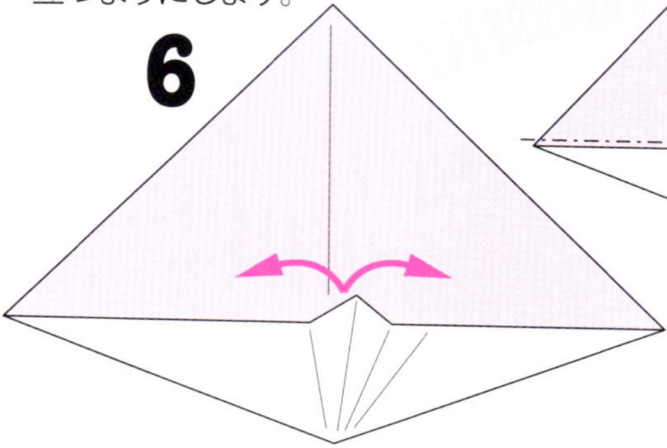

6 中央《ちゅうおう》のツノを左右《さゆう》におり、立《た》つようにします。

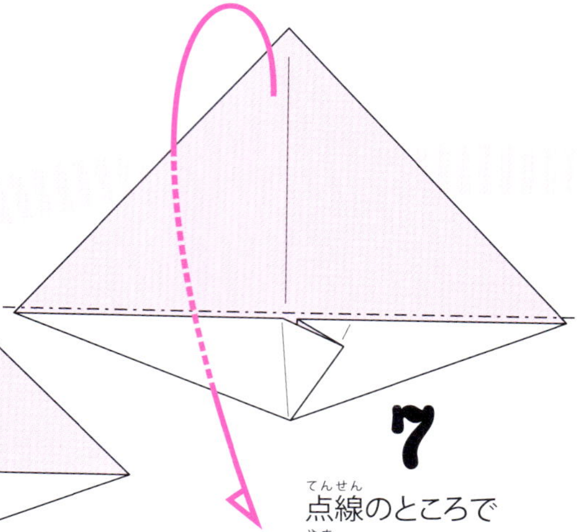

7 点線《てんせん》のところで山《やま》おりにします。

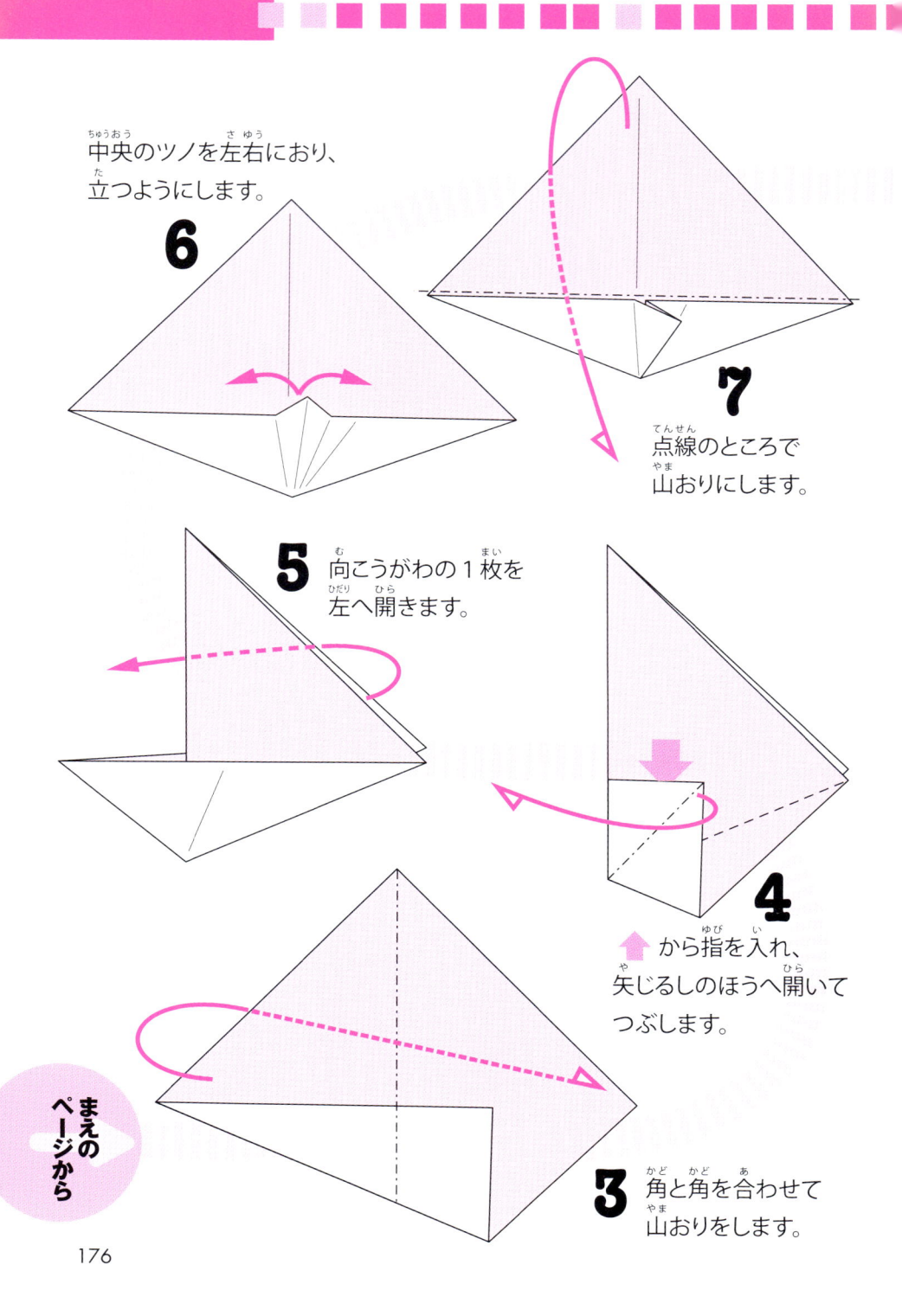

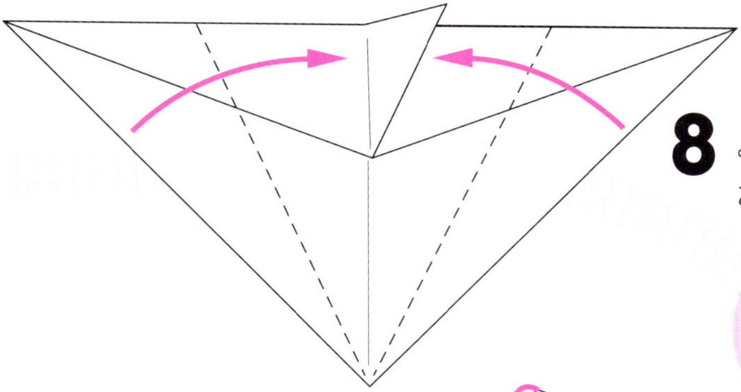

8 よせるように左右《さゆう》をおります。

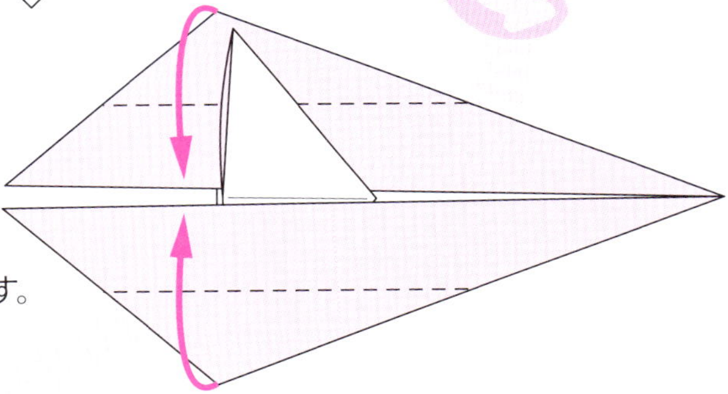

9 図《ず》の向《む》きにかえたらさらに角《かど》をおり入《い》れます。

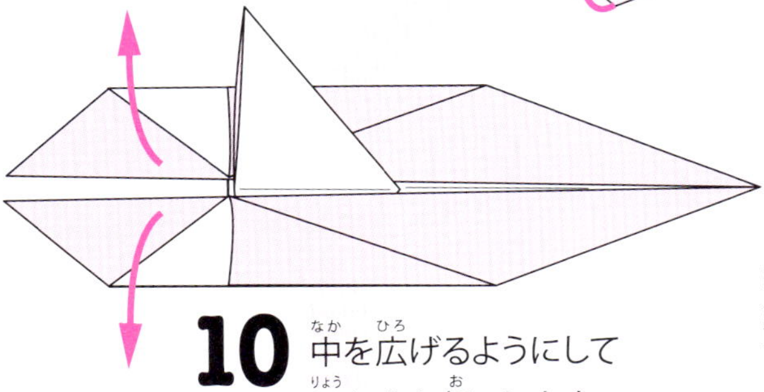

10 中《なか》を広《ひろ》げるようにして両《りょう》わきを起《お》こします。

11 風《かぜ》を受《う》ける帆《ほ》を広《ひろ》げましょう。

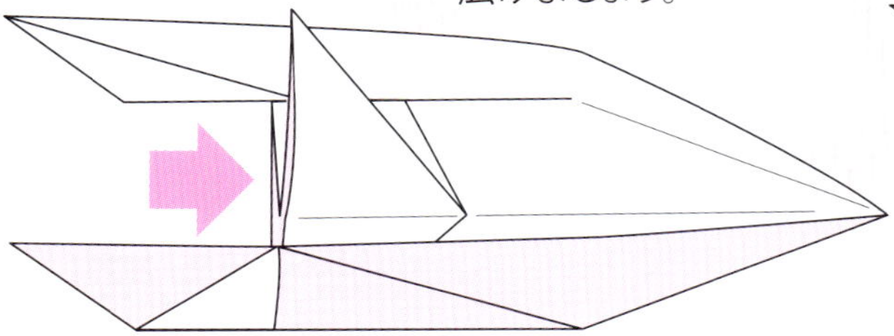

帆《ほ》の後《うし》ろから息《いき》をふき、競争《きょうそう》しましょう。

できあがり

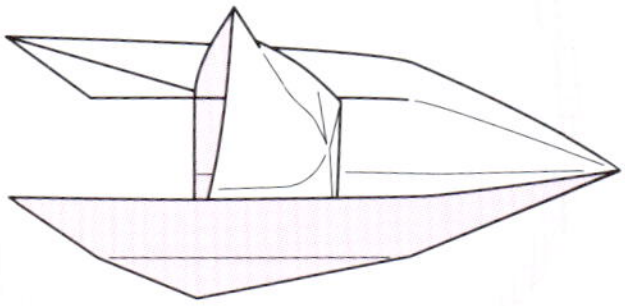

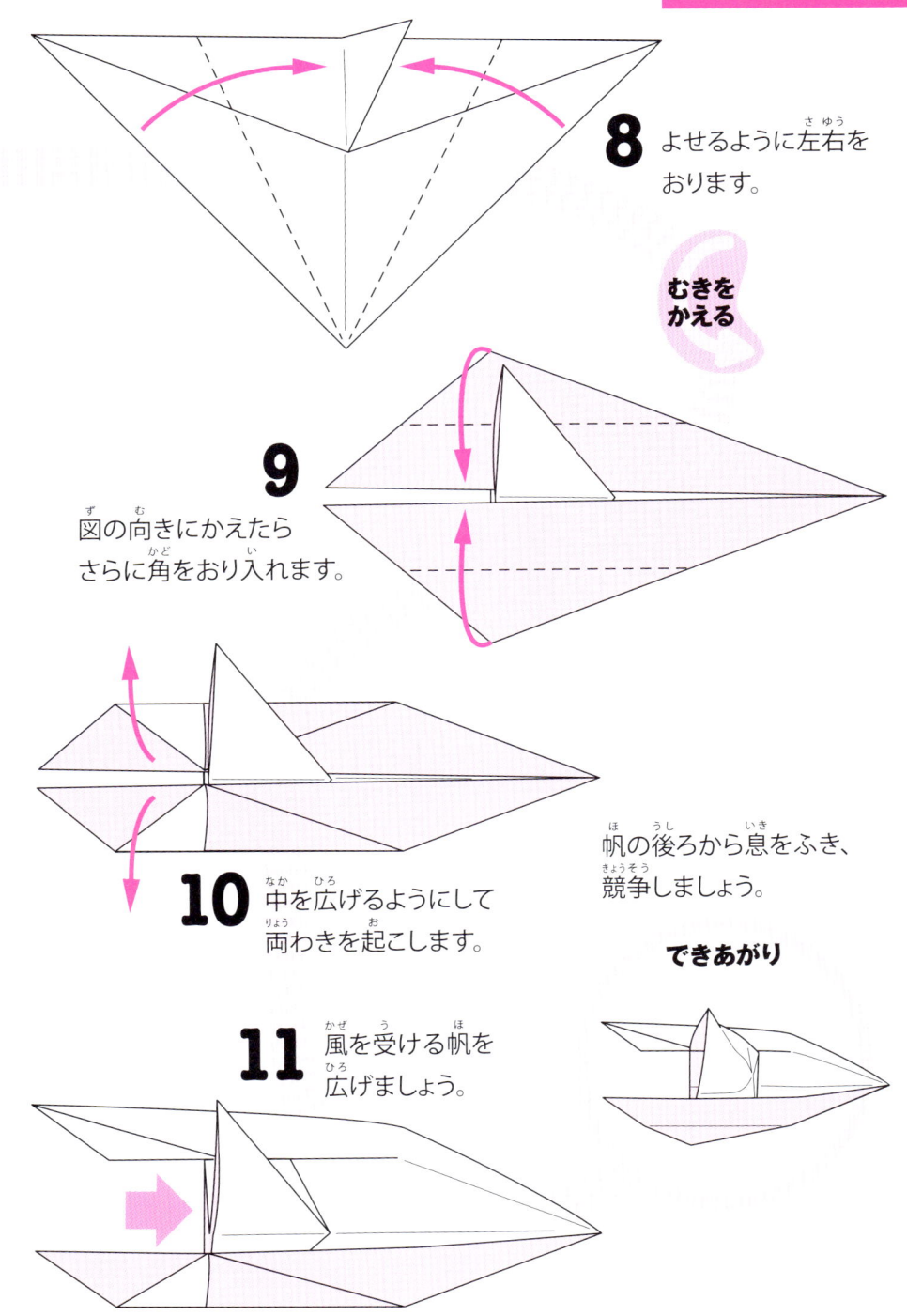

こんこんぎつね

色《いろ》のついた面《めん》を表《おもて》にして
「いえ」(24ページ)の
できあがりまでおります。

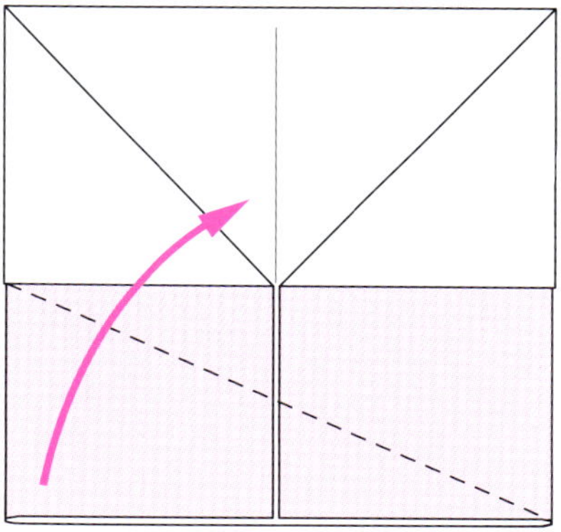

2 手前《てまえ》の１枚《まい》を
ななめにおり上《あ》げます。

1 両《りょう》がわを向《む》こうへおります。

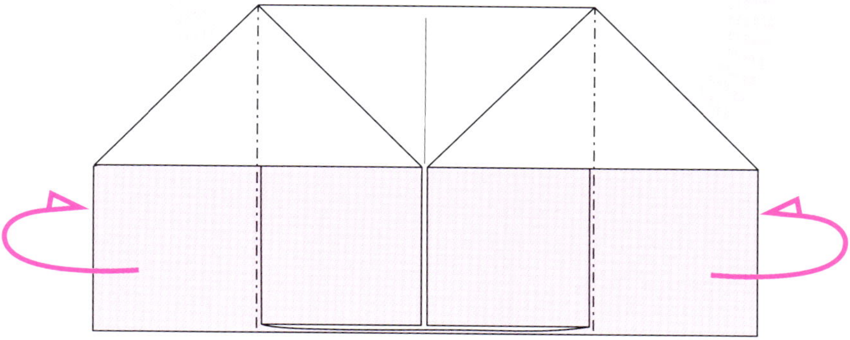

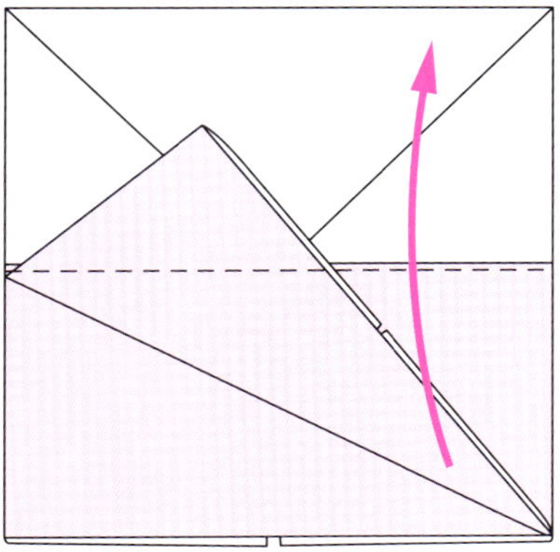

3 点線《てんせん》のところでおり上《あ》げます。

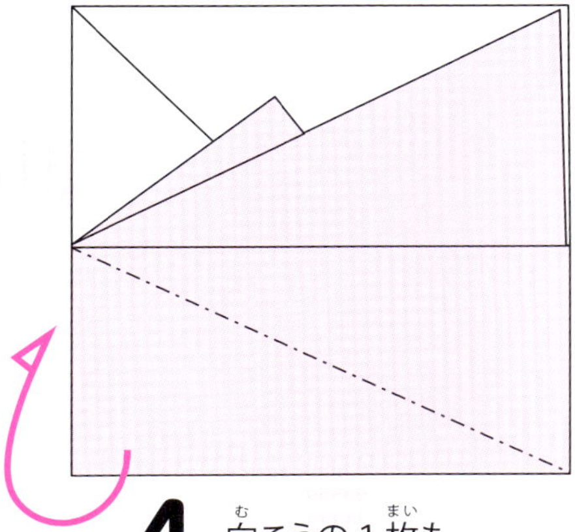

4 向《む》こうの１枚《まい》も
ななめに山《やま》おりします。

5をおったところ

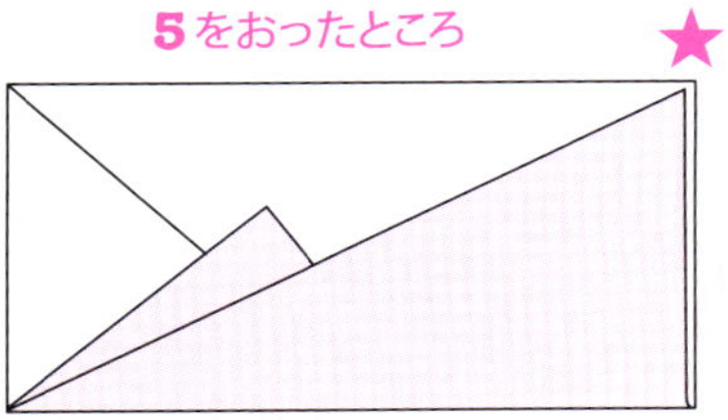

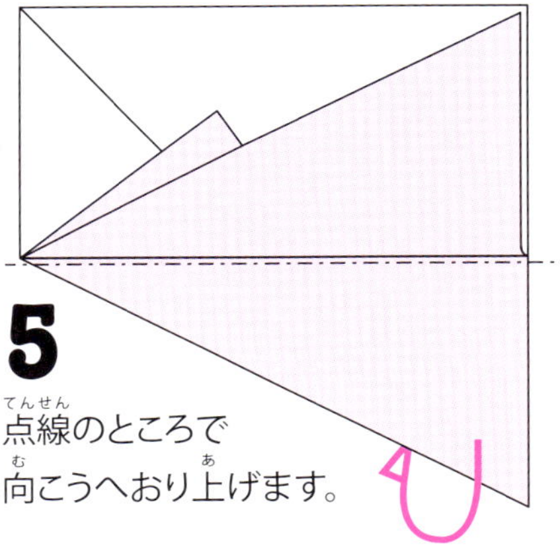

5
点線《てんせん》のところで
向《む》こうへおり上《あ》げます。

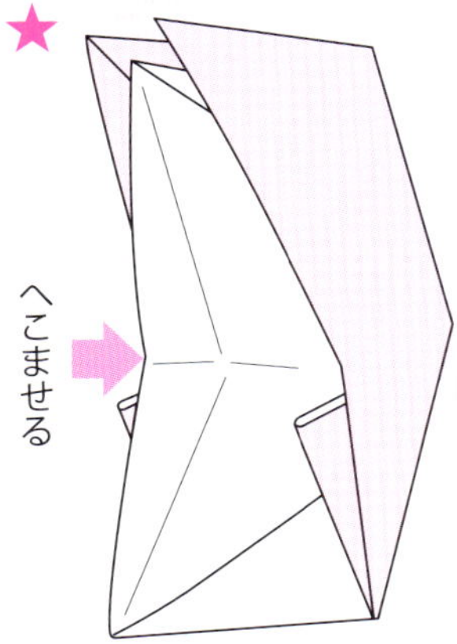

6
★が上《うえ》にくるように
向《む》きをかえ、
後《うし》ろから指《ゆび》を入《い》れて
パクパクさせましょう。

できあがり

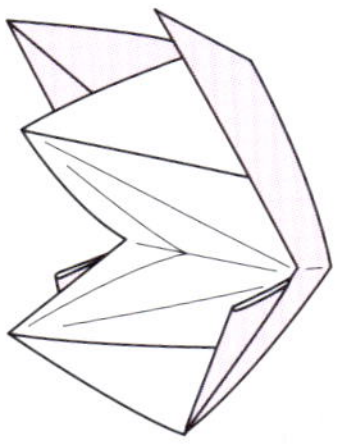

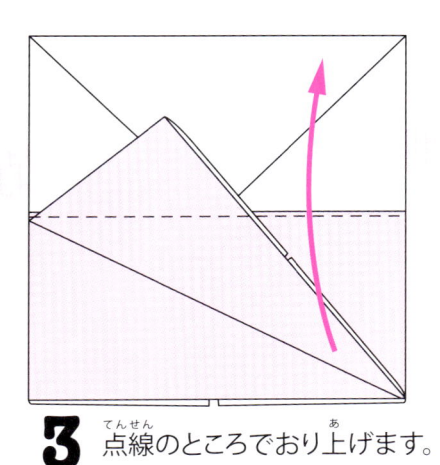

はらぺこがらす

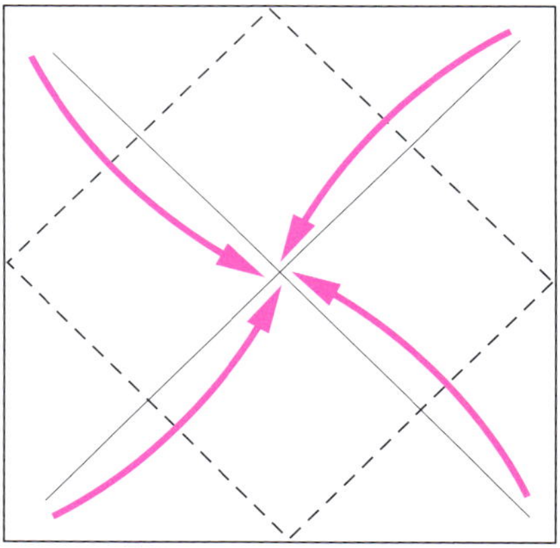

1 図《ず》のようにおりすじをつけたら角《かど》を４つおり入《い》れます。

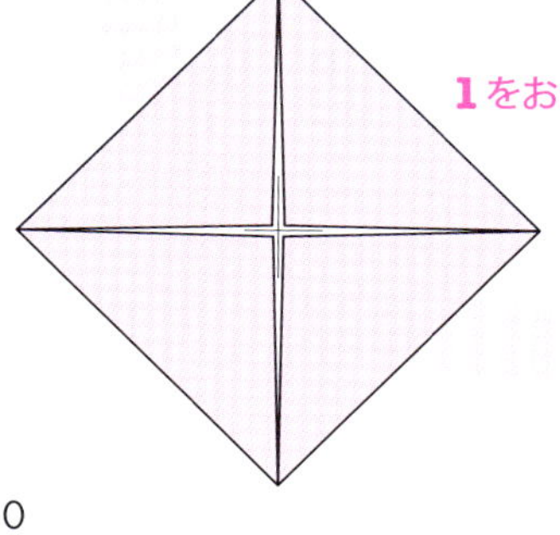

1をおったところ

うらがえす

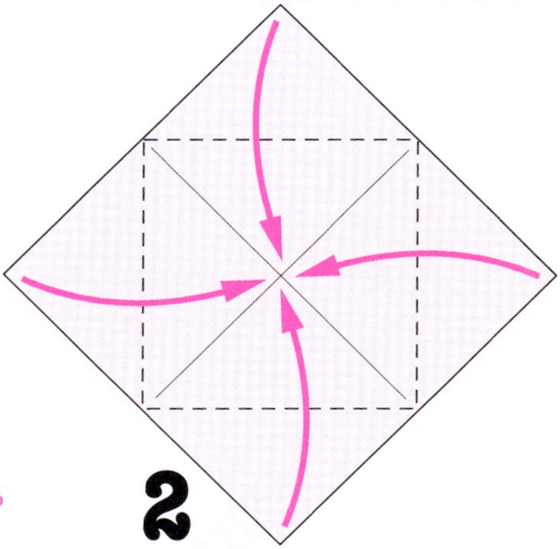

2 うら返《がえ》したらもう一度《いちど》角《かど》をおり入《い》れます。

うらがえす

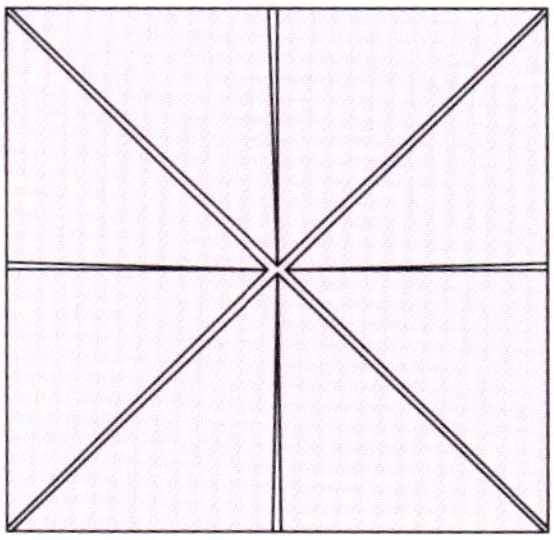

2をおったところ

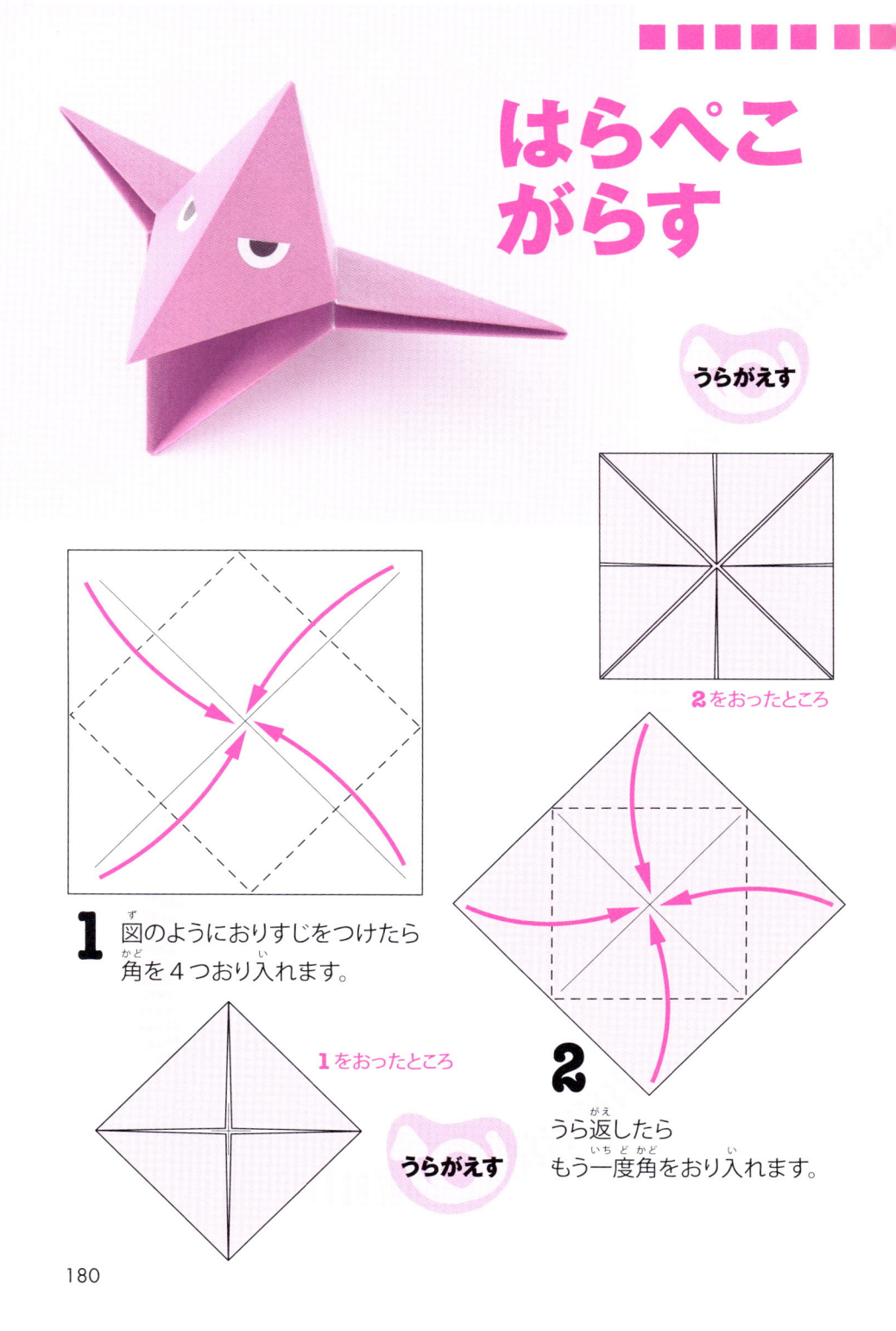

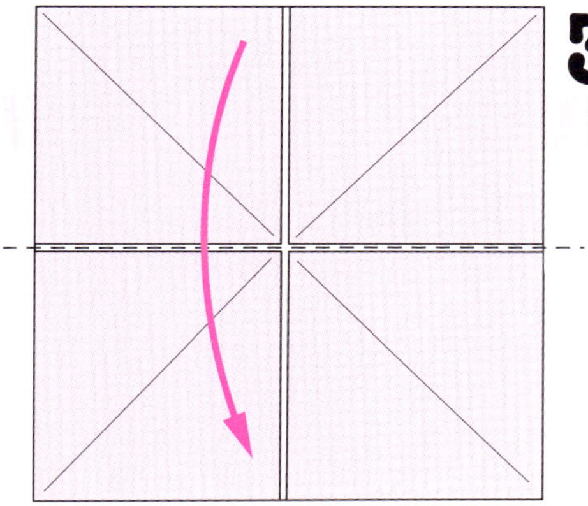

3 うら返《がえ》したら
全体《ぜんたい》を半分《はんぶん》におります。

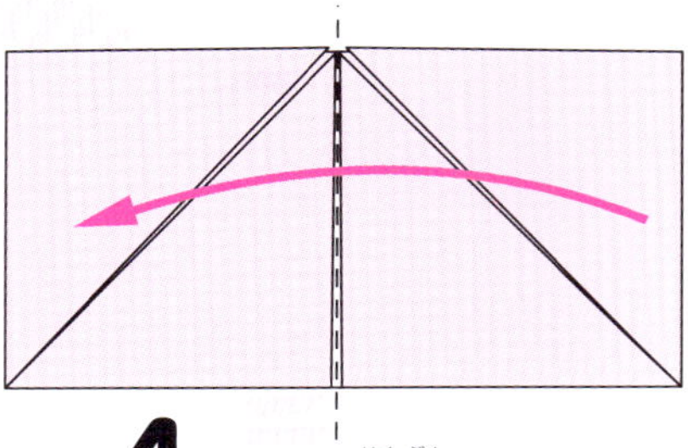

4 さらに半分《はんぶん》におります。

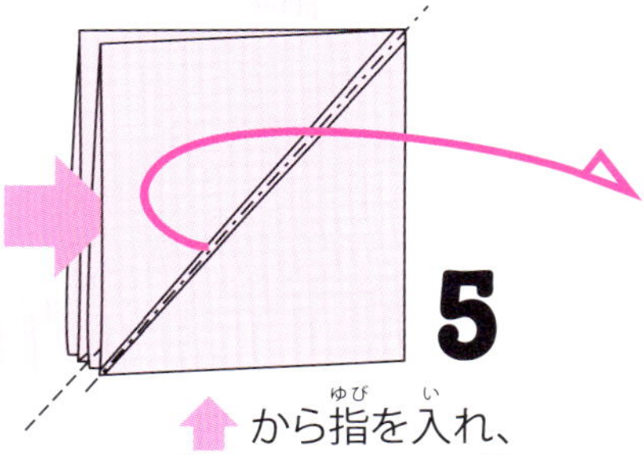

5

⇧から指《ゆび》を入《い》れ、
矢《や》じるしのほうへ開《ひら》いて
つぶします。うらも同《おな》じに。

おりずらして**7**のような
星形《ほしがた》にします。

6

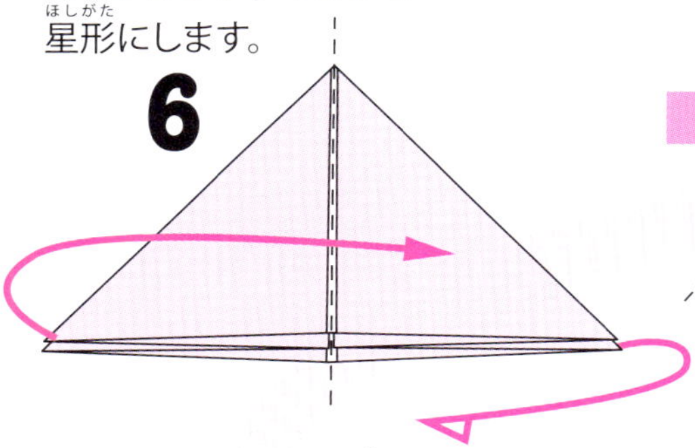

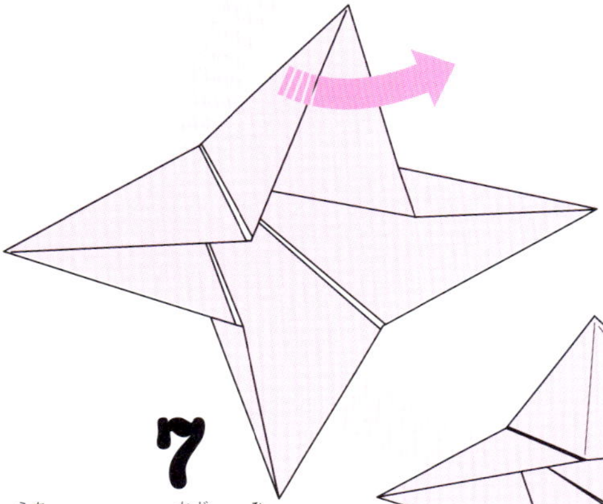

7

内《うち》がわから角《かど》を引《ひ》き
出《だ》して開《ひら》きます。

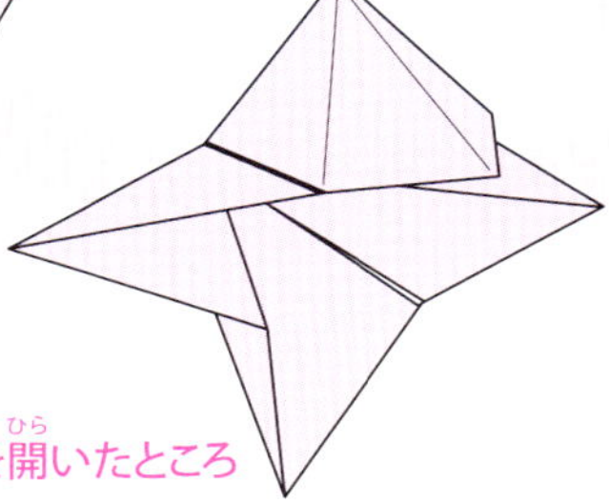

7を開《ひら》いたところ

できあがり

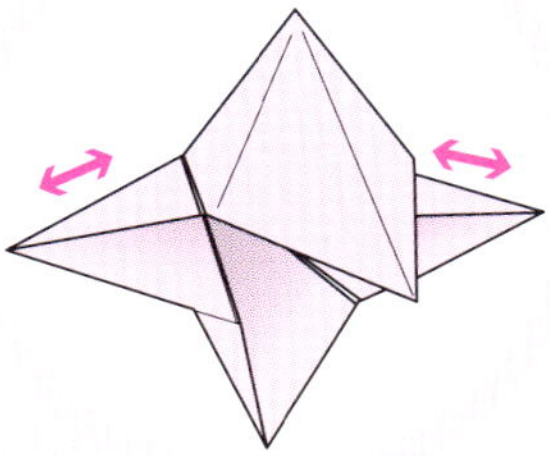

左右《さゆう》を持《も》って
引《ひ》っぱると
からすが口《くち》を
パクパクさせます。

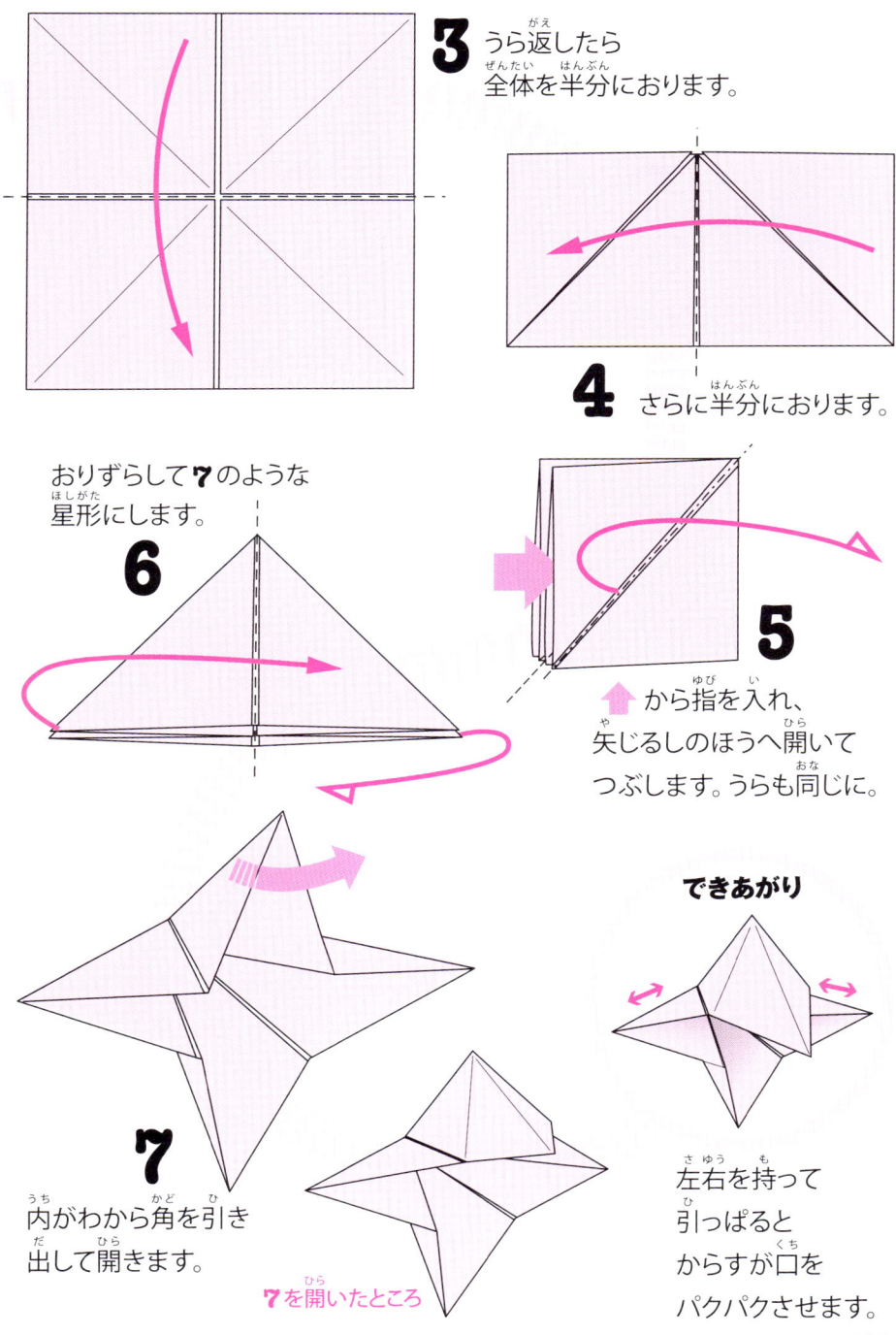

ぴょんぴょんがえる

1

横半分《よこはんぶん》におってから
図《ず》のように
おりすじをつけます。

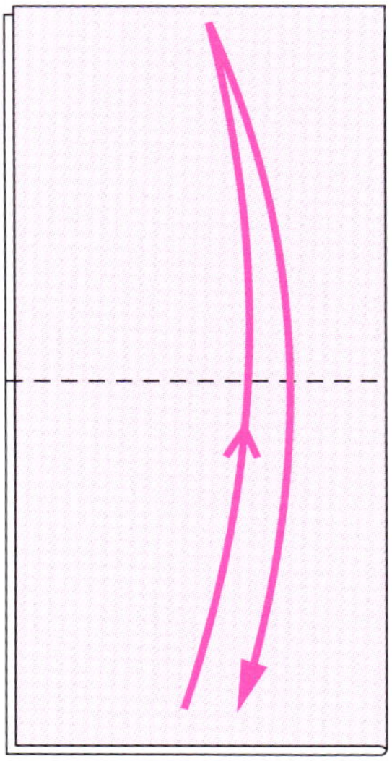

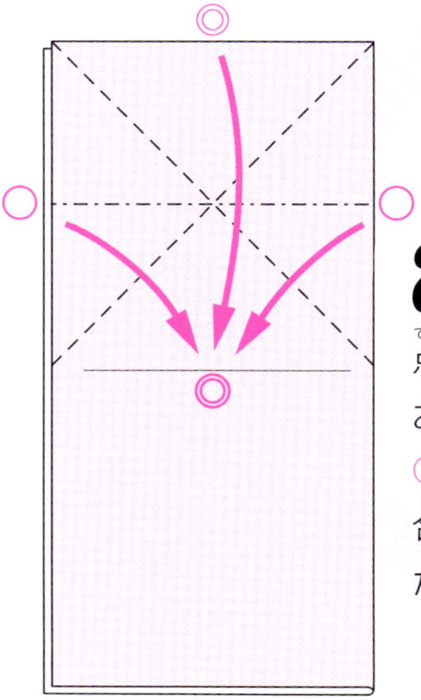

2

点線《てんせん》のとおりに
おりすじをつけたら
○と○、◎と◎を
合《あ》わせるように
たたみます。

3

角《かど》をおり上《あ》げます。

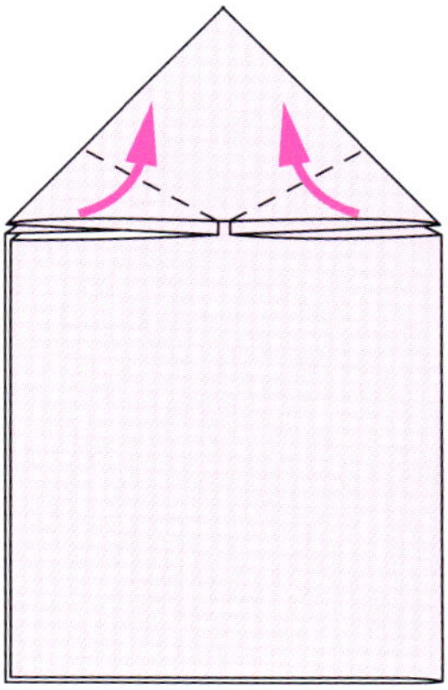

4

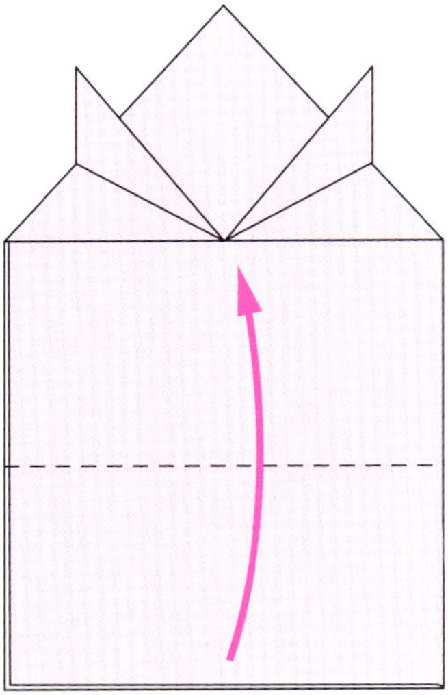

点線《てんせん》のところで
おり上《あ》げます。

5

下半分《したはんぶん》だけおって
おりすじをつけます。

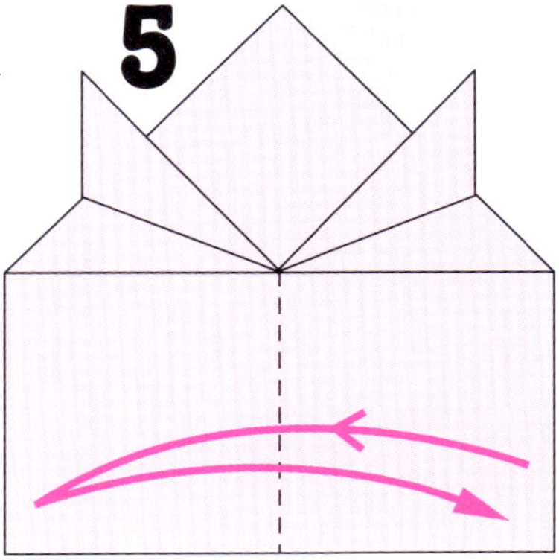

6

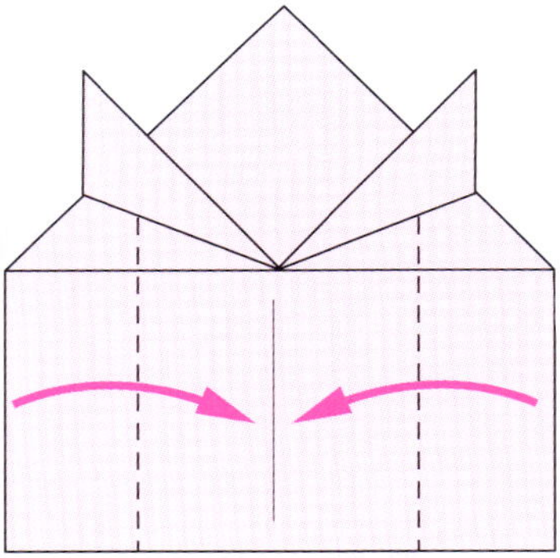

おりすじに合《あ》わせて左右《さゆう》をおります。

7

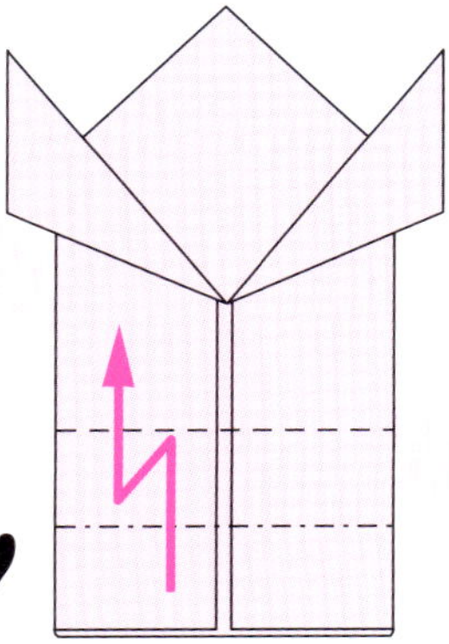

だんおりをし、
足《あし》をバネ状《じょう》にします。

7をおったところ

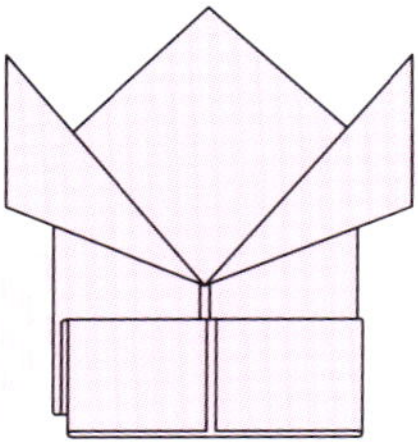

うらがえす

できあがり

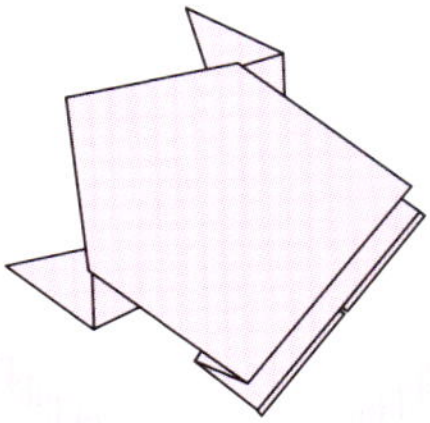

バネに軽《かる》く指《ゆび》をかけ、
後《うし》ろに指《ゆび》をすべらせるように
するとジャンプします。

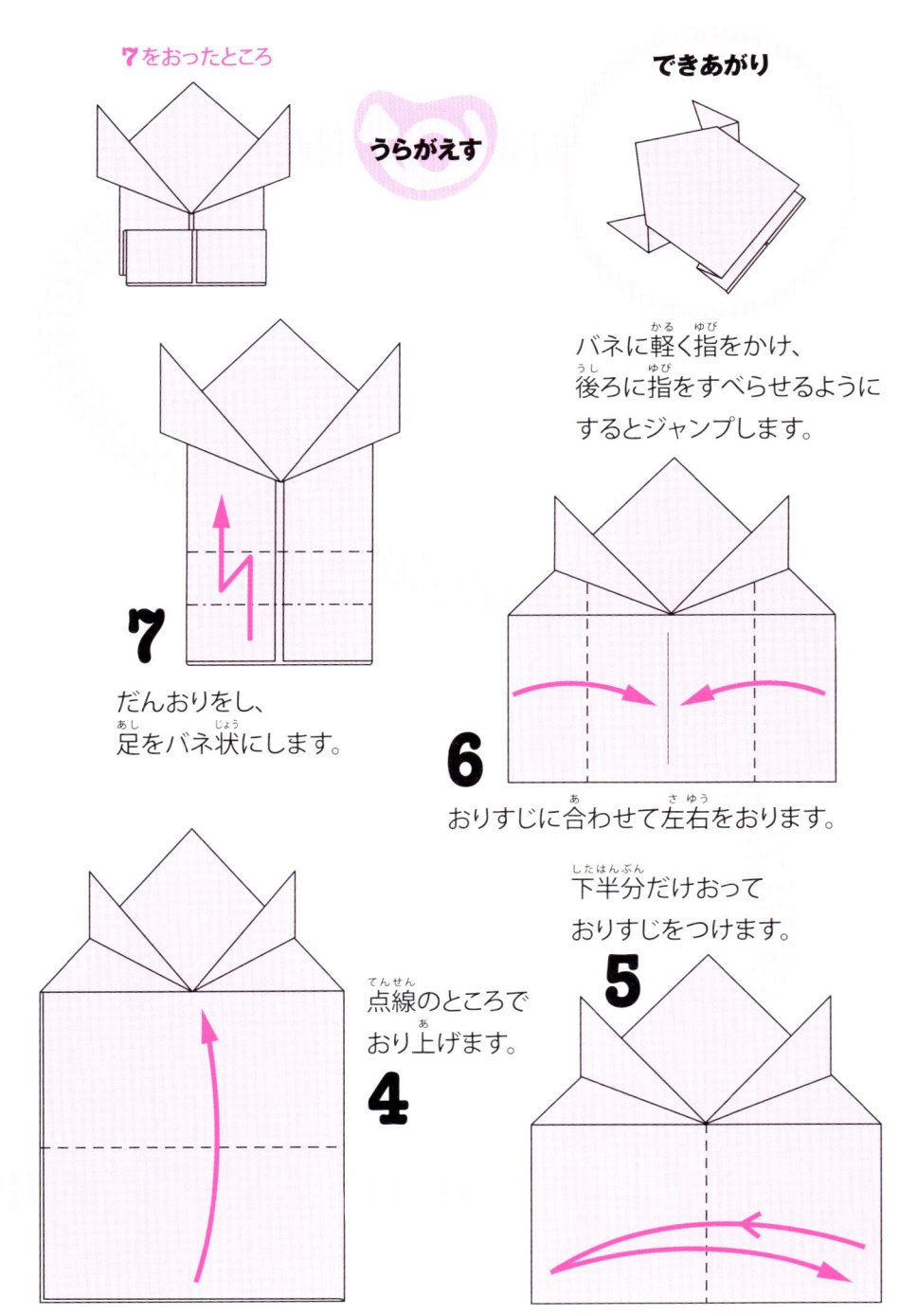

はばたくとり

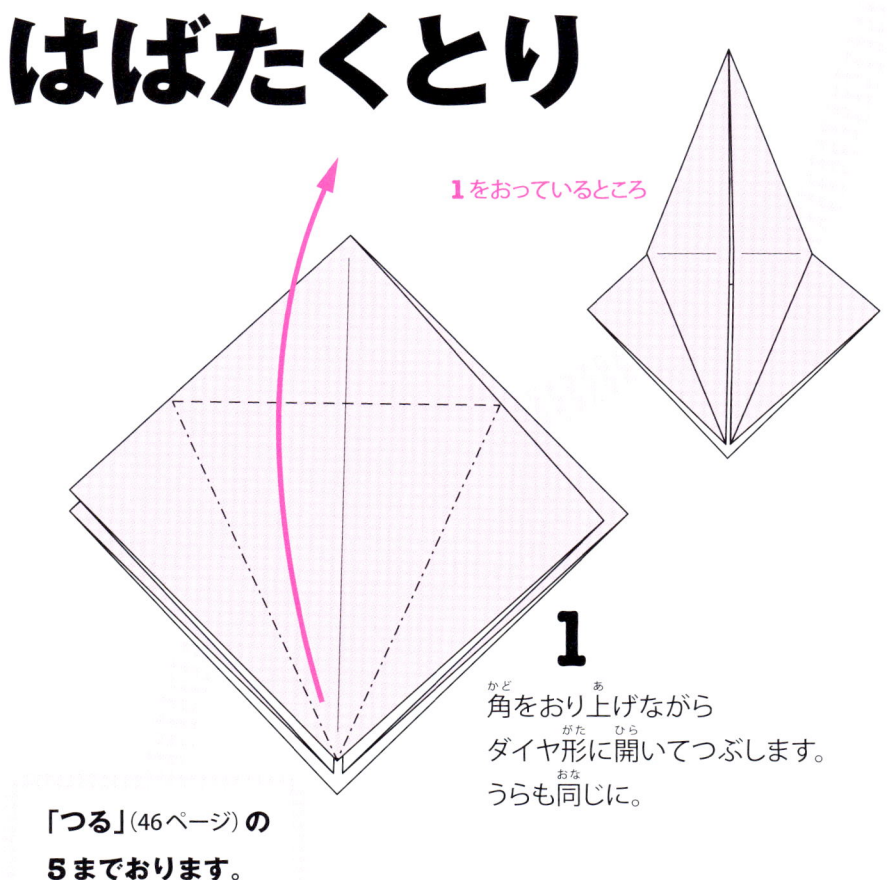

1をおっているところ

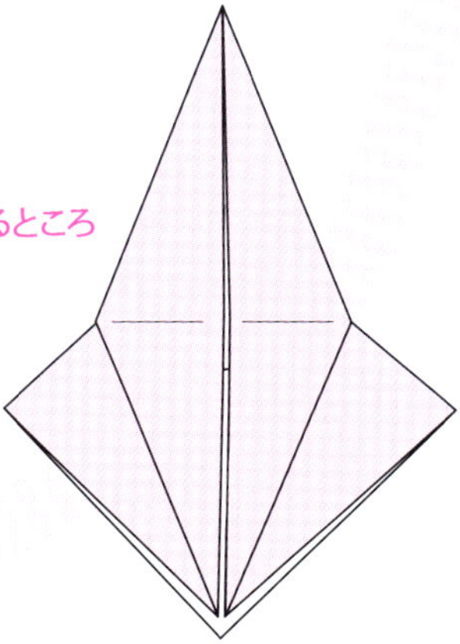

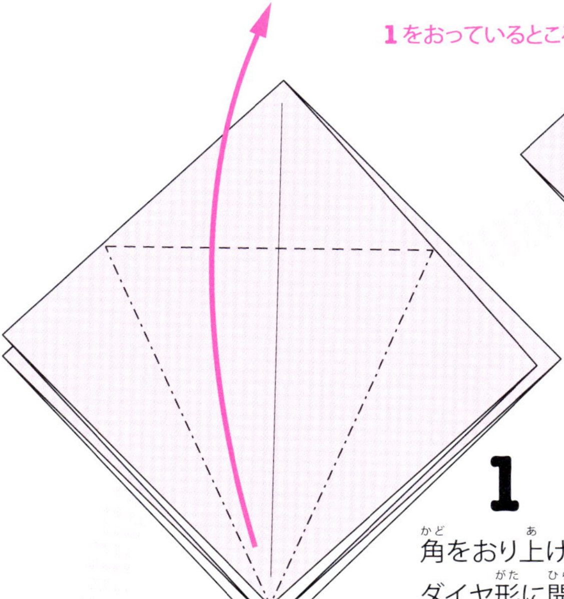

「つる」（46ページ）の

5までおります。

1

角《かど》をおり上《あ》げながら

ダイヤ形《がた》に開《ひら》いてつぶします。

うらも同《おな》じに。

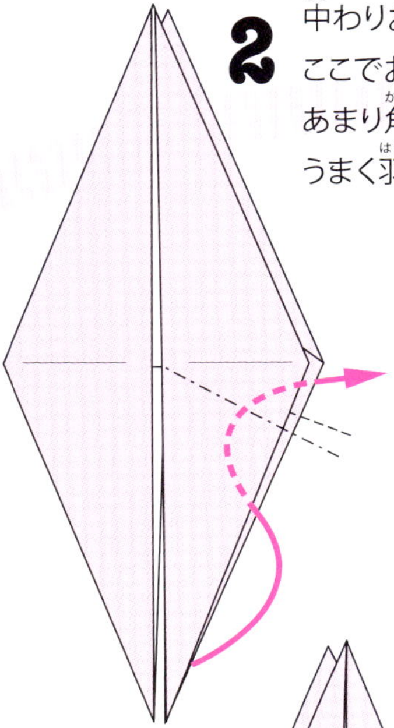

2 中《なか》わりおりをし、尾《お》をおります。
ここでおり上《あ》げる角度《かくど》は水平程度《すいへいていど》で。
あまり角度《かくど》をつけてしまうと
うまく羽《はね》が動《うご》きません。

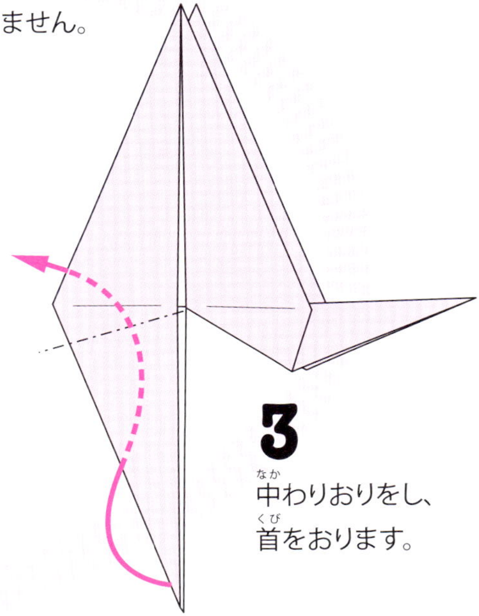

3 中《なか》わりおりをし、
首《くび》をおります。

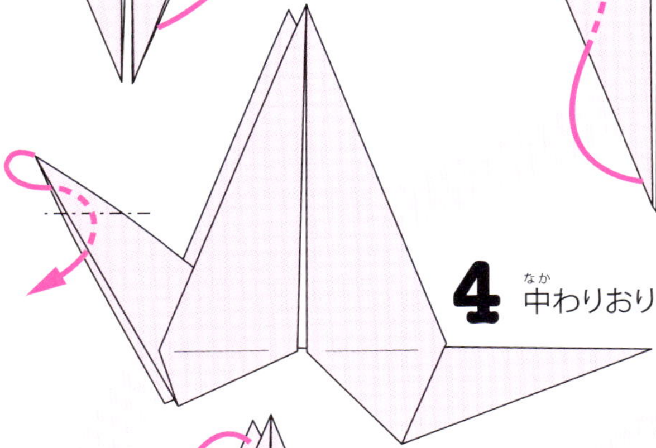

4 中《なか》わりおりをし、頭《あたま》をおります。

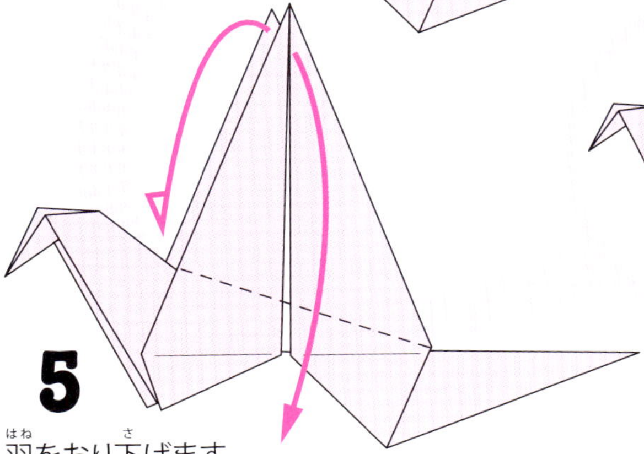

5 羽《はね》をおり下《さ》げます。

できあがり

★のあたりを持《も》って
尾《お》を引《ひ》っぱると
羽《は》ばたきます。

さるのきのぼり

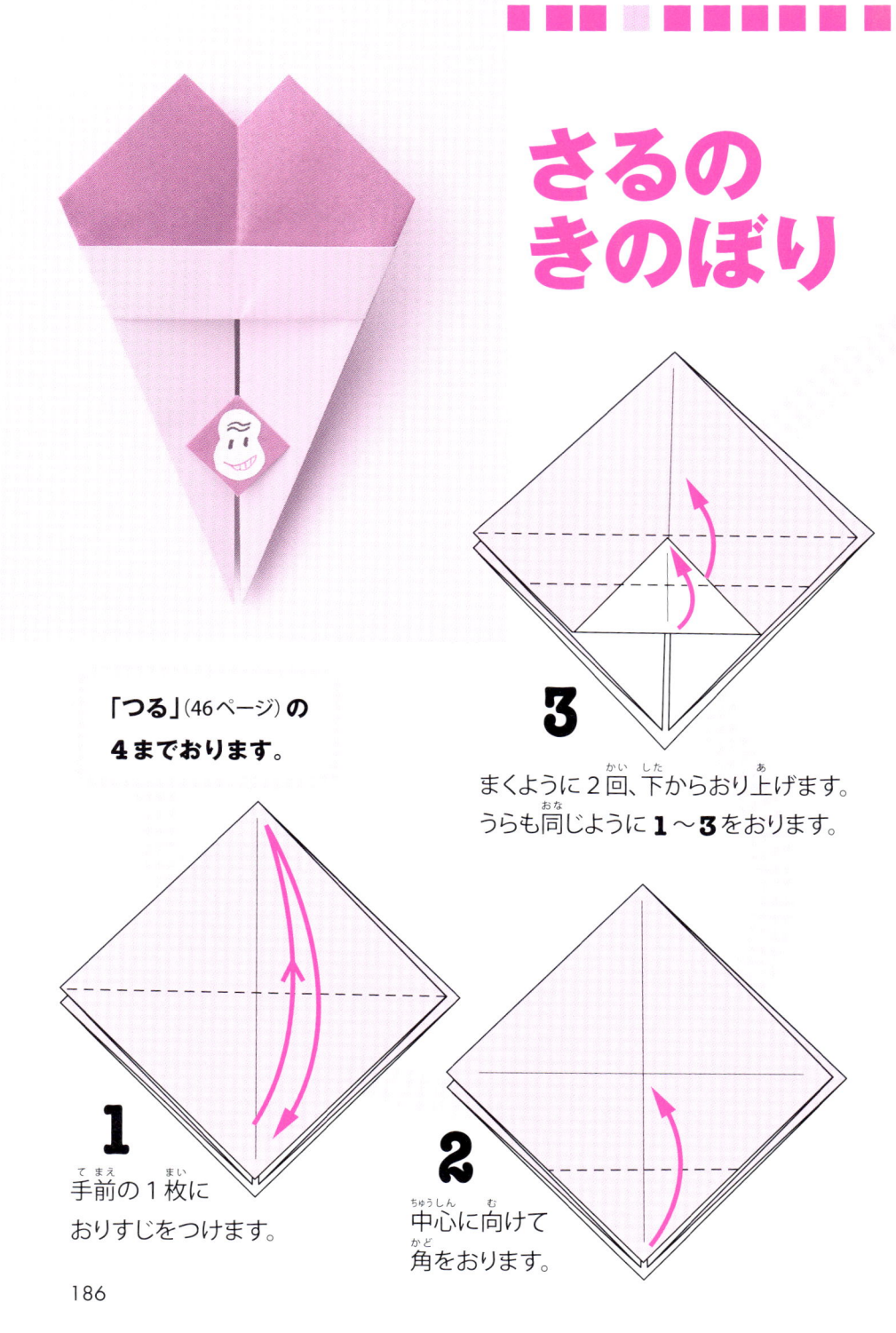

「つる」(46ページ)**の**
4までおります。

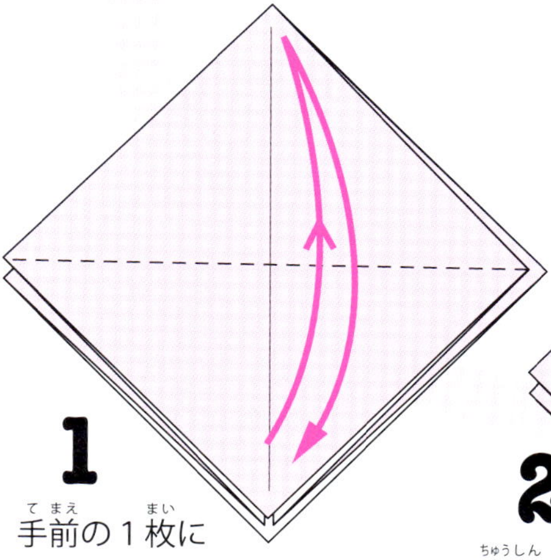

1

手前《てまえ》の1枚《まい》に
おりすじをつけます。

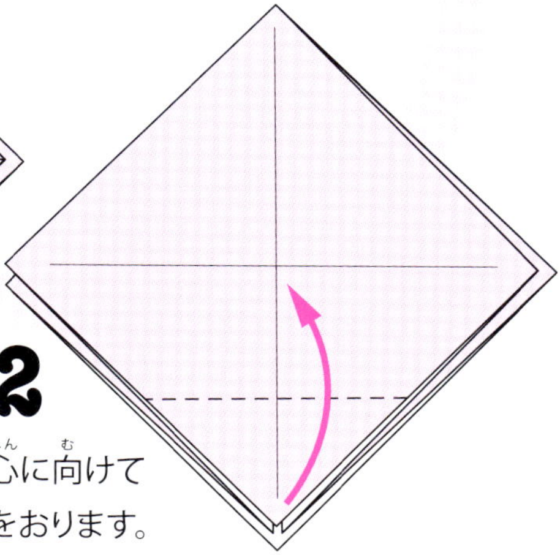

2

中心《ちゅうしん》に向《む》けて
角《かど》をおります。

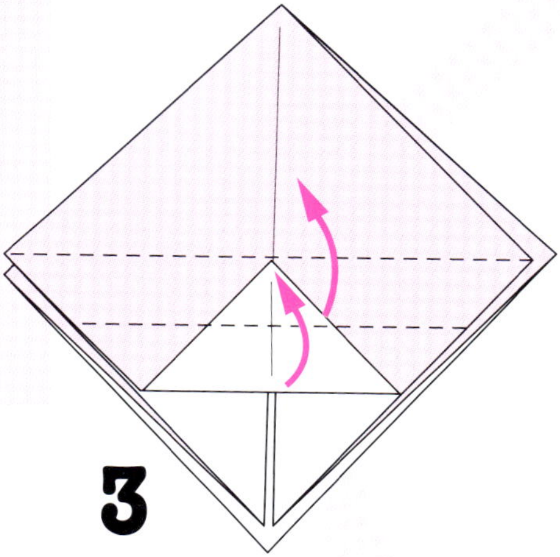

3

まくように2回《かい》、下《した》からおり上《あ》げます。
うらも同《おな》じように**1**～**3**をおります。

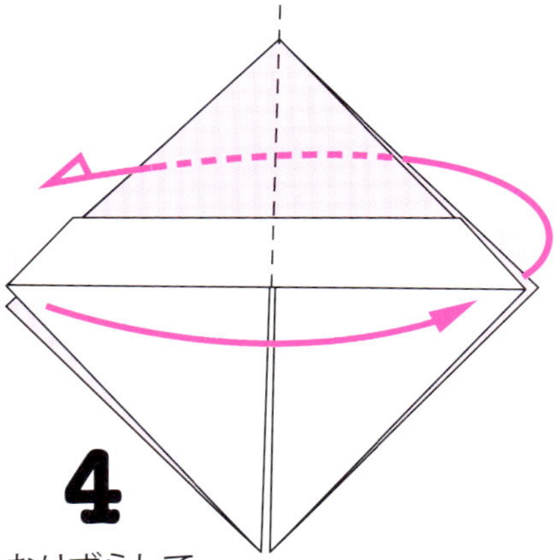

4

おりずらして
おる面《めん》をかえます。

おりすじに合《あ》わせて角《かど》をおり入《い》れます。
うらも同《おな》じに。

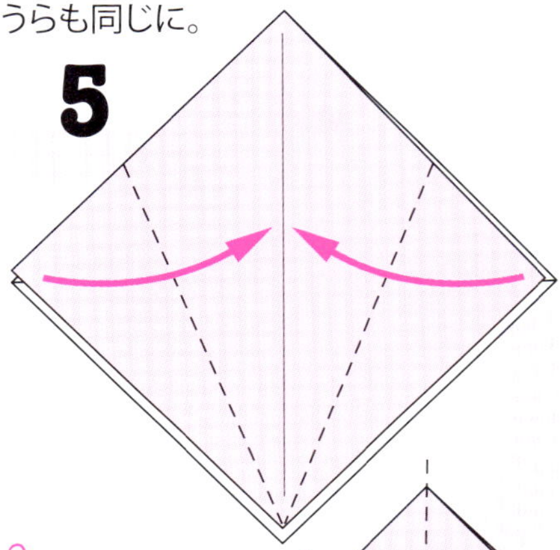

5

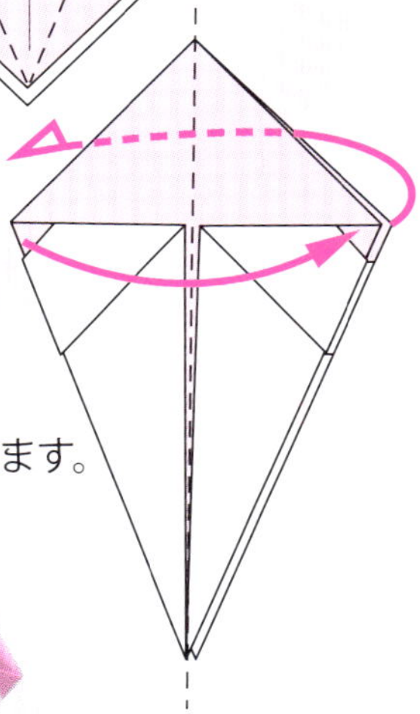

6

おりずらして
おる面《めん》をかえます。

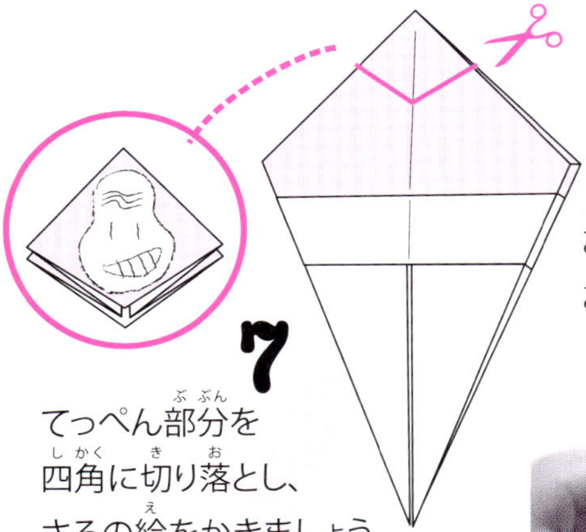

7

てっぺん部分《ぶぶん》を
四角《しかく》に切《き》り落《お》とし、
さるの絵《え》をかきましょう。

できあがり

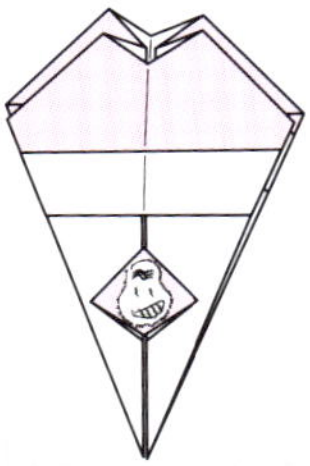

さるを木《き》の間《あいだ》にはさんで、木《き》を左右《さゆう》すり合《あ》わせるように動《うご》かすと……するする～、ぴょこ!

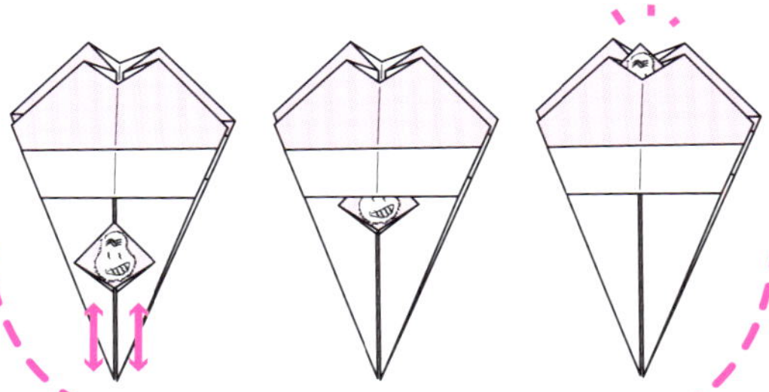

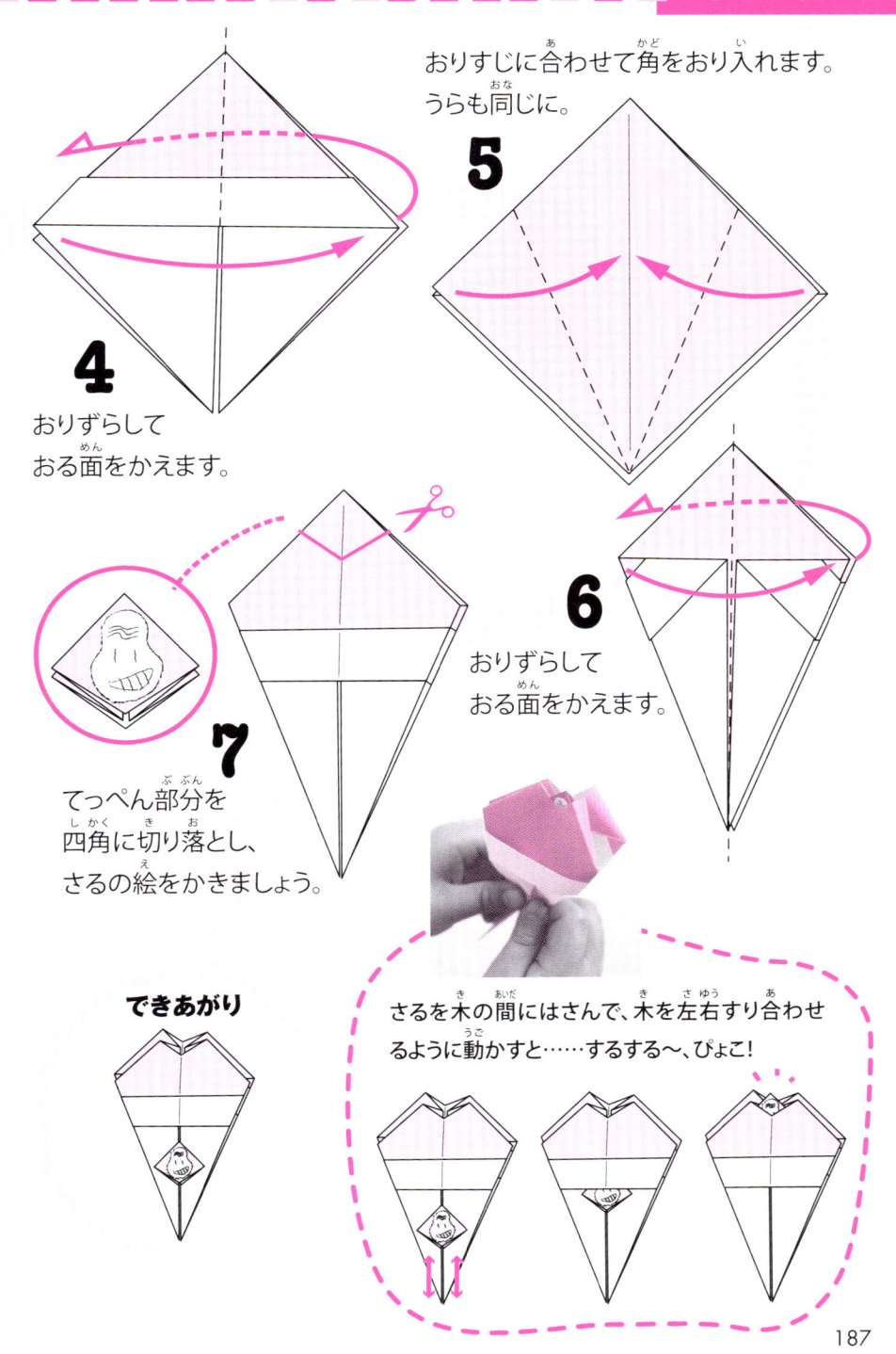

おすもうさん

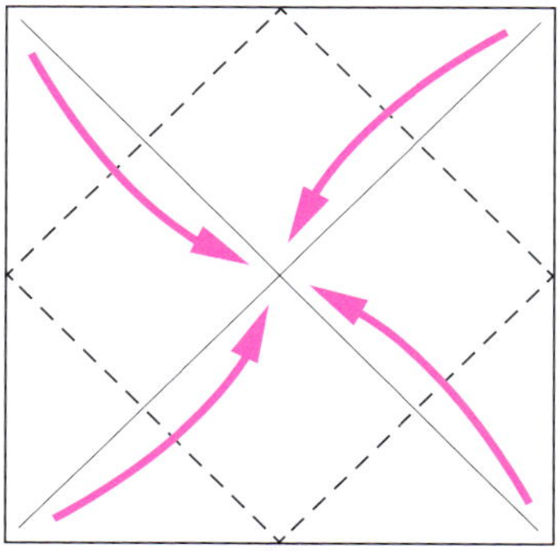

1 おりすじをつけたら
中心《ちゅうしん》に合《あ》わせて
角《かど》をおります。

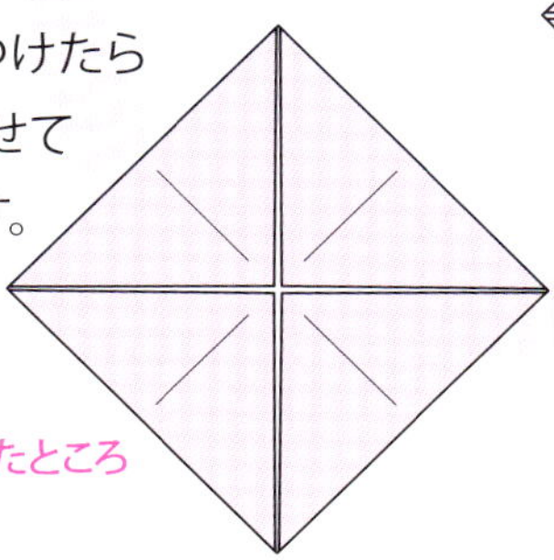

1をおったところ

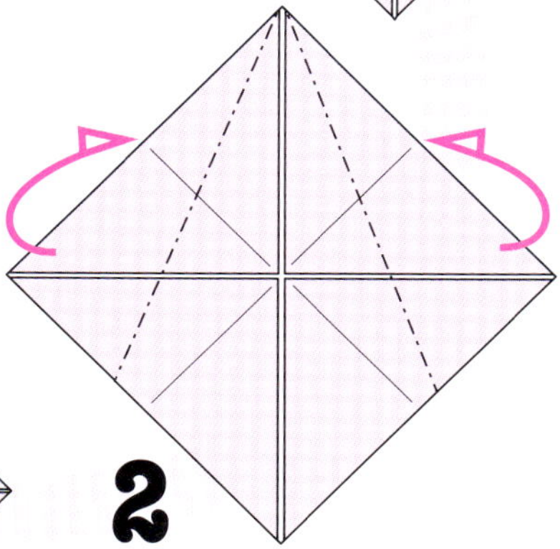

2 おりすじにそわせるように
両角《りょうかど》を向《む》こうがわへおります。

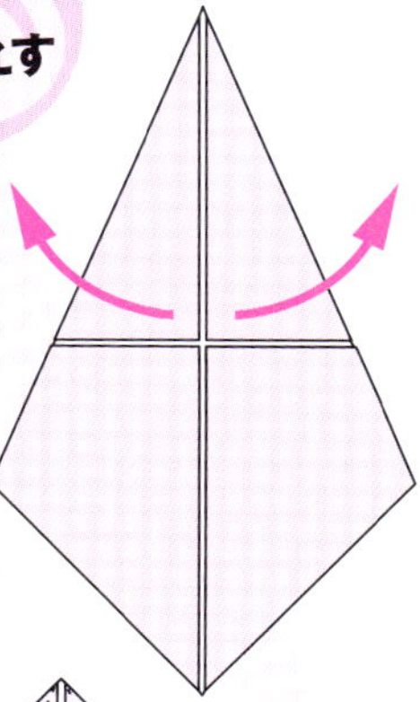

3 図《ず》の部分《ぶぶん》を
開《ひら》きます。

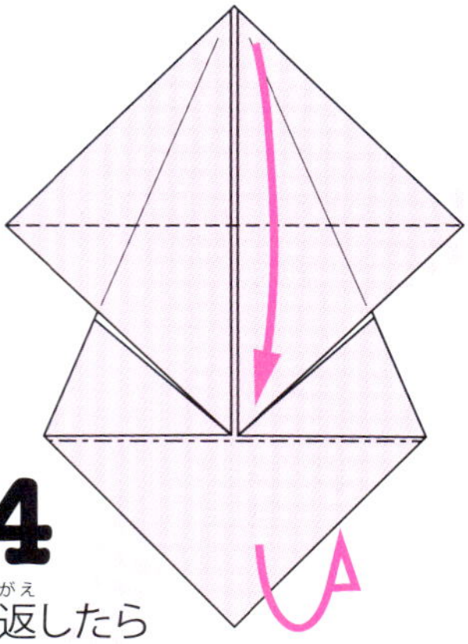

4 うら返《がえ》したら
上《じょう》下《げ》をそれぞれおります。

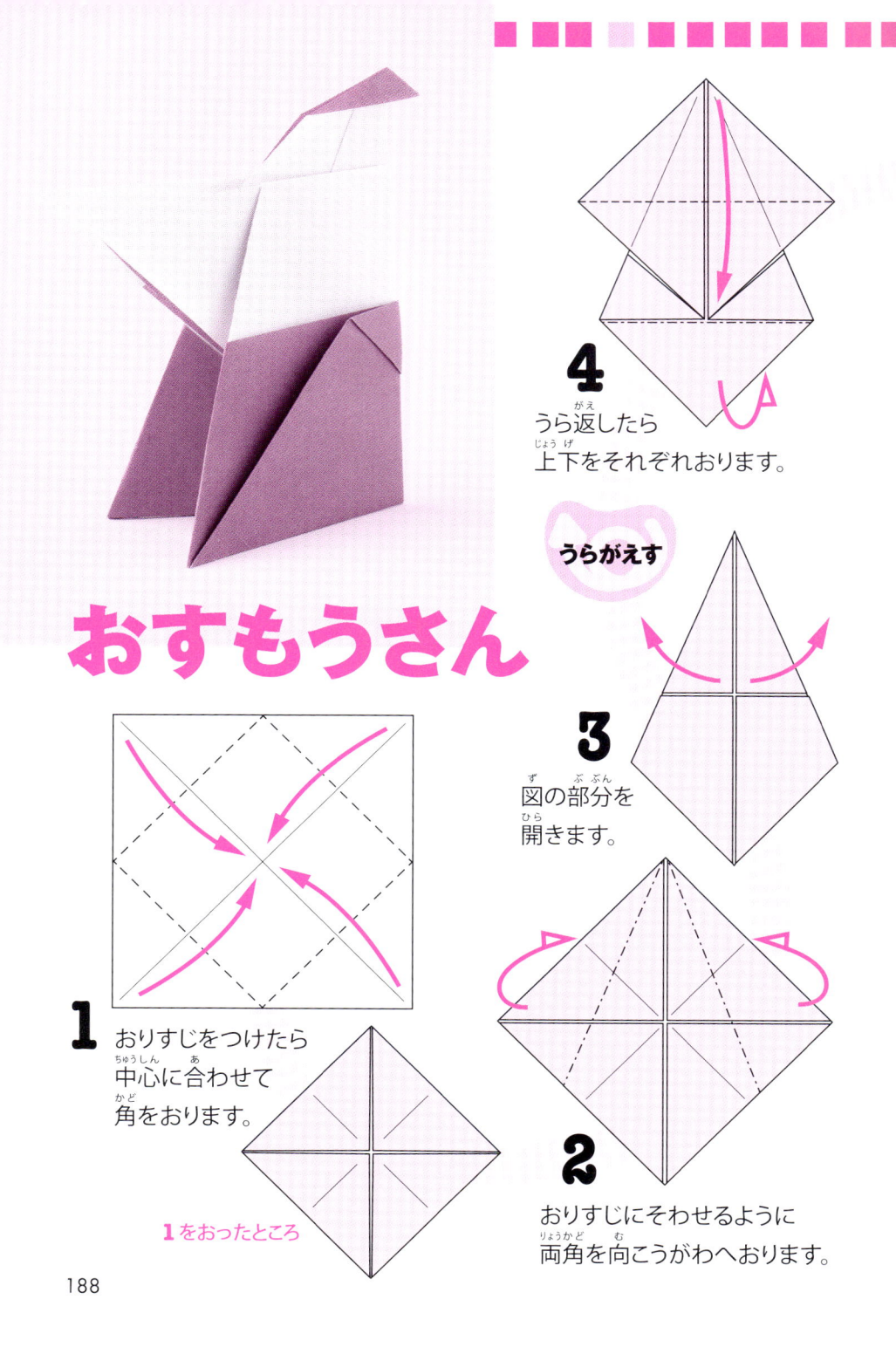

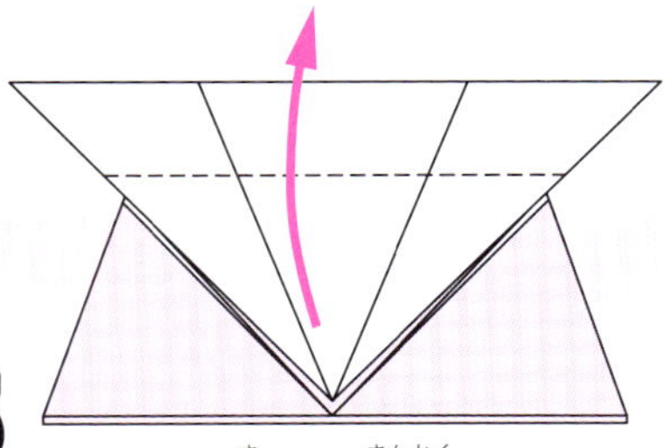

5

4でおり下《さ》げた三角《さんかく》を
点線《てんせん》のあたりでおり上《あ》げます。

5をおったところ

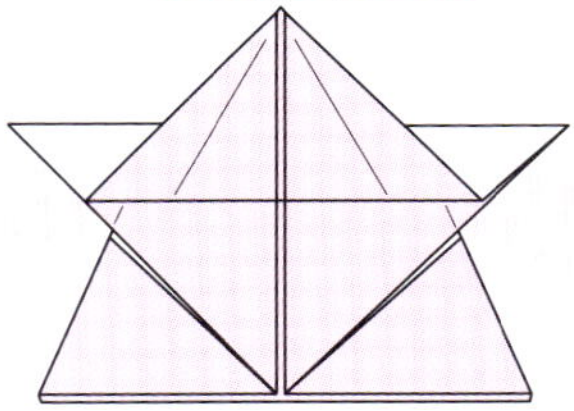

うらがえす

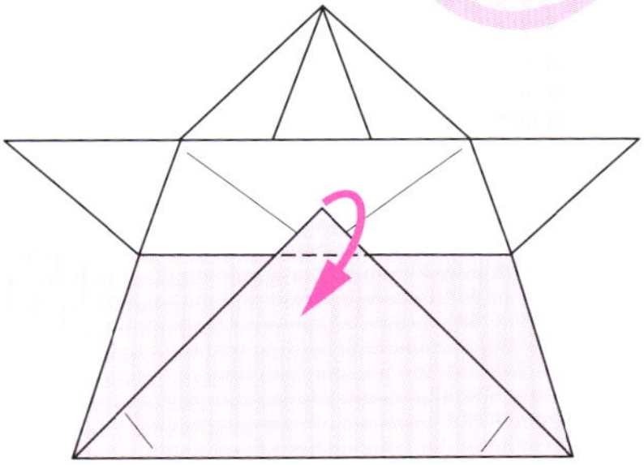

6

うら返《がえ》したら
とび出《で》た三角《さんかく》をおります。

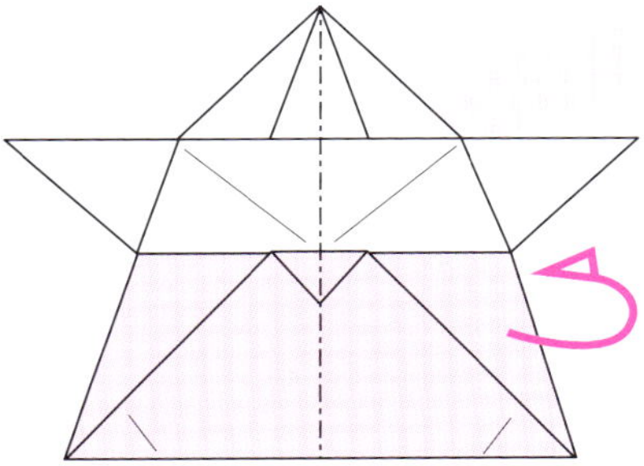

7

2つにおり、
立《た》つようにします。

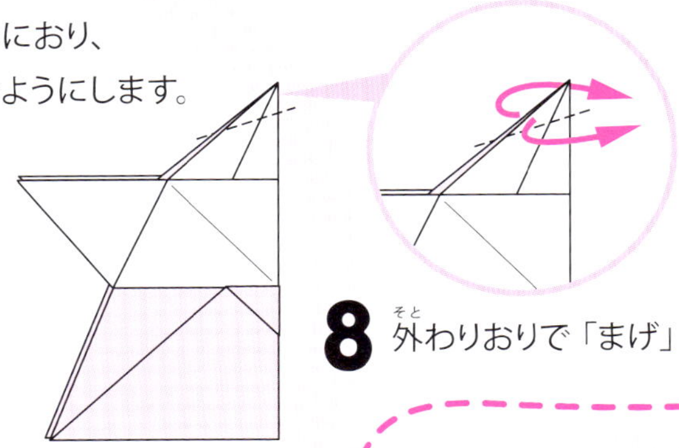

8

外《そと》わりおりで「まげ」をおります。

できあがり

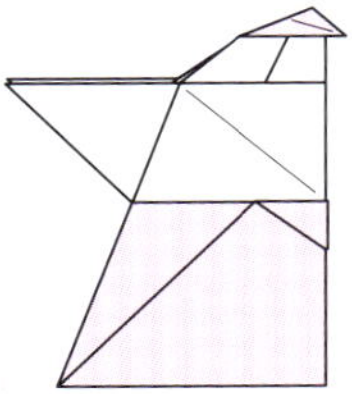

箱《はこ》でつくった土《ど》ひょうのはしを
トントンたたいてきそいます。

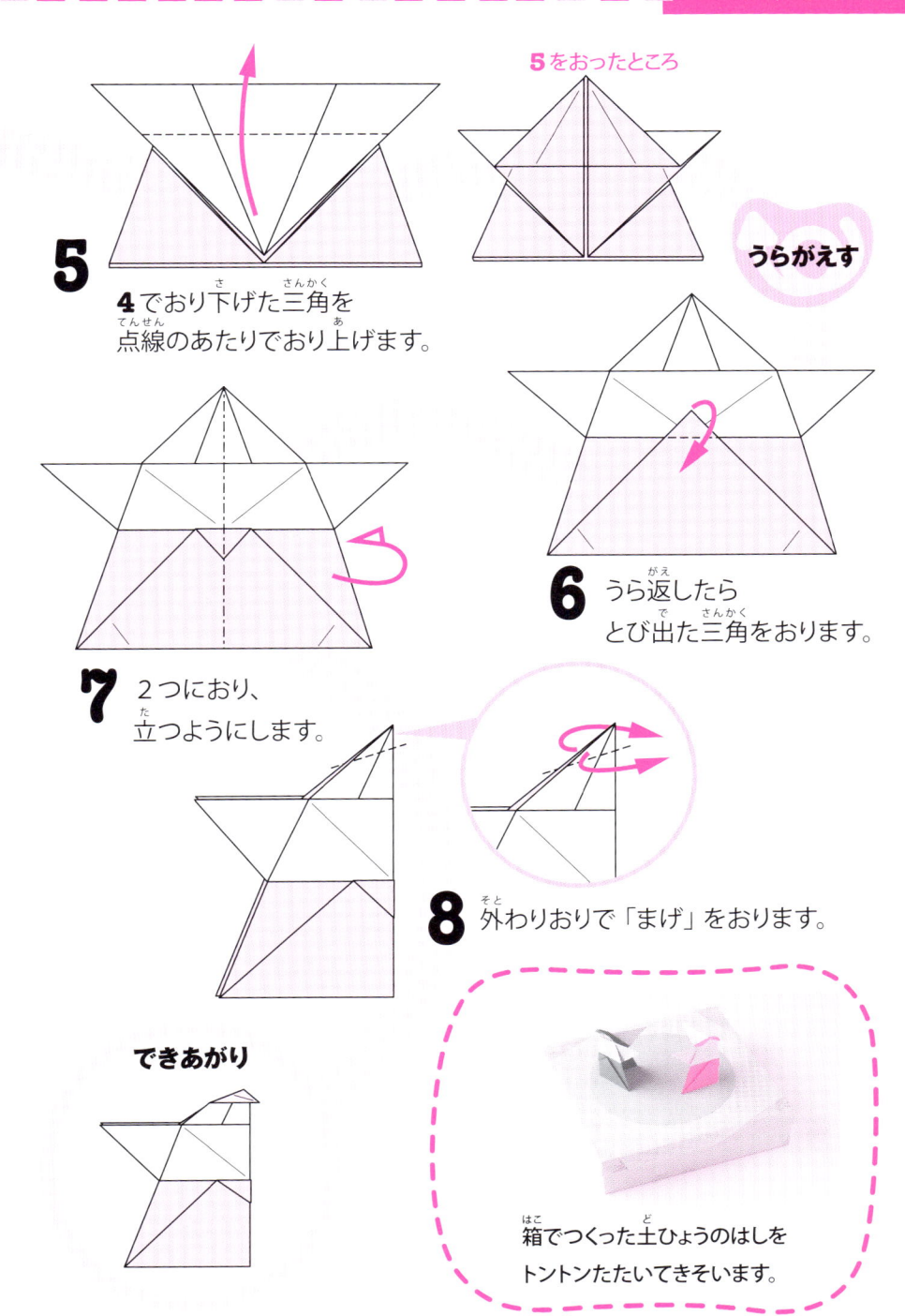

カメラ

「やっこさん」(32ページ)の
4までおります。

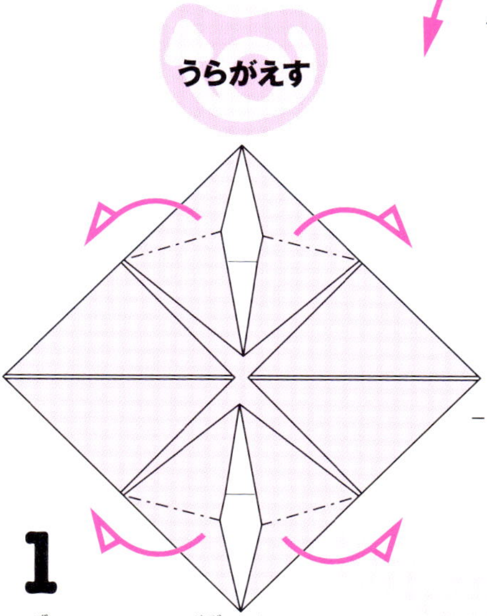

1 図《ず》のふくろに指《ゆび》を入《い》れ、
それぞれ開《ひら》いてつぶします。

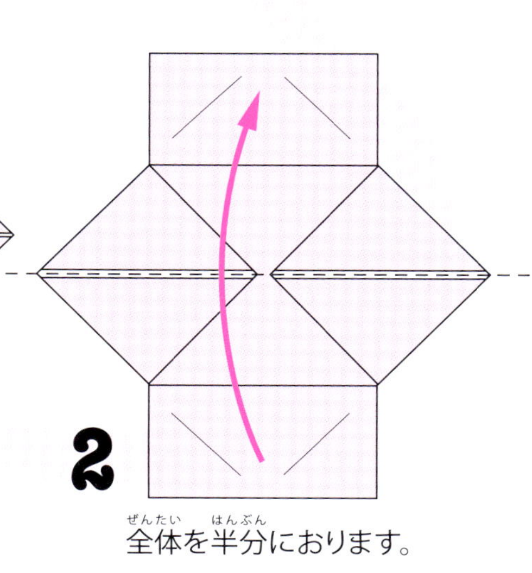

2 全体《ぜんたい》を半分《はんぶん》におります。

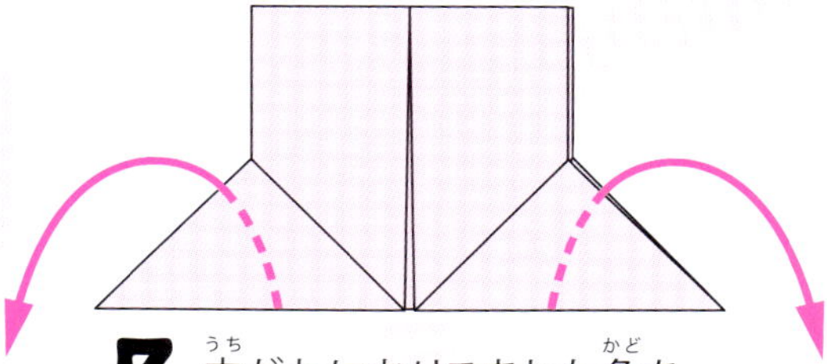

3 内《うち》がわにおりこまれた角《かど》を
うら返《がえ》すようにして引《ひ》き出《だ》します。

3を引《ひ》き出《だ》しているところ。
図《ず》のところをおして
うら返《がえ》すようにします。

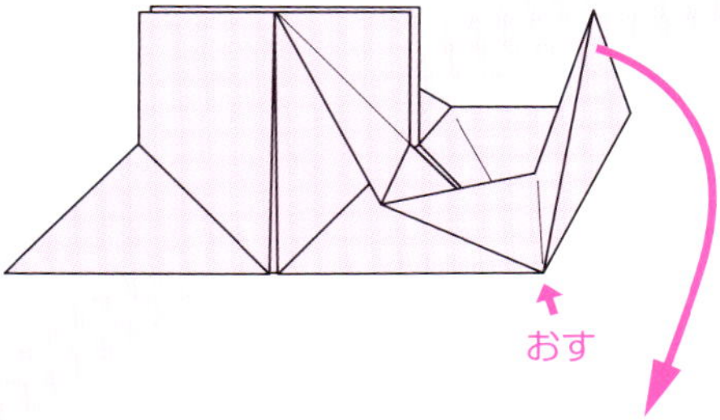

後《うし》ろの１枚《まい》を
おり下《さ》げます。

4

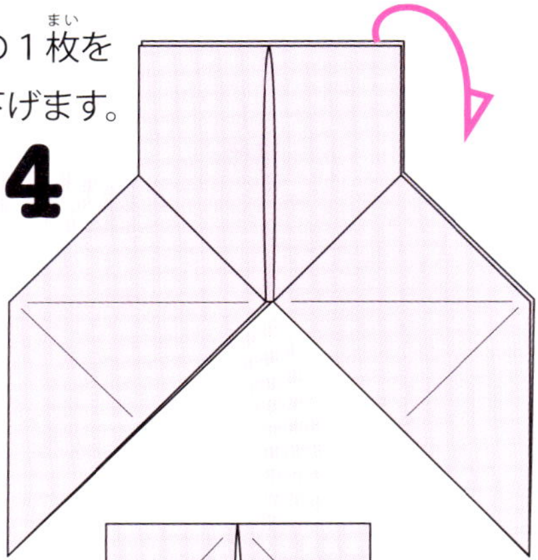

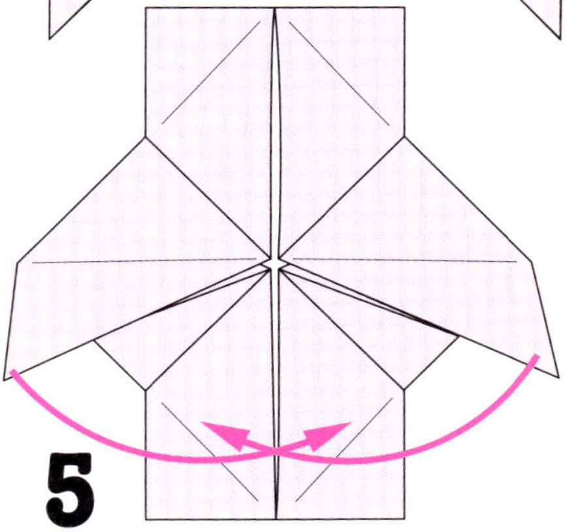

5

アームのように
２つつき出《で》た部分《ぶぶん》をまん中《なか》によせ、
交《こう》ささせます。

先《さき》をたがいちがいにおって
とめます。

6

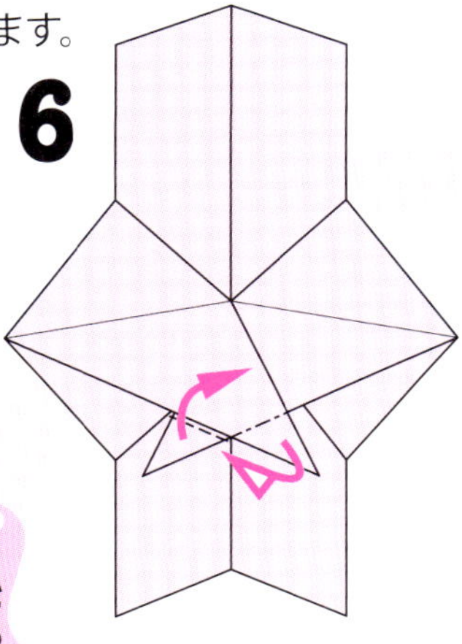

できあがり

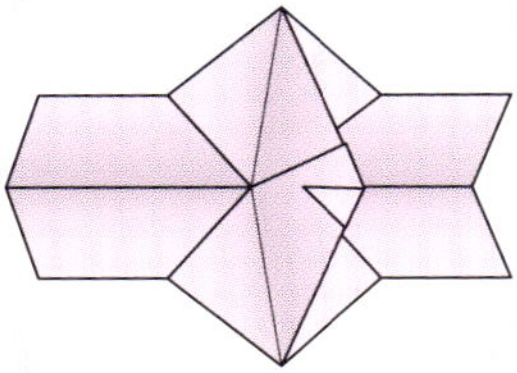

後《うし》ろのとび出《で》た部分《ぶぶん》を強《つよ》めにおすと……パチリ！
開《ひら》いたアームをとめ直《なお》すと何度《なんど》でも遊《あそ》べます。

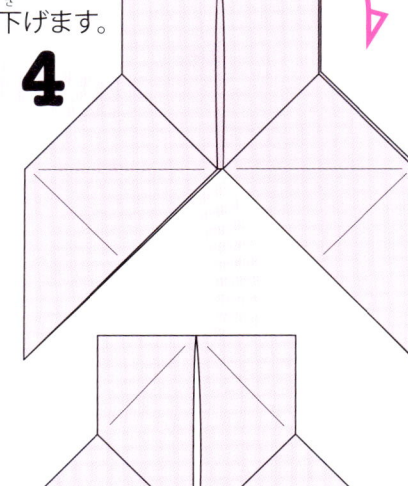

クロス しゅりけん

おりがみを4枚《まい》使《つか》います。

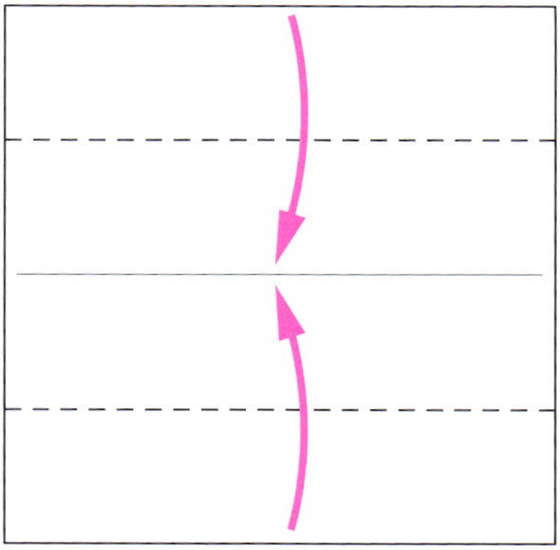

1 まん中《なか》におりすじをつけてから上《じょう》下《げ》を半分《はんぶん》におります。

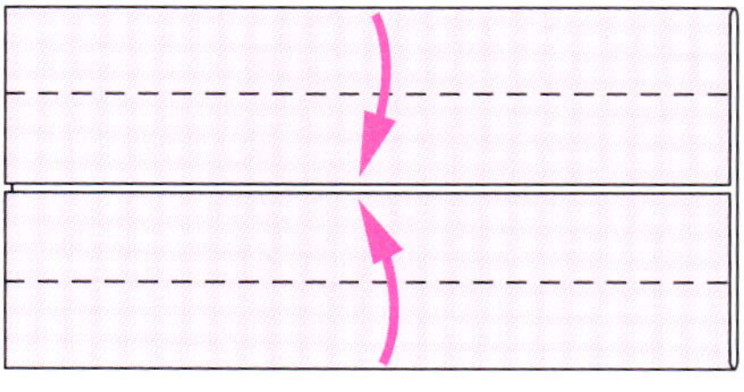

2 さらに半分《はんぶん》におります。

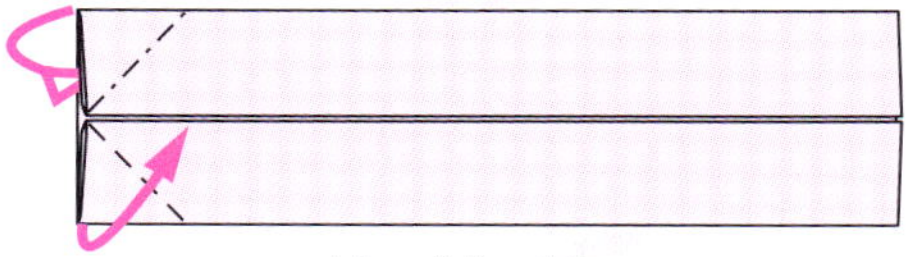

3 下《した》の角《かど》は谷《たに》おりに、上《うえ》の角《かど》は中《なか》へおりこみます。

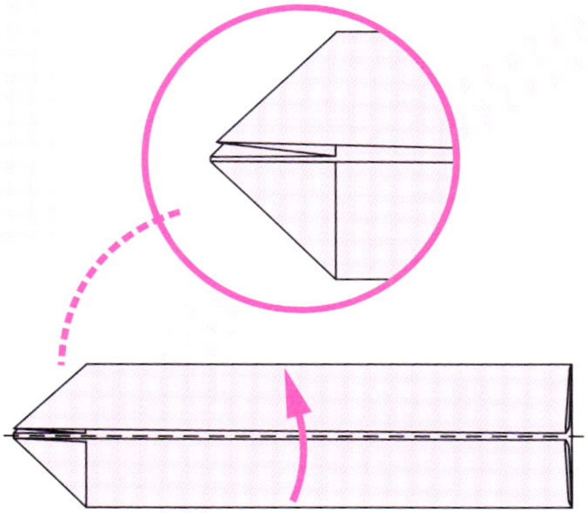

4 全体《ぜんたい》を半分《はんぶん》におります。

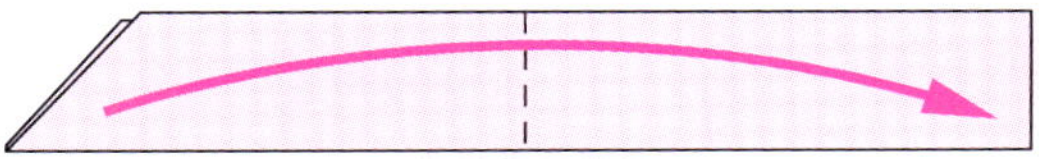

5 今度《こんど》は横半分《よこはんぶん》におります。

6 角《かど》をふくろの中《なか》に
おりこみます。

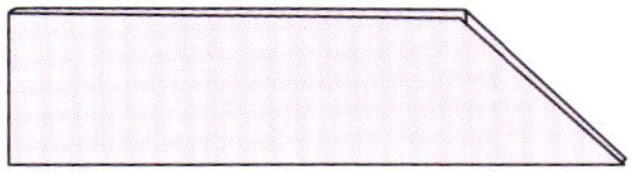

7
6 をおったところ。
同《おな》じものを４つおります。

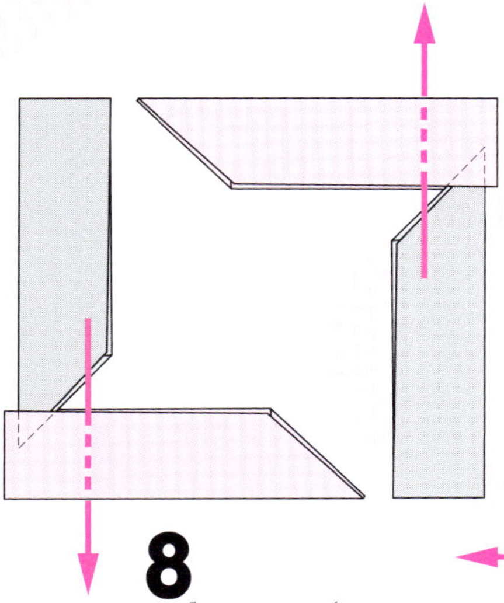

8
２つずつ図《ず》のように組《く》みます。

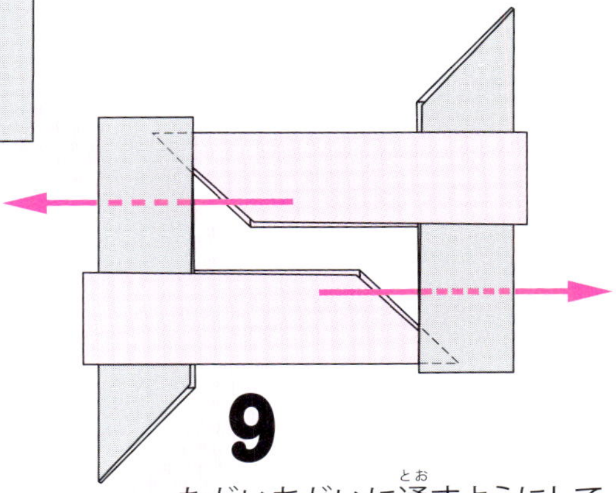

9
たがいちがいに通《とお》すようにして
組《く》みます。

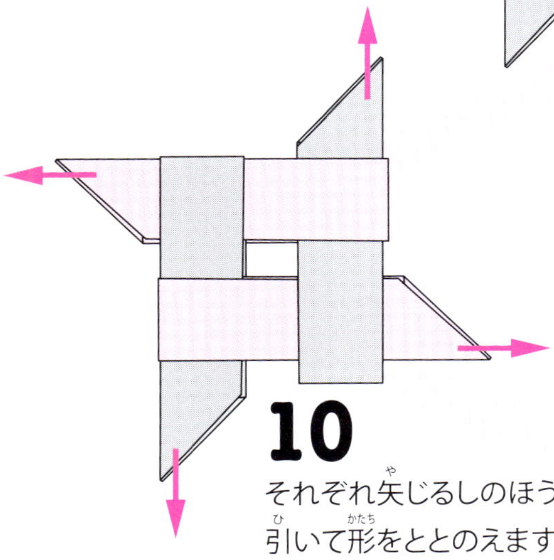

10
それぞれ矢《や》じるしのほうへ
引《ひ》いて形《かたち》をととのえます。

できあがり

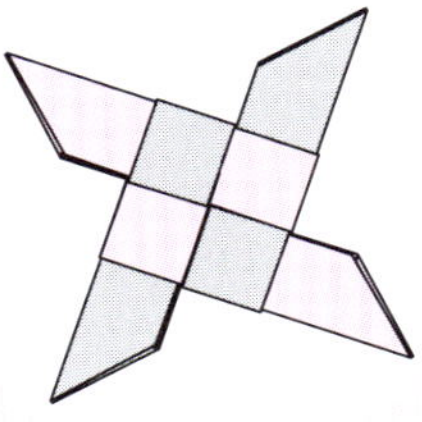

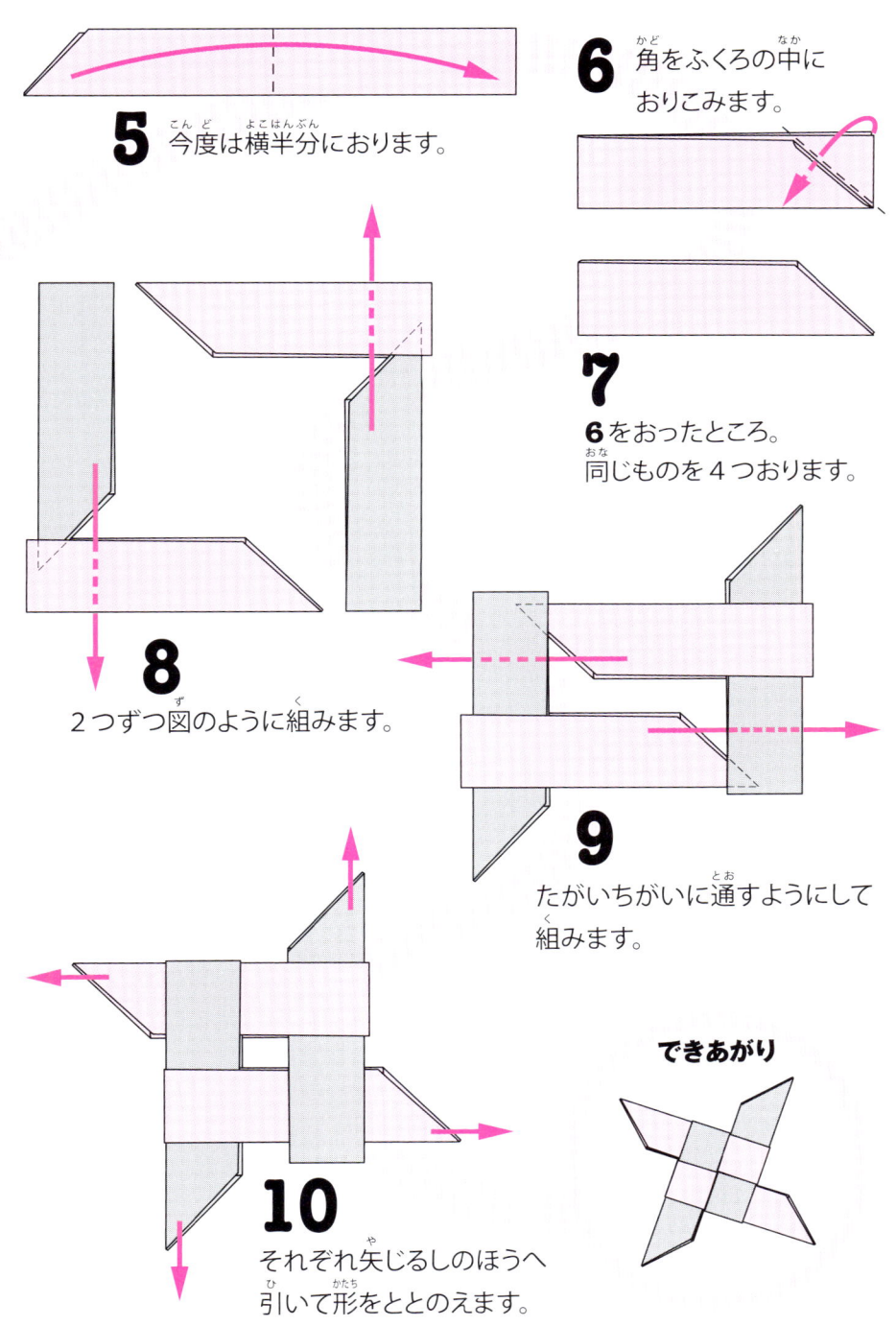

ふきごま

¼サイズのおりがみを
6枚用意《まいようい》します。

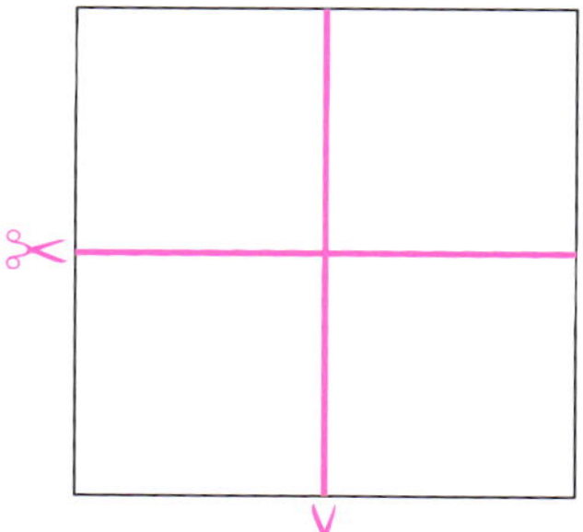

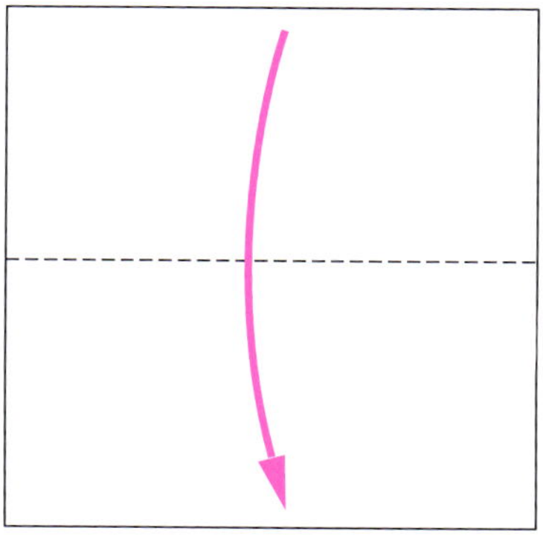

1

半分《はんぶん》におります。

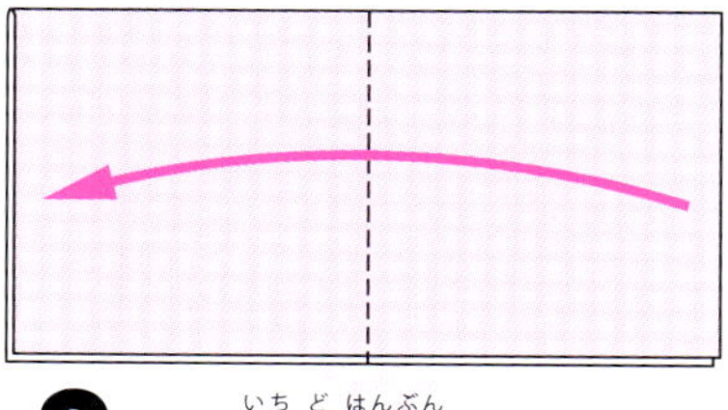

2 もう一度《いちど》半分《はんぶん》におります。

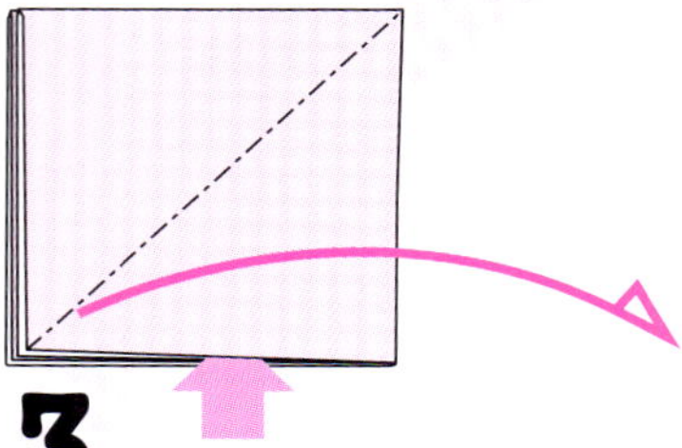

3

⇧から指《ゆび》を入れ、
開《ひら》いてつぶします。
うらも同《おな》じに。

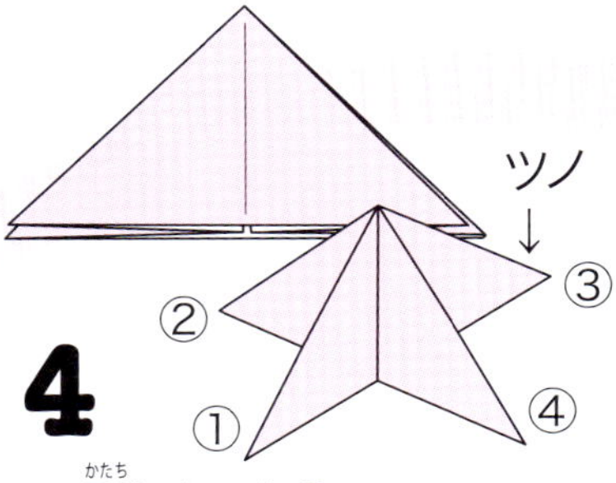

星形《ほしがた》を合体《がったい》させます。①と③のツノを隣《となり》の星形《ほしがた》のツノの中《なか》にさしこんだら、ぎゃくに②と④のツノを表《おもて》に出《だ》し、**6**図《ず》のように隣《となり》の星形《ほしがた》のツノがさしこまれます。このルールでたがいちがいに組《く》んでいきましょう。

4

この形《かたち》になったら
４つのツノを立《た》たせ
星形《ほしがた》にしましょう。
同《おな》じものを６つおります。

5

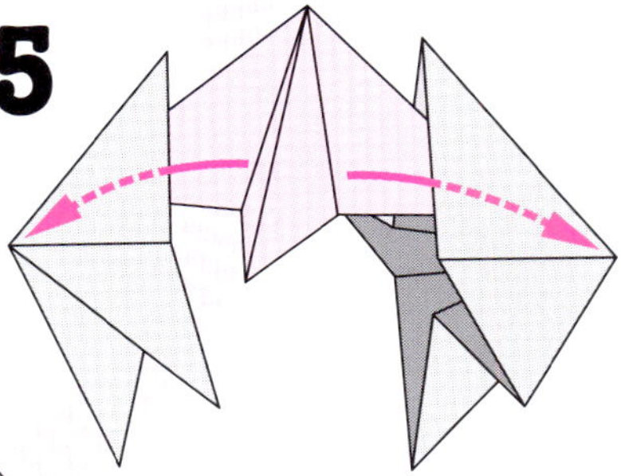

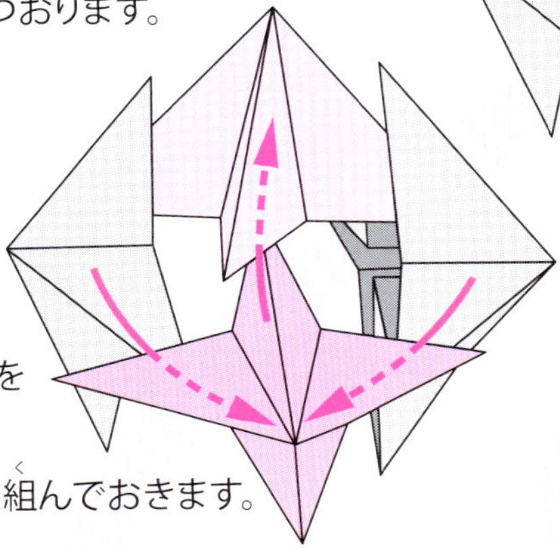

6

１つずつ星形《ほしがた》を
増《ふ》やします。
ここではゆるく組《く》んでおきます。

できあがり

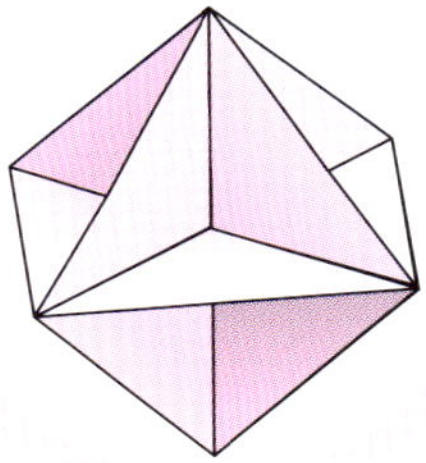

上下《じょうげ》の角《かど》をはさんで持《も》ち、
息《いき》をふきかけると回《まわ》ります。

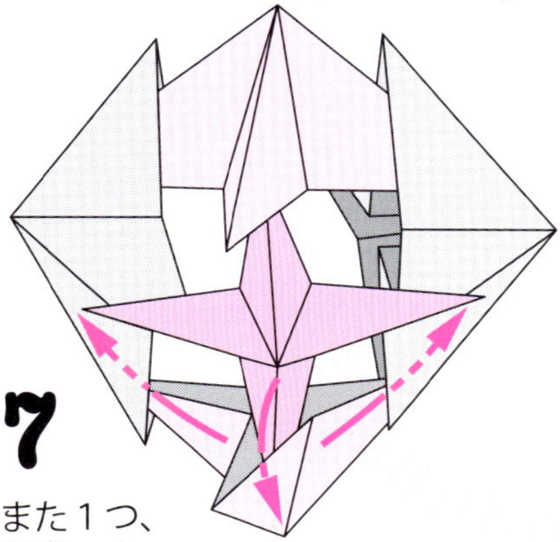

7

また１つ、
星形《ほしがた》を増《ふ》やします。

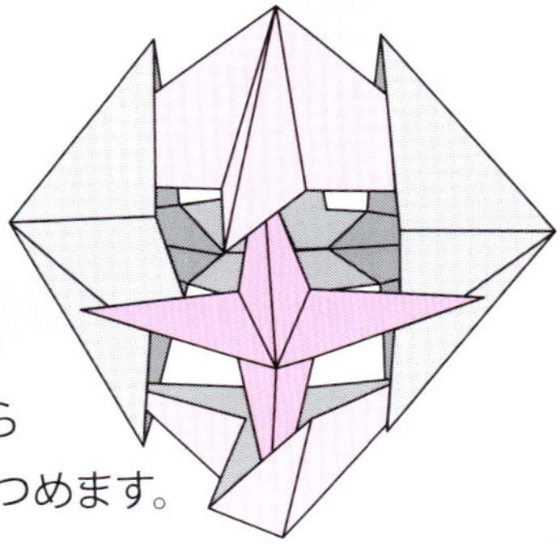

8

６つすべてが組《く》み合《あ》わさったら
軽《かる》くたたくようにしてすき間《ま》をつめます。

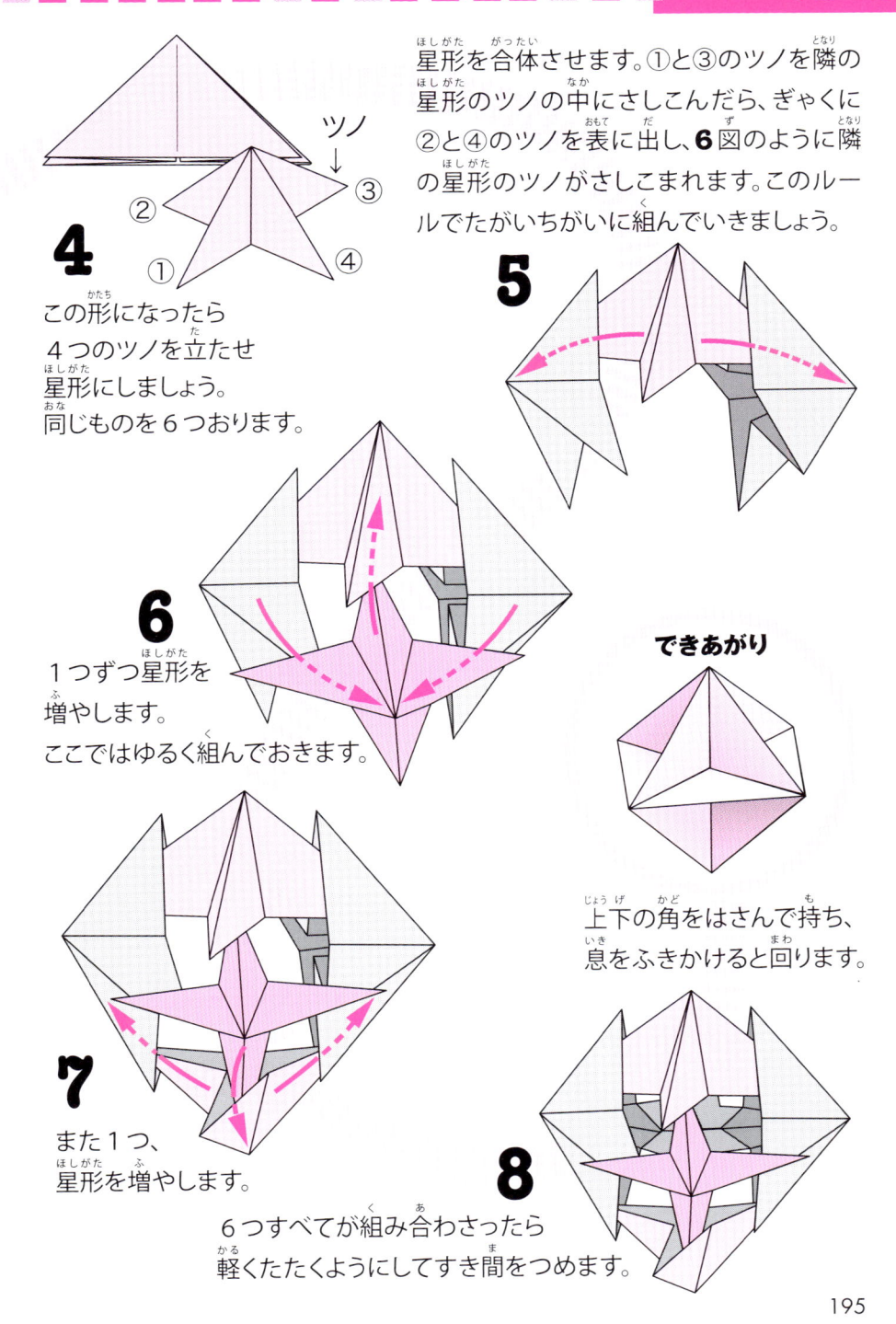

かわりえ

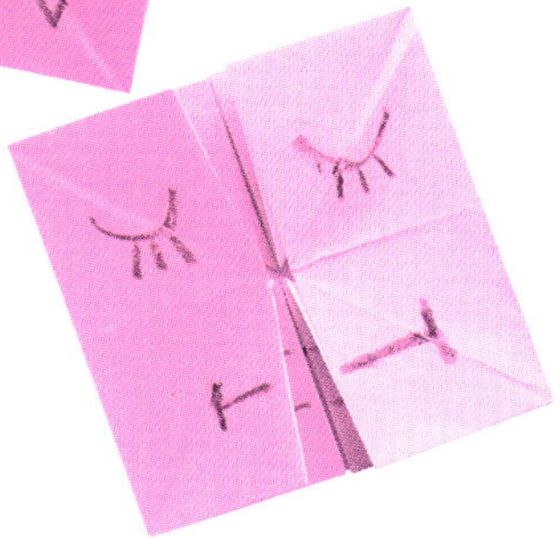

パタパタめくると
いろいろな表情《ひょうじょう》があらわれて
百面相《ひゃくめんそう》のように遊《あそ》べます。

「にそうぶね」（28ページ）**の**
7までおります。

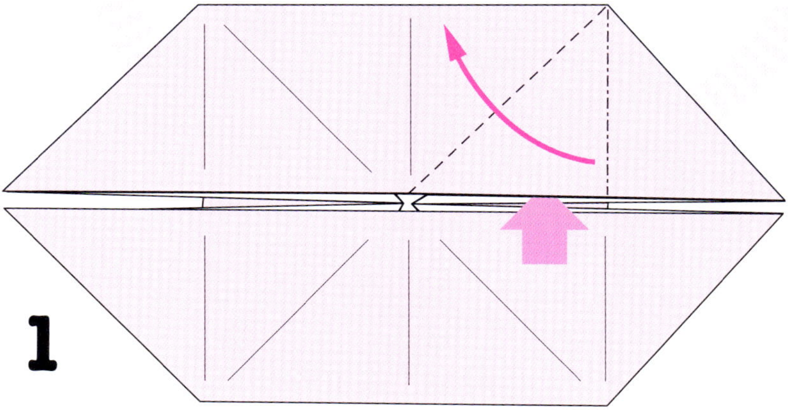

1

から手《て》を入《い》れて、矢《や》じるしのほうへ開《ひら》いて四角《しかく》くつぶします。

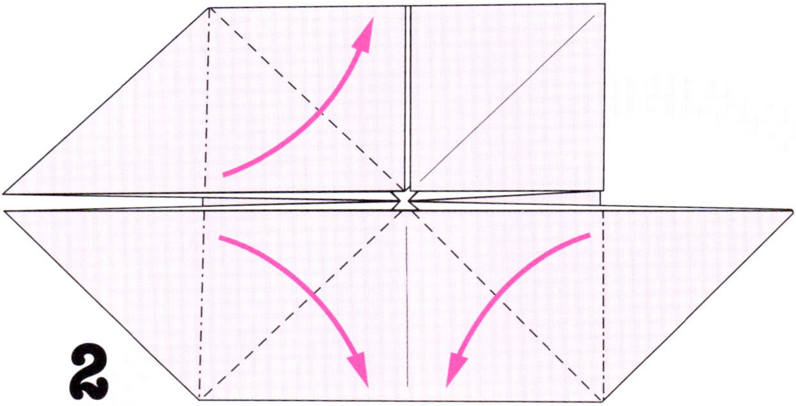

2

1 をおったところ。
ほかの３つのふくろも
同《おな》じく四角《しかく》に開《ひら》いてつぶします。

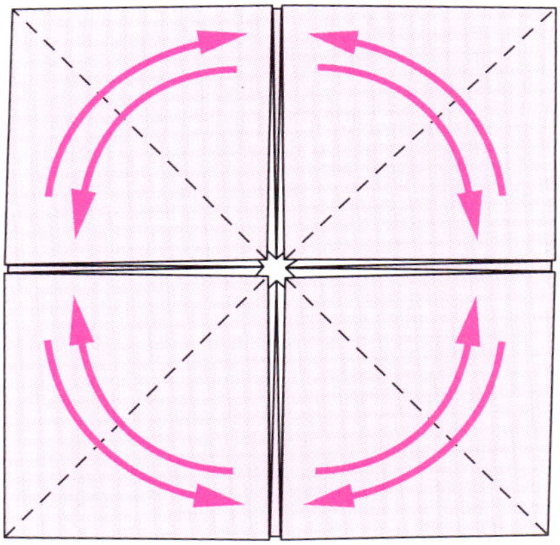

3

おりすじのところで
両方向《りょうほうこう》におり返《かえ》しておきます。

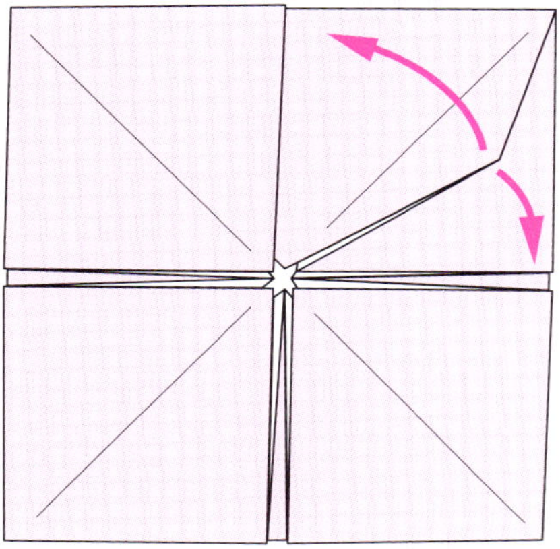

4

わらい顔《がお》、おこり顔《がお》、なき顔《がお》など
すきな顔《かお》をひとつの面《めん》にかいたら
めくって別《べつ》の面《めん》にちがう顔《かお》をかきましょう。

できあがり

なふだ

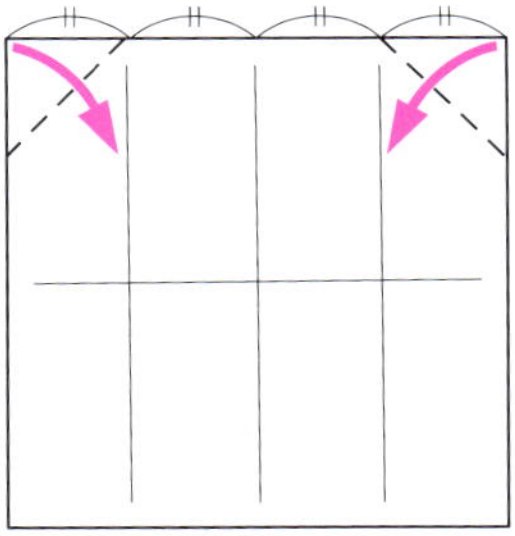

1

図《ず》のように
おりすじをつけてから
角《かど》をおり入《い》れます。

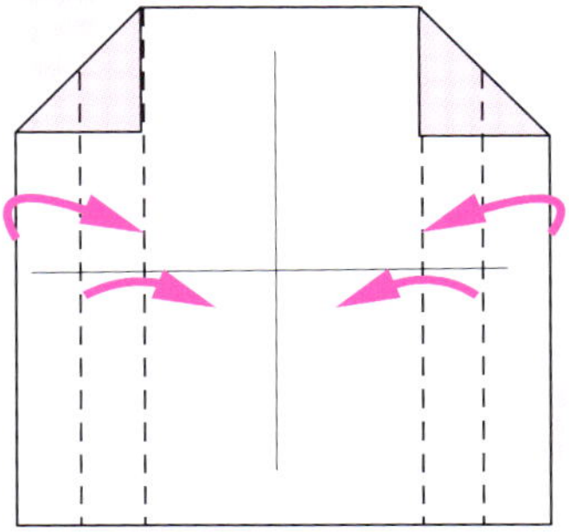

2 まくように２回《かい》、
左右《さゆう》をおります。

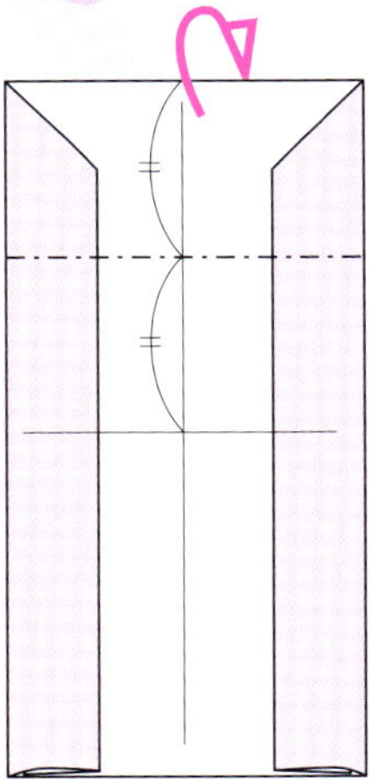

3

おりすじに合《あ》わせて
上《うえ》を半分《はんぶん》におります。

うらがえす

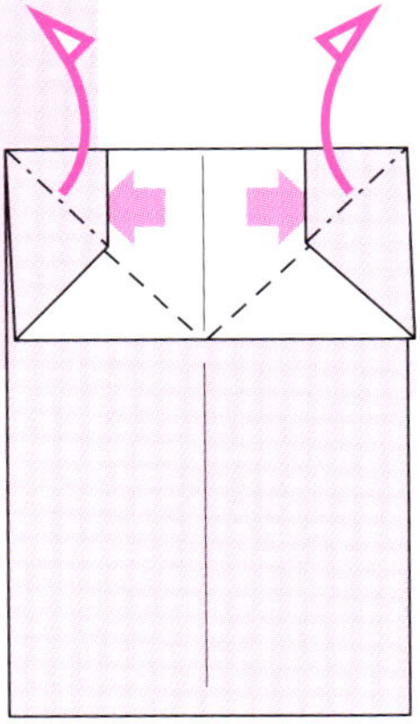

4

うら返《がえ》したら ⇧ から指《ゆび》を入《い》れ、
上《うえ》へ開《ひら》いてつぶします。

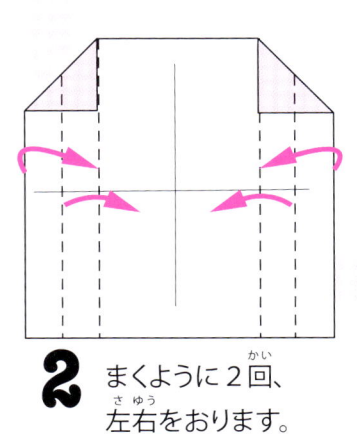

5 点線《てんせん》のところで
おり上《あ》げます。

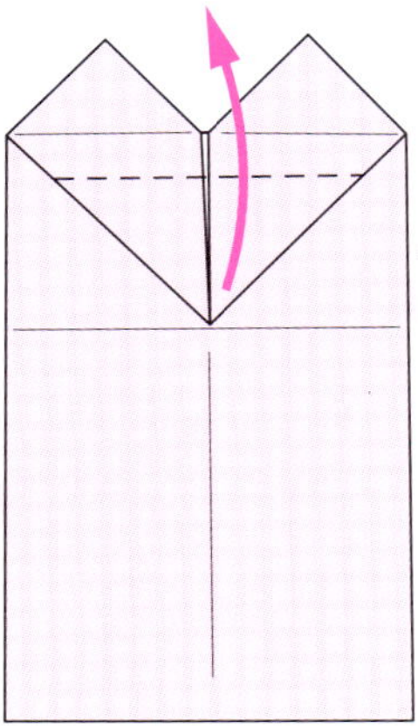

6 おりすじのところで
下《した》からおり上《あ》げます。

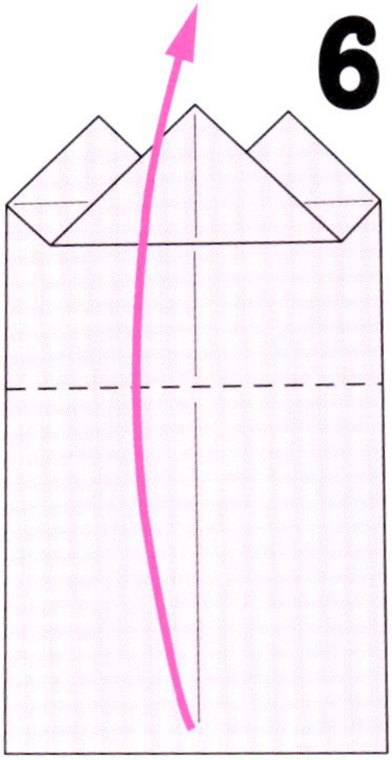

7 おりすじに合《あ》わせて
角《かど》をおります。

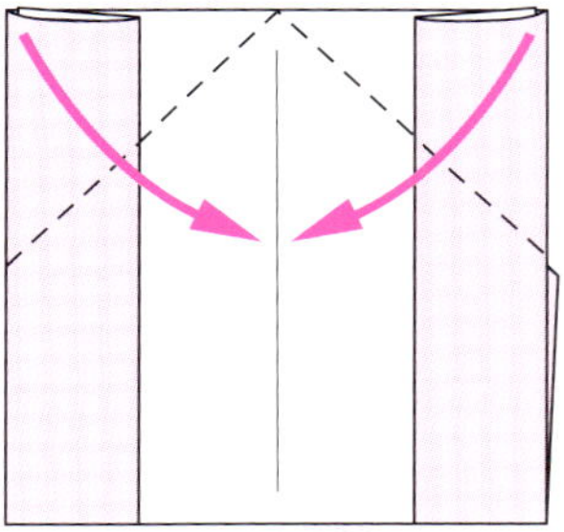

8 ⇧から指《ゆび》を入《い》れ、
矢《や》じるしのほうへ開《ひら》いて
つぶします。

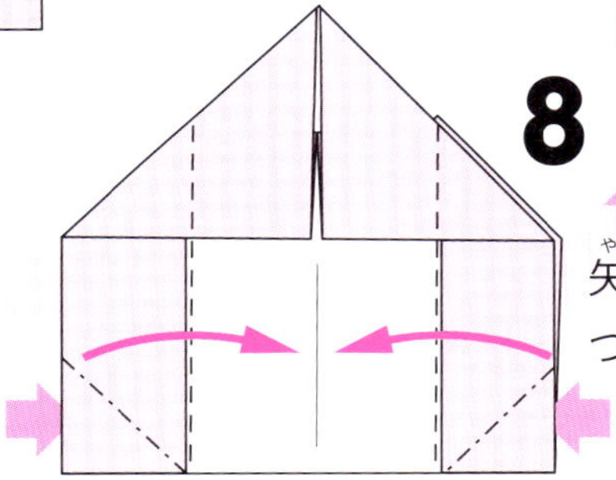

9 左右《さゆう》の角《かど》をおり入《い》れ、
上《うえ》の角《かど》も
おり下《さ》げます。

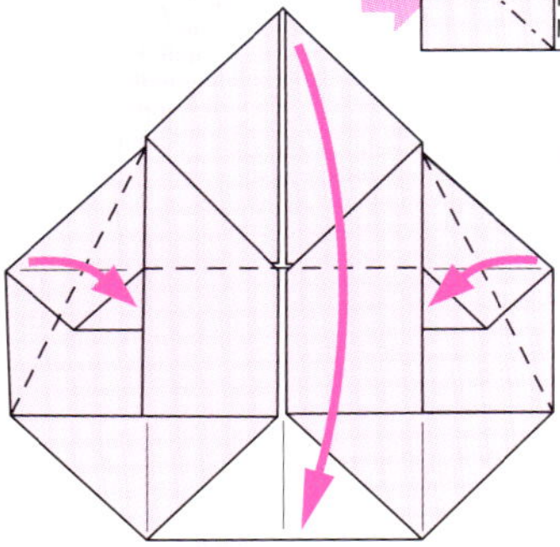

10 さらに左右《さゆう》の角《かど》を
おり入《い》れます。

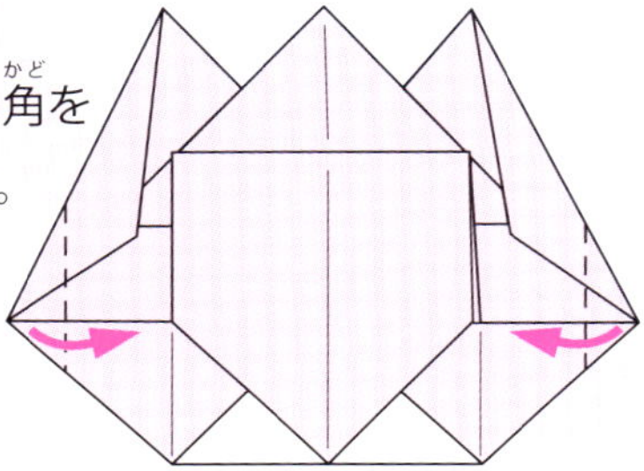

うらがえす

大《おお》きくおって
メッセージカードとして
使《つか》ってもすてきです。

できあがり

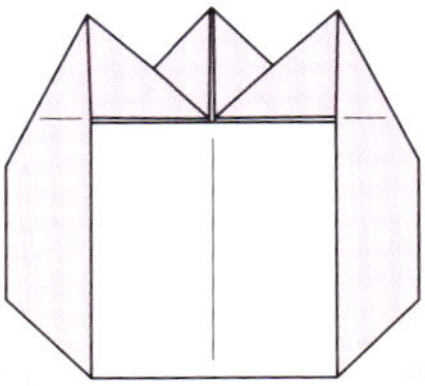

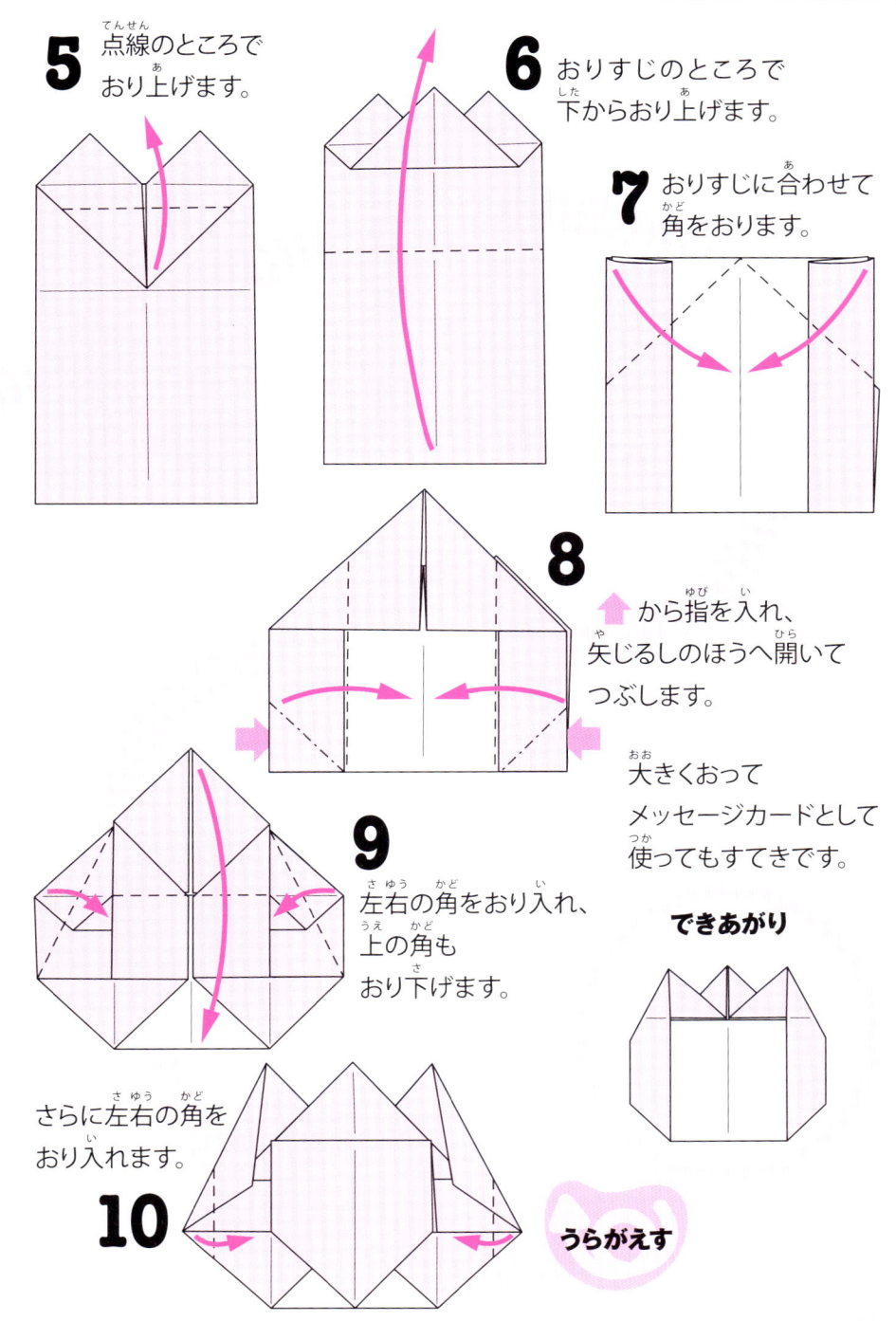

とんがりぼうし

大《おお》きな紙《かみ》でおって実際《じっさい》にかぶってみましょう。
次《つぎ》のページの「ながかぶと」とともに
包装紙《ほうそうし》などでおれば
パーティーハットとして活《かつ》やくします。

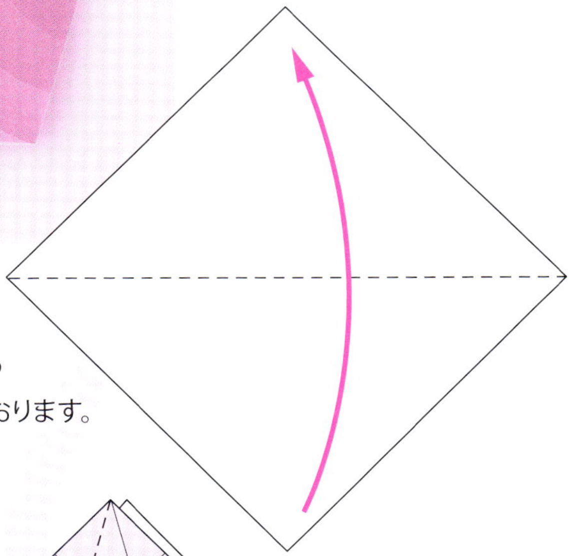

1

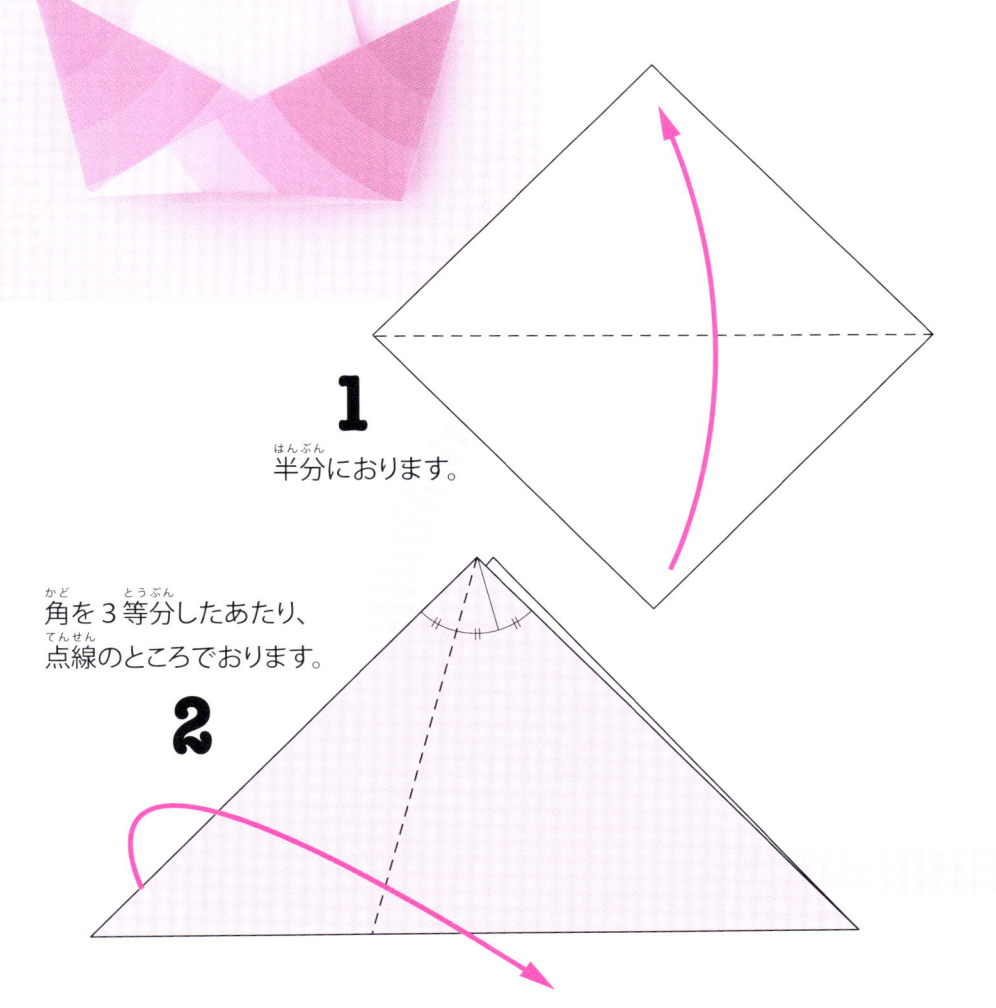

半分《はんぶん》におります。

角《かど》を３等分《とうぶん》したあたり、
点線《てんせん》のところでおります。

2

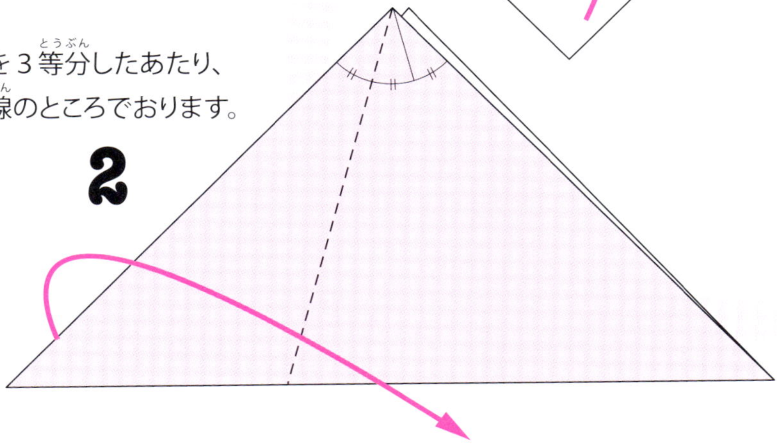

かぶれるように大《おお》きくおるには

ここを切《き》ります。↑

新聞紙《しんぶんし》や包《ほう》そう紙《し》などの大《おお》きな紙《かみ》を、図《ず》の方法《ほうほう》で正方形《せいほうけい》に切《き》り出《だ》しましょう。おりがみが大《おお》きなサイズでおれます。

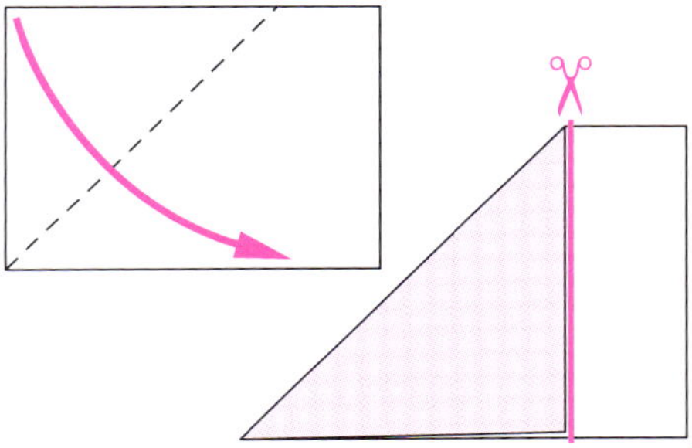

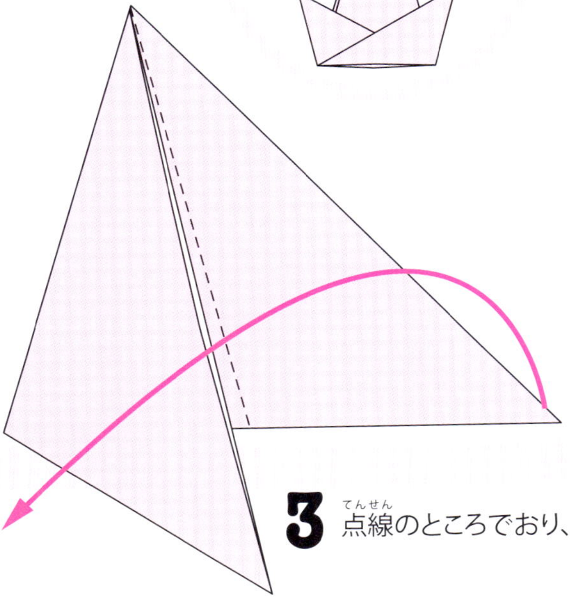

3 点線《てんせん》のところでおり、かぶせます。

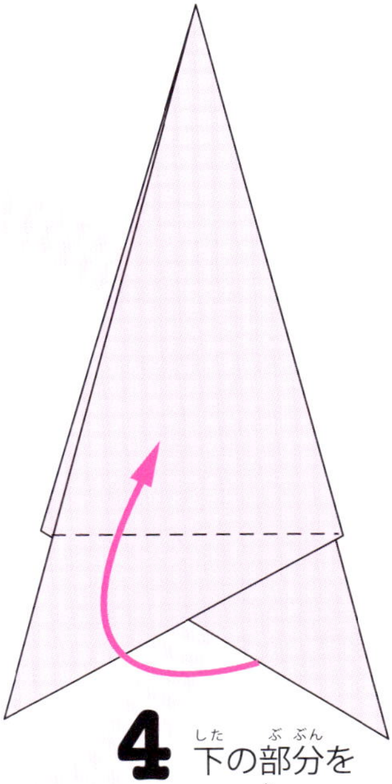

4 下《した》の部分《ぶぶん》をおり上《あ》げます。

できあがり

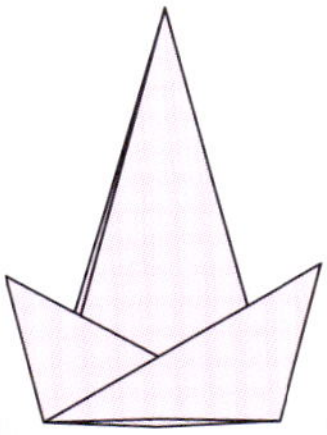

ながかぶと

1

半分《はんぶん》におります。

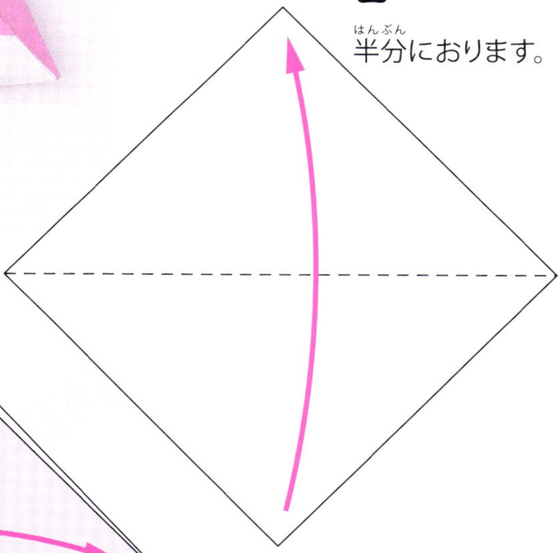

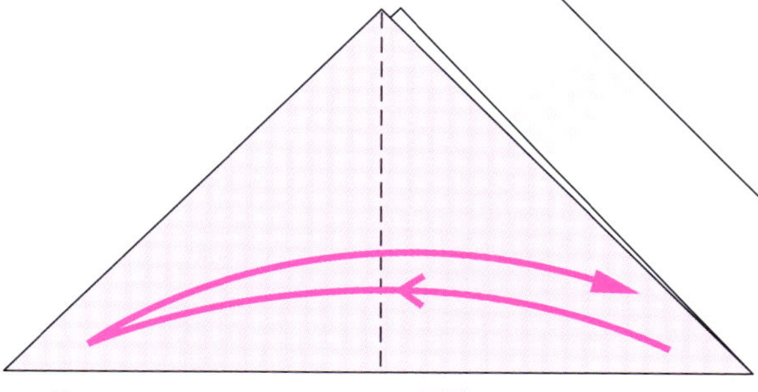

2

また半分《はんぶん》におって
おりすじをつけます。

3

角《かど》を上《うえ》までおります。

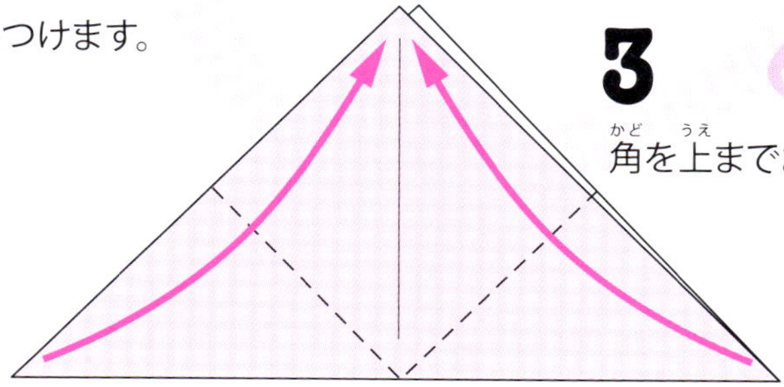

上下《じょうげ》の向《む》きをかえたら
おりすじに合《あ》わせて
左右《さゆう》をおります。

4

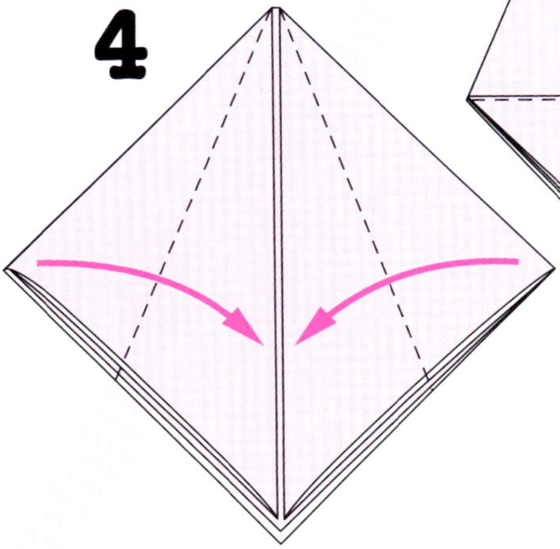

手前《てまえ》の角《かど》を２つ、
おり上《あ》げます。

5

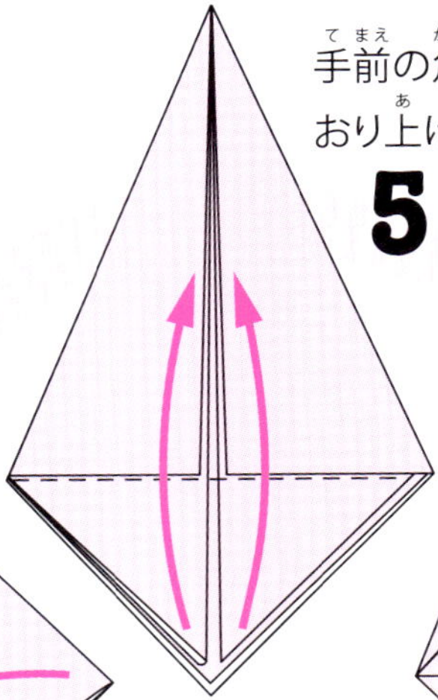

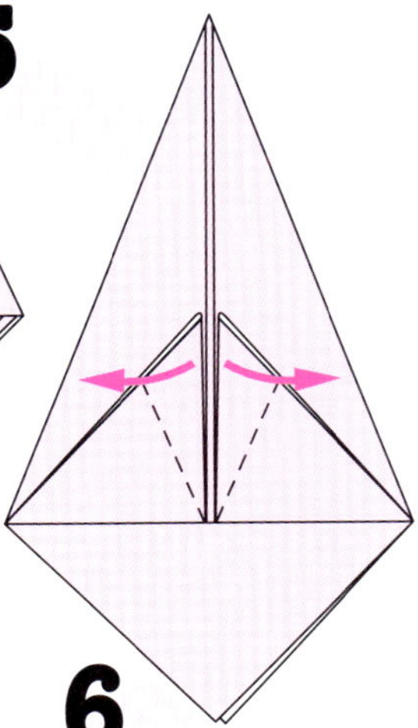

6

おり返《かえ》して
ツノをおります。

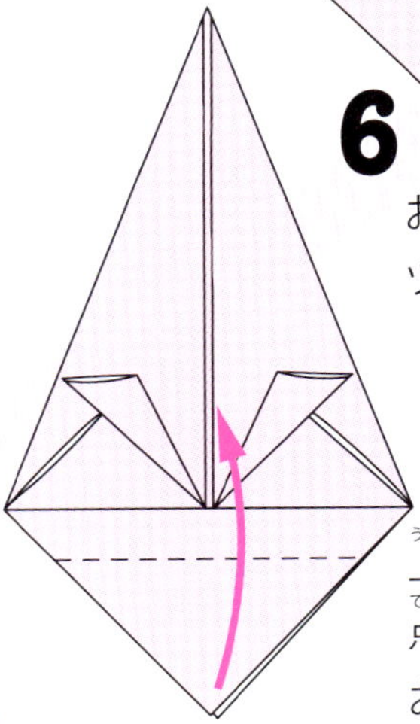

7

上《うえ》の１枚《まい》だけ
点線《てんせん》のところで
おります。

もう一度《いちど》点線《てんせん》のところ
でおります。

8

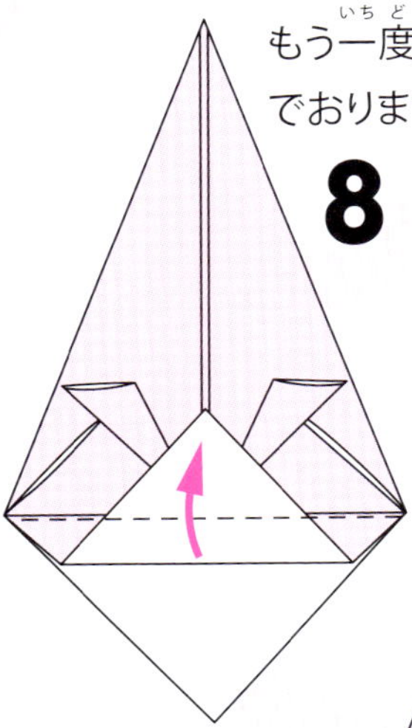

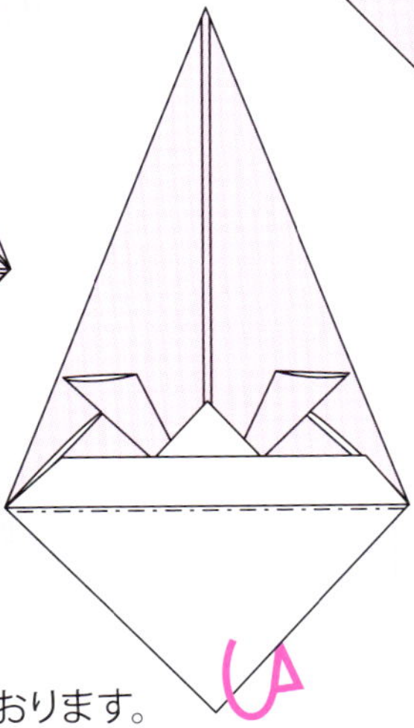

9

後《うし》ろの１枚《まい》を
向《む》こうがわへおります。

できあがり

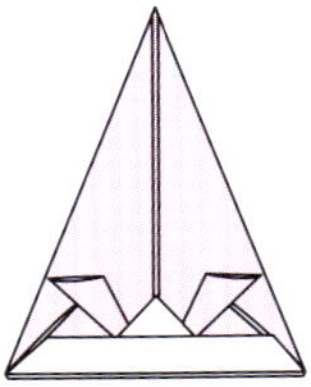

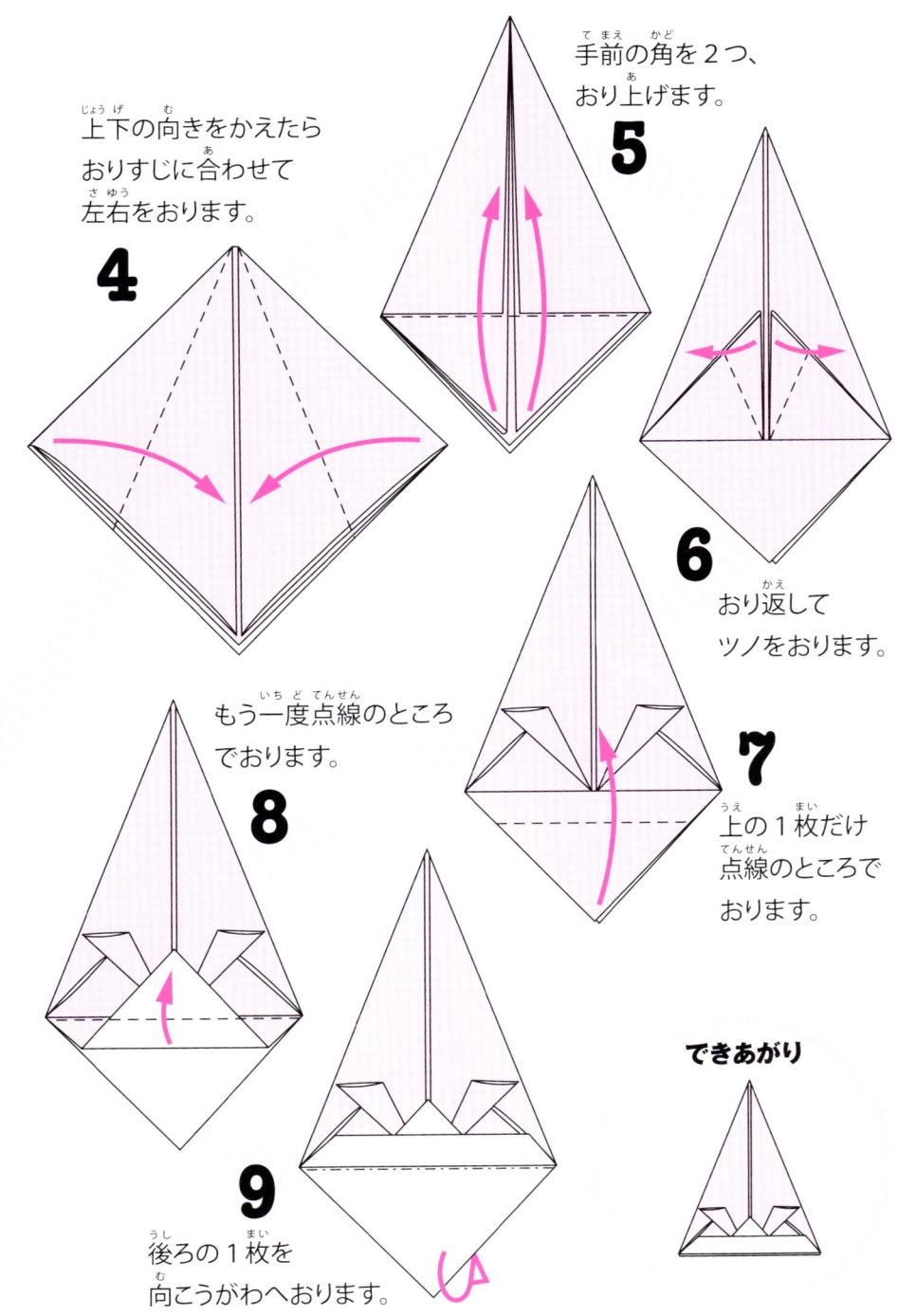

ゆびにんぎょう

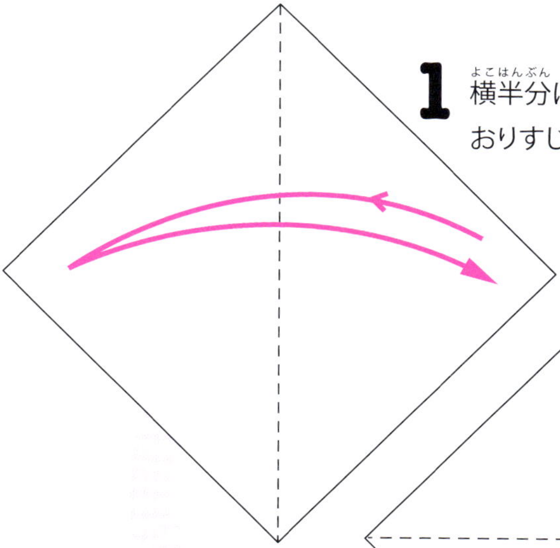

1 横半分《よこはんぶん》におり、
おりすじをつけます。

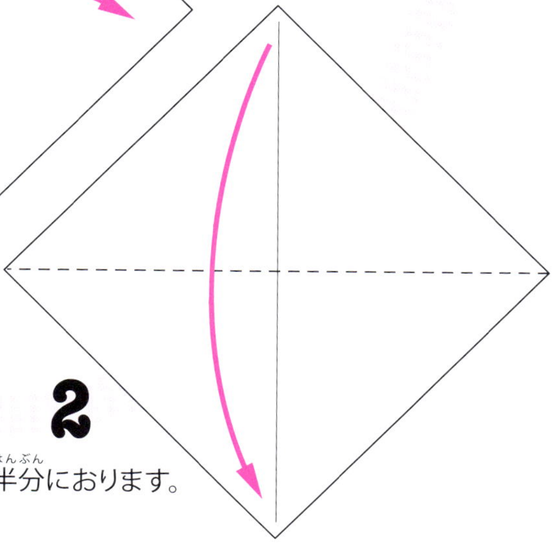

2
たてに半分《はんぶん》におります。

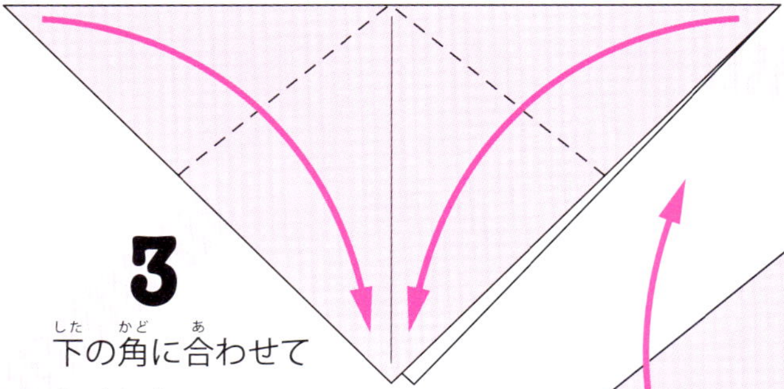

3

下《した》の角《かど》に合《あ》わせております。

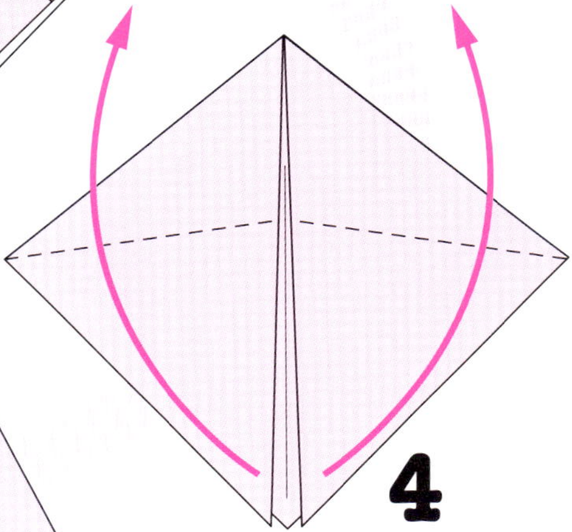

4

２つの角《かど》を今度《こんど》はおり上《あ》げます。先《さき》が開《ひら》くように、点線《てんせん》のところで少《すこ》しななめにおります。

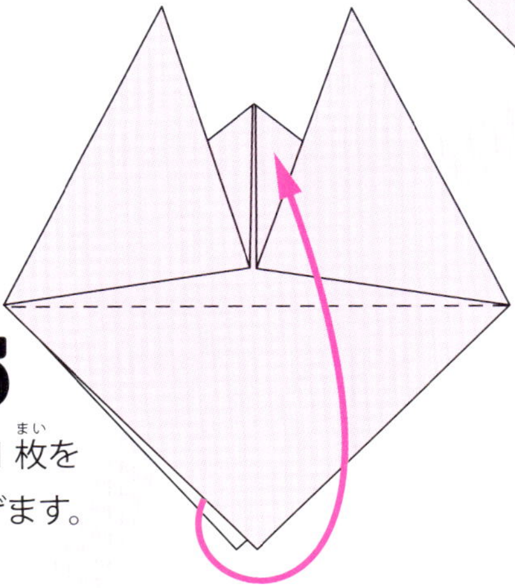

5

手前《てまえ》の１枚《まい》をおり上《あ》げます。

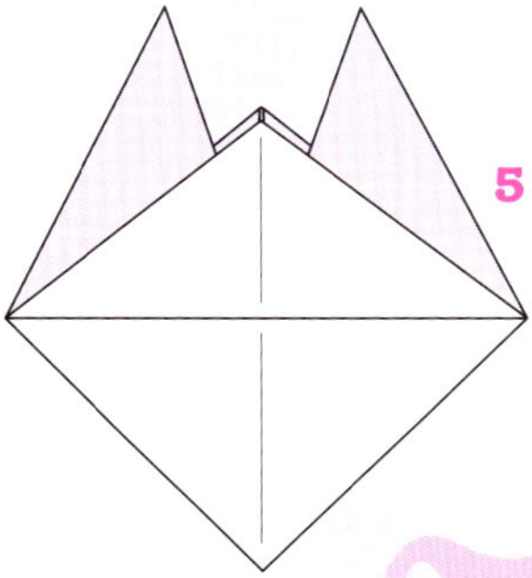

5をおったところ

6

うら返《がえ》したら角《かど》をおり入《い》れます。

うらがえす

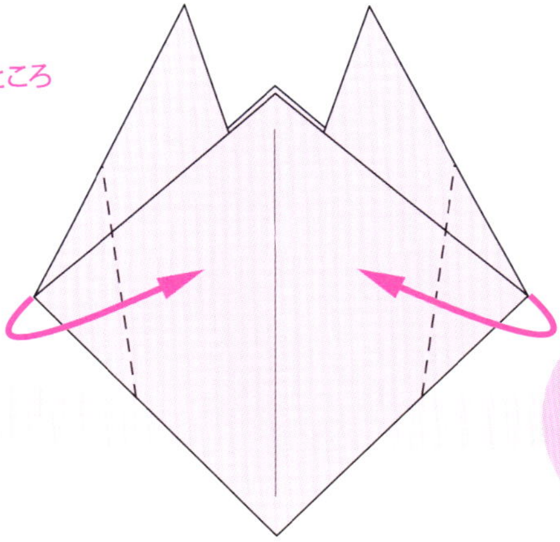

つぎのページに

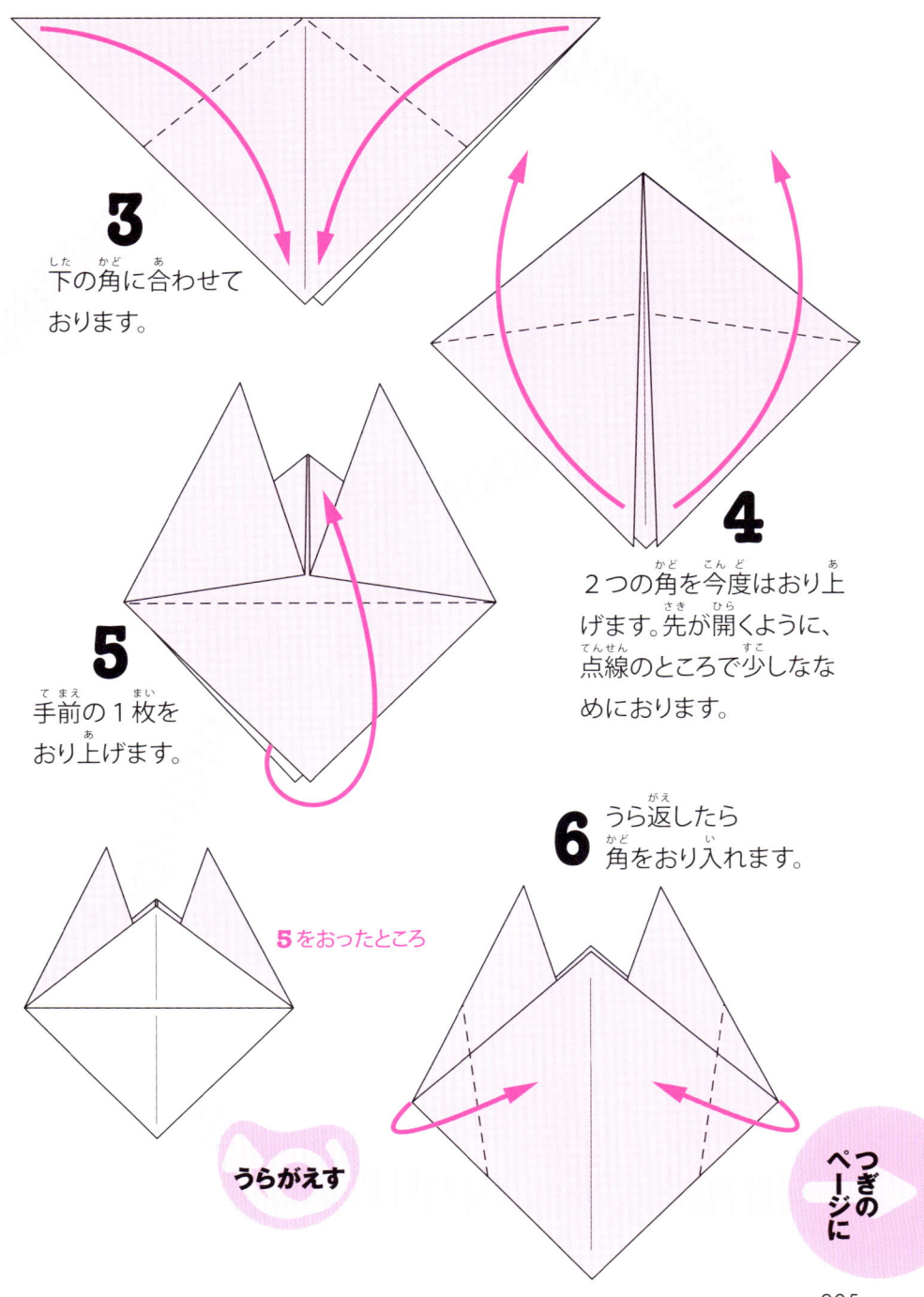

まえのページから

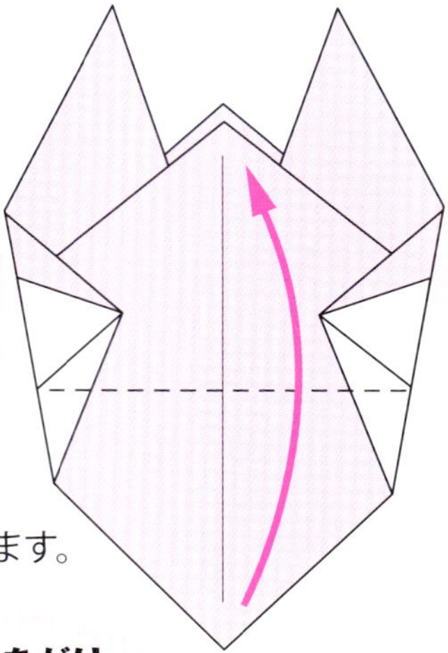

7

下《した》の角《かど》を
おり上《あ》げます。

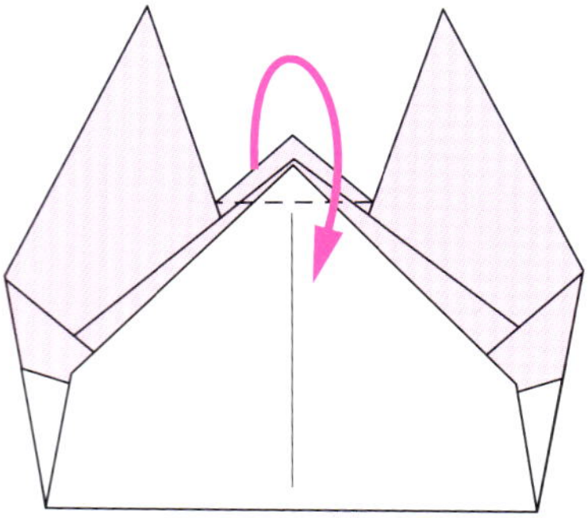

8 てっぺんをまとめて
おり下《さ》げます。

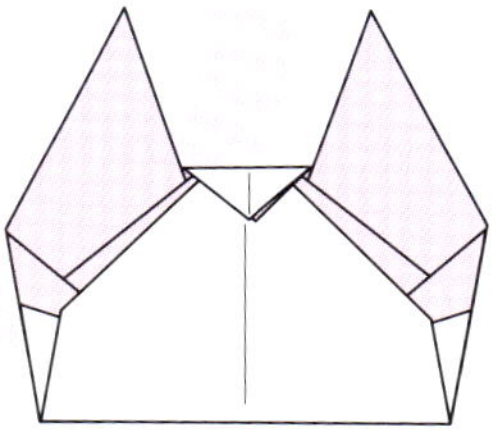

8をおったところ

うらがえす

できあがり

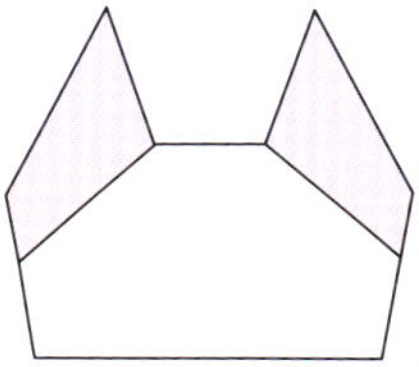

下《した》から指《ゆび》を入《い》れましょう。

工夫《くふう》しだいでいろいろな動物《どうぶつ》が

いぬ

耳《みみ》をたれさせたり、横《よこ》を向《む》かせたり。

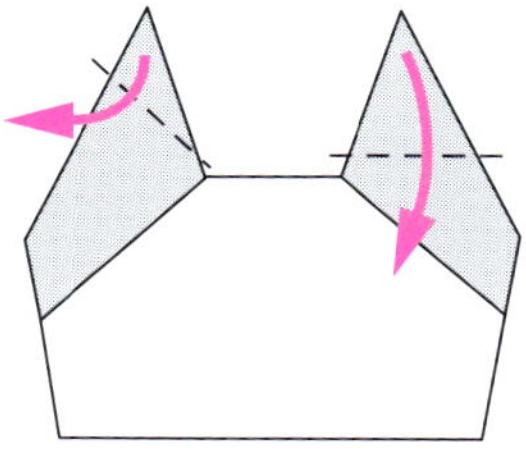

ぶた

耳《みみ》を大《おお》きく外《そと》に向《む》かせます。

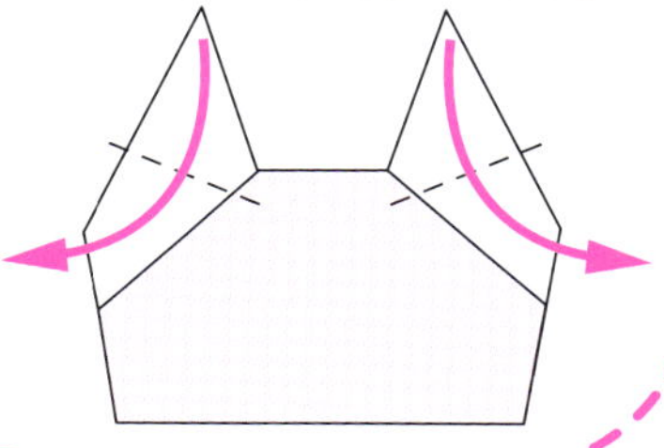

さかなのてがみ

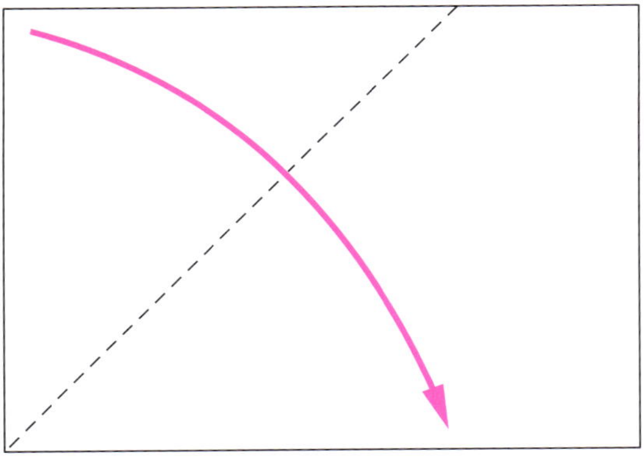

1 便《びん》せんなど長方形《ちょうほうけい》の紙《かみ》を用意《ようい》したら
ふちとふちを合《あ》わせております。

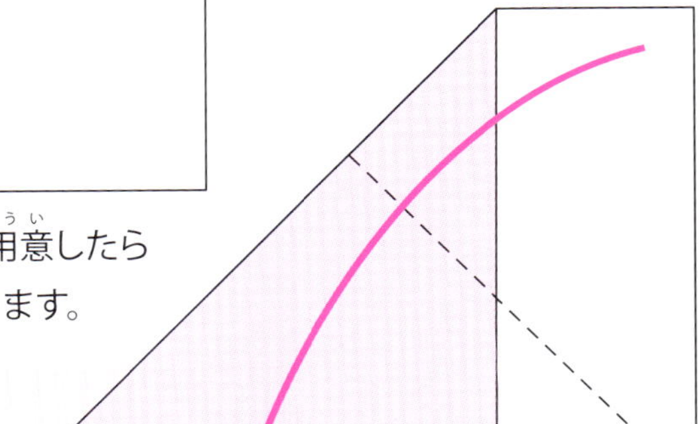

2 右《みぎ》の角《かど》もふちを合《あ》わせております。

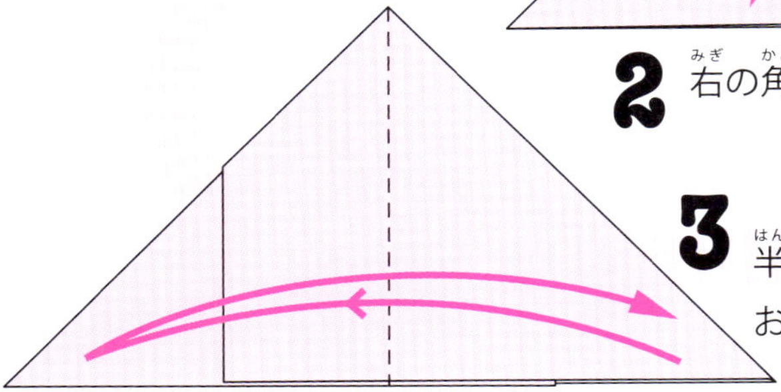

3 半分《はんぶん》におって
おりすじをつけます。

つぎのページに

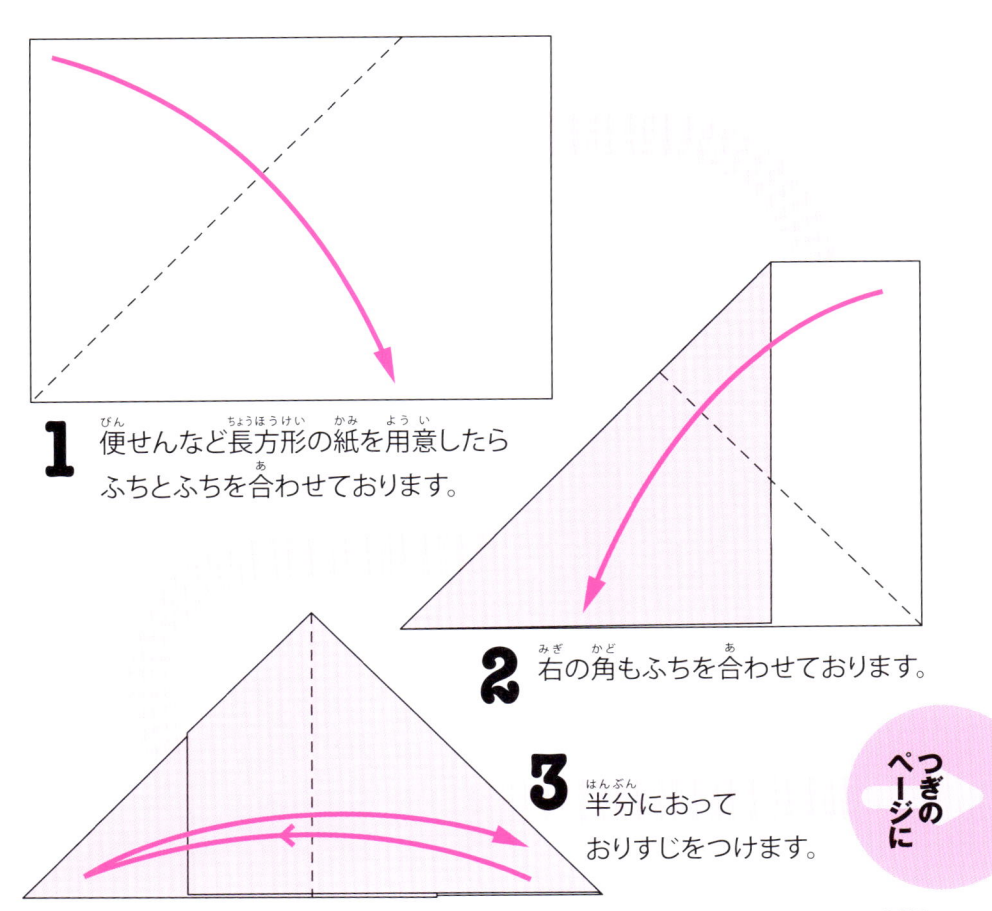

まえのページから

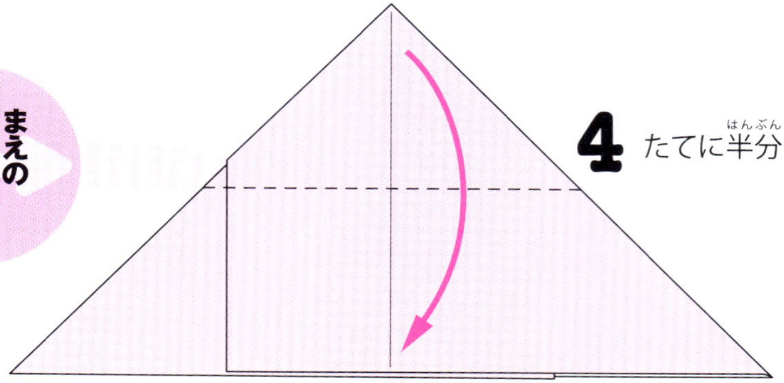

4 たてに半分《はんぶん》におります。

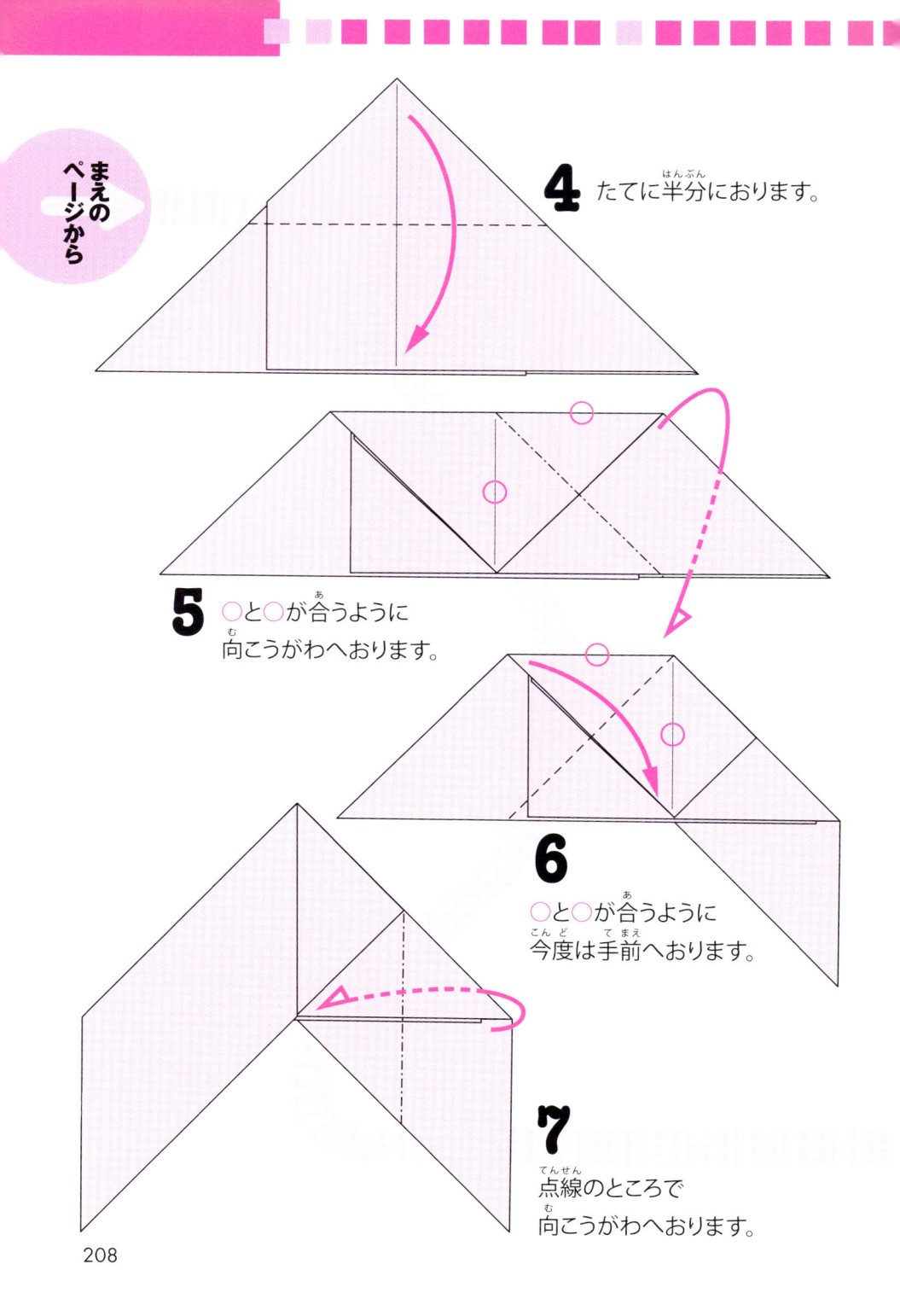

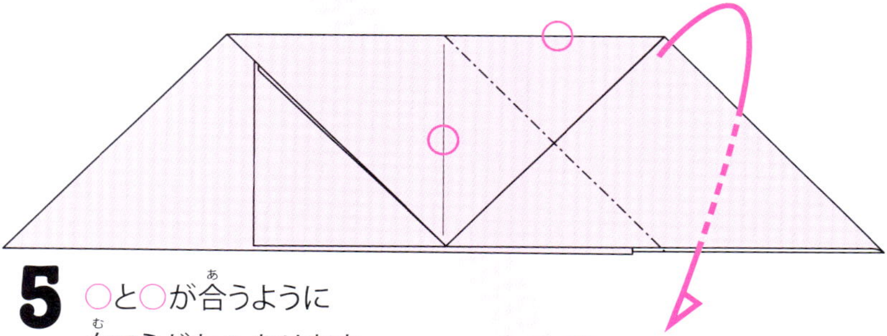

5 ○と○が合《あ》うように
向《む》こうがわへおります。

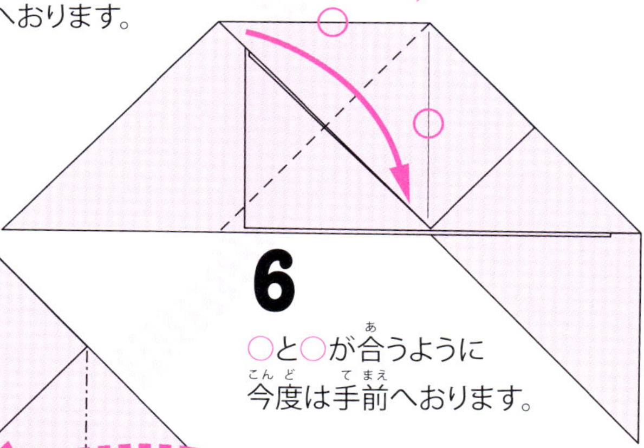

6 ○と○が合《あ》うように
今度《こんど》は手前《てまえ》へおります。

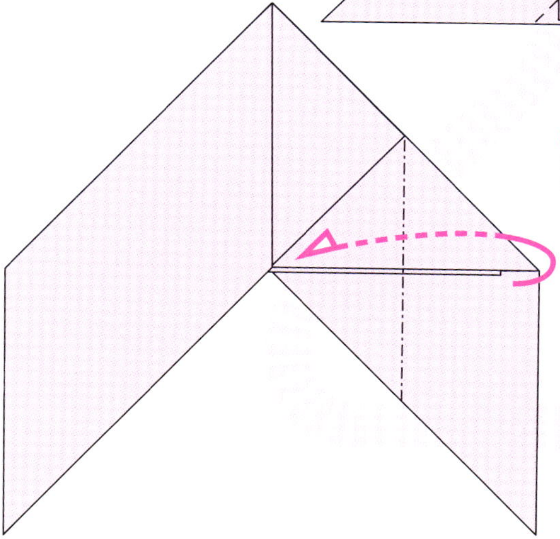

7 点線《てんせん》のところで
向《む》こうがわへおります。

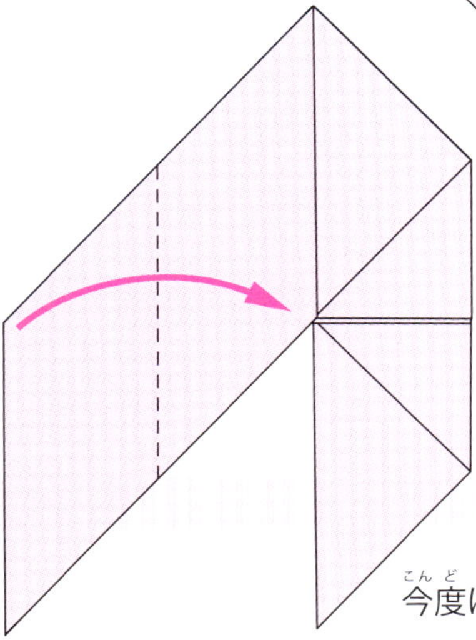

8

今度《こんど》は手前《てまえ》へおります。

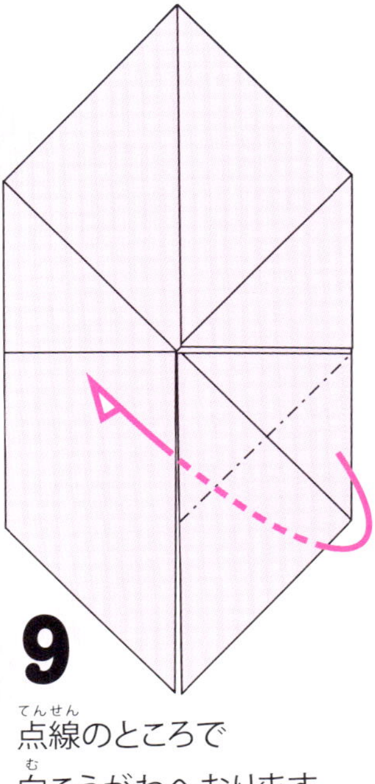

9

点線《てんせん》のところで
向《む》こうがわへおります。

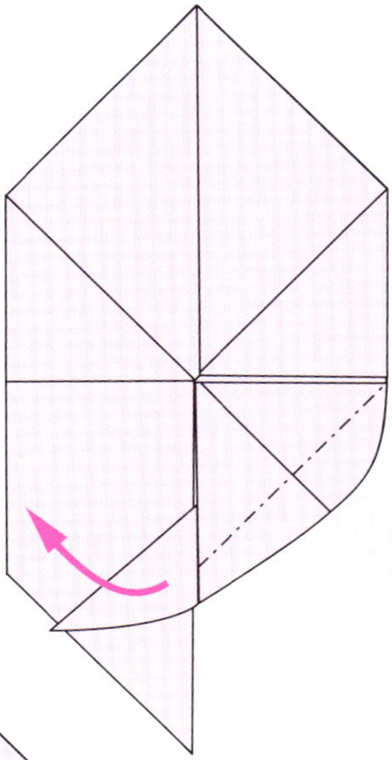

9をおっているところ。
下《した》の先《さき》は前《まえ》へ出《だ》します。

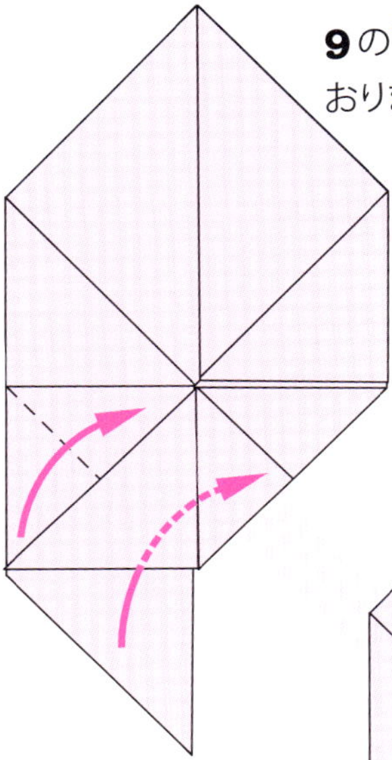

9の下《した》をくぐらせるように
おります。

10

むきを
かえる

できあがり

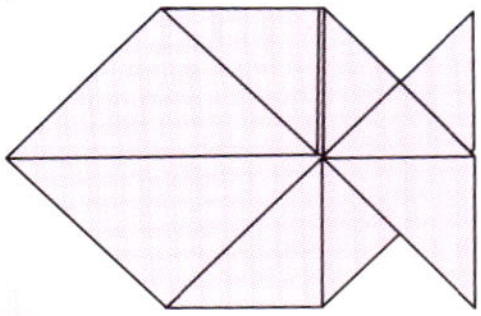

手紙《てがみ》を書《か》いてから、
おって
送《おく》りましょう。

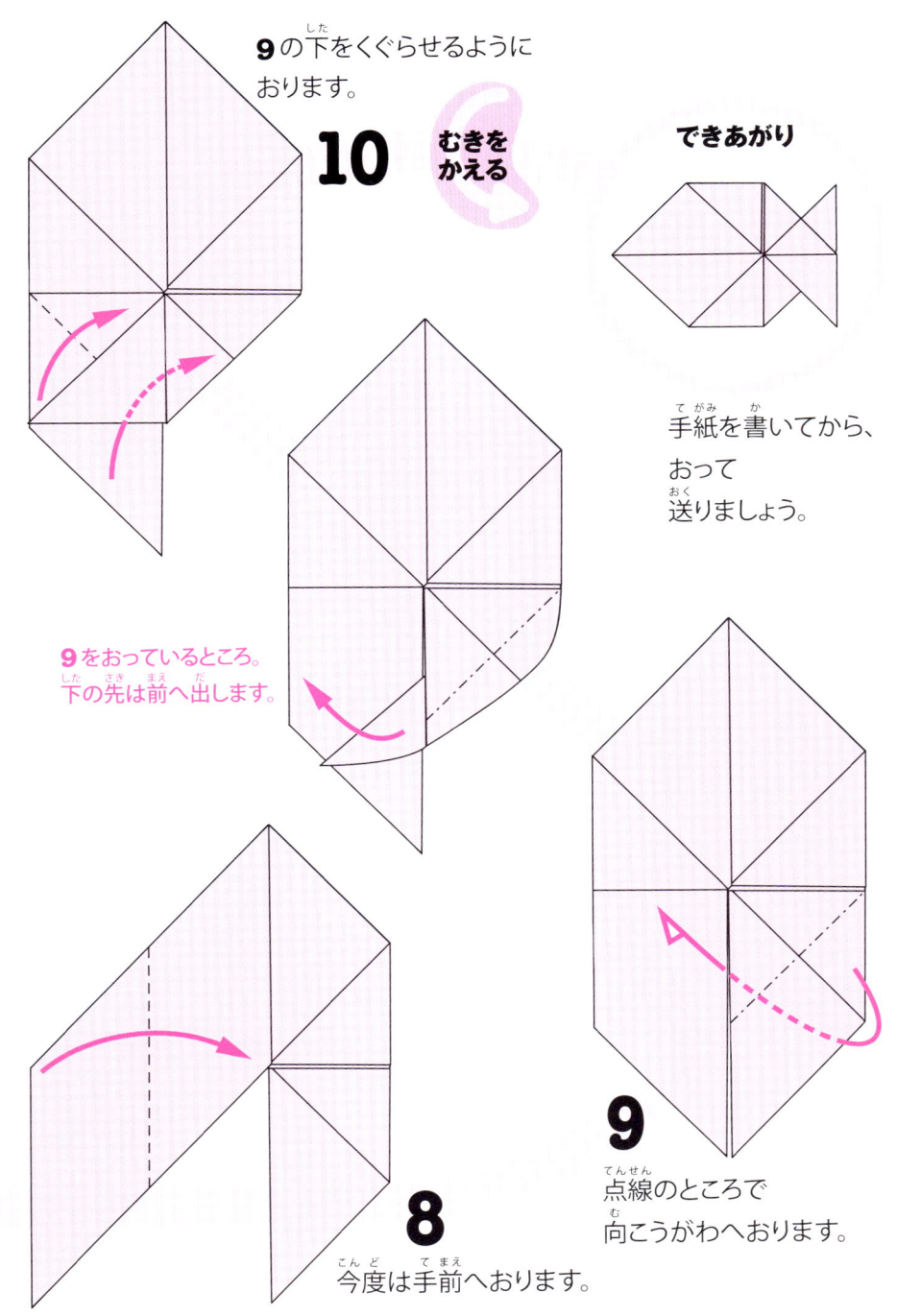

シャツ

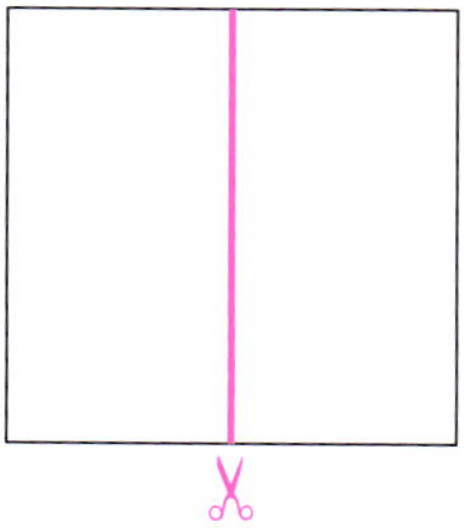

長方形《ちょうほうけい》の紙《かみ》を用意《ようい》します。
正方形《せいほうけい》の紙《かみ》は
切《き》って長方形《ちょうほうけい》にして
おりましょう。

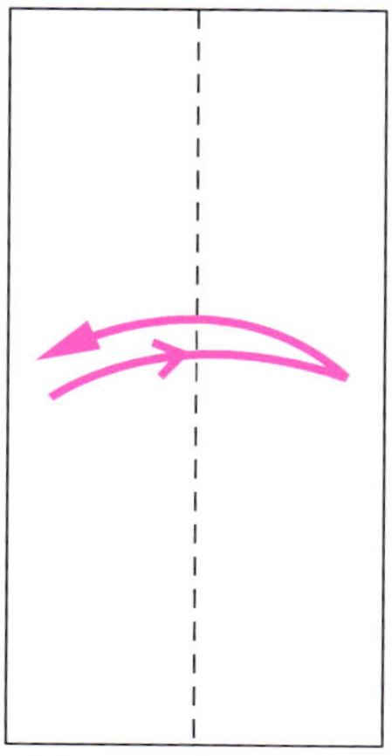

1 半分《はんぶん》におって
おりすじをつけます。

さらに半分《はんぶん》におり、
おりすじをつけます。

2

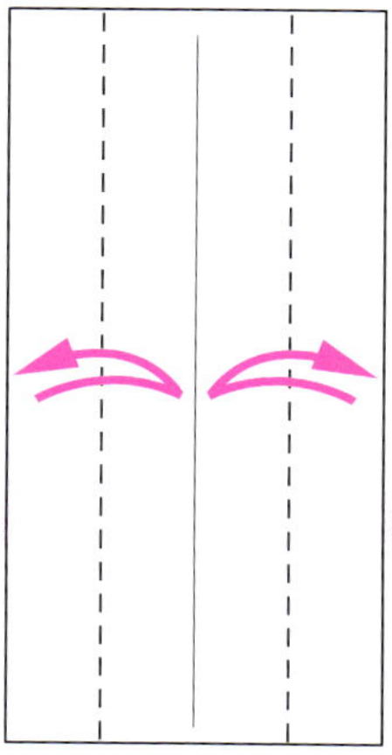

3 下《した》の角《かど》をおり入《い》れ、
上《うえ》は点線《てんせん》のところで
向《む》こうがわへおります。

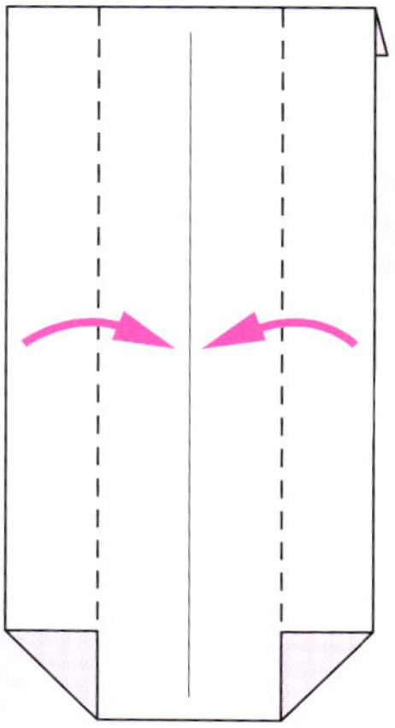

4 おりすじのところで
左右《さゆう》をおります。

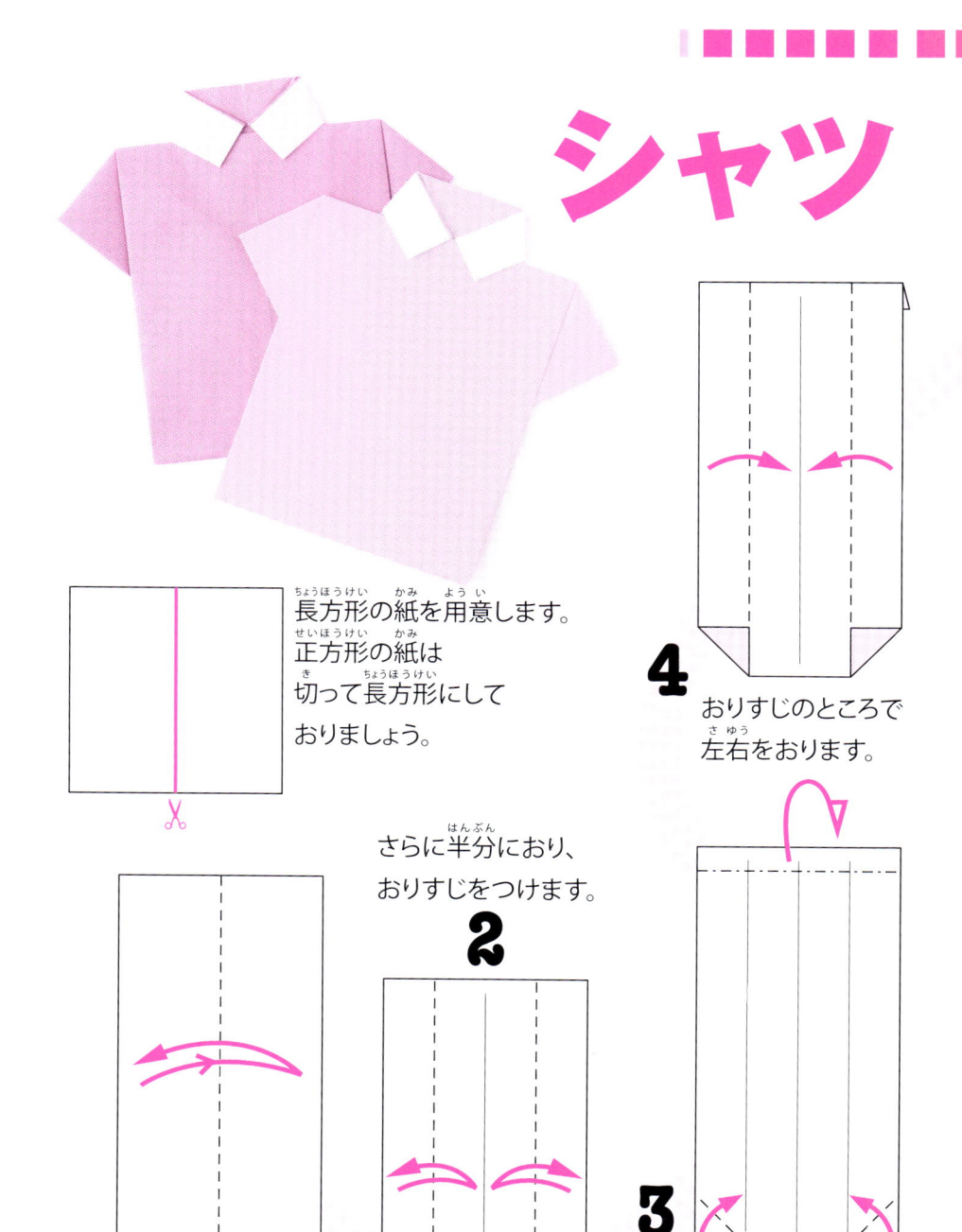

5

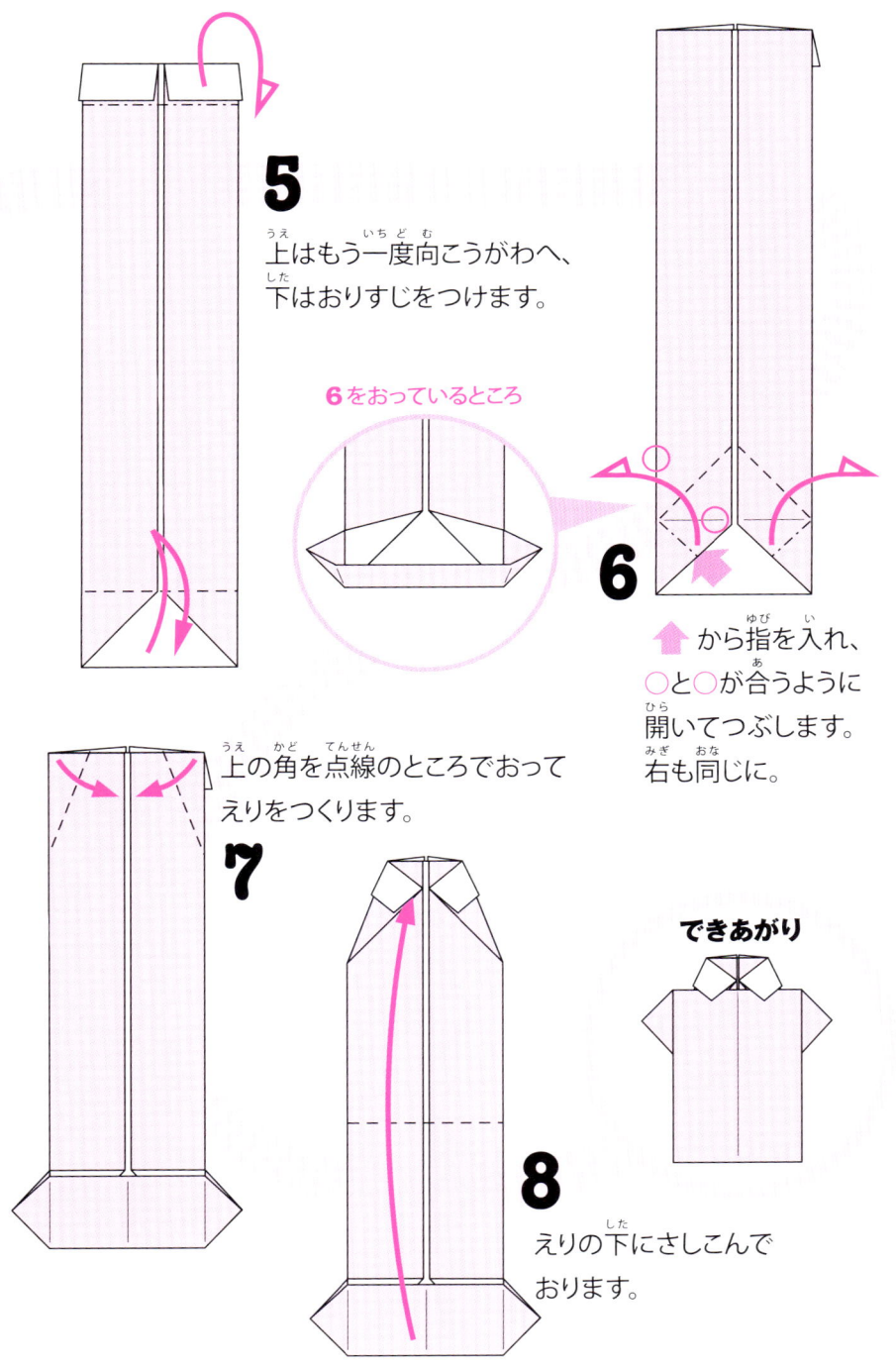

上《うえ》はもう一度《いちど》向《む》こうがわへ、
下《した》はおりすじをつけます。

6をおっているところ

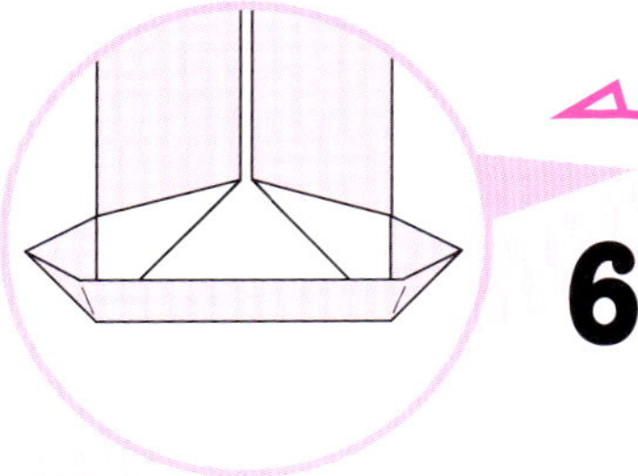

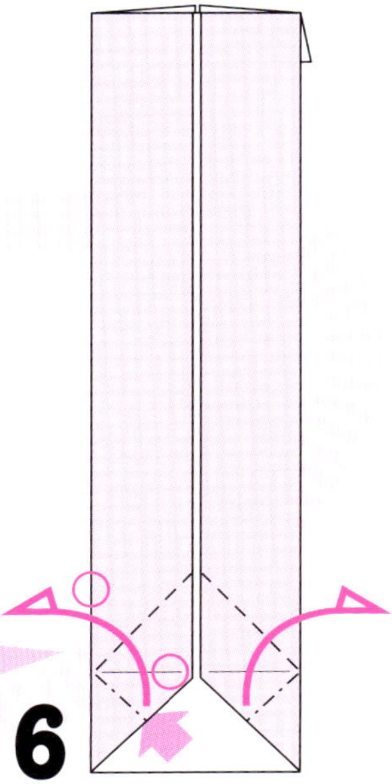

6

⬆から指《ゆび》を入《い》れ、
○と○が合《あ》うように
開《ひら》いてつぶします。
右《みぎ》も同《おな》じに。

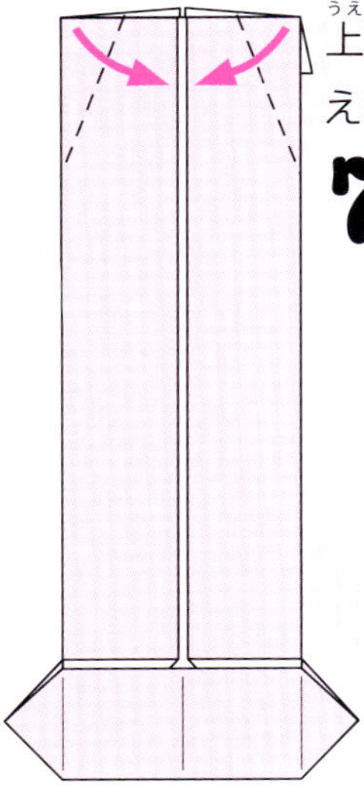

上《うえ》の角《かど》を点線《てんせん》のところでおって
えりをつくります。

7

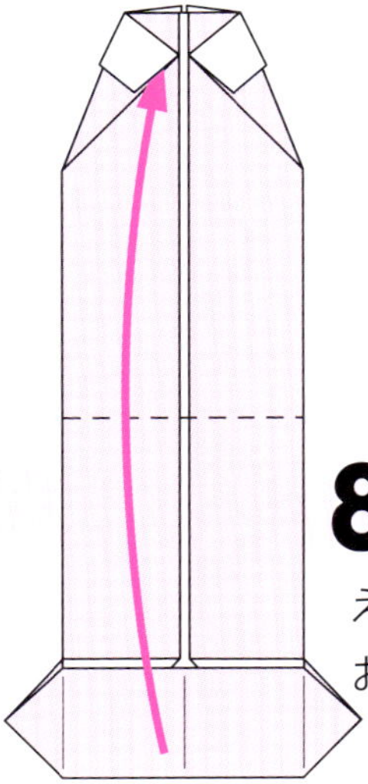

8

えりの下《した》にさしこんで
おります。

できあがり

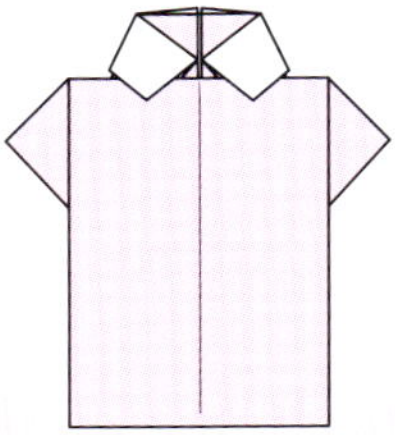

はなかご

1

半分《はんぶん》におります。

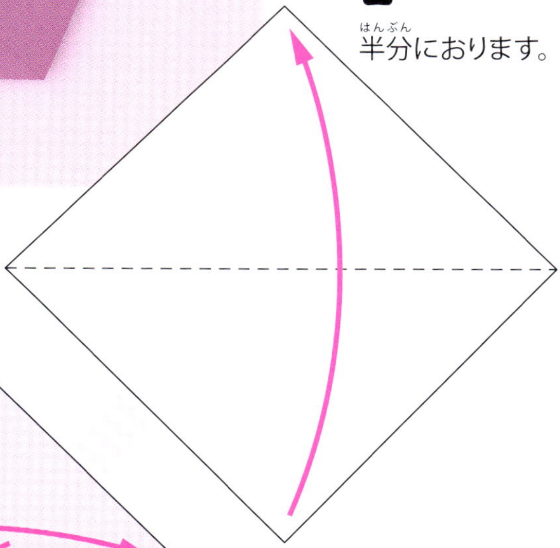

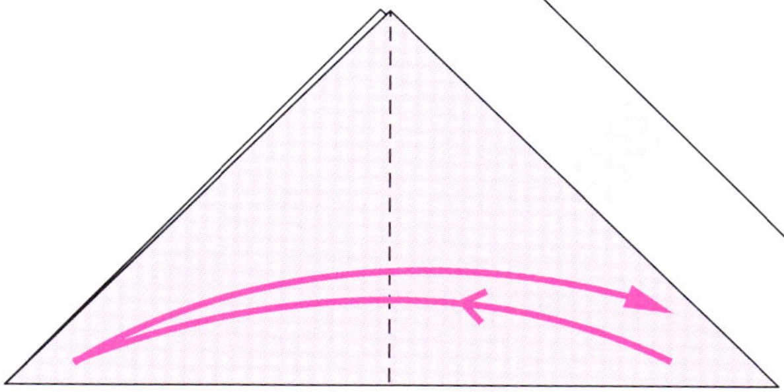

2 横半分《よこはんぶん》におって
おりすじをつけます。

3 今度《こんど》はたて半分《はんぶん》に
おりすじをつけます。

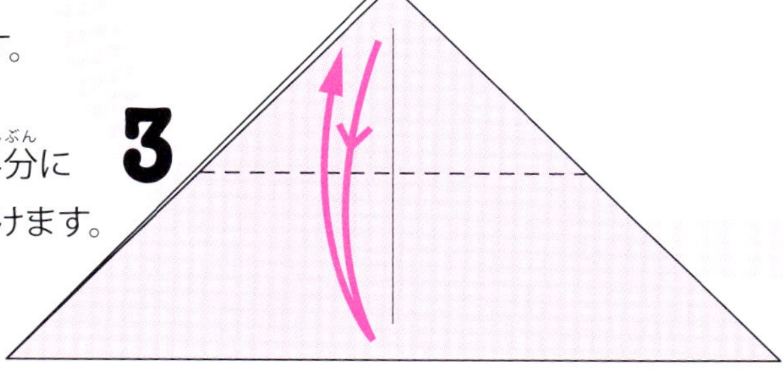

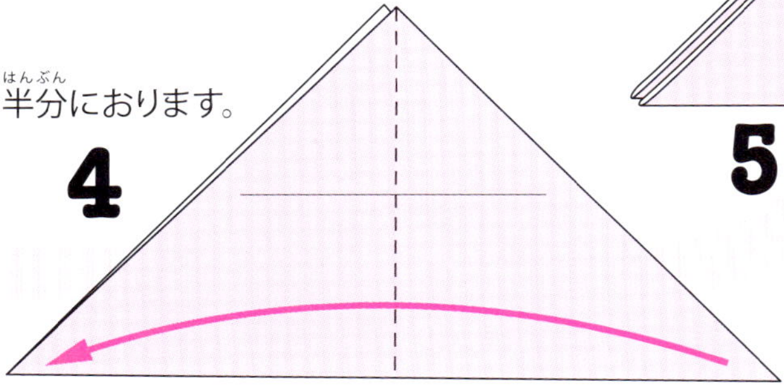

4 半分《はんぶん》におります。

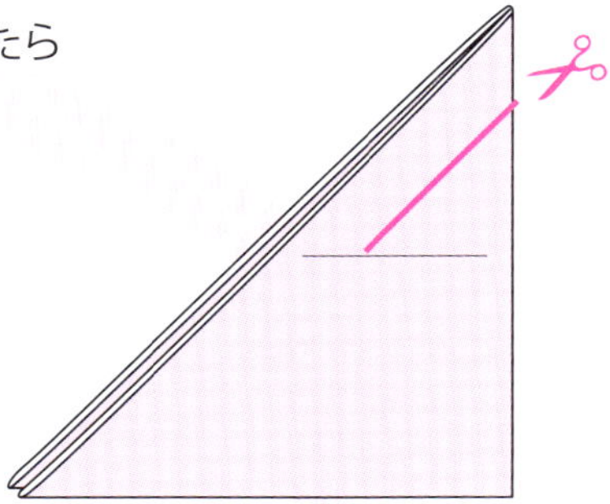

5 図《ず》のように
切《き》りこみを入《い》れます。

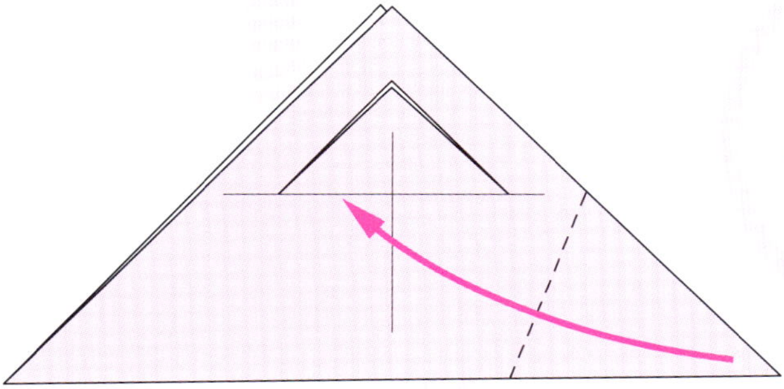

6 この形《かたち》に一度《いちど》開《ひら》いたら
右《みぎ》の角《かど》をおります。

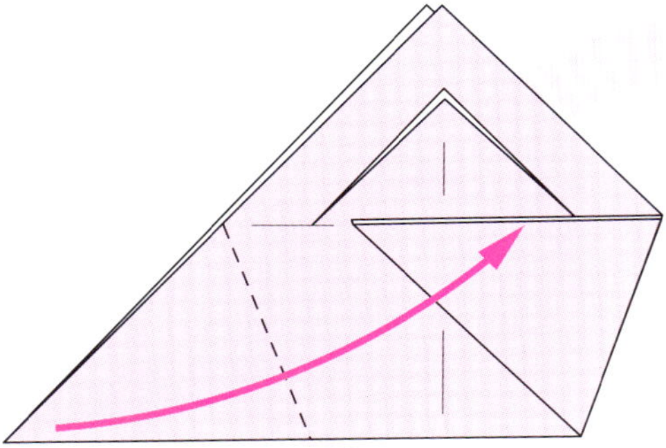

7 左《ひだり》の角《かど》もおります。

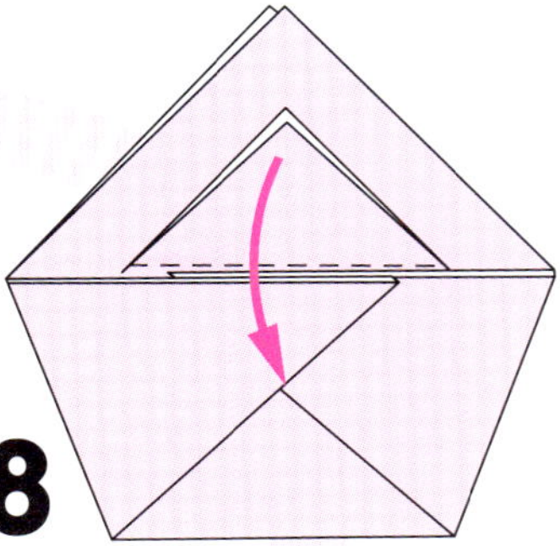

8 点線《てんせん》のところでおり下《さ》げます。
うらも同《おな》じに。

できあがり

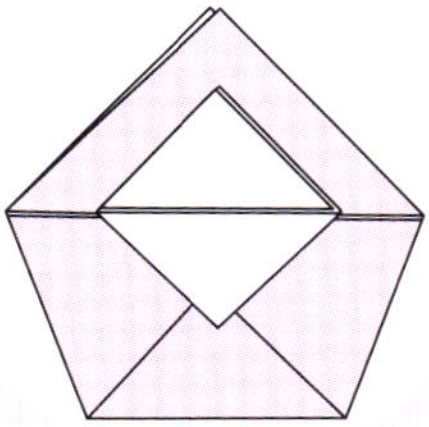

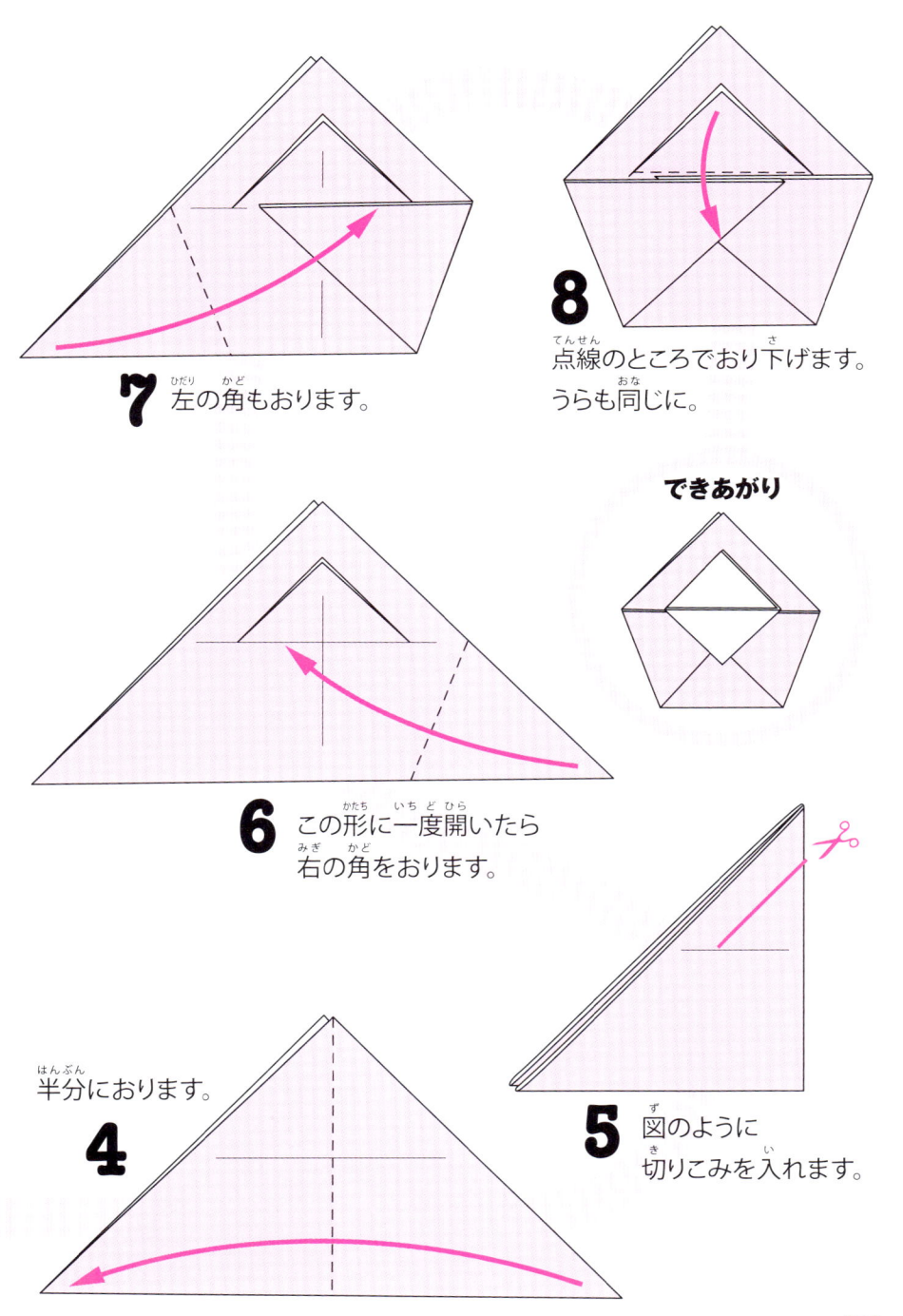

ハンドバッグ

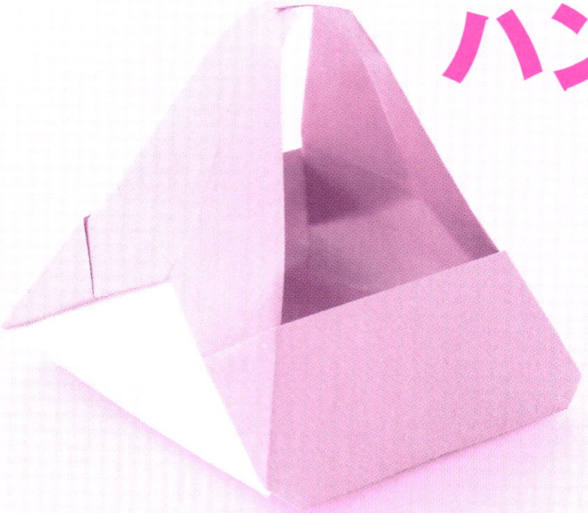

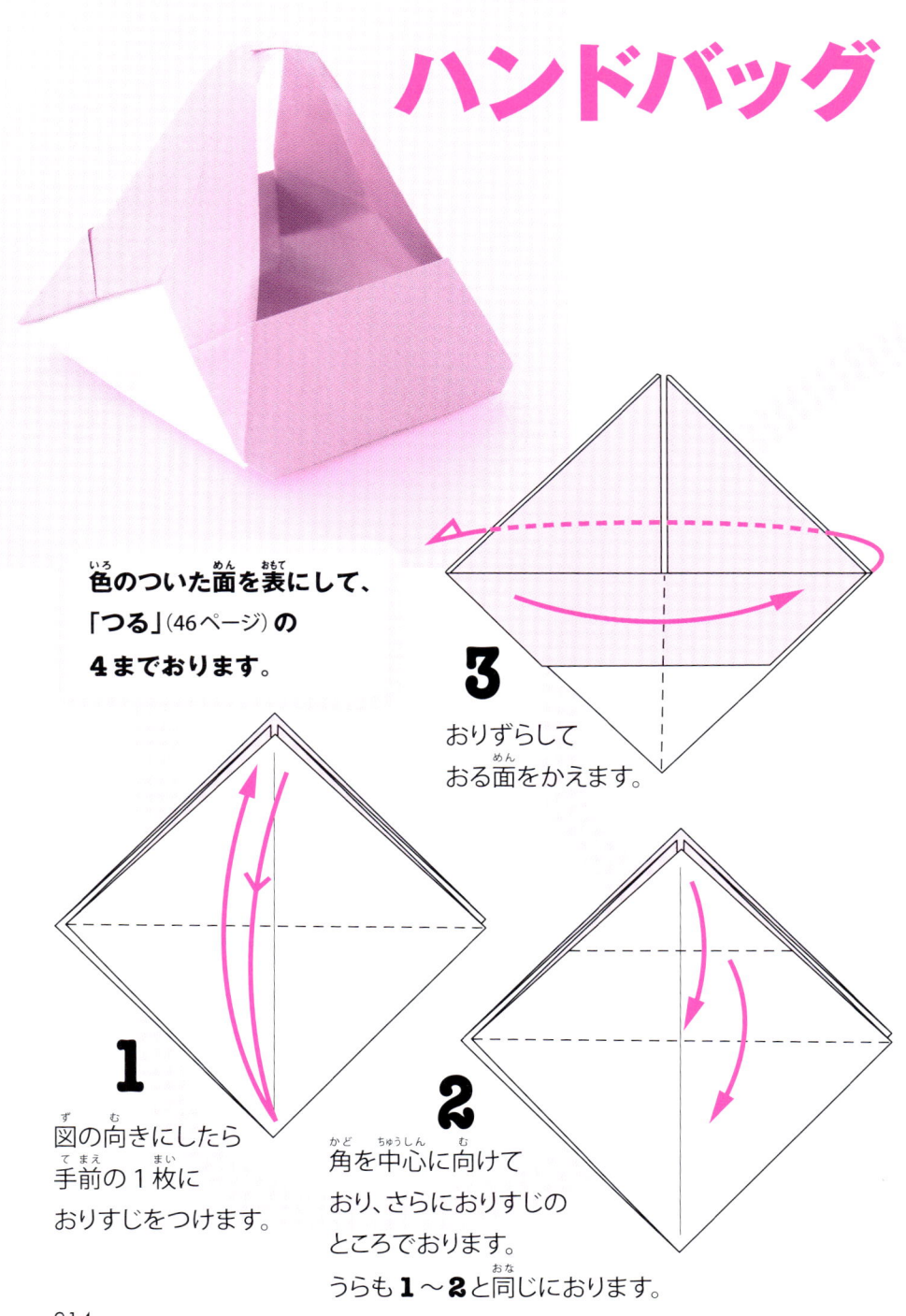

色《いろ》のついた面《めん》を表《おもて》にして、
「つる」(46ページ)**の**
4までおります。

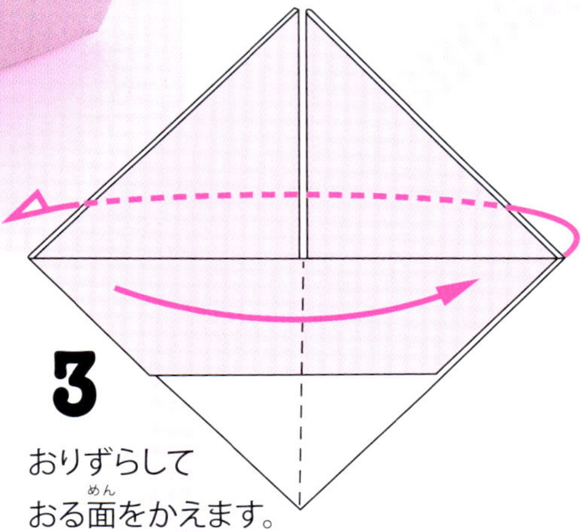

3

おりずらして
おる面《めん》をかえます。

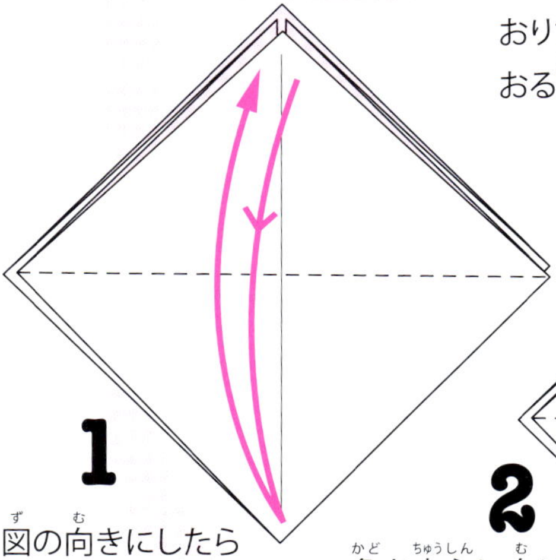

1

図《ず》の向《む》きにしたら
手前《てまえ》の１枚《まい》に
おりすじをつけます。

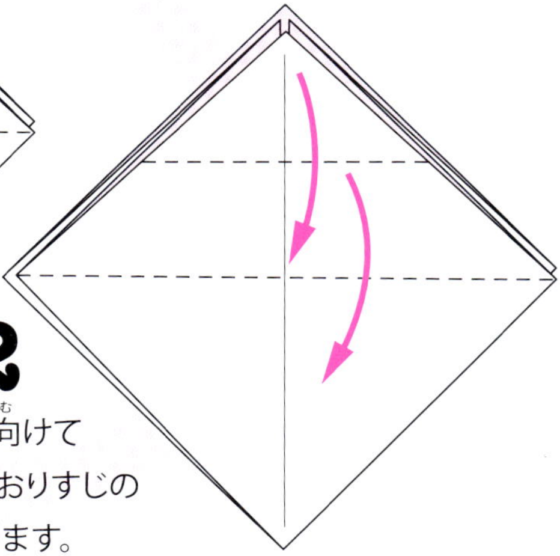

2

角《かど》を中心《ちゅうしん》に向《む》けて
おり、さらにおりすじの
ところでおります。
うらも**1**〜**2**と同《おな》じにおります。

おりすじに合《あ》わせて角《かど》をおり、
おりすじをつけます。

4

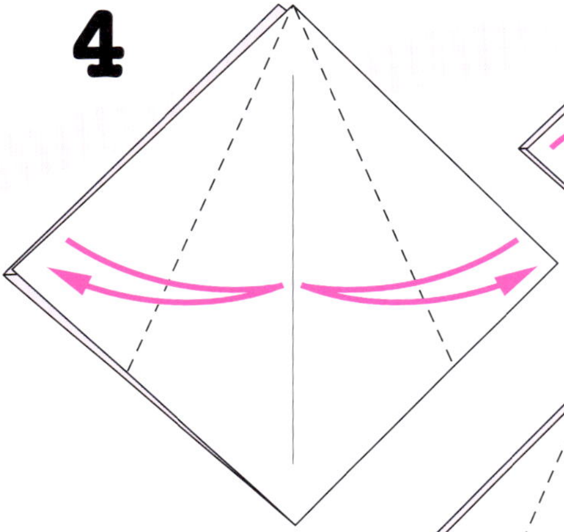

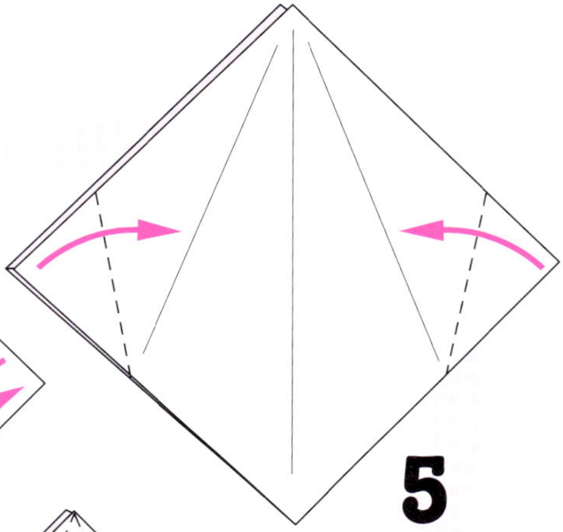

5

4 のおりすじに合《あ》わせて
角《かど》をおります。

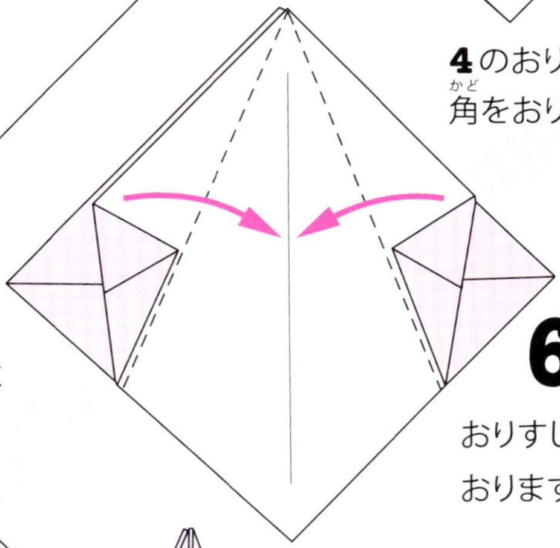

6

おりすじのところで
おります。

6 をおったところ。
うらも **4**～**6** と同《おな》じに
おります。

7

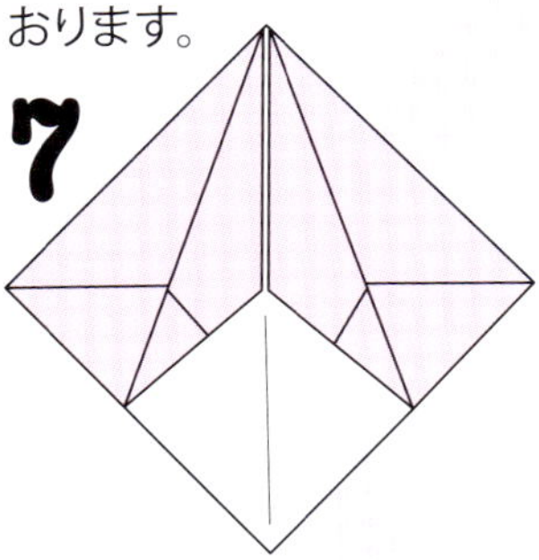

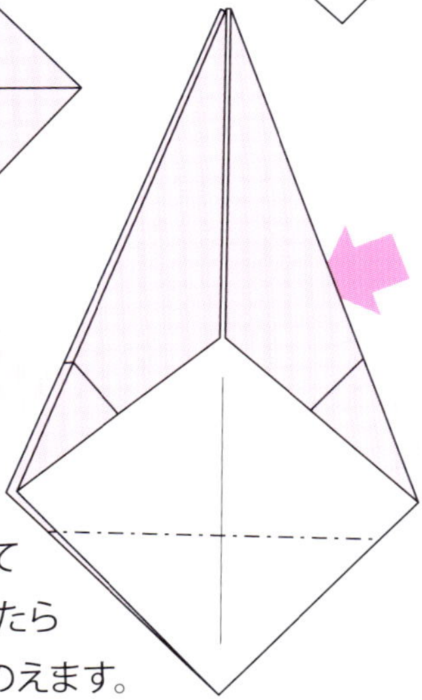

8

底《そこ》をおって
中《なか》を広《ひろ》げたら
形《かたち》をととのえます。

できあがり

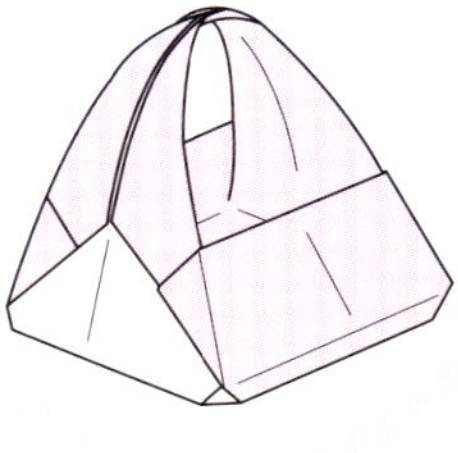

持《も》ち手《て》をとめましょう。

えんとつのある いえ

「いえ」(24ページ)の
できあがりまでおります。

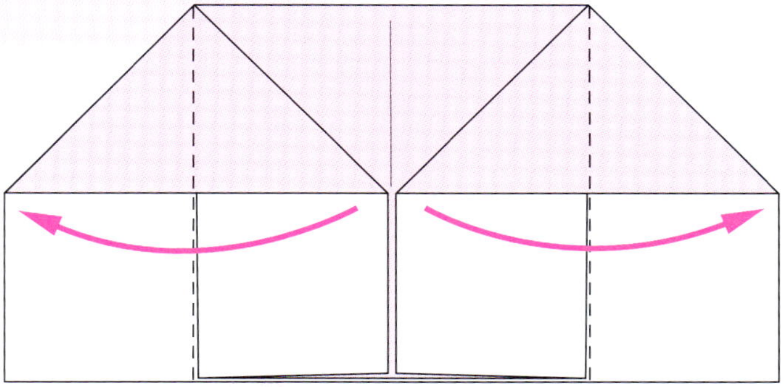

1

点線《てんせん》のところで
左右《さゆう》に開《ひら》きます。

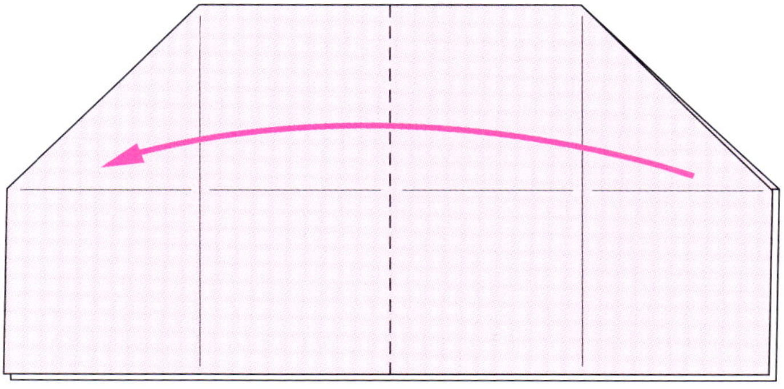

2

全体《ぜんたい》を半分《はんぶん》に
おります。

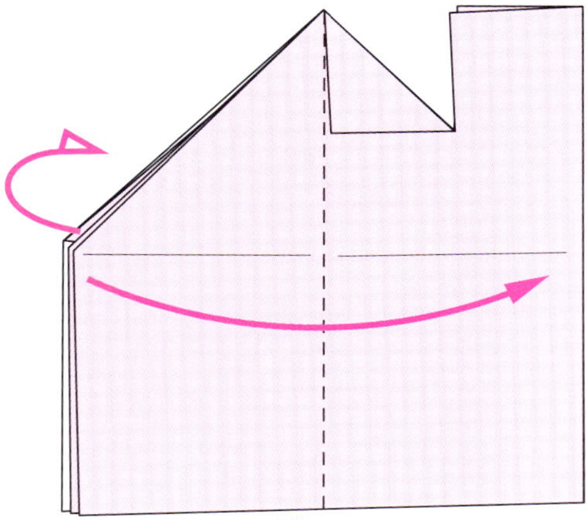

できあがり

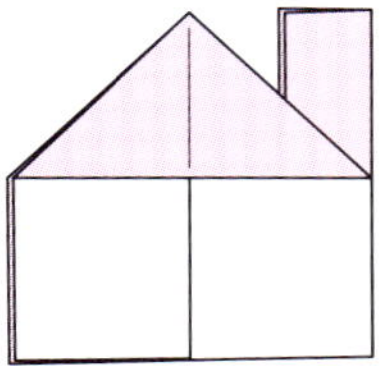

5 点線《てんせん》のところで
手前《てまえ》と向《む》こうがわに開《ひら》きます。

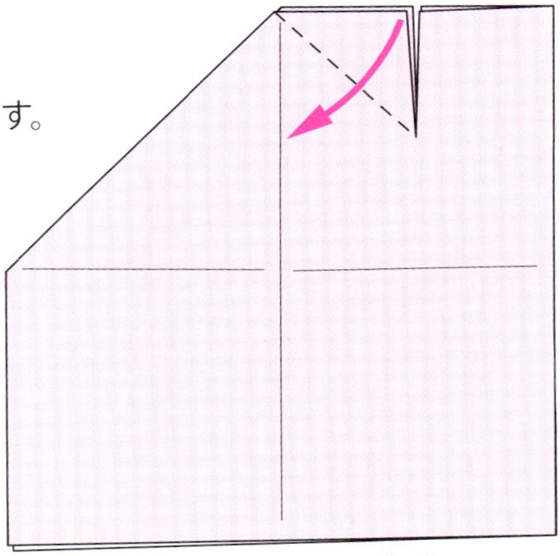

4 切《き》った部分《ぶぶん》を
三角《さんかく》におります。

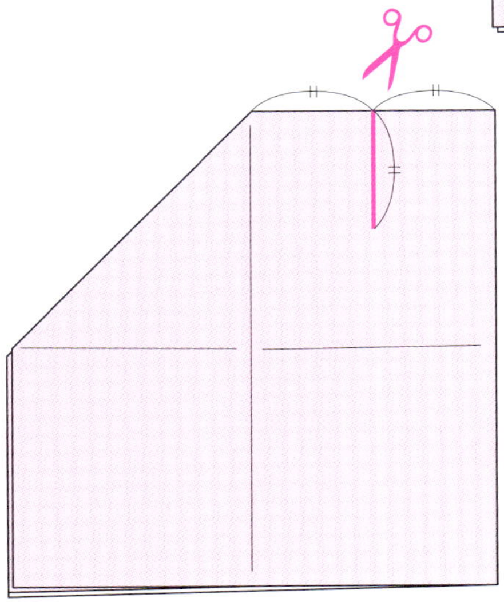

3
図《ず》のように切《き》りこみを入《い》れます。

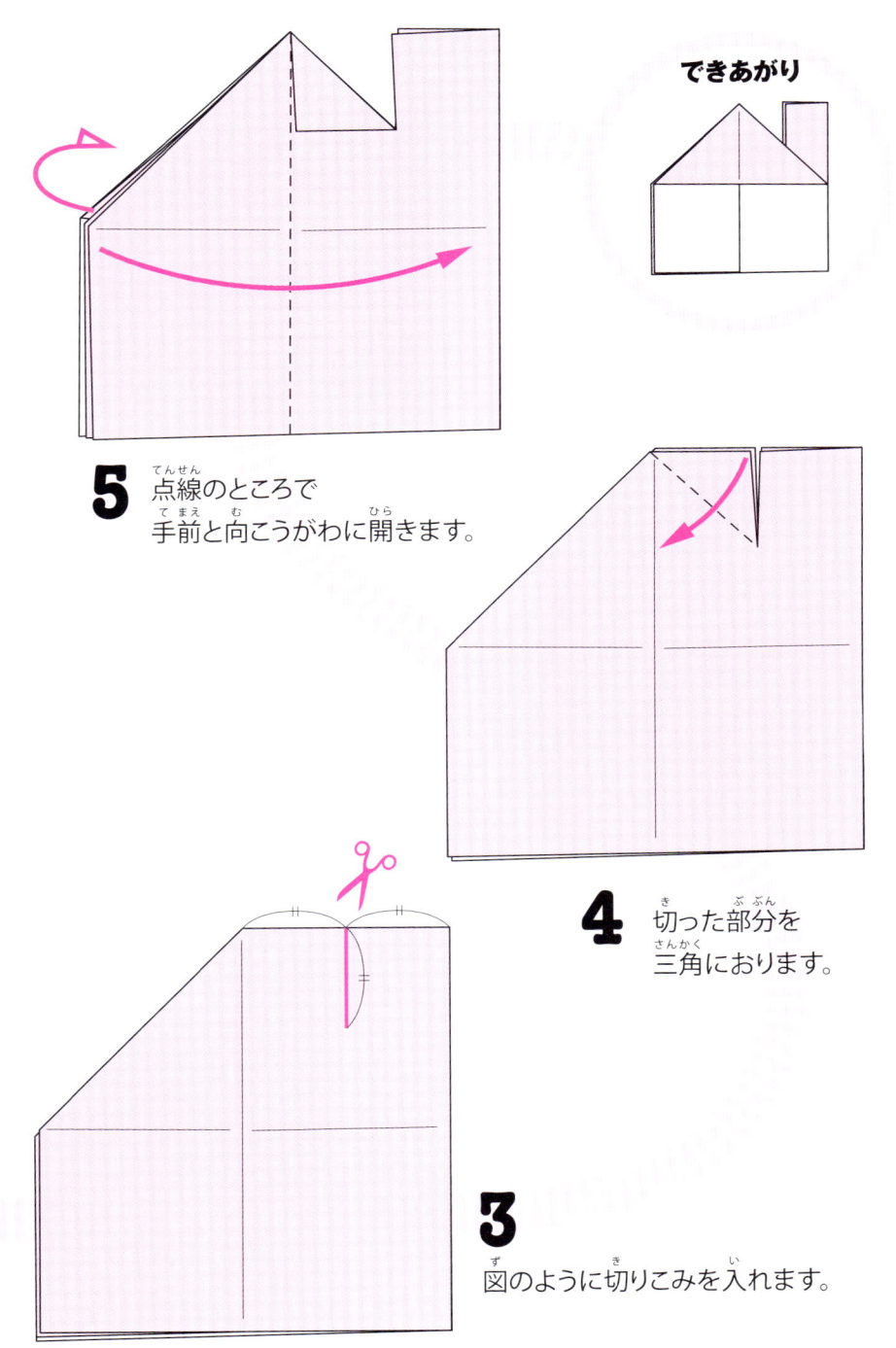

いちごのケーキ

スポンジケーキ、クリーム、いちごを
別々《べつべつ》におります。

スポンジケーキ

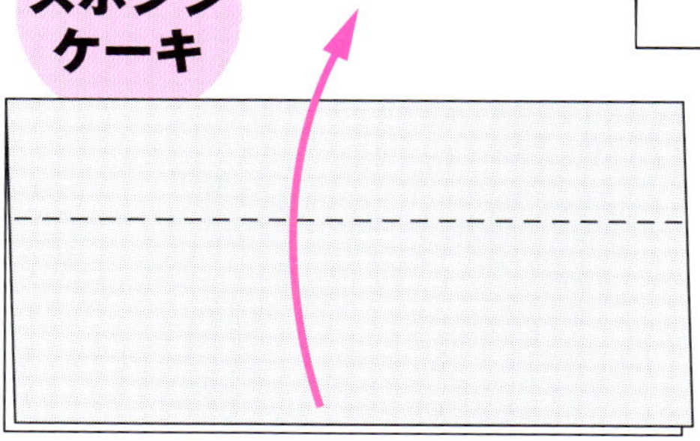

1 まず二《ふた》つおりにしてから
点線《てんせん》のあたりでおり上《あ》げます。
うらも同《おな》じにおります。

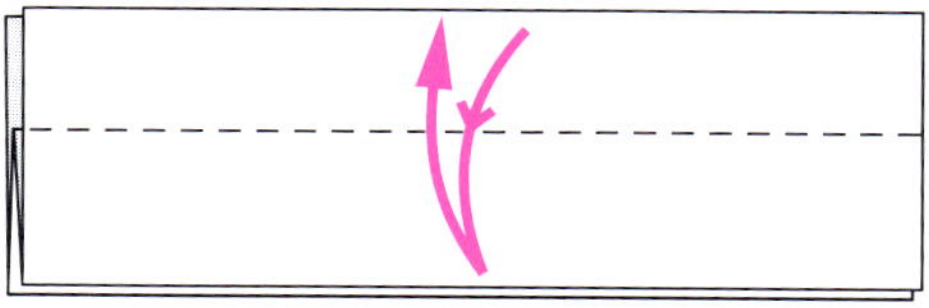

2 点線《てんせん》のところで
おりすじをつけます。
うらも同《おな》じに。

3 おりすじに合《あ》わせて
角《かど》をおります。

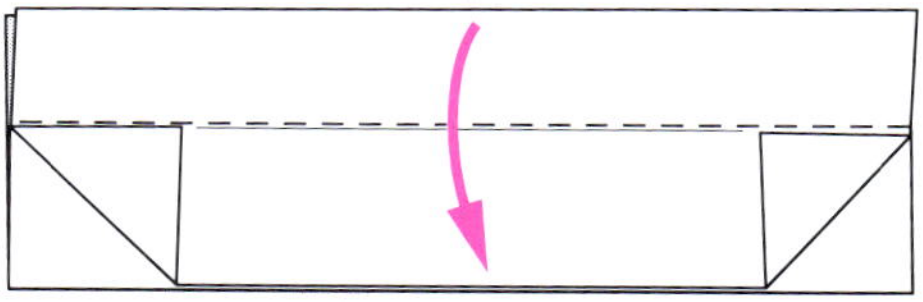

4 おりすじのところで
おり下《さ》げます。

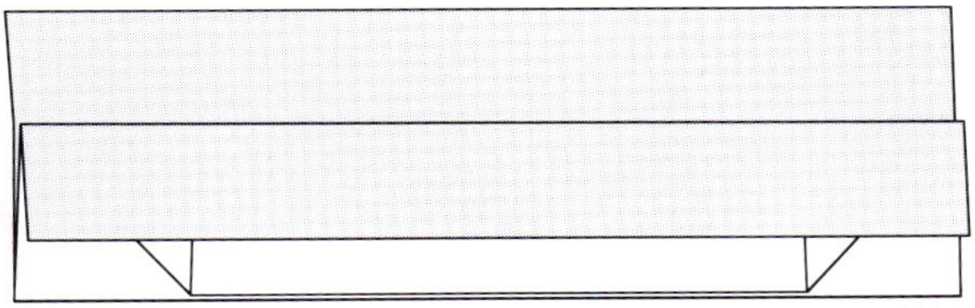

5

うらも**3**〜**4**と同《おな》じに
おります。

6

7の形《かたち》になるように
広《ひろ》げます。

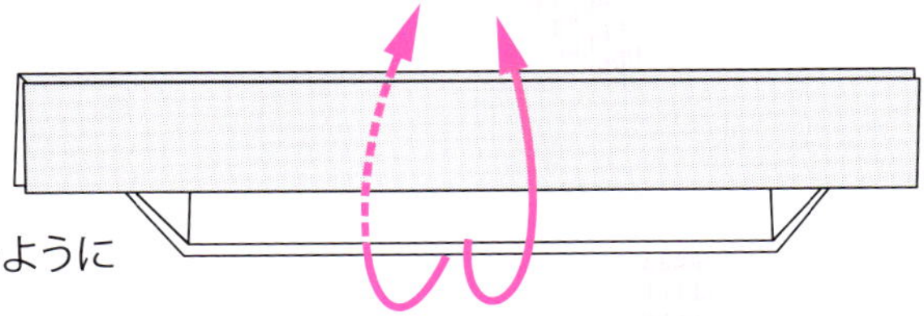

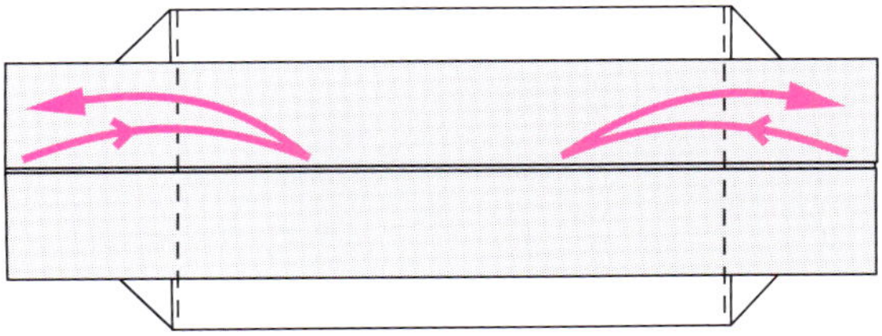

7 おりすじをつけます。

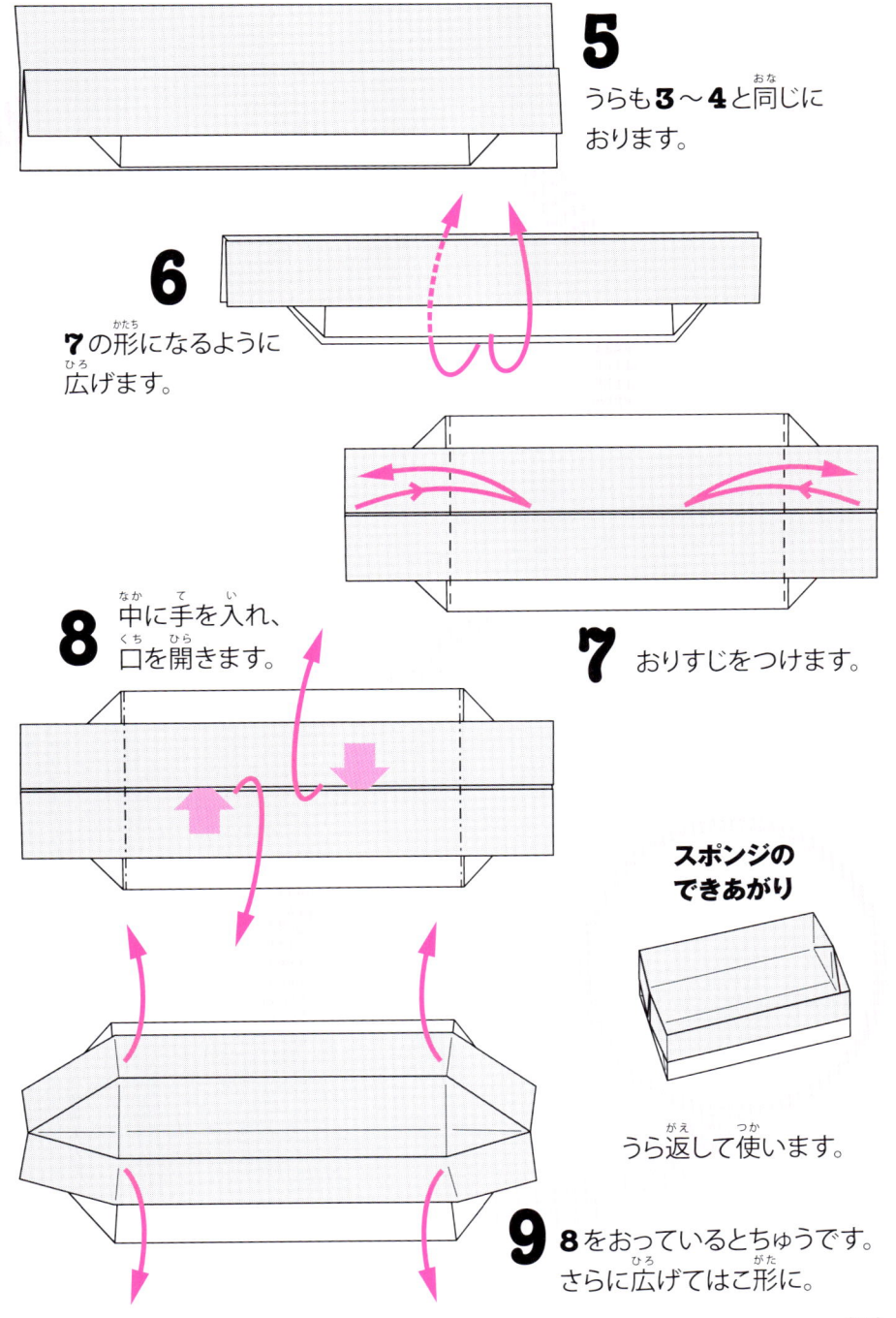

8 中《なか》に手《て》を入《い》れ、
口《くち》を開《ひら》きます。

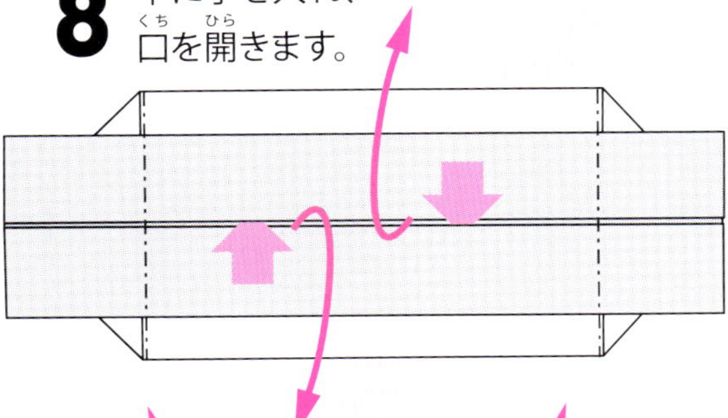

スポンジのできあがり

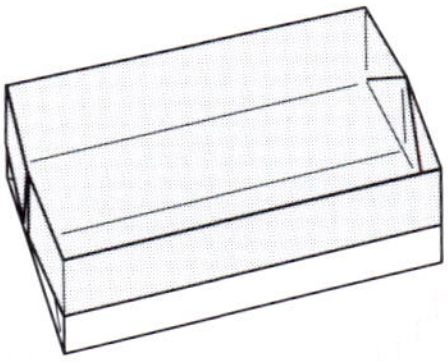

うら返《がえ》して使《つか》います。

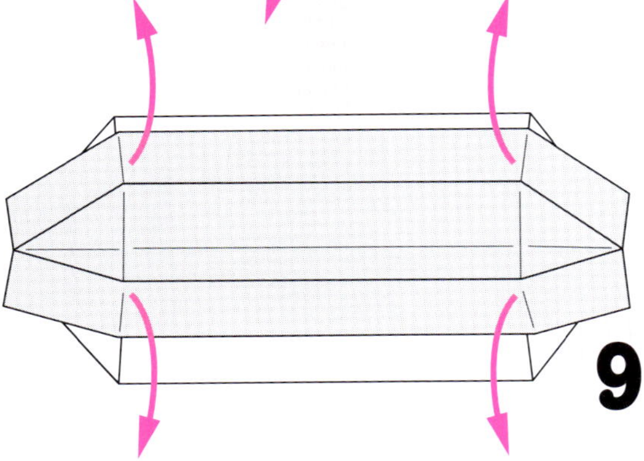

9 **8**をおっているとちゅうです。
さらに広《ひろ》げてはこ形《がた》に。

クリーム

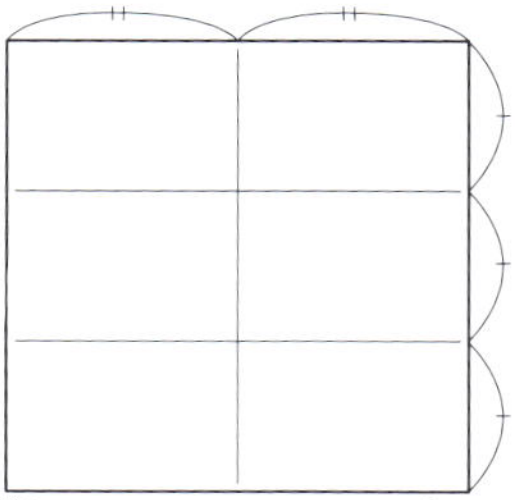

6等分《とうぶん》したおりがみを使《つか》います。

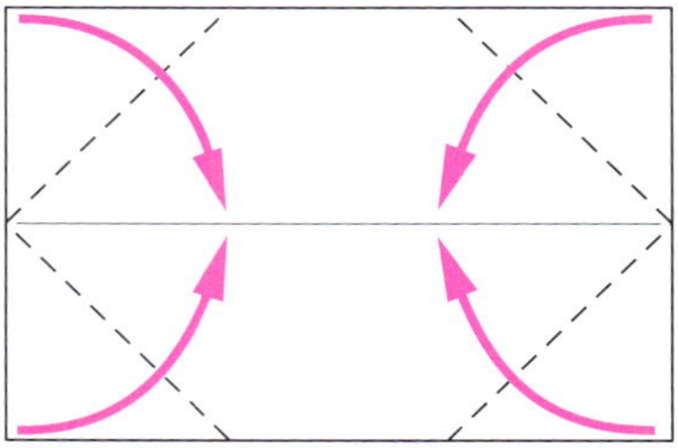

1 横半分《よこはんぶん》におりすじをつけてから
角《かど》をおり入《い》れます。

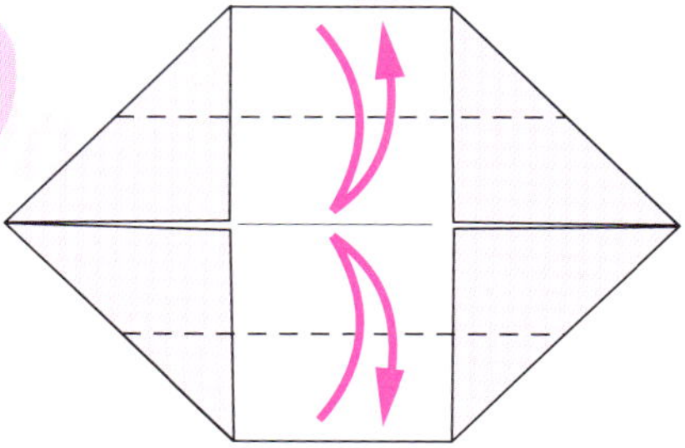

2 上《じょう》下《げ》をおって
おりすじをつけます。

うらがえす

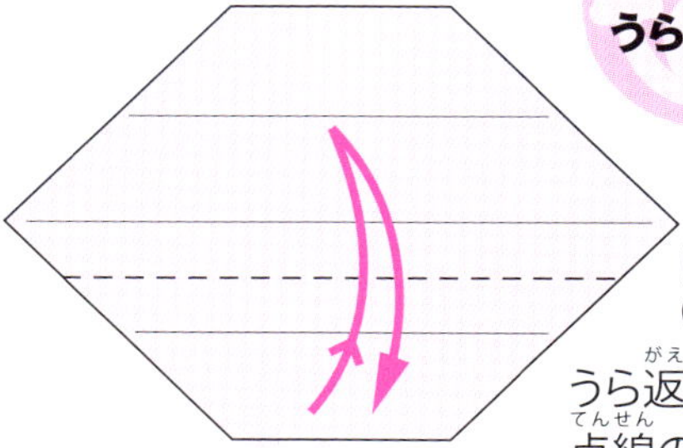

3 うら返《がえ》したら
点線《てんせん》のところで
おりすじをつけます。

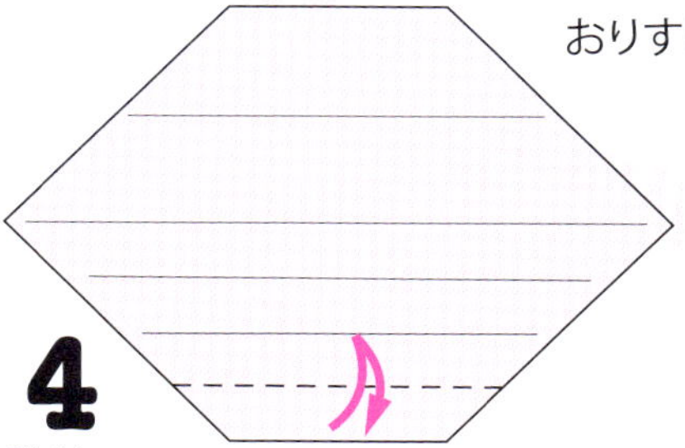

4 点線《てんせん》のところでおりすじをつけます。
上半分《うえはんぶん》も**3**〜**4**と同《おな》じにおります。

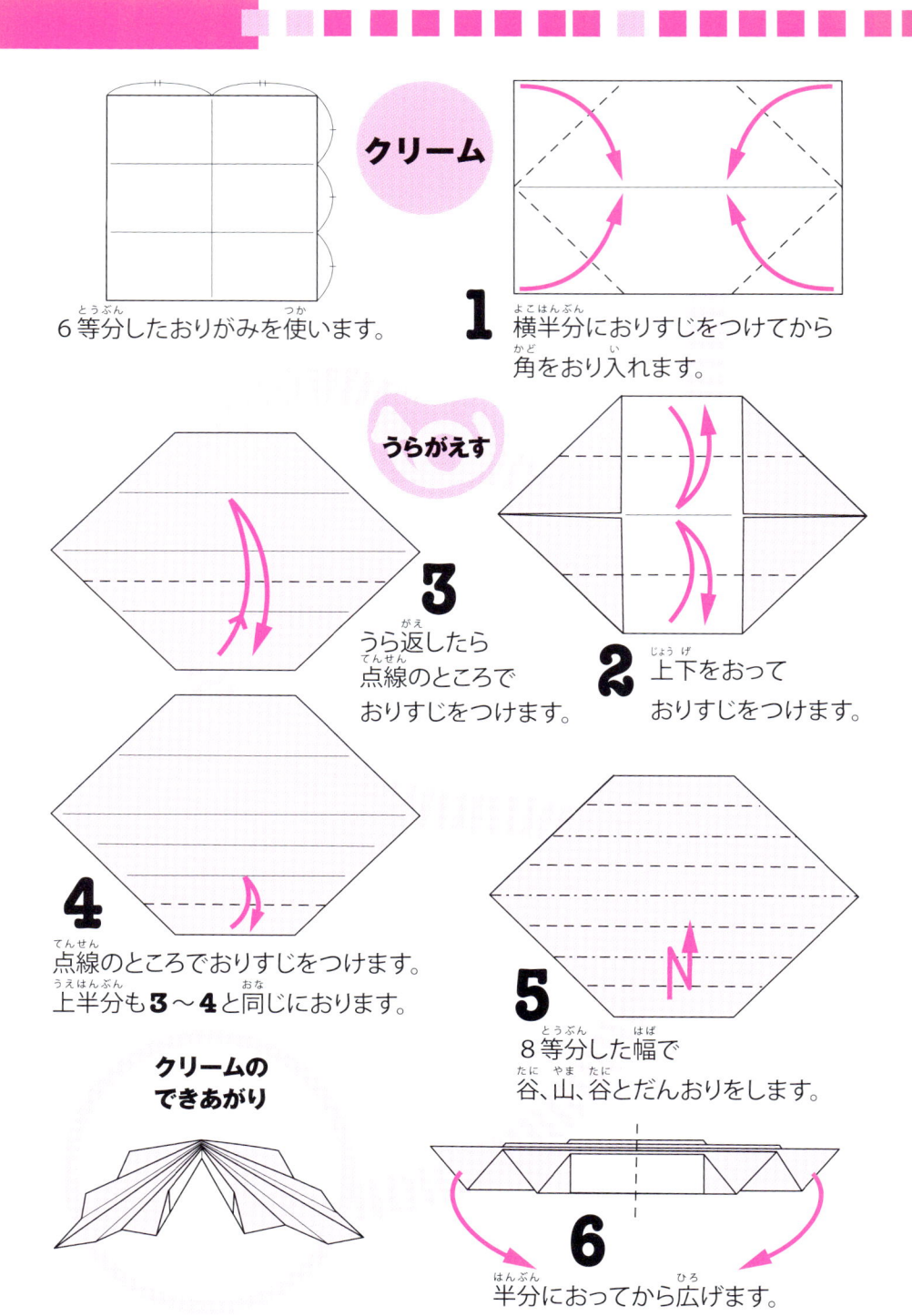

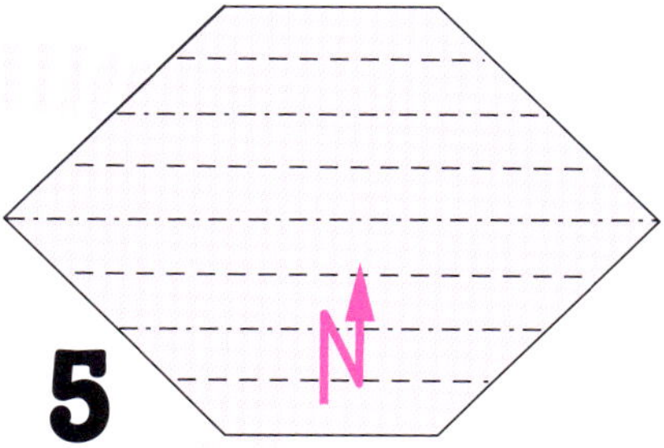

5 8等分《とうぶん》した幅《はば》で
谷《たに》、山《やま》、谷《たに》とだんおりをします。

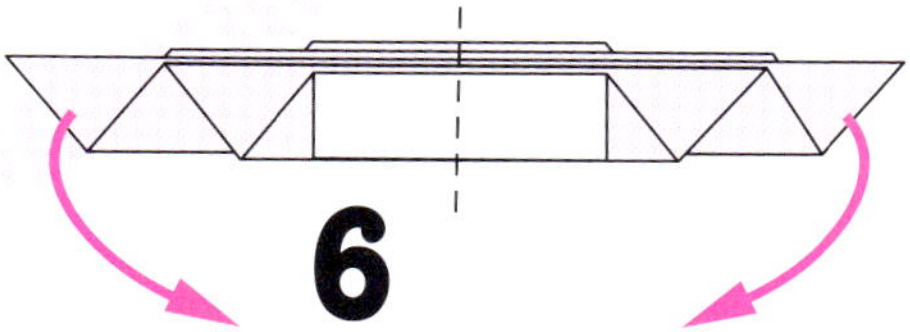

6 半分《はんぶん》におってから広《ひろ》げます。

クリームのできあがり

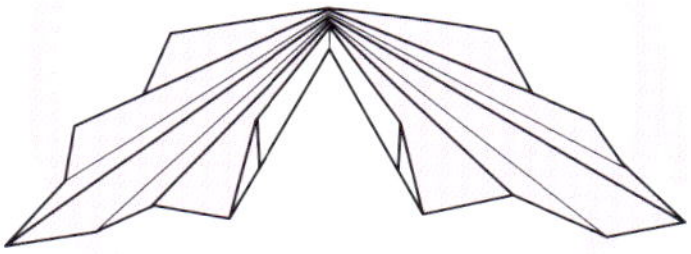

4等分《とうぶん》したおりがみを使《つか》い、「ふうせん」(16ページ)**の4までおります。**

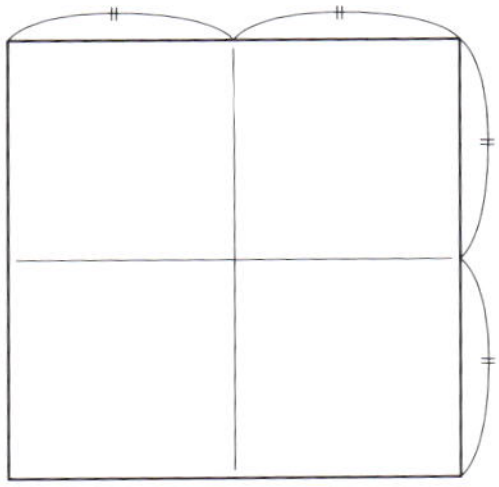

いちご

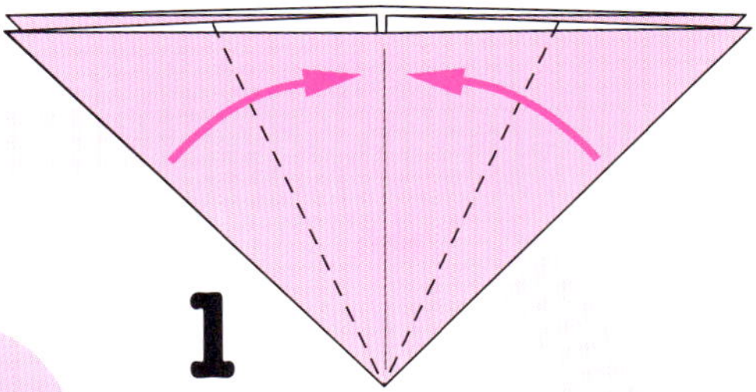

1

図《ず》の向《む》きにかえたら
おりすじに合《あ》わせて角《かど》をおります。

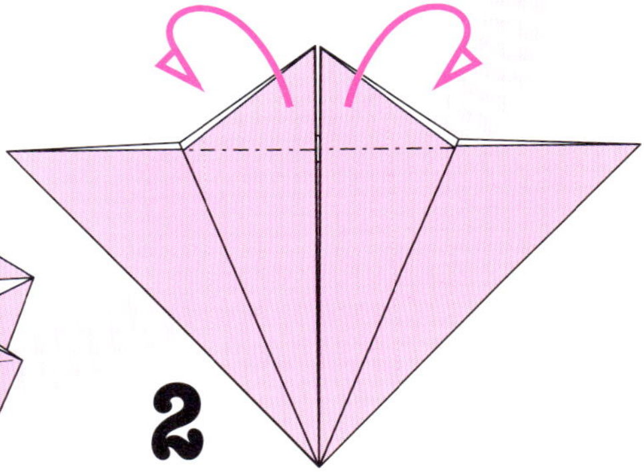

2

とび出《で》た三角《さんかく》を内《うち》がわへおり入《い》れます。うらも**1**～**2**と同《おな》じにおります。

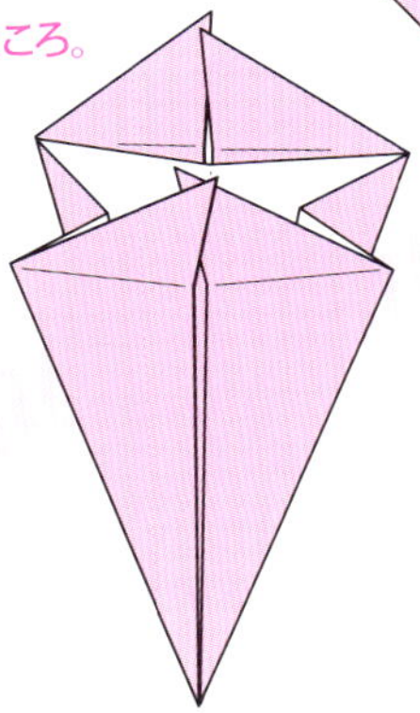

2をおっているところ。
三角《さんかく》をそのまま内《うち》がわへおり入《い》れます。

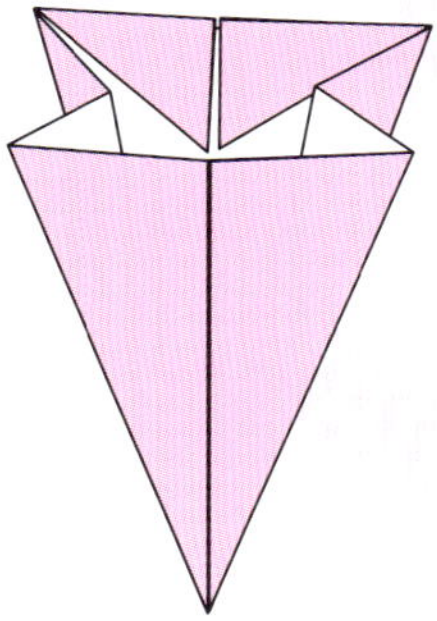

2をおったところ

むきをかえる

いちごのできあがり

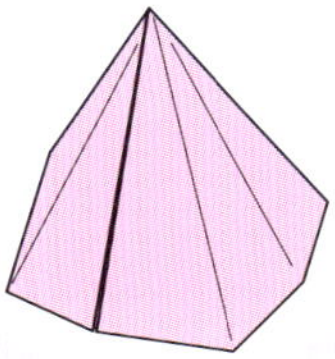

いちごのケーキのできあがり

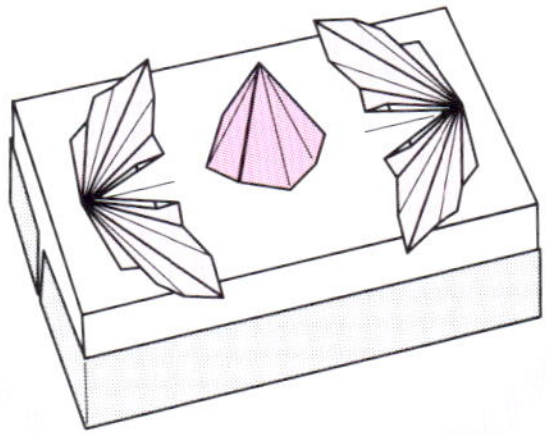

スポンジを茶色《ちゃいろ》の紙《かみ》でおればチョコレートケーキに、黄緑《きみどり》の紙《かみ》でおればまっ茶《ちゃ》ケーキなどにもなります。

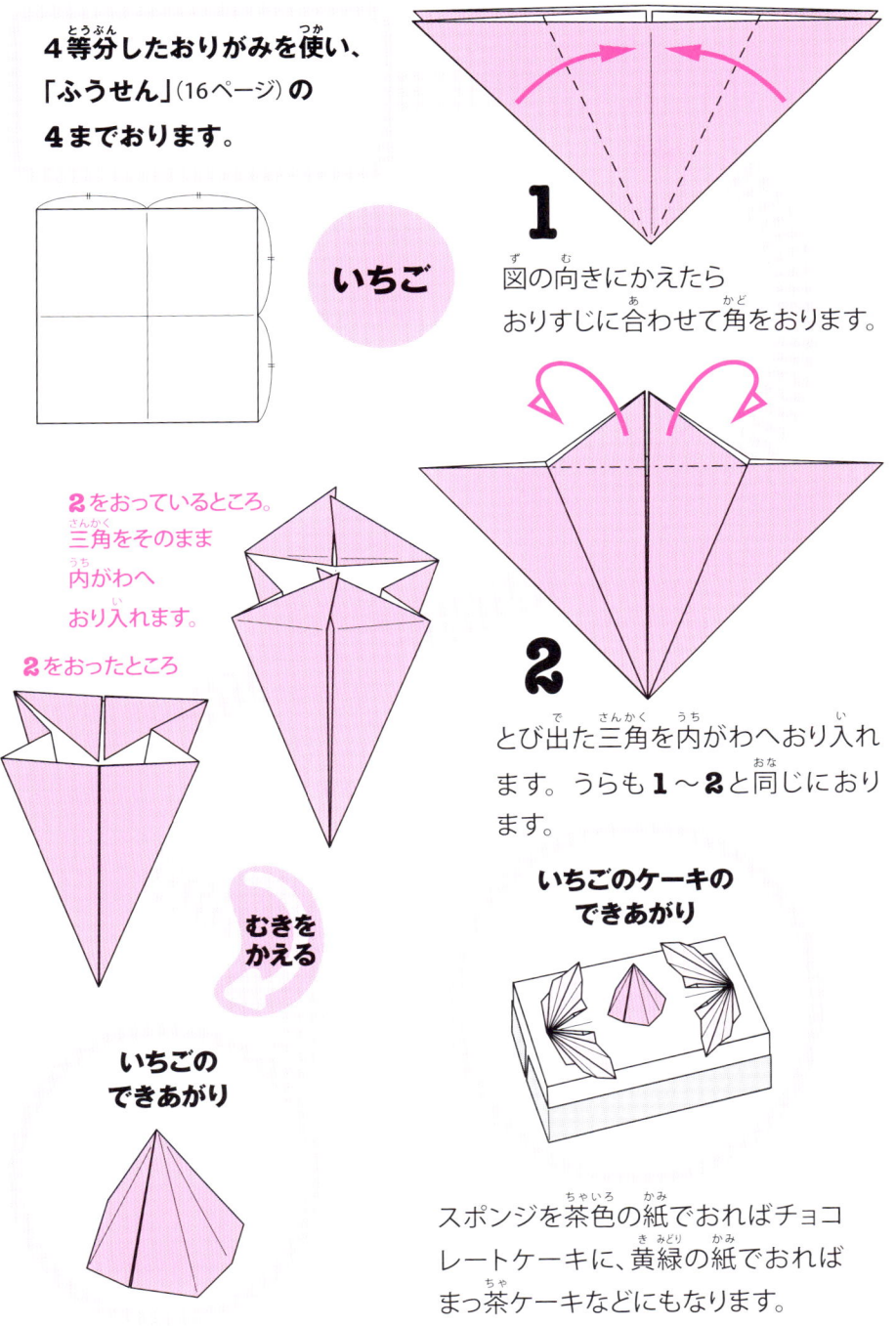

テーブルといす

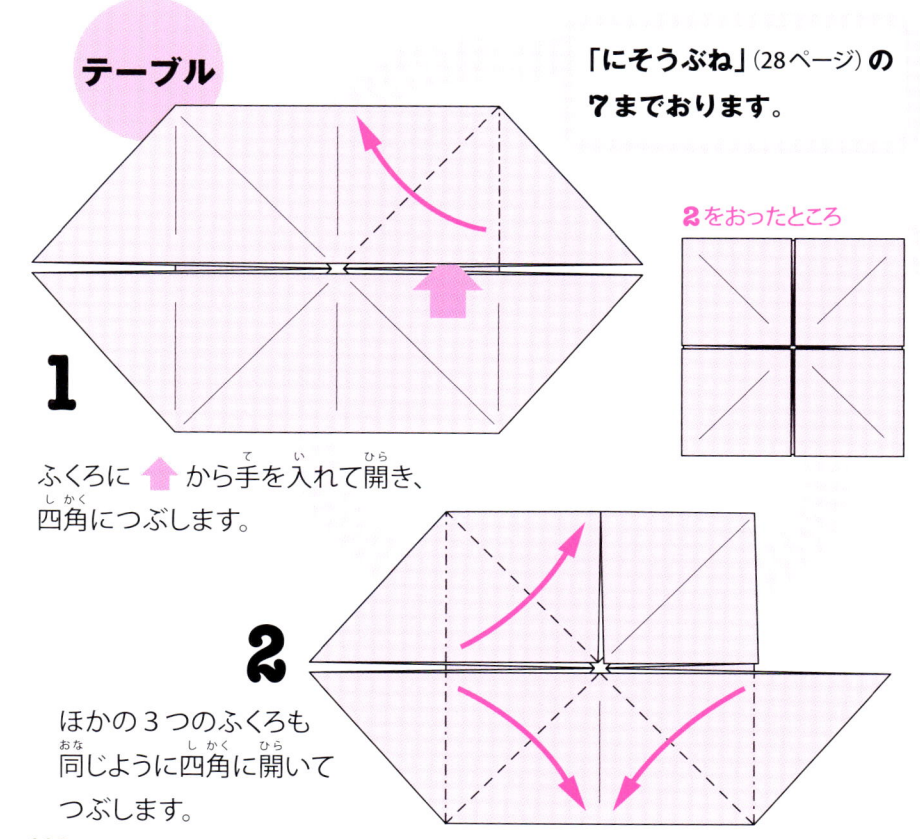

テーブル

「にそうぶね」(28ページ)**の**
7までおります。

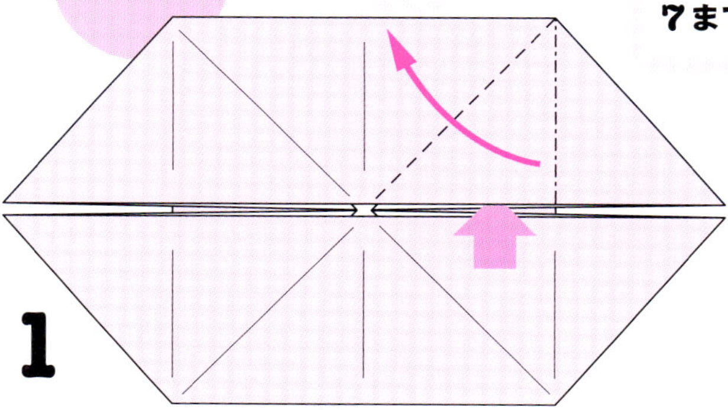

1

ふくろに ⇧ から手《て》を入《い》れて開《ひら》き、
四角《しかく》につぶします。

2をおったところ

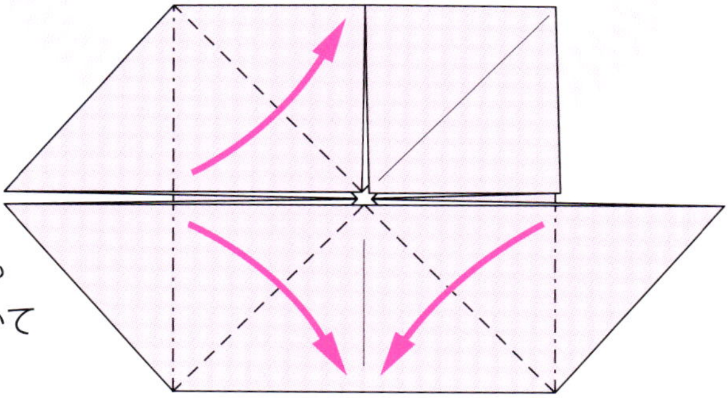

2

ほかの３つのふくろも
同《おな》じように四角《しかく》に開《ひら》いて
つぶします。

3 図《ず》のように
おりすじをつけます。

角《かど》を上《うえ》へ開《ひら》き、「つる」のように
ダイヤの形《かたち》につぶします。

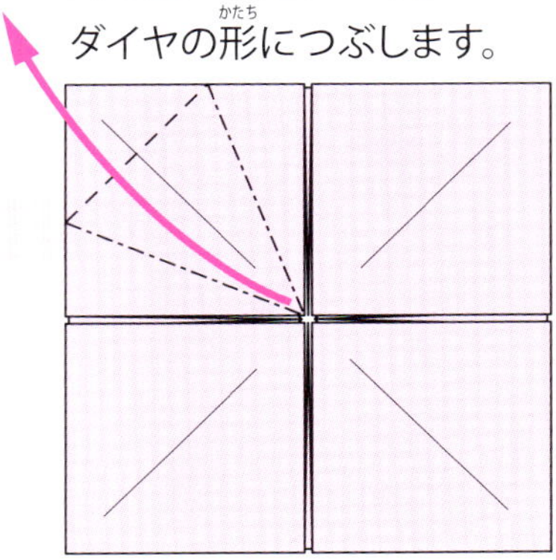

4

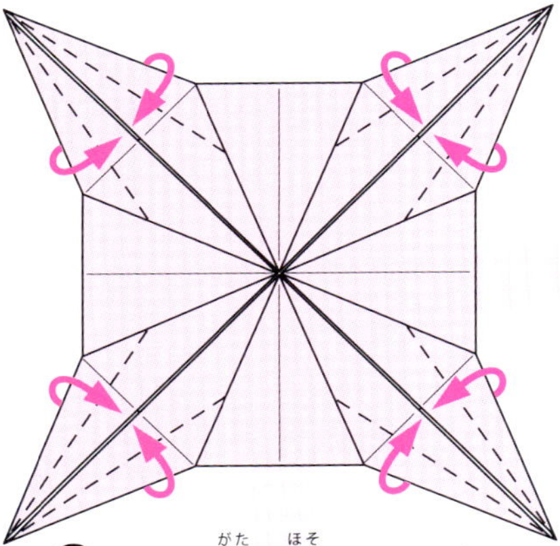

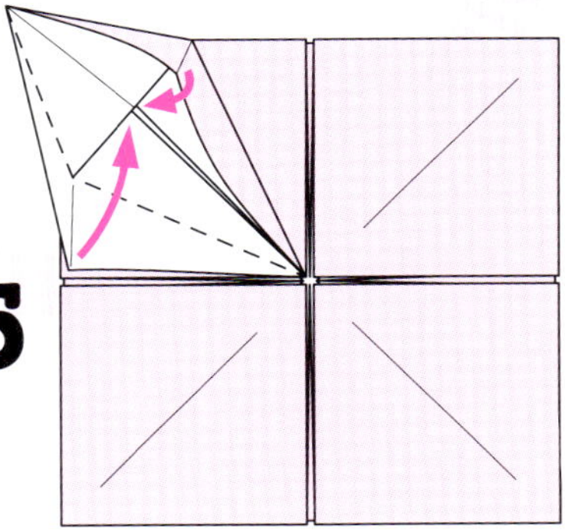

5

4 をおっているところ。
ほかの３カ所《しょ》も同《おな》じように
ダイヤ形《がた》に開《ひら》いてつぶします。

6 ダイヤ形《がた》を細《ほそ》くおります。
ここがテーブルのあしになります。

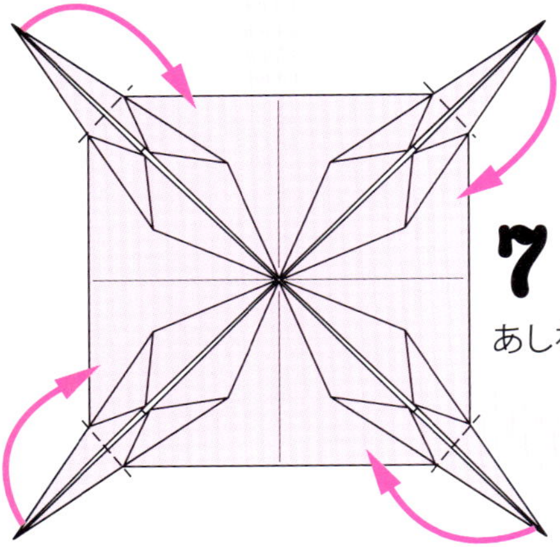

7

あしを起《お》こします。

うらがえす

できあがり

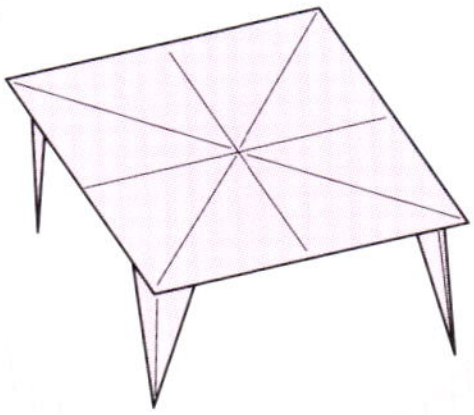

少《すこ》しかえると、丸《まる》テーブルにも

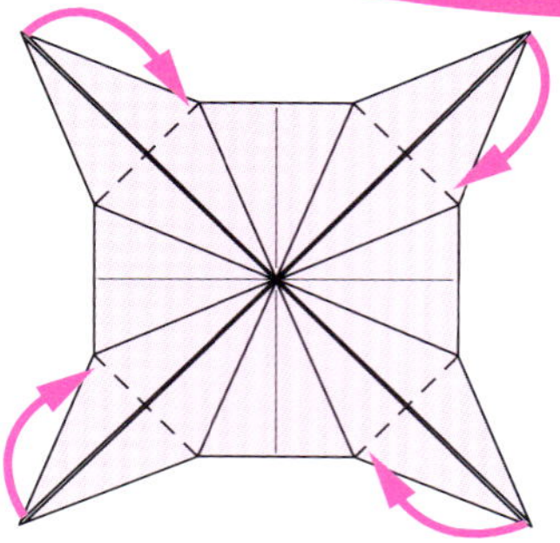

丸《まる》テーブルの
できあがり

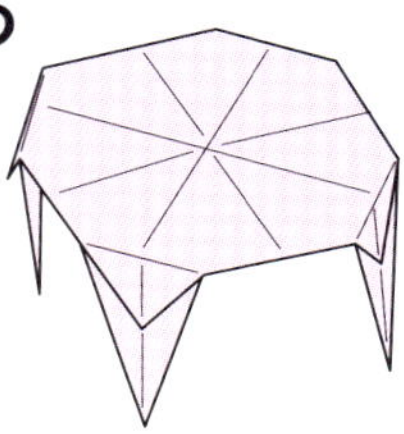

「テーブル」の**6**を点線《てんせん》のところでおります。
このとき、あしだけでなくテーブル面《めん》の角《かど》も
いっしょにおります。

いす

「やっこさん」
(32ページ) **の**
4までおります。

うらがえす

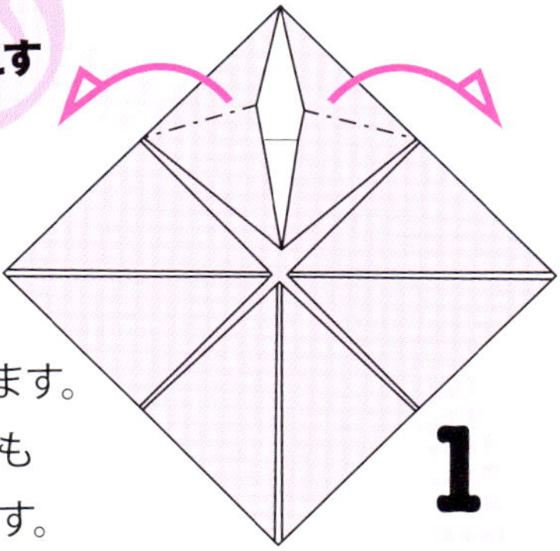

1

図《ず》のように
ふくろを開《ひら》いてつぶします。
ほかの３カ所《しょ》のふくろも
すべて開《ひら》いてつぶします。

いすの
できあがり

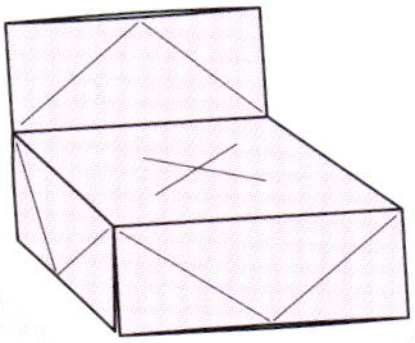

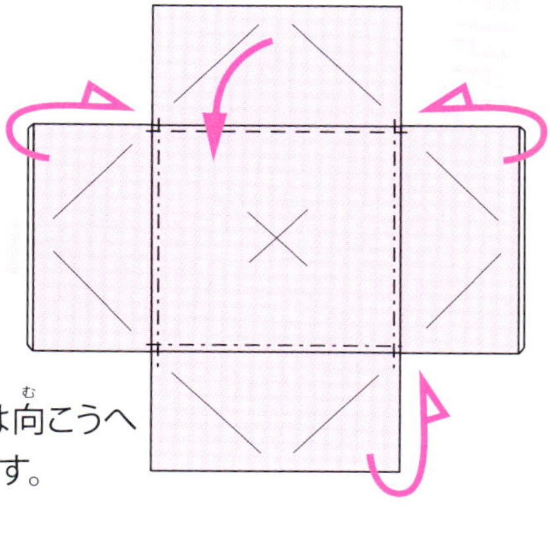

2

１カ所《しょ》だけ
谷《たに》おりに、
ほか３カ所《しょ》は向《む》こうへ
山《やま》おりにします。

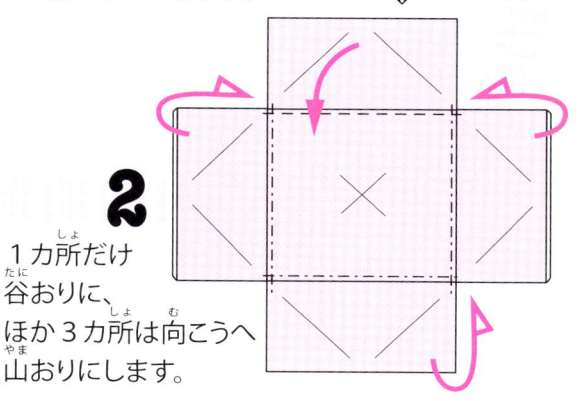

第《だい》6章《しょう》

色《いろ》とりどりの花《はな》、植物《しょくぶつ》

バラやあやめなど、形《かたち》の美《うつく》しい花《はな》のおりがみがそろいました。
また、りんごやくりのような思《おも》わず食《た》べたくなるようなくだものたちもいっぱい。

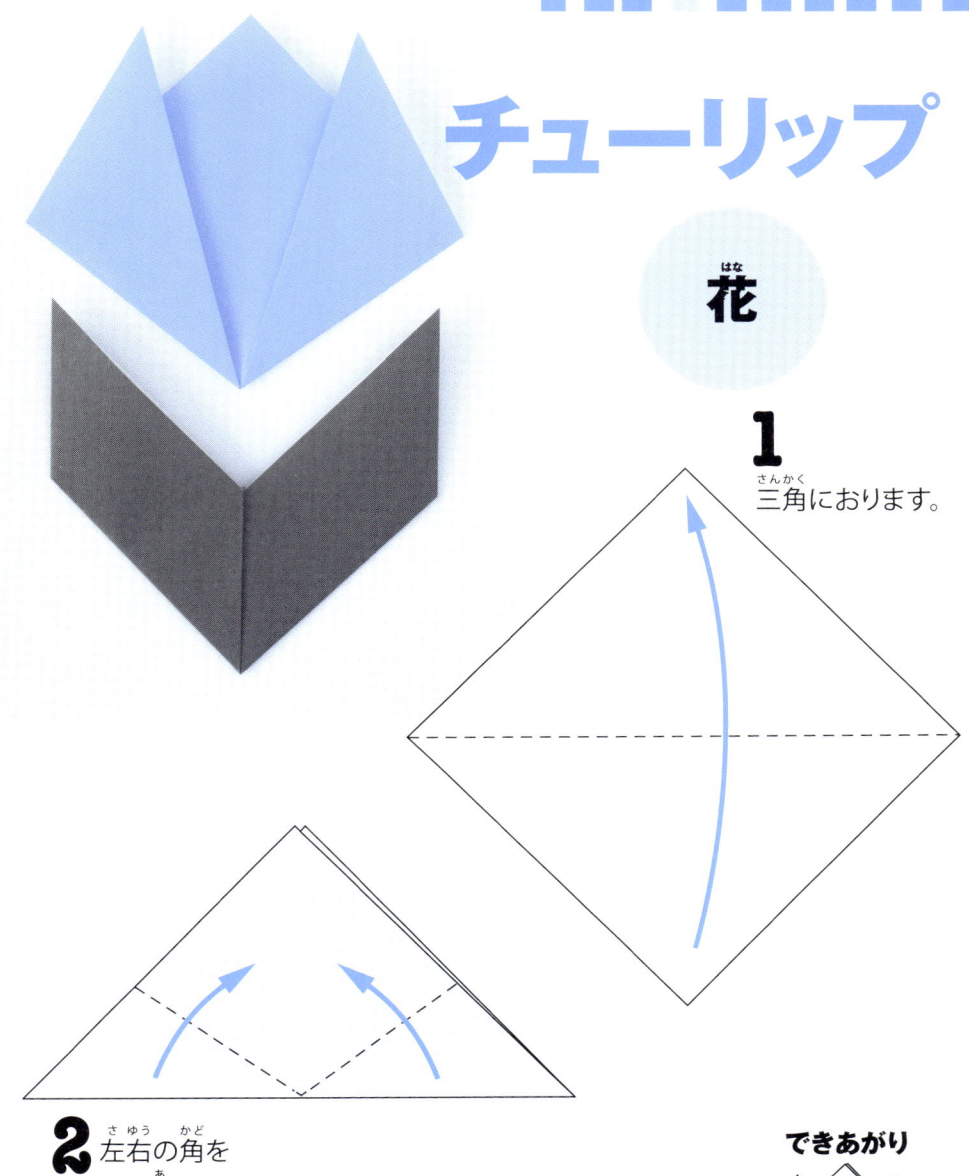

チューリップ

花《はな》

1

三角《さんかく》におります。

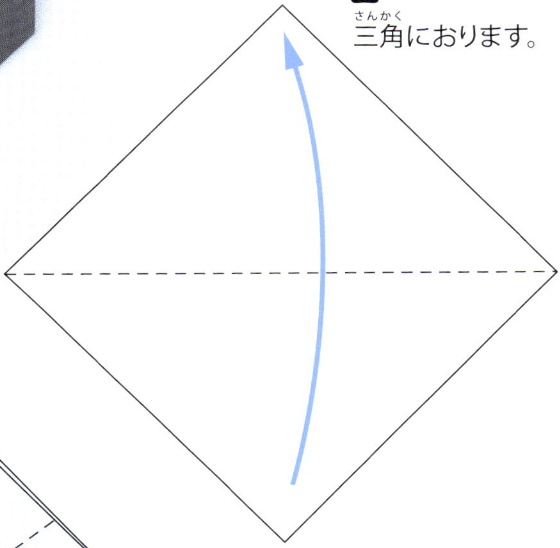

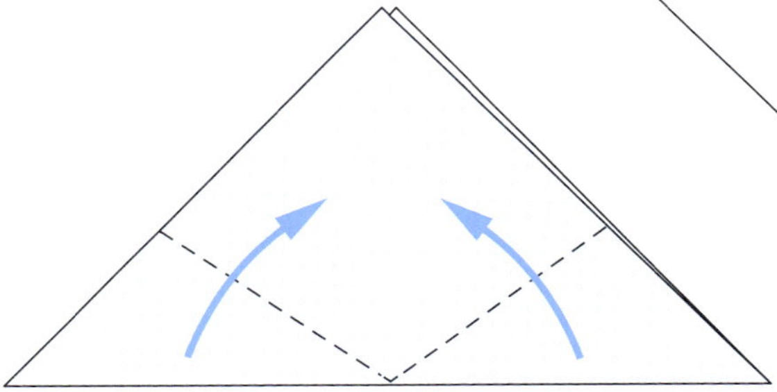

2 左右《さゆう》の角《かど》を
おり上《あ》げます。

**花《はな》の
できあがり**

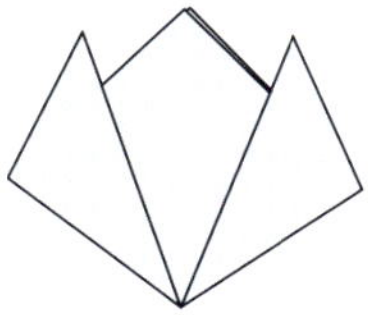

できあがり

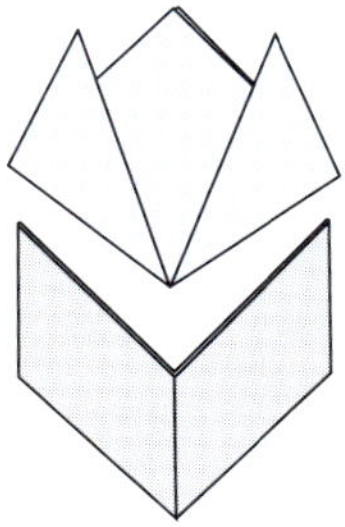

葉《は》っぱ

1 三角《さんかく》におります。

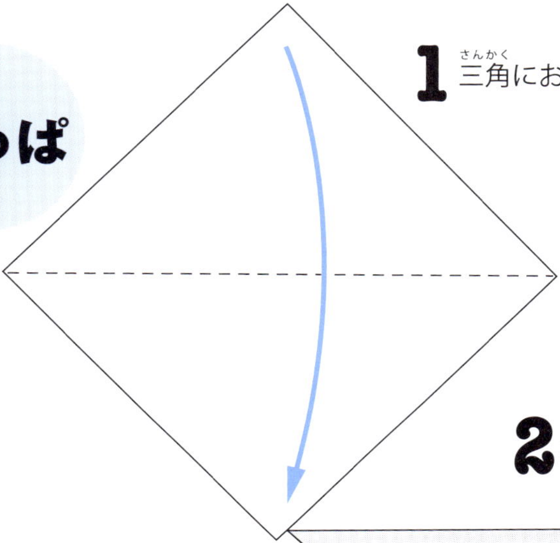

2 横半分《よこはんぶん》におってもどし、おりすじをつけます。

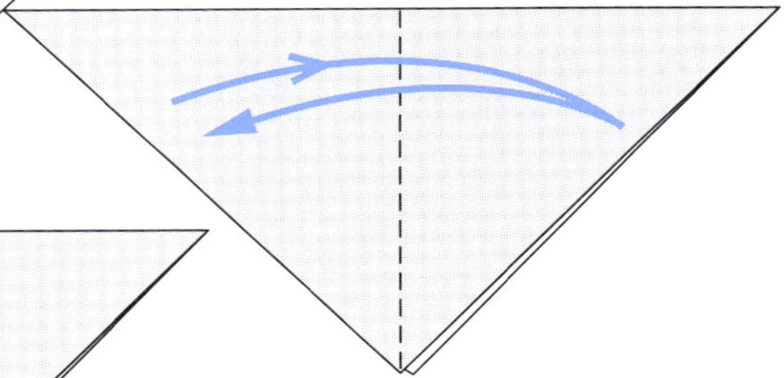

3 下《した》の角《かど》をおり上《あ》げます。

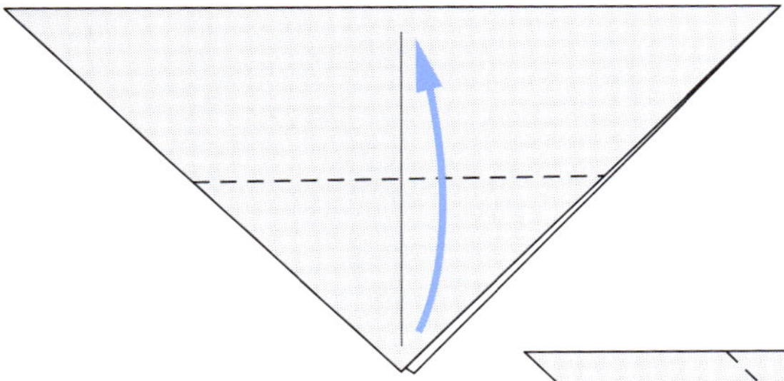

4 おりすじに合《あ》わせて両方《りょうほう》の角《かど》をおります。

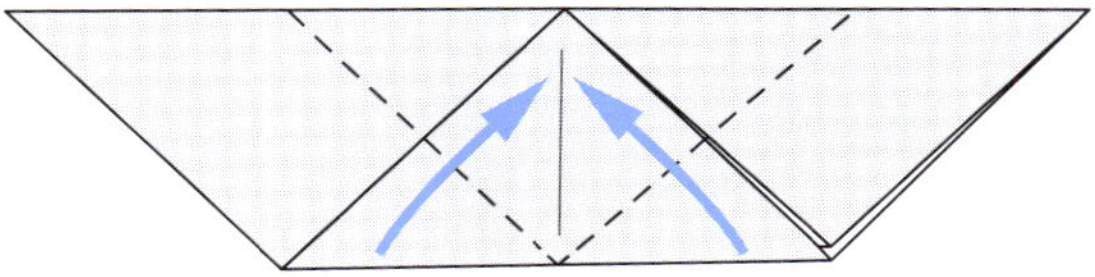

葉《は》っぱのできあがり

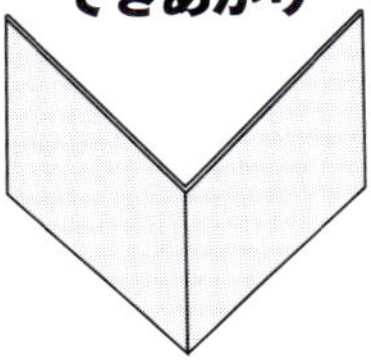

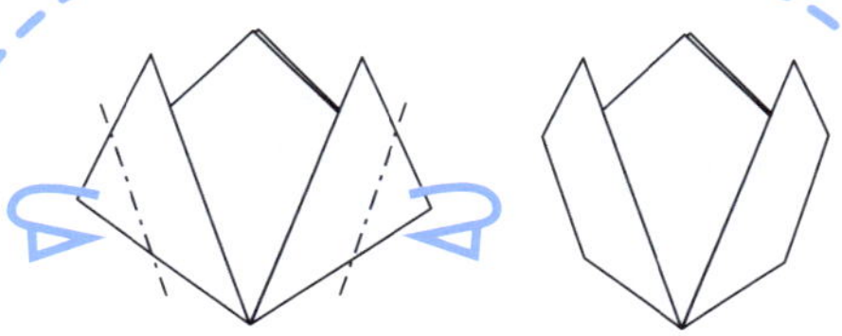

点線《てんせん》のところでおると
ちがった形《かたち》のチューリップに!

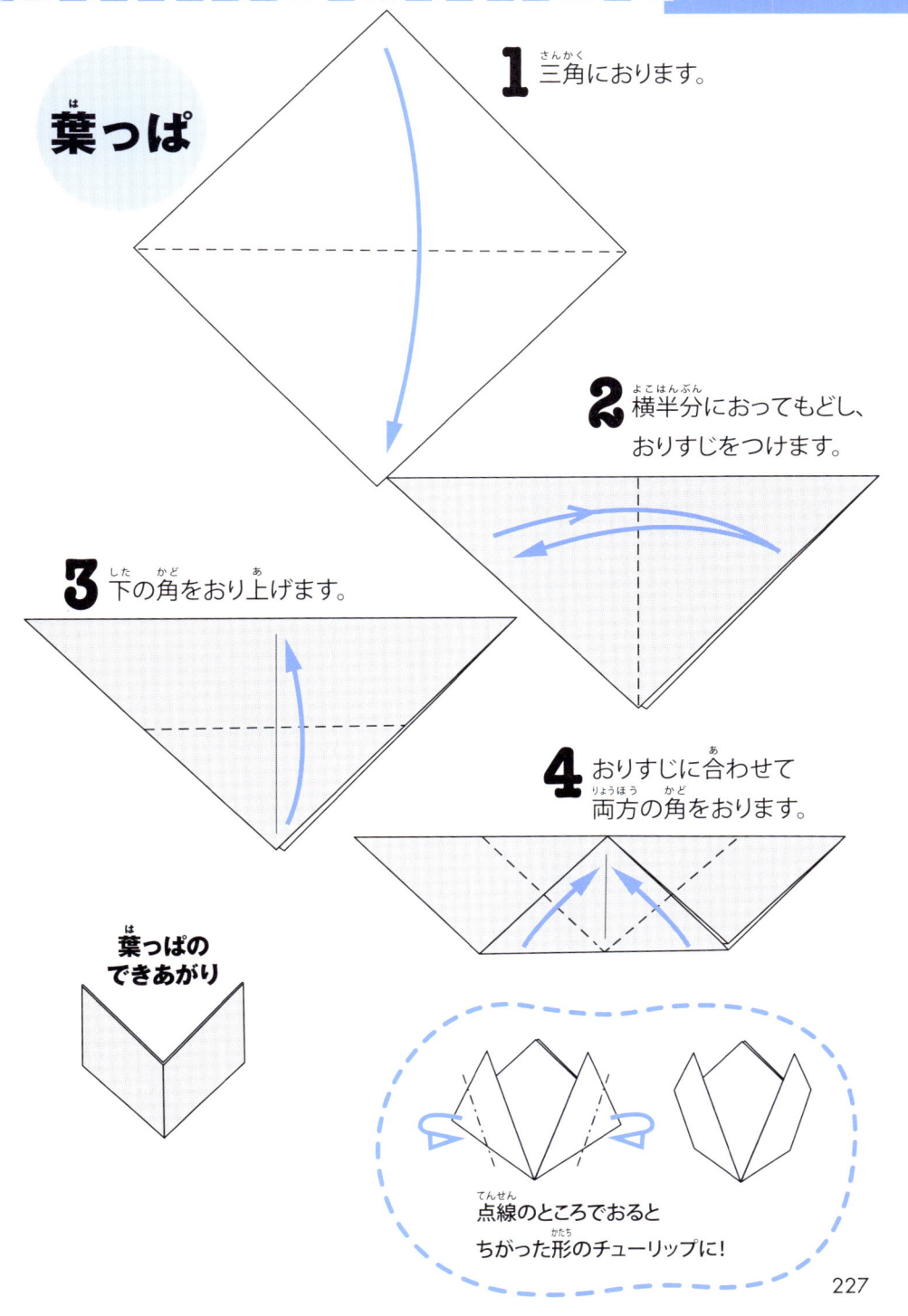

つきみそう

色《いろ》のついた面《めん》を表《おもて》にして
「つる」(46ページ) の
4までおります。

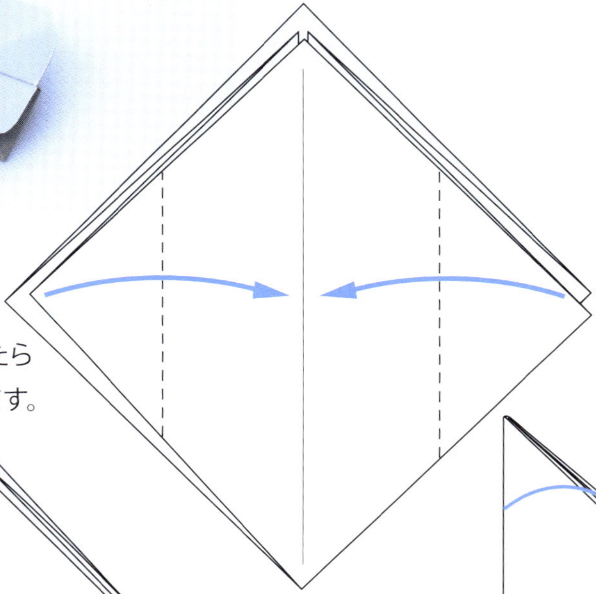

1

図《ず》の向《む》きにおいたら
左右《さゆう》の角《かど》をおります。
うらも同《おな》じに。

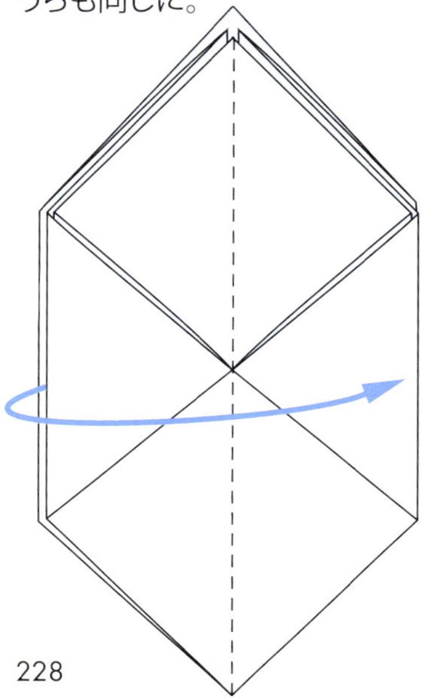

2

全体《ぜんたい》を半分《はんぶん》におります。

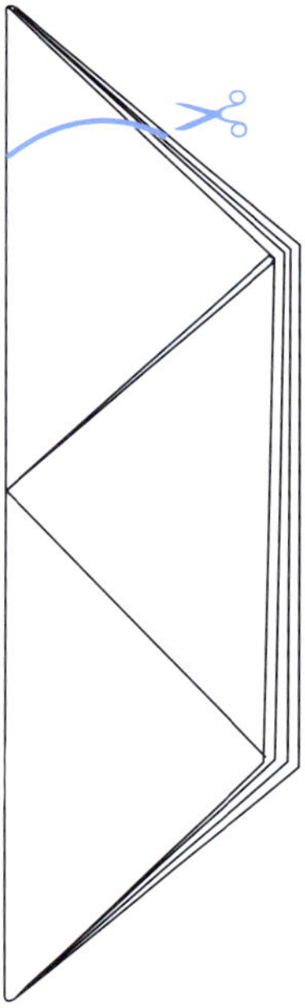

3

先《さき》をはさみで
丸《まる》くカットします。

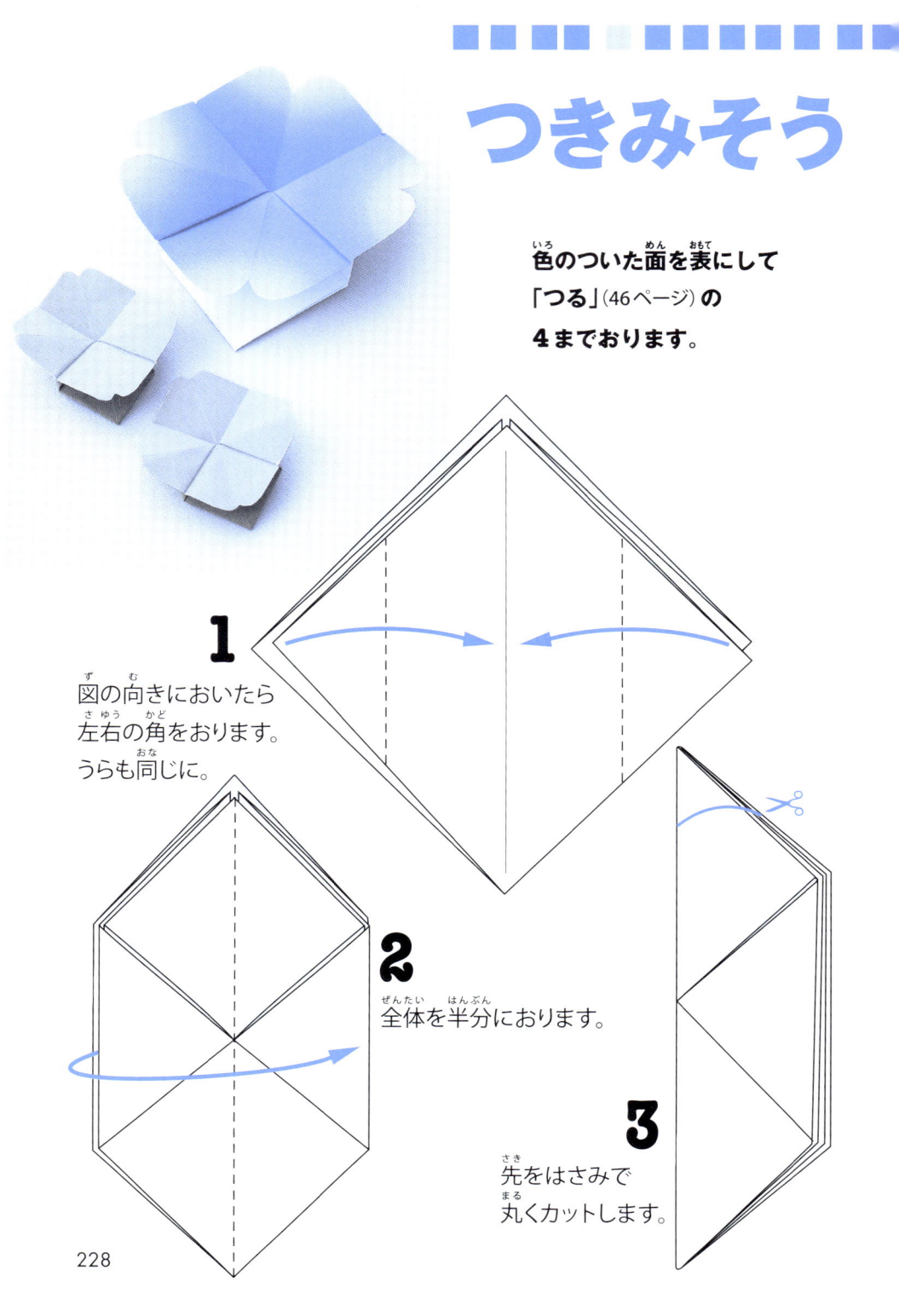

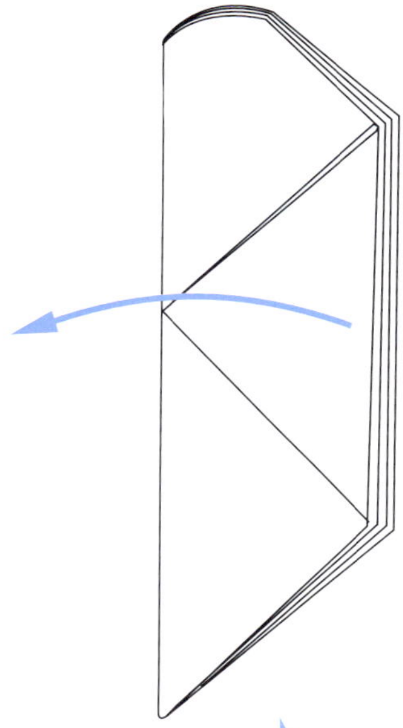

4

上《うえ》の2枚《まい》を開《ひら》き、
2の形《かたち》にもどします。

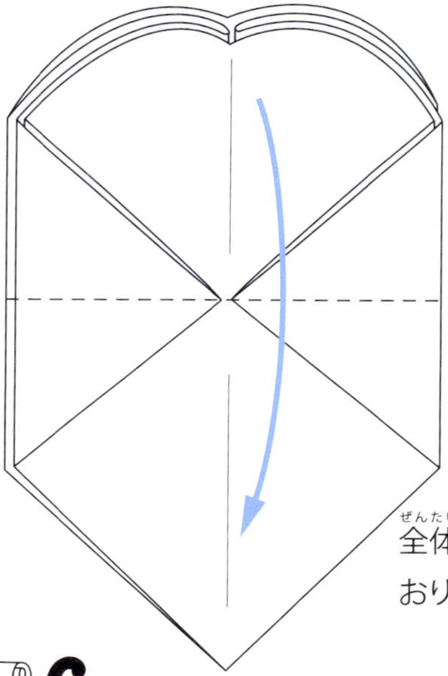

5

全体《ぜんたい》を半分《はんぶん》に
おり下《さ》げます。

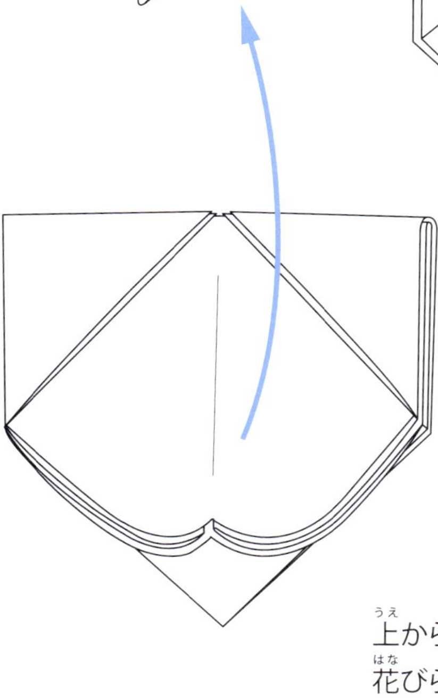

6

下《した》の1枚《まい》をおさえながら
上《うえ》の1枚《まい》を
引《ひ》っぱり上《あ》げるように開《ひら》きます。

上《うえ》からおりつぶして
花《はな》びらの形《かたち》を
ととのえましょう。

できあがり

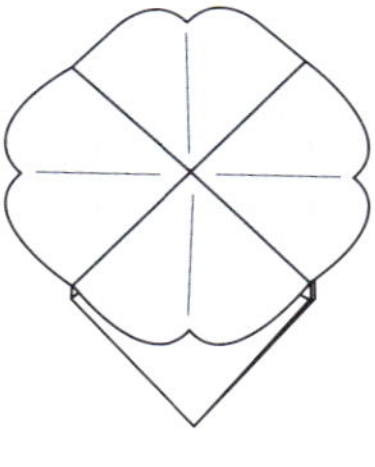

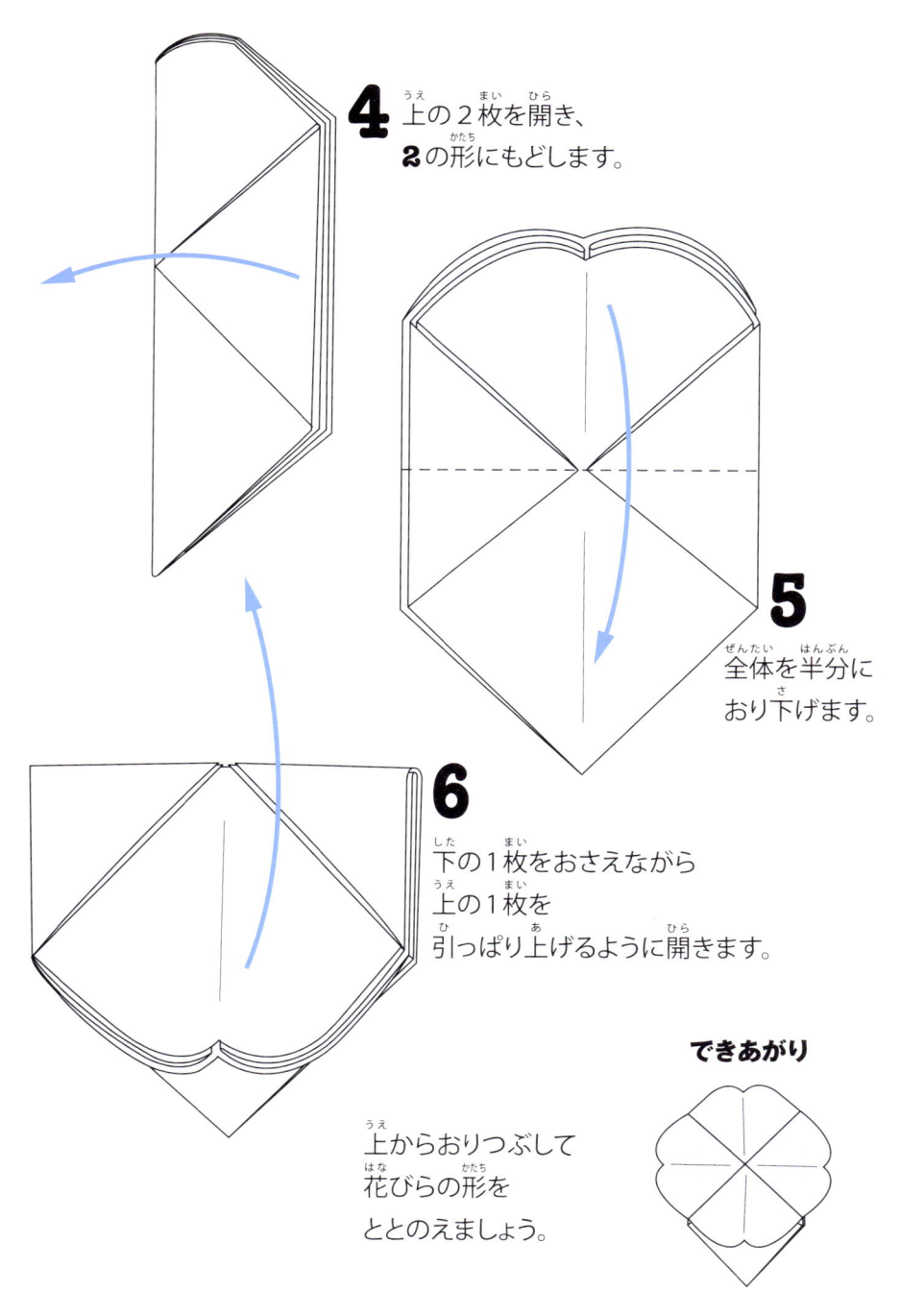

あさがお

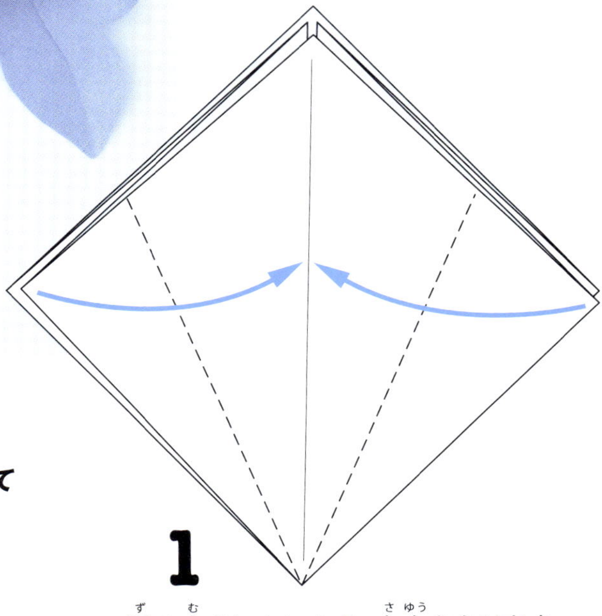

色《いろ》のついた面《めん》を表《おもて》にして
「つる」(46ページ)の
4までおります。

1

図《ず》の向《む》きにおいたら、左右《さゆう》をおります。
うらも同《おな》じに。

2色《しょく》づかいのあさがお

¼ほどの大《おお》きさの紙《かみ》で同《おな》じようにおったら
(こちらは先《さき》を丸《まる》く切《き》りません)、
花《はな》びらの中《なか》にさしこんで続《つづ》きを
同《おな》じにおります。

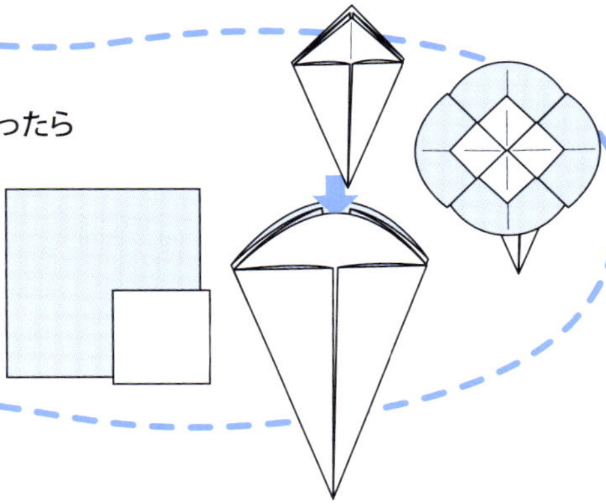

2

上《うえ》をはさみで丸《まる》く切《き》り、下《した》の角《かど》をおり上《あ》げます。

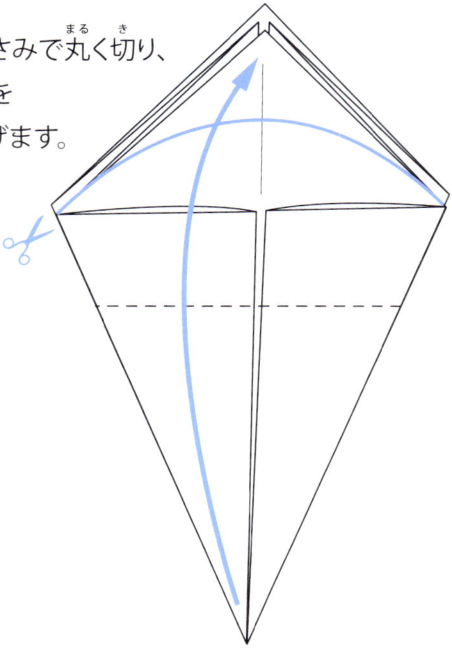

3

から指《ゆび》を入《い》れ、花《はな》びらをおし広《ひろ》げます。

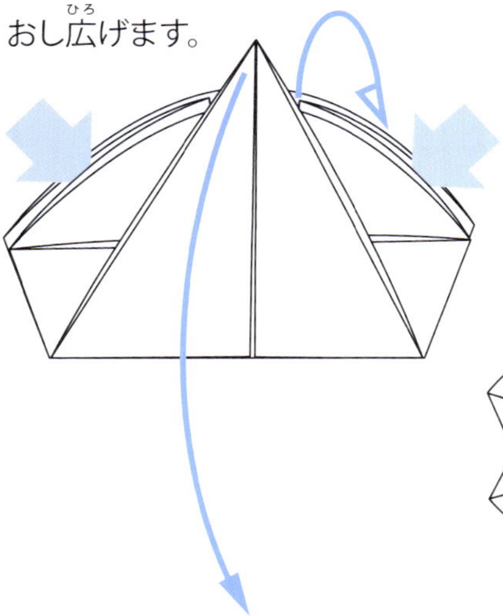

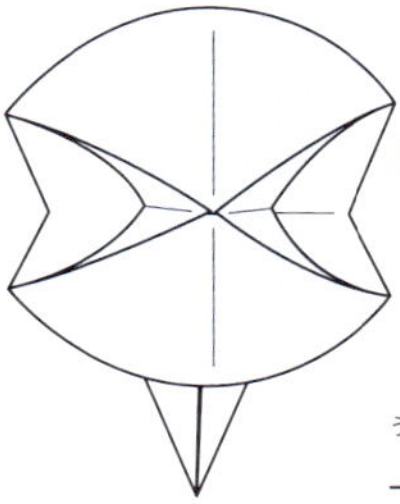

3をおっているところ

上《うえ》からおりつぶして花《はな》びらの形《かたち》をととのえましょう。

できあがり

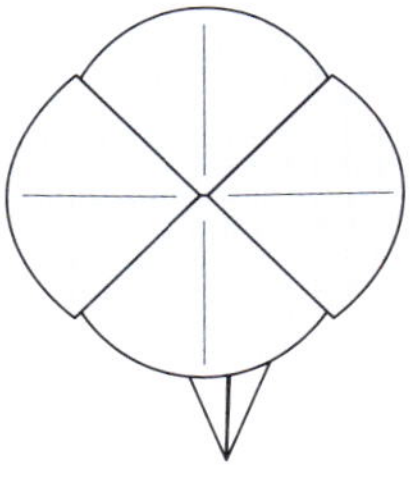

小《ちい》さくおってあじさいに

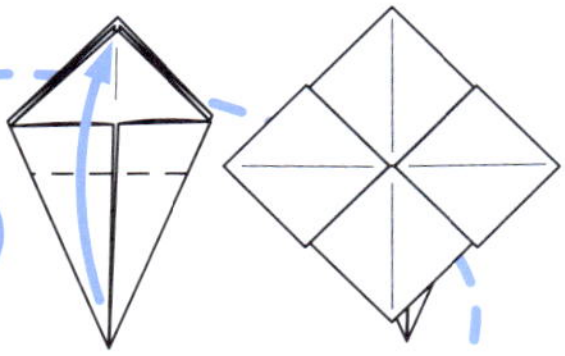

2で先《さき》をカットせずに角《かく》のまま、小《ちい》さな紙《かみ》で小花《こばな》をたくさんおると「あじさい」になります。

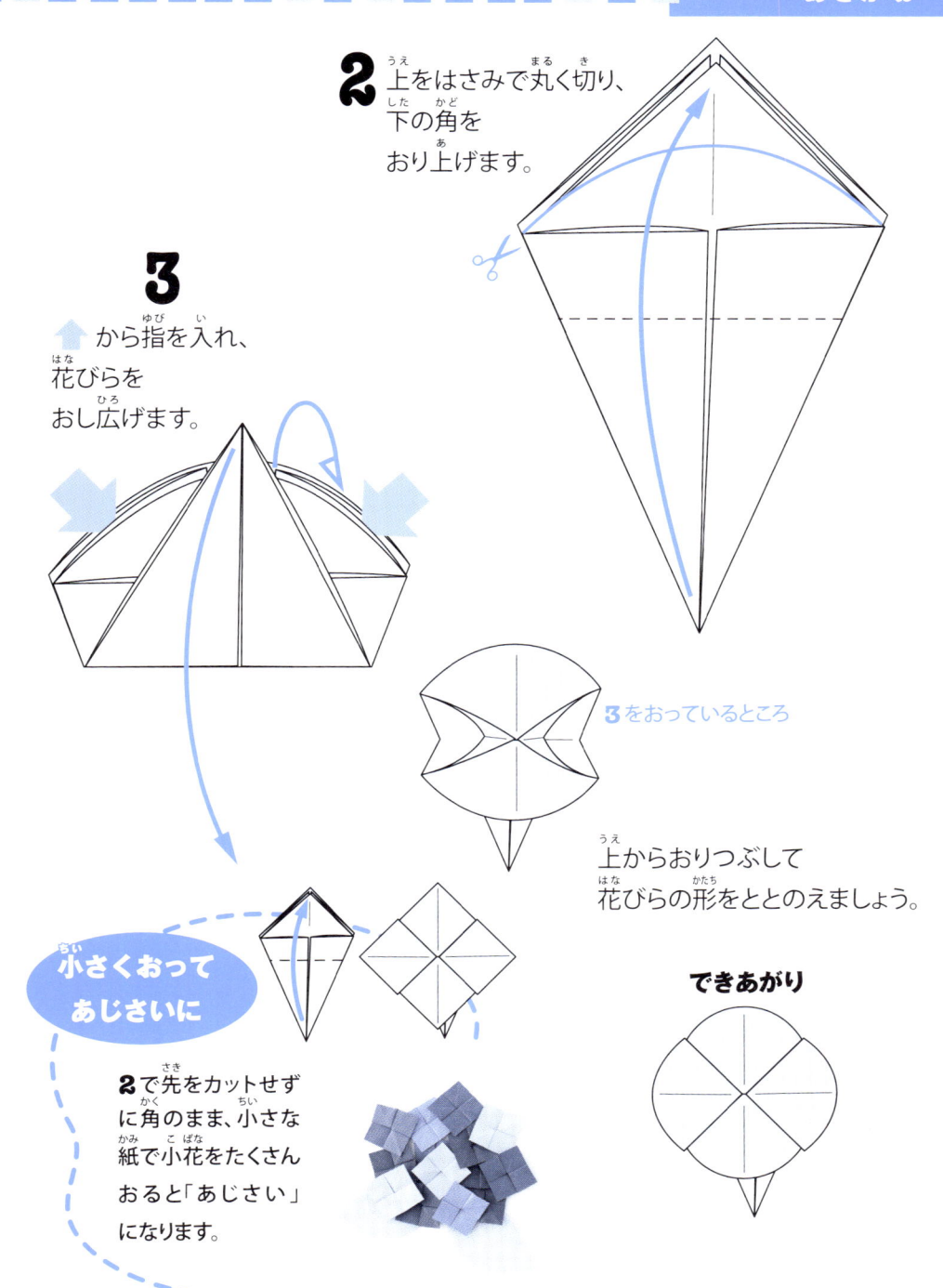

つりがねそう

色《いろ》のついた面《めん》を表《おもて》にして
「つる」(46ページ)**の**
4までおります。

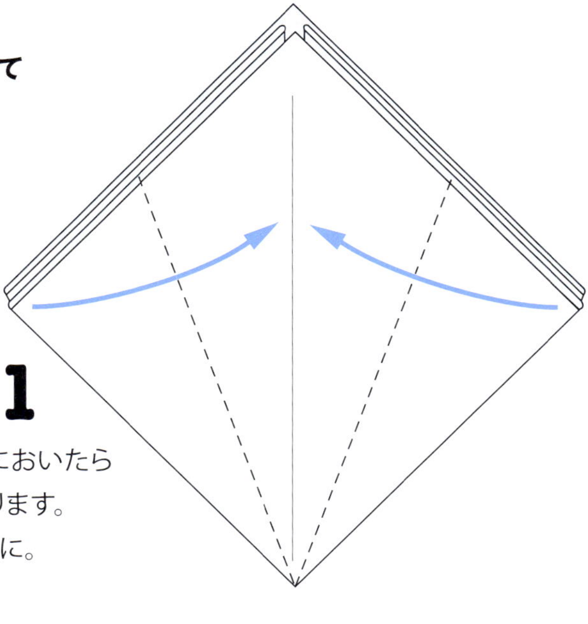

1

図《ず》の向《む》きにおいたら
左右《さゆう》をおります。
うらも同《おな》じに。

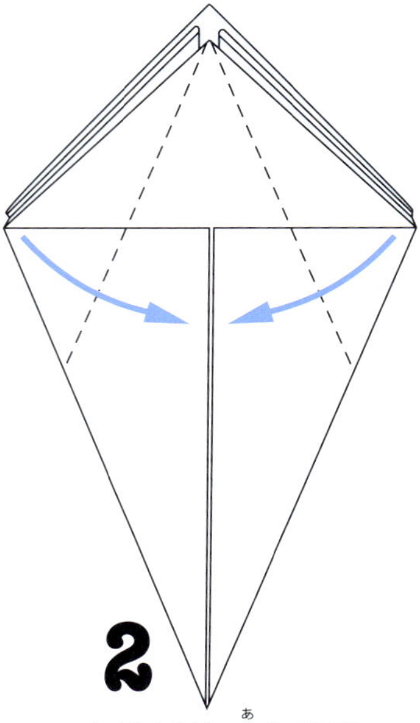

2

おりすじに合《あ》わせて
左右《さゆう》をおります。

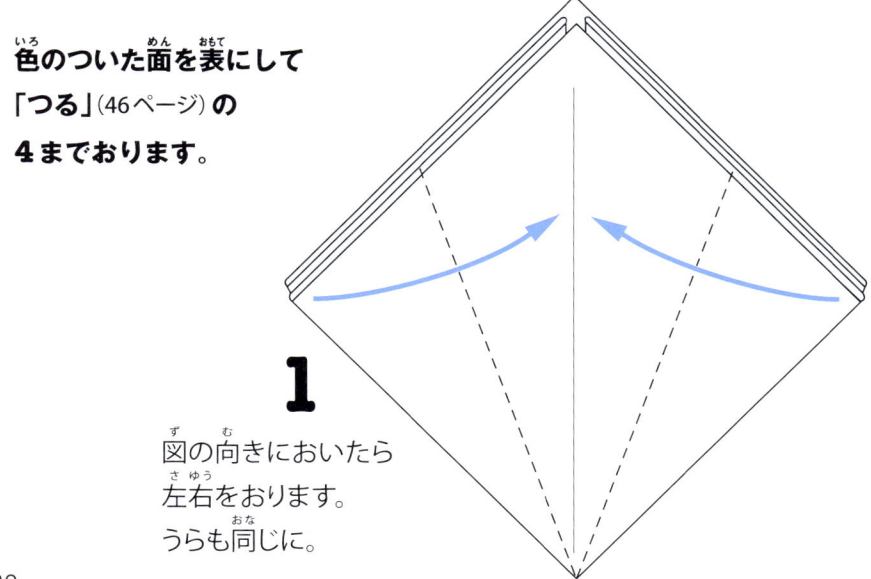

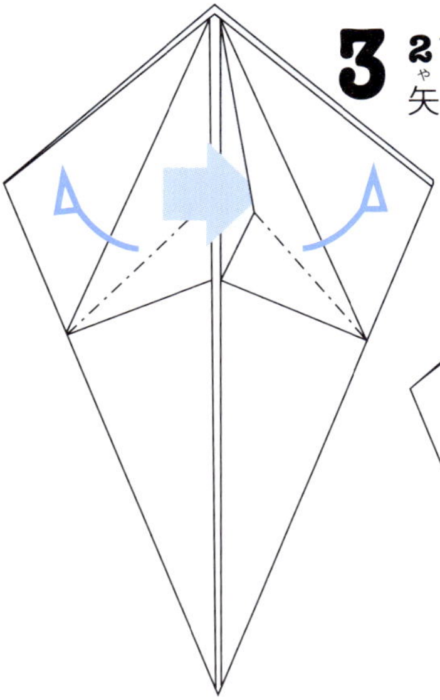

3

2でおった三角《さんかく》のふくろを
矢《や》じるしのほうへ開《ひら》きながらつぶします。

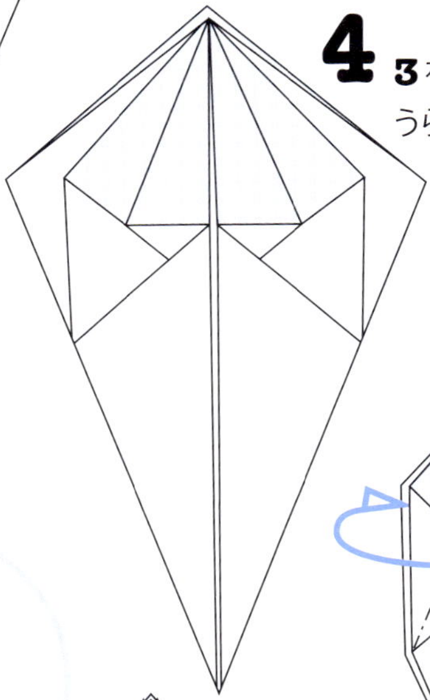

4

3をおったところ。
うらも同《おな》じにおります。

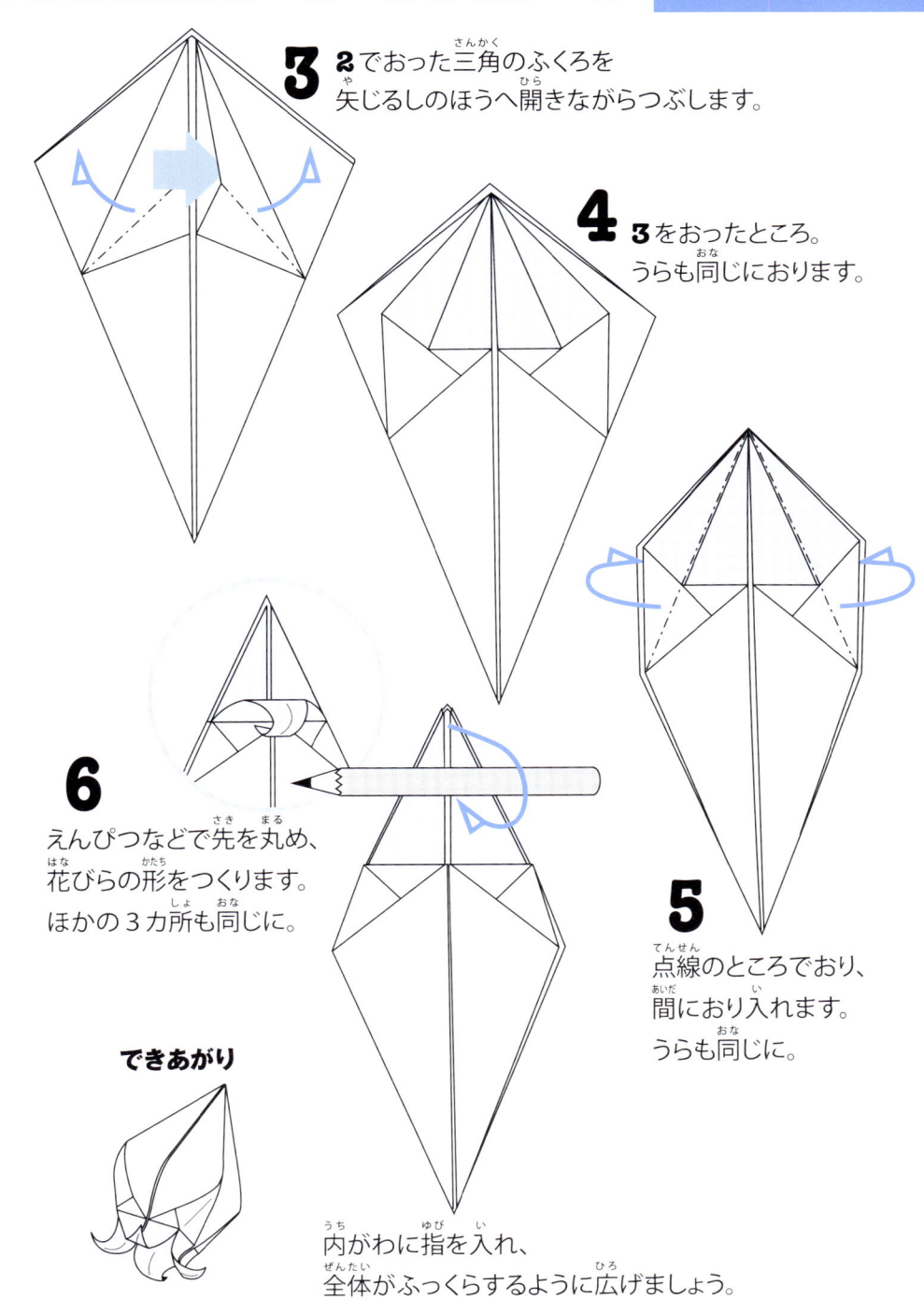

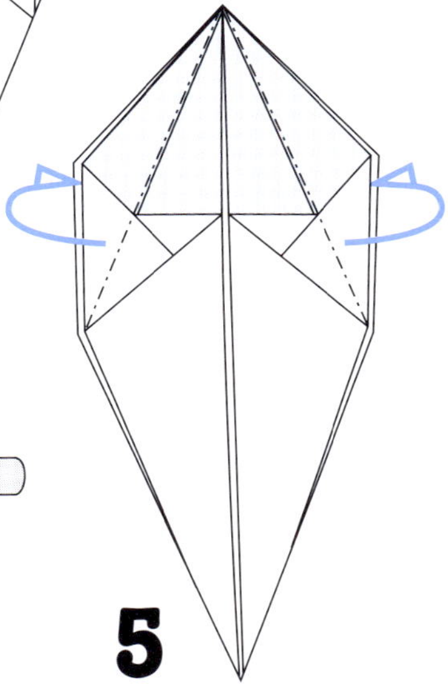

5

点線《てんせん》のところでおり、
間《あいだ》におり入《い》れます。
うらも同《おな》じに。

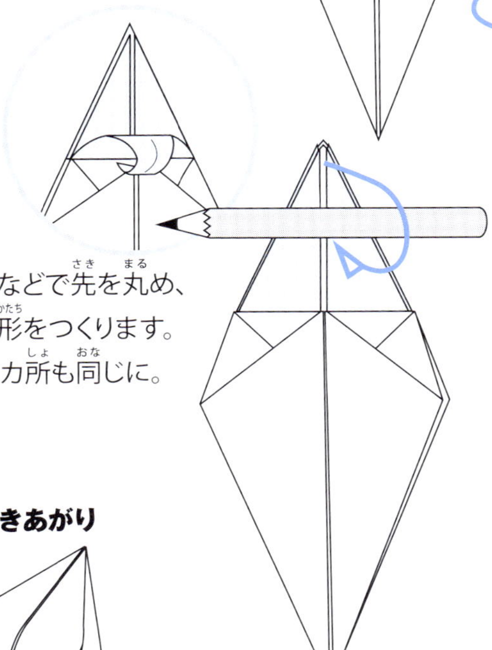

6

えんぴつなどで先《さき》を丸《まる》め、
花《はな》びらの形《かたち》をつくります。
ほかの３カ所《しょ》も同《おな》じに。

できあがり

内《うち》がわに指《ゆび》を入《い》れ、
全体《ぜんたい》がふっくらするように広《ひろ》げましょう。

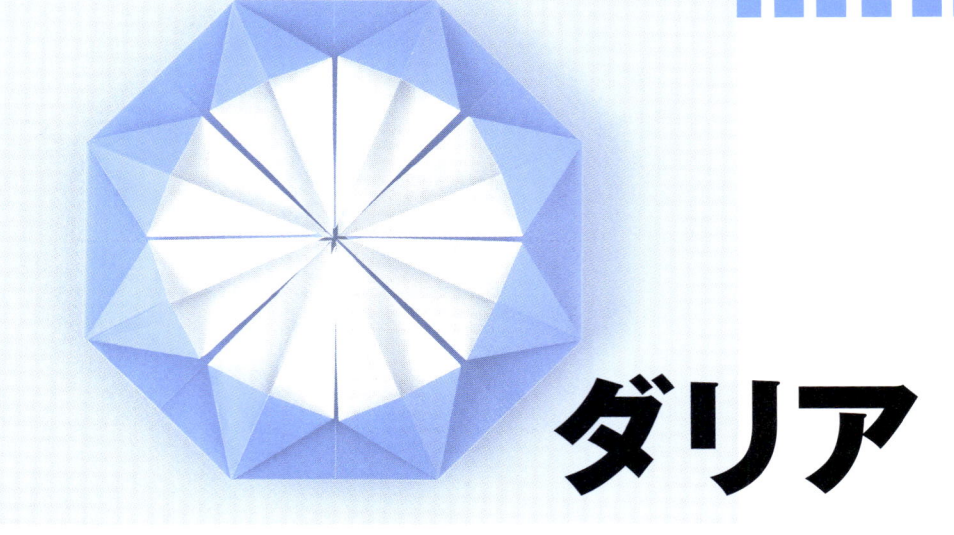

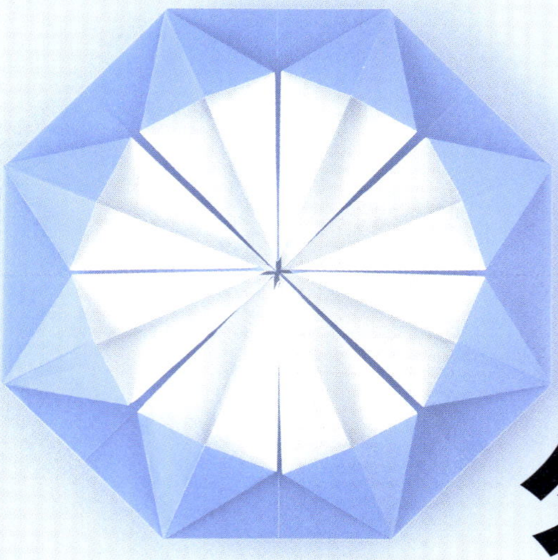

ダリア

「にそうぶね」(28ページ)の
7までおります。

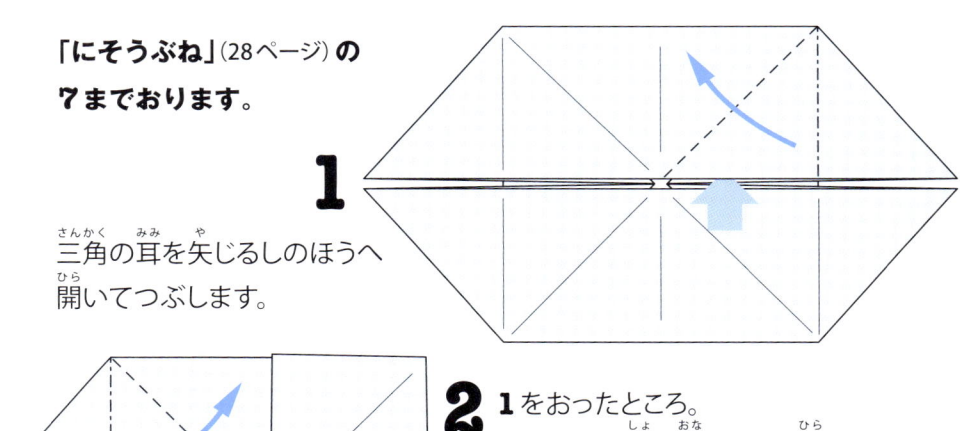

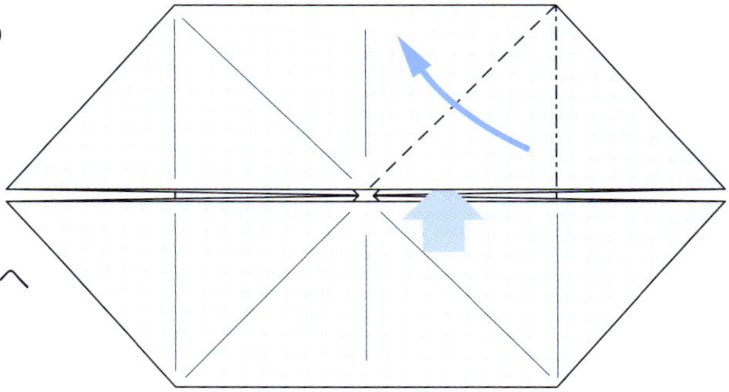

1

三角《さんかく》の耳《みみ》を矢《や》じるしのほうへ
開《ひら》いてつぶします。

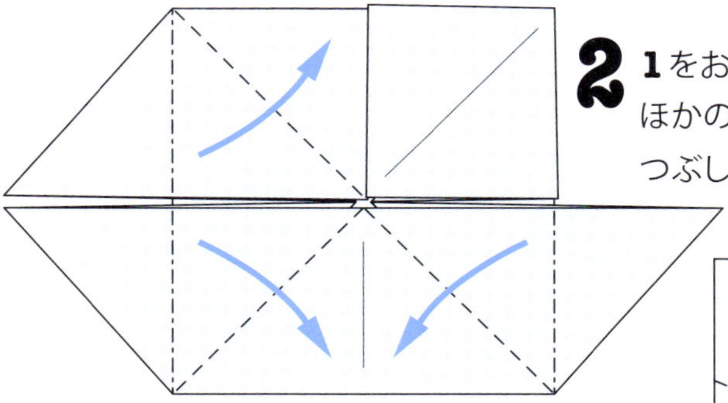

2 **1**をおったところ。
ほかの3カ所《しょ》も同《おな》じように開《ひら》いて
つぶします。

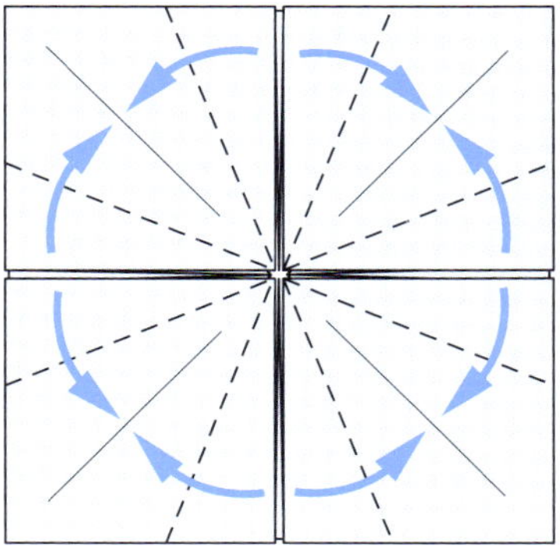

3 おりすじに合《あ》わせて
細《ほそ》い三角《さんかく》を8つおります。

できあがり

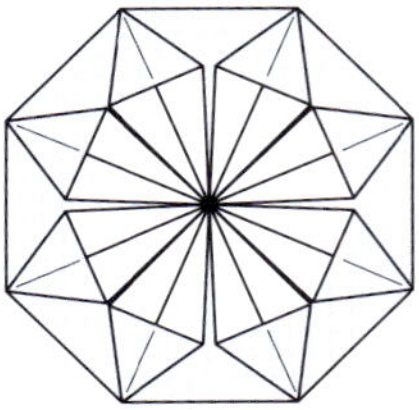

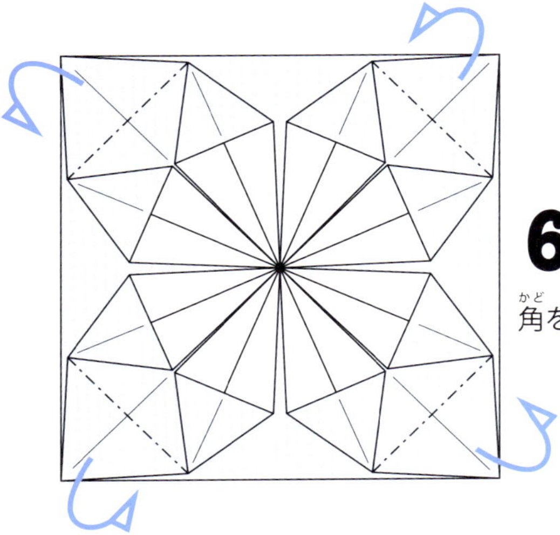

6

角《かど》を向《む》こうがわへおります。

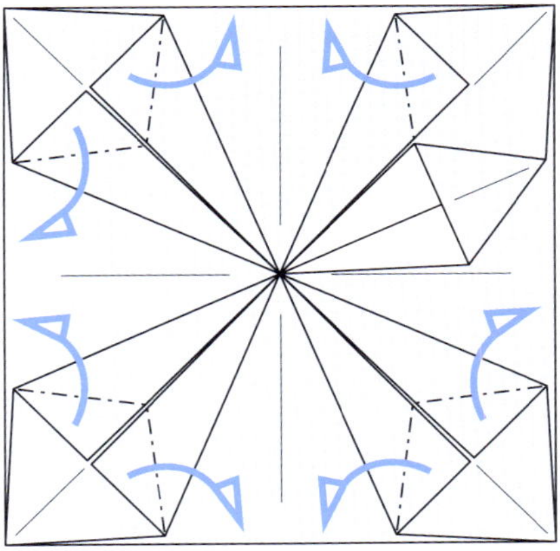

5

4をおったところ。
ほかの7カ所《しょ》も同《おな》じく
開《ひら》いてつぶします。

4

三角《さんかく》のふくろを開《ひら》いて
つぶします。

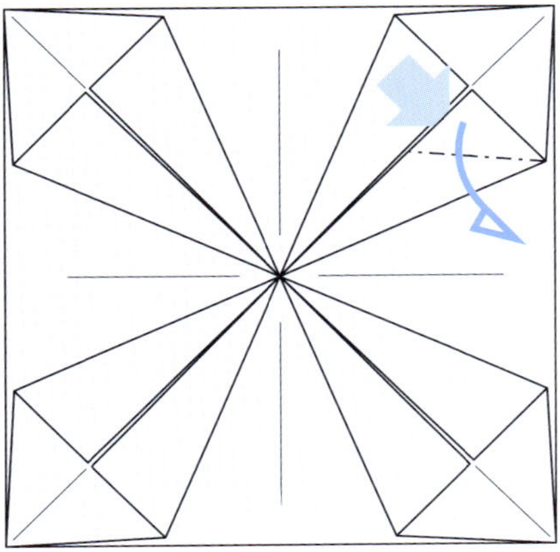

リボンをつければ
「くんしょう」に。

バラ

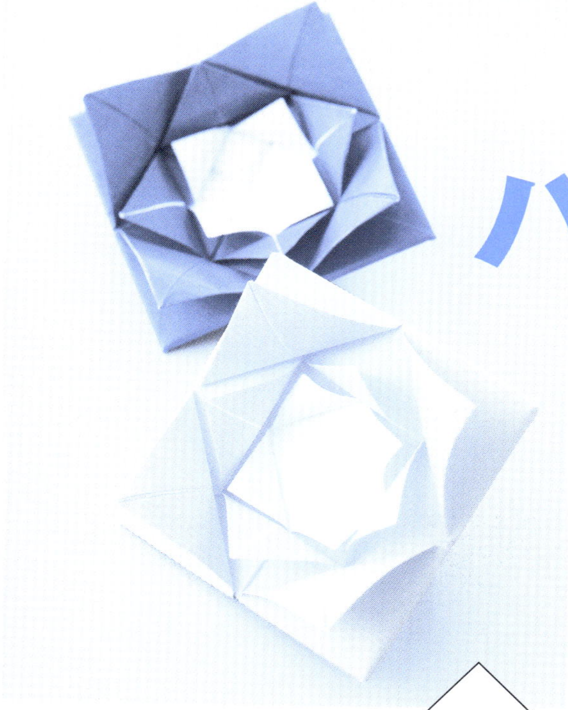

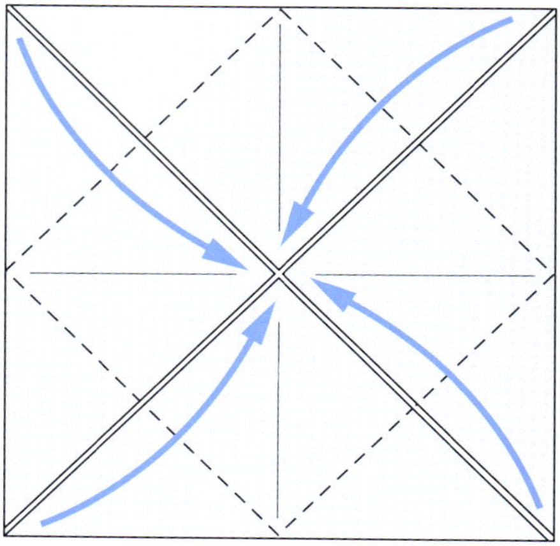

2 また４つの角《かど》をおります。

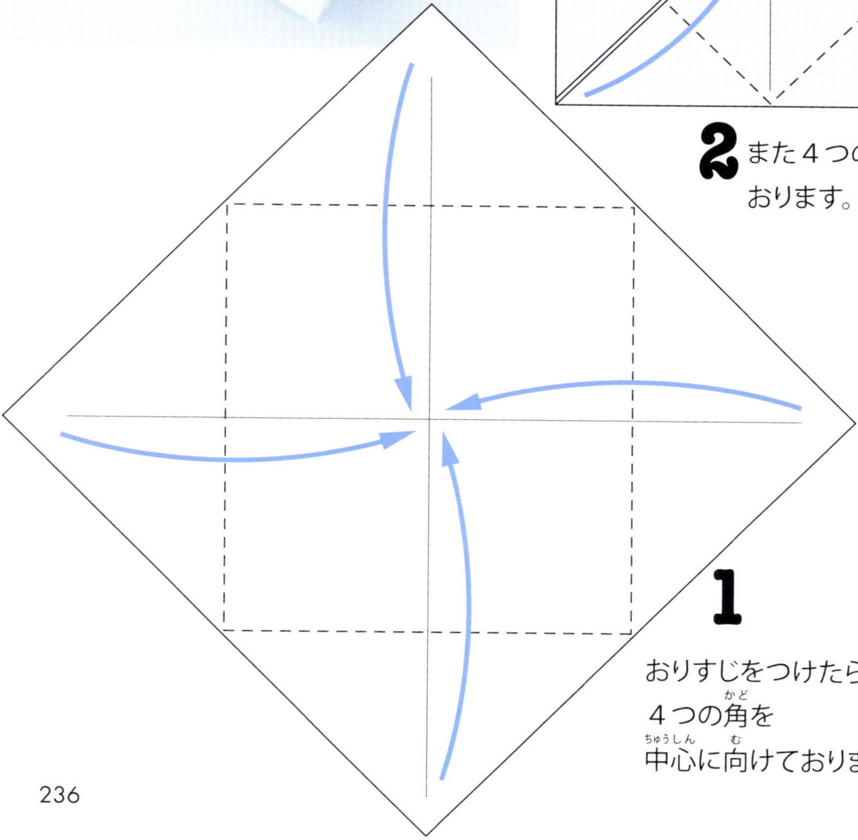

1

おりすじをつけたら
４つの角《かど》を
中心《ちゅうしん》に向《む》けております。

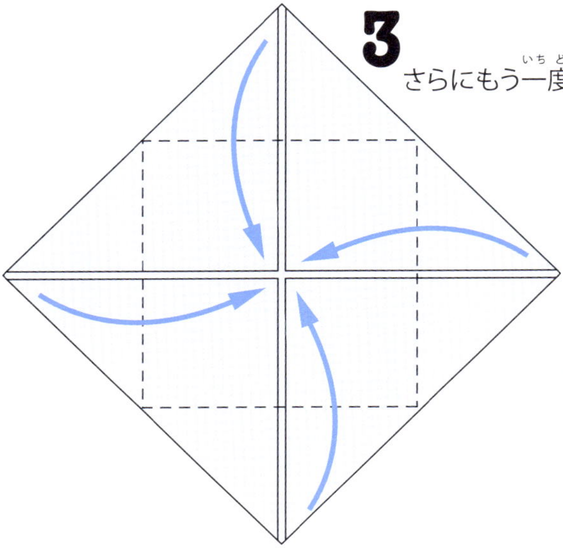

3

さらにもう一度《いちど》、４つの角《かど》をおりましょう。

4

今度《こんど》は角《かど》を向《む》こうがわへおります。

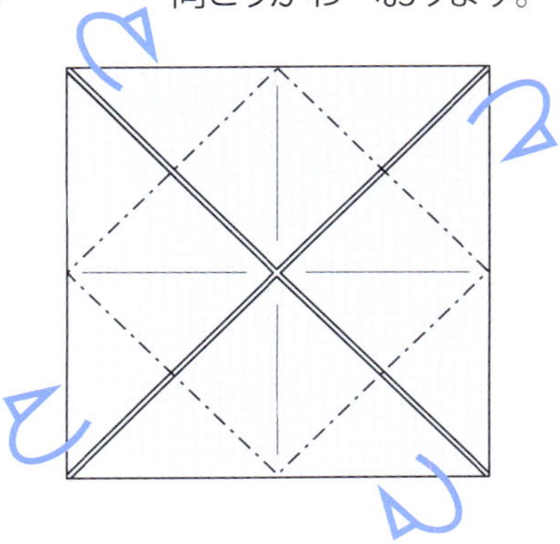

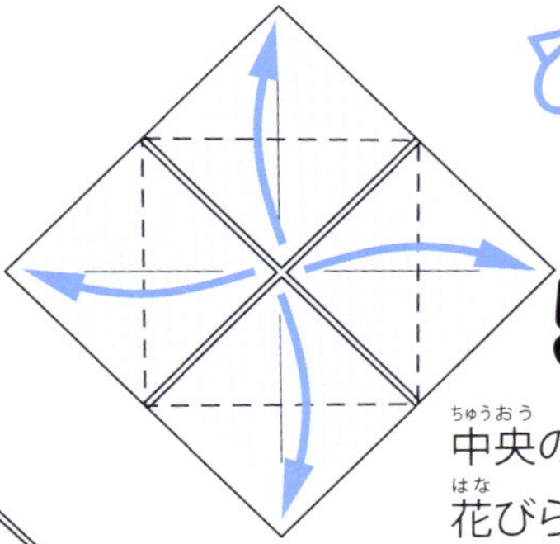

5

中央《ちゅうおう》の角《かど》を外《そと》へおり開《ひら》きます。花《はな》びらを順《じゅん》に広《ひろ》げていくイメージです。

6

さらに４つの角《かど》を外《そと》へ。

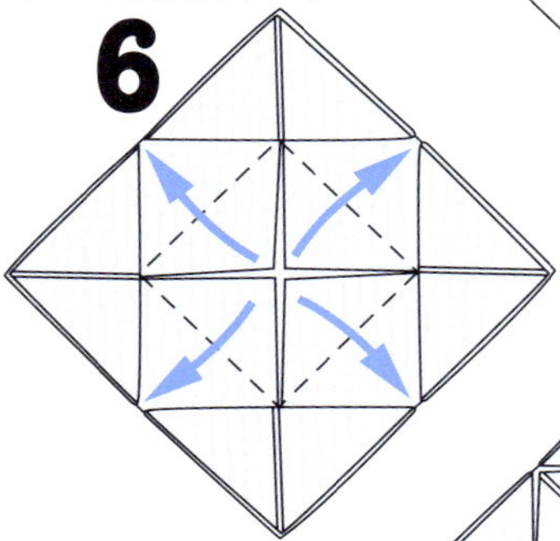

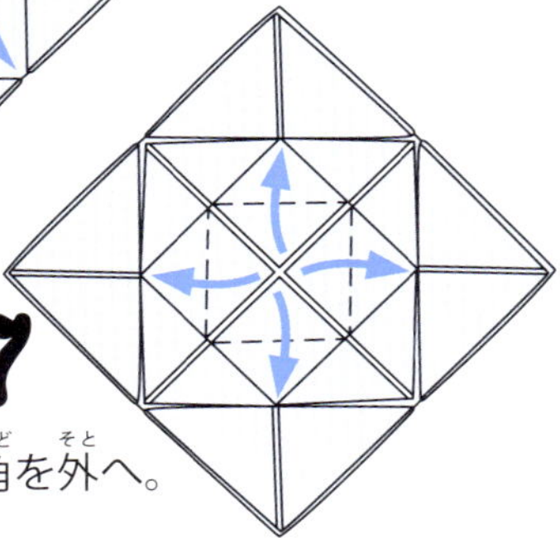

7

最後《さいご》にもう一度《いちど》、角《かど》を外《そと》へ。

できあがり

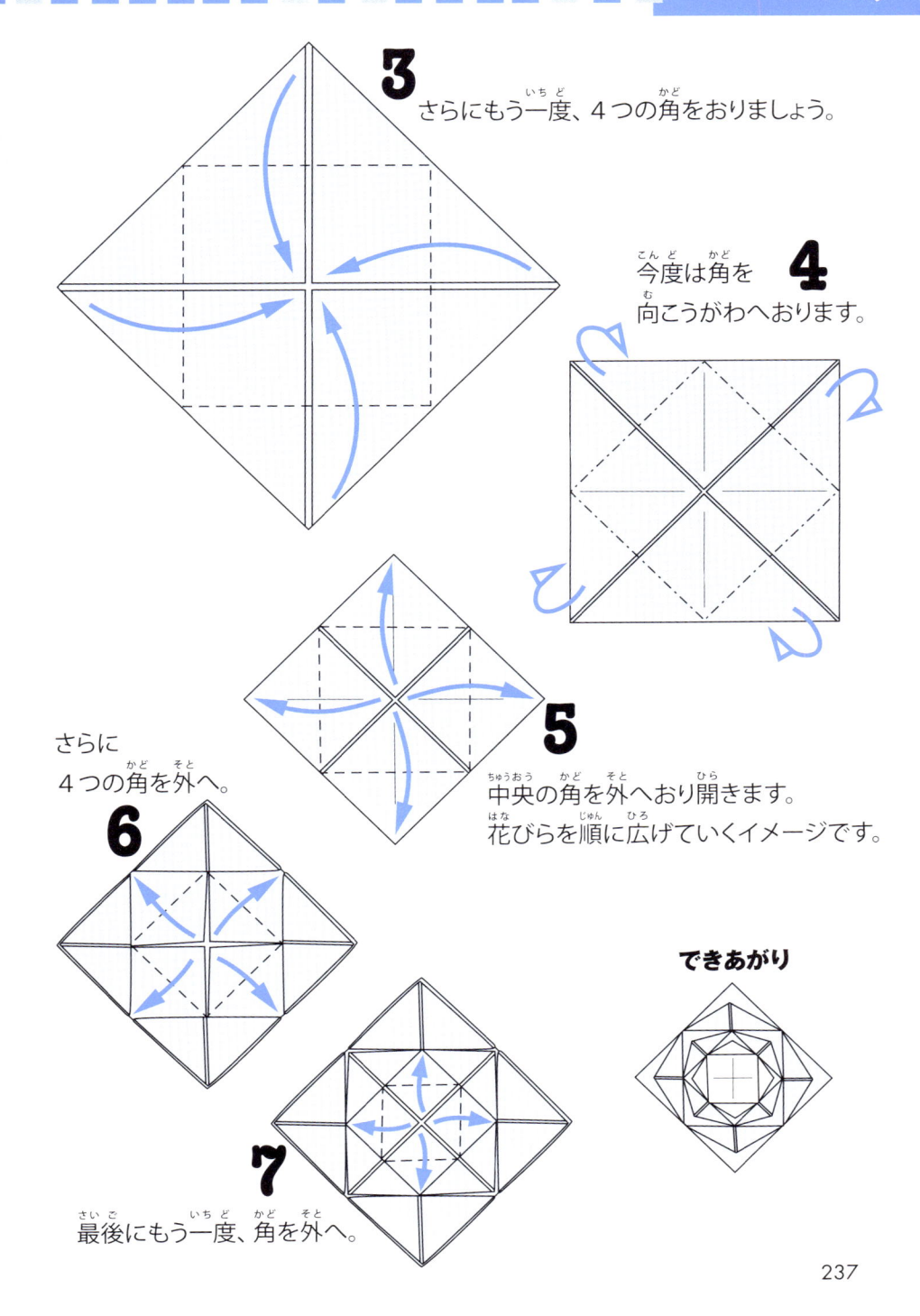

き

葉《は》

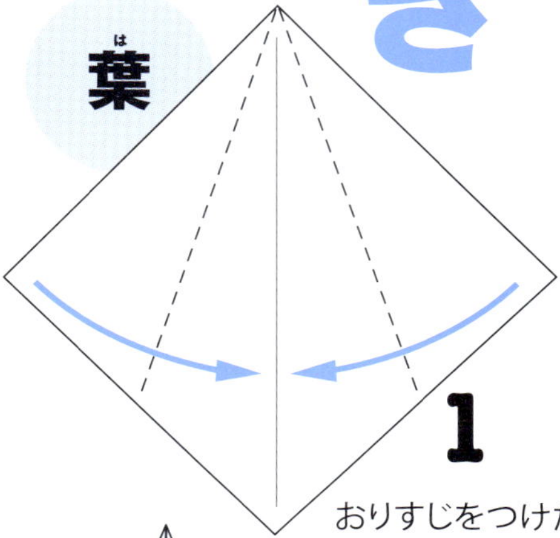

1 おりすじをつけたら左右《さゆう》をおります。

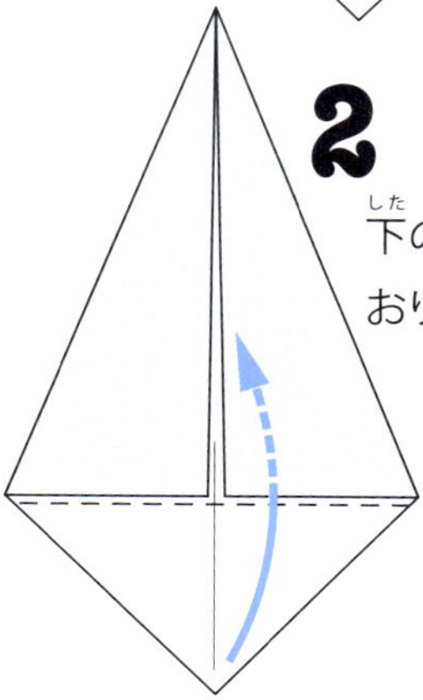

2 下《した》の三角《さんかく》をおり入《い》れます。

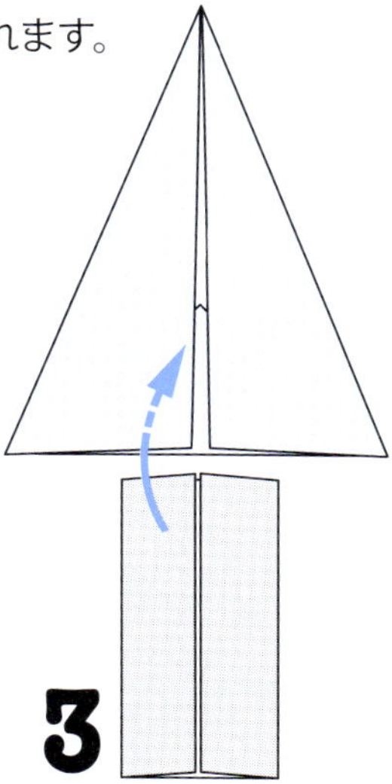

3 葉《は》の中《なか》にさしこんでのりづけします。

できあがり

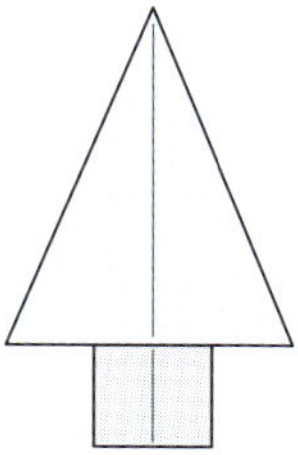

うらがえす

みき

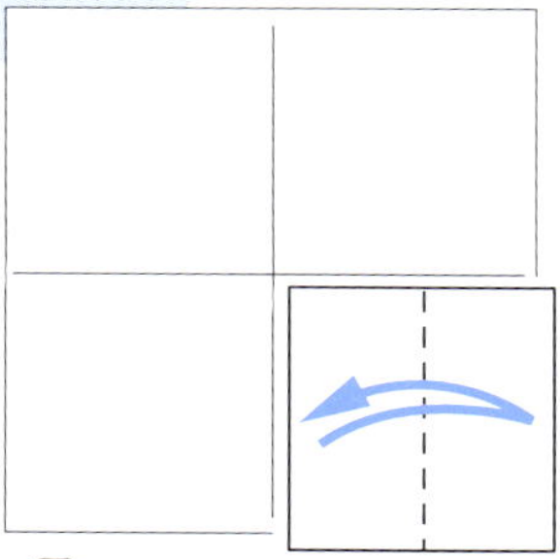

1 葉《は》の ¼ の大《おお》きさの紙《かみ》を用意《ようい》し、おりすじをつけます。

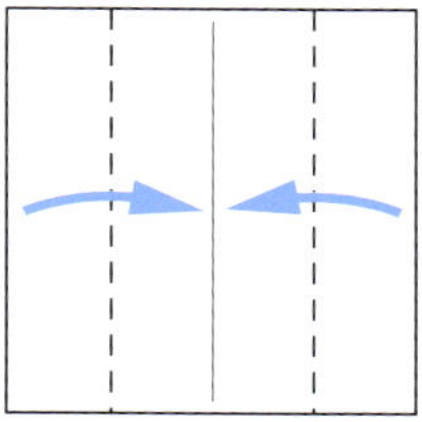

2 おりすじに合《あ》わせて左右《さゆう》をおります。

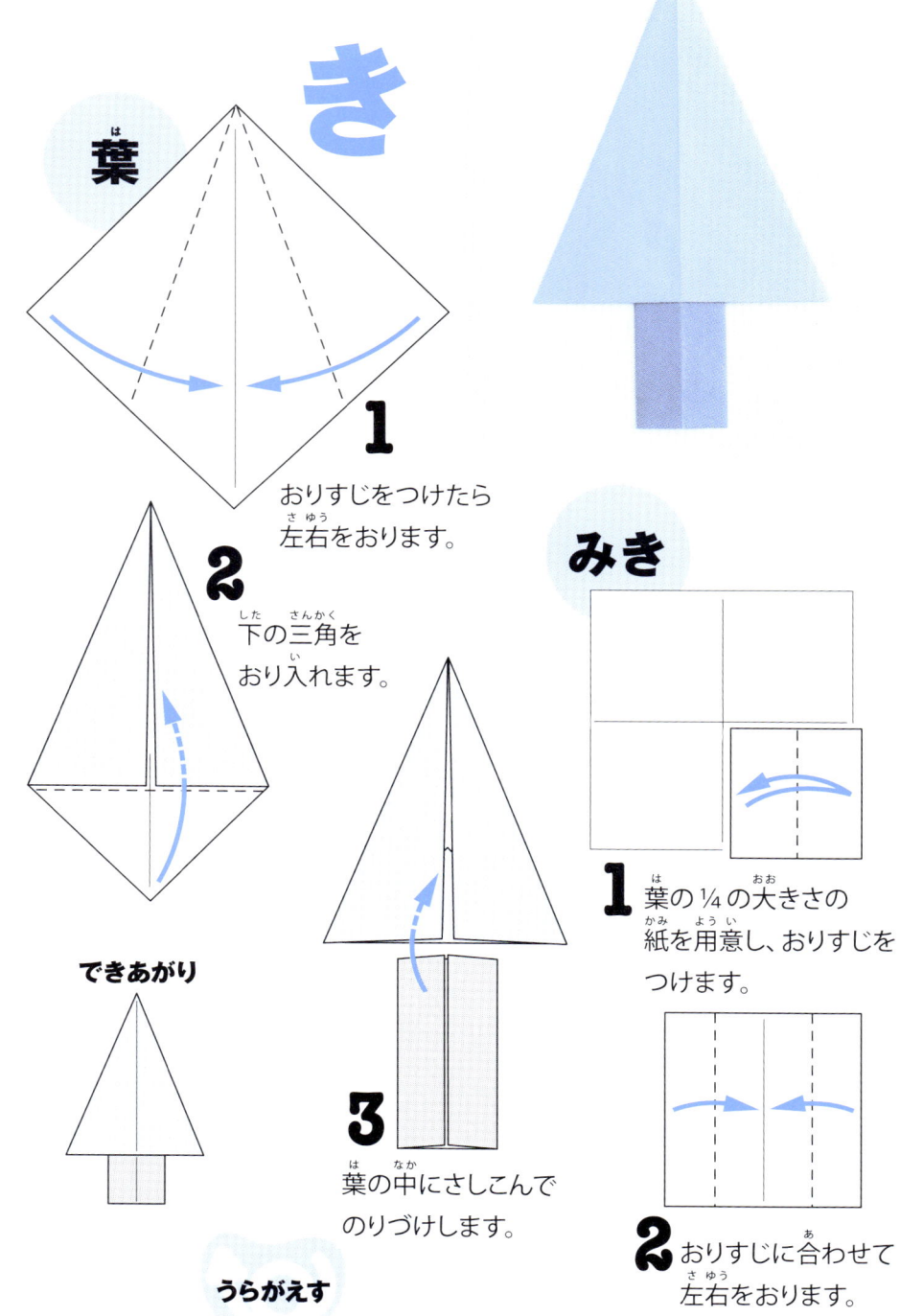

このは

半分《はんぶん》に切《き》って使《つか》います。

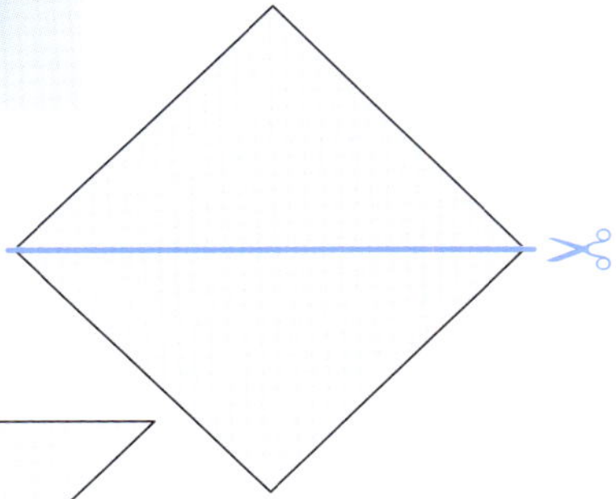

1 7等分《とうぶん》した幅《はば》で、山《やま》、谷《たに》、山《やま》と交《こう》ごにおりたたみます。

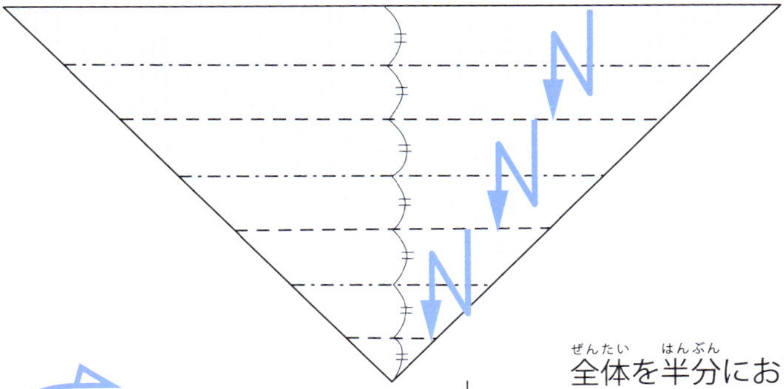

全体《ぜんたい》を半分《はんぶん》におります。**2**

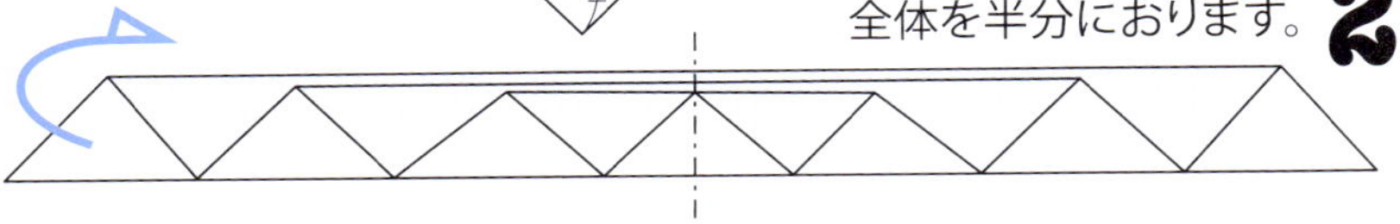

のりをつけてはり合《あ》わせます。**3**

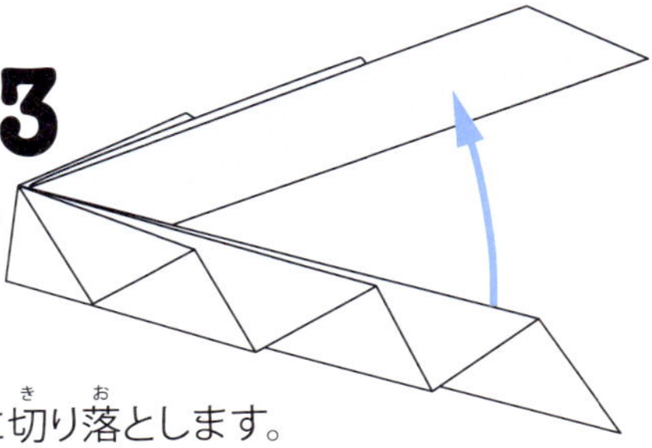

できあがり

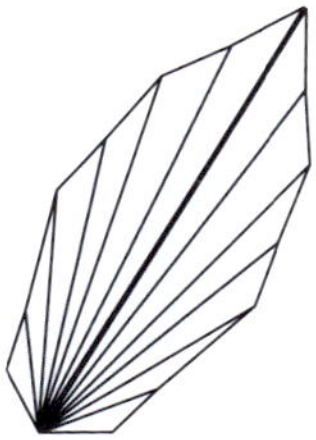

4 先《さき》を三角《さんかく》に切《き》り落《お》とします。

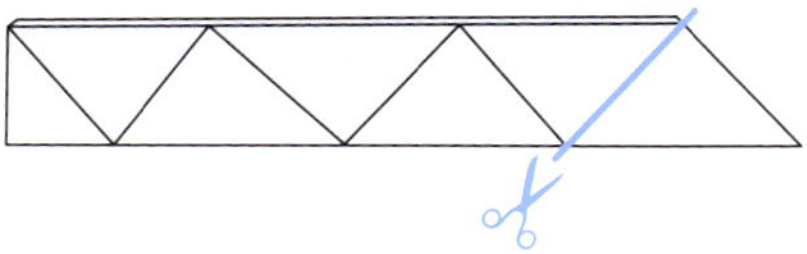

どんぐり

1 色《いろ》のついた面《めん》を表《おもて》にして
おりすじをつけます。

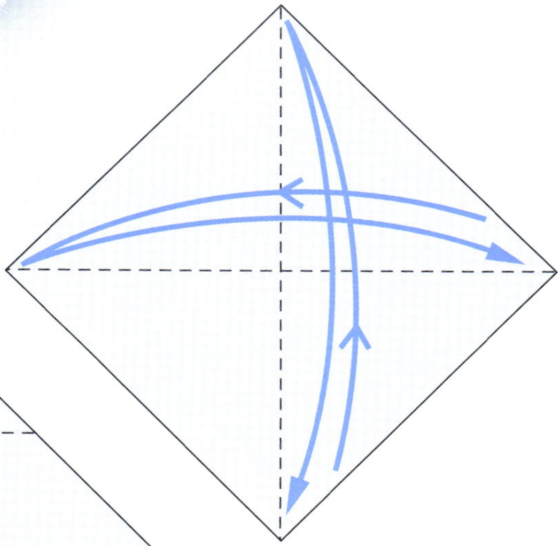

2 上《うえ》の角《かど》を中心《ちゅうしん》に
向《む》けております。

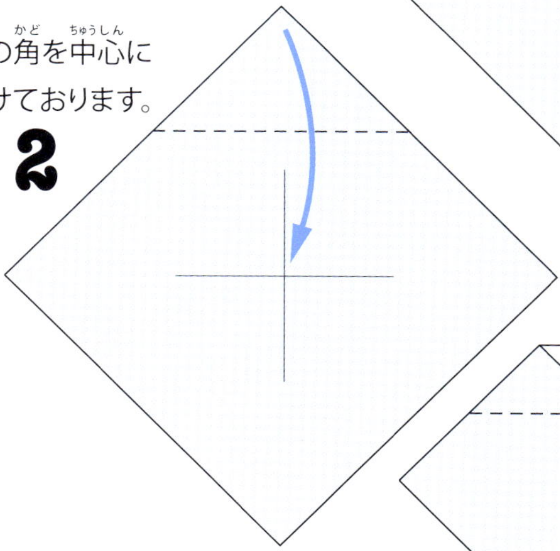

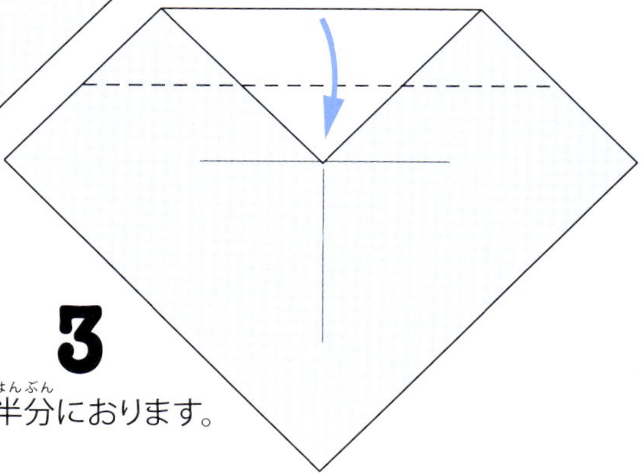

3 おりすじに合《あ》わせて半分《はんぶん》におります。

7

中《なか》わりおりをして
両角《りょうかど》を中《なか》へおり入《い》れます。

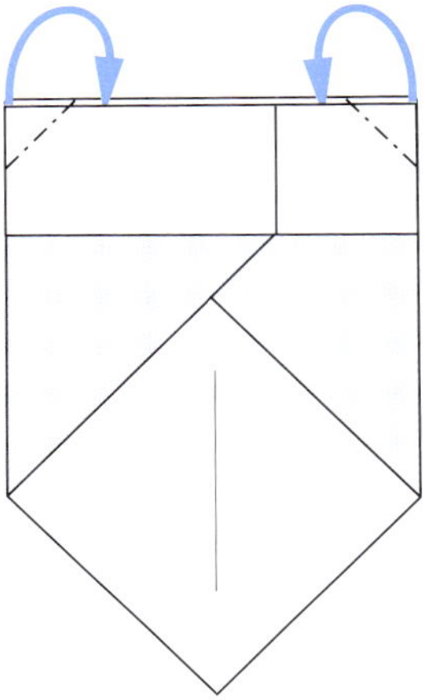

うらがえす

できあがり

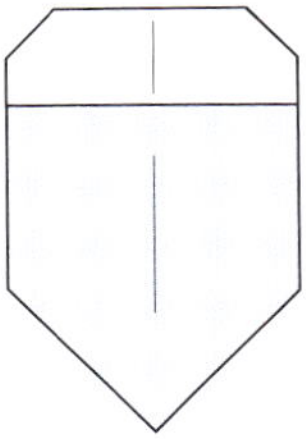

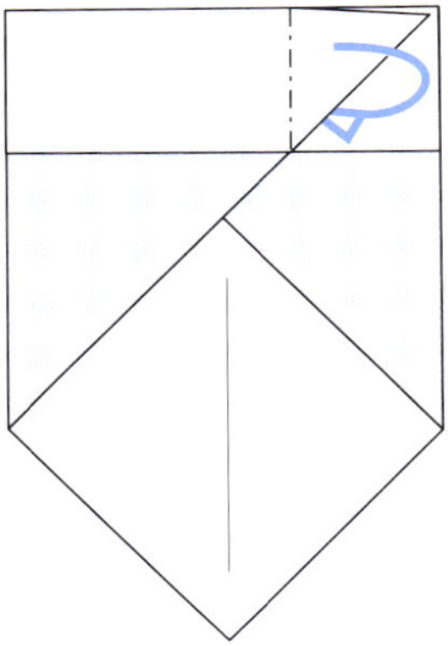

6

うら返《がえ》したら
角《かど》を内《うち》がわへおります。

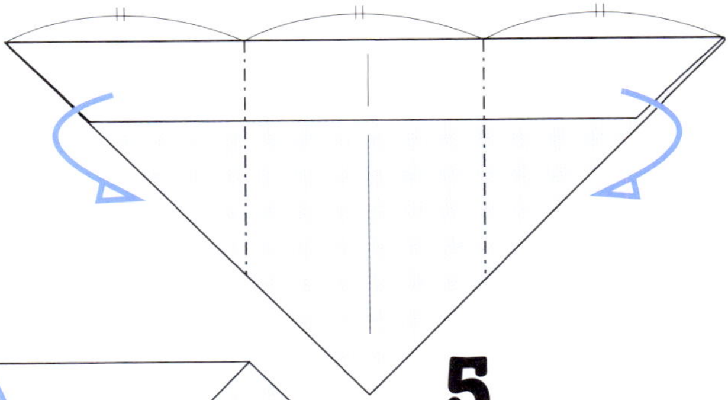

うらがえす

5

3等分《とうぶん》にして
向《む》こうがわへおります。

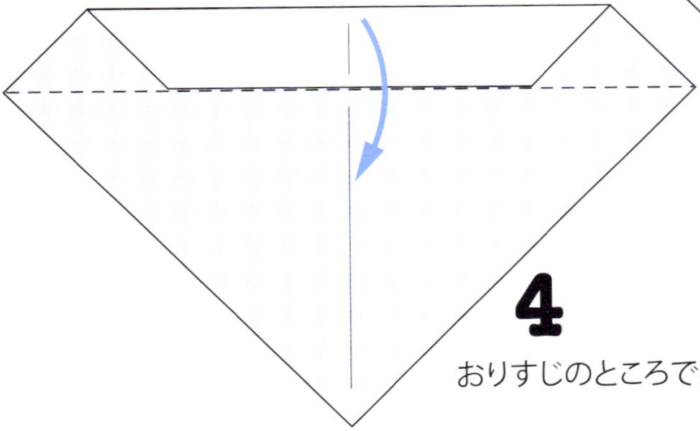

4

おりすじのところでおります。

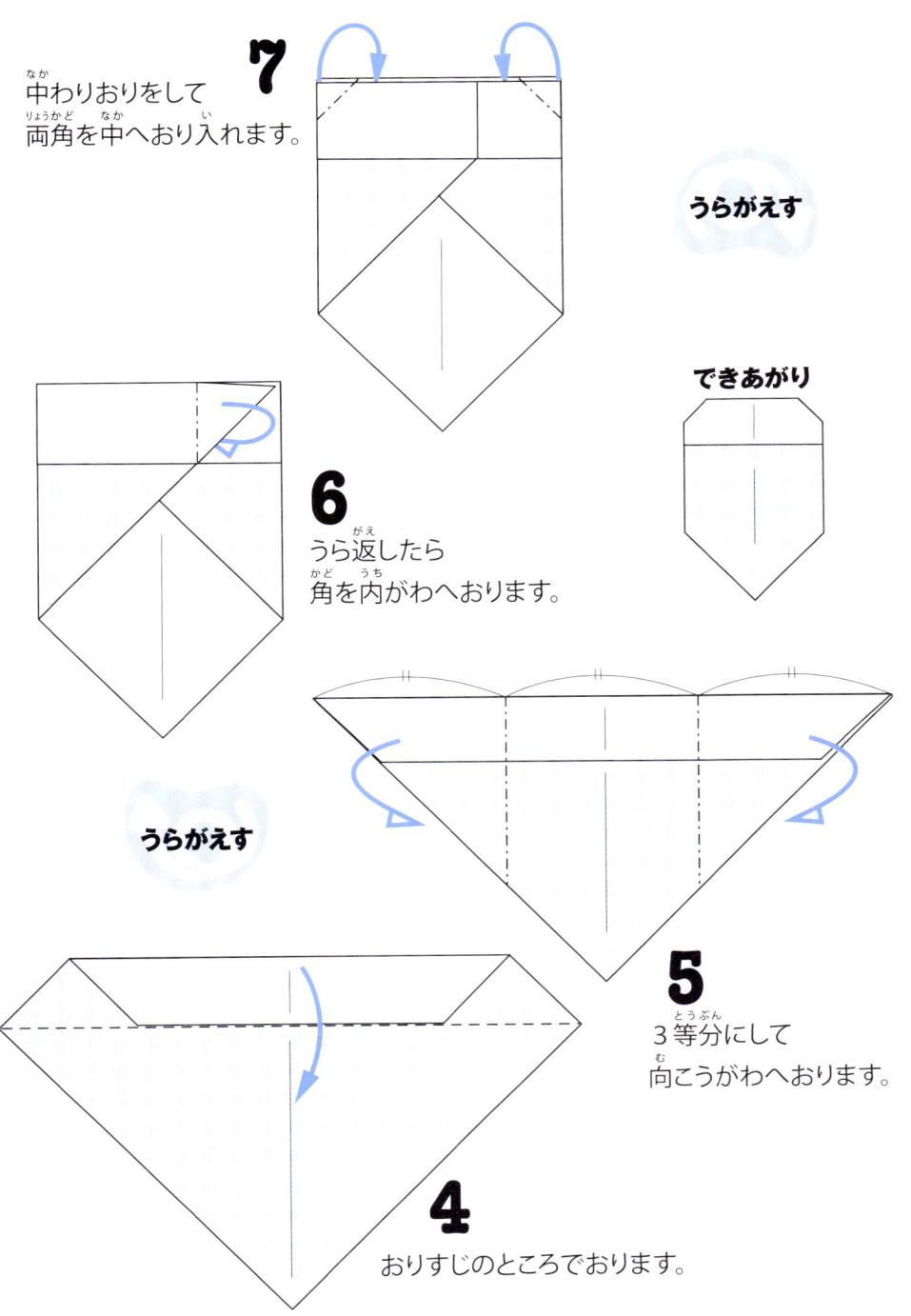

きのこ

1 半分《はんぶん》におって
おりすじをつけてから
上《うえ》をおります。

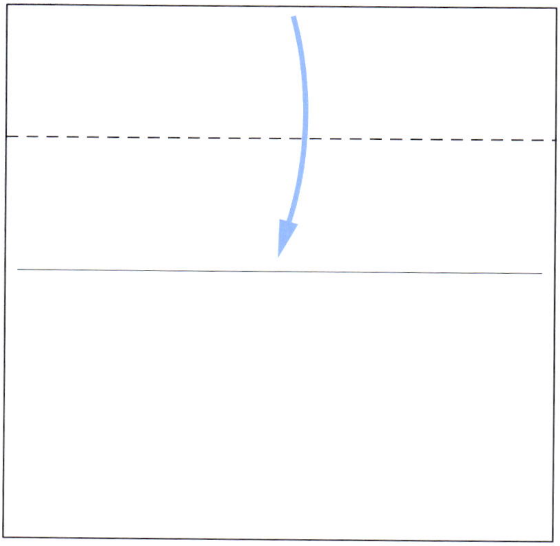

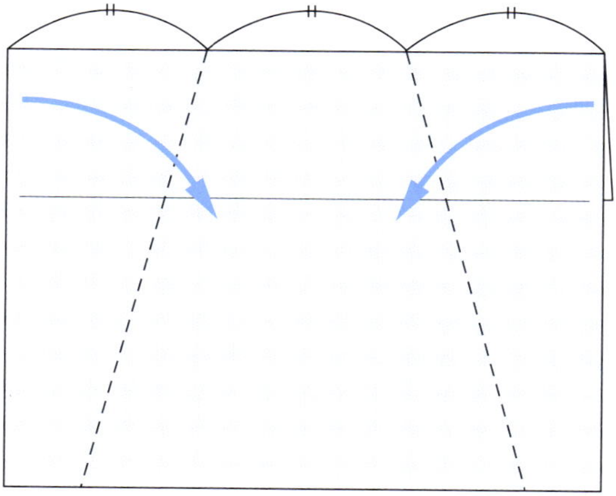

2 うら返《がえ》したら
両《りょう》がわを図《ず》のように
ななめにおります。

3
⇧から指《ゆび》を入《い》れ、
矢《や》じるしのほうへ開《ひら》いてつぶします。

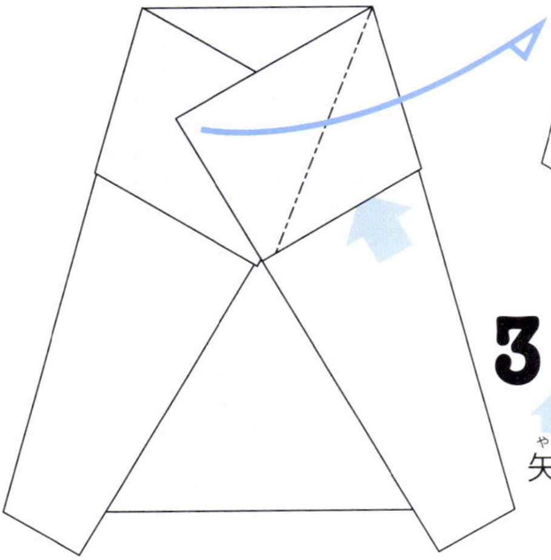

4 もう片方《かたほう》も同《おな》じように開《ひら》いてつぶします。

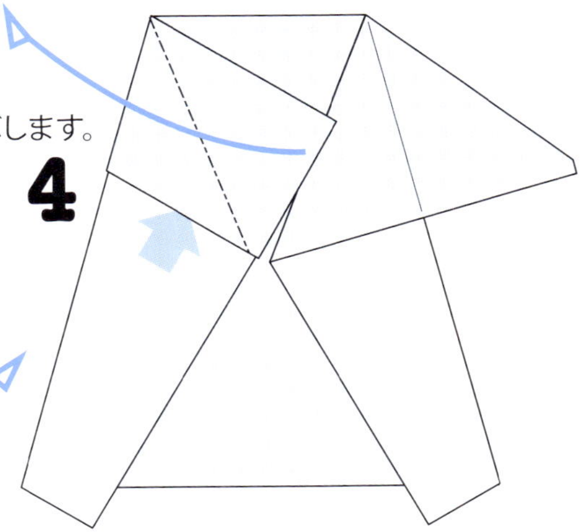

5 ななめにおります。

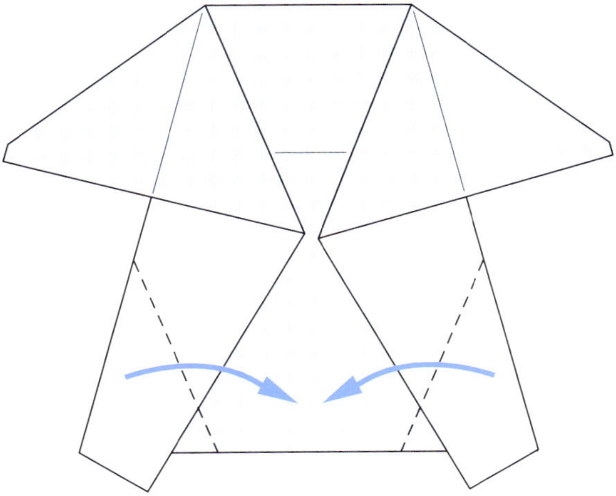

うらがえす

できあがり

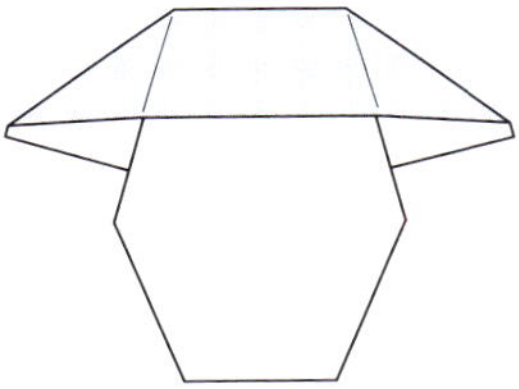

くり

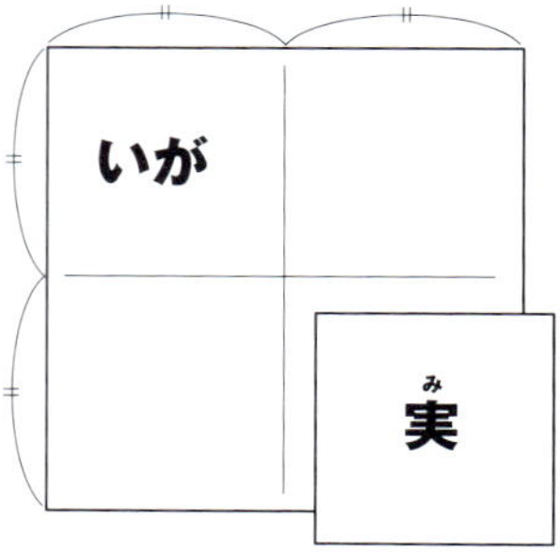

「いが」と「実《み》」の紙《かみ》を別々《べつべつ》に用意《ようい》します。

実《み》

1 色《いろ》のついた面《めん》を表《おもて》にしておりすじをつけます。

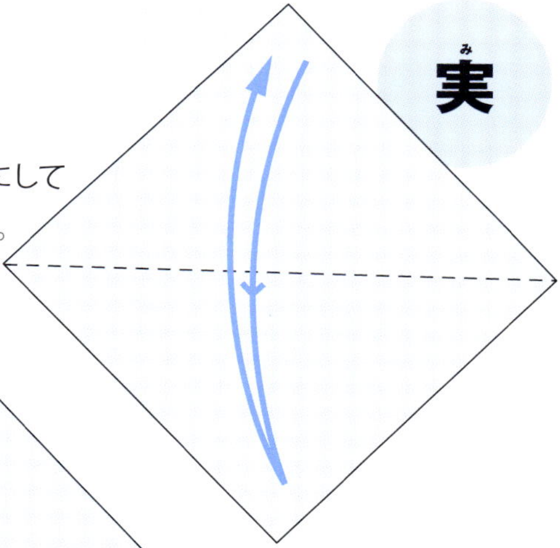

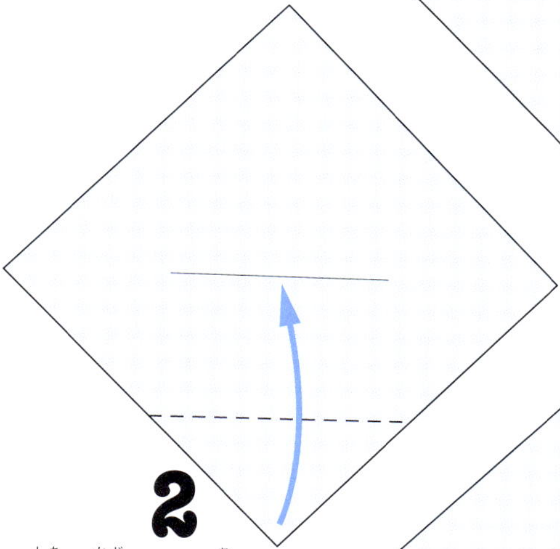

2 下《した》の角《かど》をおり上《あ》げます。

3 おりすじに合《あ》わせて半分《はんぶん》におります。

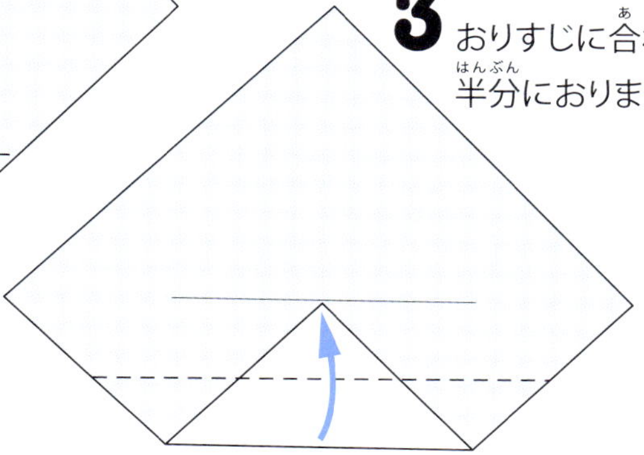

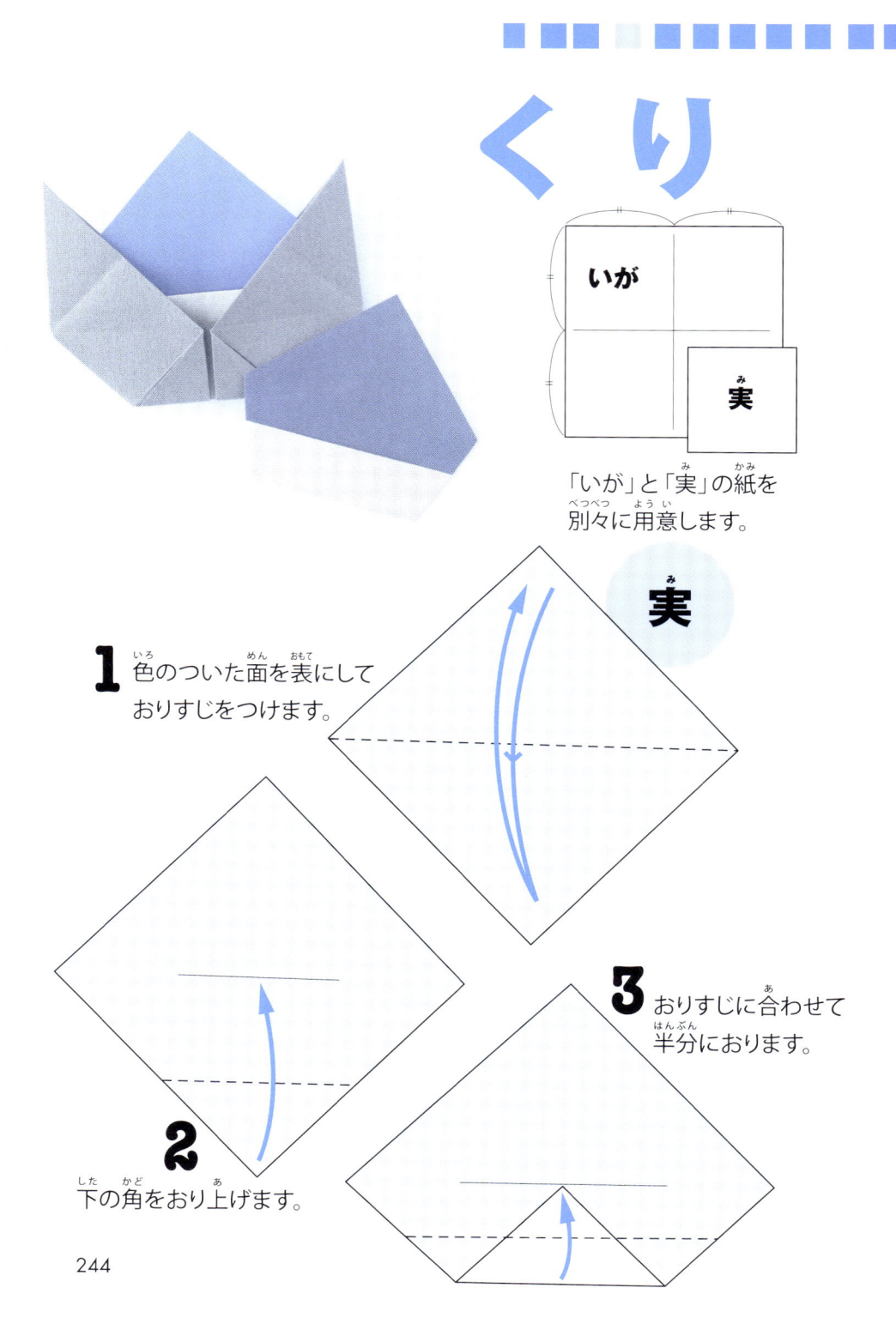

おりすじのところで
おります。

4

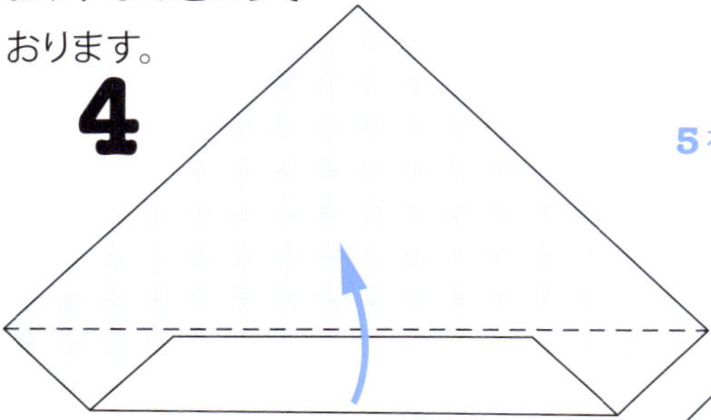

4をおったところ

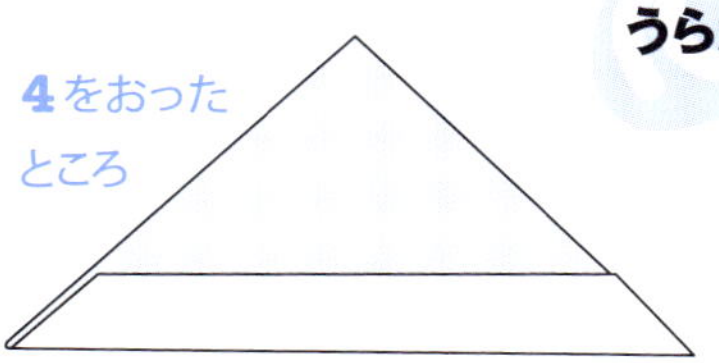

うらがえす

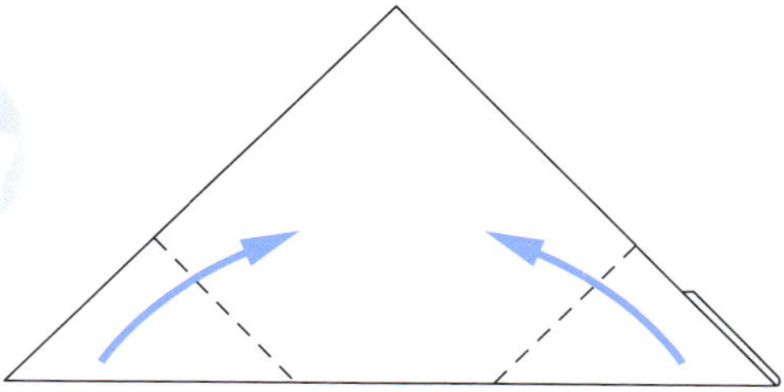

5 うら返《がえ》したら両角《りょうかど》をおります。

5をおったところ

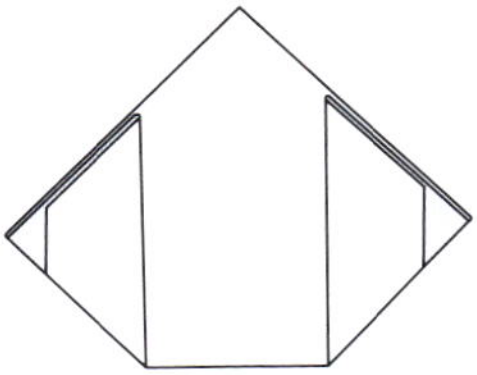

うらがえす

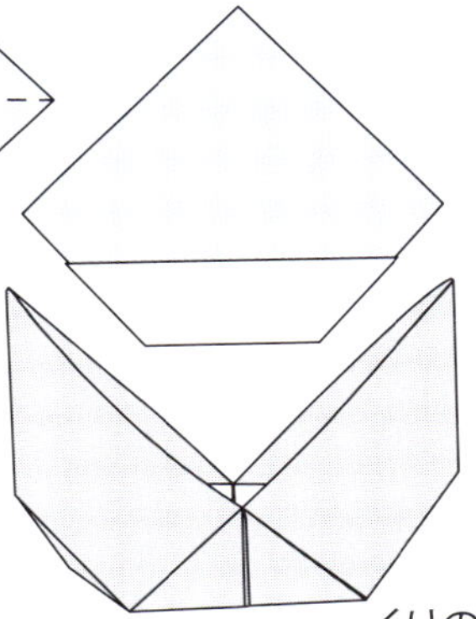

くりの実《み》を
さしこみましょう。

いが

「はかま」(34ページ) **の**
できあがりまでおります。

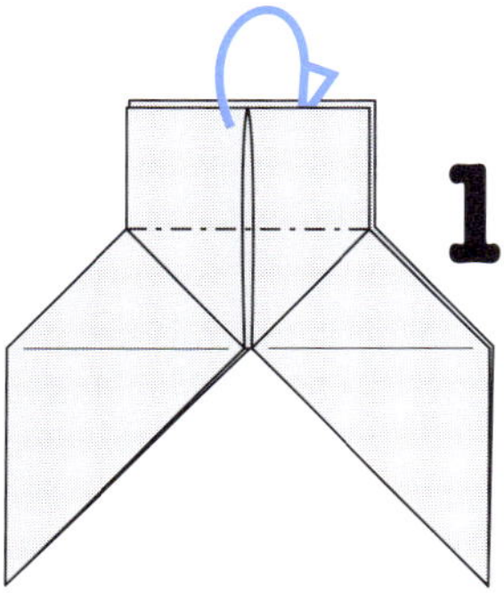

1 点線《てんせん》のところで
内《うち》がわにおりこみます。
うらも同《おな》じに。

2

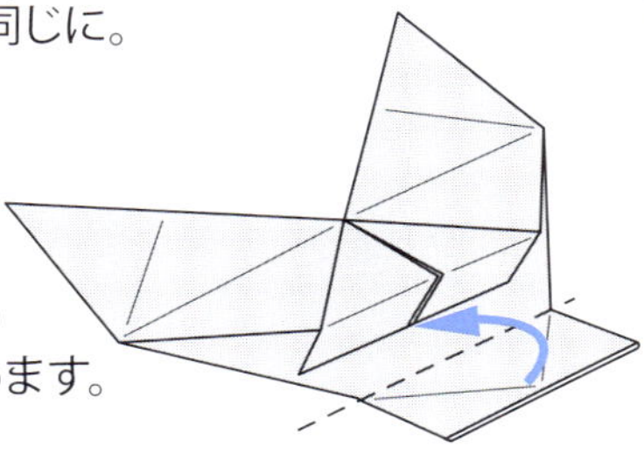

1 をおっているところ。
合《あ》わせ目《め》をのりでとめます。

できあがり

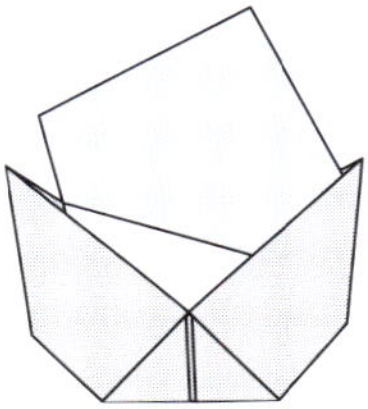

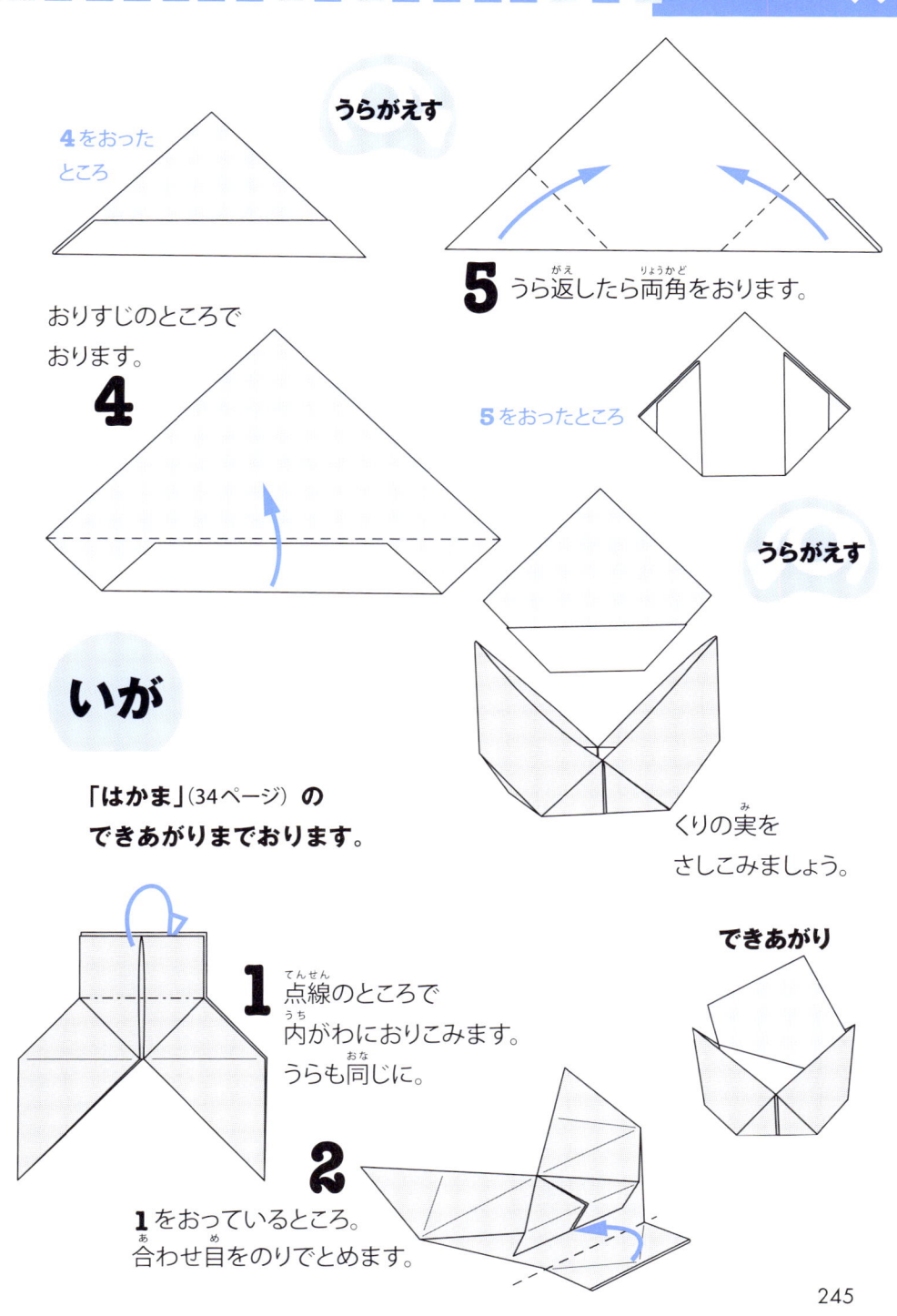

いちご

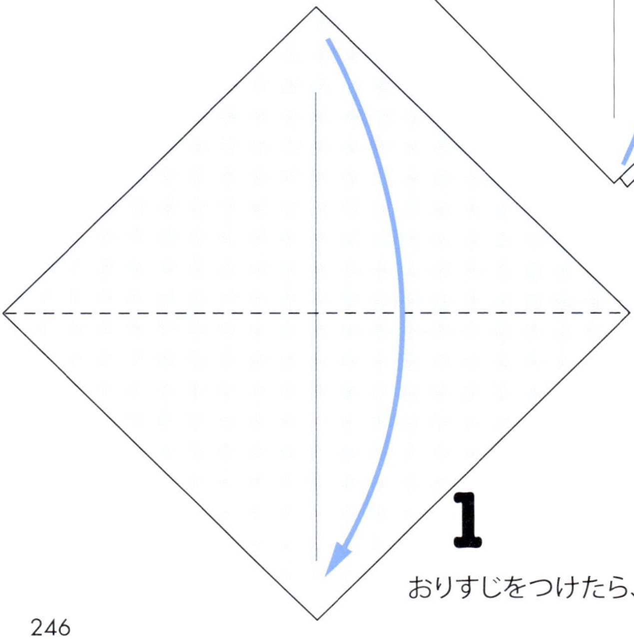

1

おりすじをつけたら、三角《さんかく》におります。

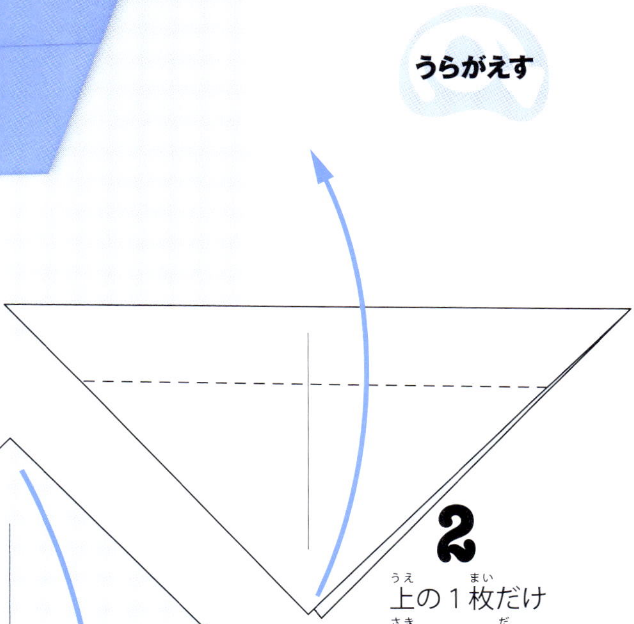

2

上《うえ》の1枚《まい》だけ
先《さき》がとび出《だ》すように
おり上《あ》げます。

3 うら返《がえ》したら、おりすじに合《あ》わせております。

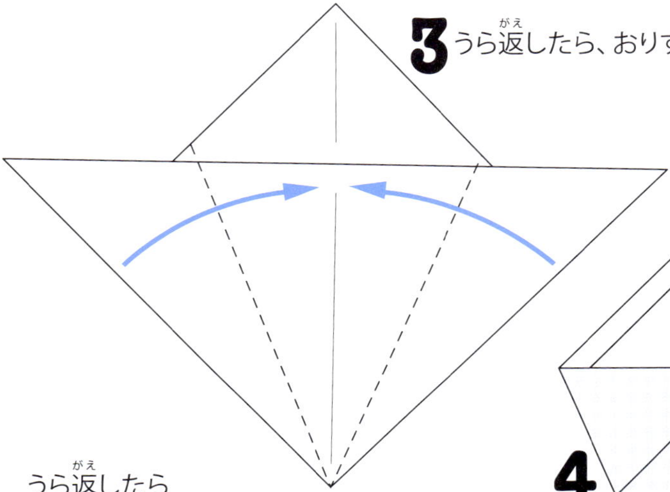

4

下《した》の角《かど》をおり上《あ》げます。

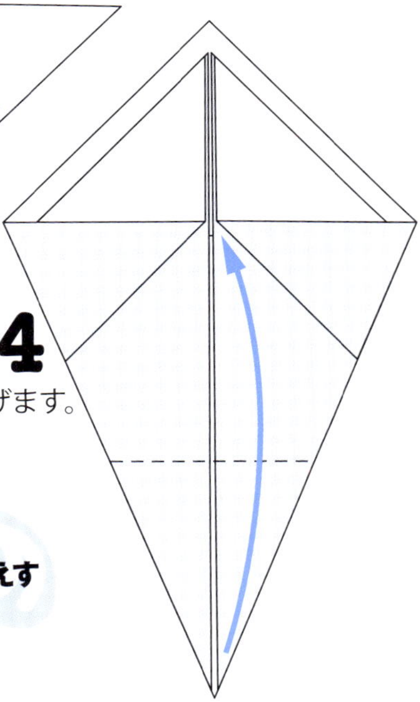

うらがえす

5

うら返《がえ》したら
上《うえ》の角《かど》を
少《すこ》しおり下《さ》げます。

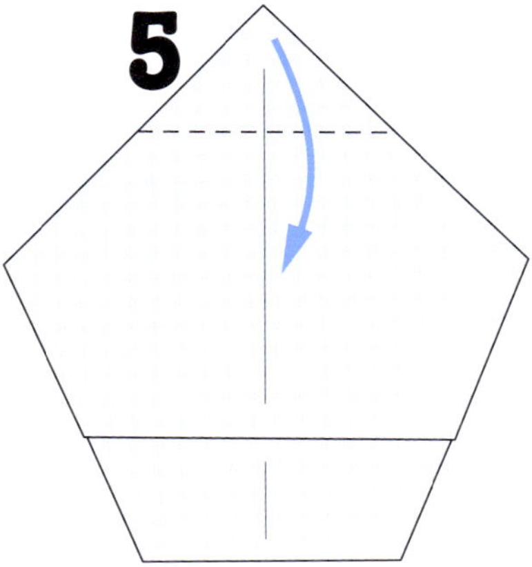

6

「へた」を
ななめにおります。

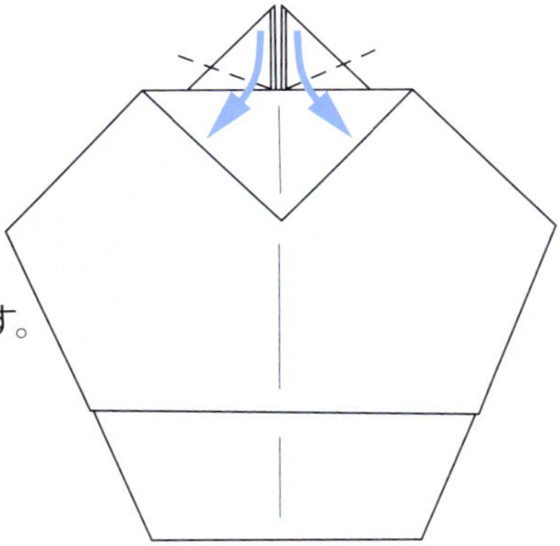

できあがり

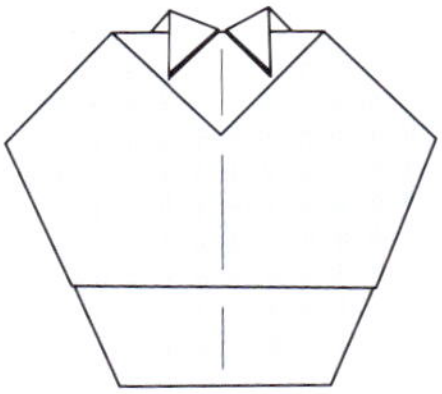

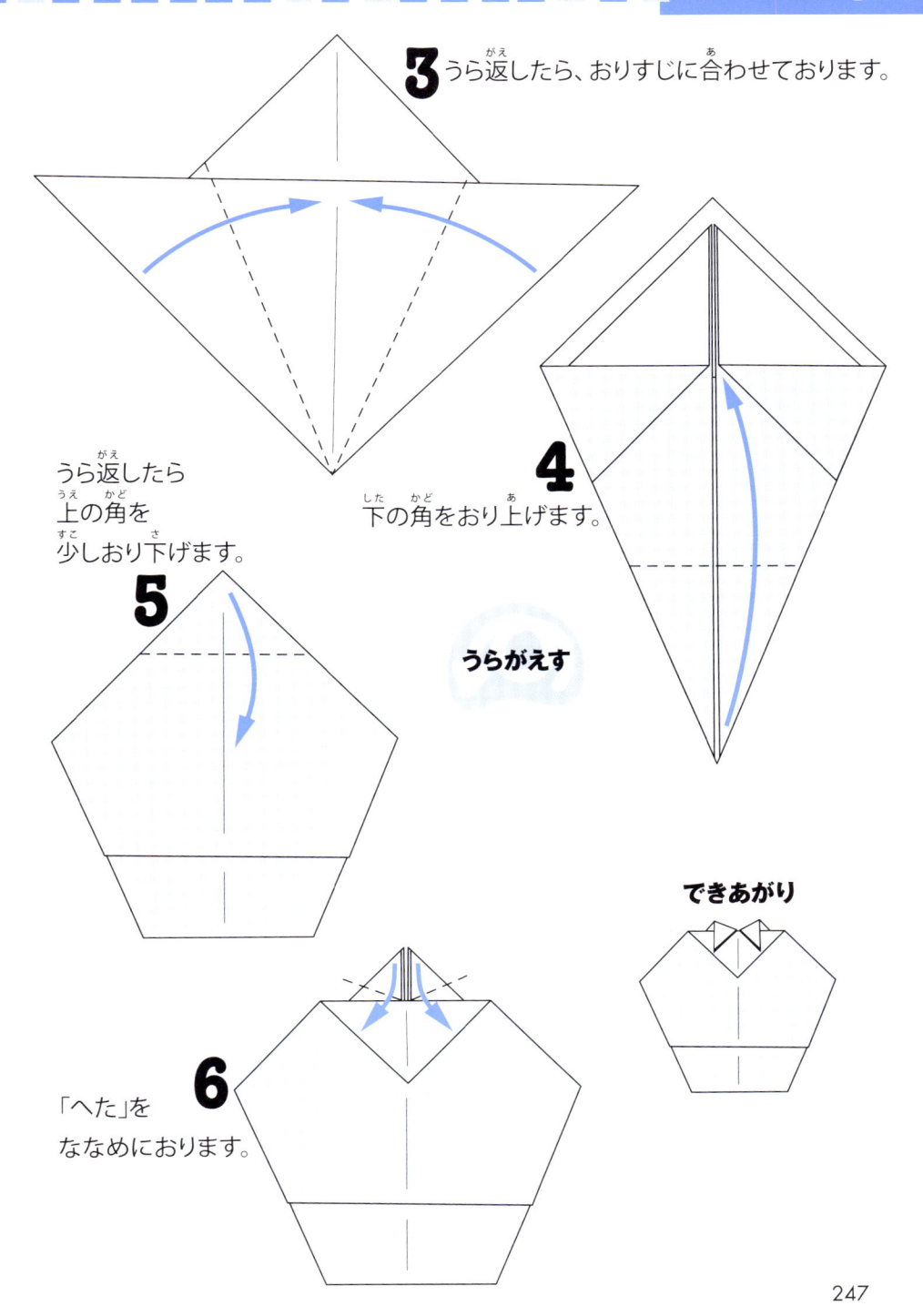

もも

「ふうせん」（16ページ）の
4までおります。

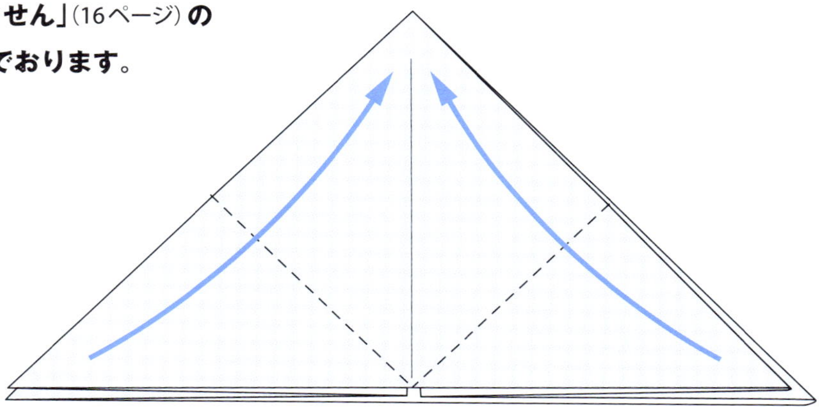

1

両角《りょうかど》をおり上《あ》げます。うらも同《おな》じに。

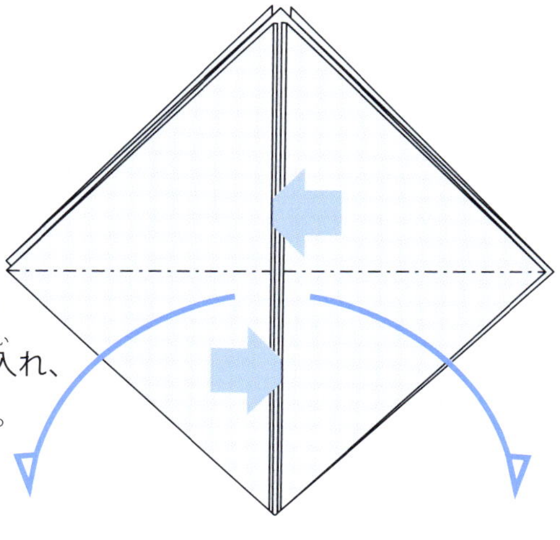

2

三角《さんかく》のふくろに から指《ゆび》を入《い》れ、
下《した》へ四角《しかく》く開《ひら》いてつぶします。
うらも同《おな》じに。

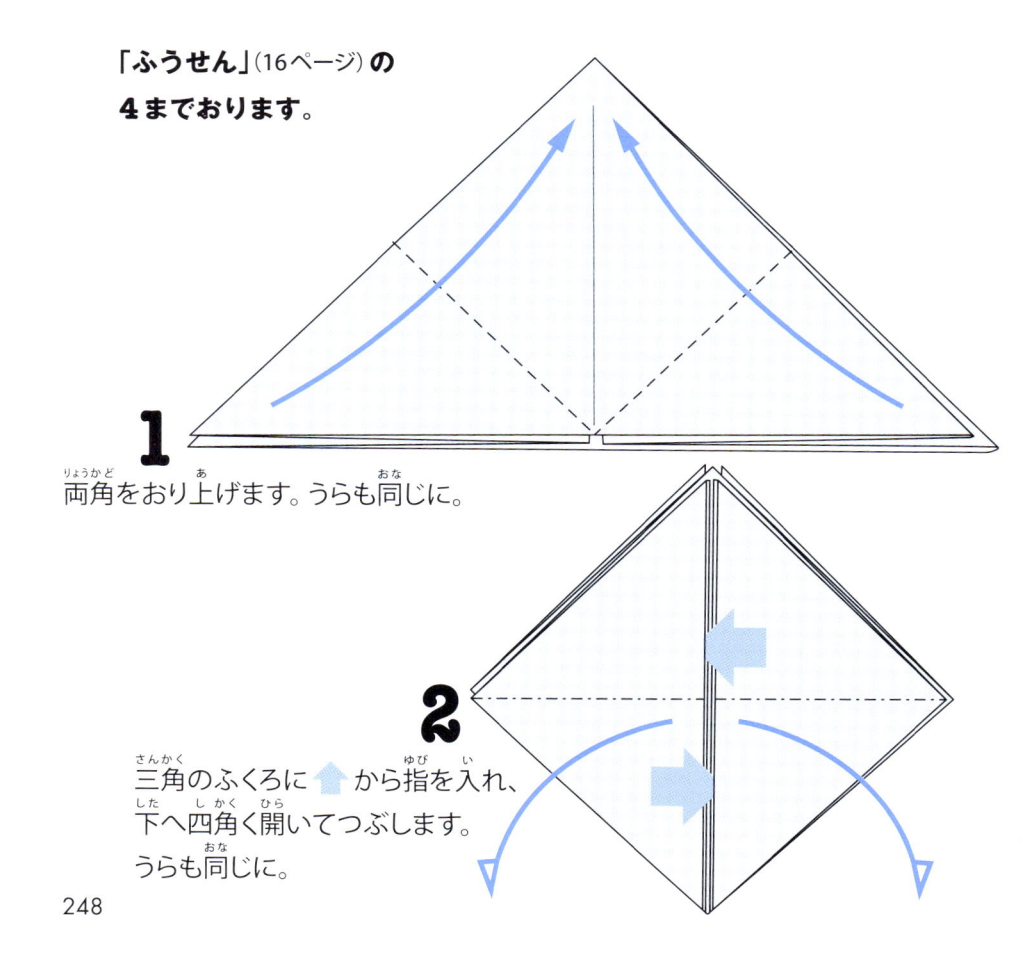

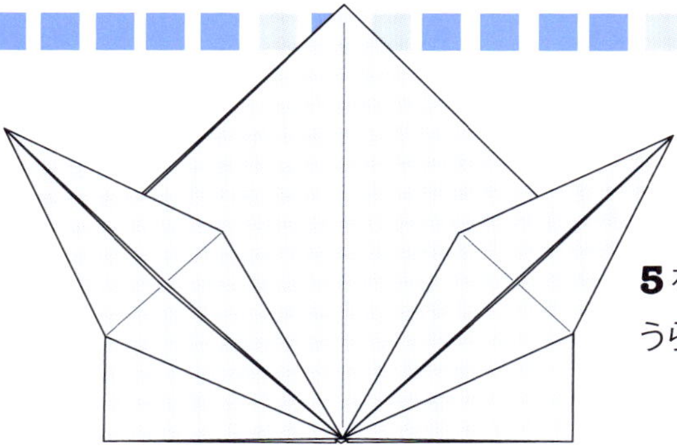

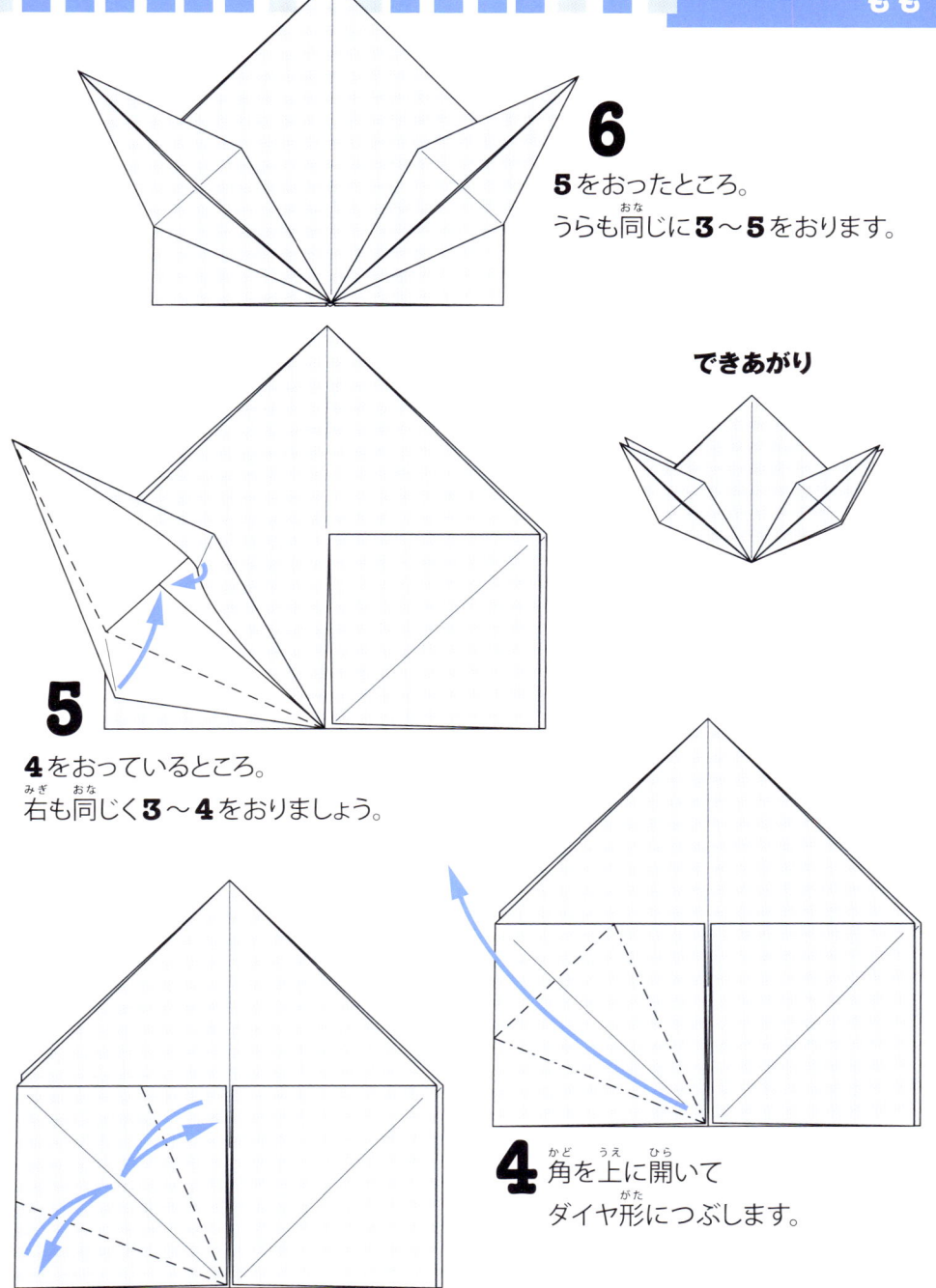

6

5をおったところ。
うらも同《おな》じに**3**～**5**をおります。

できあがり

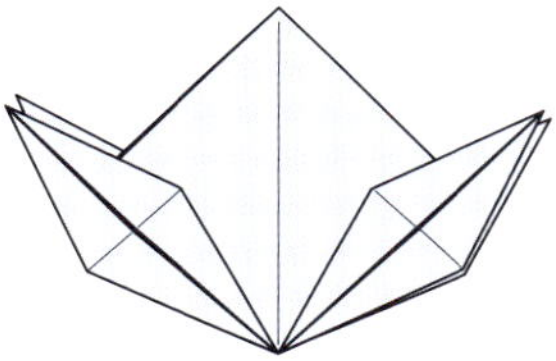

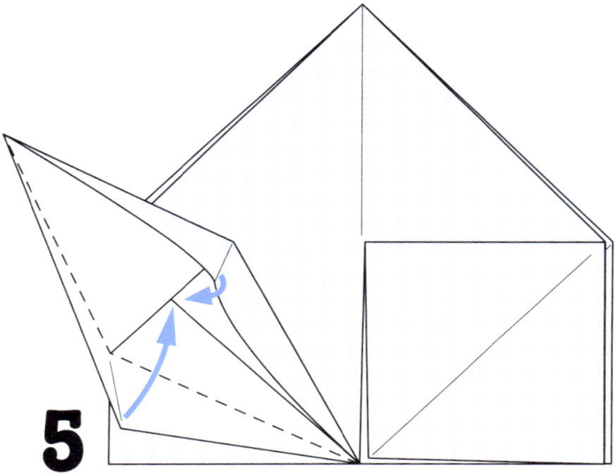

5

4をおっているところ。
右《みぎ》も同《おな》じく**3**～**4**をおりましょう。

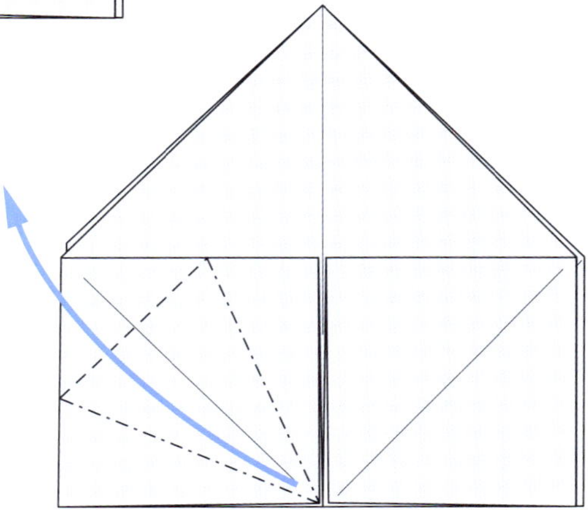

4 角《かど》を上《うえ》に開《ひら》いて
ダイヤ形《がた》につぶします。

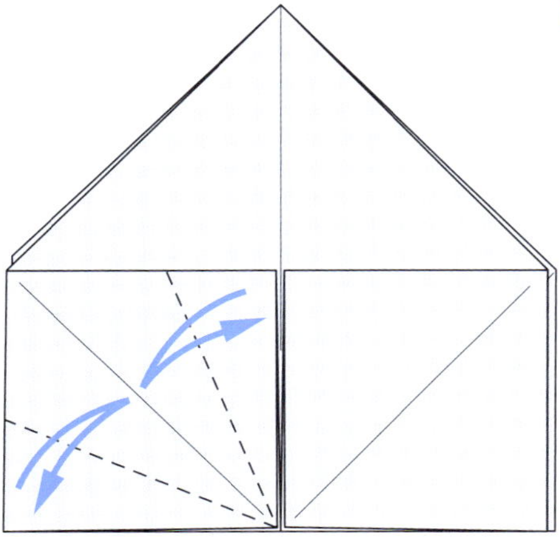

3 おりすじに合《あ》わせて角《かど》をおり、おりすじをつけます。

りんご

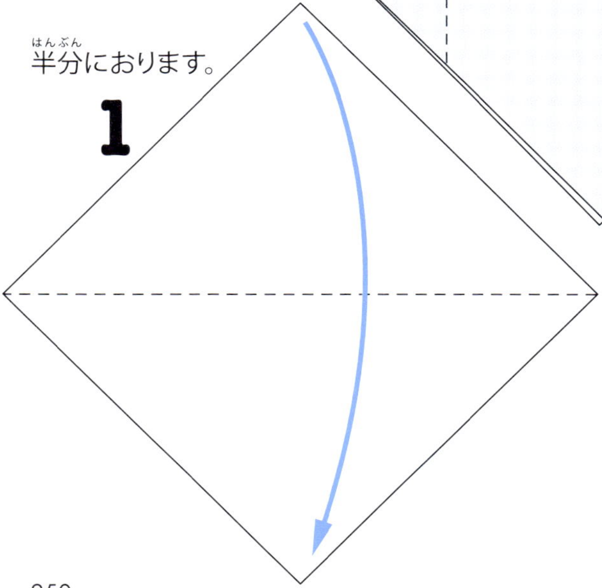

1

半分《はんぶん》におります。

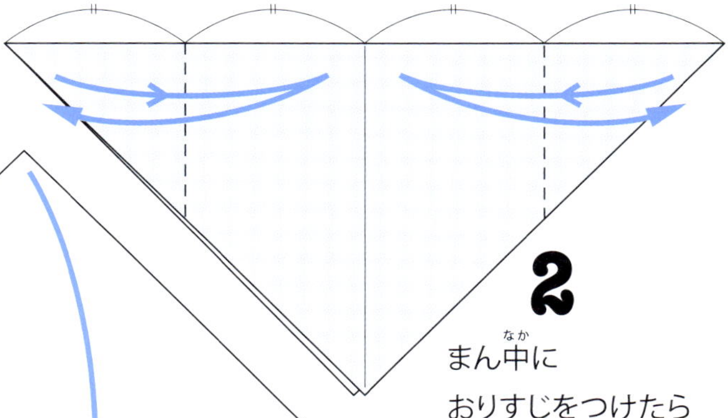

2

まん中《なか》に
おりすじをつけたら
左右《さゆう》を半分《はんぶん》におって
おりすじをつけます。

つぎのページに

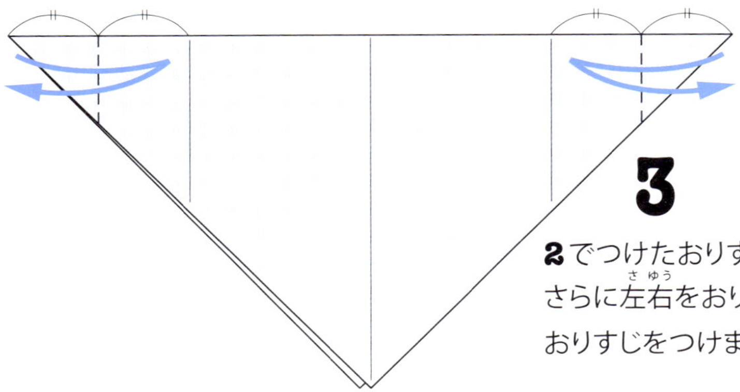

3

2でつけたおりすじに合《あ》わせて
さらに左右《さゆう》をおり、
おりすじをつけます。

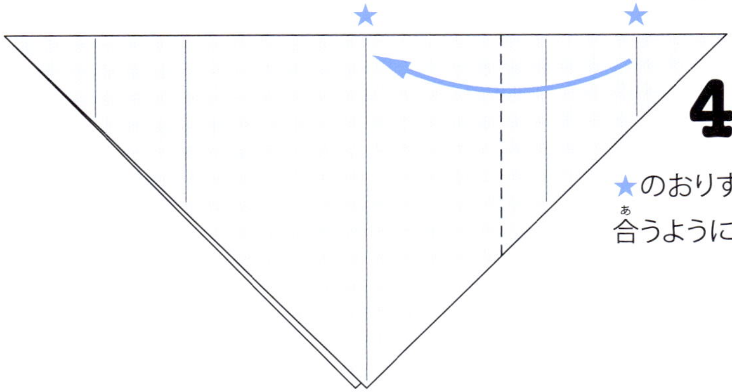

4

★のおりすじどうしが
合《あ》うようにおります。

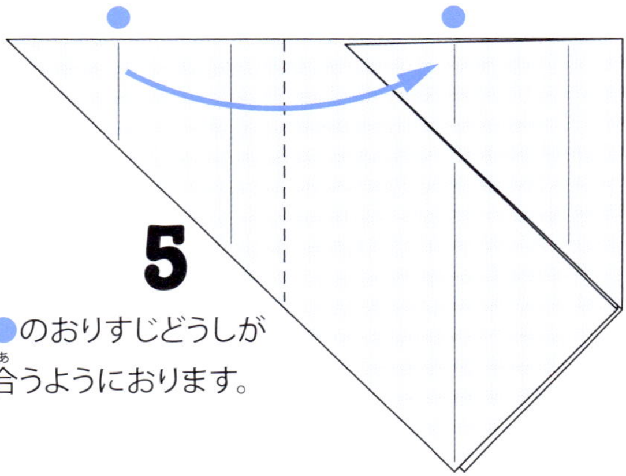

5

●のおりすじどうしが
合《あ》うようにおります。

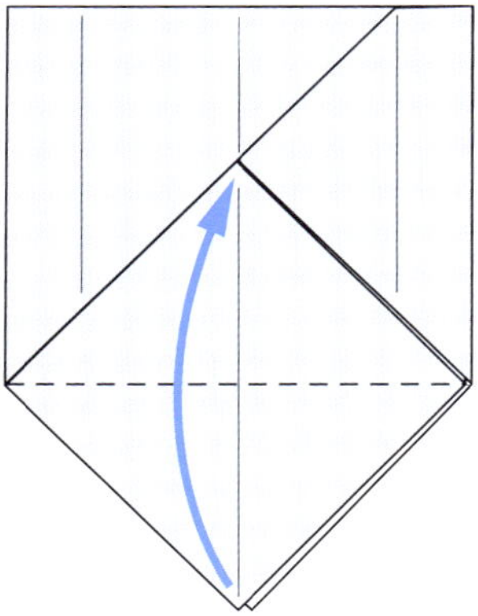

6 下《した》の角《かど》を
おり上《あ》げます。

6をおったところ

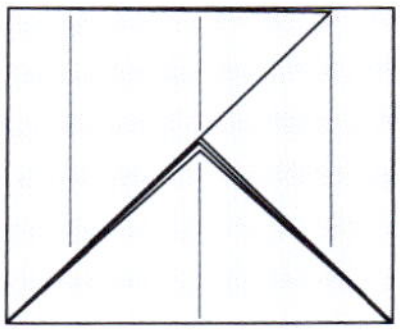

まえのページから

7

左《ひだり》を図《ず》のように開《ひら》いたら
★どうしが合《あ》うようにおります。

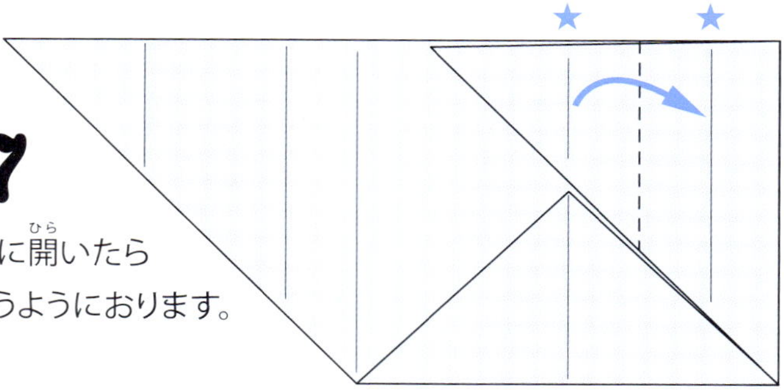

8

図《ず》のように切《き》りこみを入《い》れ、
三角《さんかく》におります。

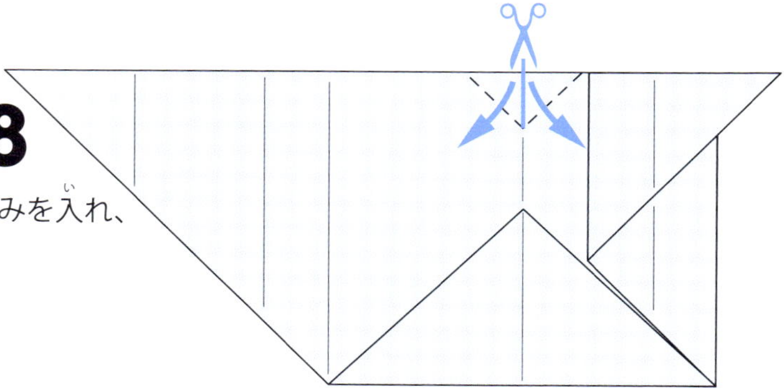

9

点線《てんせん》のところで
ななめにおります。

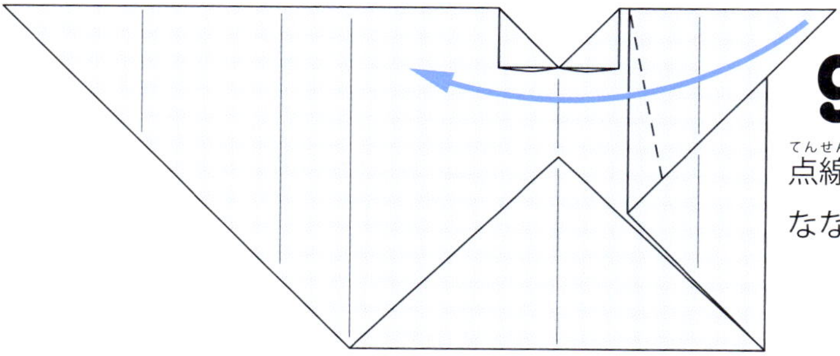

10

点線《てんせん》のところで
おりすじをつけてから
内《うち》と外《そと》をひっくり返《かえ》すように
おります（外《そと》わりおり）。

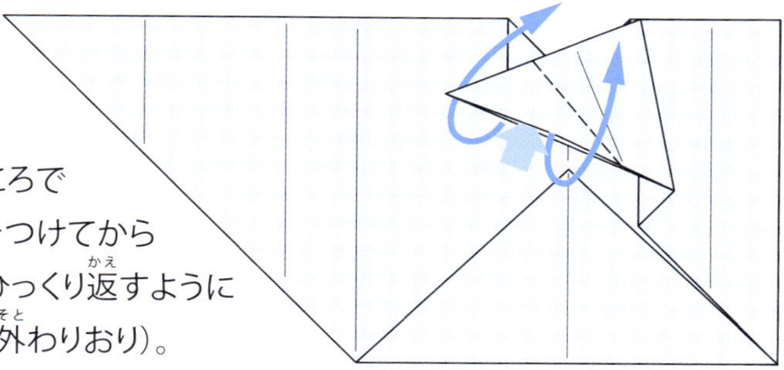

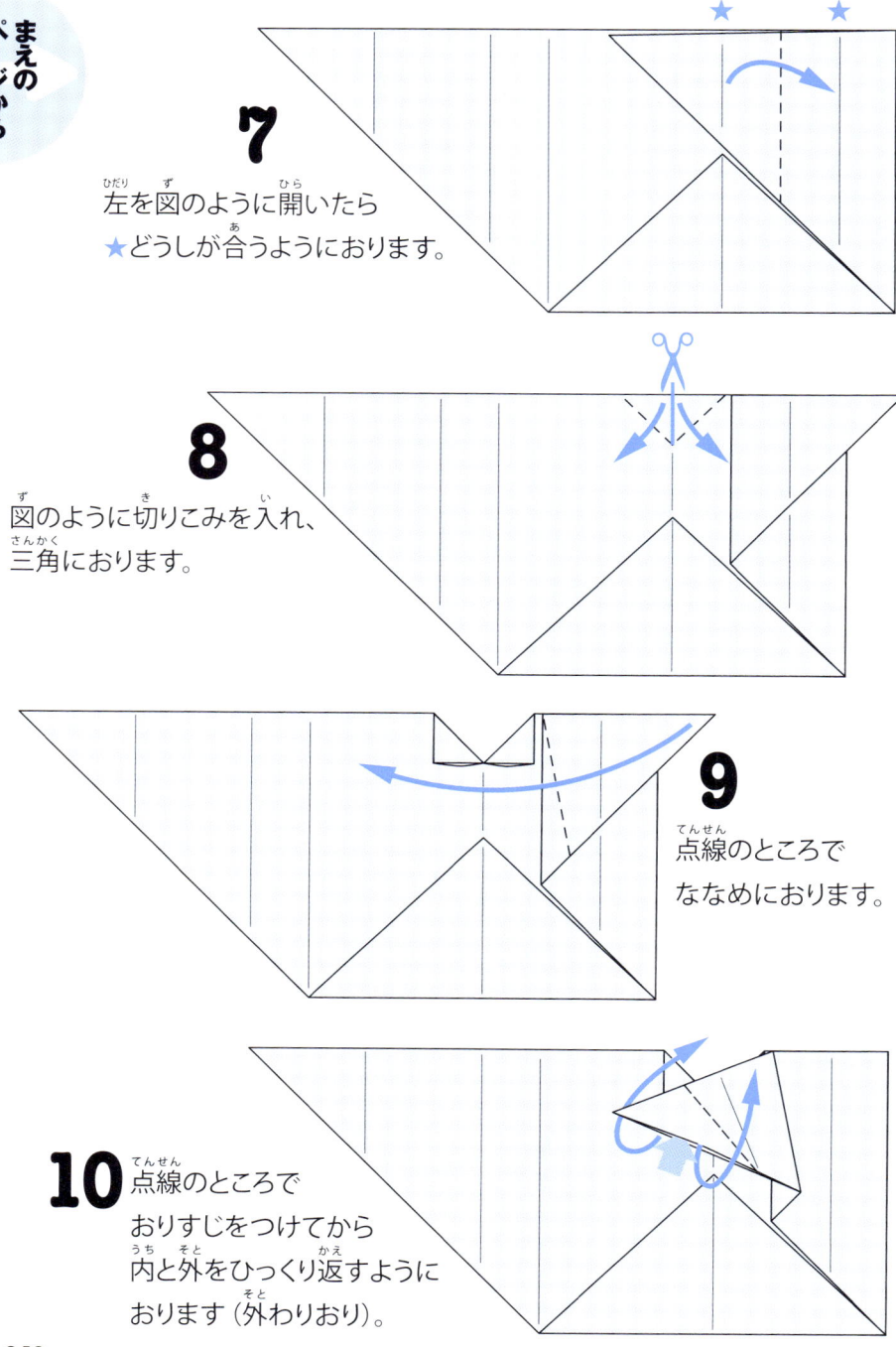

11

10でおった「じく」を細《ほそ》くおり、
また左《ひだり》の角《かど》を大《おお》きくおります。

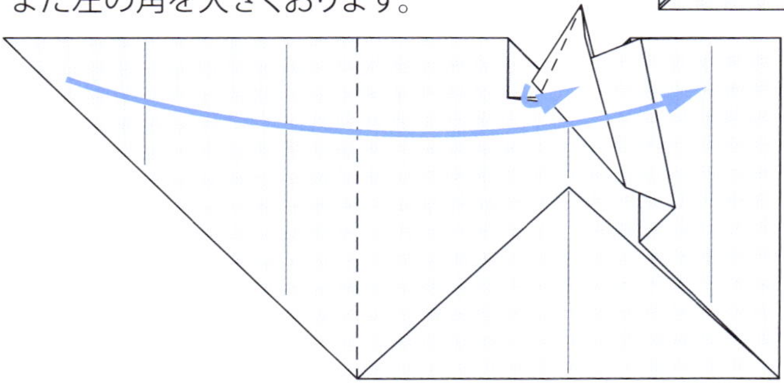

12

点線《てんせん》のところで
おります。

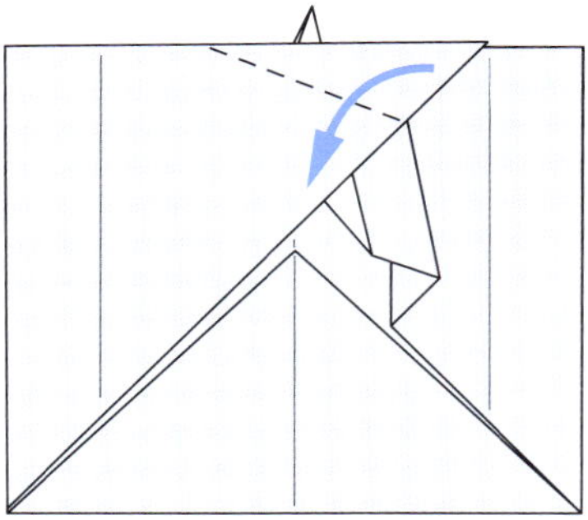

13

四《よ》すみを
おり入《い》れます。

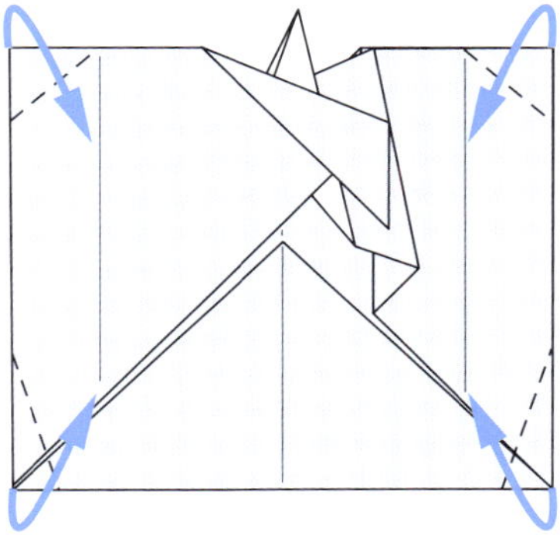

うらがえす

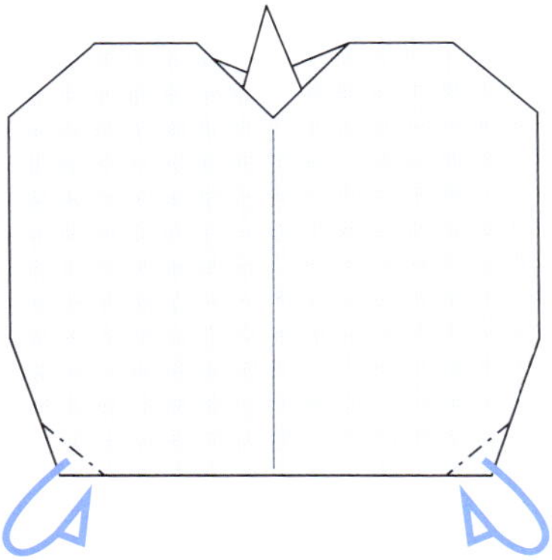

14

うら返《がえ》したら、さらに下《した》の角《かど》を
小《ちい》さく向《む》こうへおります。

できあがり

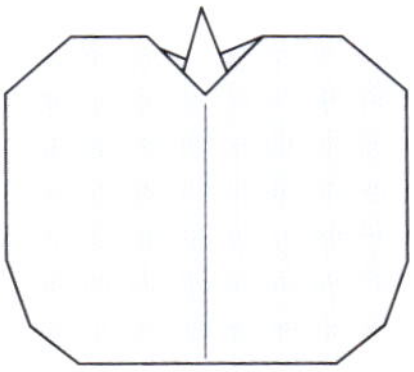

つばき

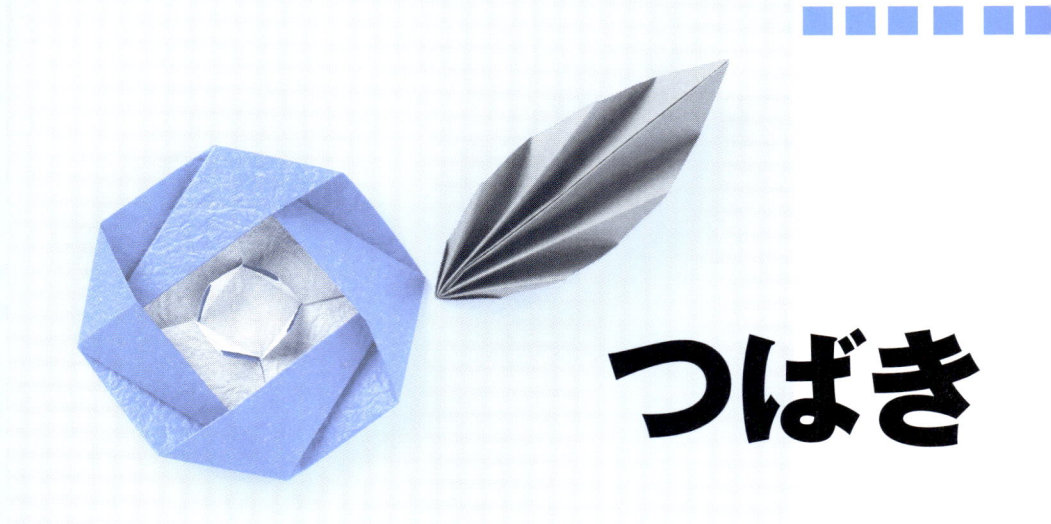

1 おりすじをつけたら
○のふちとおりすじが
合《あ》うようにおります。

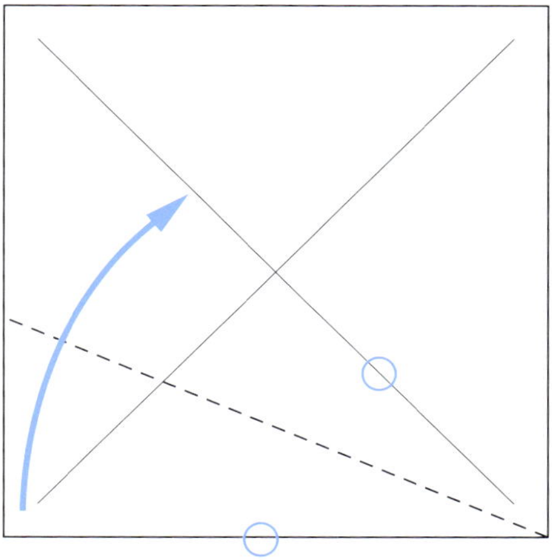

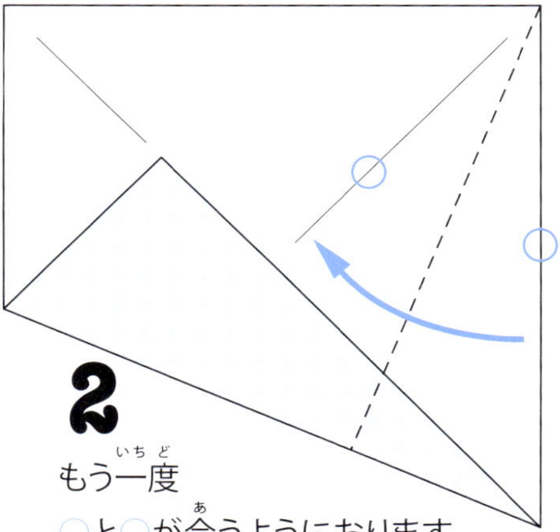

2 もう一度《いちど》
○と○が合《あ》うようにおります。

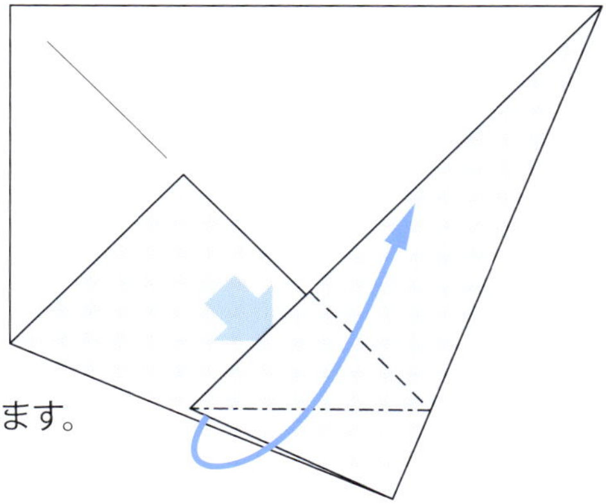

3 角《かど》を矢《や》じるしのほうへ
つまむようにして、開《ひら》いてつぶします。

つぎのページに

8 7をおったところ。
角《かど》を開《ひら》いて
6の形《かたち》にもどします。

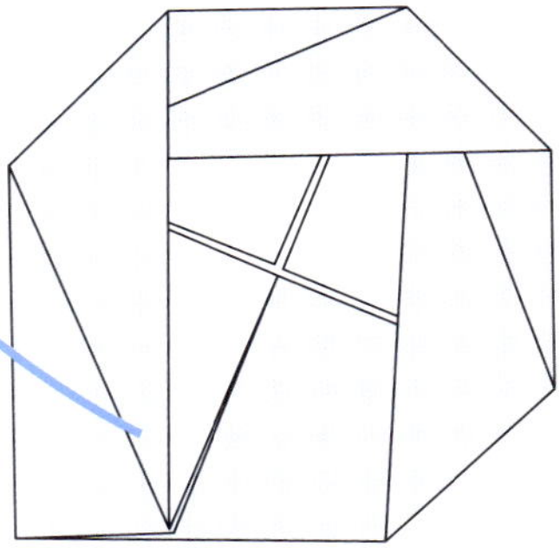

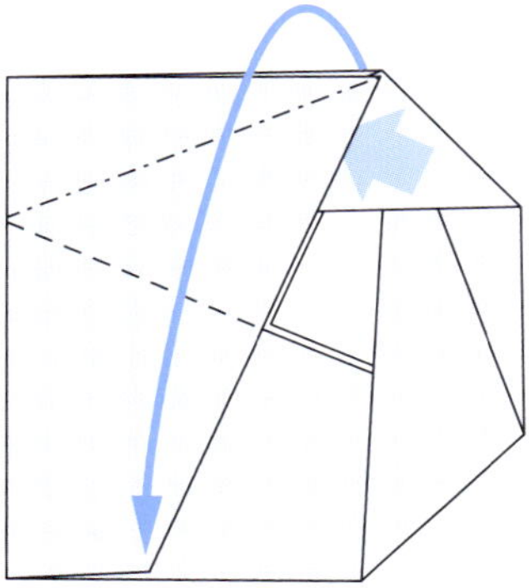

7 角《かど》をつまむようにして
開《ひら》いてつぶします。

6 ○の角《かど》どうしが
合《あ》うようにおります。

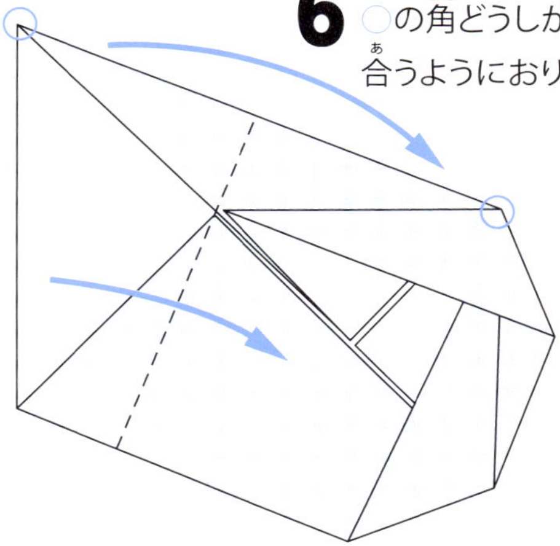

5 角《かど》をつまむようにして
開《ひら》いてつぶします。

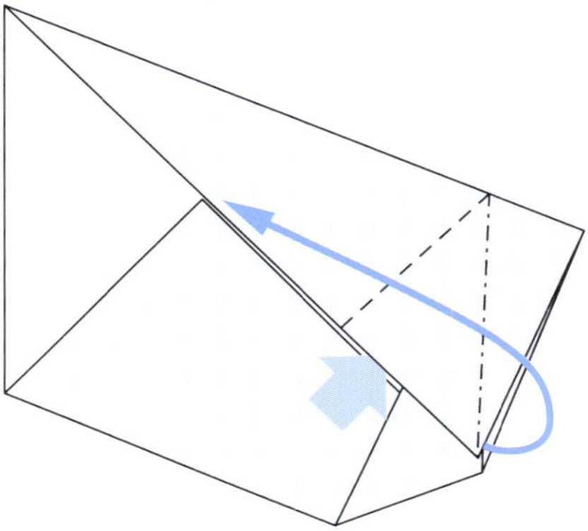

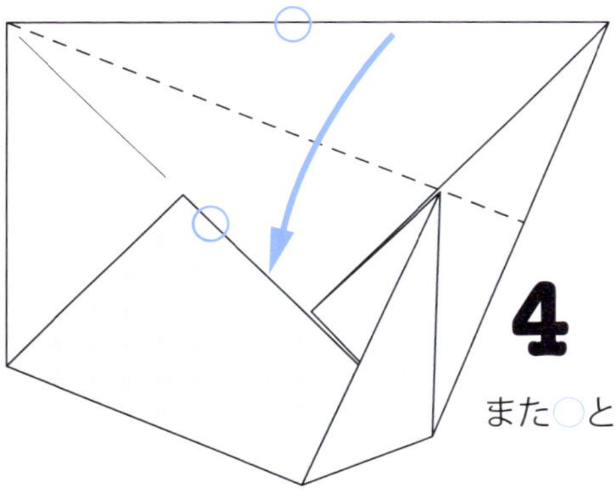

4
また○と○を合《あ》わせております。

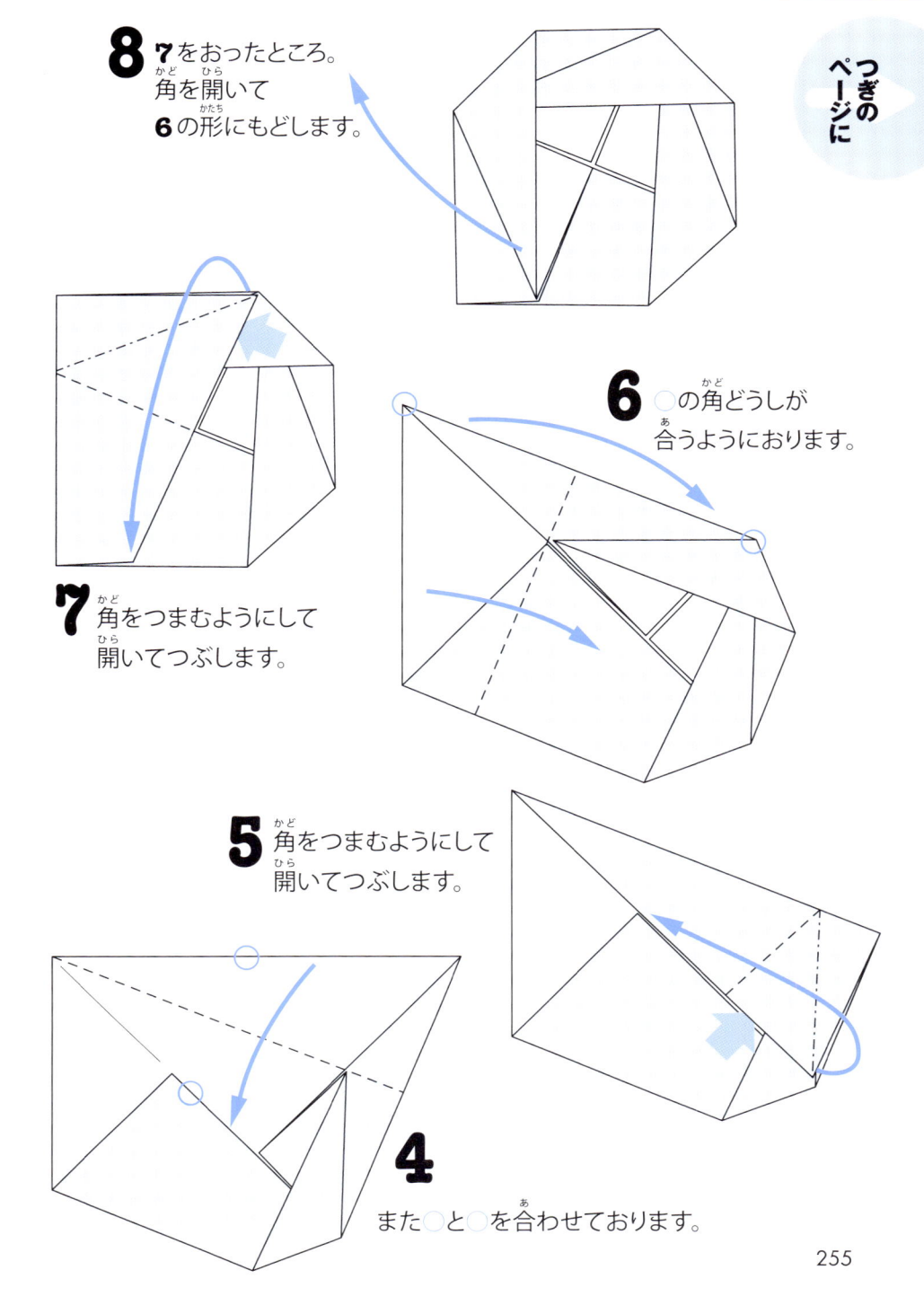

まえのページから

9

手前《てまえ》の角《かど》を持《も》ち上《あ》げて
下《した》に少《すこ》し広《ひろ》げます。

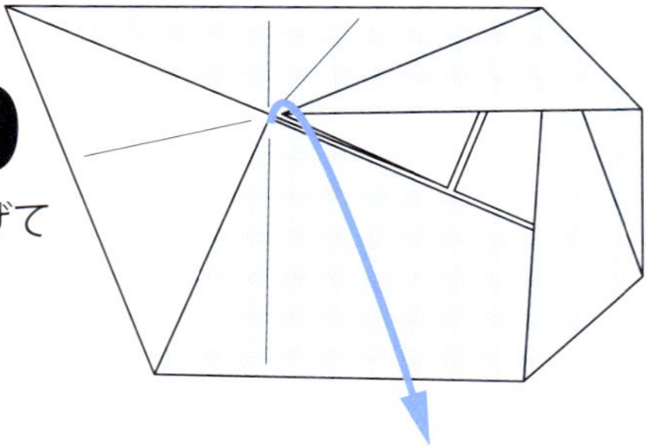

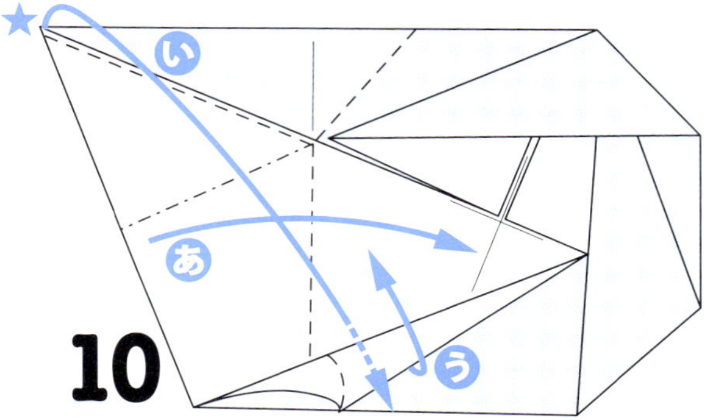

10

あ おりすじのところで内《うち》がわへおりこみながら
い ★の角《かど》をつまむようにして、間《あいだ》におり入《い》れます。
う 9で持《も》ち上《あ》げた角《かど》をもどしてかぶせます。

あをおったところ。
い 次《つぎ》に上《うえ》の角《かど》をつまんで持《も》ち上《あ》げます。

い つまんだ角《かど》を下《した》にさし入《い》れます。

う 持《も》ち上《あ》げていた右手《みぎて》の紙《かみ》を元《もと》どおりかぶせます。

また角《かど》をつまむようにして
開《ひら》いてつぶします。
先《さき》は間《あいだ》におり入《い》れます。

11

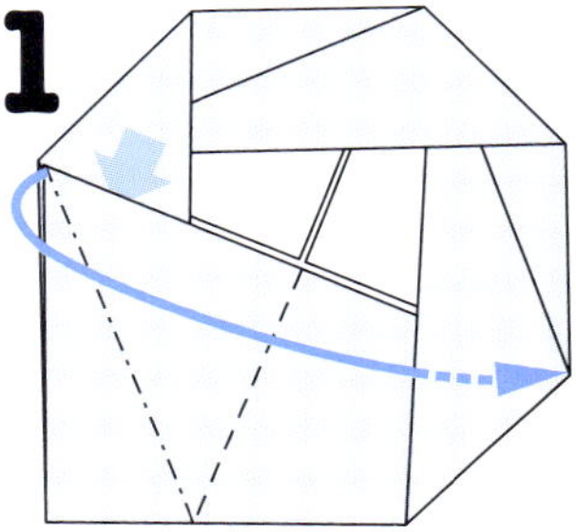

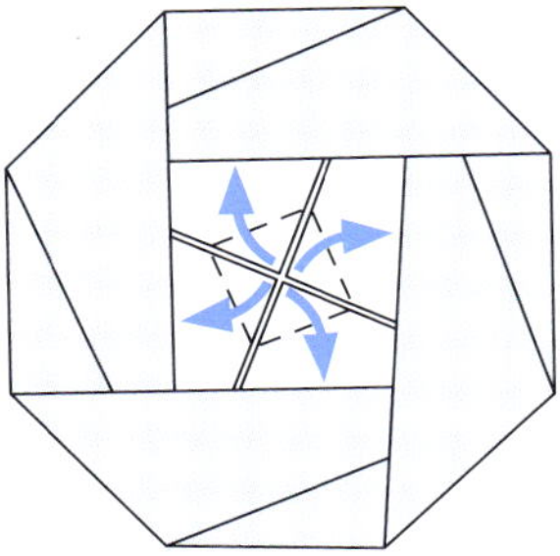

12

まん中《なか》の角《かど》を
4つ、外《そと》へ
向《む》けております。

できあがり

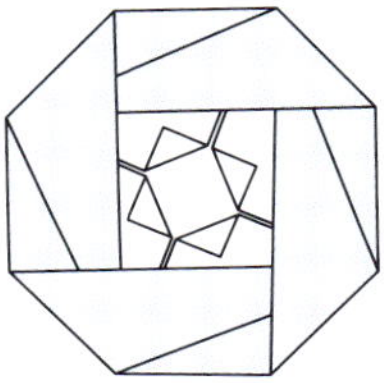

第《だい》7章《しょう》

暮《く》らしのおりがみ

ちょっとした小物《こもの》を入《い》れたり駄菓子《だがし》を
入《い》れたりするのに、おりがみはお役立《やくだ》ち。
和紙《わし》やもようのある紙《かみ》でおって、
暮《く》らしを楽《たの》しみましょう。

カードケース

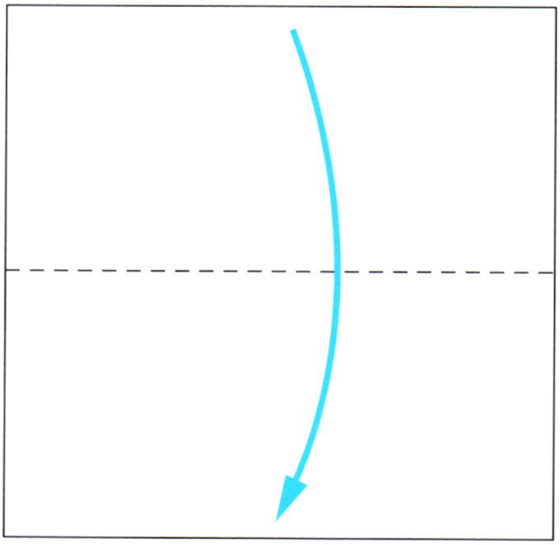

1 半分《はんぶん》におります。

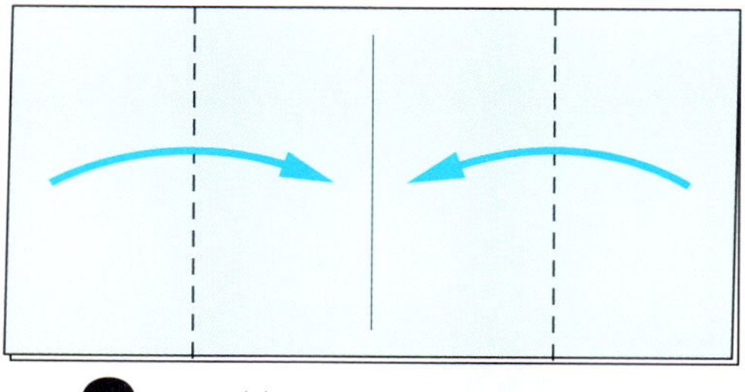

2 まん中《なか》におりすじをつけてから
左右《さゆう》をおります。

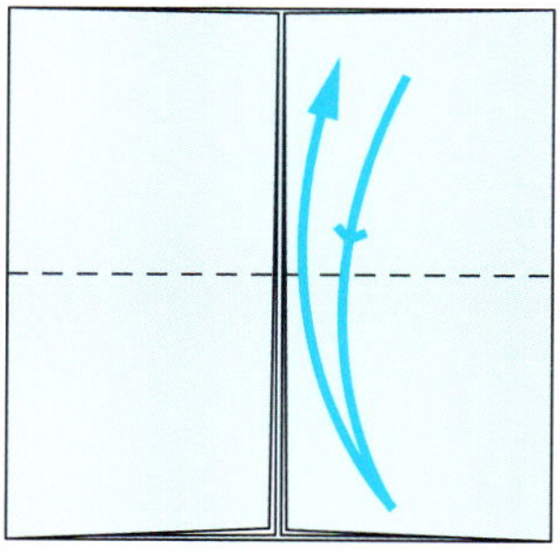

3 上下半分《じょうげはんぶん》におり、
おりすじをつけます。

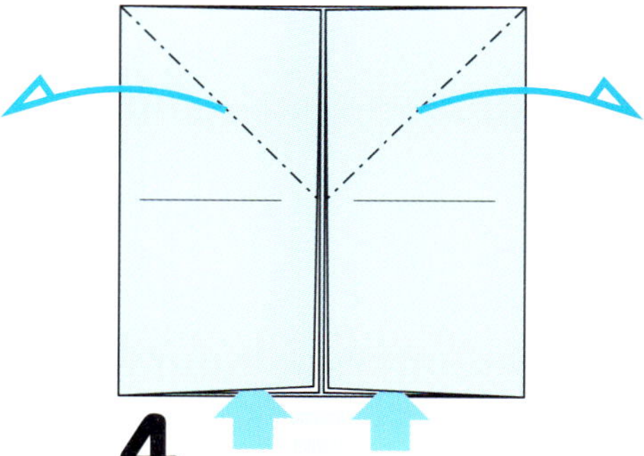

4 から手《て》を入《い》れて
外《そと》へ開《ひら》いてつぶします。

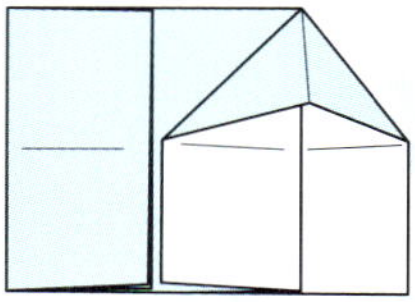

4をおっているところ

5 左右《さゆう》をそれぞれ
向《む》こうがわへおります。

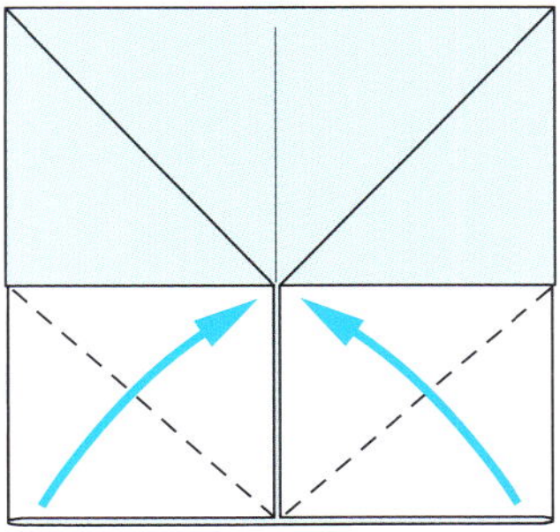

6 手前《てまえ》の1枚《まい》の角《かど》を
おり上《あ》げます。
うらも同《おな》じにおります。

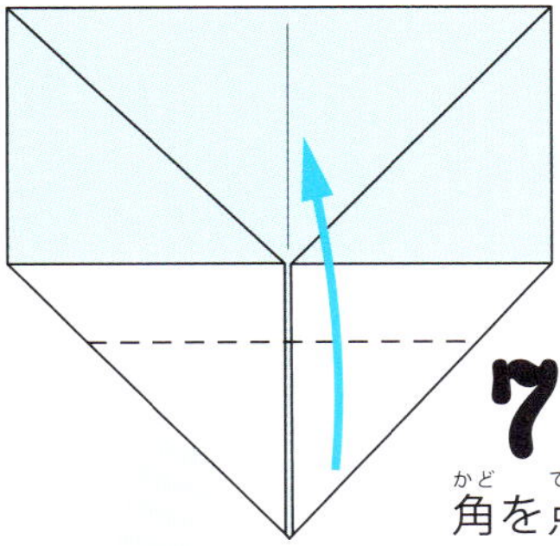

7
角《かど》を点線《てんせん》のところで
おります。

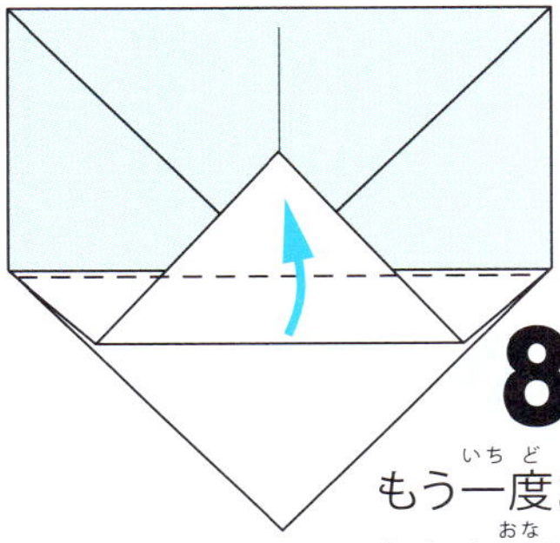

8
もう一度《いちど》おり上《あ》げます。
うらも同《おな》じく**7**～**8**を
おります。

できあがり

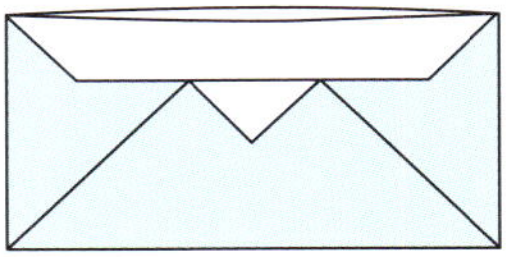

和紙《わし》などでおると
すてきなカードケースに
なります。

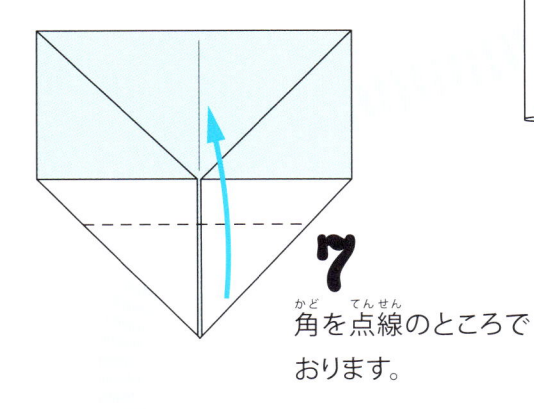

べにいれ

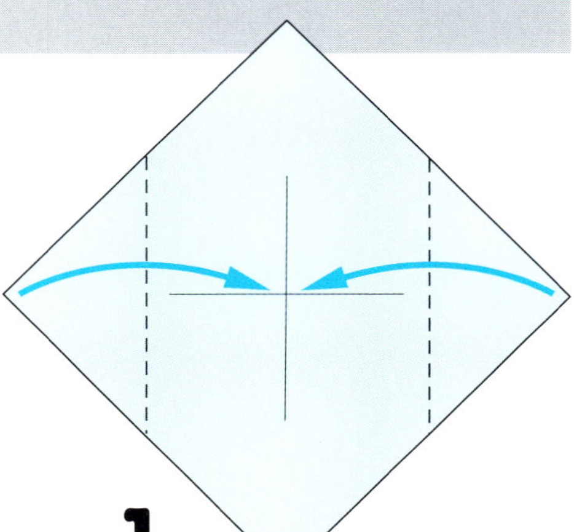

1

色《いろ》のついた面《めん》を表《おもて》にして
おりすじをつけたら
中心《ちゅうしん》に向《む》け角《かど》をおります。

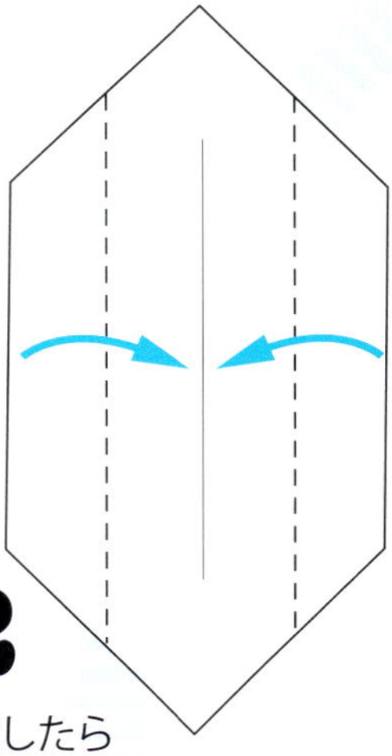

2

うら返《がえ》したら
上《うえ》の１枚《まい》だけ
おりすじに合《あ》わせております。
うらの三角《さんかく》をいっしょに
おってしまわないように、
気《き》をつけましょう。

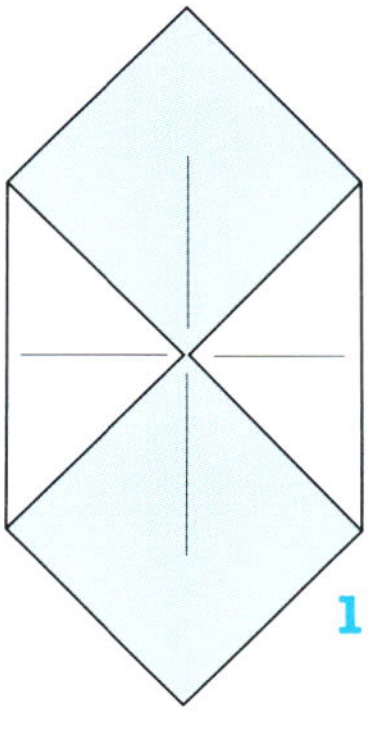

うらがえす

1をおったところ

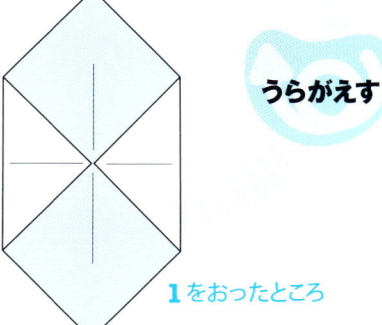

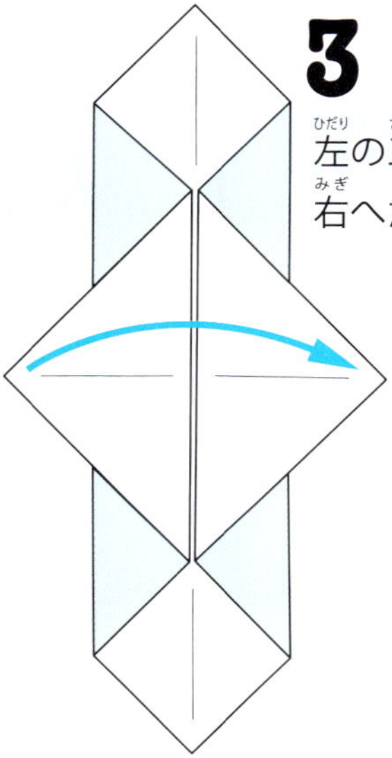

3

左《ひだり》の三角《さんかく》を
右《みぎ》へたおします。

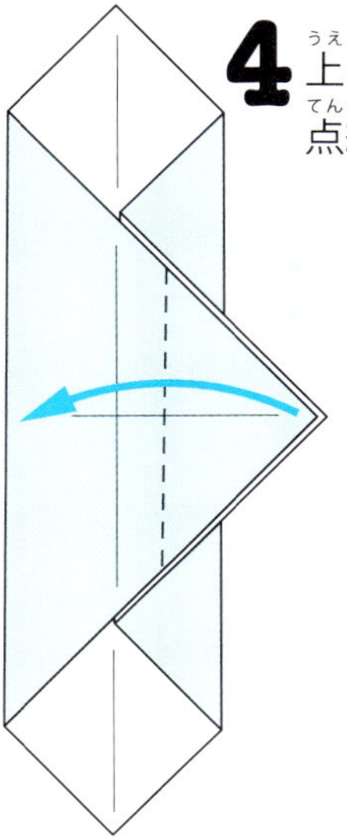

4 上《うえ》の1枚《まい》だけ
点線《てんせん》のところでおります。

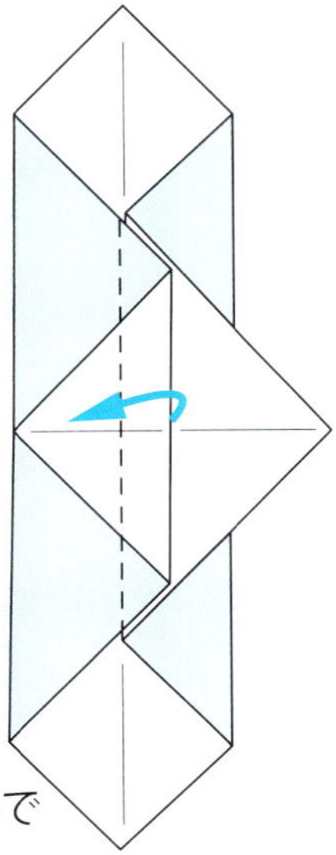

5

おりすじのところで
おります。

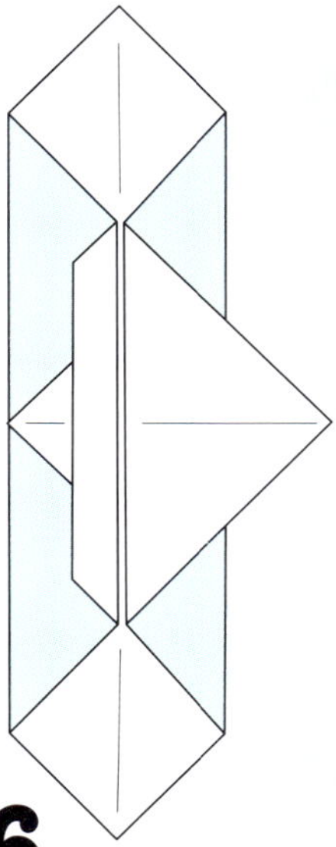

6

5 をおったところ。
右《みぎ》の三角《さんかく》も同《おな》じように
3～**5** をおります。

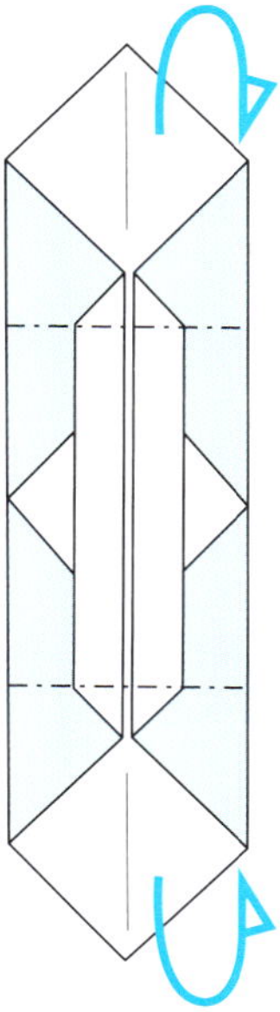

7

上下《じょうげ》を向《む》こうがわへ
おります。

できあがり

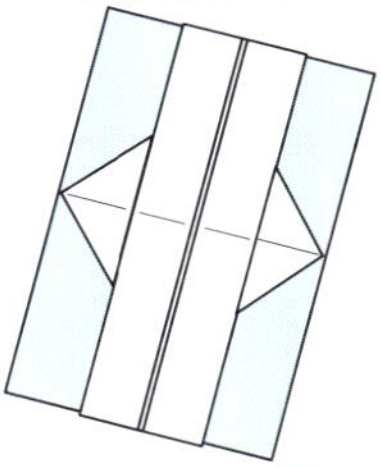

やわらかい紙《かみ》でおると
ティッシュケースとしても
活《かつ》やくします。

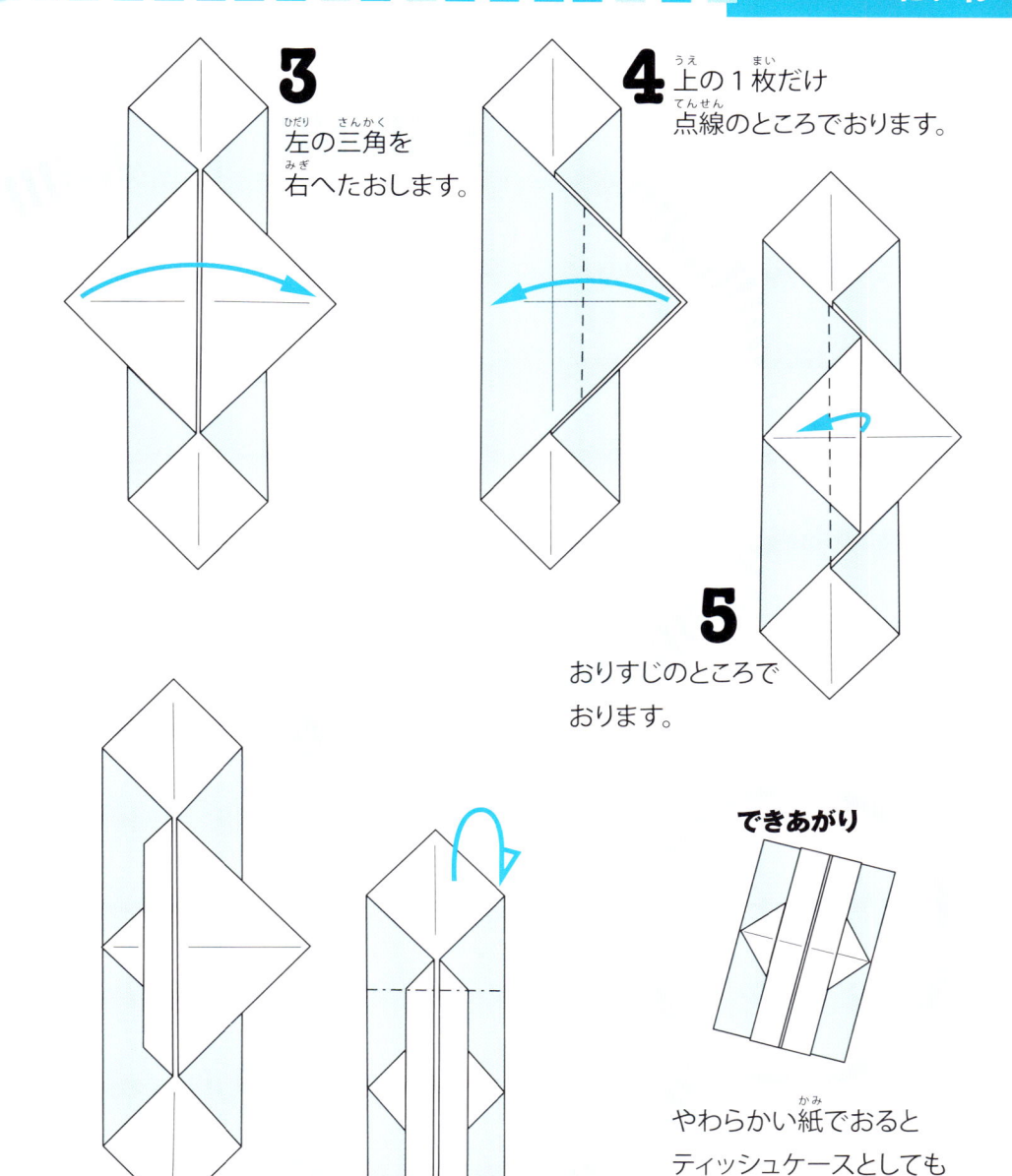

大《おお》きさのちがう２枚《まい》の紙《かみ》を
はり合《あ》わせておきます。
できあがりに卍（まんじ）のがらが
引《ひ》き立《き》ちます。

ぽちぶくろ

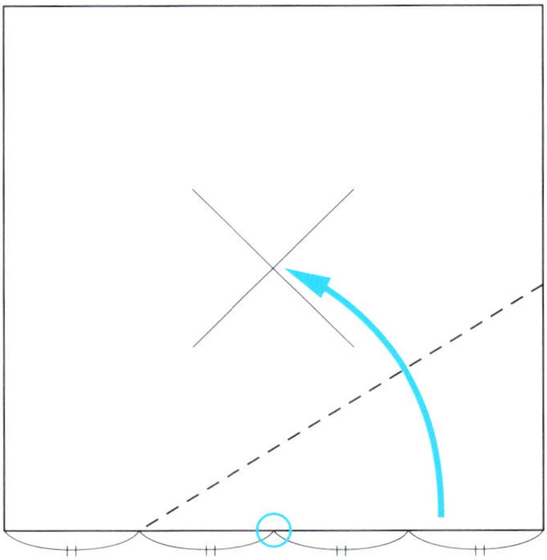

1

中心《ちゅうしん》と、はしから¼のところに
しるしをつけたら
○のふちと中心《ちゅうしん》とが
合《あ》うようにおります。

2

同《おな》じように
ふちと中心《ちゅうしん》を合《あ》わせて
おります。

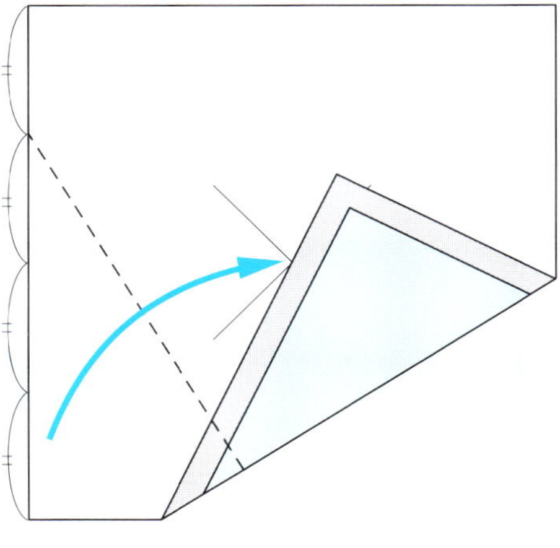

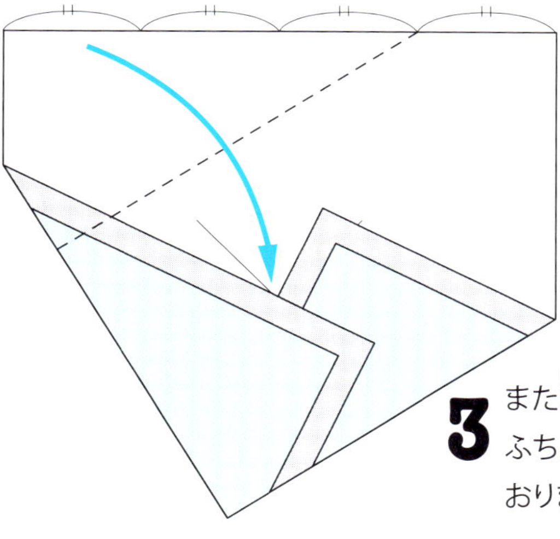

3

また同《おな》じように
ふちと中心《ちゅうしん》を合《あ》わせて
おります。

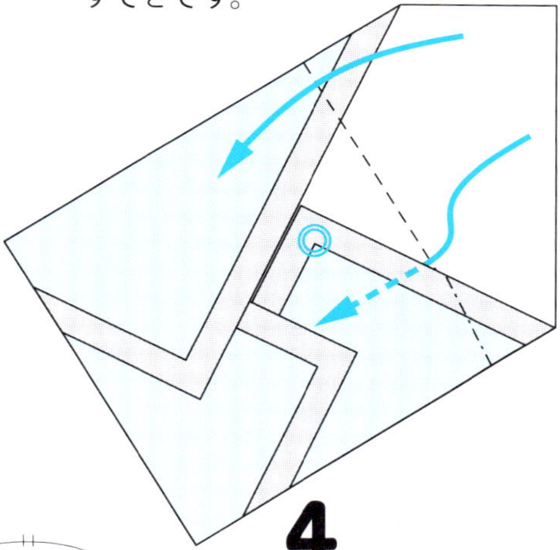

4

最後《さいご》のふちは
谷《たに》おり線《せん》で一度《いちど》おってから
たがいちがいに重《かさ》なるように
◎の部分《ぶぶん》を上《うえ》に出《だ》します。

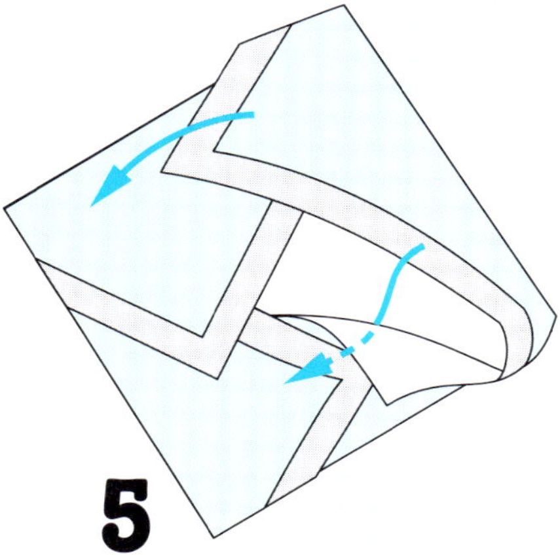

5

4をおっているところ。
そのまま半分《はんぶん》は上《うえ》へ重《かさ》ね、
もう半分《はんぶん》は
下《した》にさしこみます。

できあがり

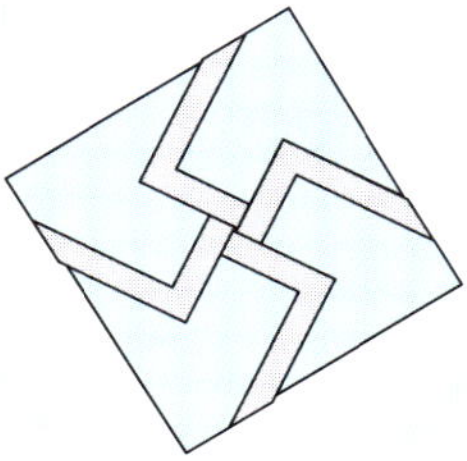

心《こころ》づけなど少額《しょうがく》のお金《かね》を
わたすときなどに包《つつ》むと
すてきです。

たとう

1 図《ず》のように
おりすじをつけたら
点線《てんせん》のところでおります。

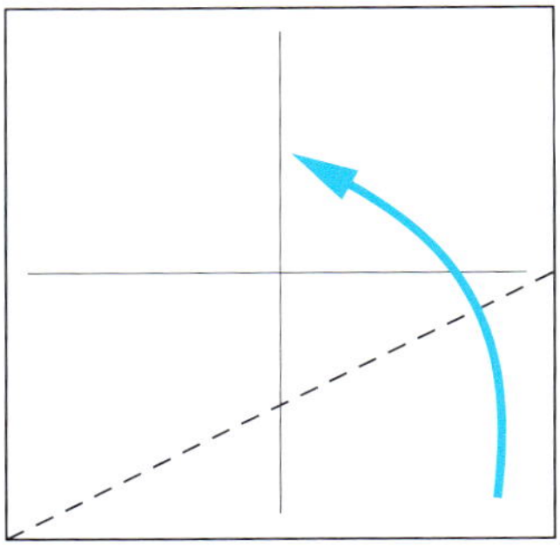

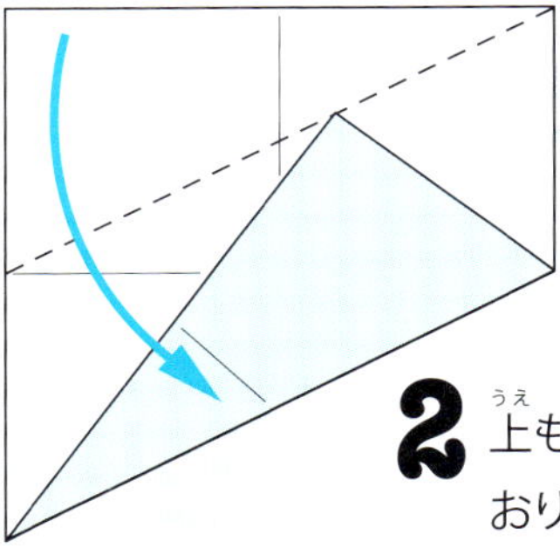

2 上《うえ》も点線《てんせん》のところで
おります。

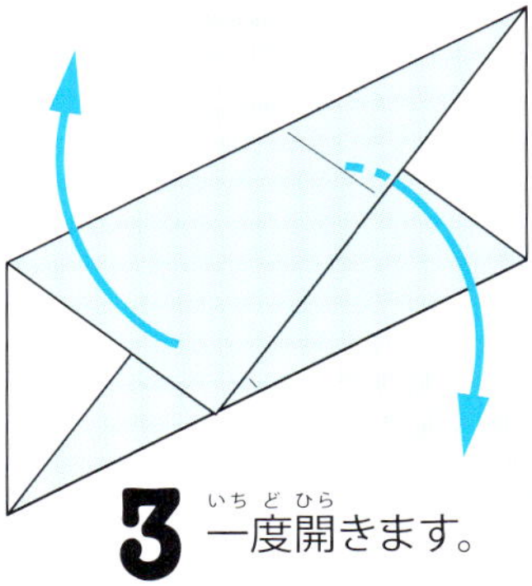

3 一度《いちど》開《ひら》きます。

4 今度《こんど》は左右《さゆう》を
点線《てんせん》のところでおって
また開《ひら》きます。

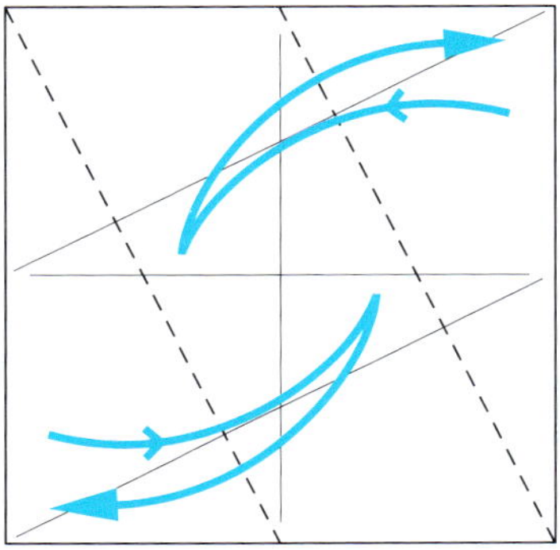

5

図《ず》のようにおりすじがついたら
○どうしが合《あ》わさるようにおります。

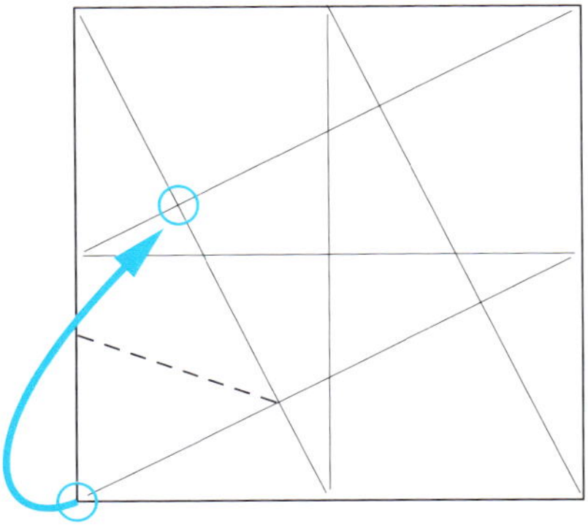

6

このとき★の部分《ぶぶん》にだけ
おり目《め》をつけるように
しましょう。
つけたら開《ひら》きます。

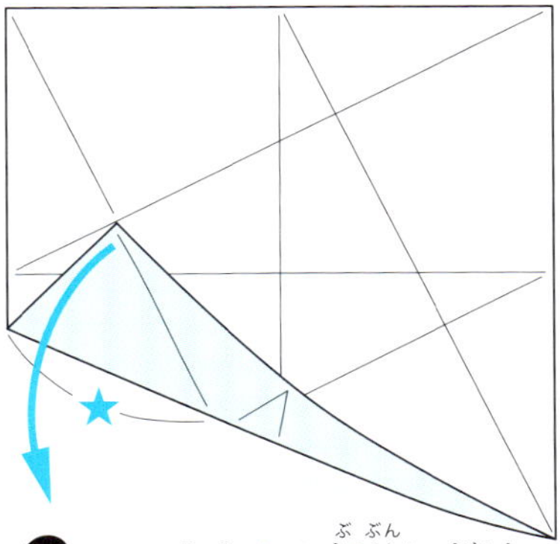

7

ほかの３カ所《しょ》も
同《おな》じしるしどうしを
合《あ》わせており目《め》をつけ、
もどします。

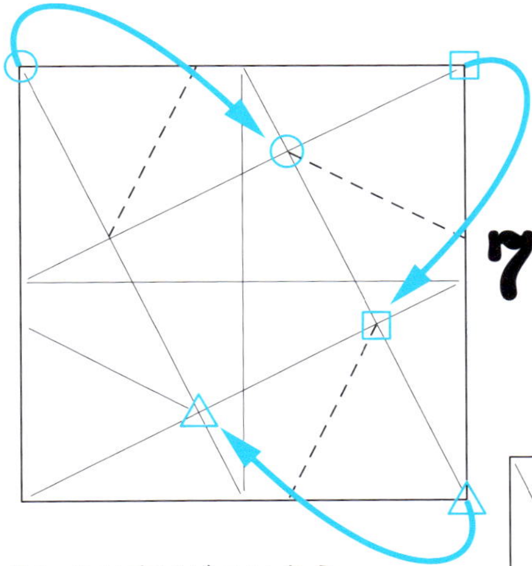

8

1でつけたおりすじのところで
おります。

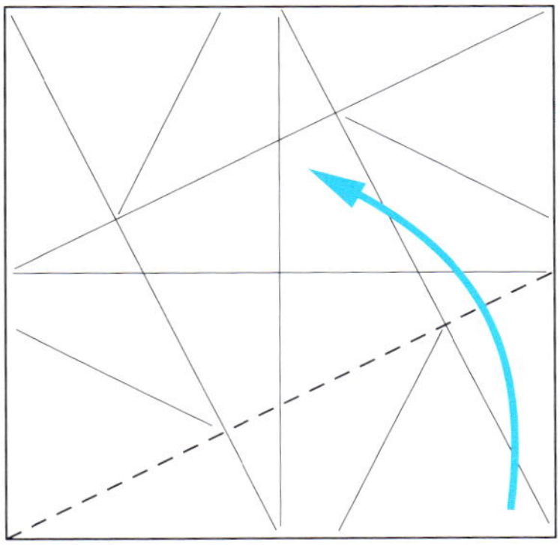

9

○と○、□と□が合《あ》うように
点線《てんせん》のところでおりたたみます。

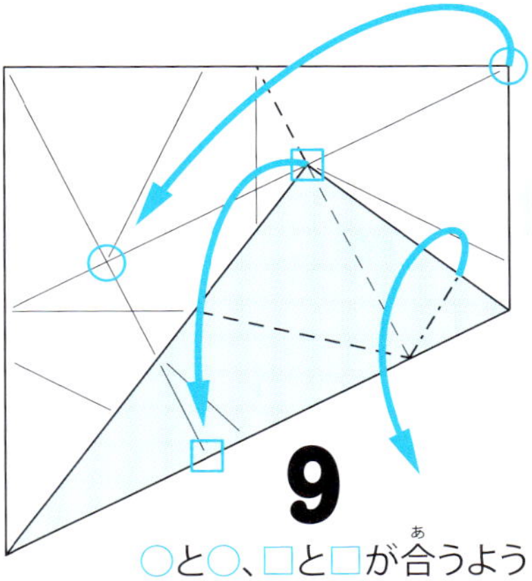

つぎのページに

まえのページから

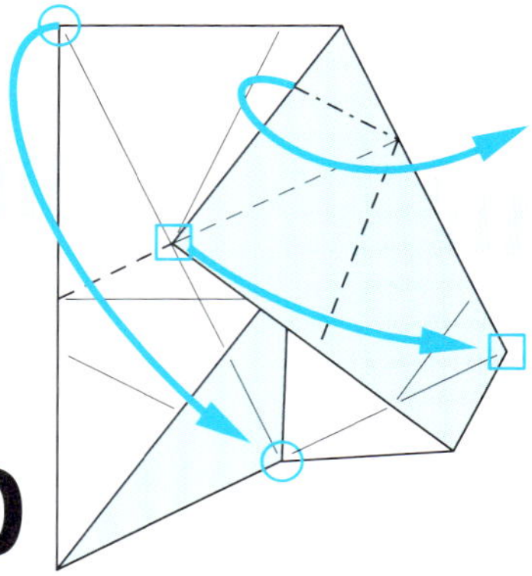

10

○どうし、□どうしが合《あ》うように
点線《てんせん》のところでおりたたみます。

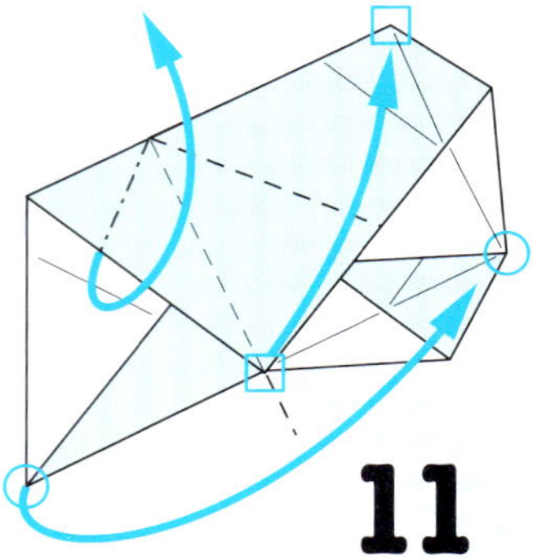

11

同《おな》じように点線《てんせん》のところで
おりたたみます。

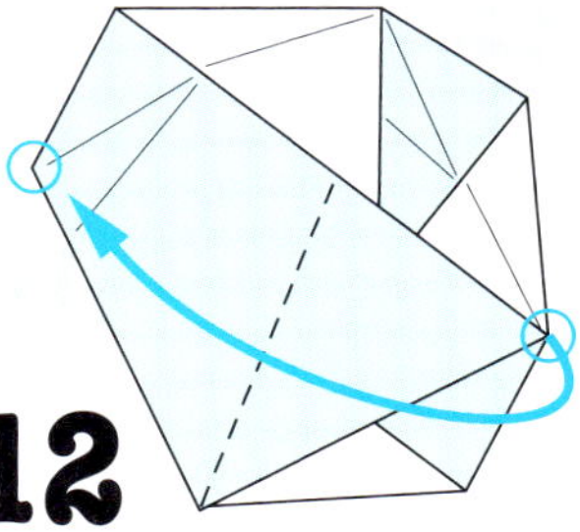

12

○と○が合《あ》うようにおります。

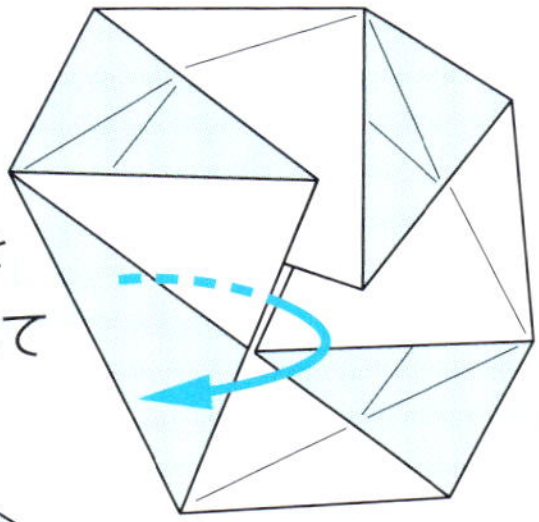

13

下《した》に重《かさ》なった部分《ぶぶん》を
内《うち》がわから引《ひ》き出《だ》して
上《うえ》にかぶせます。

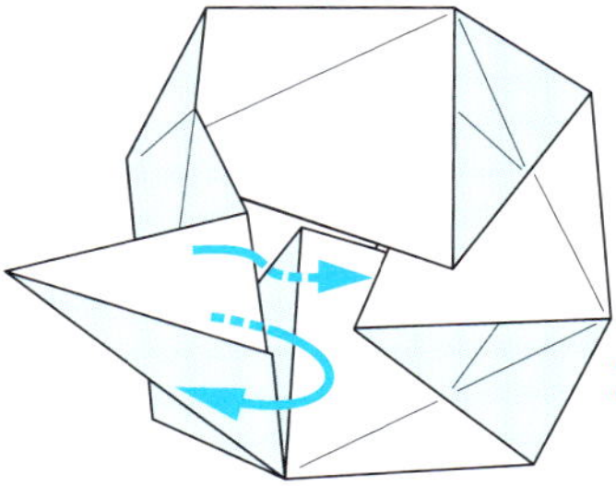

13で引《ひ》き出《だ》しているところ

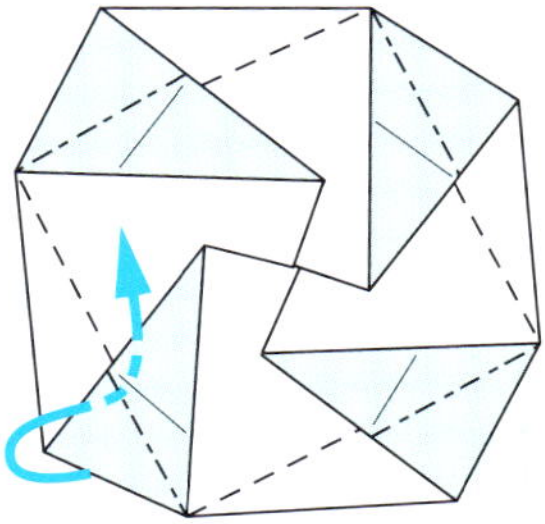

14

引《ひ》き出《だ》したところ。
点線《てんせん》のところで中《なか》わりおりをする感《かん》じで
４つの角《かど》を内《うち》がわへおりこみます。

コースターやぽちぶくろとして
使《つか》えます。

できあがり

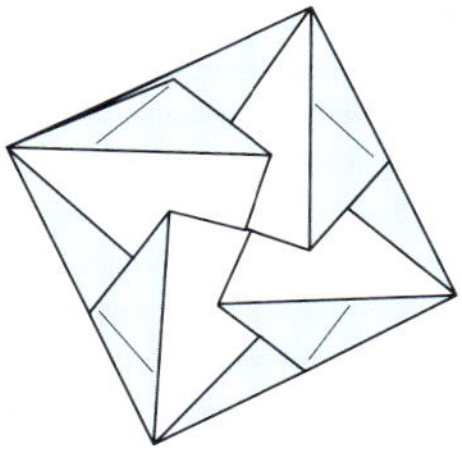

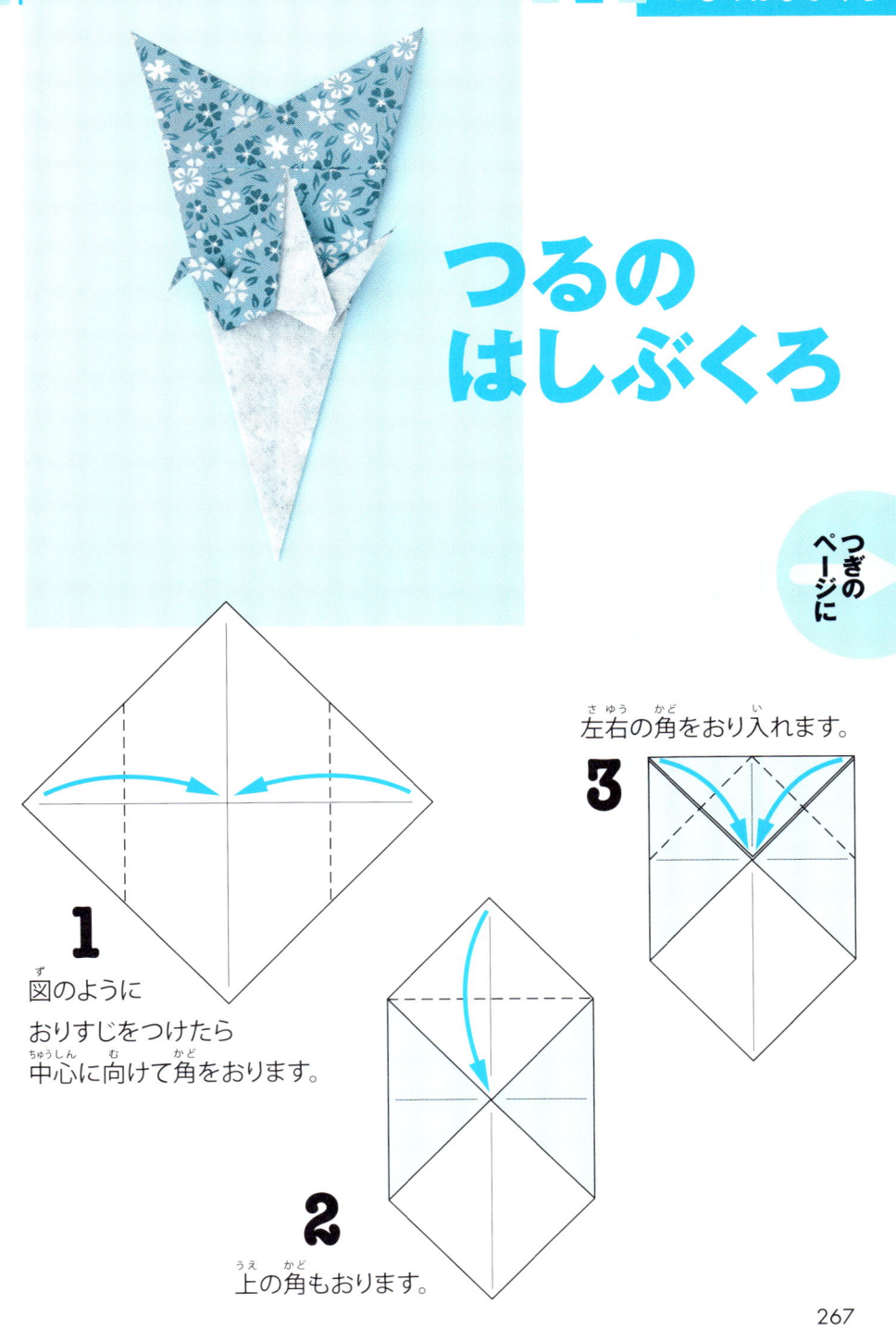

つるの はしぶくろ

つぎのページに

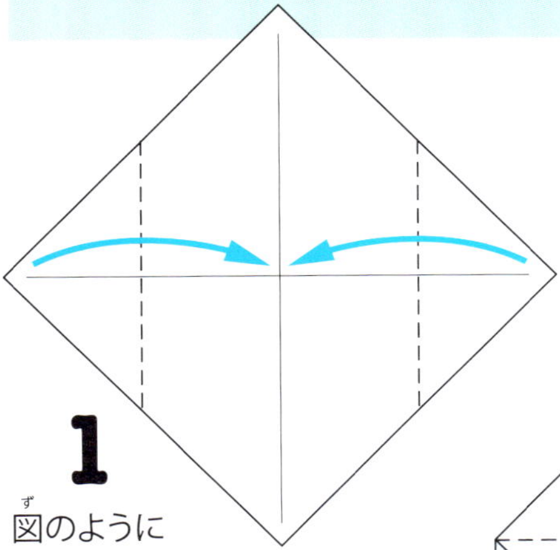

1

図《ず》のように
おりすじをつけたら
中心《ちゅうしん》に向《む》けて角《かど》をおります。

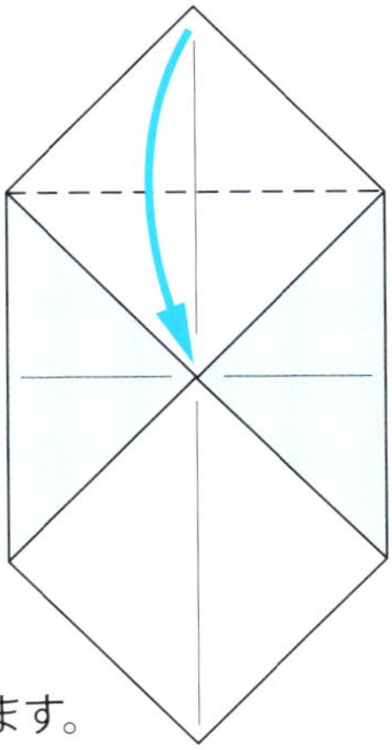

2

上《うえ》の角《かど》もおります。

3

左右《さゆう》の角《かど》をおり入《い》れます。

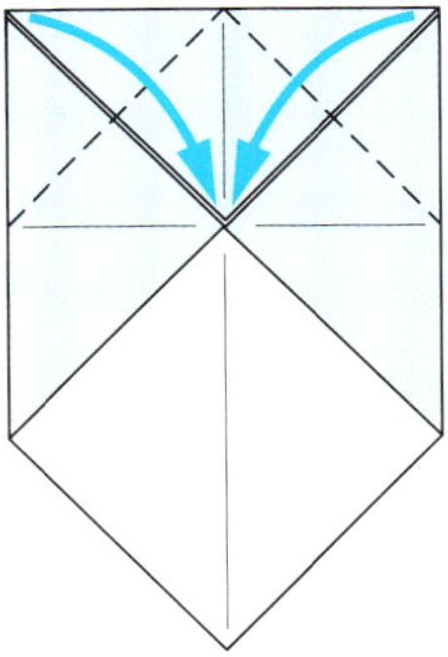

まえのページから

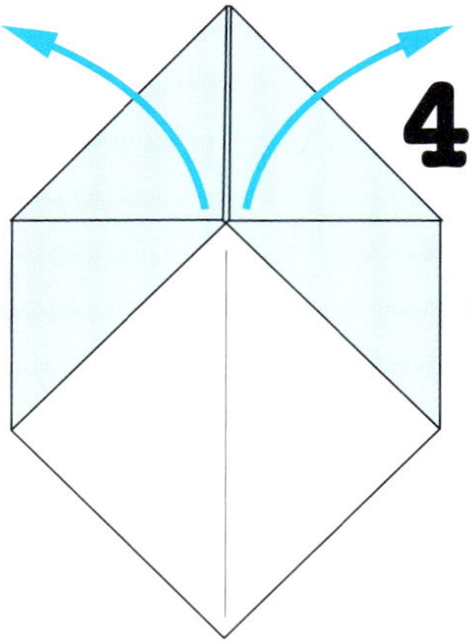

4

開《ひら》いて2の形《かたち》まで
もどします。

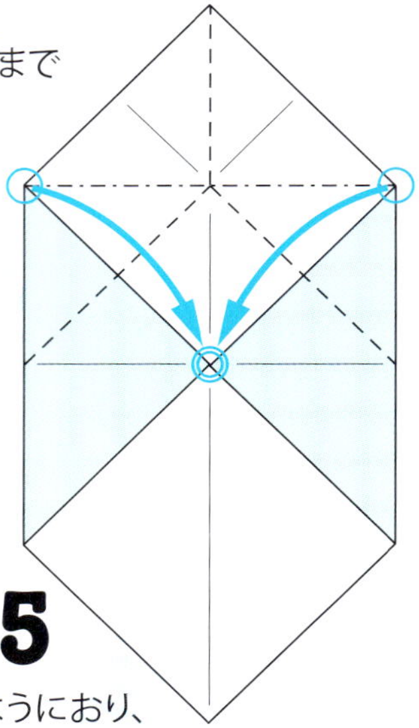

5

点線《てんせん》のようにおり、
◯の両角《りょうかど》を◎によせるようにします。
おりすじを使《つか》うとうまくいきます。

6をおったところ

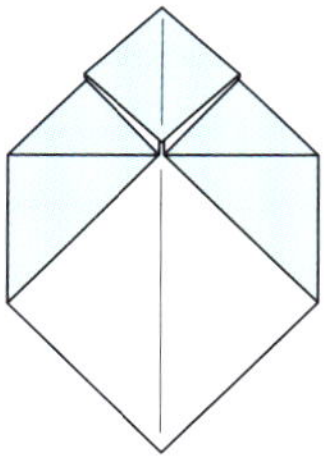

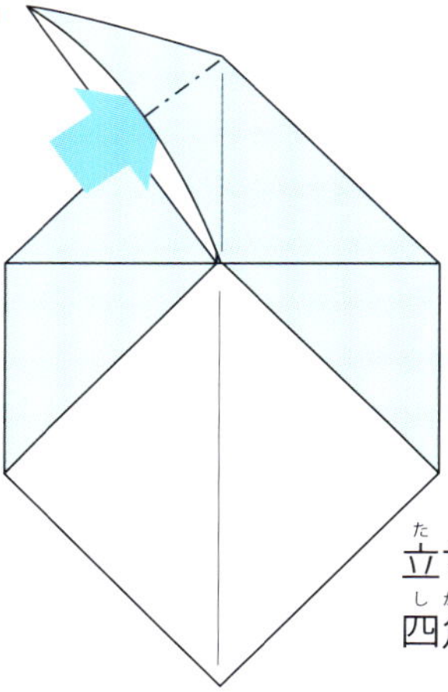

6

立《た》ち上《あ》がったふくろに指《ゆび》を入《い》れ、
四角《しかく》に開《ひら》いてつぶします。

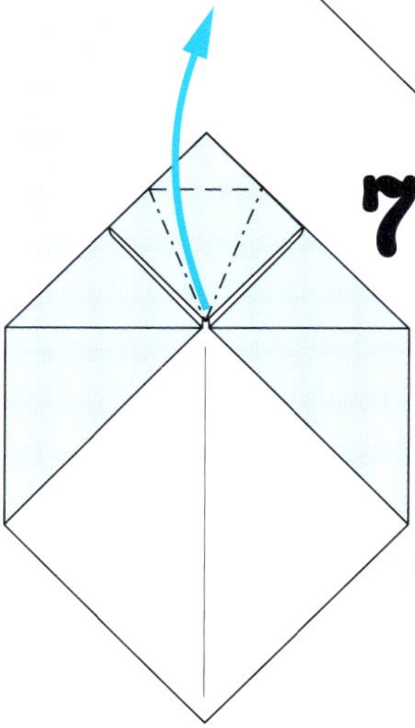

7

「つる」(46ページ)のように
角《かど》をおり上《あ》げながらダイヤ形《がた》に
開《ひら》いてつぶします。

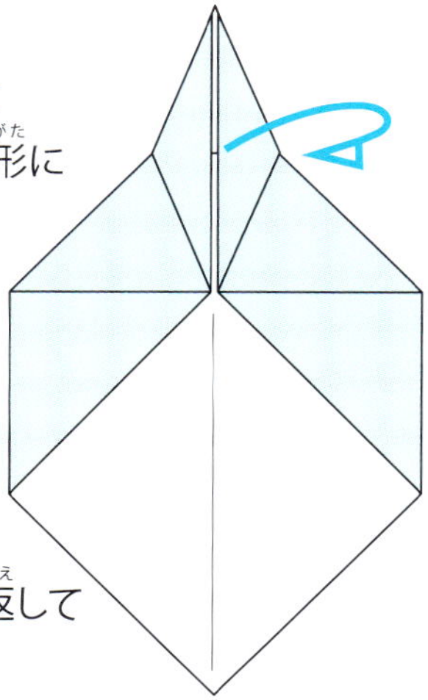

8

ダイヤ形《がた》の右半分《みぎはんぶん》だけ
内《うち》と外《そと》をぐるりとひっくり返《かえ》して
反転《はんてん》させます。

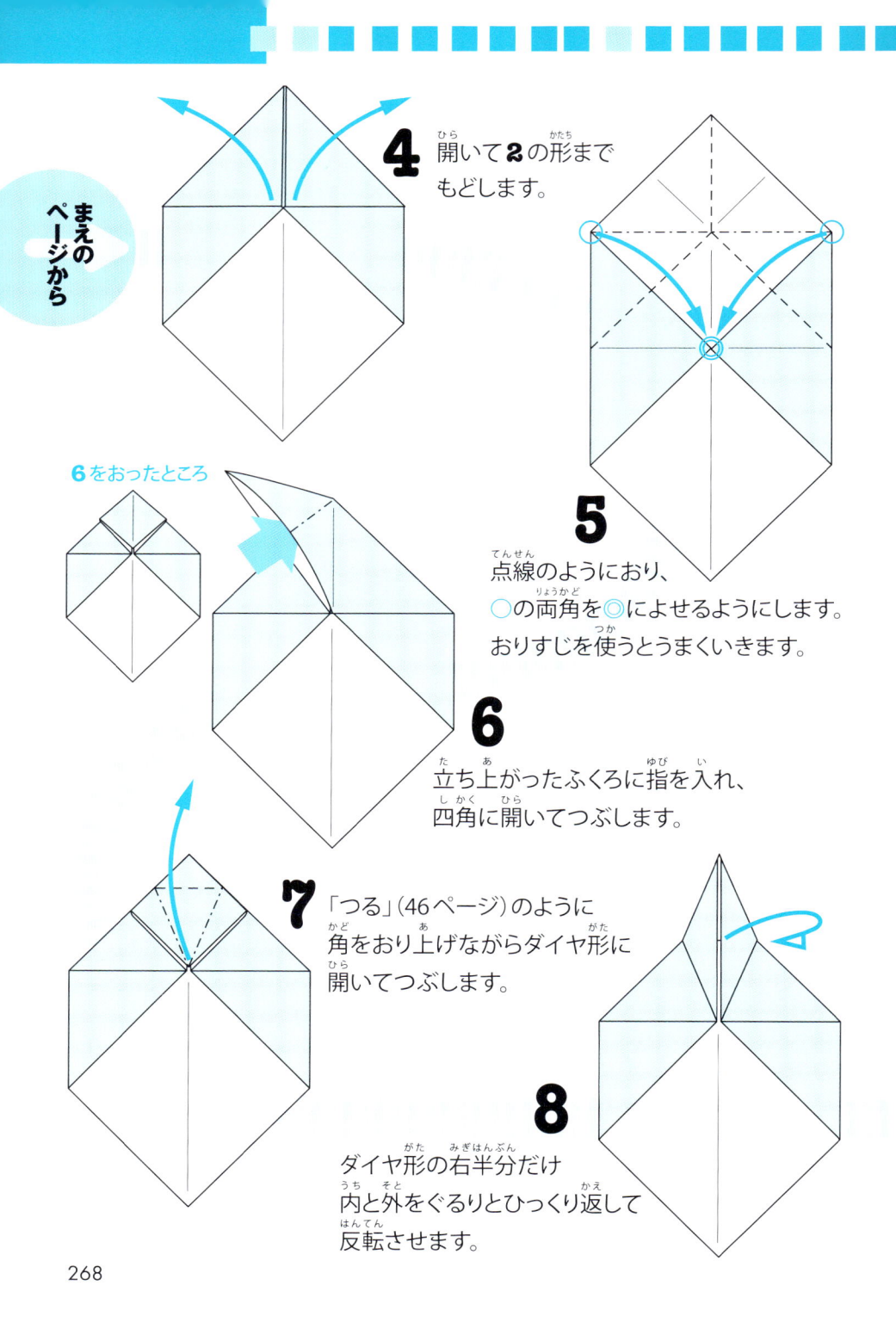

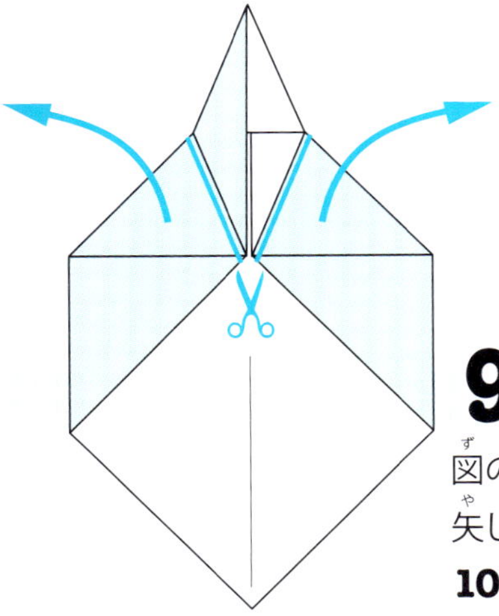

9

図《ず》のように切《き》りこみを入《い》れ、
矢《や》じるしのほうへ広《ひろ》げます。
10の形《かたち》になるまで広《ひろ》げましょう。

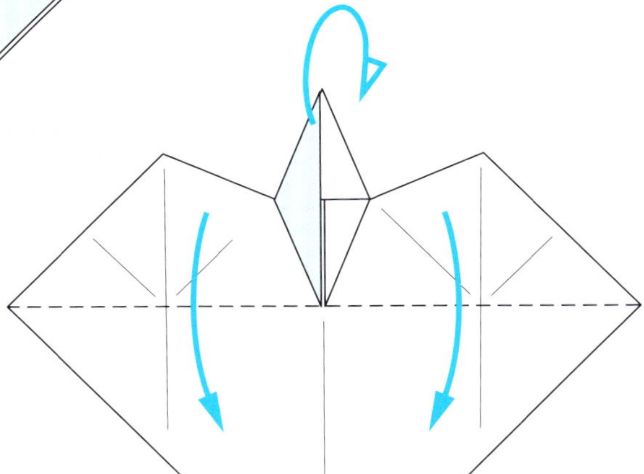

10

全体《ぜんたい》を半分《はんぶん》におり下《さ》げながら
ダイヤ形《がた》の部分《ぶぶん》だけおり返《かえ》します。

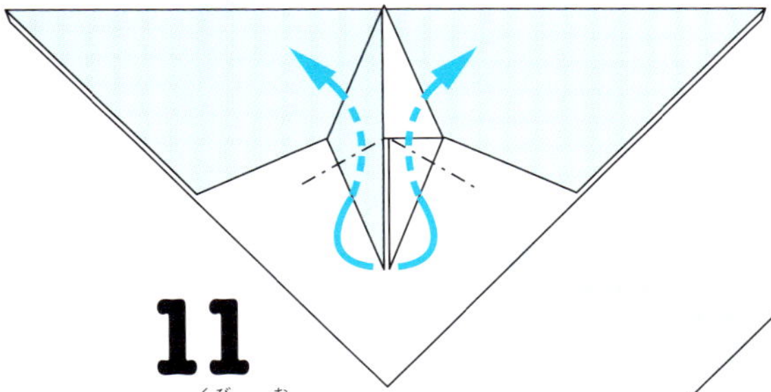

11

つるの首《くび》と尾《お》を
それぞれ中《なか》わりおりします。

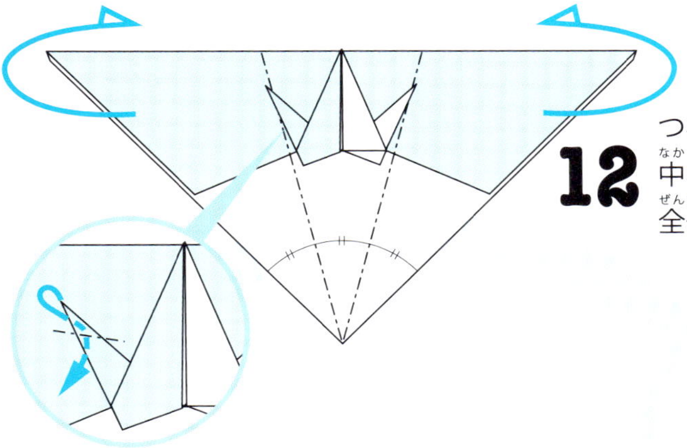

12

つるの頭《あたま》を
中《なか》わりおりにしてから
全体《ぜんたい》を三《み》つおりにします。

できあがり

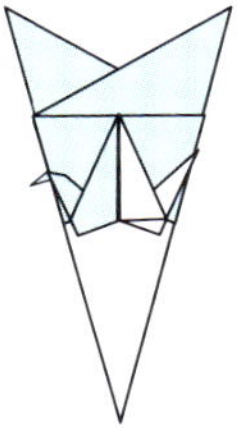

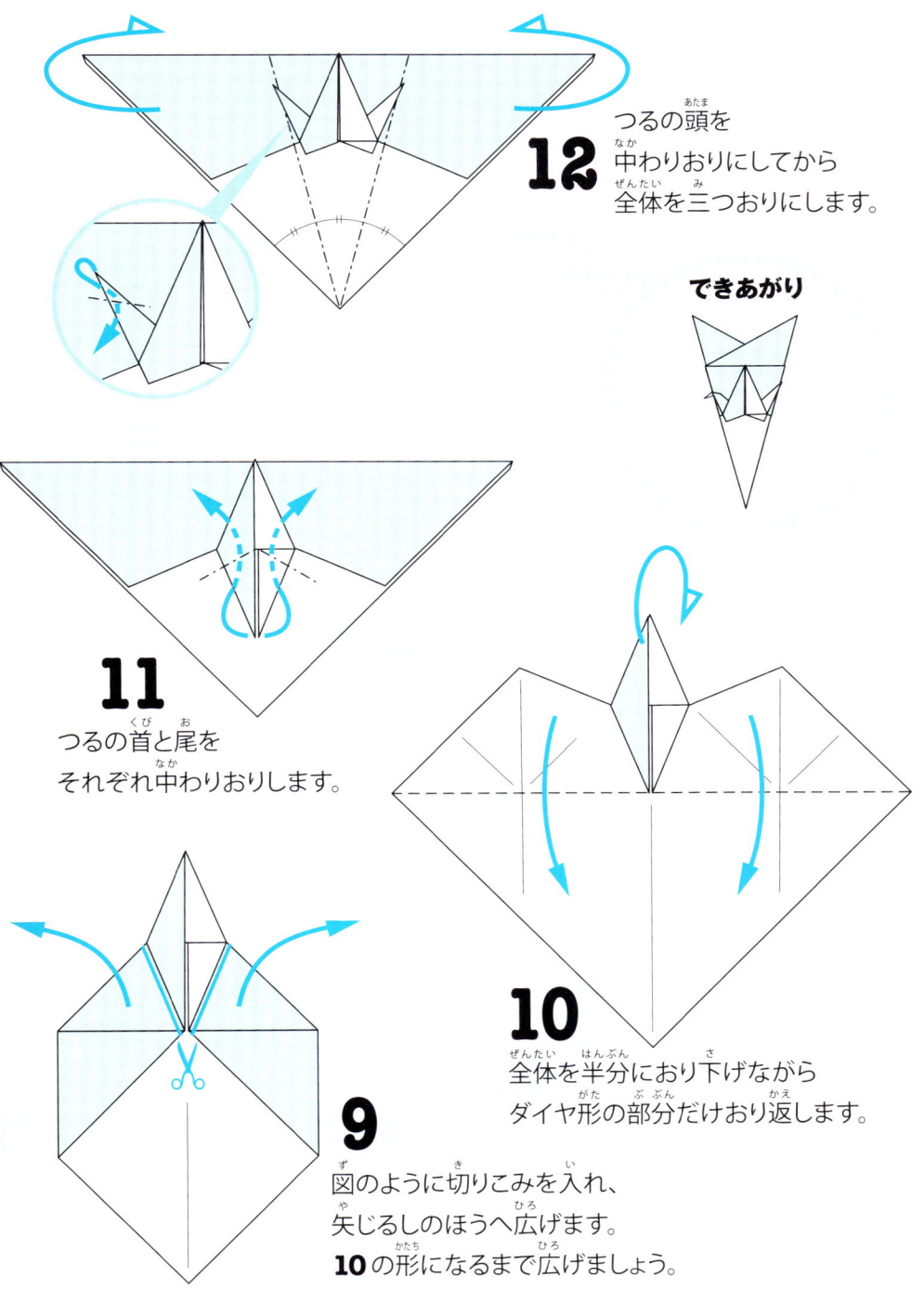

さんぼう

「やっこさん」

（32ページ）の

2までおります。

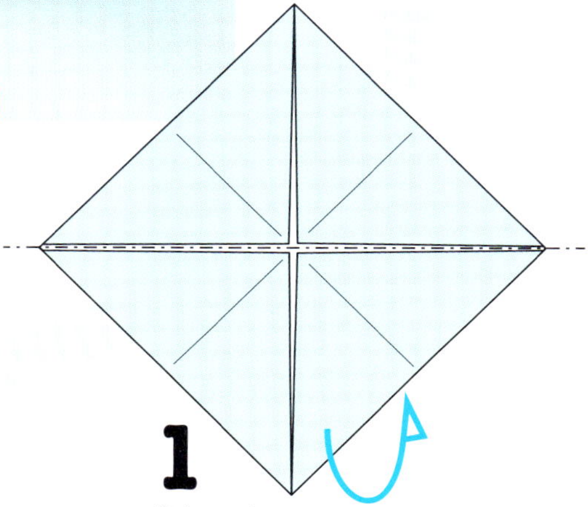

1

全体《ぜんたい》を向《む》こうがわへ
半分《はんぶん》におります。

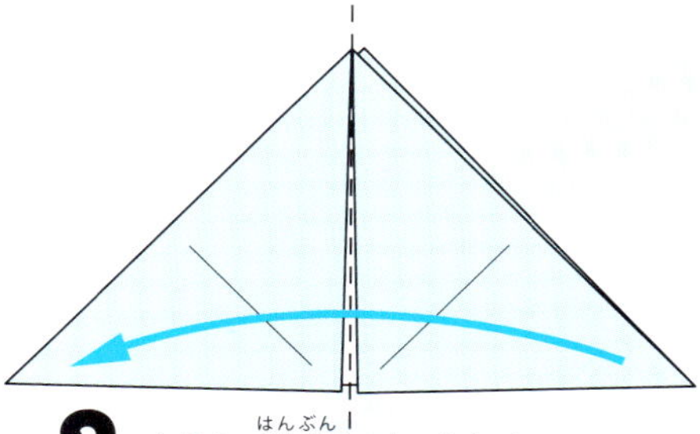

2 さらに半分《はんぶん》におります。

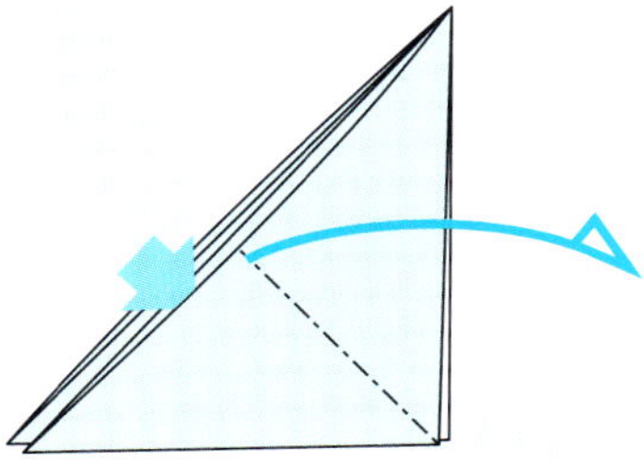

3

から手《て》を入《い》れ、
三角《さんかく》のふくろを四角《しかく》に開《ひら》いてつぶします。
うらも同《おな》じに。

3をおったところ。
少《すこ》し上《うえ》から見《み》ています。

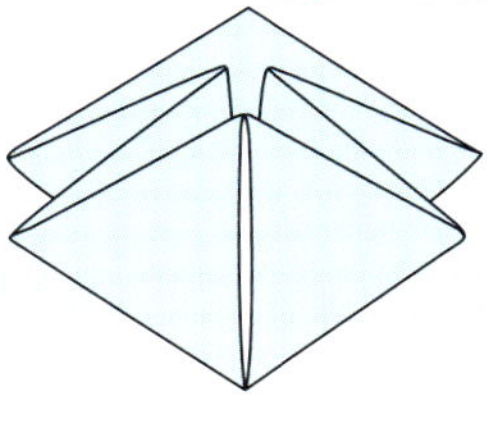

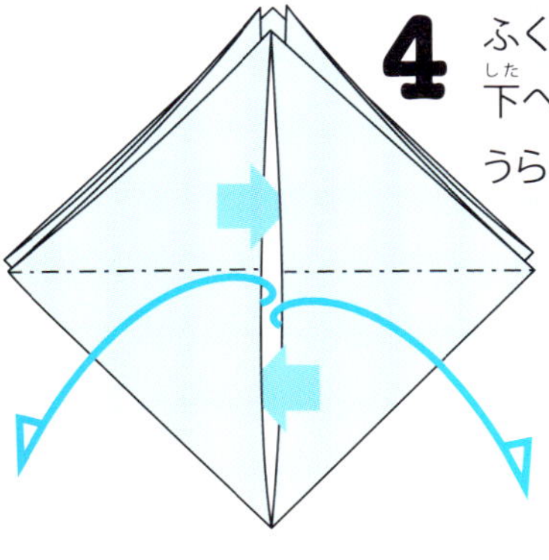

4 ふくろに手《て》を入《い》れ、
下《した》へ開《ひら》いてつぶします。
うらも同《おな》じに。

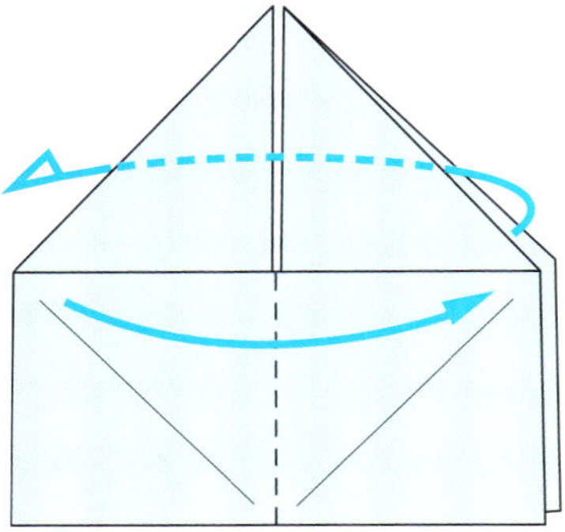

5 おりずらして
おる面《めん》をかえます。

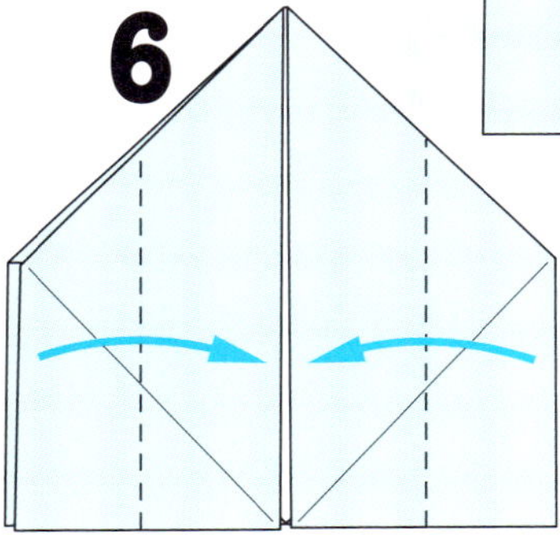

6 左右《さゆう》をそれぞれ
半分《はんぶん》におります。

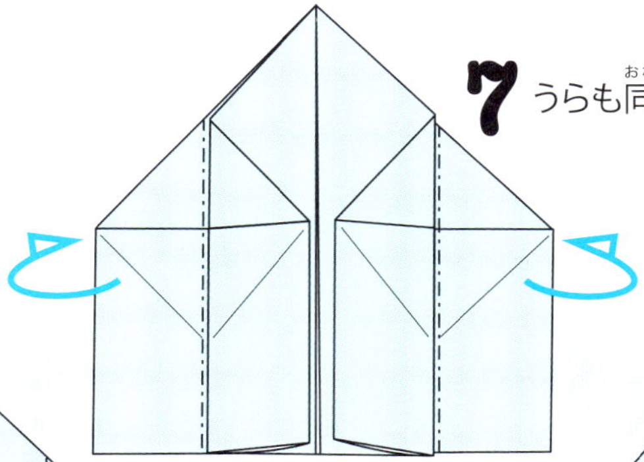

7 うらも同《おな》じにおります。

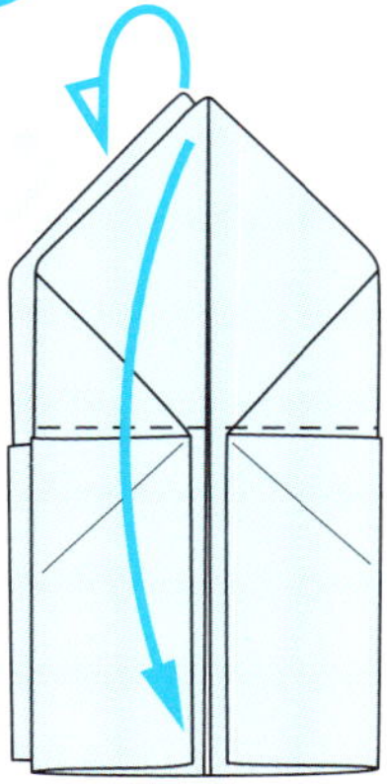

8 点線《てんせん》のところで
一度《いちど》おってから
全体《ぜんたい》を広《ひろ》げます。

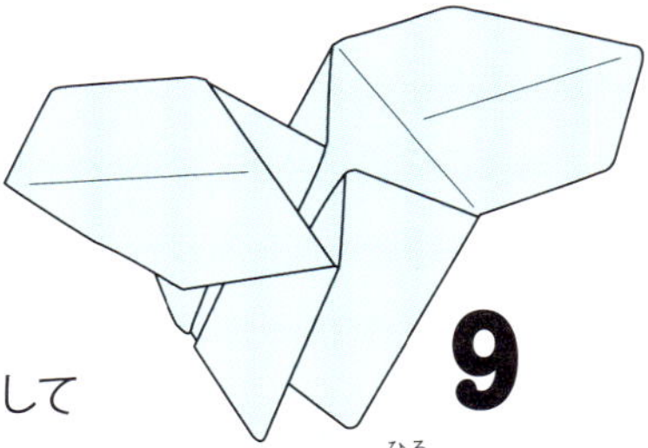

9 8を広《ひろ》げているところ。
中《なか》をさらに広《ひろ》げて
形《かたち》をととのえましょう。

できあがり

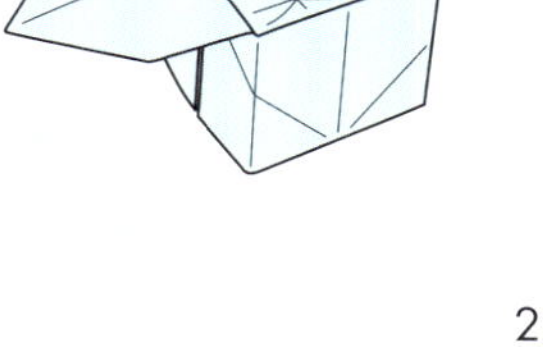

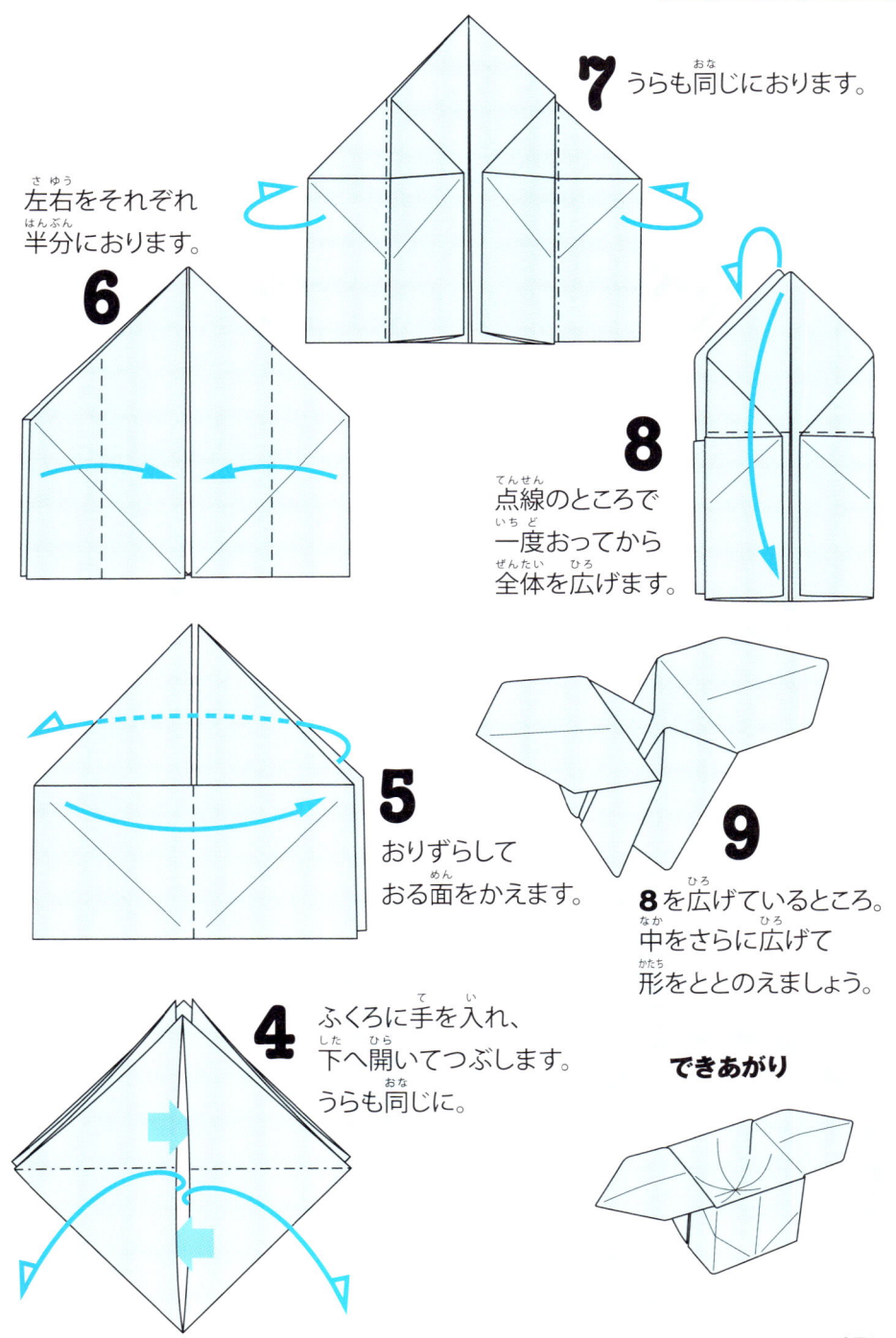

あしつき さんぼう

「さんぼう」（270ページ）**の**
4までおります。

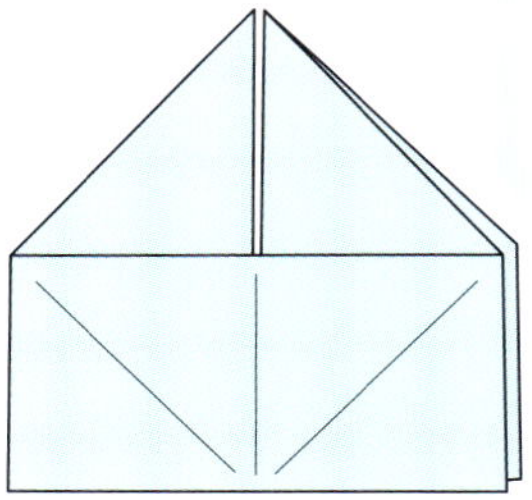

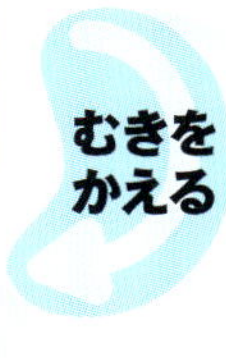

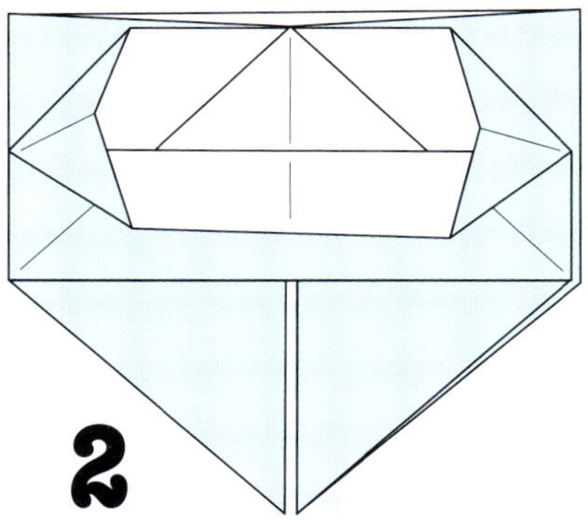

1

上《じょう》下《げ》の向《む》きをかえたら、点線《てんせん》のところでおり、
開《ひら》いてつぶします。

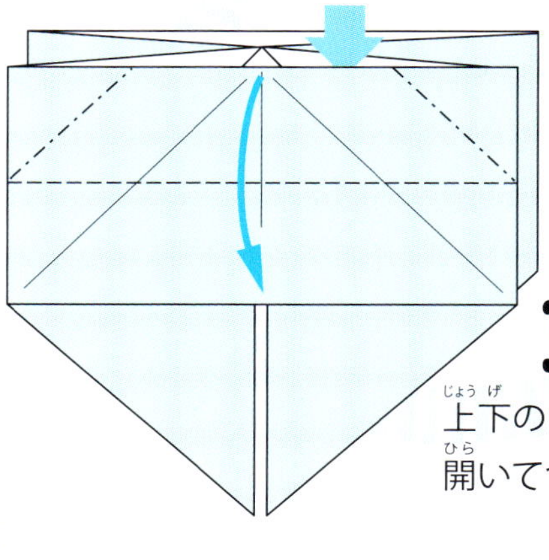

2

1をおっているところ。
うらも同《おな》じに開《ひら》いてつぶします。

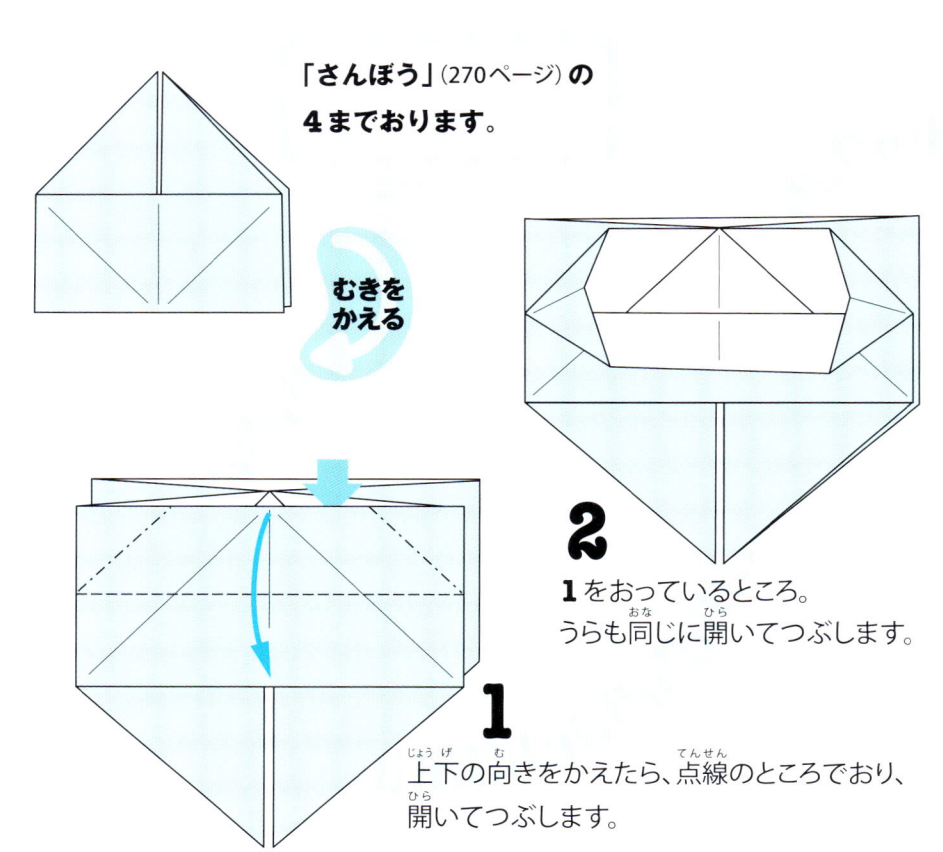

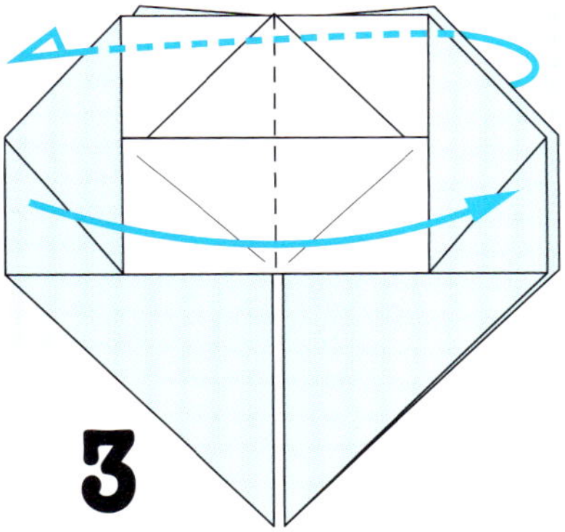

3

おりずらして
おる面《めん》をかえます。

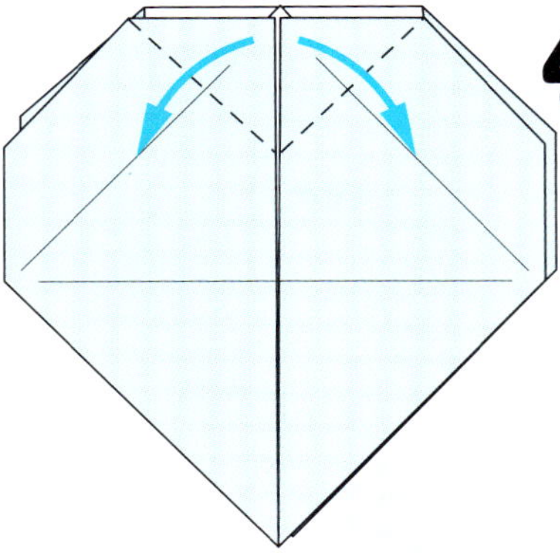

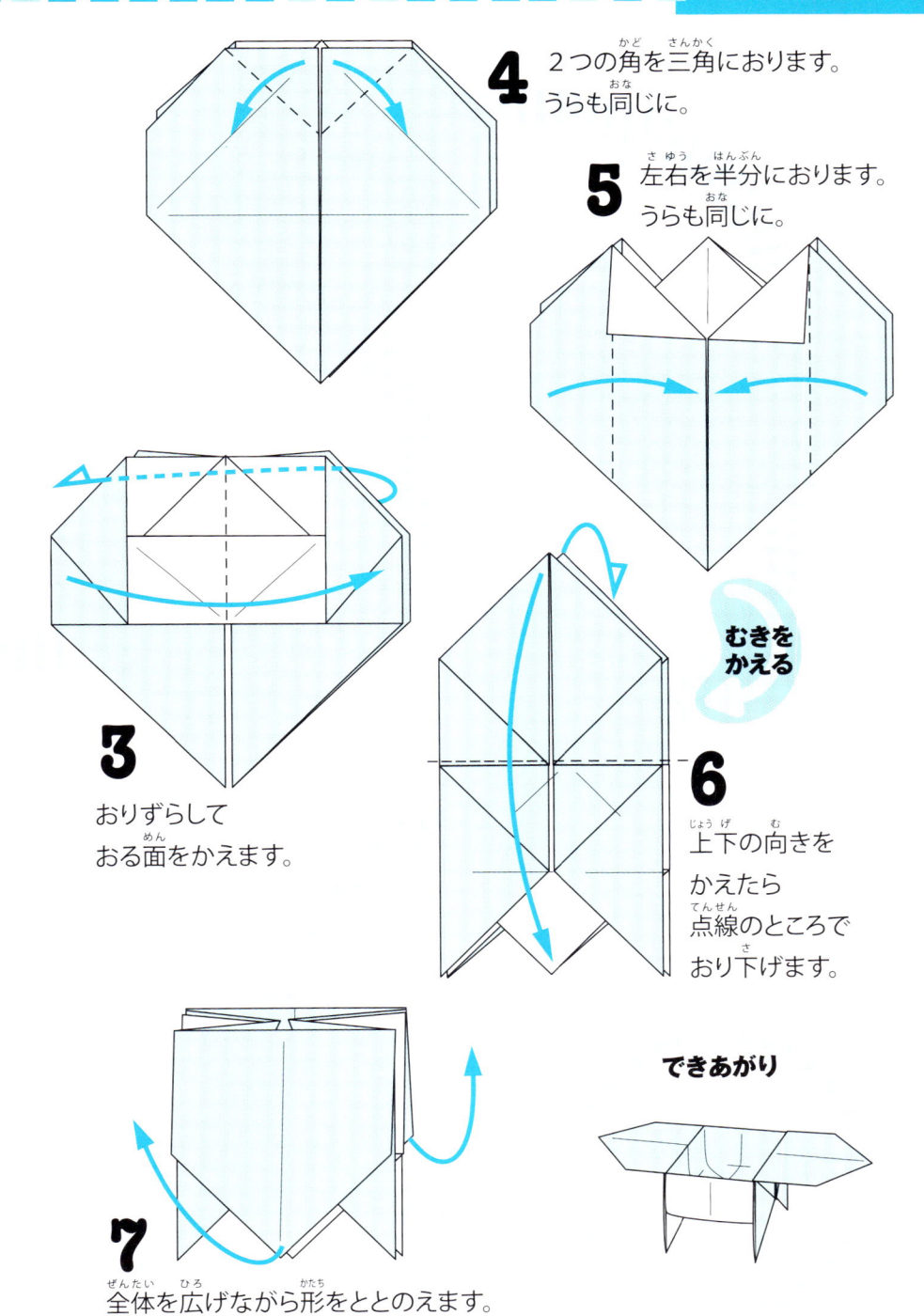

4 ２つの角《かど》を三角《さんかく》におります。
うらも同《おな》じに。

5 左右《さゆう》を半分《はんぶん》におります。
うらも同《おな》じに。

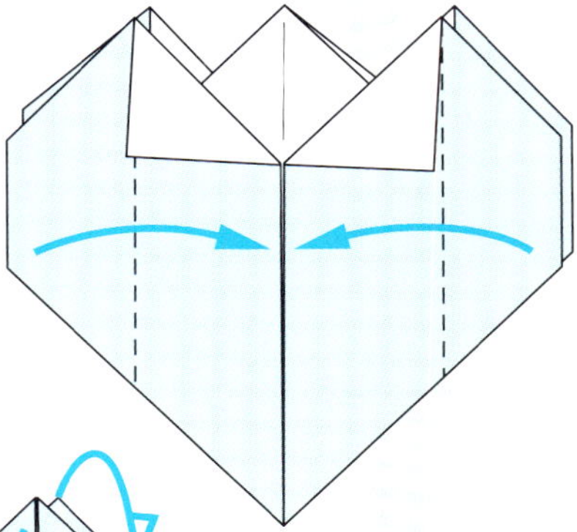

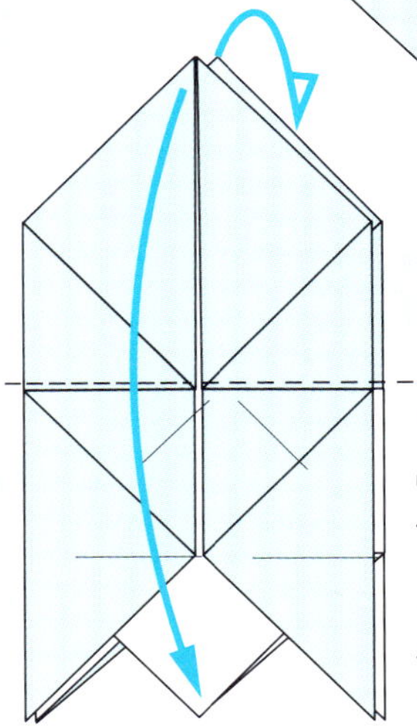

6

上下《じょうげ》の向《む》きを
かえたら
点線《てんせん》のところで
おり下《さ》げます。

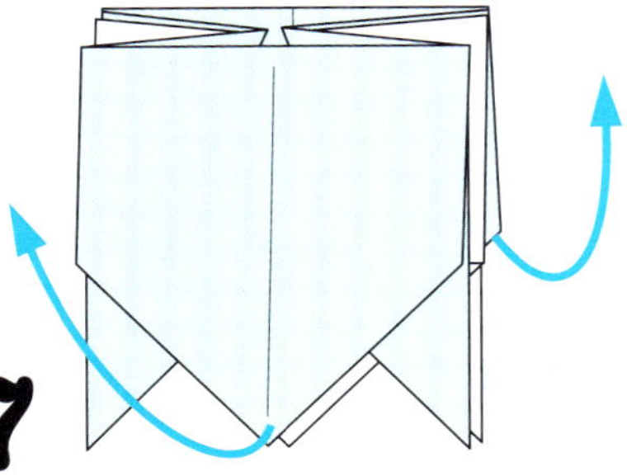

7

全体《ぜんたい》を広《ひろ》げながら形《かたち》をととのえます。

できあがり

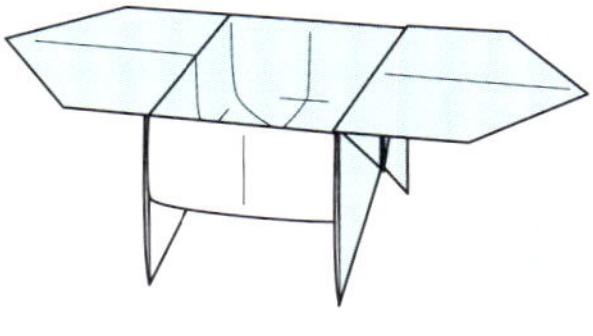

つの こうばこ

「つる」（46ページ）の
4までおります。

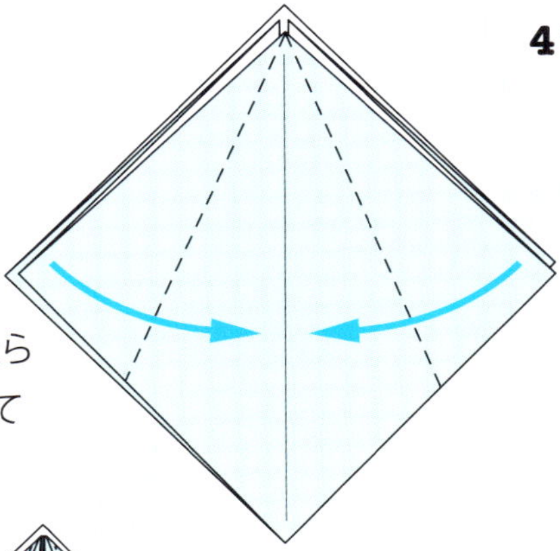

1

図《ず》の向《む》きにおいたら
おりすじに合《あ》わせて
左右《さゆう》をおります。

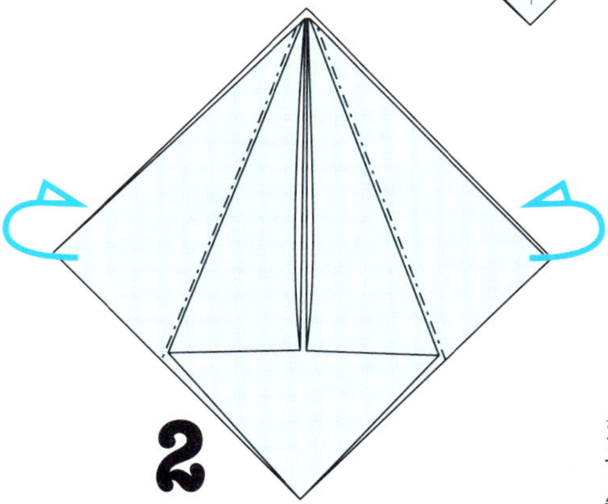

2

うらも同《おな》じにおります。

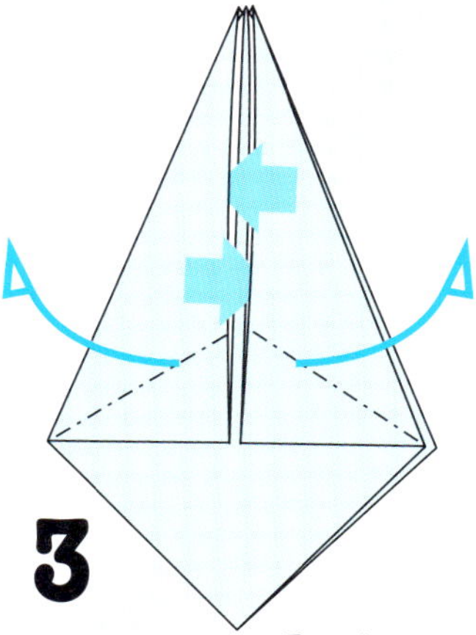

3

三角《さんかく》のふくろに ⬆ から手《て》を入《い》れ、
矢《や》じるしのほうへ開《ひら》いてつぶします。
うらも同《おな》じにおります。

4

おりずらして
おる面《めん》をかえます。

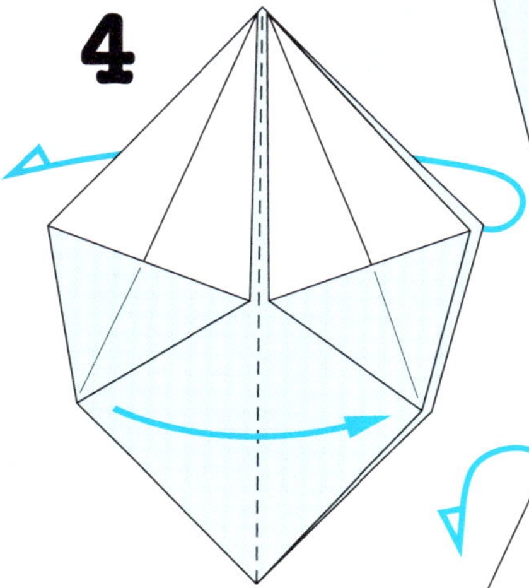

5

点線《てんせん》のところで
おります。
うらも同《おな》じ。

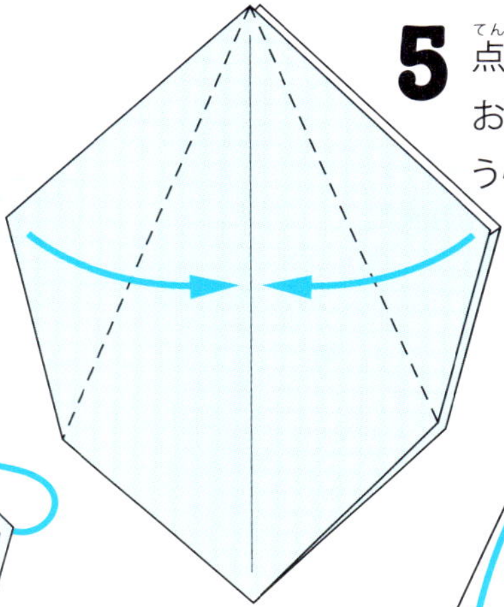

6

点線《てんせん》のところで
角《かど》をおり下《さ》げます。

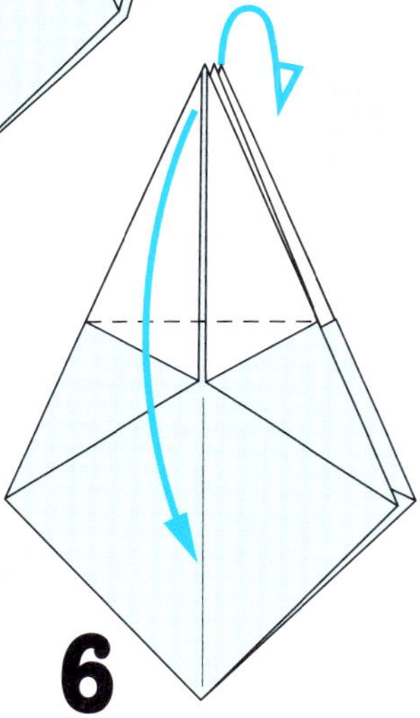

7

残《のこ》った２つの角《かど》も
おり下《さ》げます。

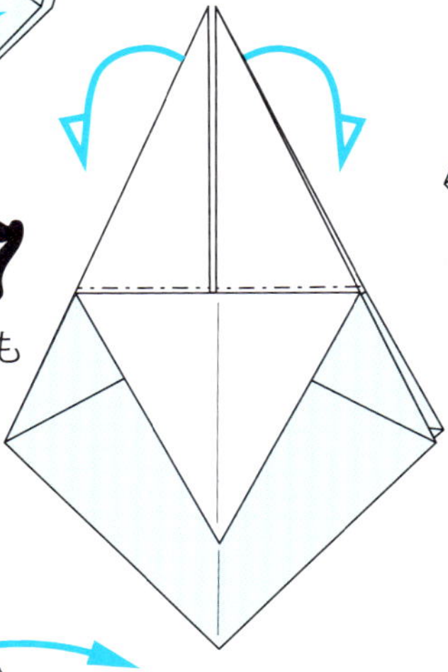

8

点線《てんせん》でおって底《そこ》をつくったら
ツノを四方《しほう》に広《ひろ》げて形《かたち》をととのえましょう。

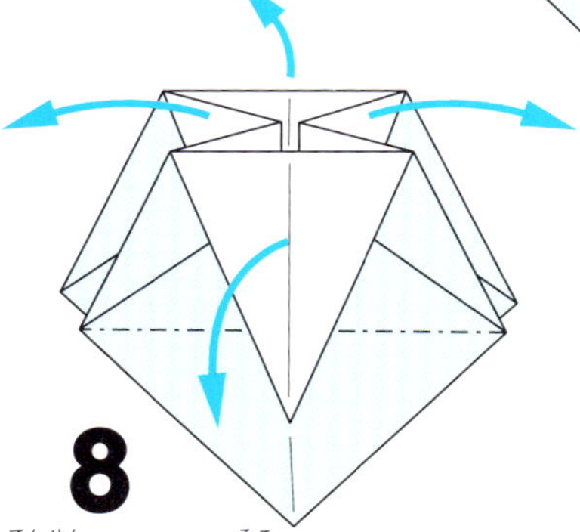

できあがり

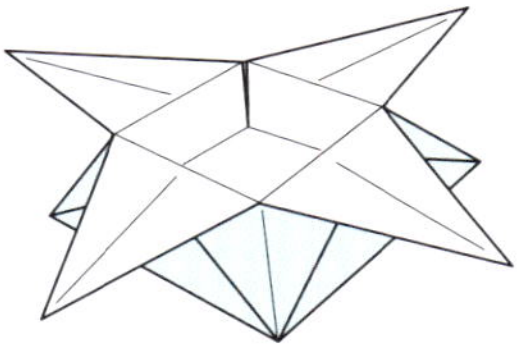

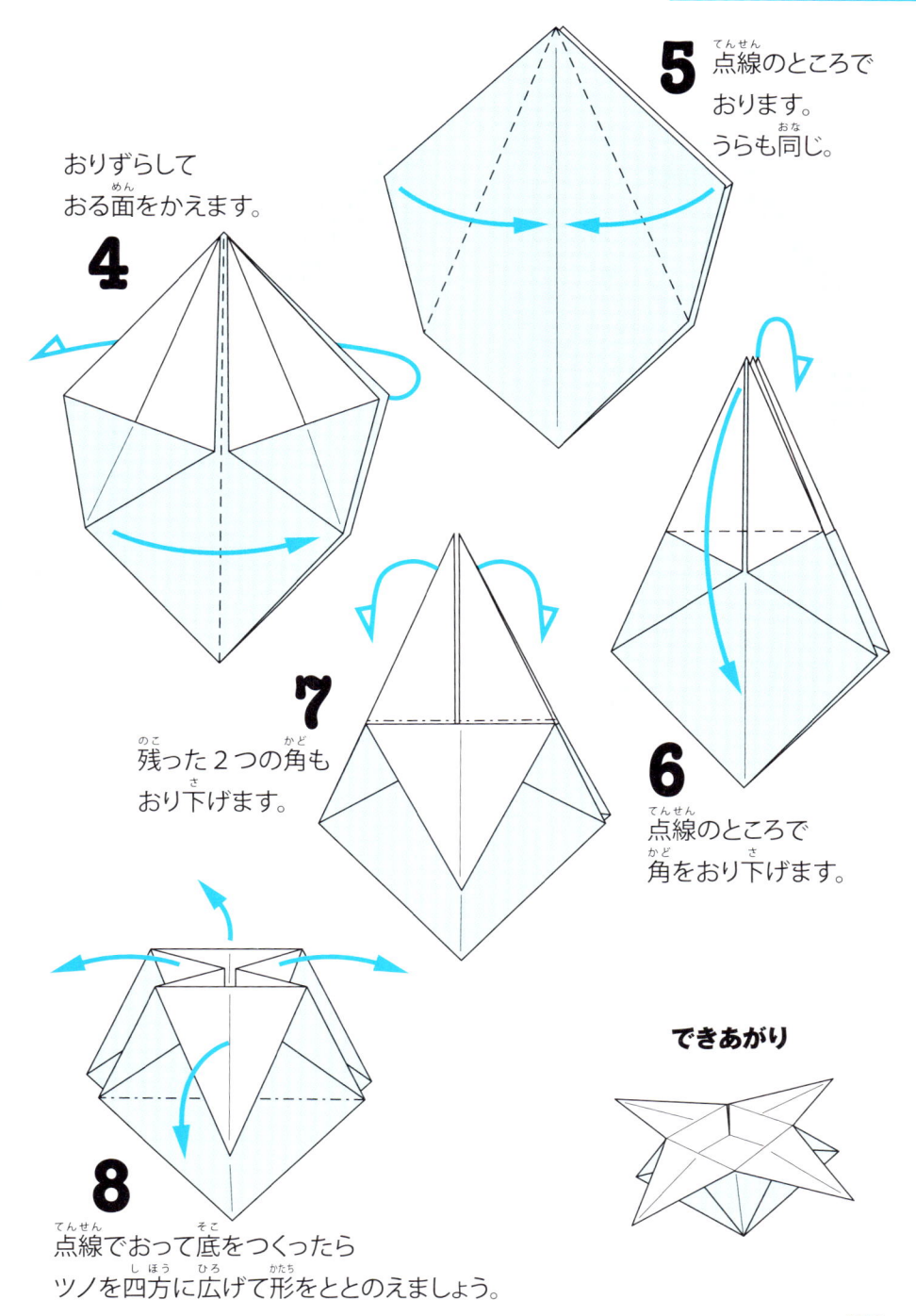

オープン ボックス

「つる」(46ページ)の4までおります。

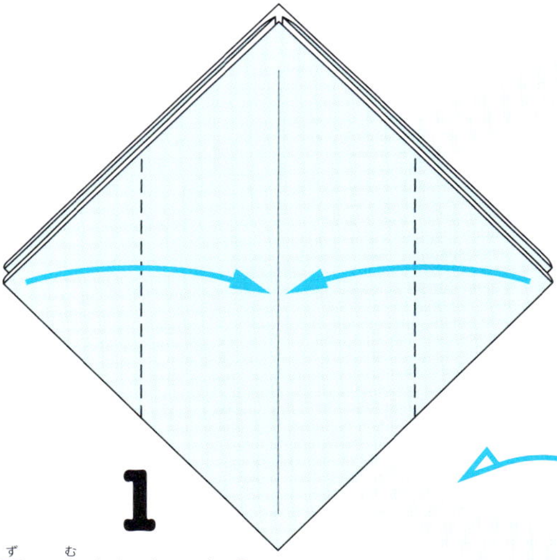

1

図《ず》の向《む》きにおいたら
左右《さゆう》の角《かど》をおり入《い》れます。
うらも同《おな》じにおります。

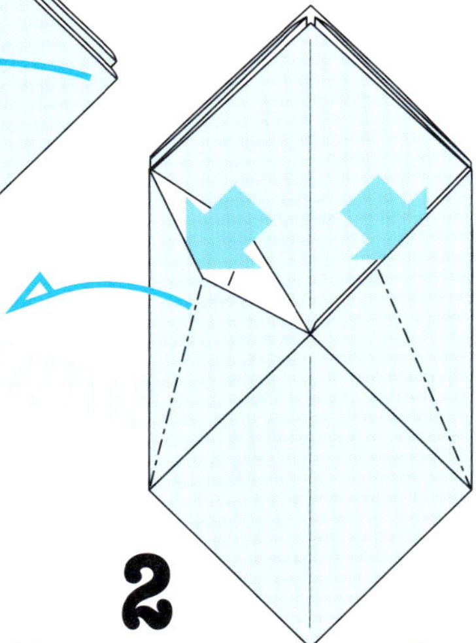

2

三角《さんかく》のふくろに のように手《て》を入《い》れ、
矢《や》じるしのほうへ開《ひら》いてつぶします。
うらも同《おな》じに。

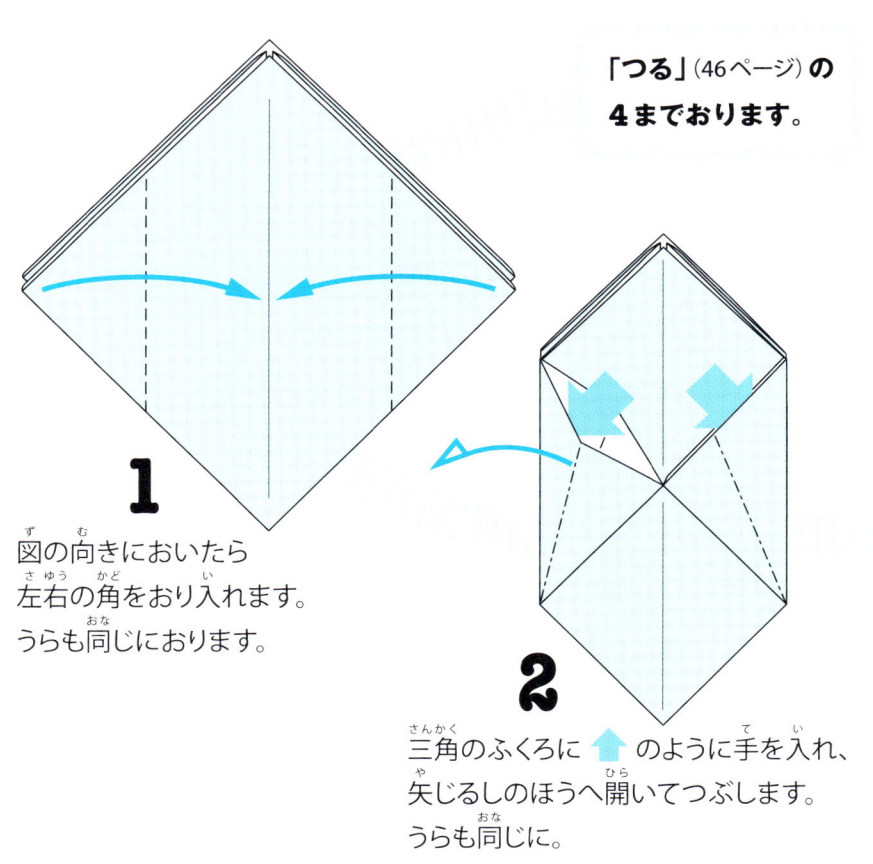

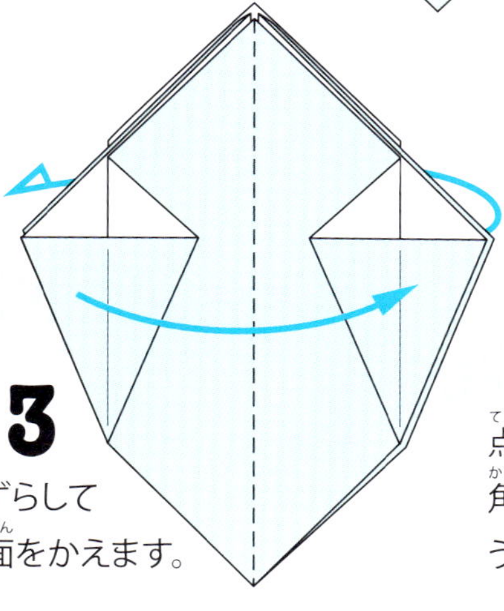

3

おりずらして
おる面《めん》をかえます。

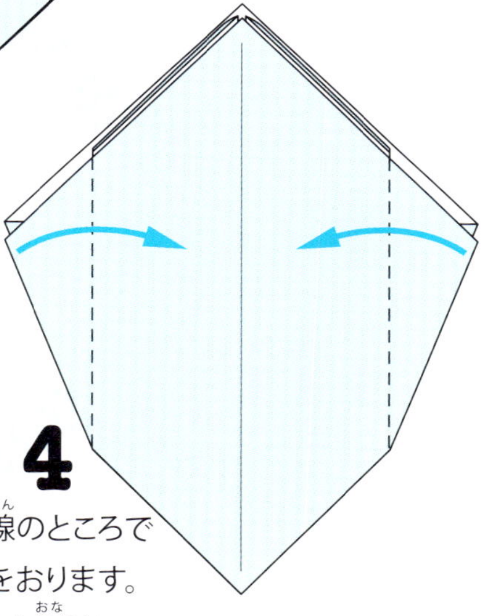

4

点線《てんせん》のところで
角《かど》をおります。
うらも同《おな》じに。

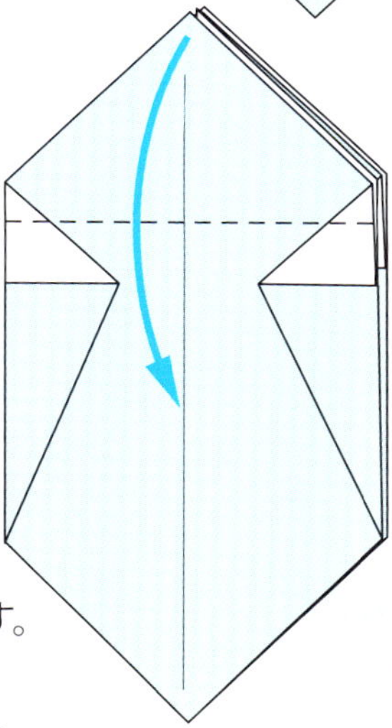

5

点線《てんせん》のところで
角《かど》をおり下《さ》げます。

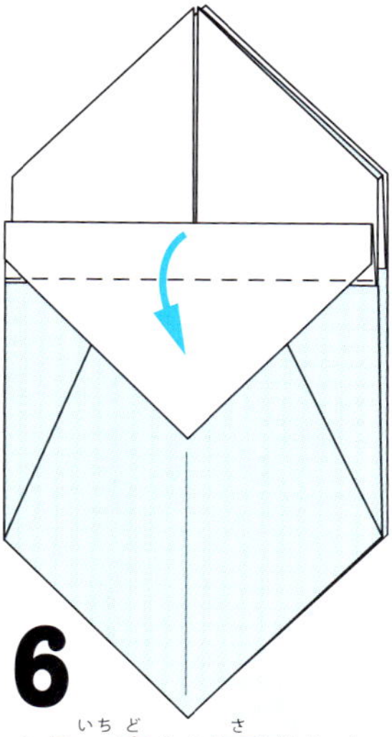

6

もう一度《いちど》おり下《さ》げます。
ほかの３つの角《かど》も
同《おな》じようにおります。

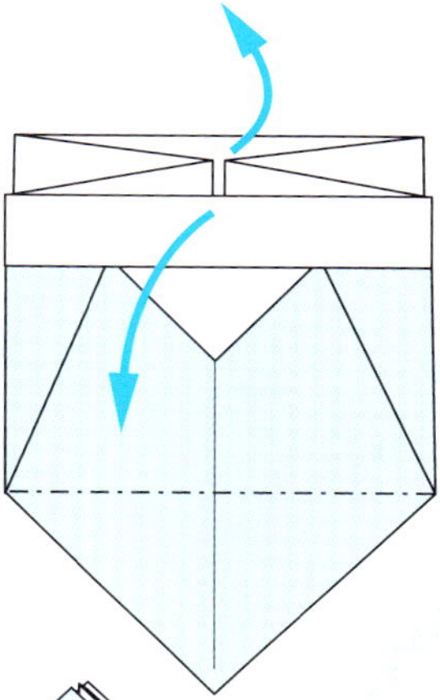

7

点線《てんせん》でおって
底《そこ》をつくったら
広《ひろ》げて
形《かたち》をととのえましょう。

できあがり

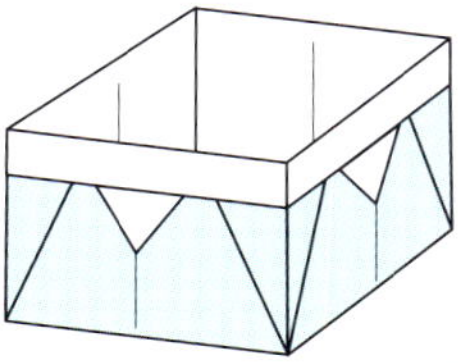

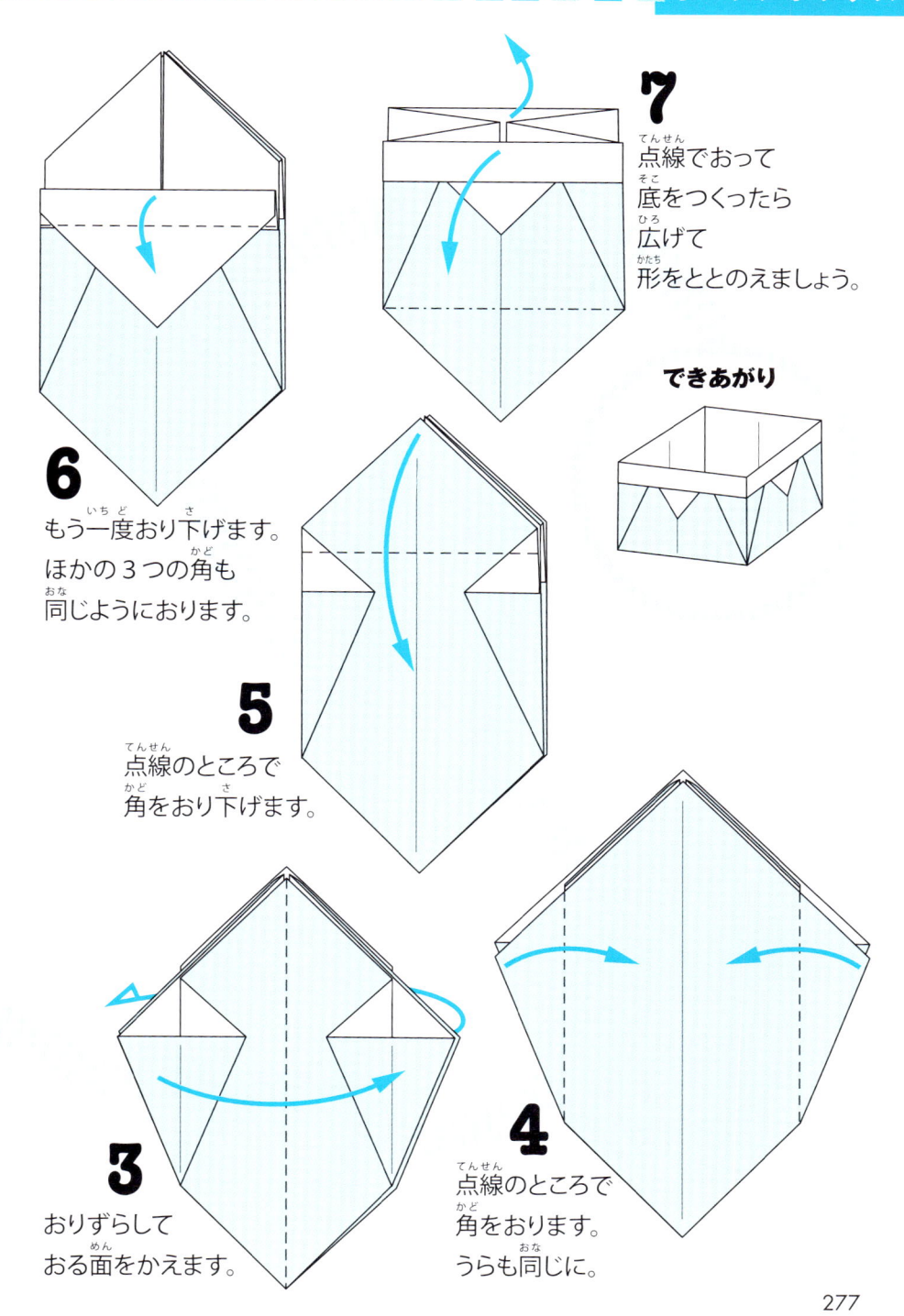

かしばち

色《いろ》のついた面《めん》を表《おもて》にして、
「つる」(46ページ)**の**
4までおります。

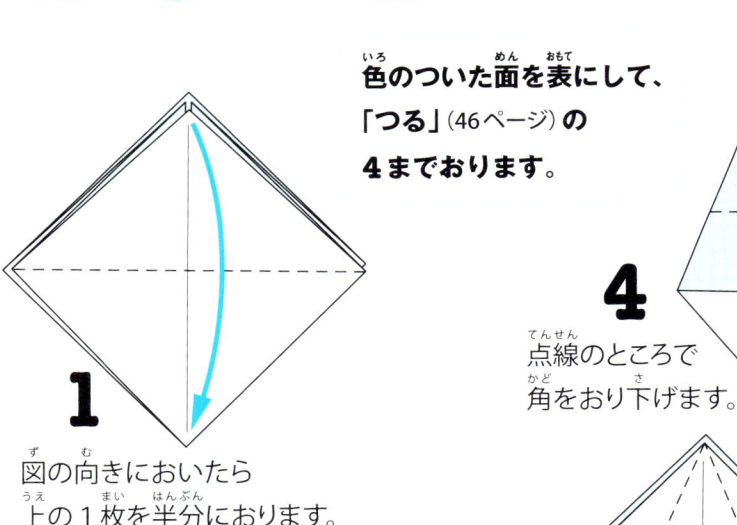

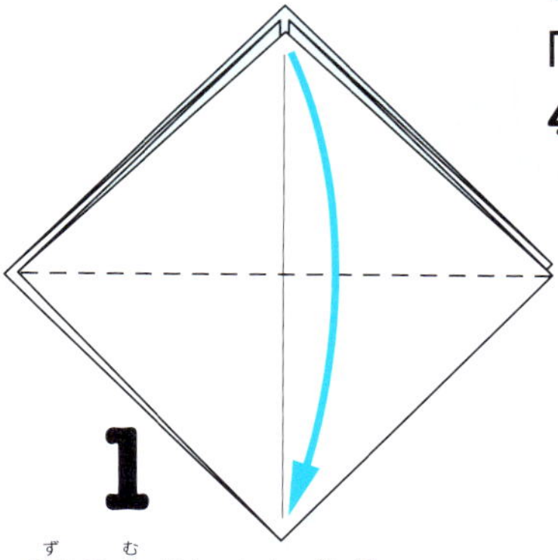

1

図《ず》の向《む》きにおいたら
上《うえ》の1枚《まい》を半分《はんぶん》におります。
うらも同《おな》じに。

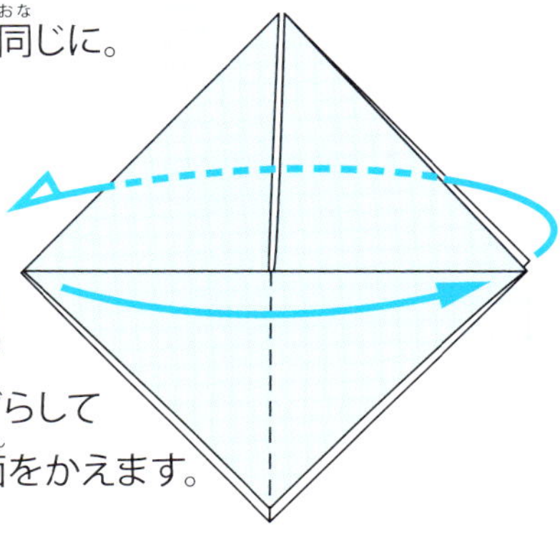

2

おりずらして
おる面《めん》をかえます。

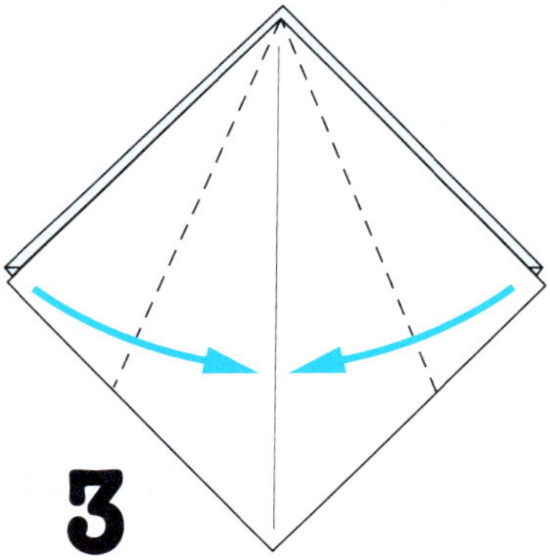

3

おりすじに合《あ》わせて左右《さゆう》をおります。
うらも同《おな》じようにおります。

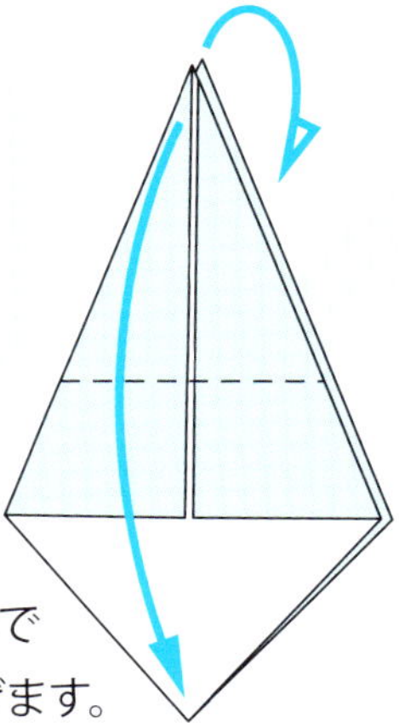

4

点線《てんせん》のところで
角《かど》をおり下《さ》げます。

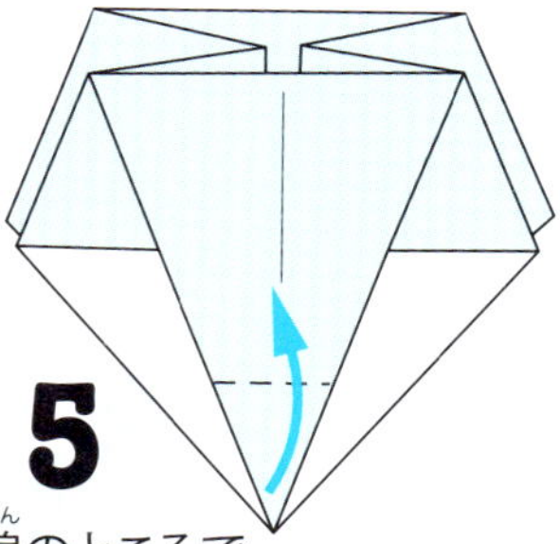

5

点線《てんせん》のところで
角《かど》をおり上《あ》げます。

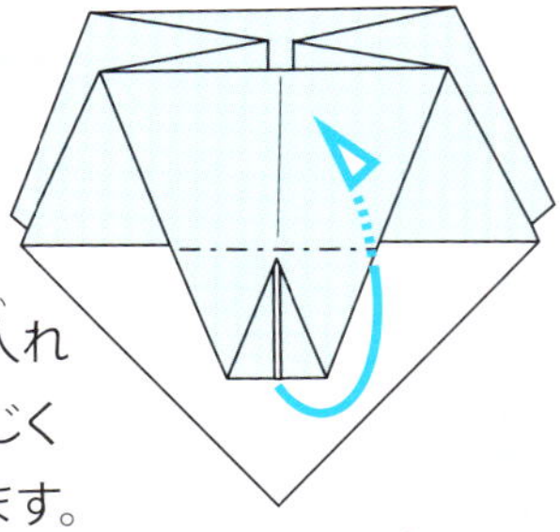

6

山《やま》おりにして
内《うち》がわへおり入《い》れ
ます。うらも同《おな》じく
5～**6**をおります。

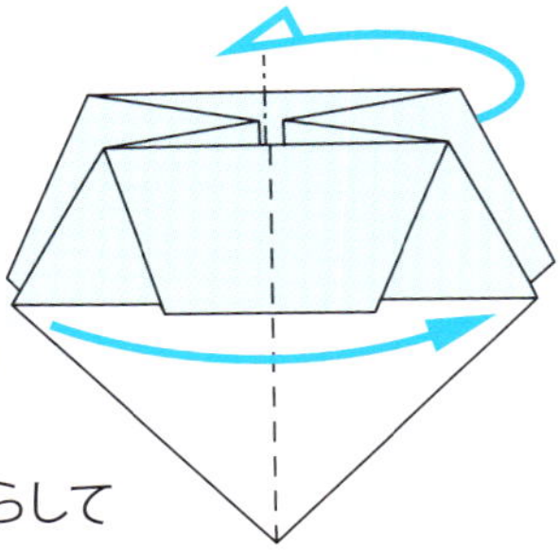

7

おりずらして
おる面《めん》をかえます。

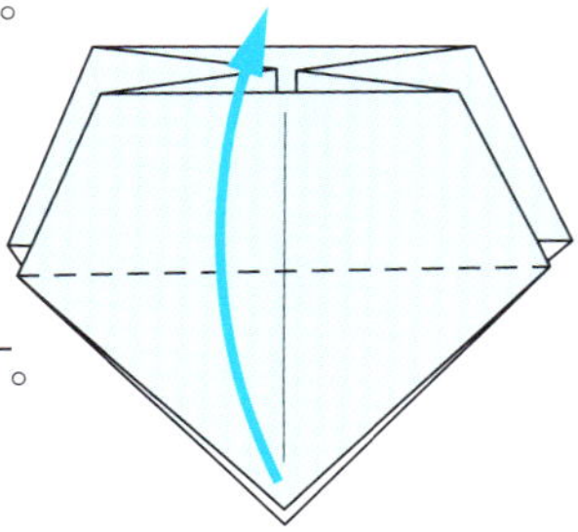

8

角《かど》をおり上《あ》げます。

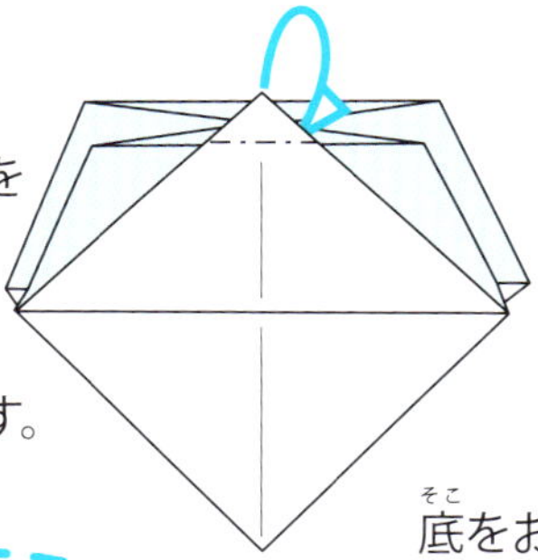

9

とび出《だ》した部分《ぶぶん》を
おりこみます。
うらも同《おな》じく
8～**9**をおります。

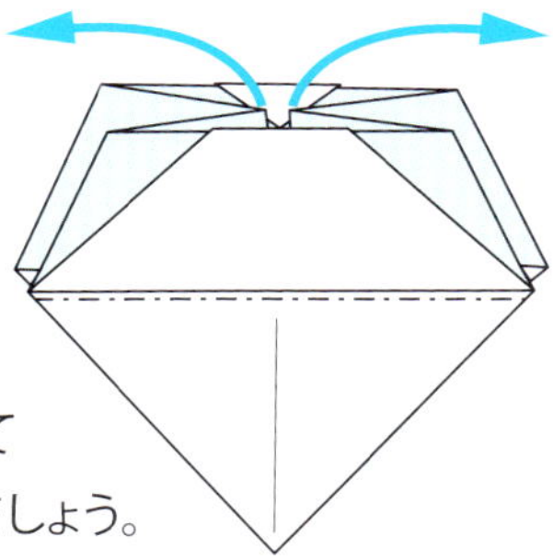

10

底《そこ》をおり広《ひろ》げて
形《かたち》をととのえましょう。

上《うえ》の 8 でちがうおり方《かた》にすると
全面同《ぜんめんおな》じ色《いろ》の「かしばち」に仕上《しあ》がります。

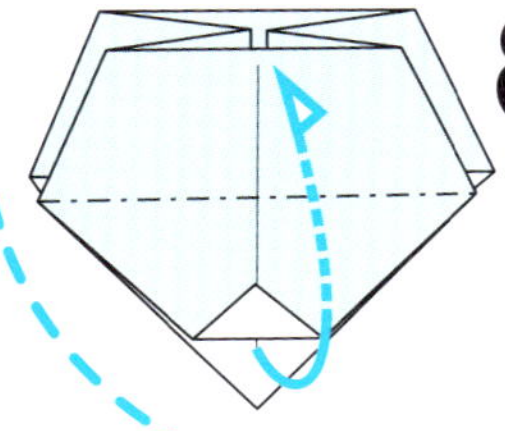

8

先《さき》を少《すこ》しおってから
内《うち》がわへおり入《い》れます。

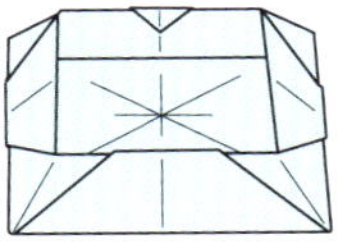

できあがり

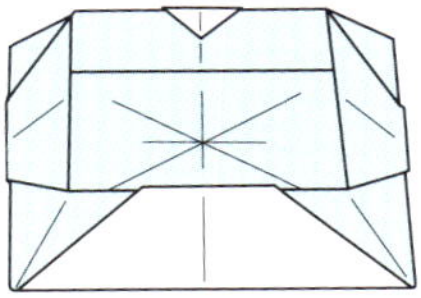

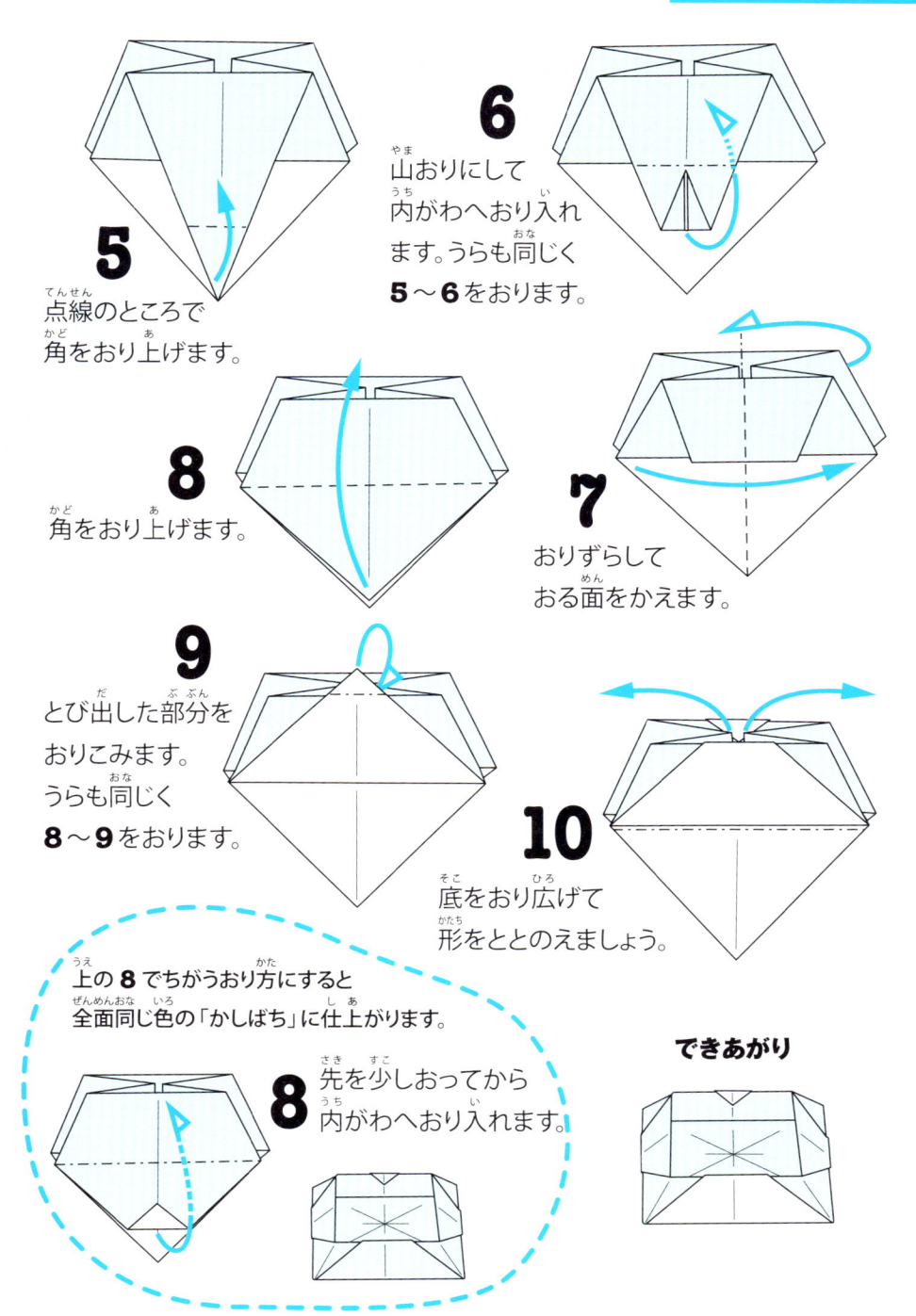

きくざら

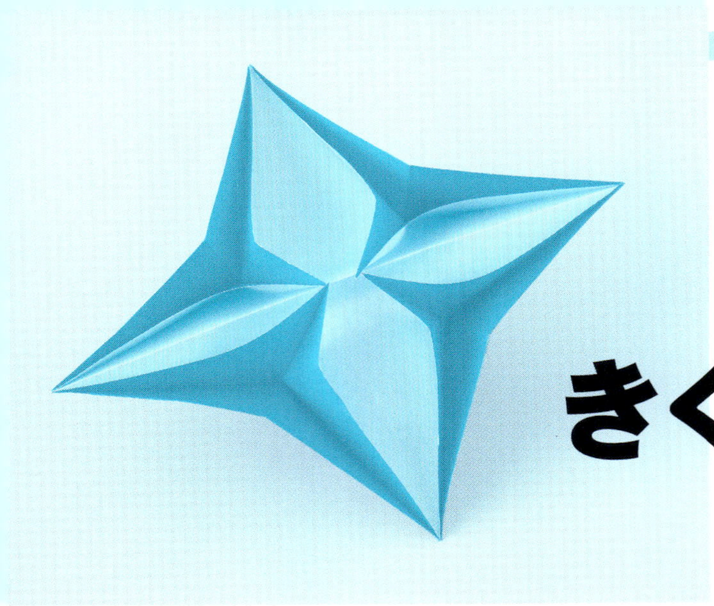

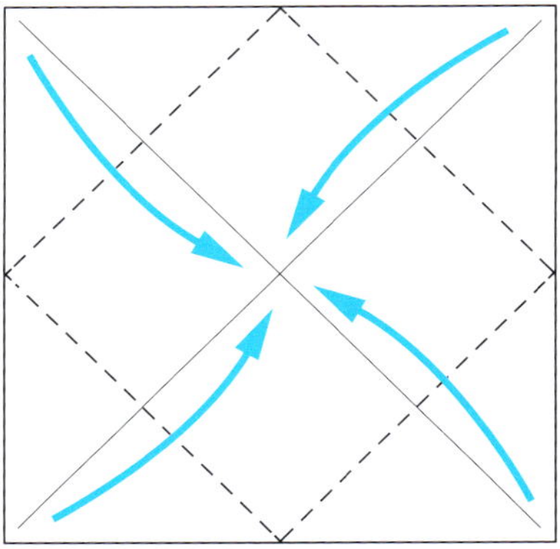

1

おりすじをつけたら
角《かど》を４つ、
中心《ちゅうしん》に向《む》けて
おります。

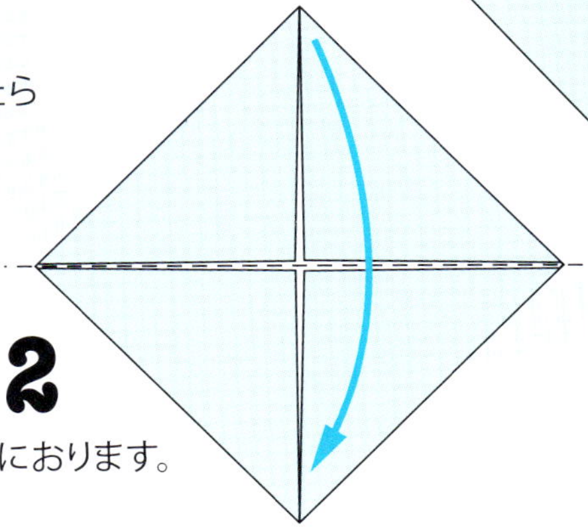

2

全体《ぜんたい》を半分《はんぶん》におります。

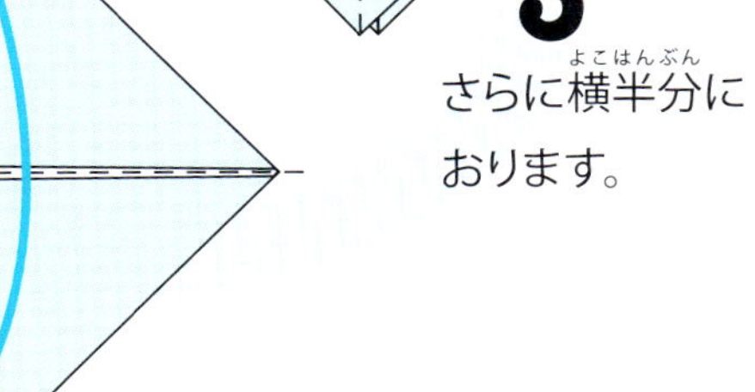

3

さらに横半分《よこはんぶん》に
おります。

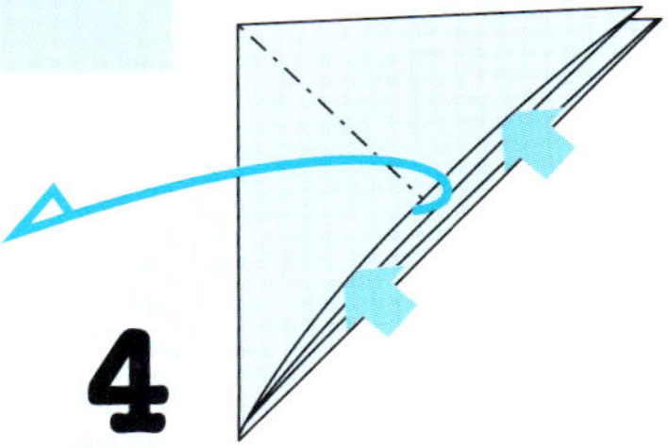

4

三角《さんかく》のふくろに から手《て》を入《い》れ、
矢《や》じるしのほうへ開《ひら》いてつぶします。
うらも同《おな》じにおります。

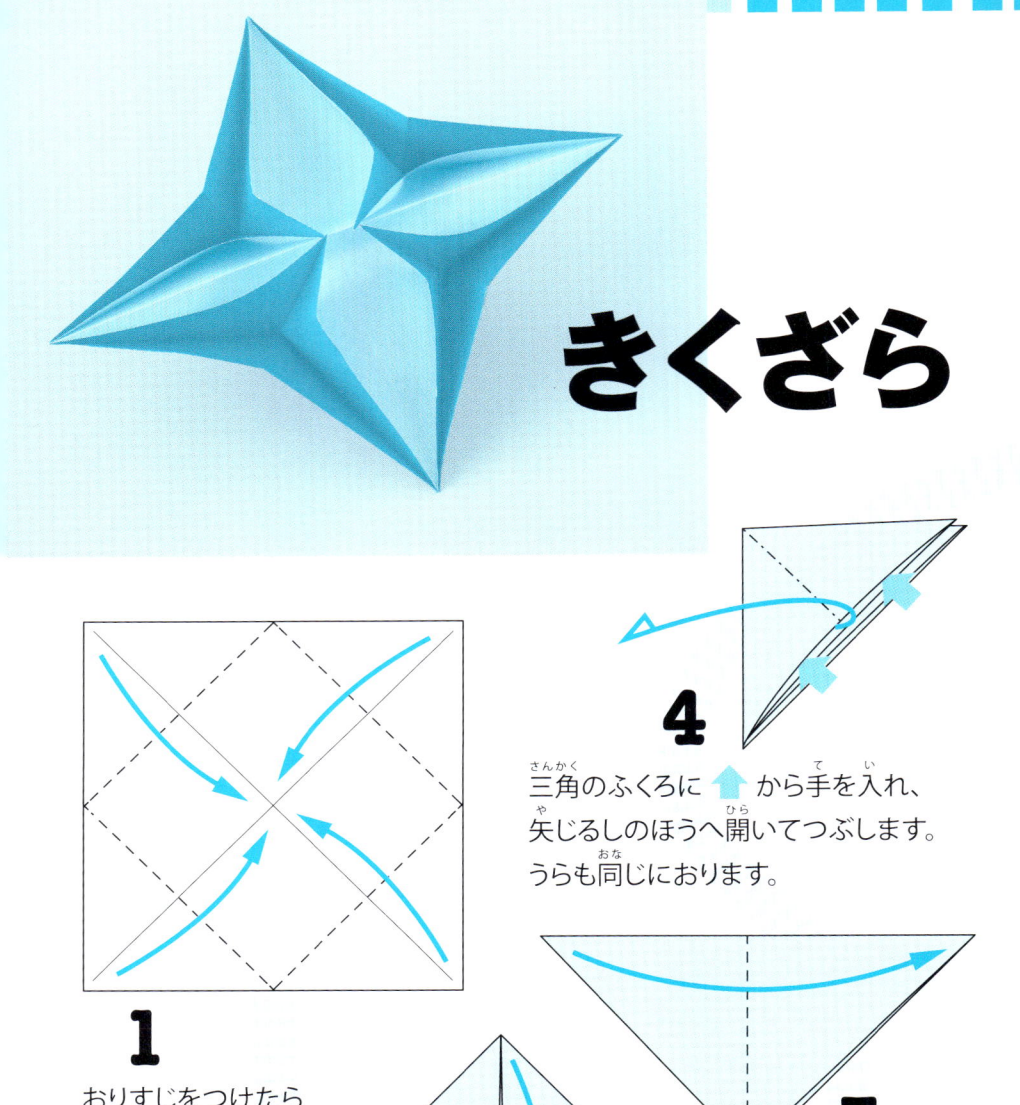

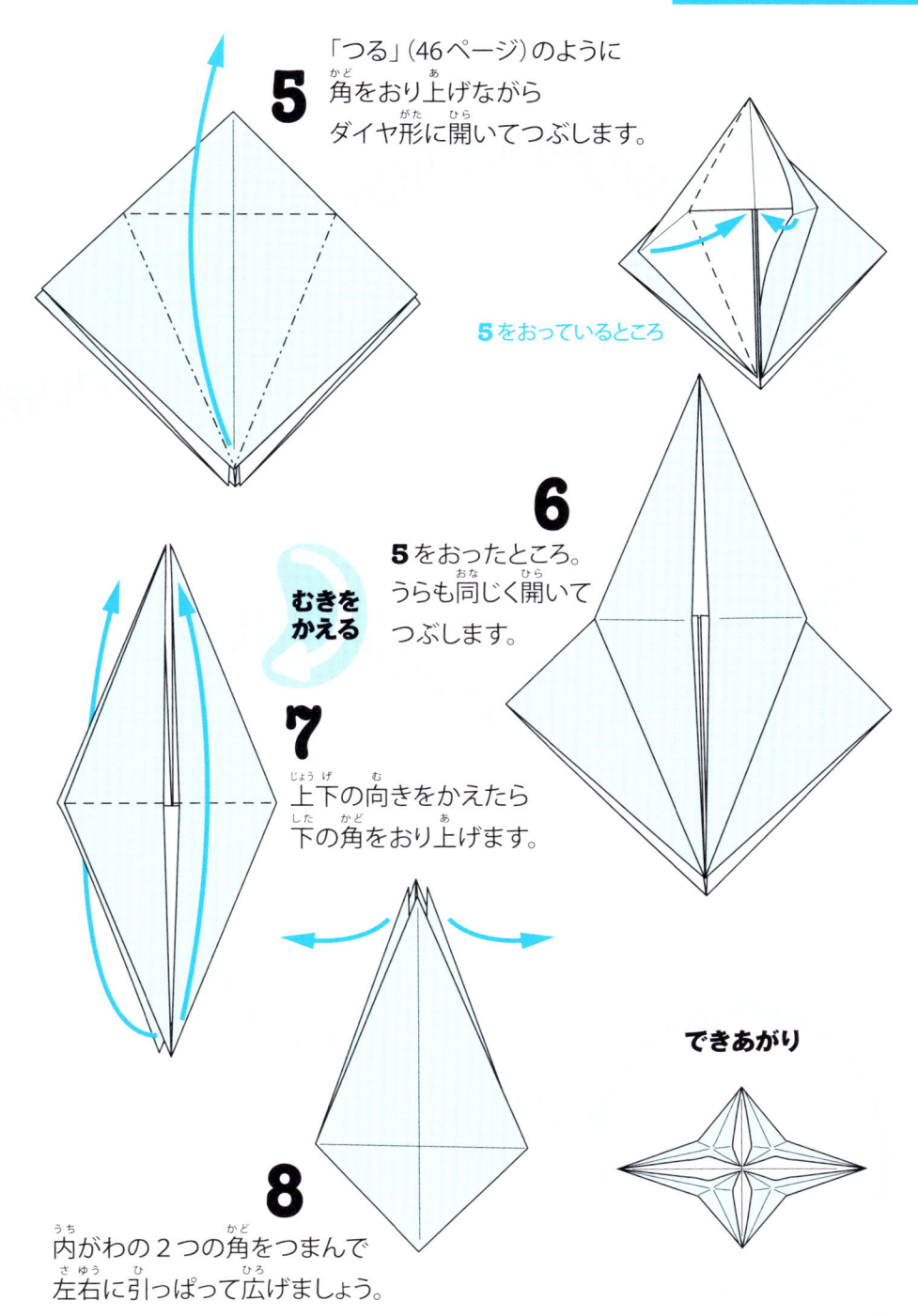

5

「つる」（46ページ）のように
角《かど》をおり上《あ》げながら
ダイヤ形《がた》に開《ひら》いてつぶします。

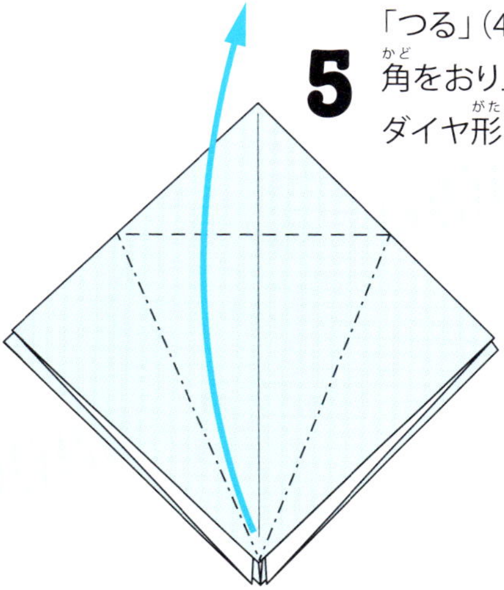

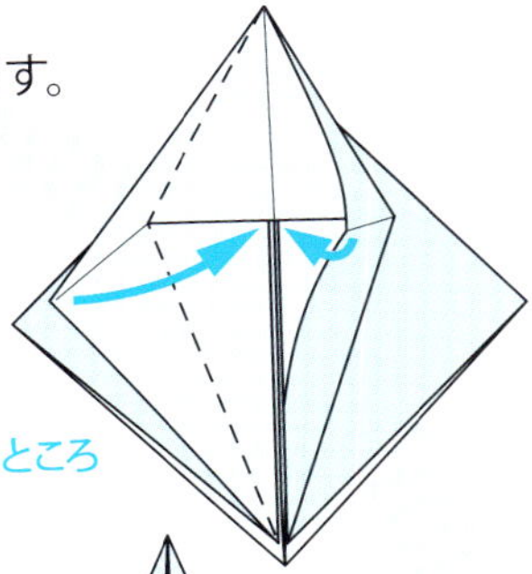

5をおっているところ

6

5をおったところ。
うらも同《おな》じく開《ひら》いて
つぶします。

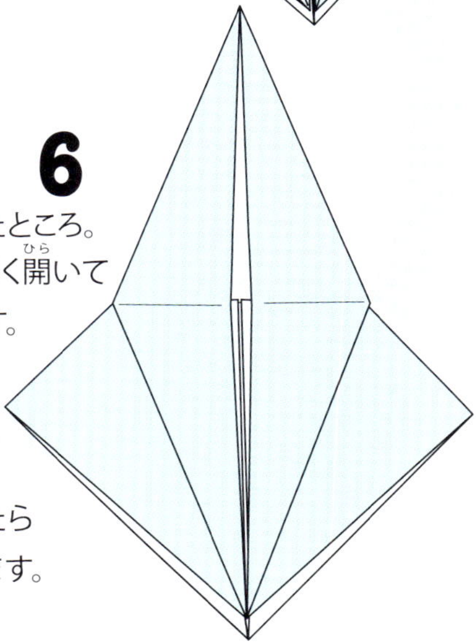

7

上下《じょうげ》の向《む》きをかえたら
下《した》の角《かど》をおり上《あ》げます。

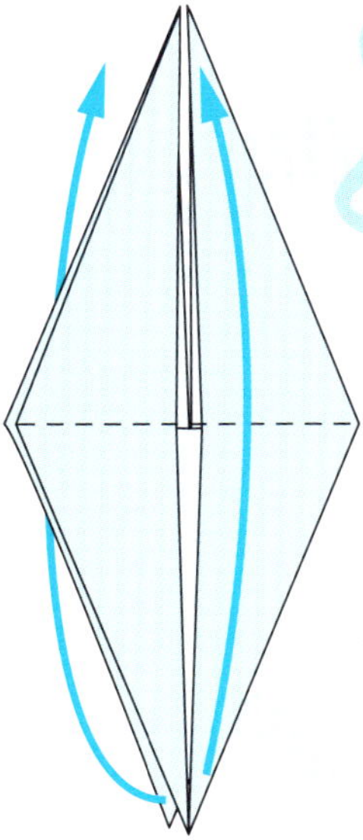

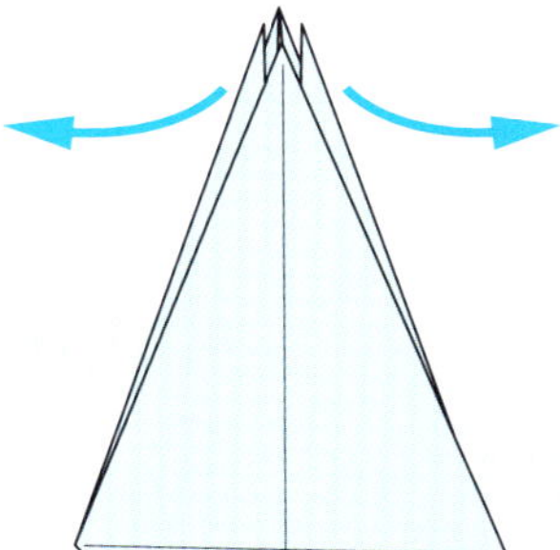

8

内《うち》がわの２つの角《かど》をつまんで
左右《さゆう》に引《ひ》っぱって広《ひろ》げましょう。

できあがり

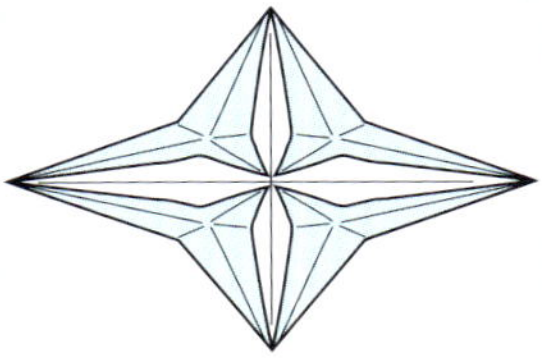

ふたつきのはこ

ふた用《よう》とはこ用《よう》に
図《ず》の比率《ひりつ》の紙《かみ》を用意《ようい》します。

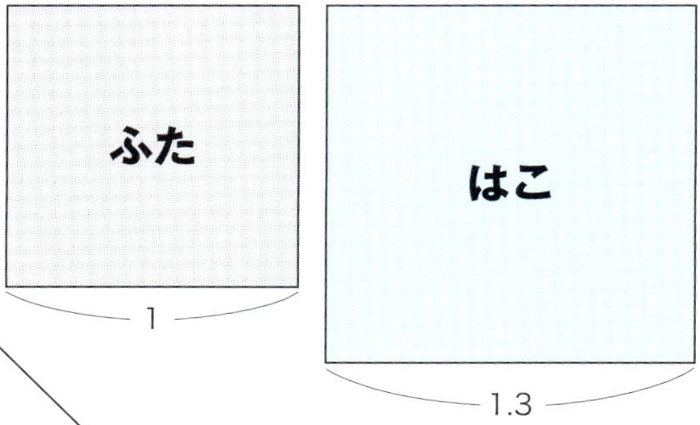

はこ

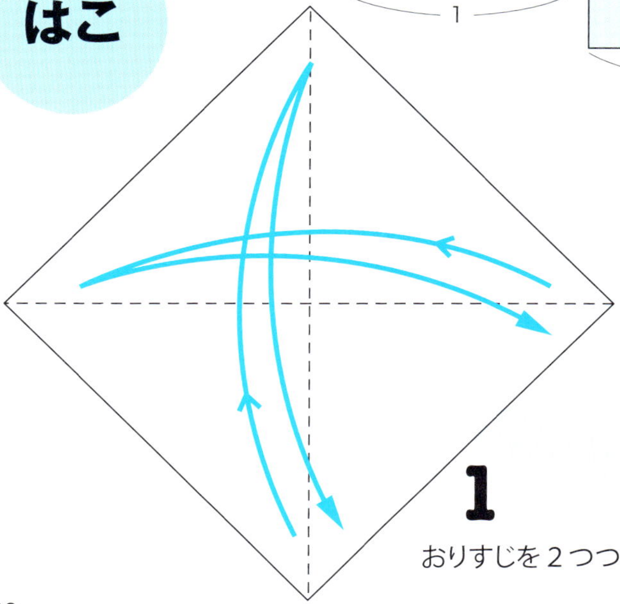

1

おりすじを 2 つつけます。

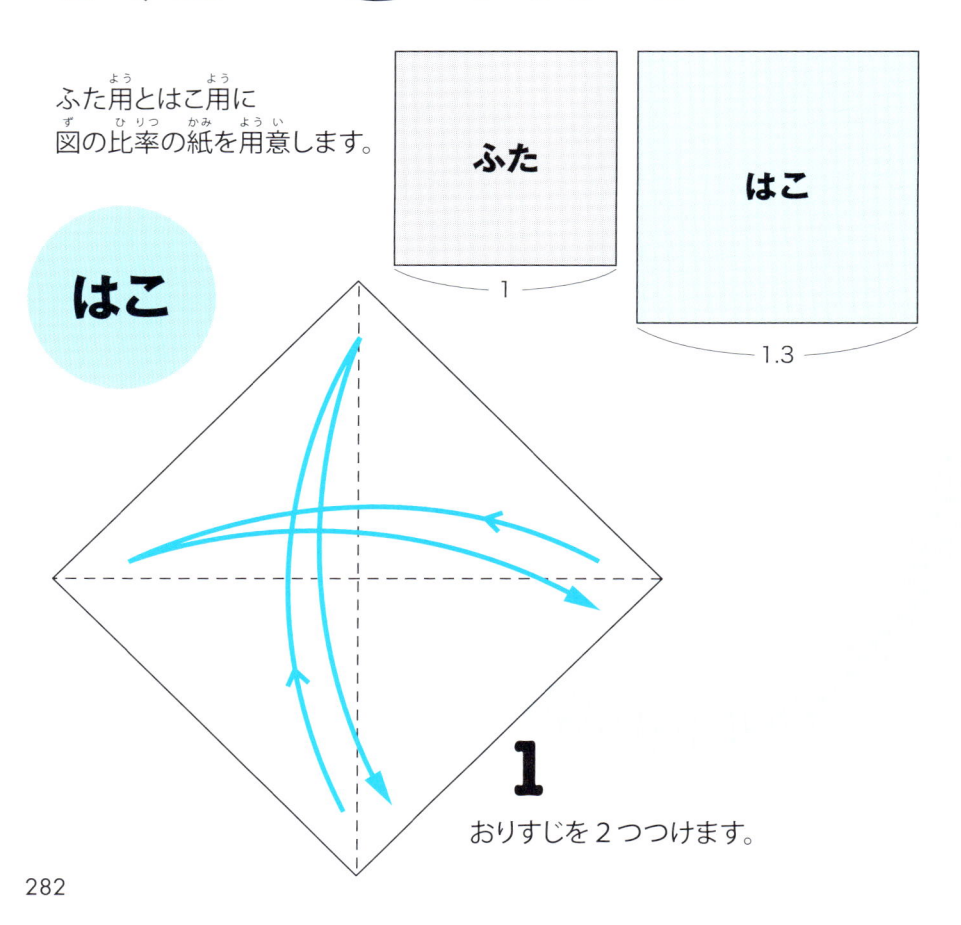

2 さらにおりすじを２つつけます。

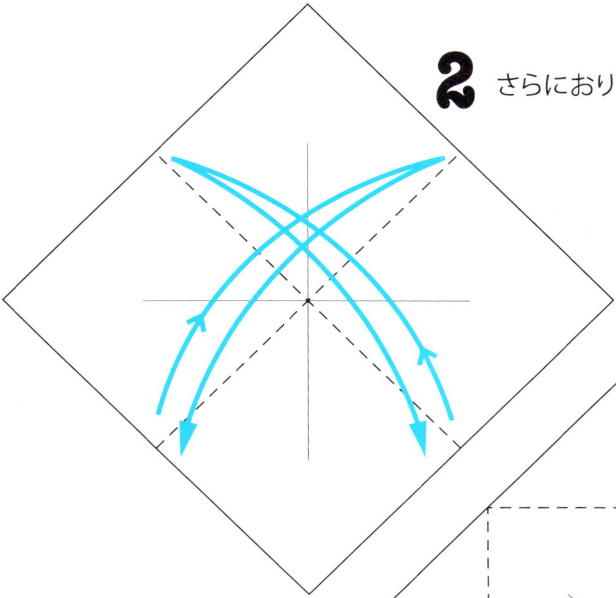

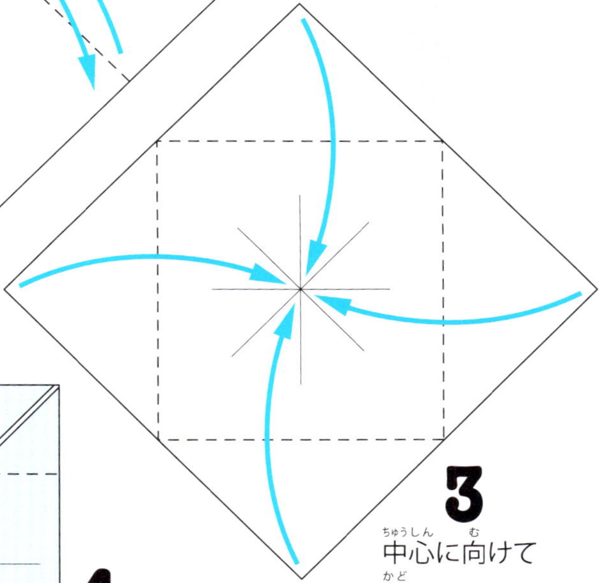

3 中心《ちゅうしん》に向《む》けて角《かど》をおります。

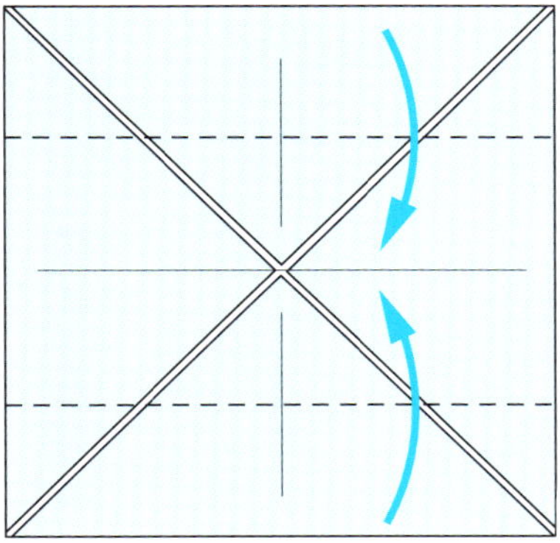

4 上《じょう》下《げ》を半分《はんぶん》におります。

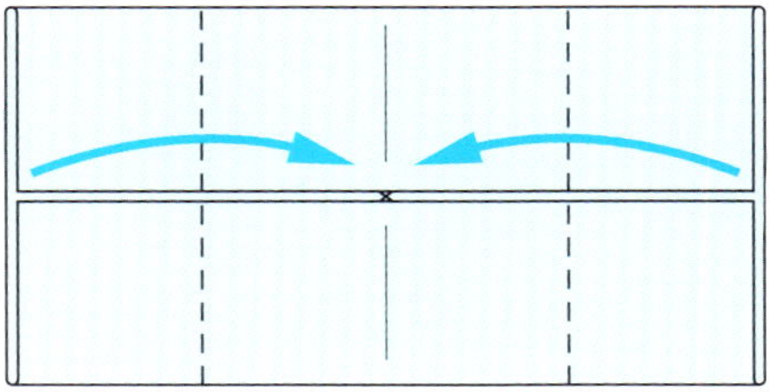

5 さらに左右《さゆう》も半分《はんぶん》におります。

つぎのページに

まえのページから

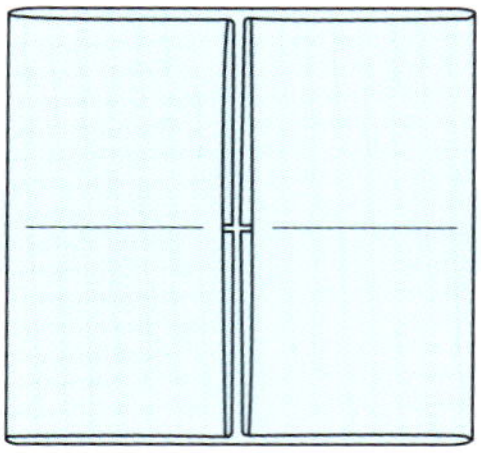

5をおったところ。
一《いち》度《ど》開《ひら》いて、次《つぎ》の**7**の形《かたち》に広《ひろ》げます。

6

7

◯の角《かど》を◎によせるようにして
点線《てんせん》のとおりにたたみます。
おりすじをうまく使《つか》いましょう。

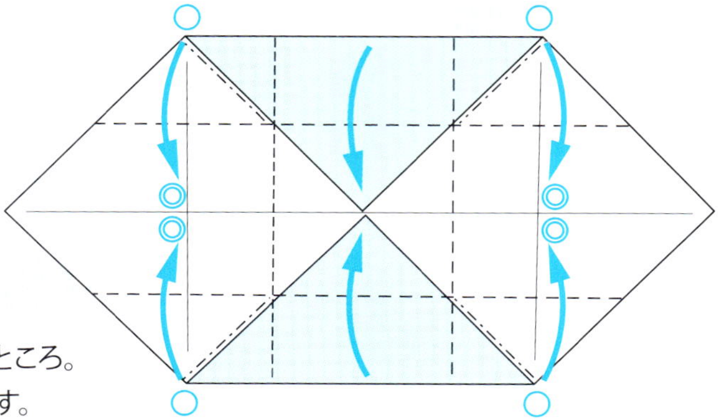

7をおっているところ。
角《かど》をおり入《い》れます。

8

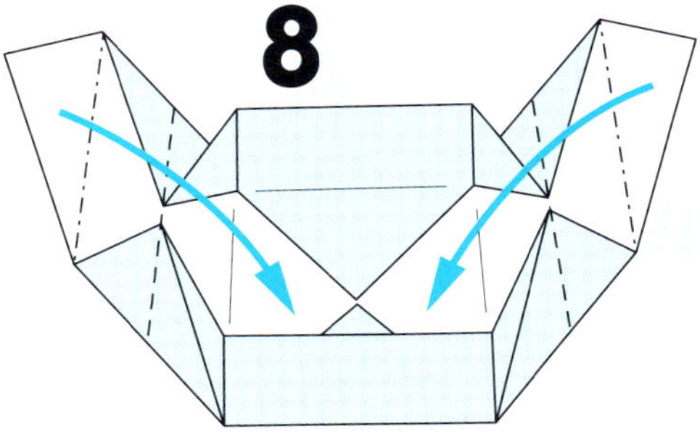

はこのできあがり

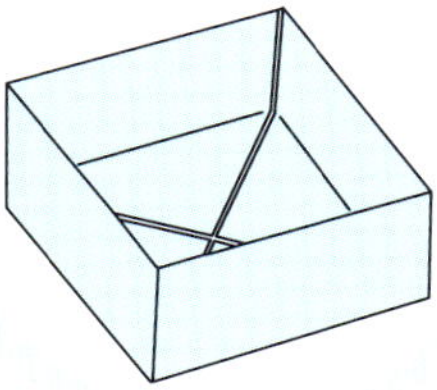

ふた

「はこ」の
3までおります。

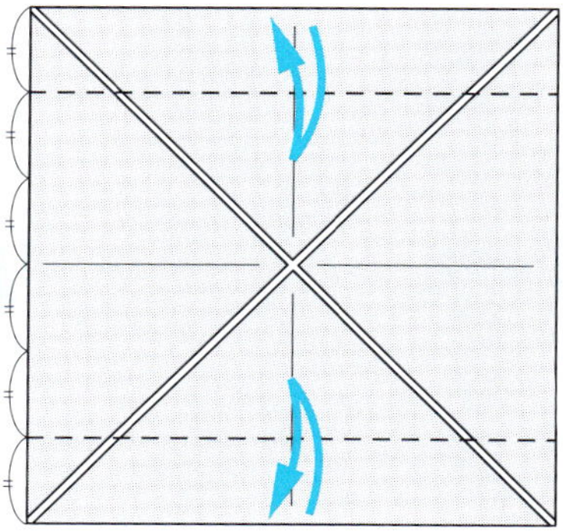

1

たての1辺《ぺん》を
6等分《とうぶん》した位置《いち》で
おりすじを
つけます。

深《ふか》めの「ふた」もおれる

「はこ」と同《おな》じ大《おお》きさの紙《かみ》を用意《ようい》し、同《おな》じくおります。おり方《かた》**4**と**5**だけ、２mmほど外《そと》(図《ず》の青《あお》い点線《てんせん》)でおるようにすると、写真《しゃしん》のような深《ふか》めの「ふた」ができあがります。

はこの 4

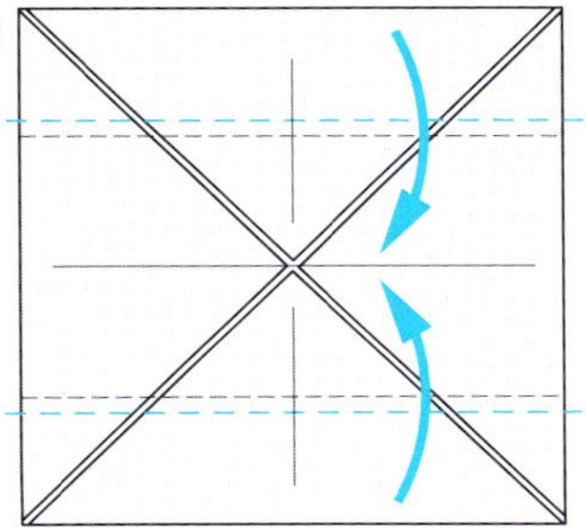

はこの 5

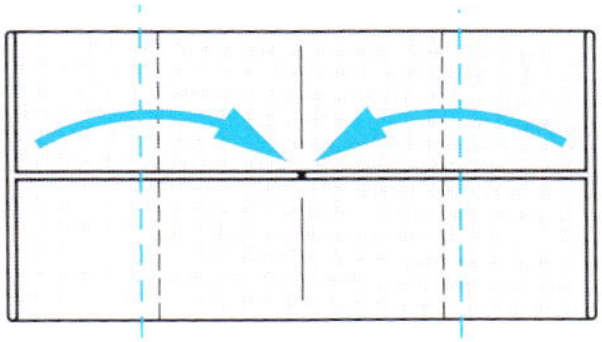

3

「はこ」の**7**〜**8**と同《おな》じようにおりたたみます。

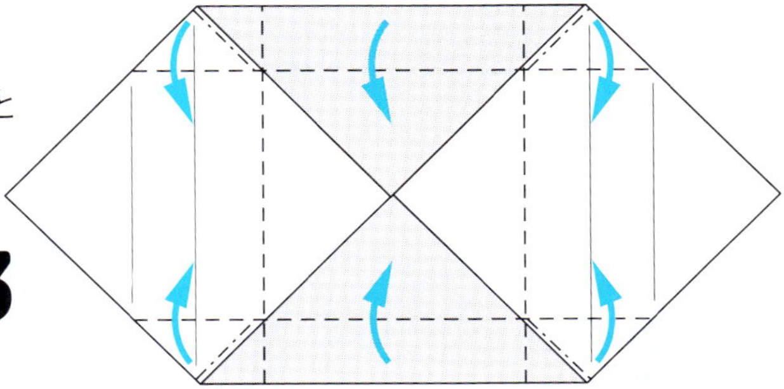

2

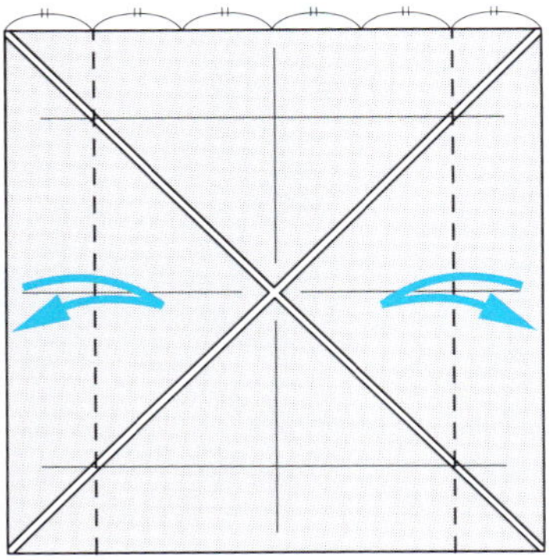

同《おな》じように横《よこ》の１辺《ぺん》を６等分《とうぶん》した位置《いち》でおりすじをつけます。

ふたのできあがり

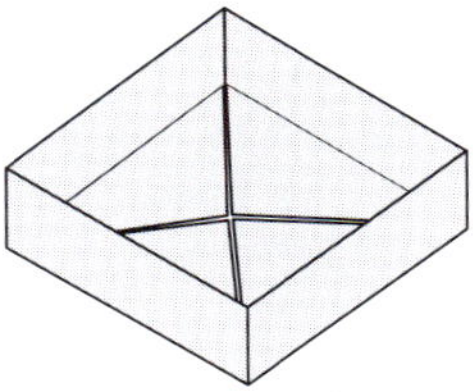

キャンディボックス

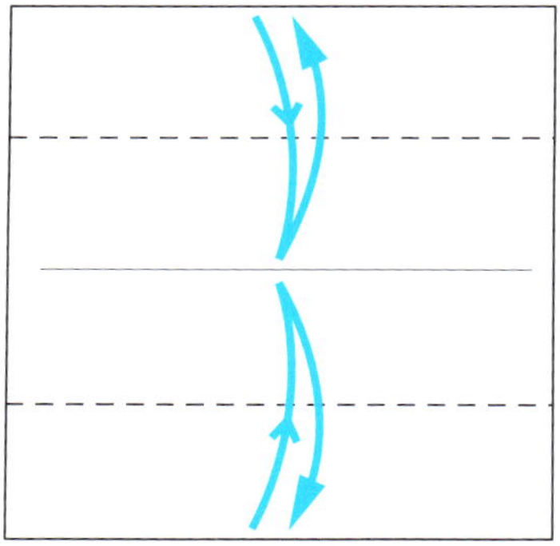

1

図《ず》のように
おりすじをつけたら
上下《じょうげ》を半分《はんぶん》におります。

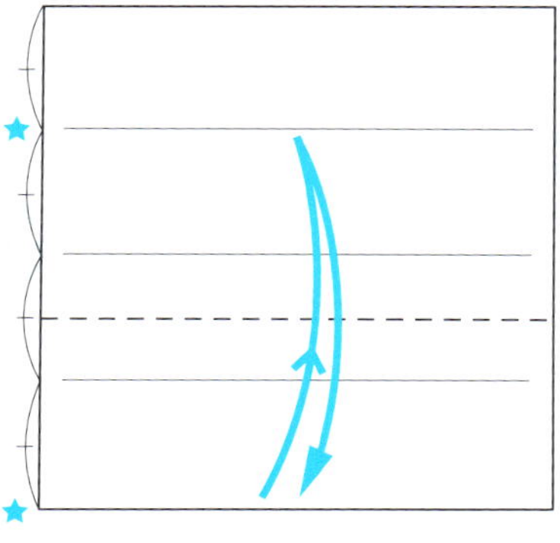

2

★のふちとおりすじが
合《あ》うように、下《した》をおります。

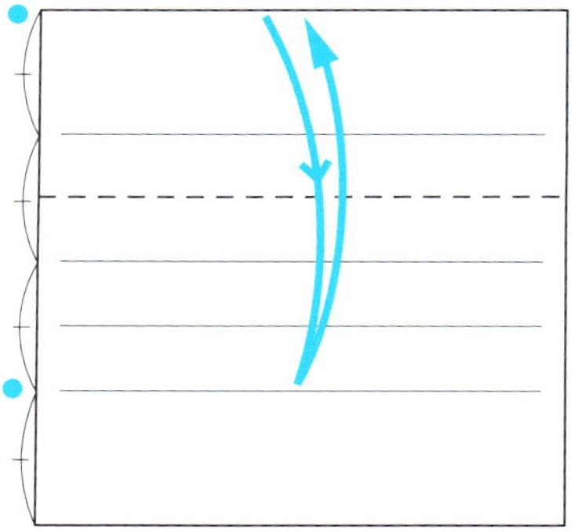

3

●のふちとおりすじが合《あ》うように
上《うえ》をおります。

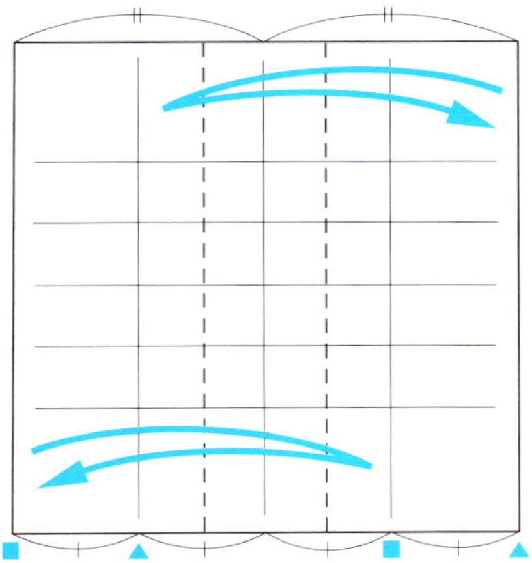

4 同《おな》じように今度《こんど》は横《よこ》に
1～**3**をおります。

図《ず》のようなおりすじがついたら
中心《ちゅうしん》に向《む》けて
４つの角《かど》をおります。 **5**

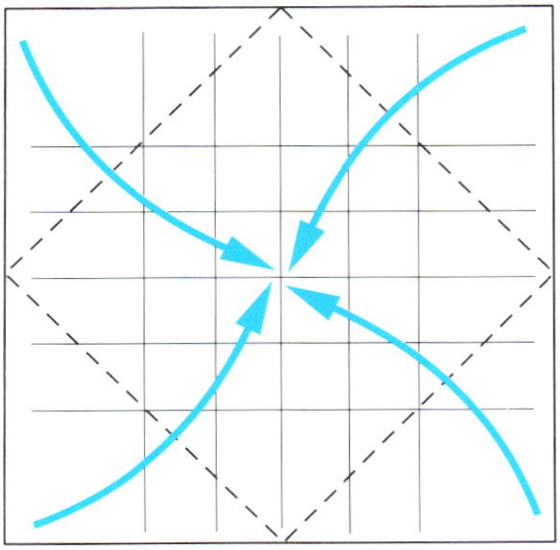

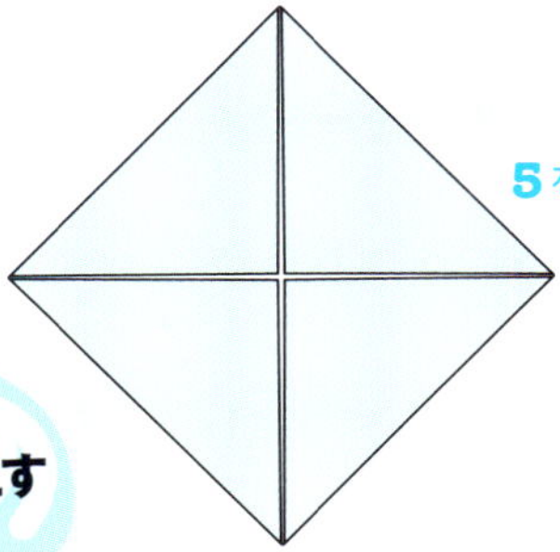

5をおったところ

うらがえす

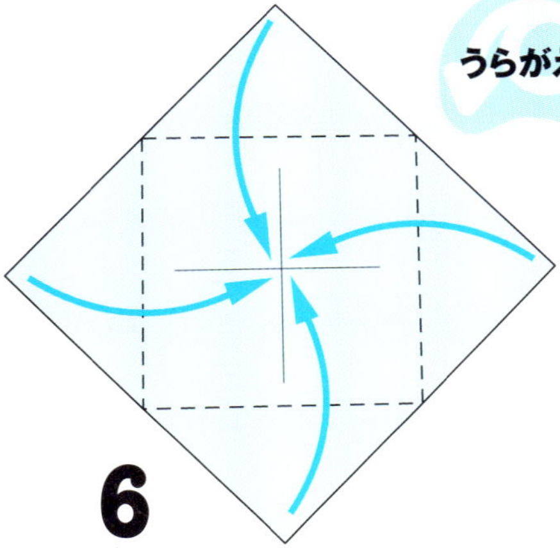

6
うら返《がえ》したら
もう一度《いちど》角《かど》をおり入《い》れます。

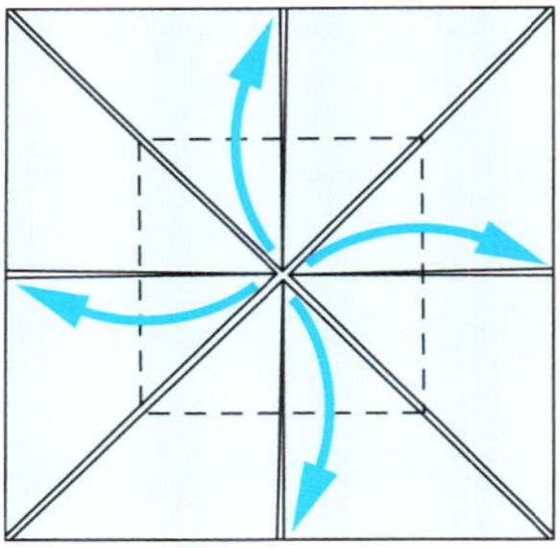

7
角《かど》を外《そと》へおって開《ひら》きます。

つぎのページに

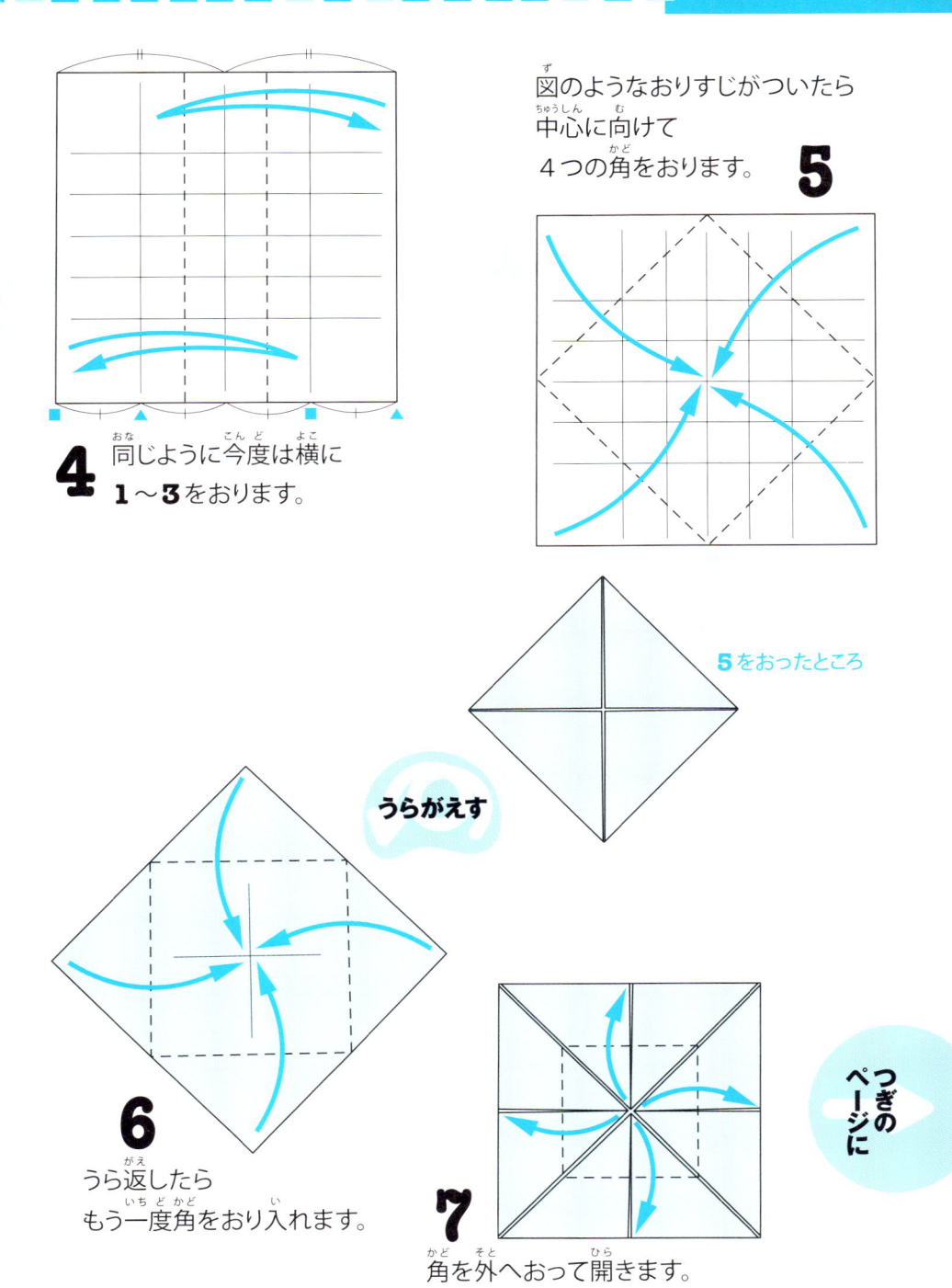

まえのページから

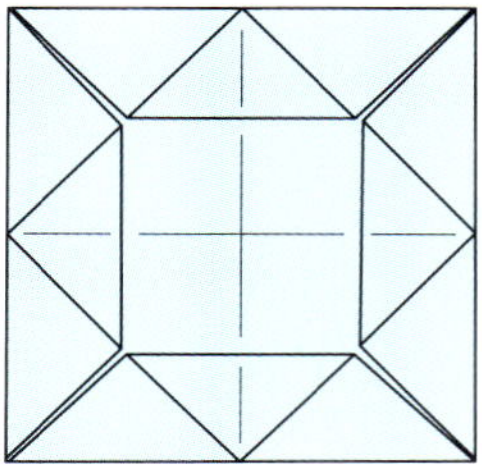

7をおったところ

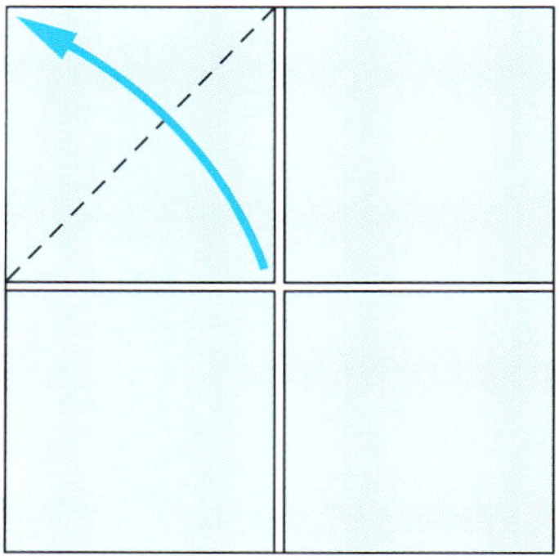

8 うら返《がえ》したら
角《かど》を外《そと》へおります。

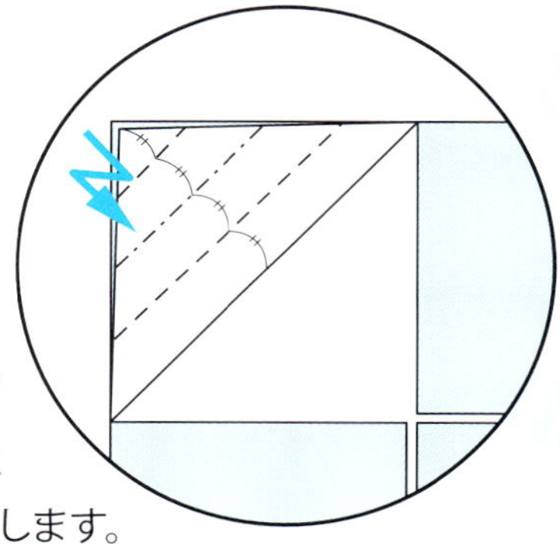

9 4等分《とうぶん》して
谷《たに》、山《やま》、谷《たに》と
だんおりをします。

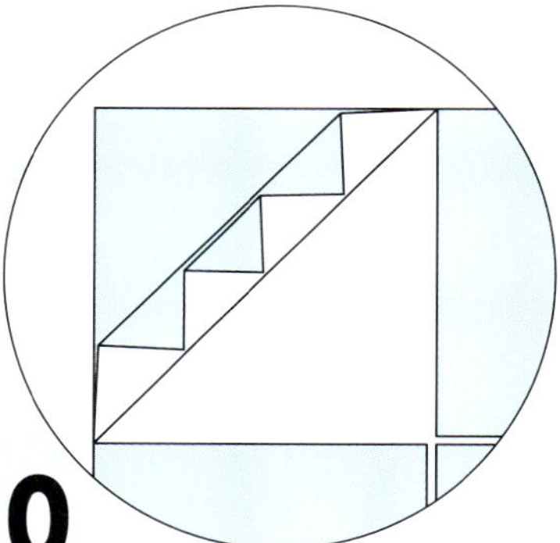

10 **9**をおったところ。
ほかの3つの角《かど》も
同《おな》じように**8**〜**9**をおります。

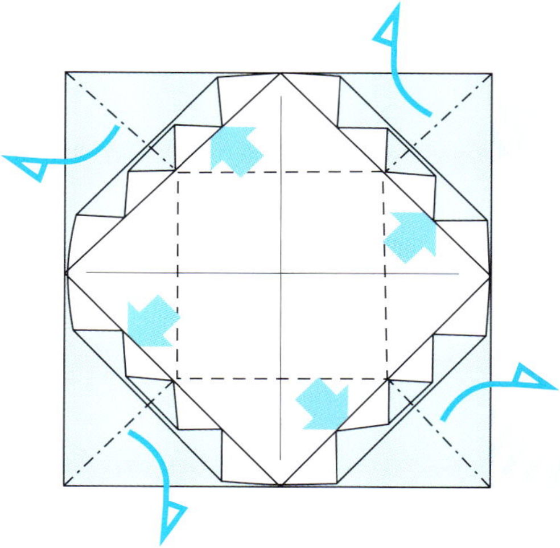

11 立体的《りったいてき》になるようにととのえましょう。
中《なか》に手《て》を入《い》れ山《やま》おり線《せん》のところを起《お》こし、
底《そこ》は谷《たに》おり線《せん》のところでへこませます。

できあがり

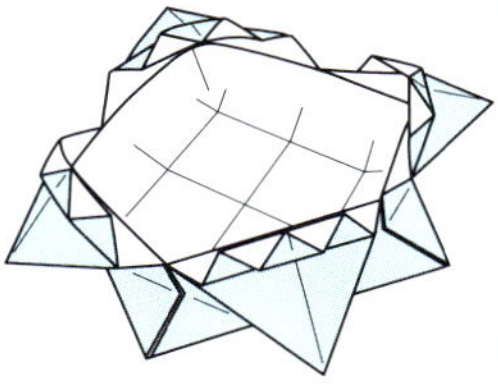

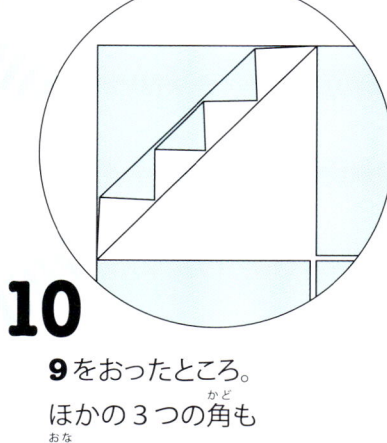

第《だい》8章《しょう》

季節《きせつ》の行事《ぎょうじ》にかざるおりがみ

クリスマスやお正月《しょうがつ》、
ひなまつりに
たんごの節句《せっく》。
季節《きせつ》のおりがみを
たくさんかざって、
おりおりの行事《ぎょうじ》を
より楽《たの》しくしましょう。

サンタクロース

1 図《ず》のように、
たてと横《よこ》におりすじをつけたら、
角《かど》を向《む》こうがわへおります。

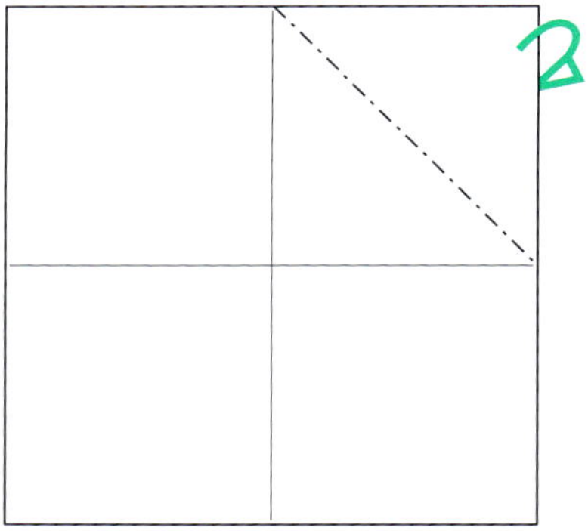

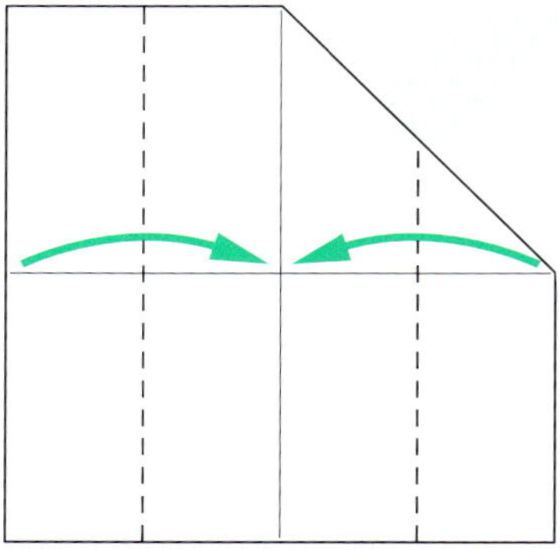

2 おりすじに合《あ》わせて
左右《さゆう》をおります。

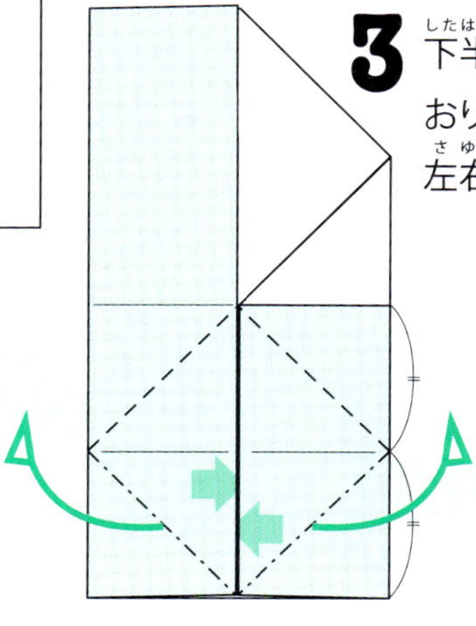

3 下半分《したはんぶん》だけ図《ず》のように
おりすじをつけたら
左右《さゆう》に開《ひら》いてつぶします。

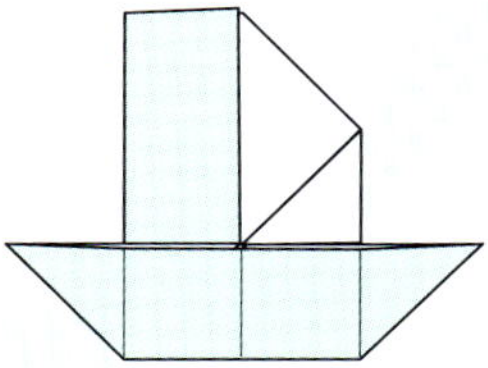

3をおったところ

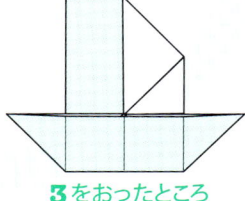

できあがり

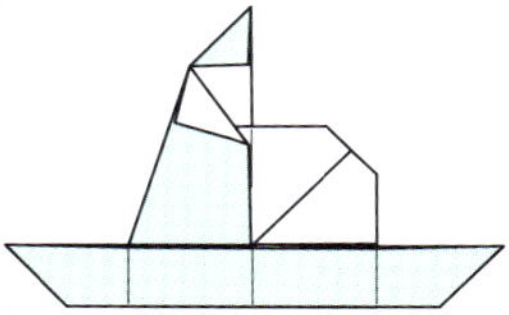

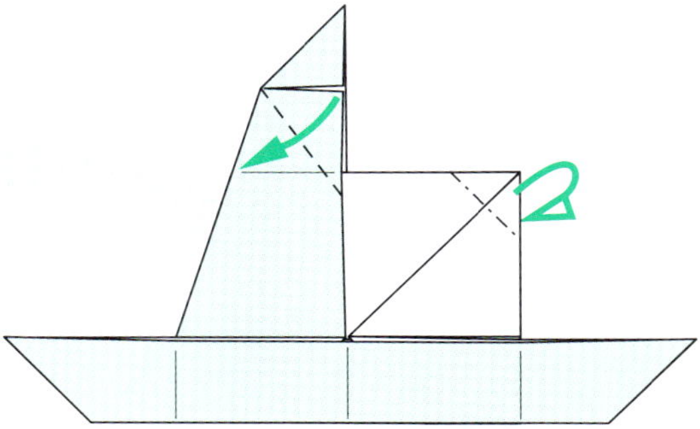

7 切《き》ったところを三角《さんかく》におります。
右《みぎ》の角《かど》は向《む》こうがわへ。

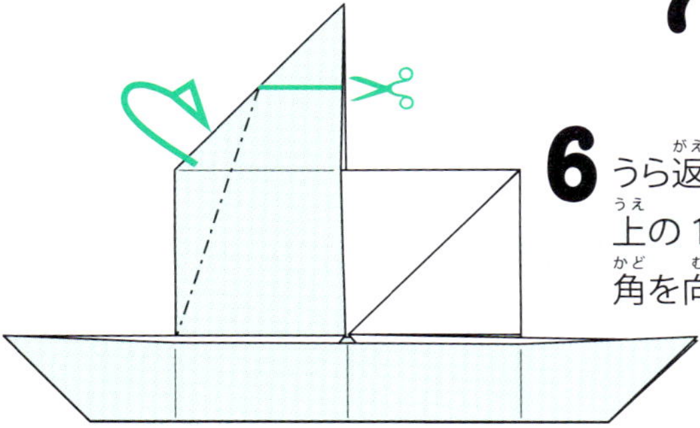

6 うら返《がえ》したら
上《うえ》の１枚《まい》に切《き》りこみを入《い》れ、
角《かど》を向《む》こうがわへおります。

うらがえす

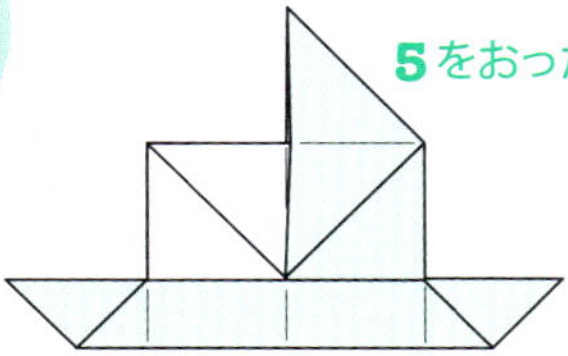

5をおったところ

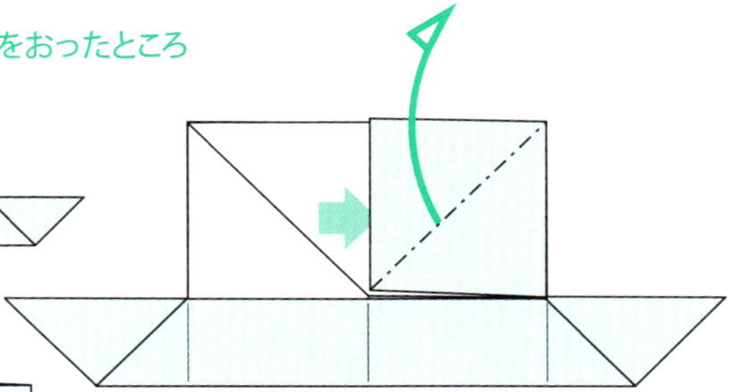

5 四角《しかく》のふくろに
↑から指《ゆび》を入《い》れ、
開《ひら》いてつぶします。

うらがえす

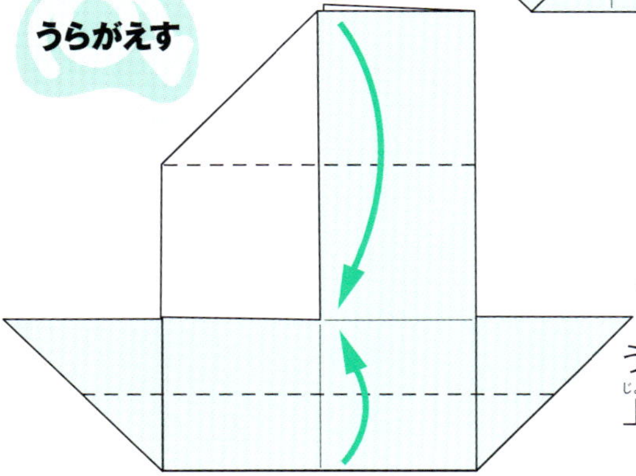

4
うら返《がえ》したら
上下《じょうげ》をそれぞれおります。

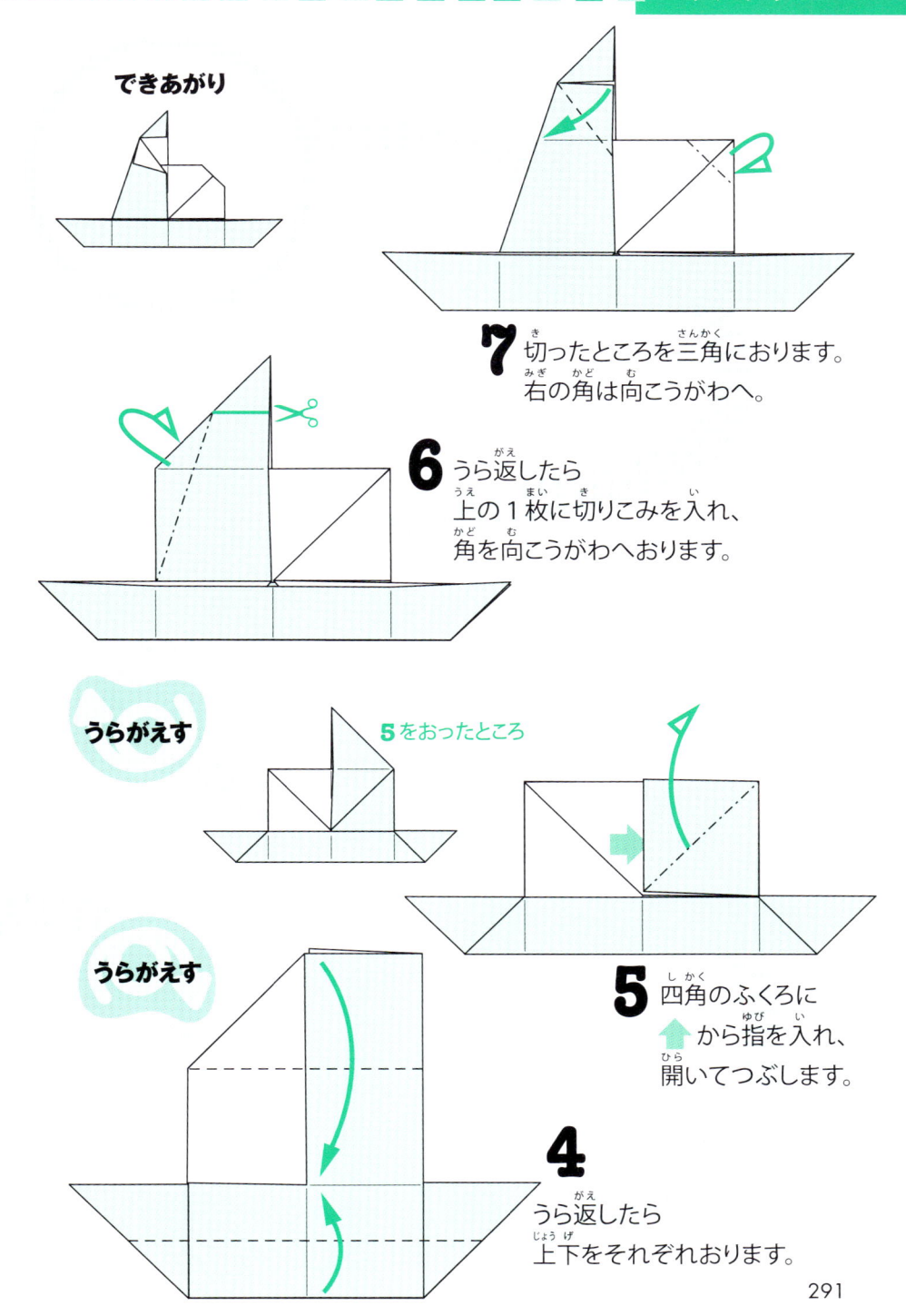

クリスマスツリー

はち、みき、葉《は》の３つのパートに分《わ》けております。

みき

1 中央《ちゅうおう》のおりすじに合《あ》わせて左右《さゆう》をおります。

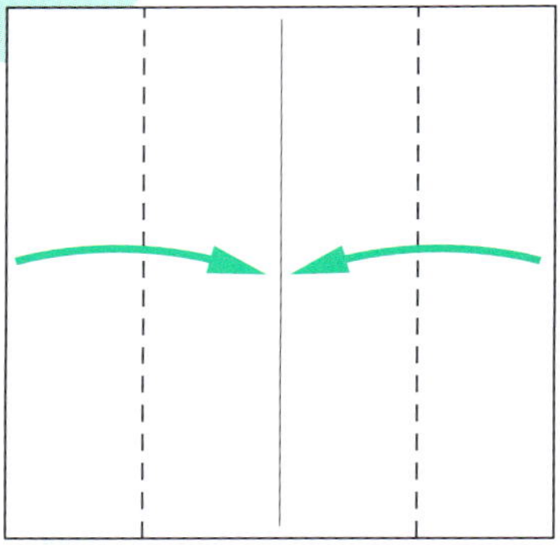

2 もう一度《いちど》左右《さゆう》をおります。

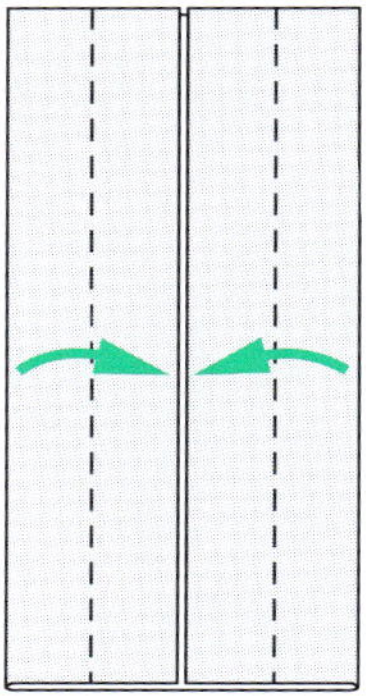

はち

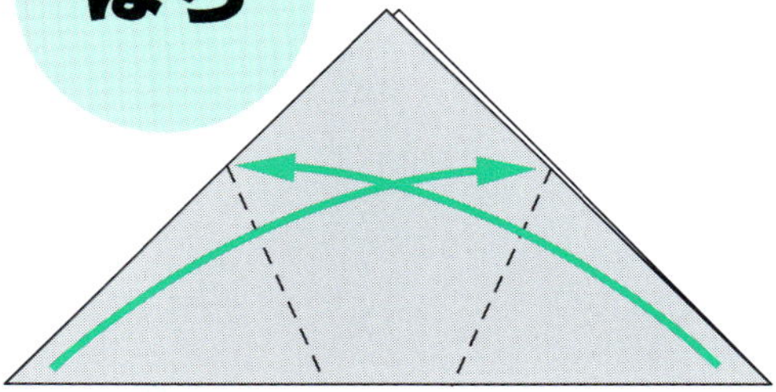

1 半分《はんぶん》におったら両角《りょうかど》をおり上《あ》げます。

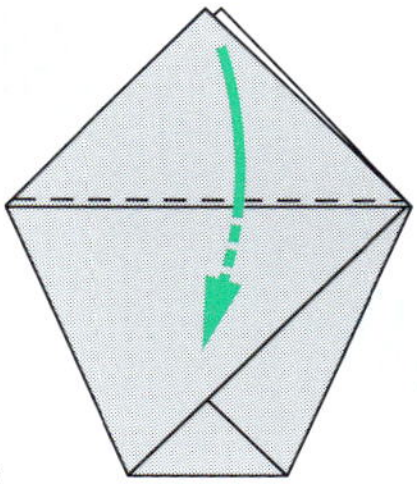

2 上《うえ》の三角《さんかく》をふくろの中《なか》に入《い》れこみます。

はちのできあがり

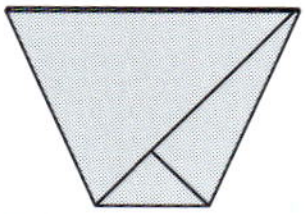

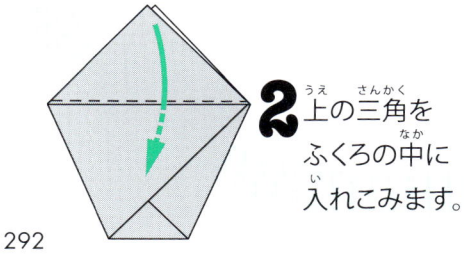

葉《は》

1 図《ず》のようにおりすじをつけたら、上《うえ》の角《かど》をおります。

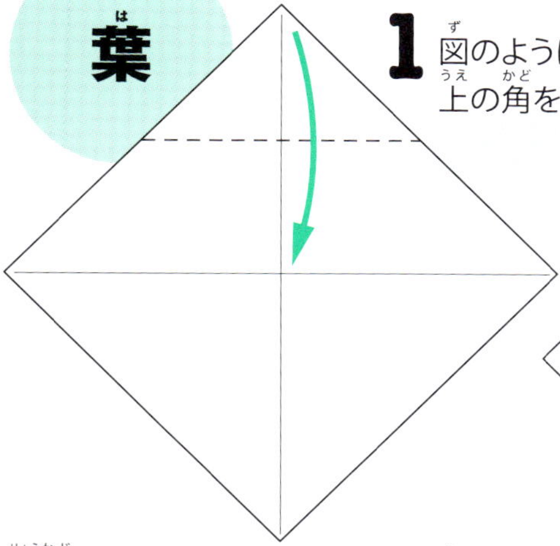

2 下《した》の角《かど》を上《うえ》までおります。

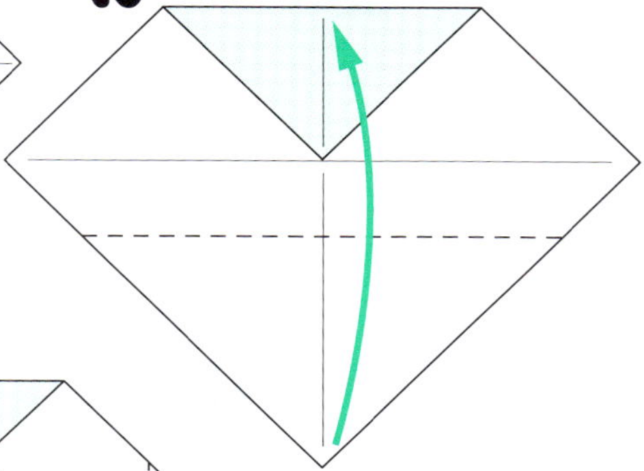

3 両角《りょうかど》をおり入《い》れます。

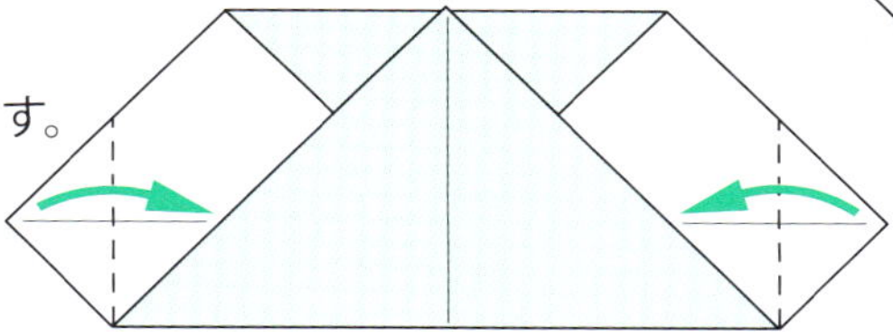

3をおったところ

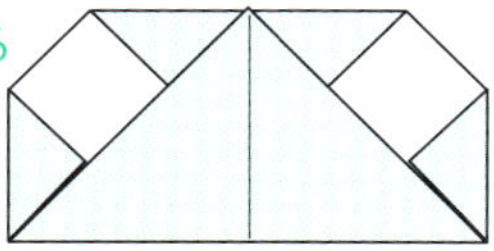

4 うら返《がえ》したらおりすじに合《あ》わせて左右《さゆう》をおります。

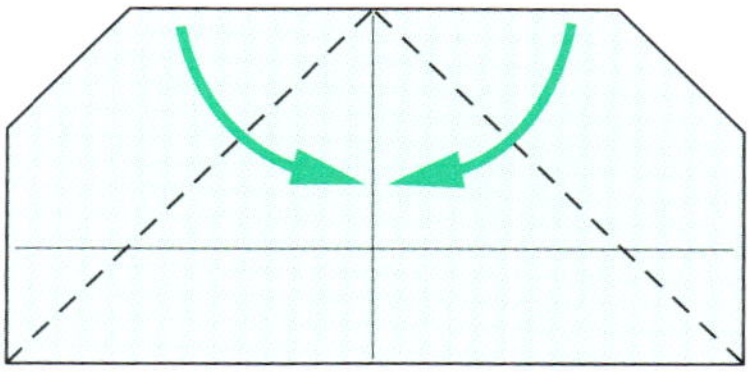

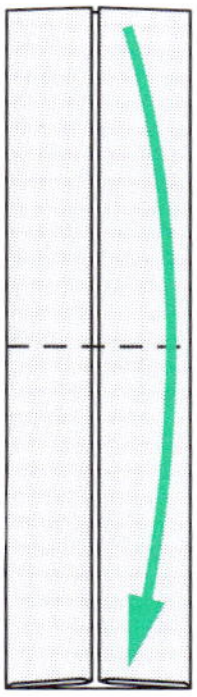

3 半分《はんぶん》におります。

みきのできあがり

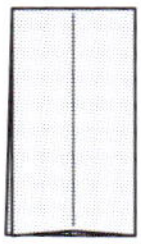

同《おな》じものを3つおりましょう。

葉《は》のできあがり

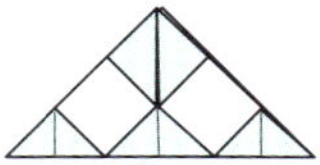

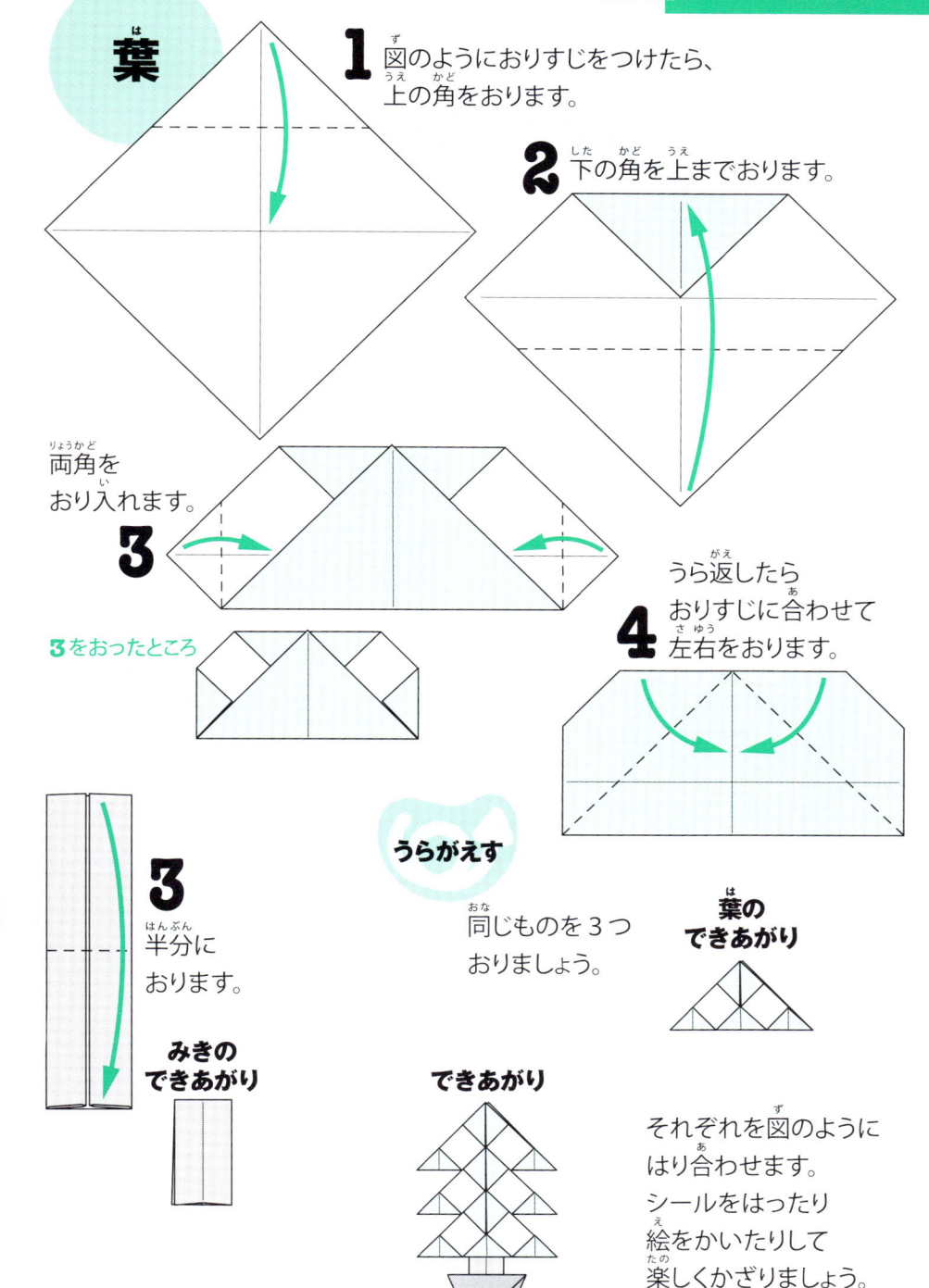

できあがり

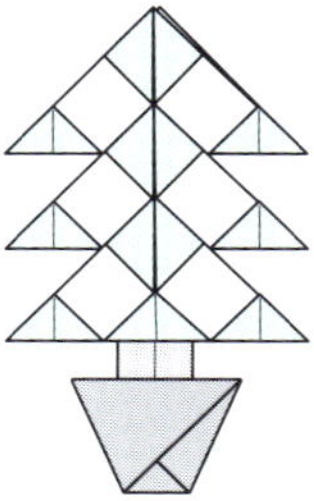

それぞれを図《ず》のようにはり合《あ》わせます。シールをはったり絵《え》をかいたりして楽《たの》しくかざりましょう。

こま

1

上半分《うえはんぶん》を8等分《とうぶん》して
山《やま》、谷《たに》、山《やま》と
だんおりにします。

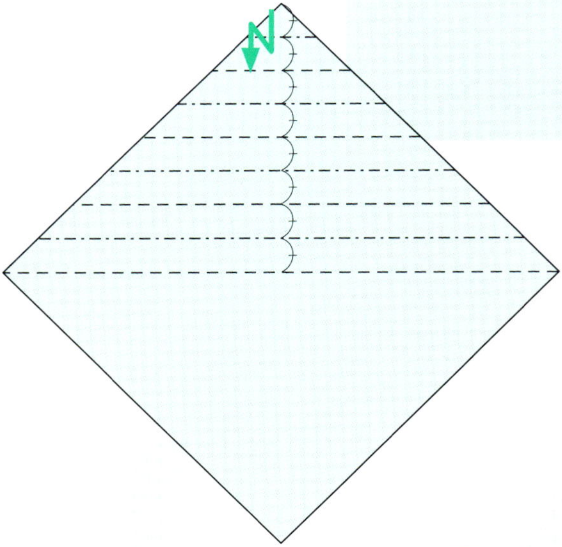

2

両角《りょうかど》を点線《てんせん》のところで
向《む》こうがわにおります。

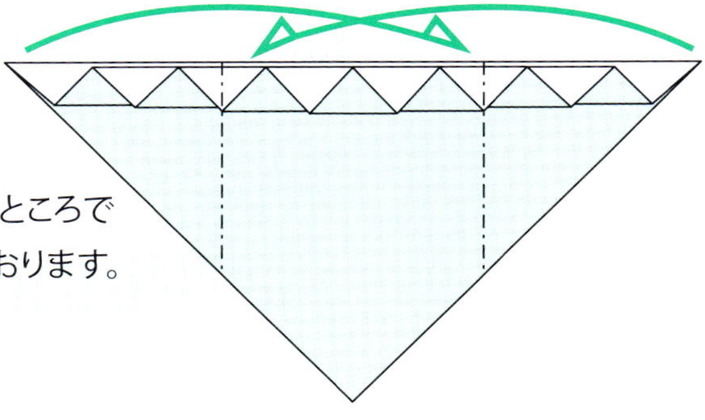

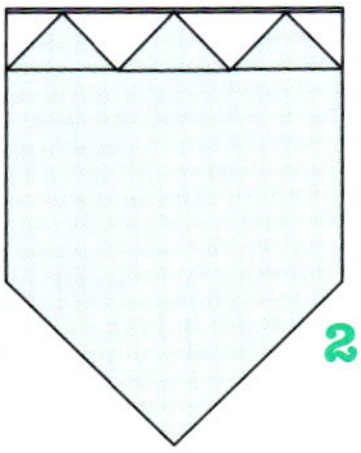

2をおったところ

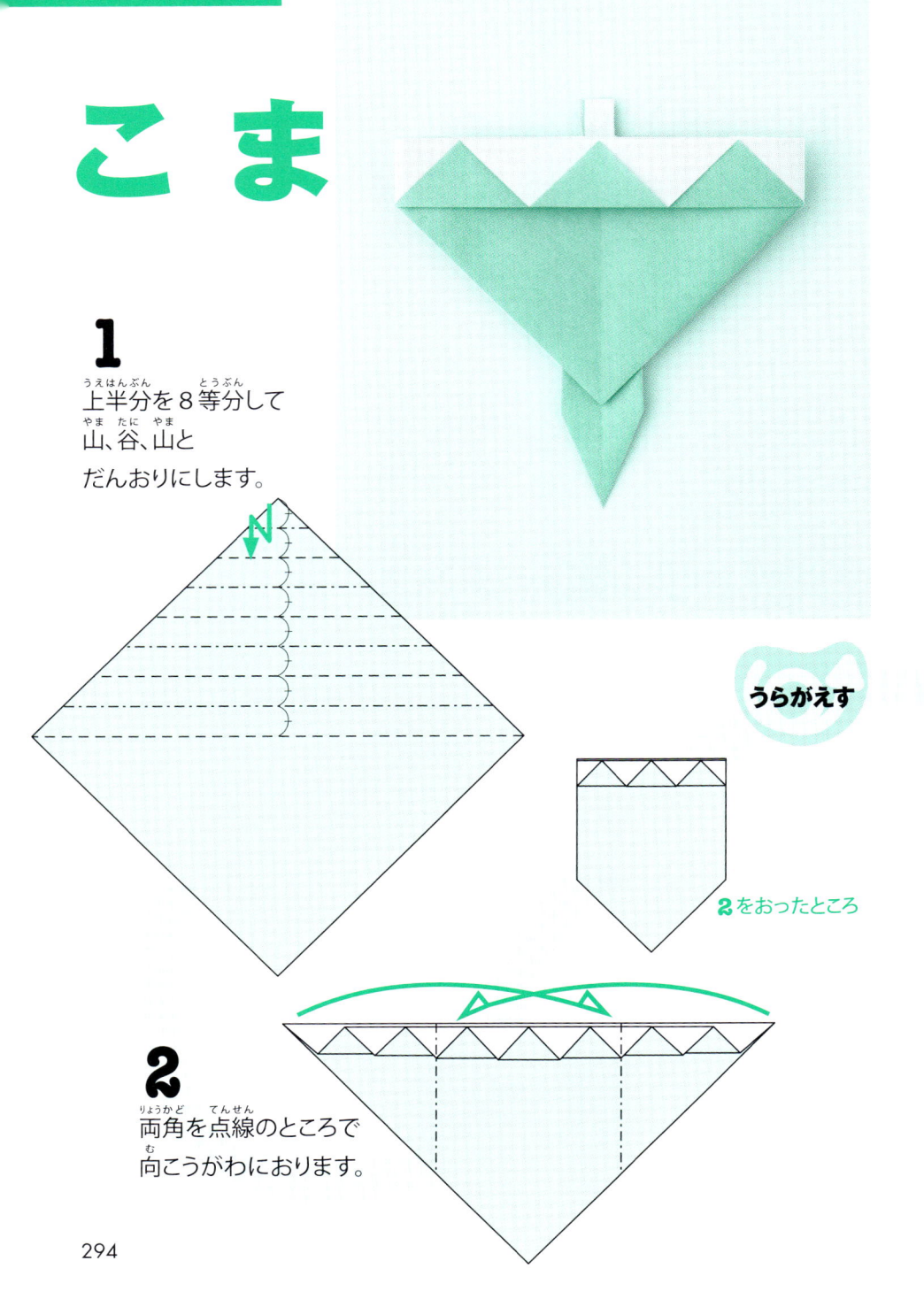

3 うら返《がえ》したら
角《かど》をななめに
少《すこ》しおります。

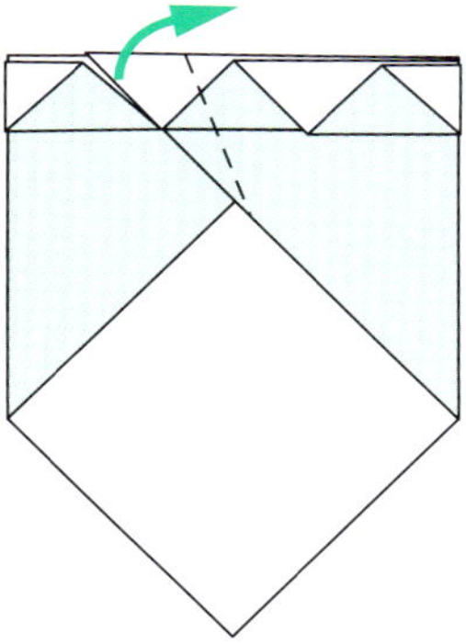

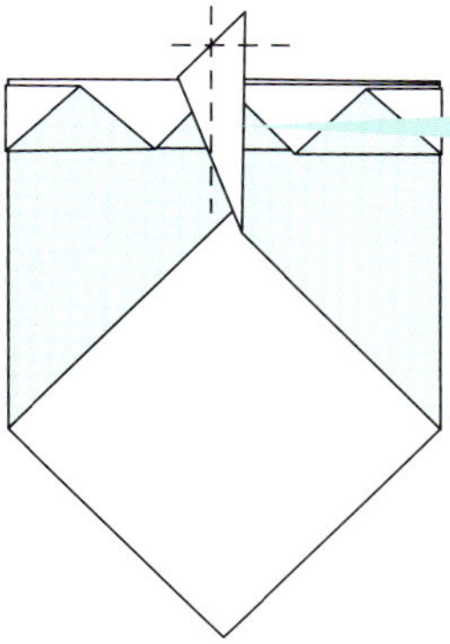

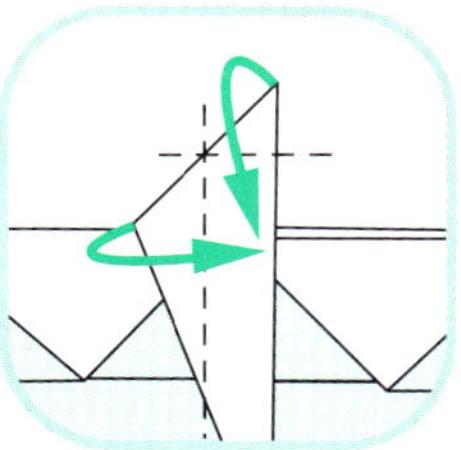

4

こまの「じく」になる部分《ぶぶん》を
図《ず》のようにおります。

5

点線《てんせん》のところでおって
おりすじを
３つつけます。

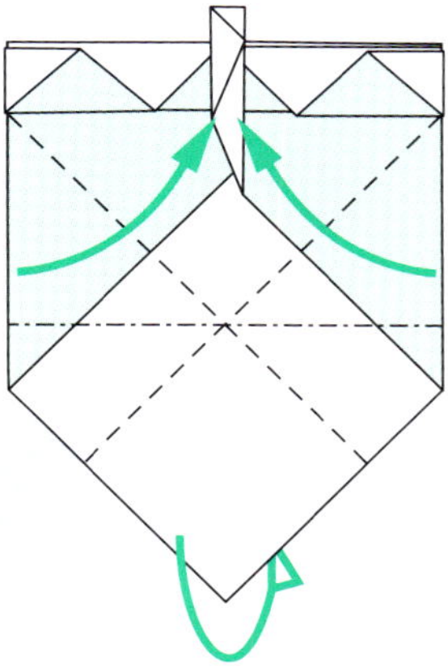

6

5のおりすじを使《つか》って
◯の山《やま》おり部分《ぶぶん》を
◎によせるように
たたみます。

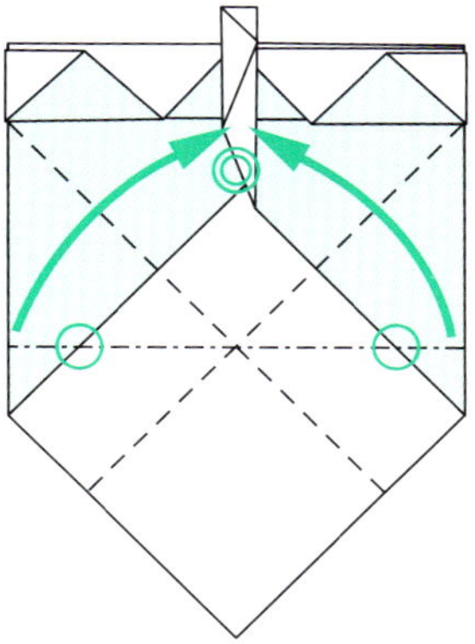

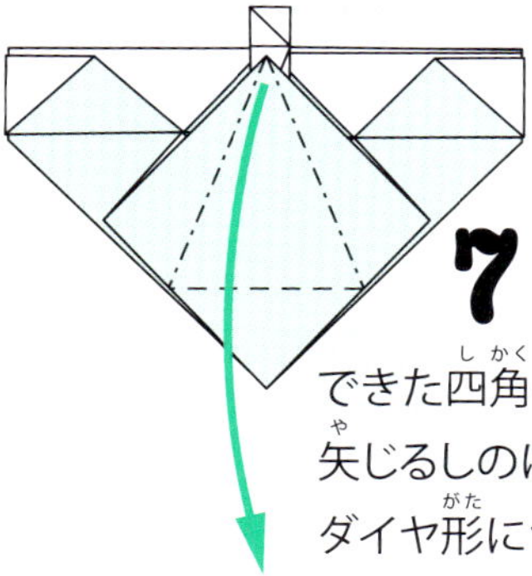

7

できた四角《しかく》のふくろを
矢《や》じるしのほうへ開《ひら》き、
ダイヤ形《がた》につぶします。

8 両角《りょうかど》を
おり入《い》れます。

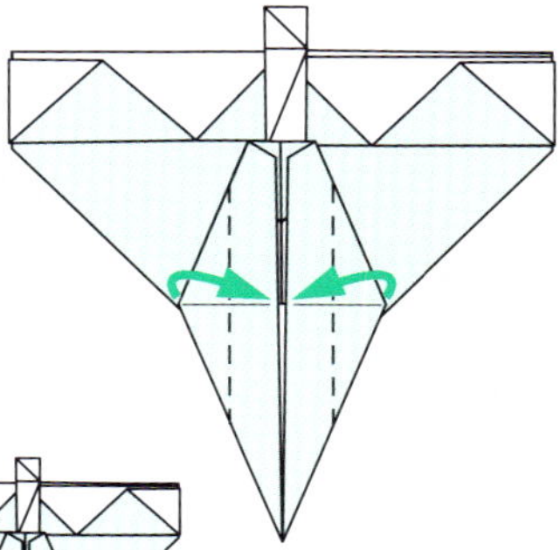

できあがり

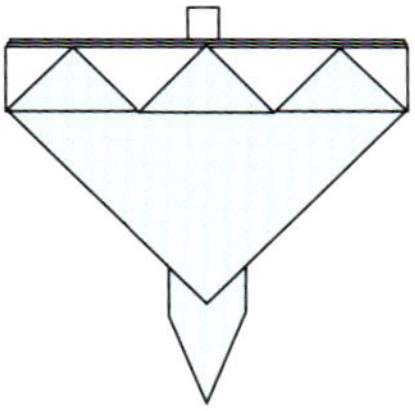

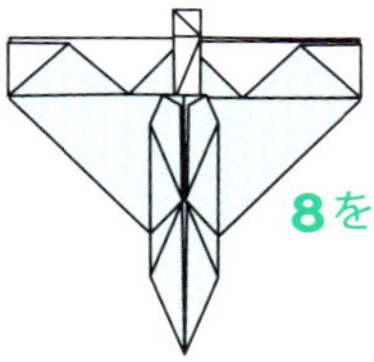

8をおったところ

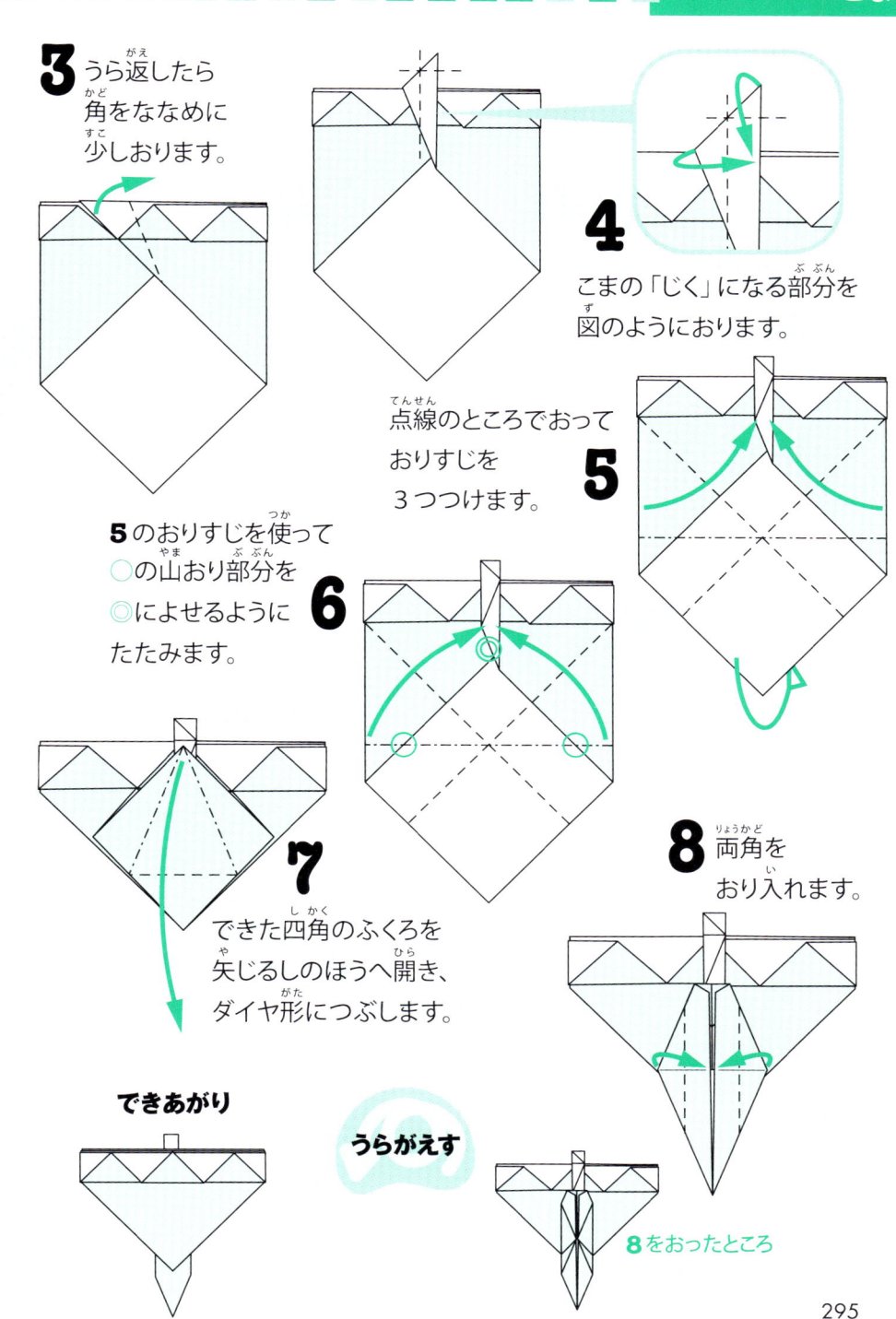

はごいた

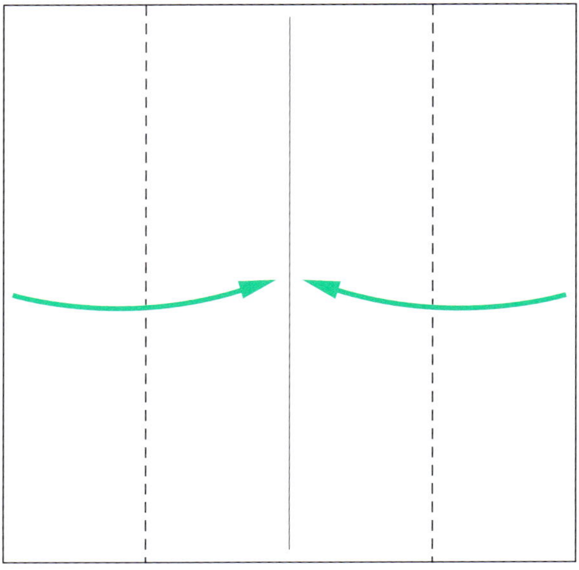

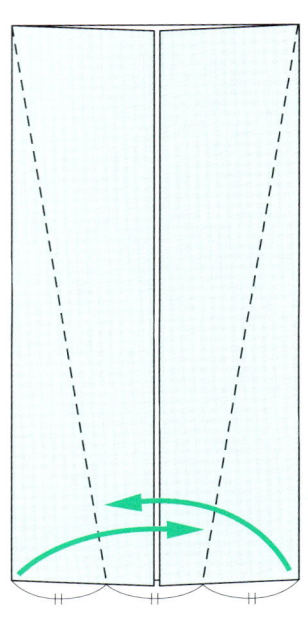

1

たてにおりすじをつけたら
左右《さゆう》をおります。

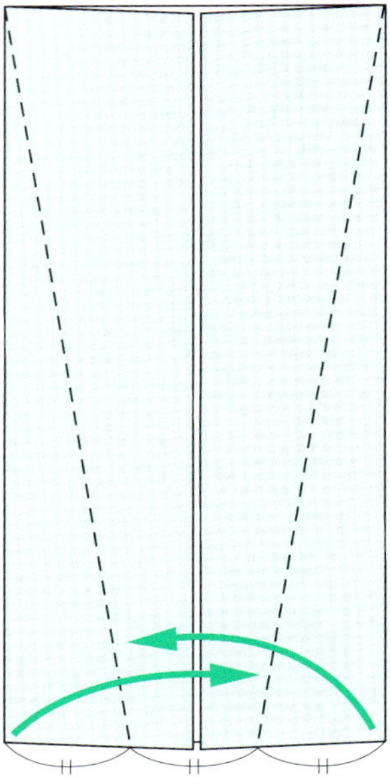

2 3等分《とうぶん》したところで
ななめにおります。

できあがり

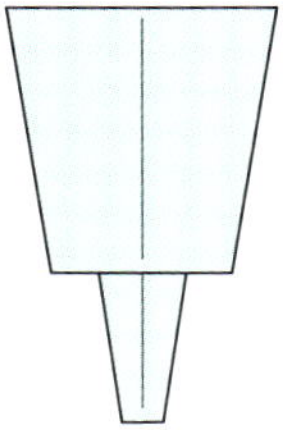

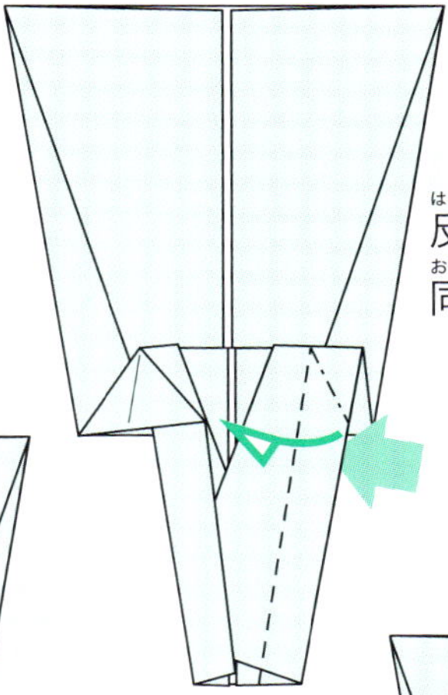

6

反対《はんたい》がわも
同《おな》じにおります。

うらがえす

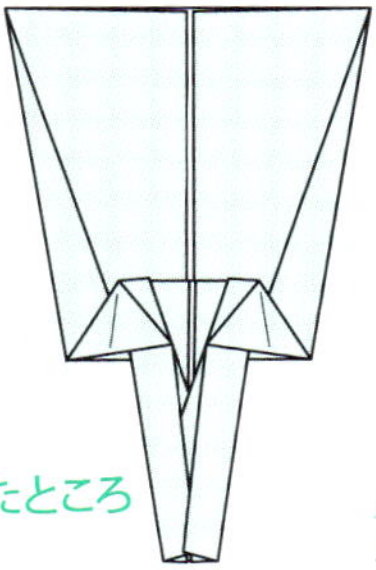

6をおったところ

5

から指《ゆび》を入《い》れ、
開《ひら》いてつぶしながら
「え」を細身《ほそみ》におります。

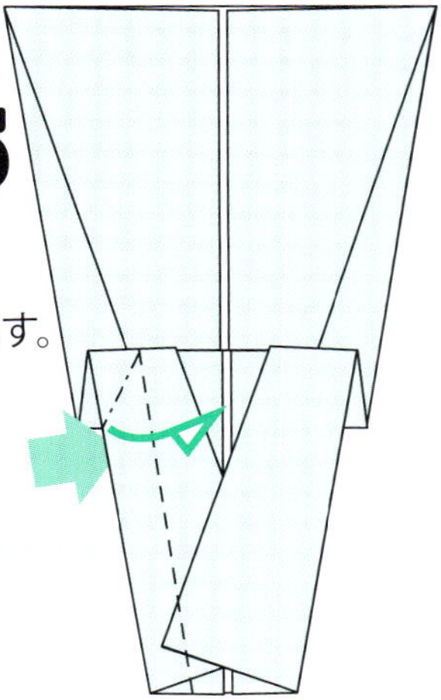

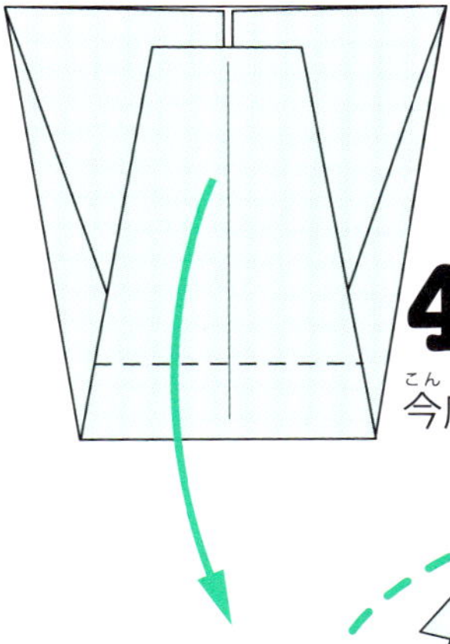

4

今度《こんど》はおり下《さ》げます。

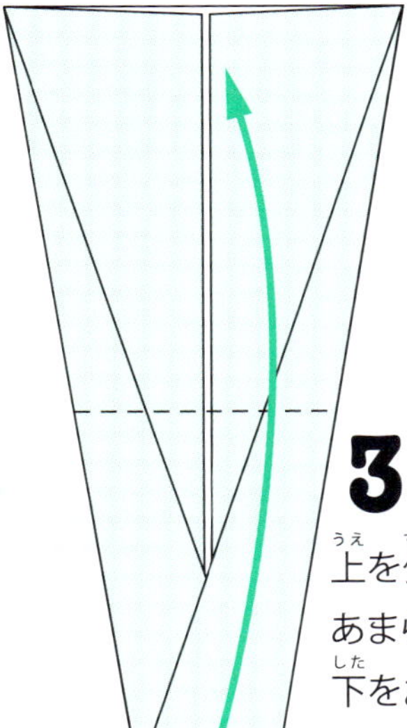

3

上《うえ》を少《すこ》し
あまらせる感《かん》じで
下《した》をおります。

**小《ちい》さい紙《かみ》でおり、最後《さいご》に
まん中《なか》で山《やま》おりにすると、
はしおきになります。**

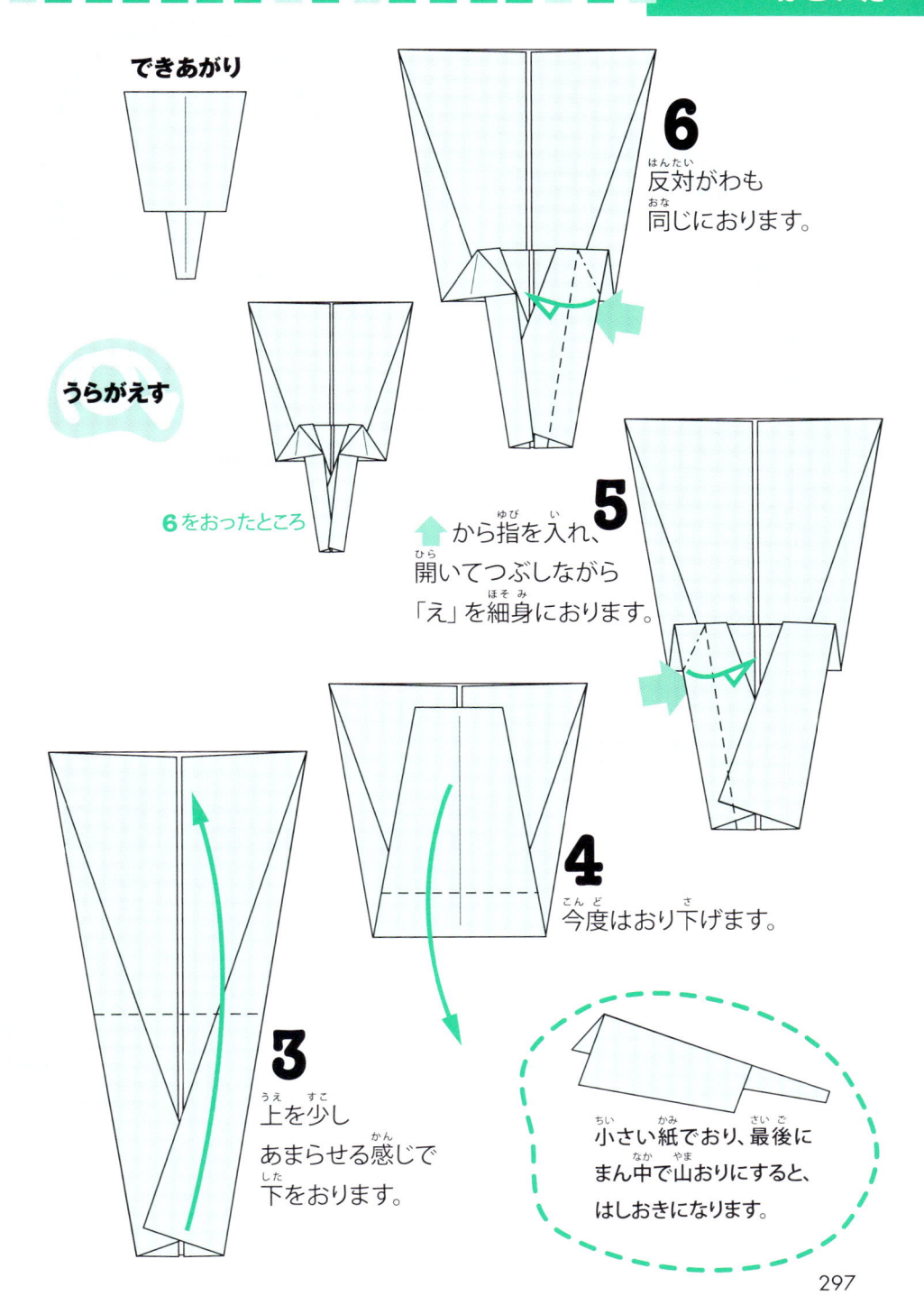

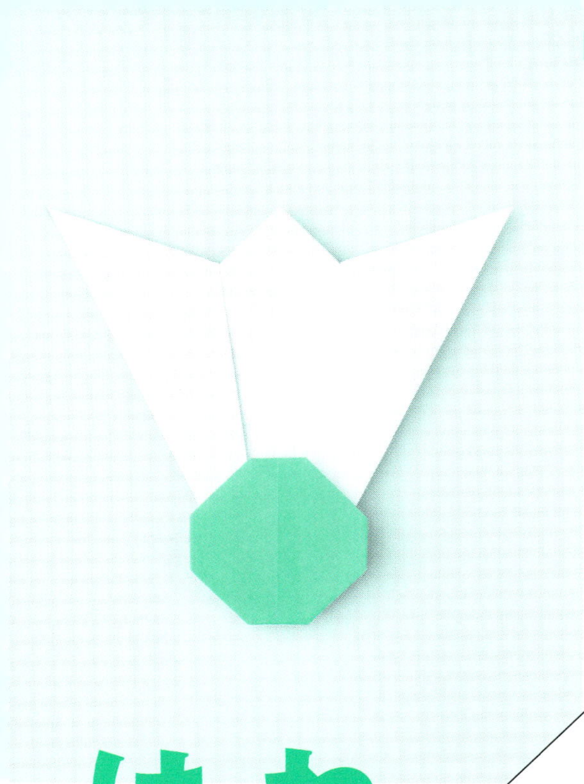

はね

むずかしいけど
がんばろう。

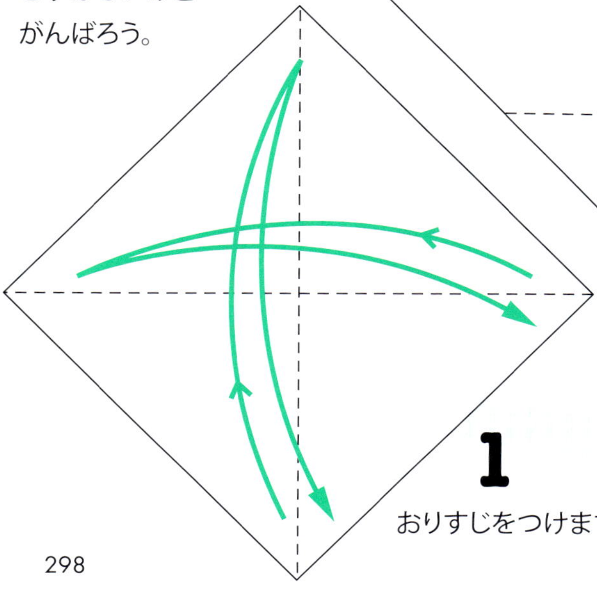

1

おりすじをつけます。

下《した》の角《かど》をおり上《あ》げます。

2

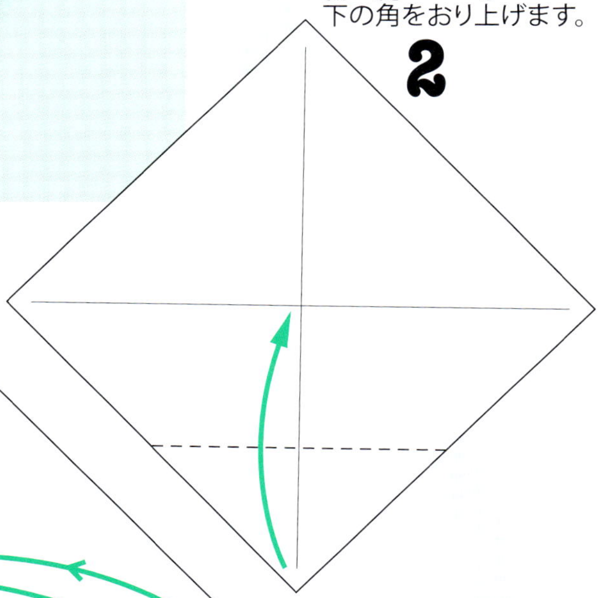

3

うら返《がえ》したら
おりすじに合《あ》わせて左右《さゆう》をおります。

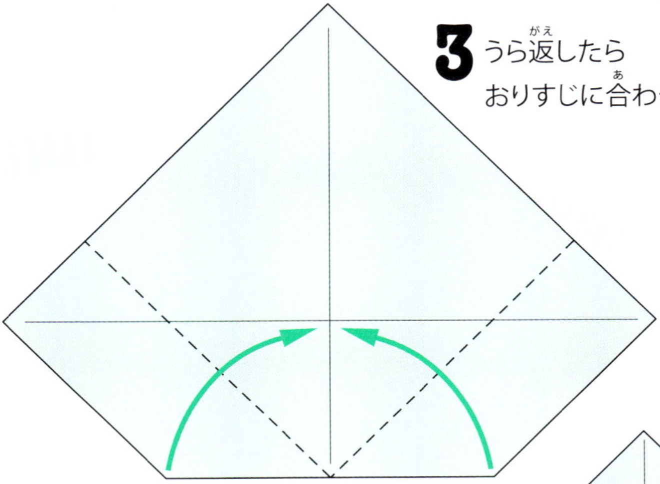

4

しゃ線《せん》の１枚《まい》はおらないように
両角《りょうかど》を向《む》こうがわへおります。

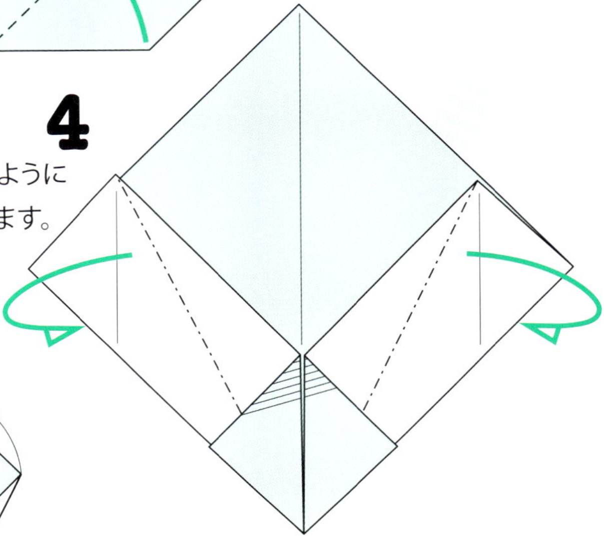

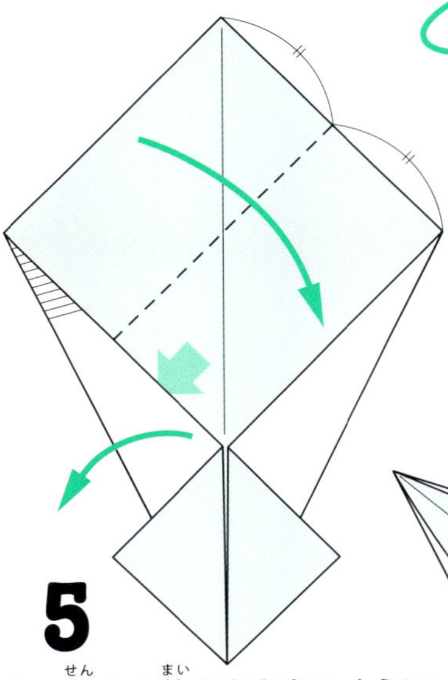

5

しゃ線《せん》の１枚《まい》をおらないように
のあたりを持《も》ち上《あ》げながら
半分《はんぶん》におります。

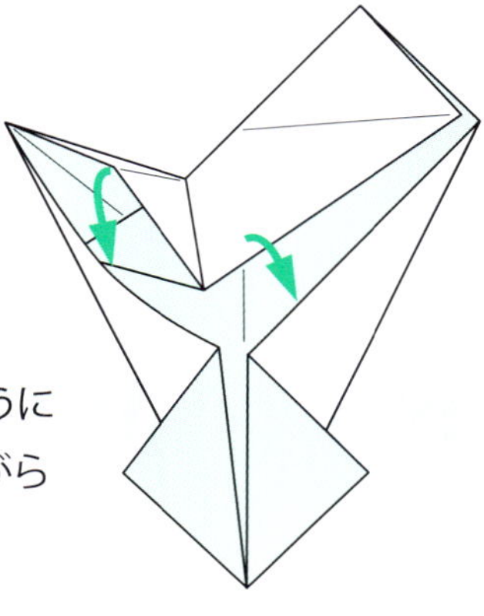

5をおっているところ。
持《も》ち上《あ》がってきた部分《ぶぶん》を
三角《さんかく》につぶす感《かん》じで。

つぎのページに

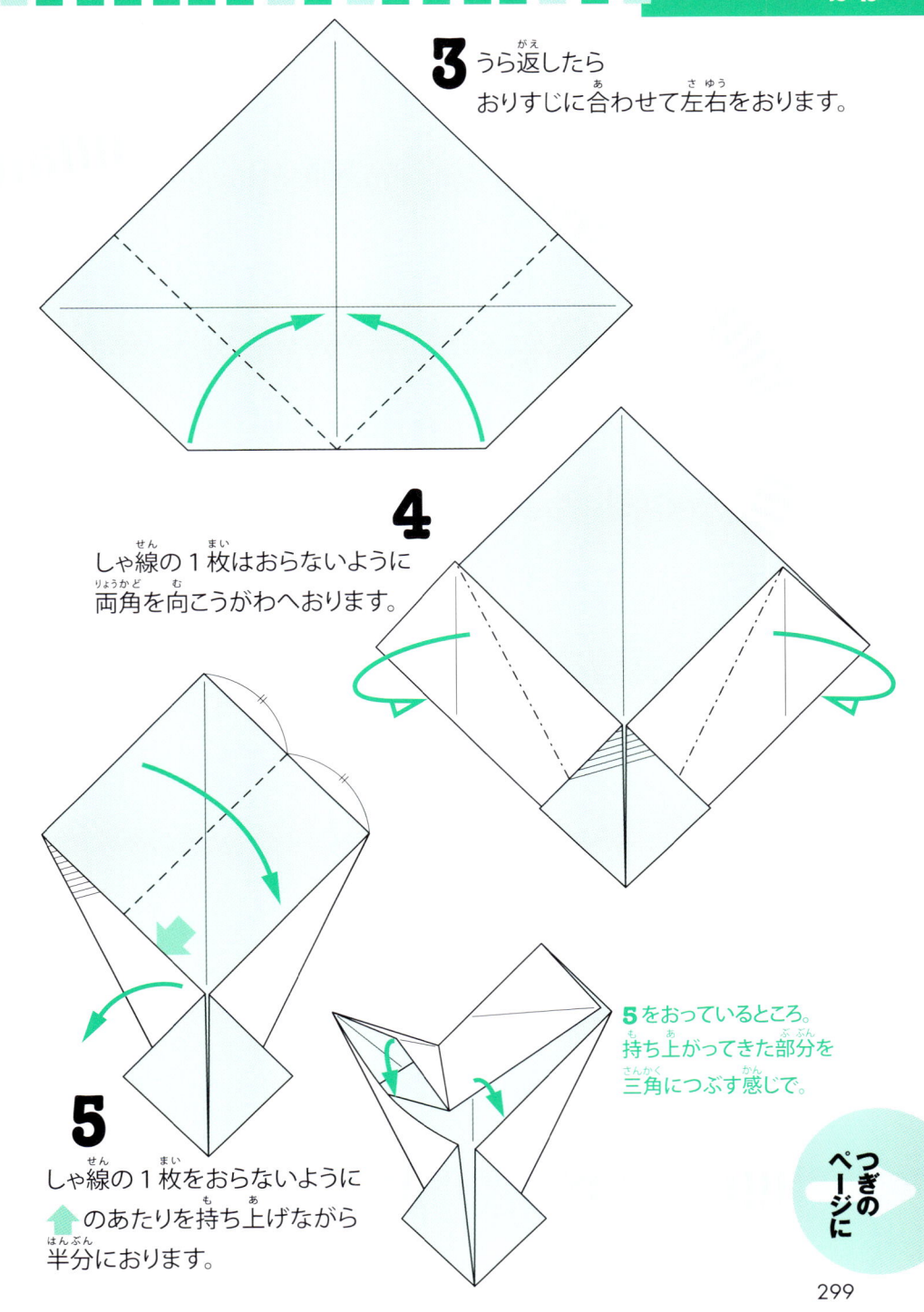

まえのページから

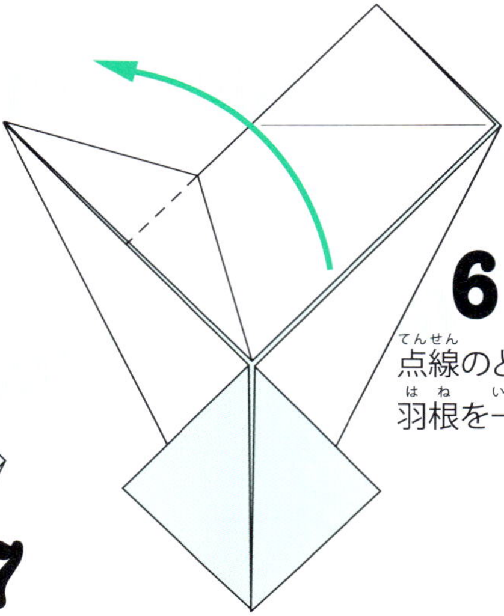

6

点線《てんせん》のところでおり、
羽根《はね》を一度《いちど》広《ひろ》げます。

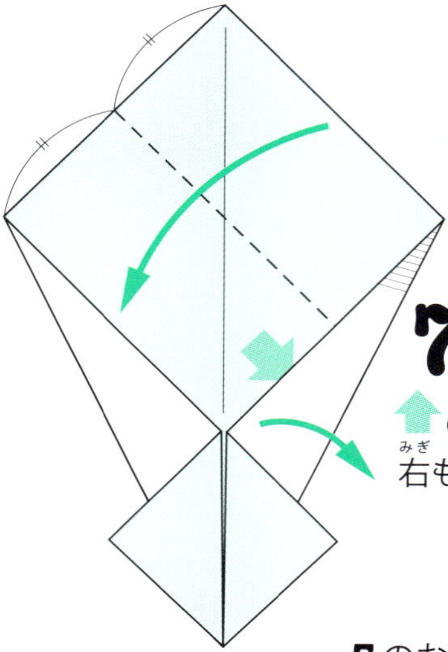

7

のあたりでしゃ線《せん》の1枚《まい》を持《も》ち上《あ》げながら
右《みぎ》も**5**と同《おな》じにおります。

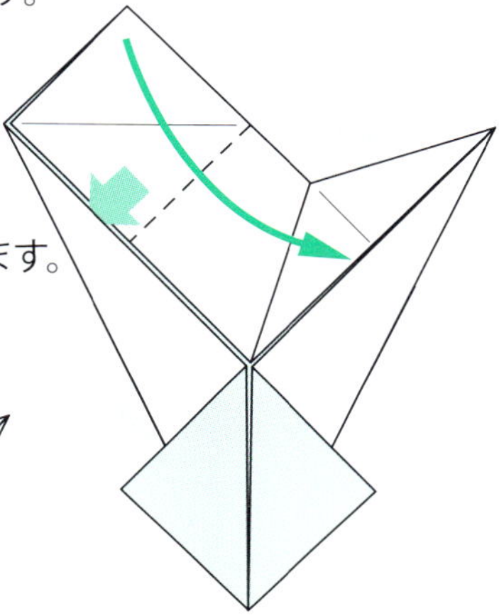

8

5のおりすじを使《つか》って
もう一度《いちど》左《ひだり》をおりたたみます。

8をおっているところ

うらがえす

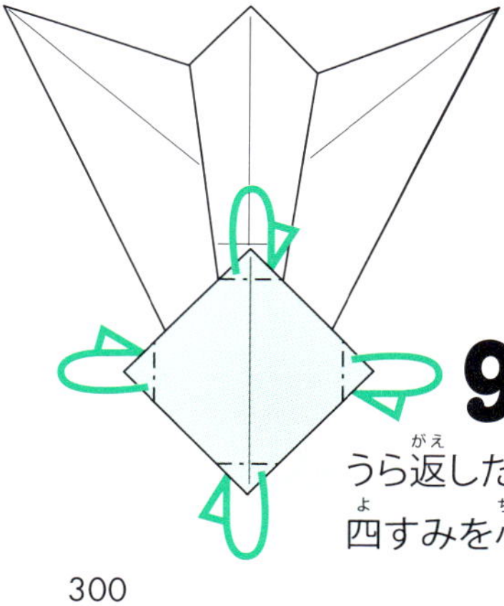

9

うら返《がえ》したら
四《よ》すみを小《ちい》さくおります。

できあがり

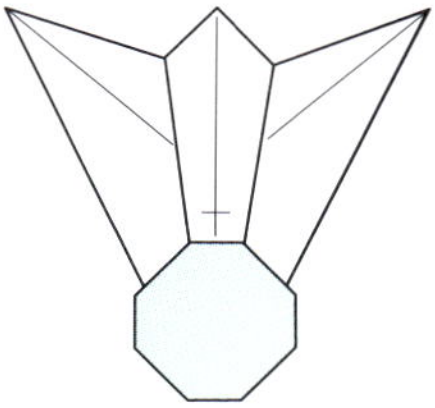

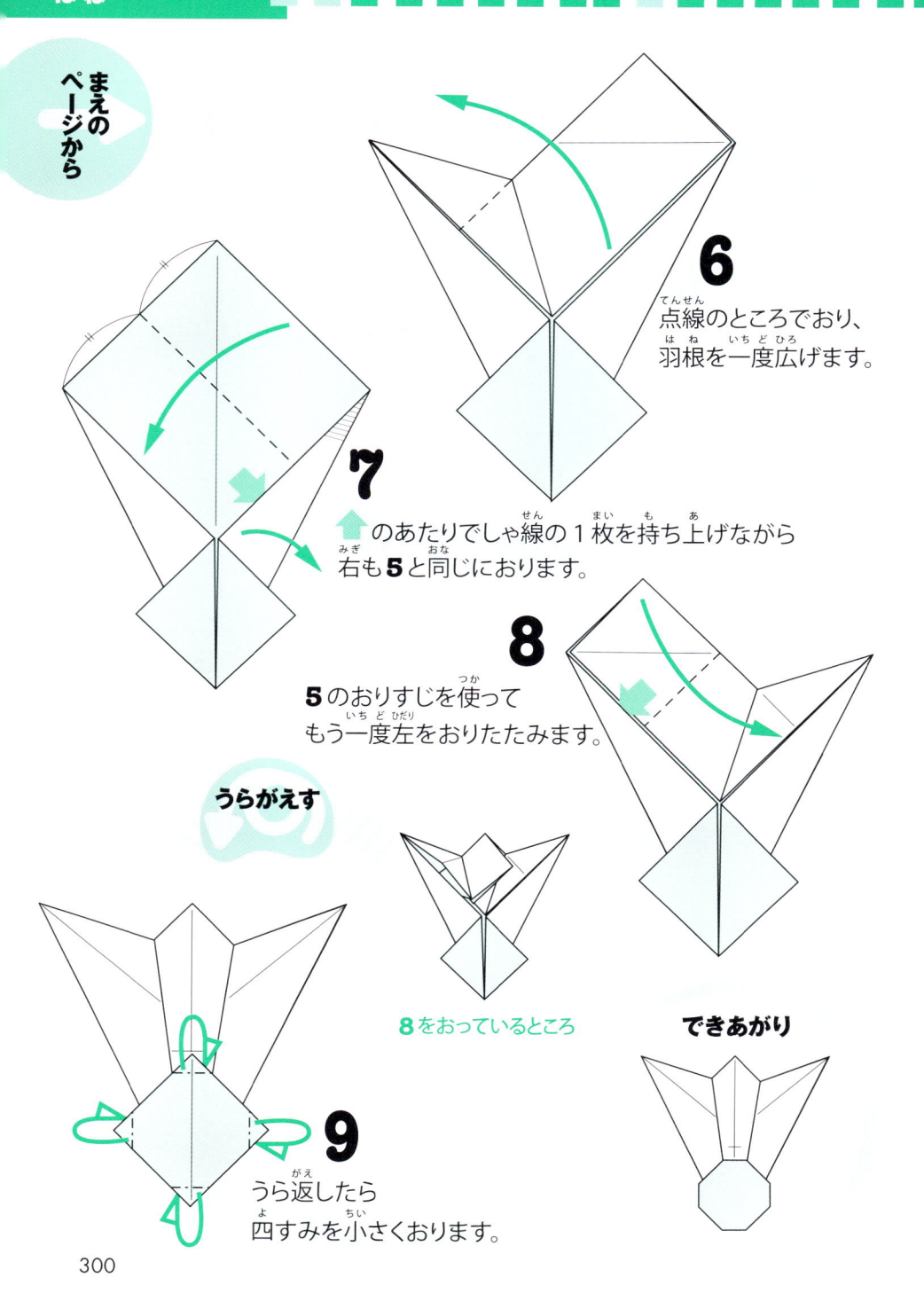

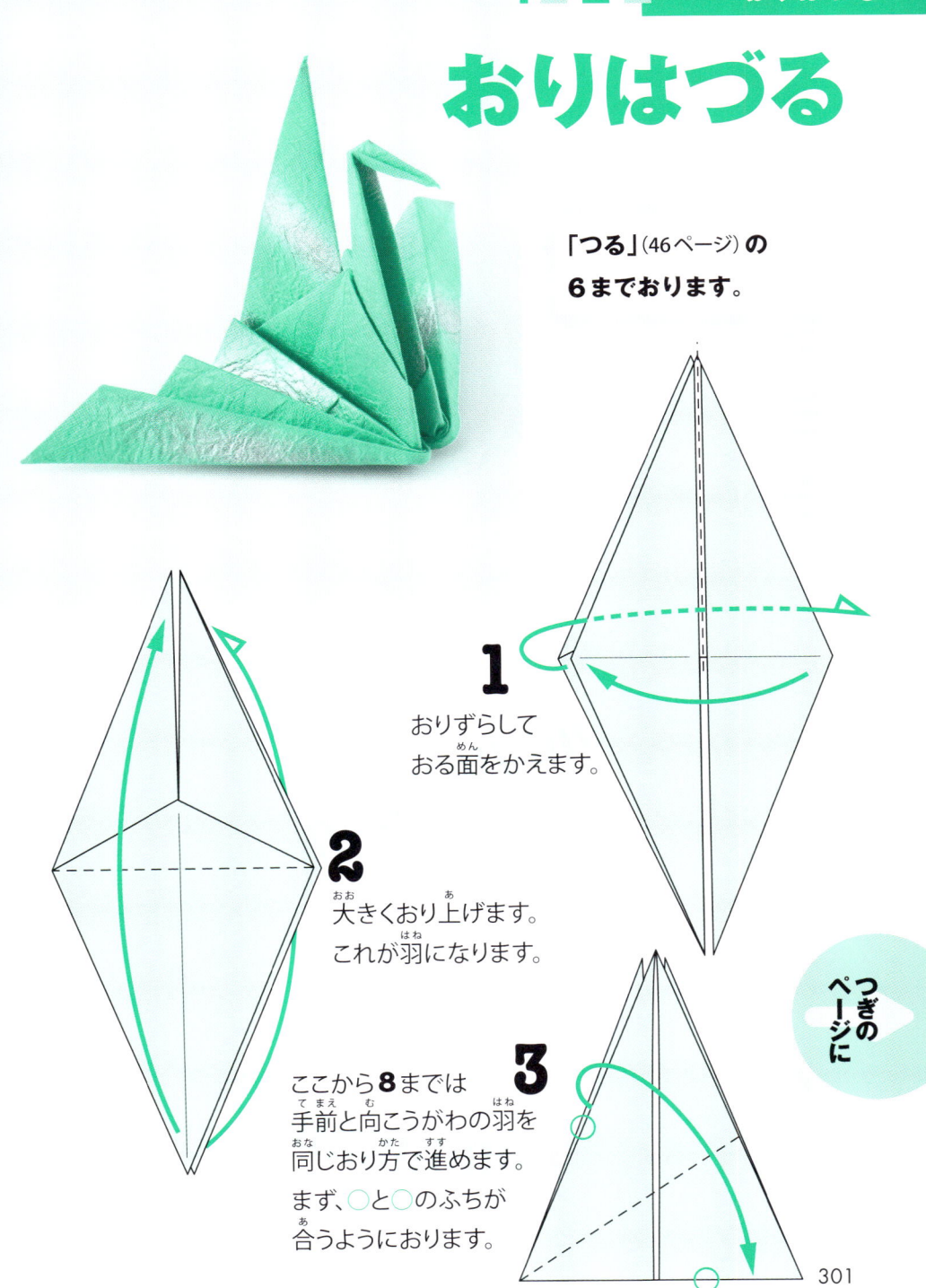

おりはづる

「つる」(46ページ) の
6までおります。

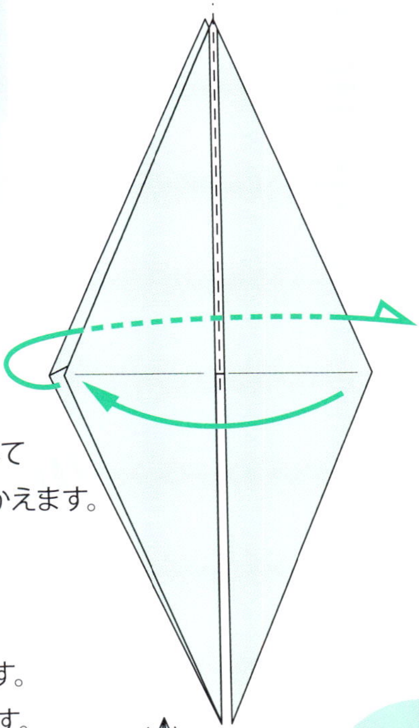

1

おりずらして
おる面《めん》をかえます。

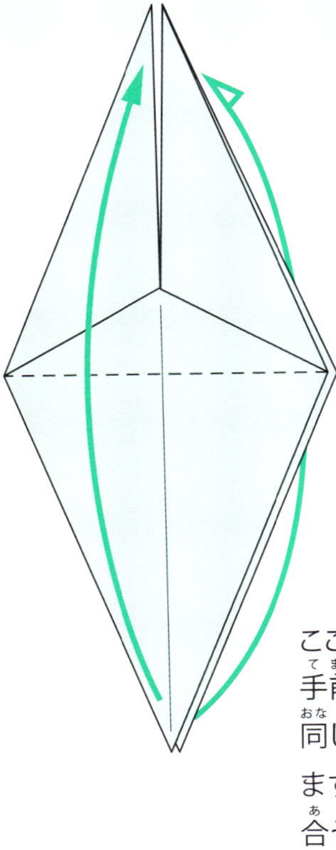

2

大《おお》きくおり上《あ》げます。
これが羽《はね》になります。

つぎのページに

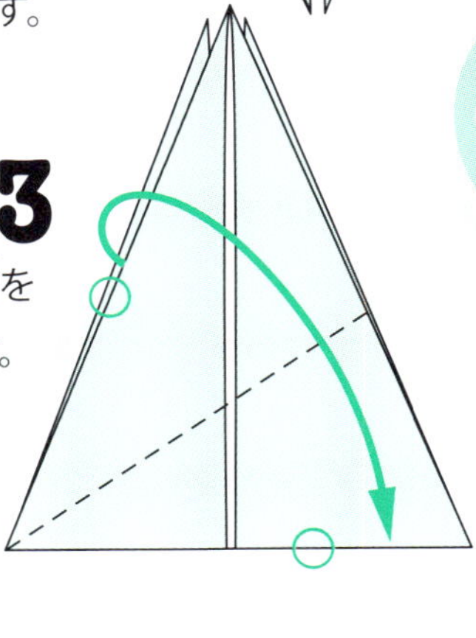

3

ここから8までは
手前《てまえ》と向《む》こうがわの羽《はね》を
同《おな》じおり方《かた》で進《すす》めます。
まず、○と○のふちが
合《あ》うようにおります。

まえのページから

4

○どうしが合《あ》うようにおります。

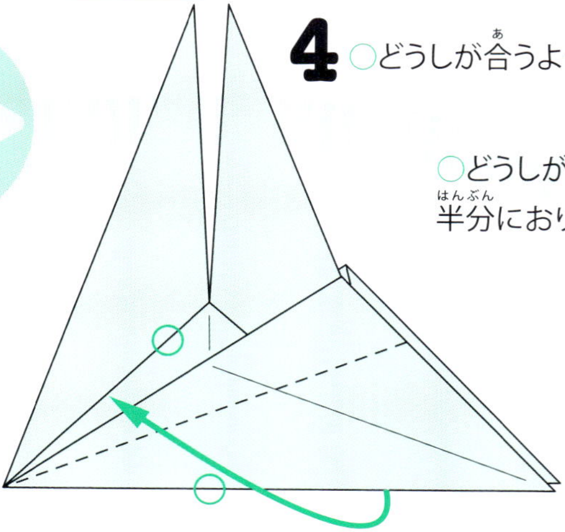

5

○どうしが合《あ》うように半分《はんぶん》におります。

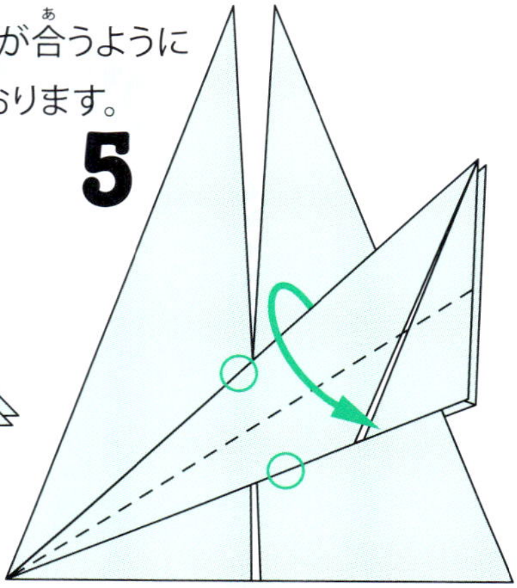

6

羽全体《はねぜんたい》をおろします。

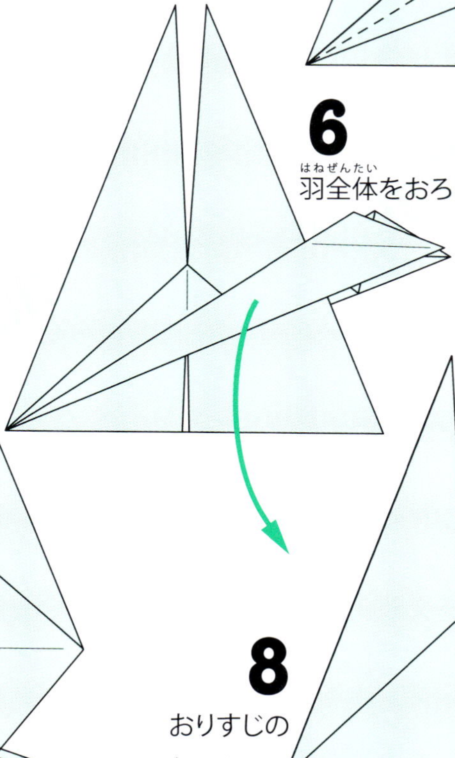

7

おり幅《はば》と同《おな》じだけおります。

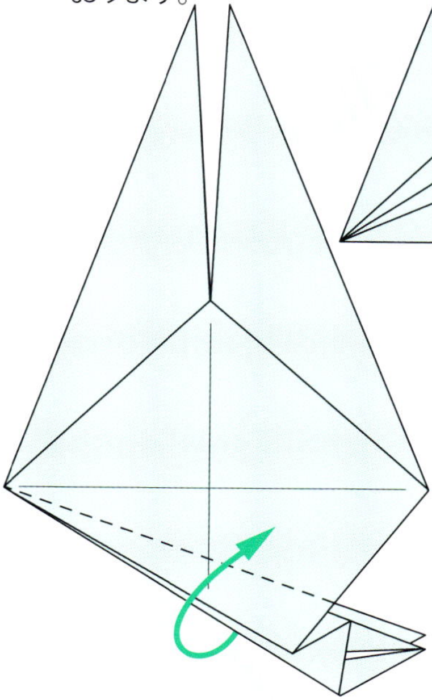

8

おりすじのところでおり上《あ》げます。

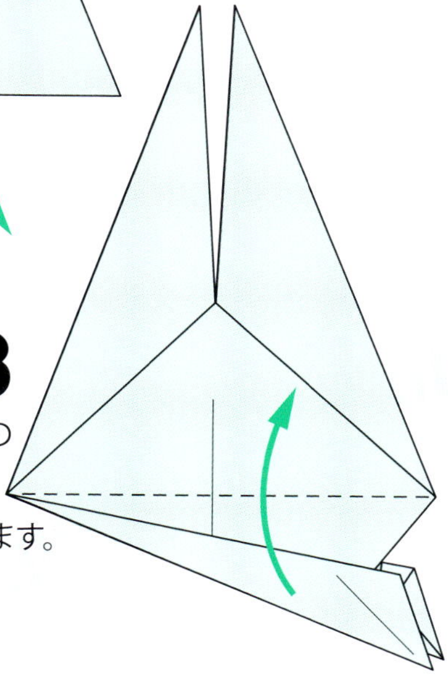

できあがり

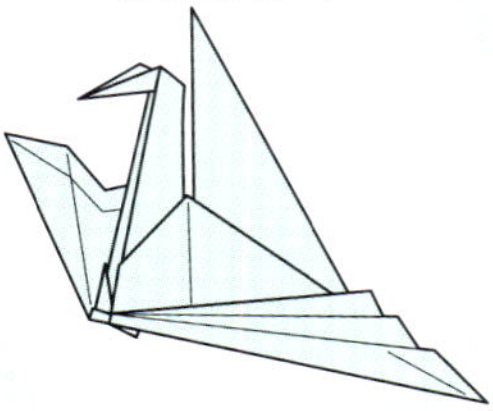

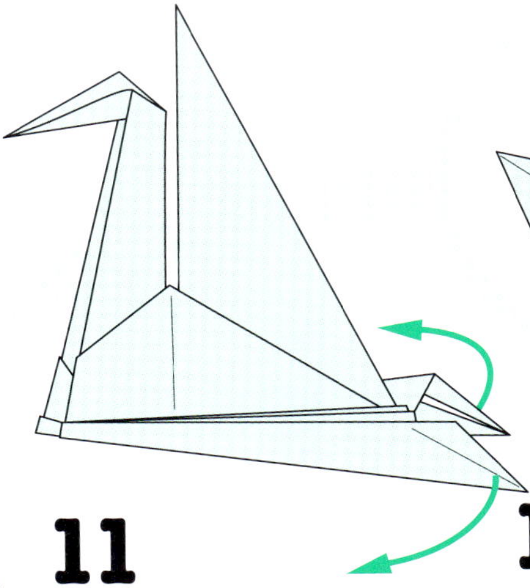

12 羽《はね》を広《ひろ》げます。

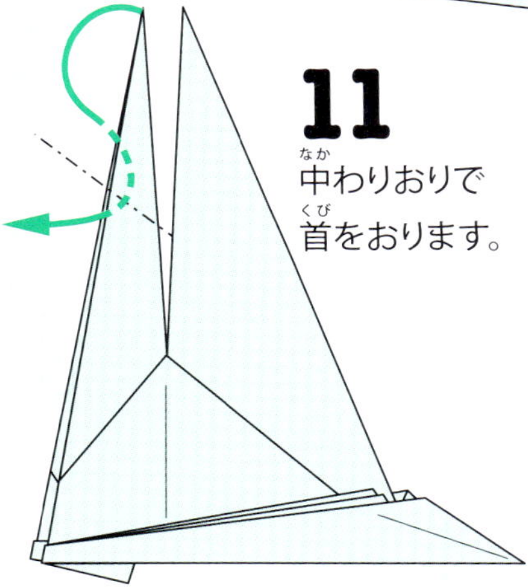

11
中《なか》わりおりで
首《くび》をおります。

10 左《ひだり》を全体《ぜんたい》に
細《ほそ》くするように
内《うち》がわへおります。

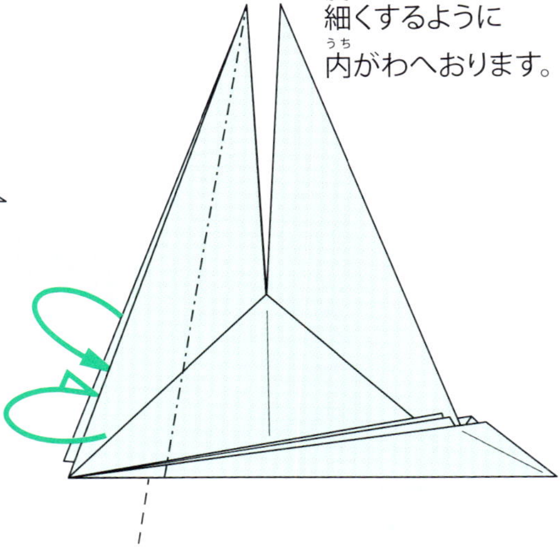

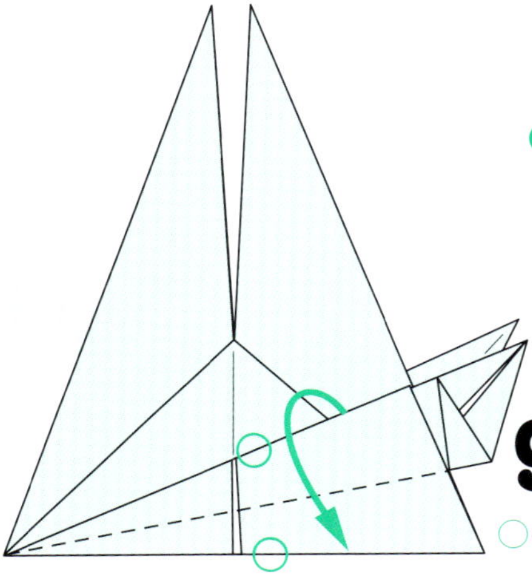

9
○のふちどうしが合《あ》うようにおります。

おひなさま

とちゅうで
「おびな」と「めびな」に
おり方《かた》が分《わ》かれます。

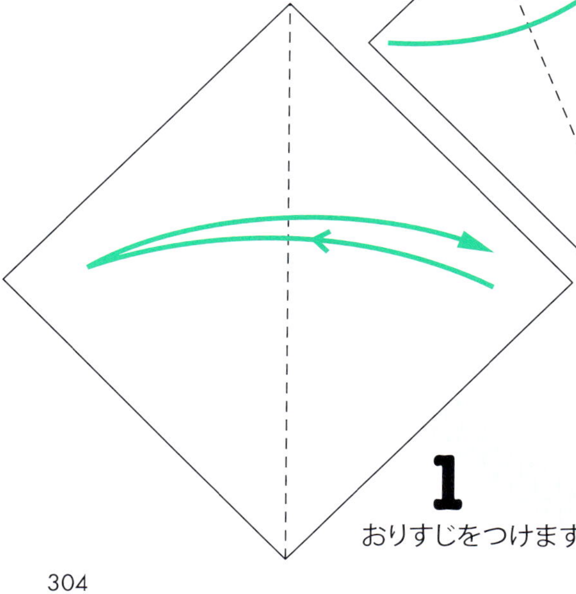

1
おりすじをつけます。

うらがえす

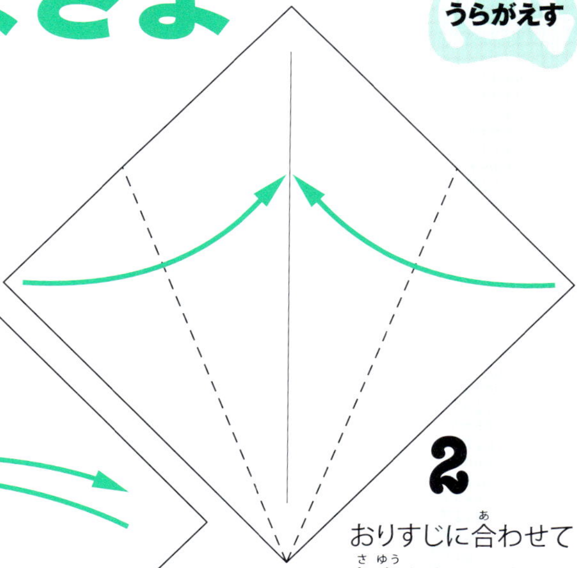

2
おりすじに合《あ》わせて
左右《さゆう》をおります。

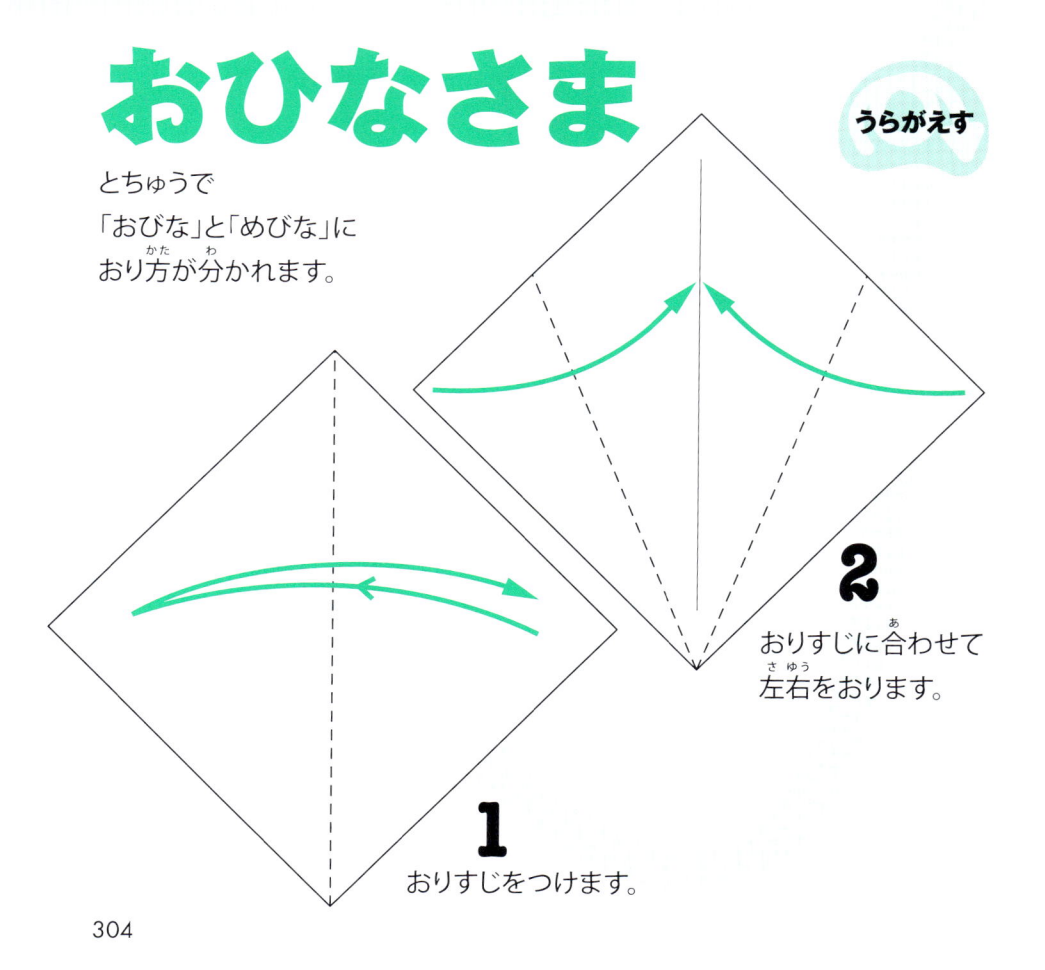

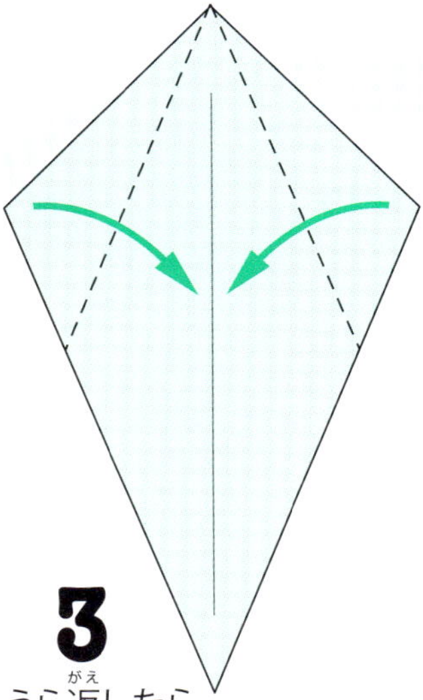

3

うら返《がえ》したら
左右《さゆう》をおりすじに
合《あ》わせております。

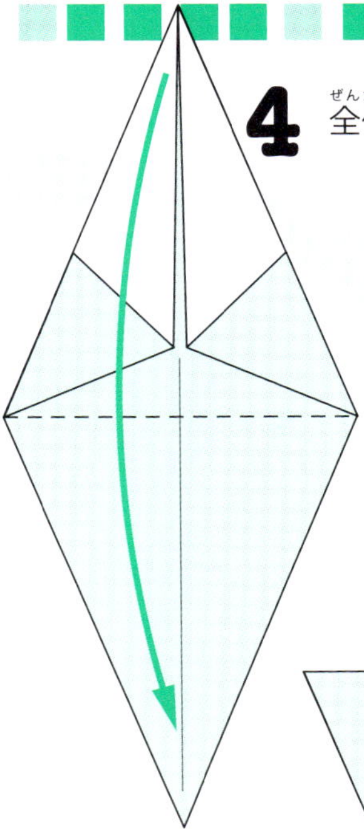

4 全体《ぜんたい》を半分《はんぶん》におります。

5 点線《てんせん》のところで
おり上《あ》げます。

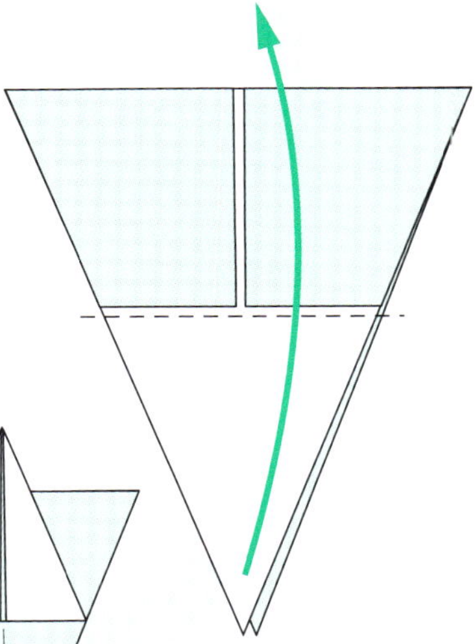

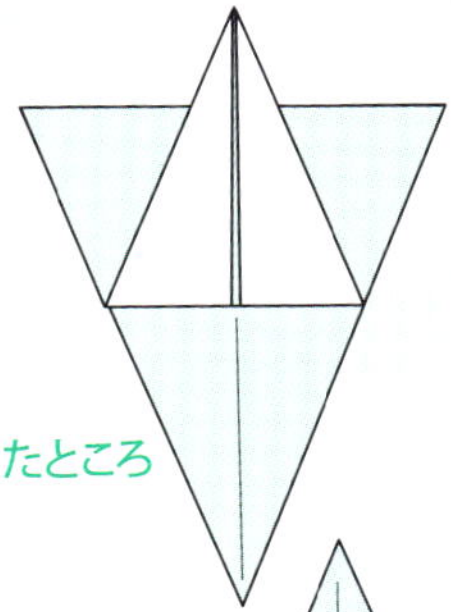

5をおったところ

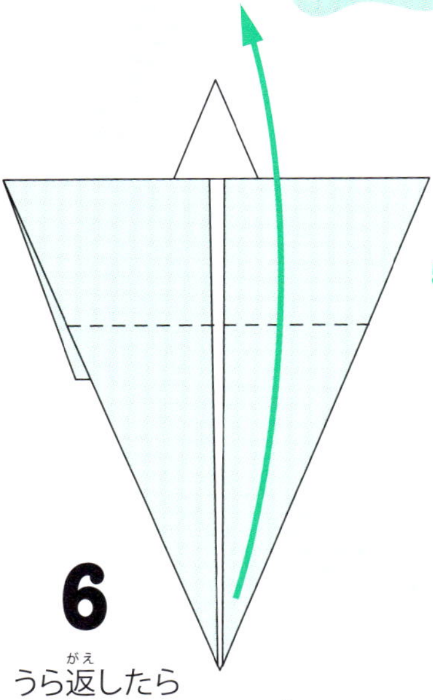

6

うら返《がえ》したら
点線《てんせん》のところでおり上《あ》げます。

7

今度《こんど》は
おり下《さ》げます。

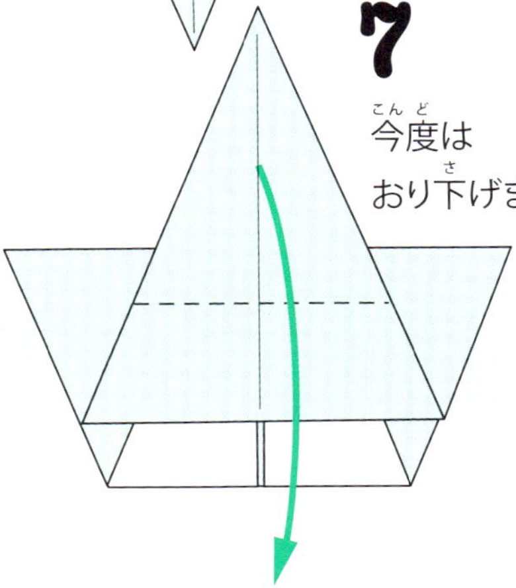

つぎのページに

まえのページから

めびな

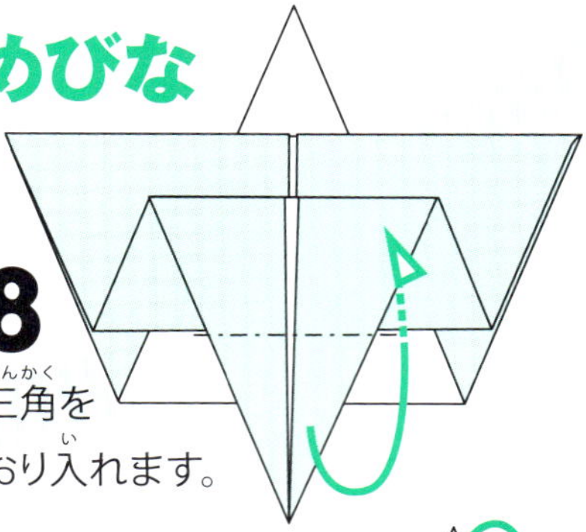

8

下《した》の三角《さんかく》を
中《なか》におり入《い》れます。

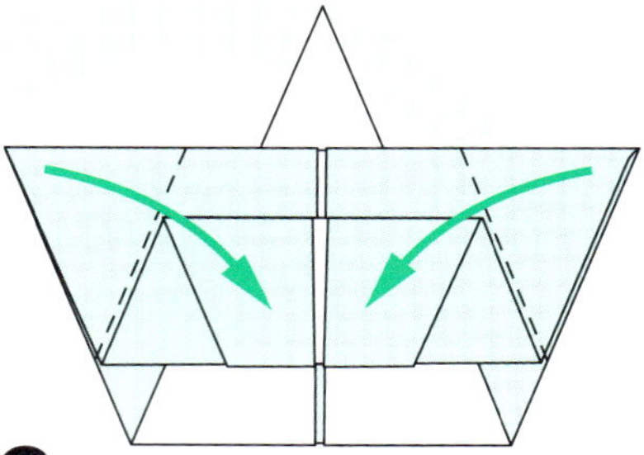

9 両角《りょうかど》をおります。

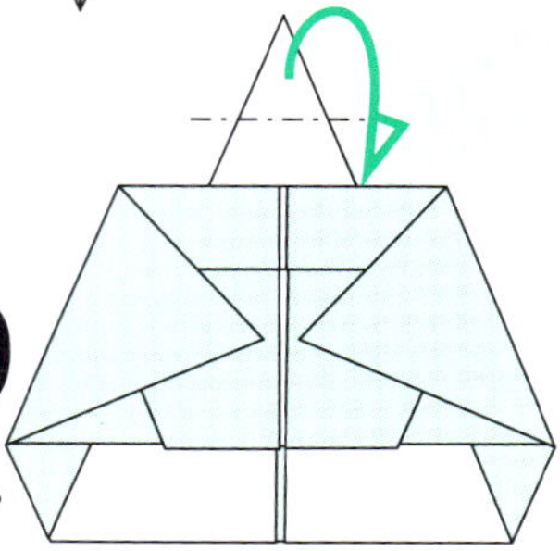

10

点線《てんせん》のところで
向《む》こうがわへおります。

めびなのできあがり

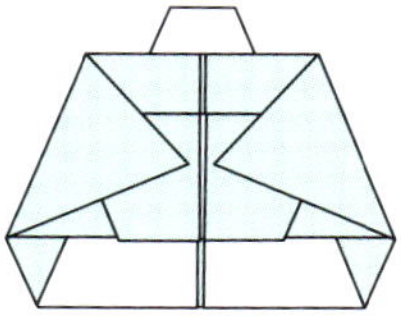

まえのページから

おびな

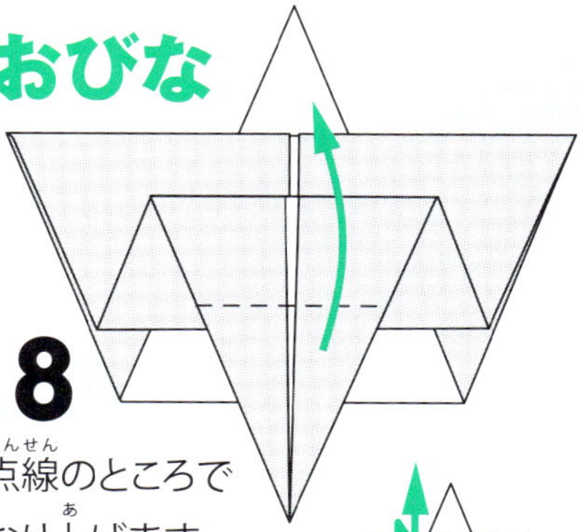

8

点線《てんせん》のところで
おり上《あ》げます。

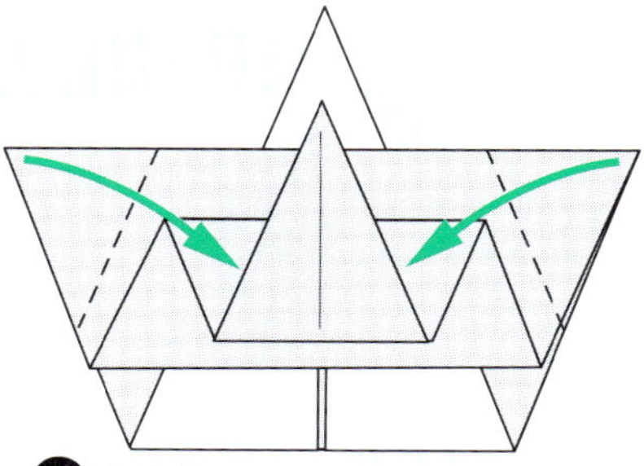

9 両角《りょうかど》をおります。

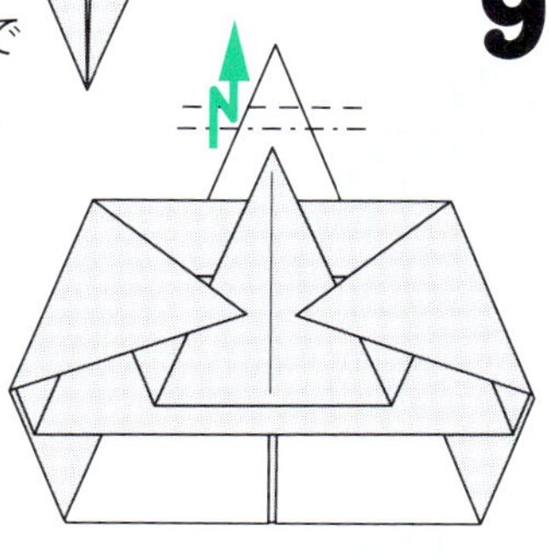

10

頭《あたま》をだんおりに
します。

おびなのできあがり

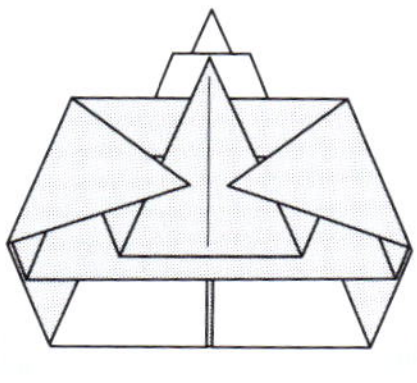

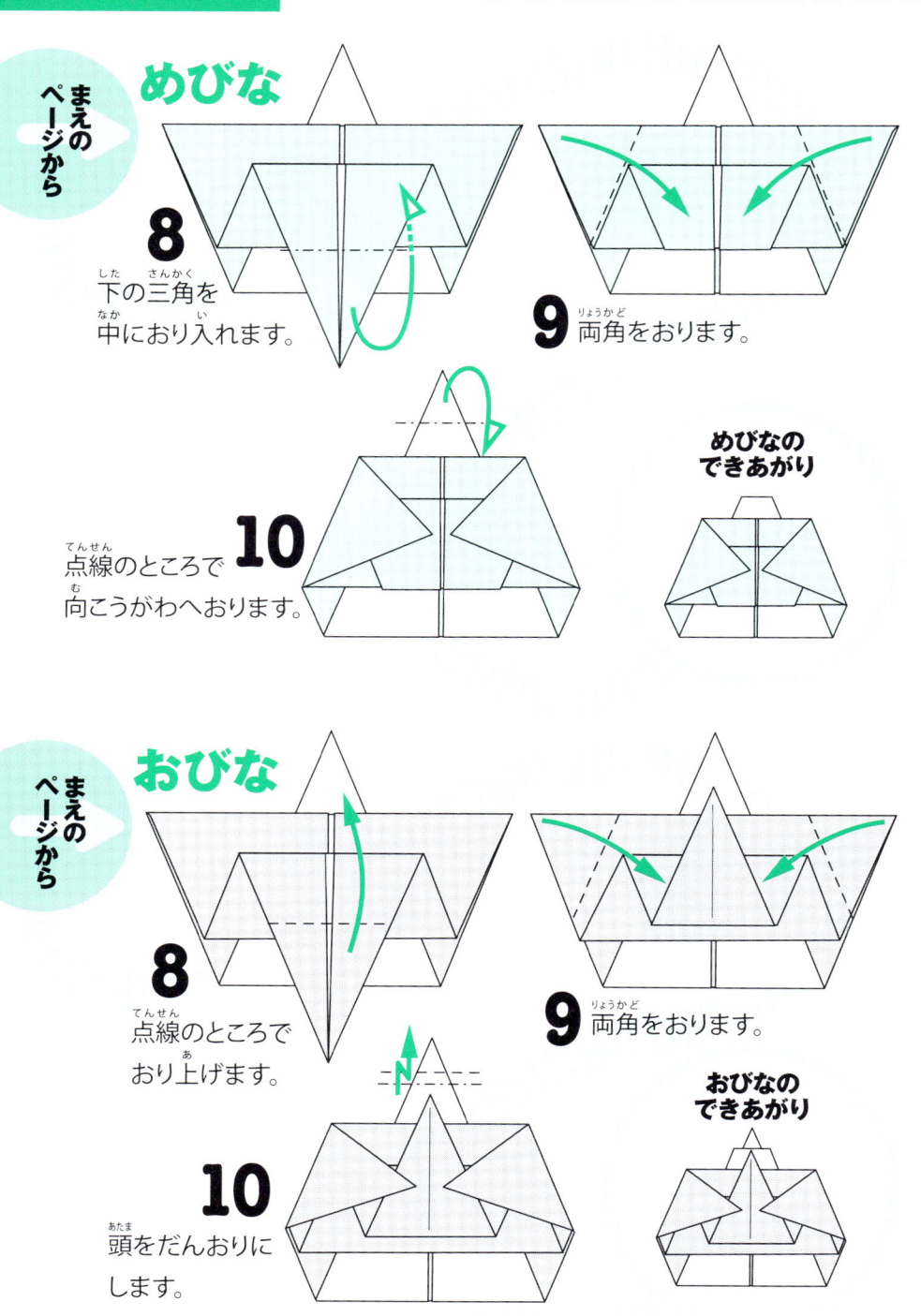

さんにんかんじょ

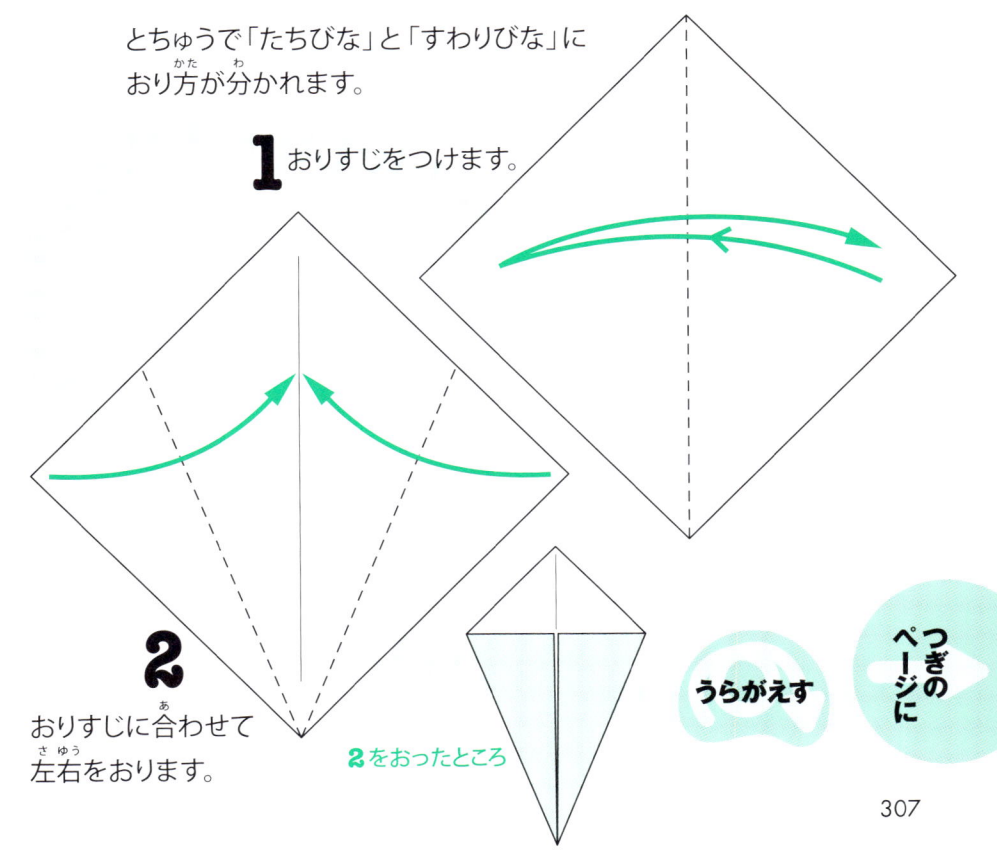

とちゅうで「たちびな」と「すわりびな」にお
り方《かた》が分《わ》かれます。

1 おりすじをつけます。

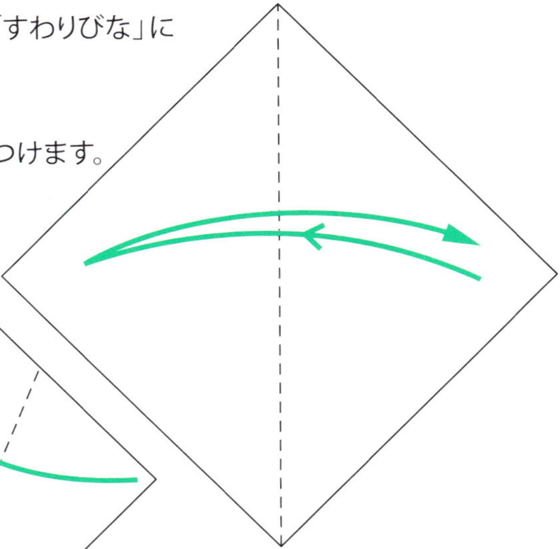

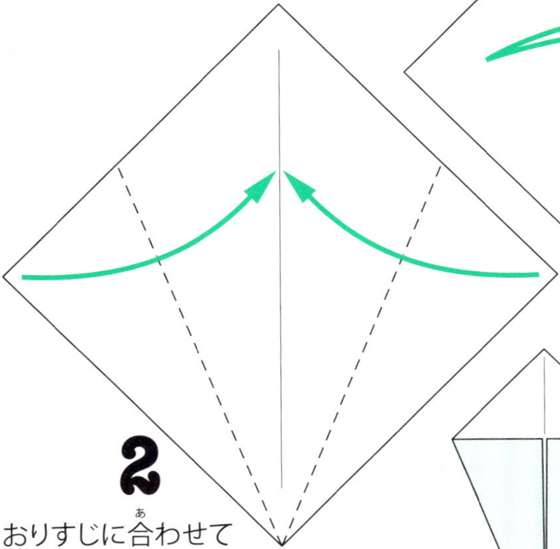

2

おりすじに合《あ》わせて
左右《さゆう》をおります。

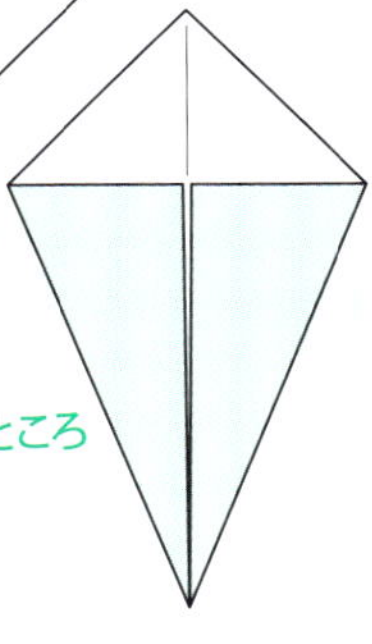

2をおったところ

うらがえす

つぎのページに

まえのページから

すわりびな

3

うら返《がえ》したら、
下《した》を少《すこ》しおり上《あ》げます。

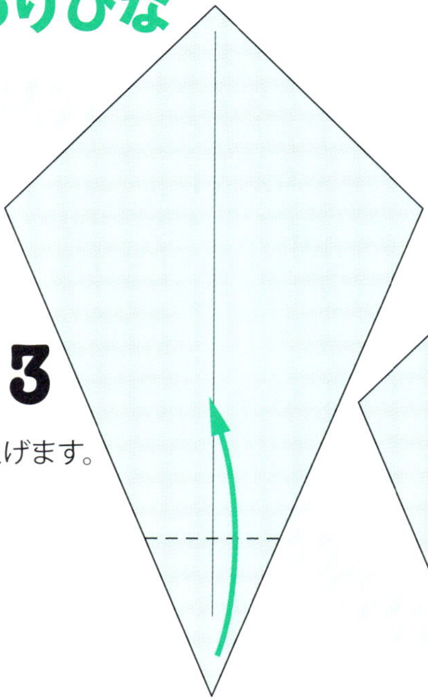

4 点線《てんせん》のところで
もう一度《いちど》おります。

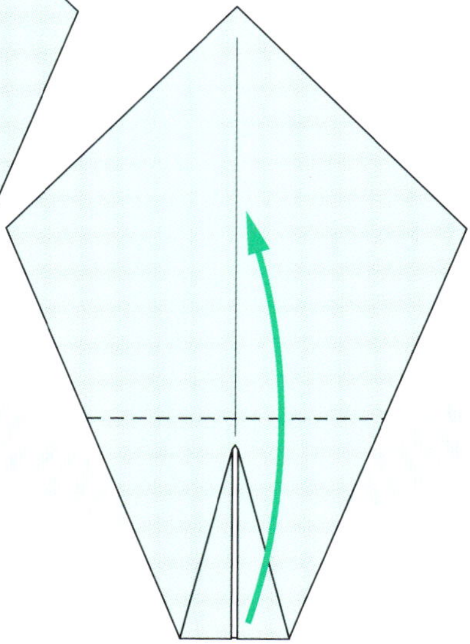

まえのページから

たちびな

3

うら返《がえ》したら
点線《てんせん》のところでおります。

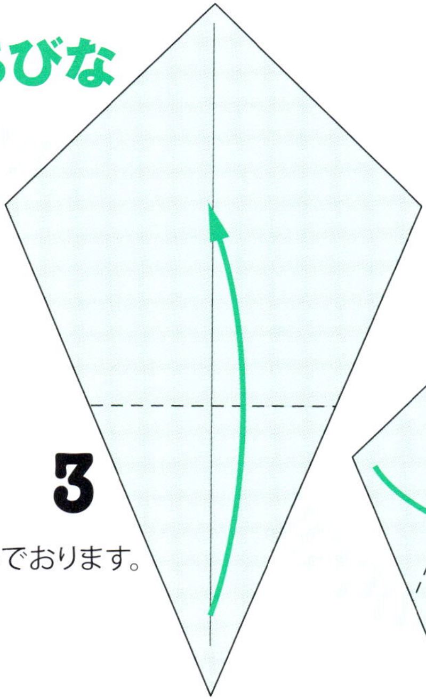

4

おりすじに合《あ》わせて
左右《さゆう》をおります。

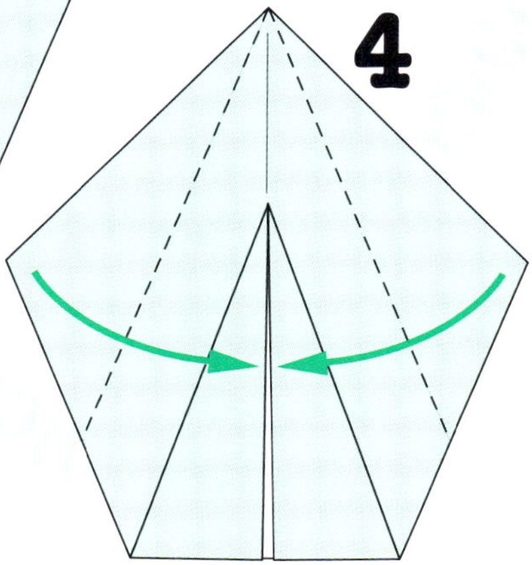

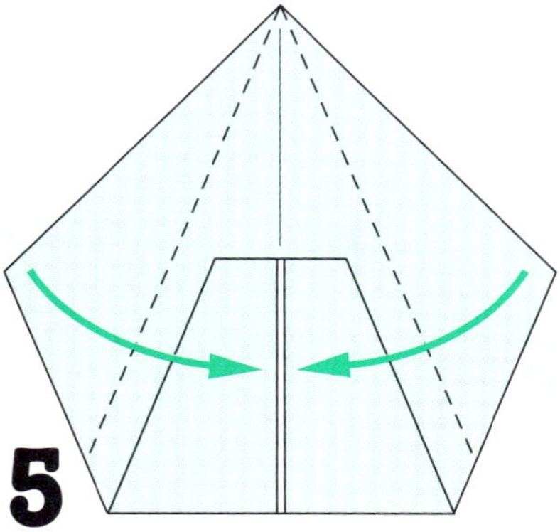

5

おりすじに合《あ》わせて
左右《さゆう》をおります。

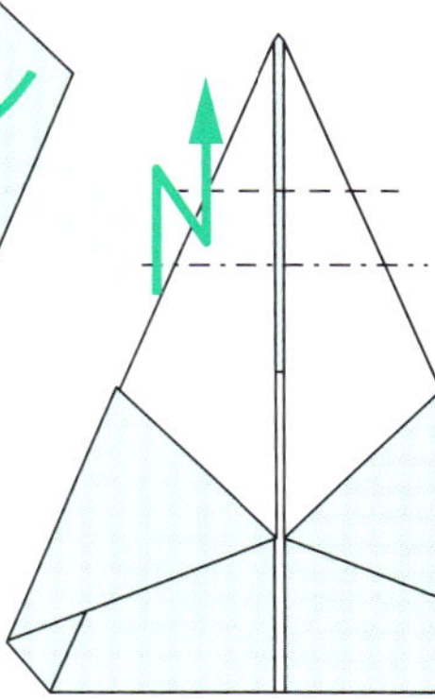

6

だんおりにして
頭《あたま》をおります。

**すわりびなの
できあがり**

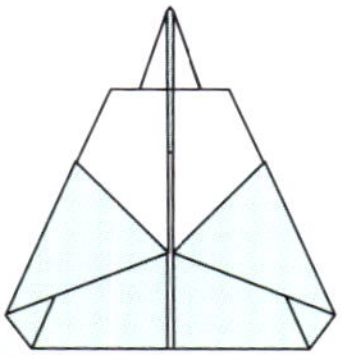

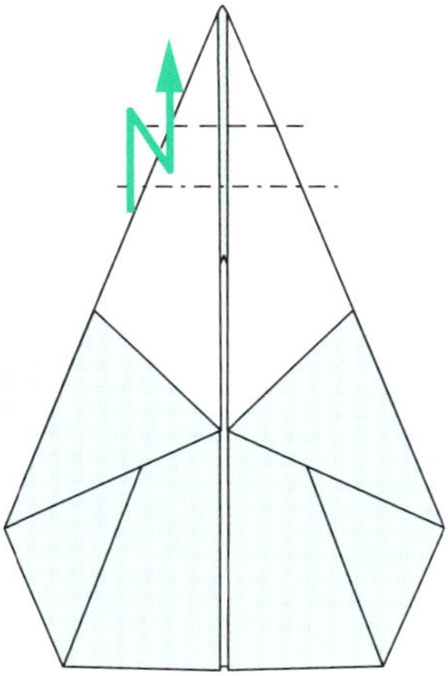

5 だんおりにして
頭《あたま》をおります。

**たちびなの
できあがり**

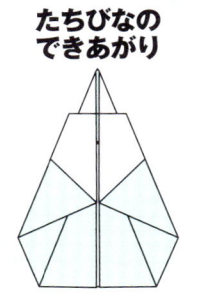

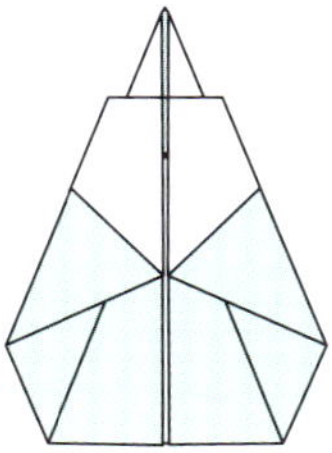

季節《きせつ》のおりがみを和紙《わし》などの風合《ふうあ》いのある紙《かみ》で
おってかざりましょう。

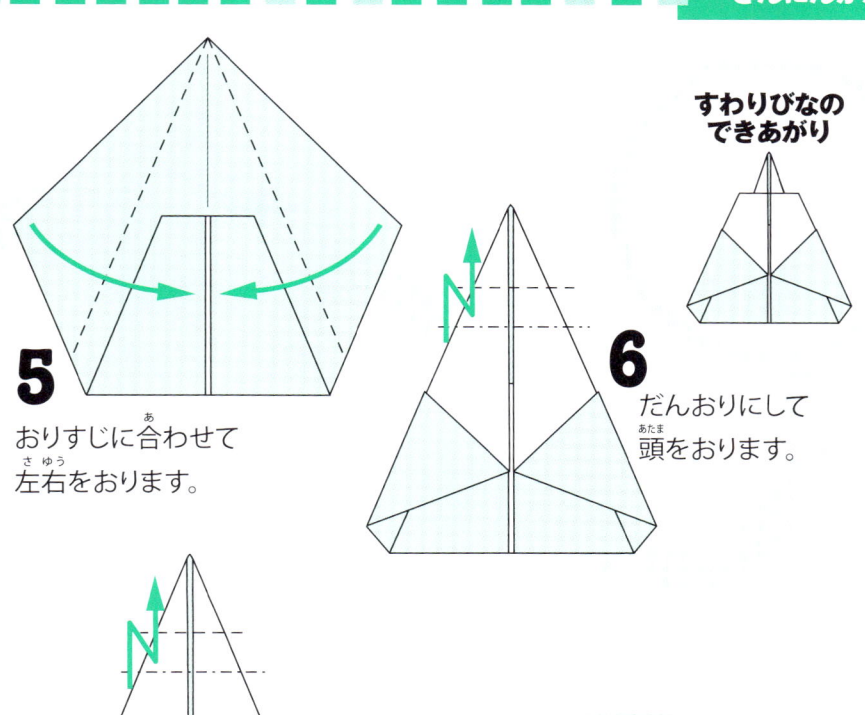

こいのぼり

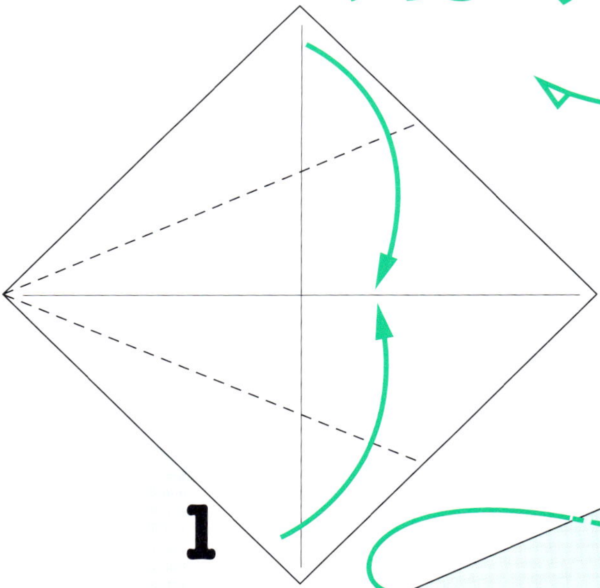

1
おりすじをつけたら
上下《じょうげ》をおります。

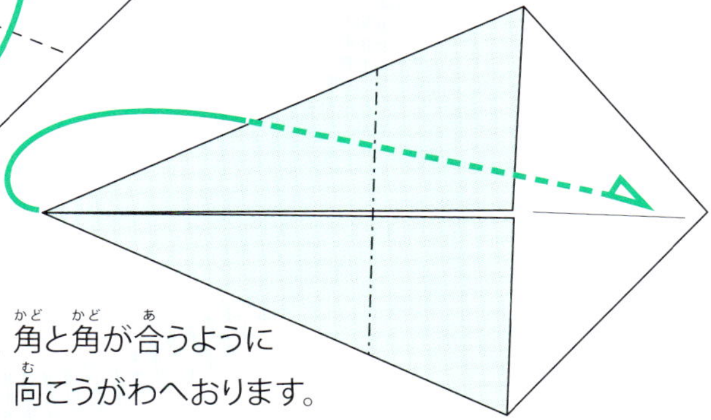

2 角《かど》と角《かど》が合《あ》うように
向《む》こうがわへおります。

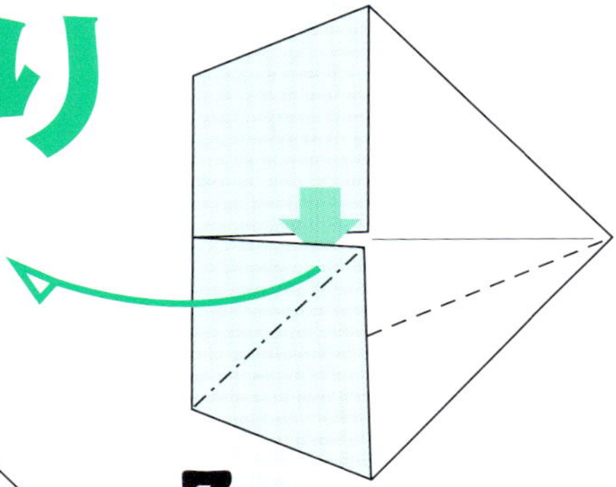

3 ⬆から手《て》を入《い》れ、
角《かど》をつまみ出《だ》すように
開《ひら》いてつぶします。

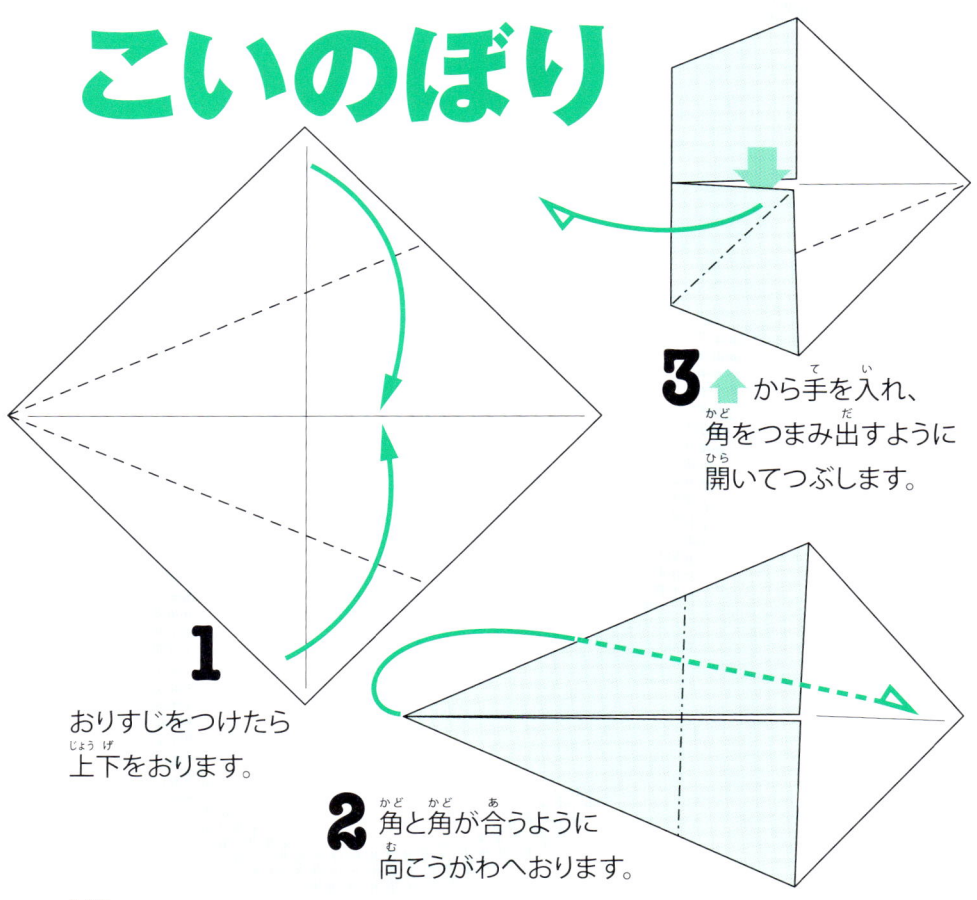

4 上《うえ》のふくろも同《おな》じに。

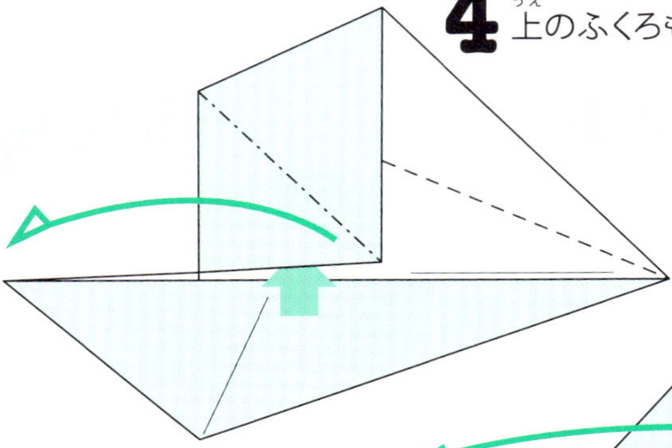

5 手前《てまえ》の１枚《まい》を
左《ひだり》へたおします。

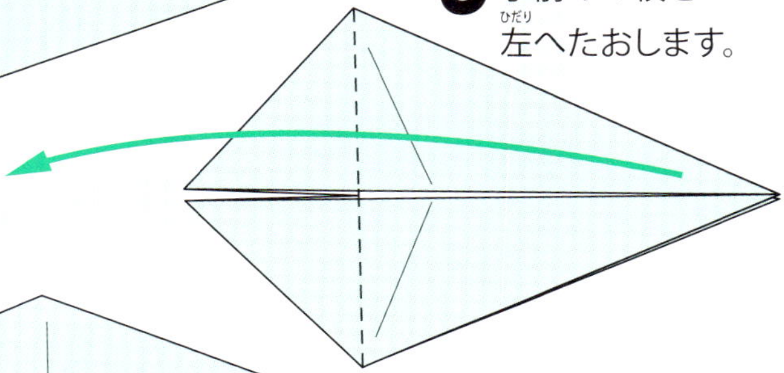

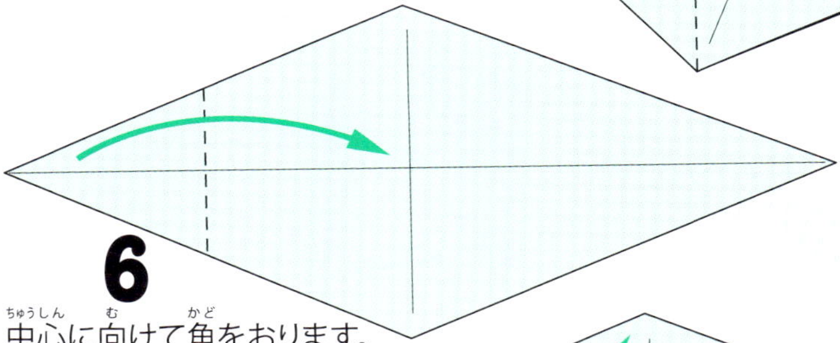

6
中心《ちゅうしん》に向《む》けて角《かど》をおります。

7
全体《ぜんたい》を半分《はんぶん》におります。

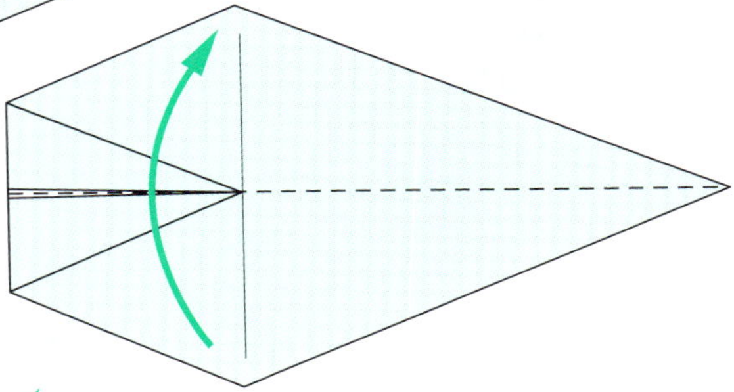

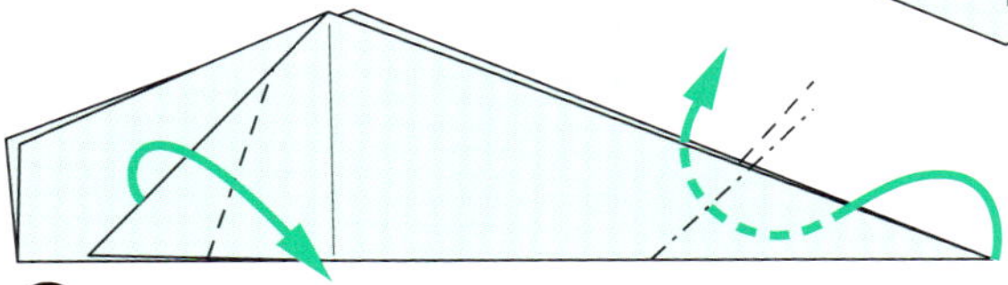

8 中《なか》わりおりでしっぽをおります。
また、むなびれもおります。

できあがり

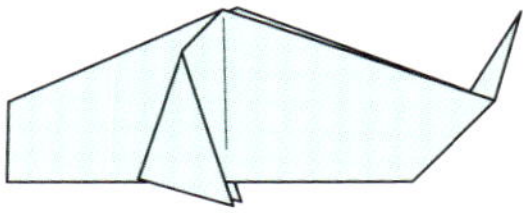

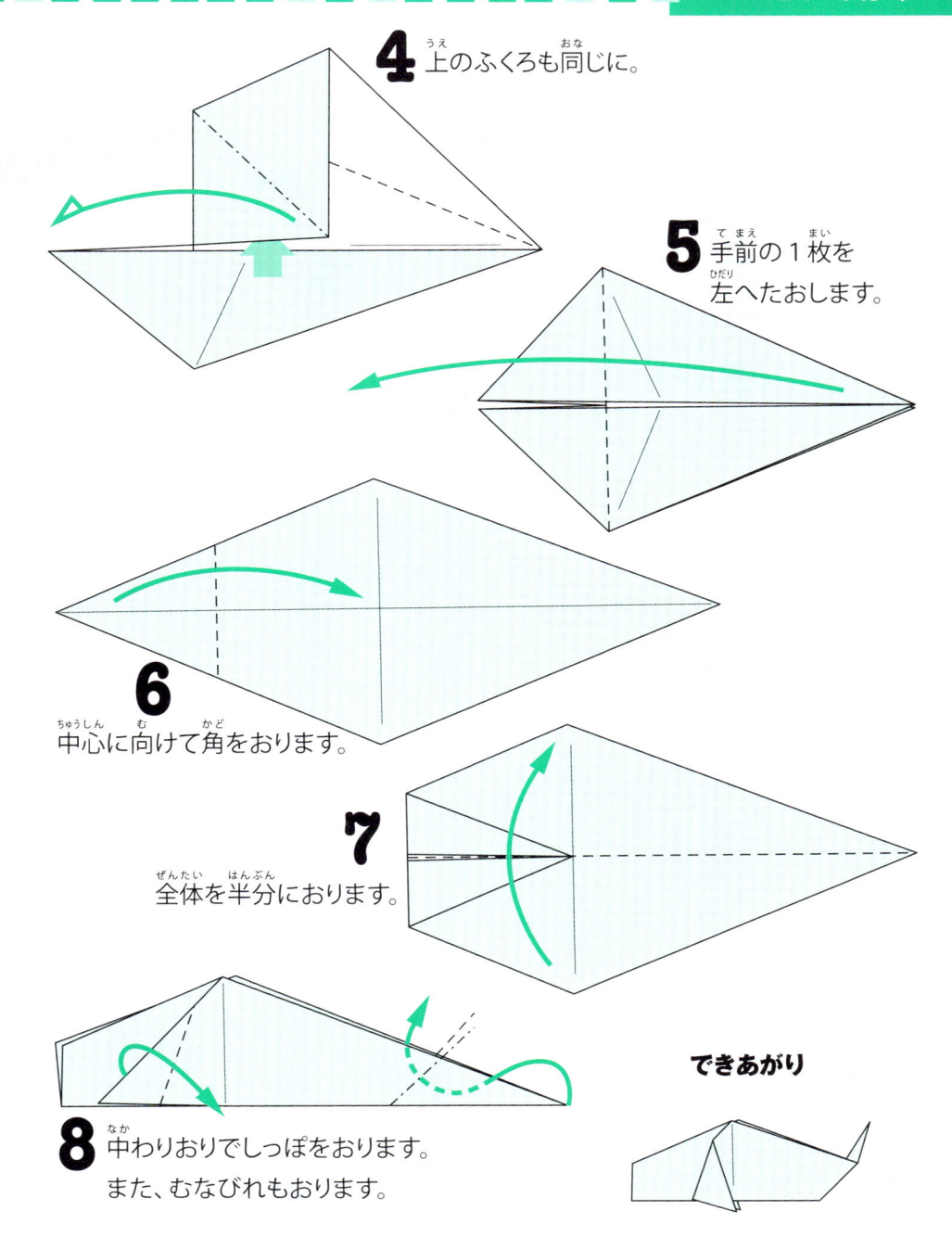

あやめ

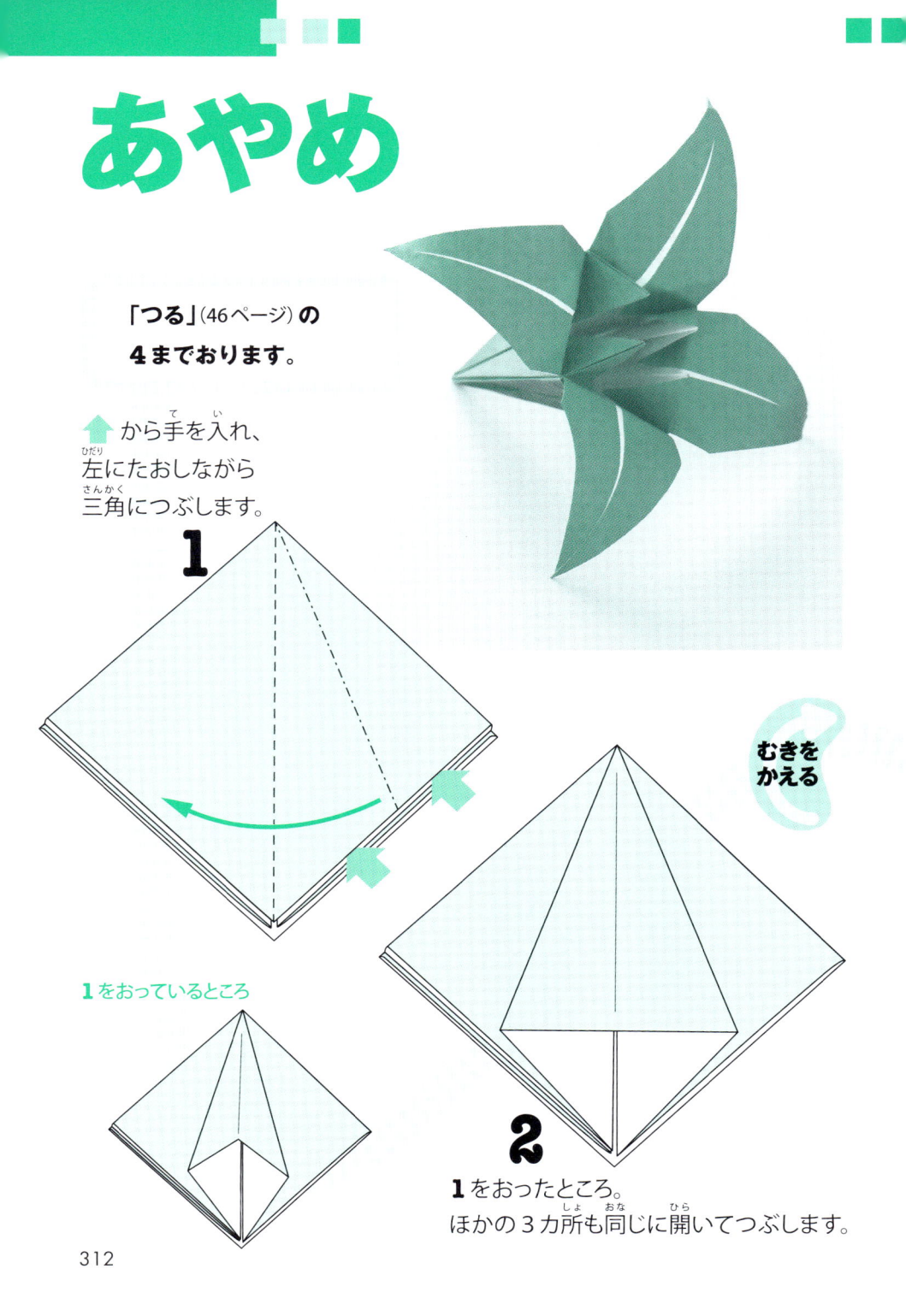

「つる」(46ページ)**の**

4までおります。

⬆から手《て》を入《い》れ、
左《ひだり》にたおしながら
三角《さんかく》につぶします。

1

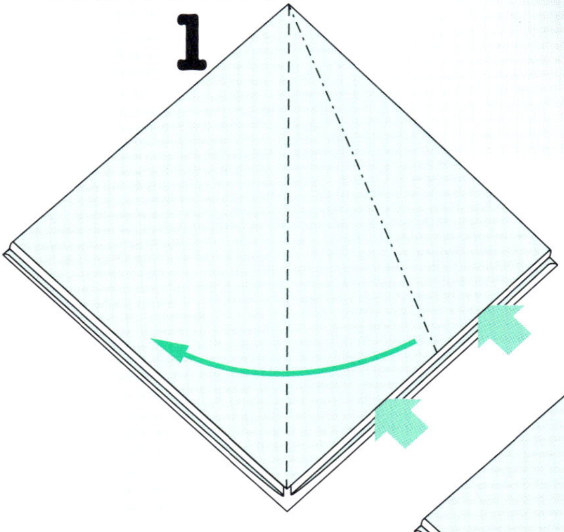

1をおっているところ

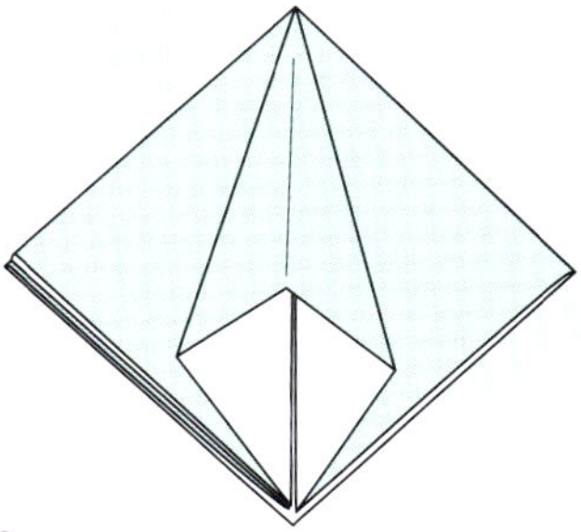

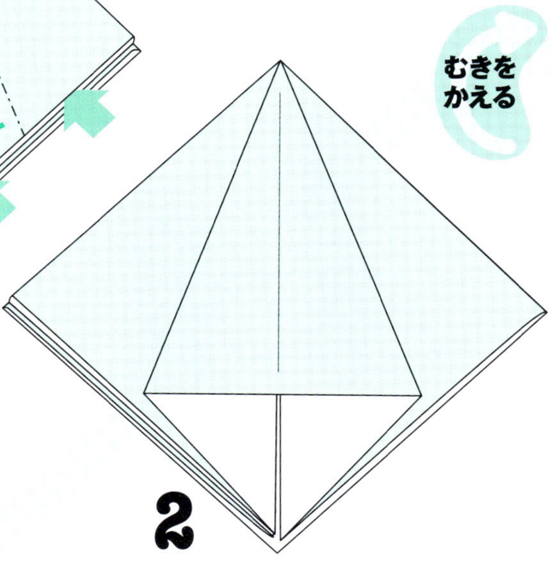

2

1をおったところ。
ほかの3カ所《しょ》も同《おな》じに開《ひら》いてつぶします。

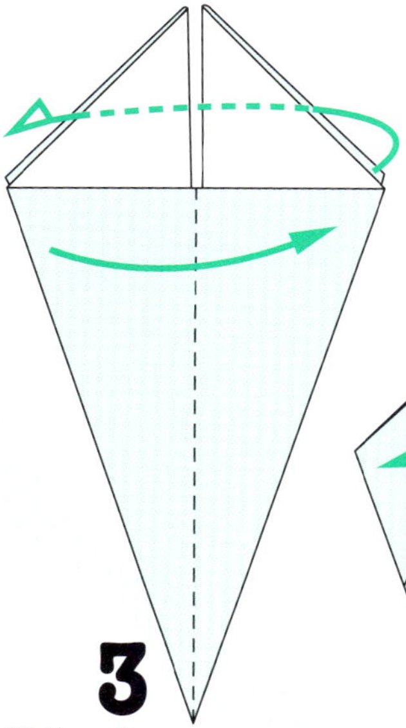

3

上《じょう》下《げ》の向《む》きをかえたら
おりずらして
おる面《めん》をかえます。

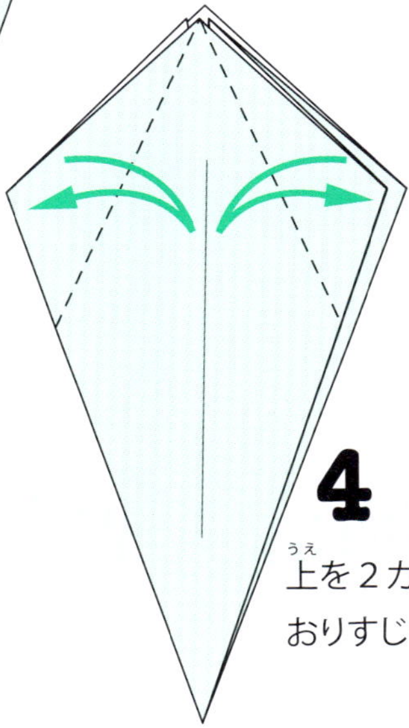

4

上《うえ》を2カ所《しょ》おり、
おりすじをつけます。

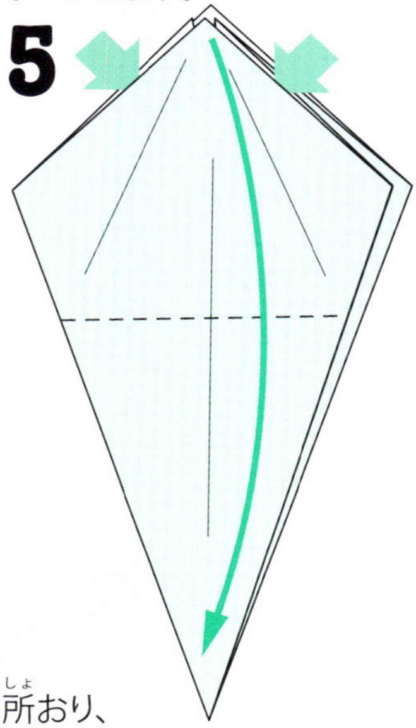

5

上《うえ》の1枚《まい》を
おり下《さ》げながら
開《ひら》いてつぶします。

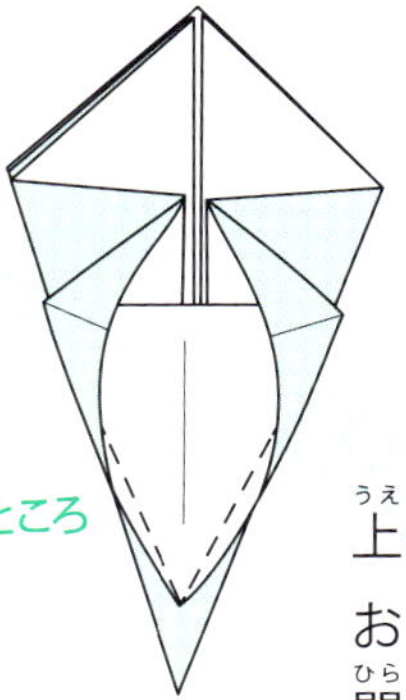

5をおっているところ

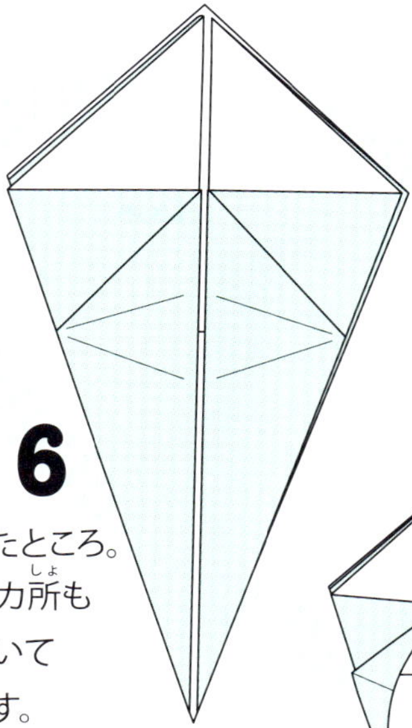

6

5をおったところ。
ほかの3カ所《しょ》も
同《おな》じに開《ひら》いて
つぶします。

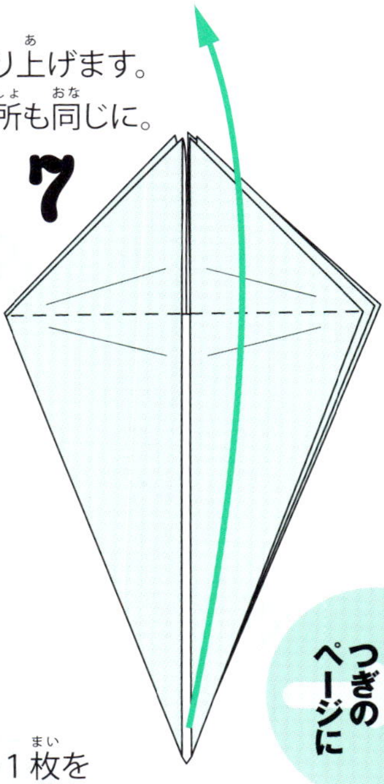

7

下《した》の角《かど》をおり上《あ》げます。
ほかの3カ所《しょ》も同《おな》じに。

つぎのページに

まえのページから

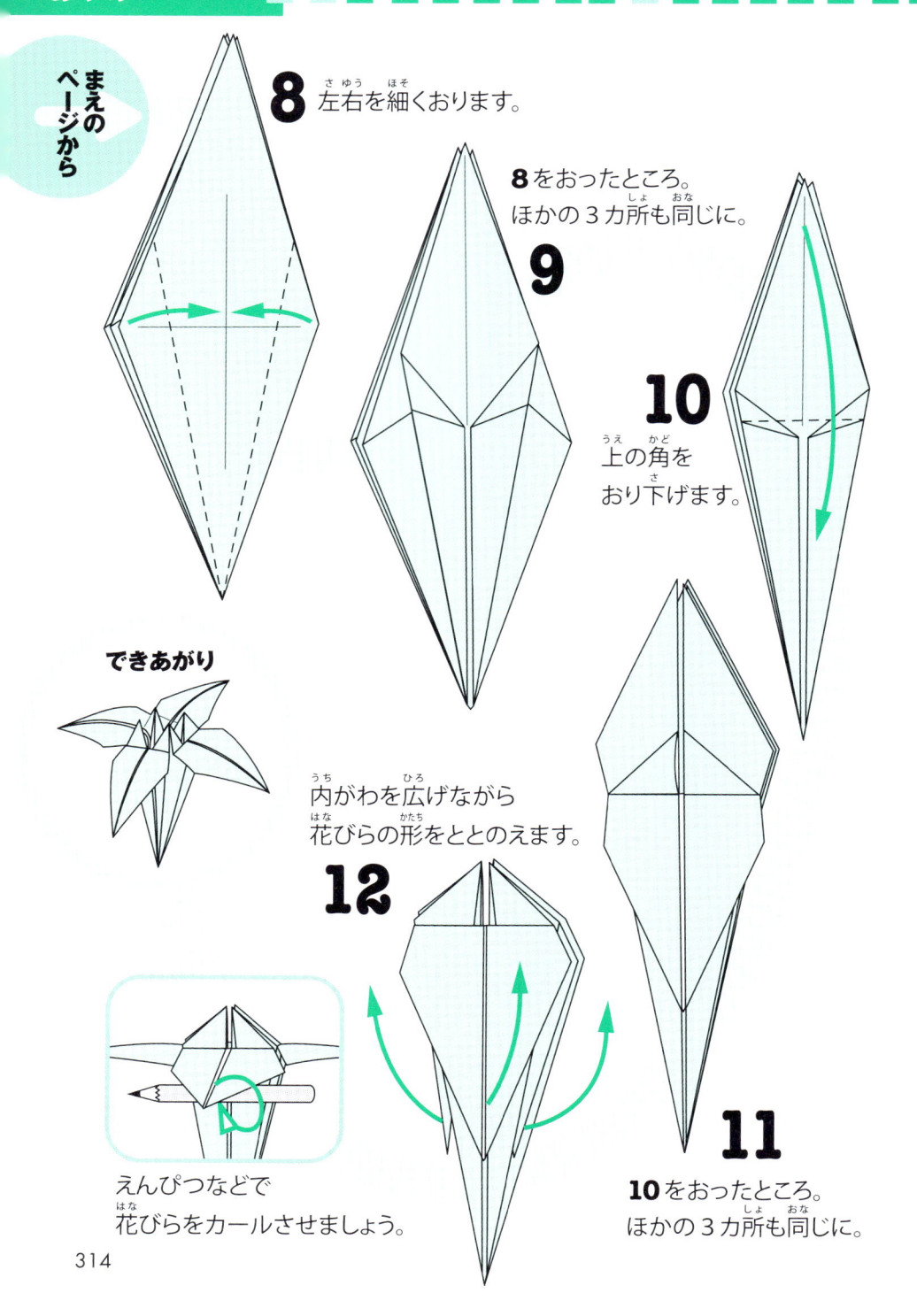

8 左右《さゆう》を細《ほそ》くおります。

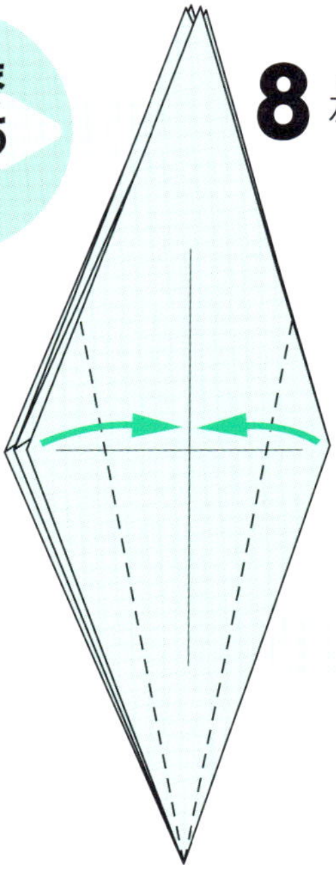

9 8をおったところ。
ほかの3カ所《しょ》も同《おな》じに。

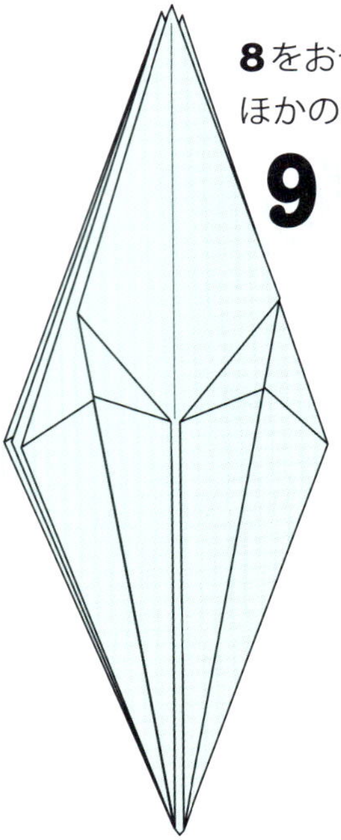

10 上《うえ》の角《かど》を
おり下《さ》げます。

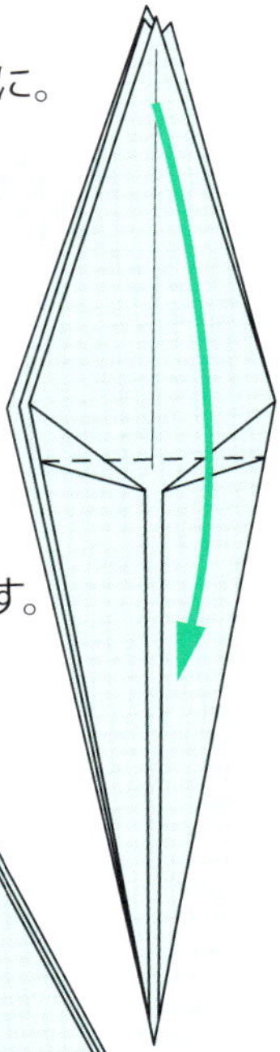

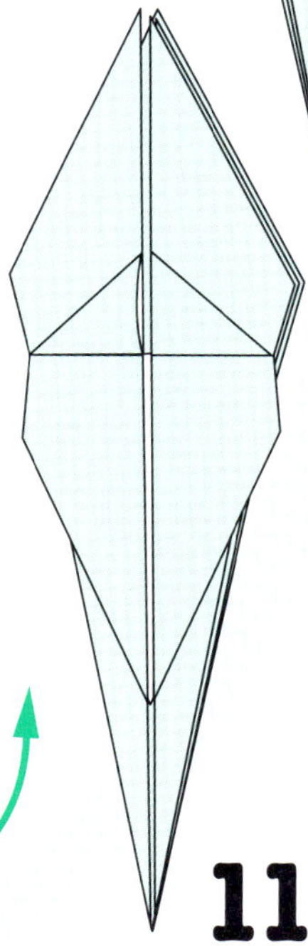

11 10をおったところ。
ほかの3カ所《しょ》も同《おな》じに。

12 内《うち》がわを広《ひろ》げながら
花《はな》びらの形《かたち》をととのえます。

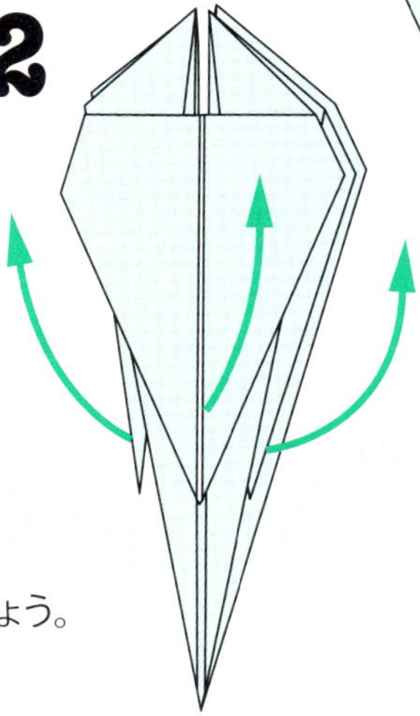

できあがり

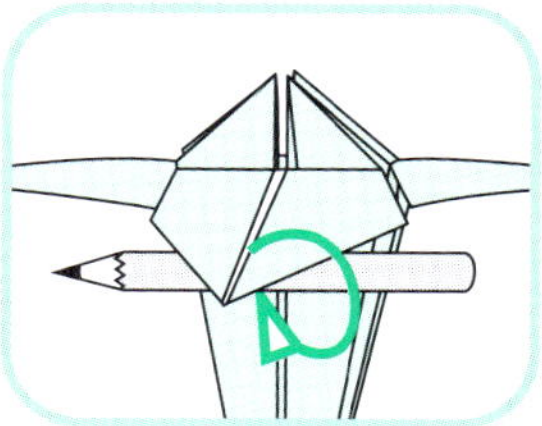

えんぴつなどで
花《はな》びらをカールさせましょう。

シールを使《つか》って表情《ひょうじょう》豊《ゆた》かに

この本《ほん》では、生《い》き物《もの》のおりがみにシールで目《め》をつけてみました。文具店《ぶんぐてん》などで買《か》えるさまざまな円形《えんけい》シールを、大小《だいしょう》組《く》み合《あ》わせる、あるいは切《き》るなどして、顔《かお》をかいたりもようをつけたりしてみましょう。

また、292ページのクリスマスツリーでも、完成《かんせい》したおりがみにシールで楽《たの》しくかざりつけをしています。最近《さいきん》は文《ぶん》房具店《ぼうぐてん》などでいろいろなシールを売《う》っているので、オリジナルのデコレーションをしてみては？　おりがみがいっそう楽《たの》しくなります。

目《め》だけでなくうろこに使《つか》っても。

シールで表情《ひょうじょう》がいろいろに。

さくいん

あ

か

さ

た

な

は

ま

や

ら

カバー・本文デザイン◆安達義寛 落合光恵
作品製作◆唐木順子 鈴木キャシー裕子
折り図トレース◆西紋三千代 竜崎あゆみ
作品製作協力◆はっとりみどり
撮影◆主婦の友社写真課
構成・編集◆唐木順子 鈴木キャシー裕子
編集デスク◆高橋容子（主婦の友社）

主婦の友ベストBOOKS

簡単《かんたん》おりがみ大《だい》百《ひゃっ》科《か》

編　者　主婦の友社
発行者　大宮敏靖
発行所　株式会社 主婦の友社
〒141-0021 東京都品川区上大崎3-1-1
目黒セントラルスクエア
電話　03-5280-7537（内容・不良品等のお問い合わせ）
049-259-1236（販売）
印刷所　中央精版印刷株式会社

■本のご注文は、お近くの書店または主婦の友社コールセンター（電話0120-916-892）まで。
＊お問い合わせ受付時間　月～金（祝日を除く）10:00 ～ 16:00
＊個人のお客さまからのよくある質問のご案内 https://shufunotomo.co.jp/faq/

ISBN978-4-07-277693-3

の-021037